HIDDEN But Now REVEALED
A Biblical Theology of Mystery

G. K. Beale and Benjamin L. Gladd

Originally published by InterVarsity Press as *Hidden But Now Revealed* by G. K. Beale and Benjamin L. Gladd © 2014 by G. K. Beale and Benjamin L. Gladd. Translated and printed by permission of InterVarsity Press, P. O. Box 1400, Downers Grove, IL 60515, USA. www.ivpress.com. License arranged through rMaeng2, Seoul, Republic of Korea.

This Korean edition copyright © 2018 by Holy Wave Plus Publishing Company, Seoul, Republic of Korea.

이 한국어판의 저작권은 알맹2 에이전시를 통하여 미국 InterVarsity Press와 독점 계약한 새물결플러스에 있습니다. 신 저작권법에 의하여 한국 내에서 보호받는 저작물이므로 무단 전재와 무단 복제를 금합니다.

하나님의 비밀
비밀과 계시 개념에 대한 상호텍스트 연구

그레고리 K. 비일 / 벤저민 L. 글래드 공저
신지철 옮김

목차

서문 ... 6
약어 ... 12
서론 ... 18

제1장 다니엘서의 **비밀** 사용   36
제2장 초기 유대교의 **비밀** 사용   66
제3장 마태복음의 **비밀** 사용   80
제4장 로마서의 **비밀** 사용   124
제5장 고린도전서의 **비밀** 사용   164
제6장 에베소서의 **비밀** 사용   226
제7장 골로새서의 **비밀** 사용   306
제8장 데살로니가후서의 **비밀** 사용   334
제9장 디모데전서의 **비밀** 사용   370
제10장 요한계시록의 **비밀** 사용   408
제11장 신약성서에서 **비밀**이라는 용어를 사용하지 않고
        비밀을 묘사하는 사례들   452
제12장 기독교의 비밀과 이방의 밀교   478
제13장 결론   504

부록 성서 저자들의 인지적 주변시(Cognitive Peripheral Vision)   536

참고문헌 ... 578

서문

이 책이 나오기까지 오랜 시간이 걸렸다. 이 책의 공동 저자인 우리 두 사람이 이 주제에 대해 어느 정도 연구한 것은 우리의 박사 논문을 위해서였다. 그레고리 비일은 다니엘서의 "비밀"(mystery 또는 신비) 개념이 유대교 및 요한계시록 분야와 어떻게 연결되는지를 연구했다. 그의 박사 논문은 『유대교 묵시문학과 요한계시록의 다니엘서 사용』(*The Use of Daniel in Jewish Apocalyptic Literature and in the Revelation of St. John*)이라는 제목으로 출간되었다(Lanham, MD: University Press of America, 1984). 나중에 출간된 『요한계시록의 구약성서 사용』(*John's Use of the Old Testament in Revelation*, JSNTSup 166, Sheffield: Sheffield Academic Press, 1998)에서 비일은 신약성서의 비밀에 대한 자신의 견해를 더욱 자세하게 설명했다. 벤저민 글래드는 휘튼 대학에서 비일의 지도 아래 박사 논문을 썼는데, 그의 논문 주제는 다니엘서의 비밀이 초기 유대교와 고린도전서에 어떤 영향을 미쳤는가에 대한 것이었다. 이 논문은 나중에 『비밀의 계시: 다니엘서 및 제2성전기 유대교의 비밀 사용 및 고린도전서와의 관계』(*Revealing the Mysterion: The Use of Mistery in Daniel and Second Temple Judaism with Its Bearing on First Corinthians*, BZNW 160, Berlin: Walter de Gruyter, 2008)라는 제목으로 간행되었다.

우리는 이 주제에 대한 우리 두 사람의 연구를 결합해서 그 연구 결과를 책으로 출판할 만한 가치가 있다고 판단했다. 그래서 우리는 IVP에 비밀에 대한 성서신학 서적을 출판하는 데 관심이 있는지를 문의했다. 출판사는 고맙게도 우리의 제안을 기꺼이 받아들였다. 이 일을 시작할 때 우리는 아무도 신약성서의 비밀에 대해 완전한 연구서를 저술하거나, 이 연구의 성서신학적 함의에 대해 고찰하려고 시도하지 않았다는 사실을 알고 다소 놀랐다. 그래서 이 주제를 연구할 시기가 이제 무르익은 것 같았다. 그러나 우리는 왜 이와 같은 상황이 빚어졌는지를 곧 깨닫게 되었다. 비밀 개념을 탐구하면 할수록 이 연구 과업이 더욱더 어려웠기 때문이다. 신약성서에서 **비밀**(그리스어로 *mystērion*)이라는 핵심 단어가 사용된 경우를 신속하게 조사해보면 몇 가지 흥미로운 결과가 나온다. 이 용어는 다음과 같은 핵심적인 가르침, 곧 종말과 관련된 하나님 나라의 특성(마 13장 및 평행 본문), 십자가 사건(고전 2장), 이스라엘의 회복(롬 11장) 및 유대인과 이방인의 관계(엡 3장; 골 1장) 등에 대한 논의에서 나타난다. 이 본문들은 대단히 복잡하기로 악명이 높고 학자들 사이에서 끊임없는 논쟁의 대상이 된다. 이 어려운 본문들을 모두 세밀하게 연구하는 데 상당한 시간과 에너지가 요구되었다.

해당 본문들은 해석하기가 어려울 뿐만 아니라 어떻게 구약성서와 신약성서가 서로 연관되는가를 이해하는 데에도 중요한 위치를 차지한다. 비밀이 우리의 흥미를 자극하는 이유 중 하나는 신약성서 저자들이 구약성서와 신약성서의 독특한 관계를 알려주는 데 **비밀**이라는 용어를 사용하기 때문이다. 우리가 이 연구 과제에 착수하고자 하는 열망은, 비록 소수 견해이기는 하지만, 신약성서 저자들이 예외 없이 맥락상 구약성서를 사용한다는 우리의 확신에 기초한다. 다시 말해서 신약성서 저자들은 구약성서의 원래 맥락에서 구약성서 저자들이 제시한 의미를 각 경우마다 다소 차이를 두어 존중한다. 비밀 개념은 이 논쟁에 비교적 새롭게 들어온 미개발 분야다. 성서 해석학에서 이 분야는 심지어 복음주의 신학자들 사이에서도 활발하게 논쟁이 전개되고 있다. 따라서 우리는 이 논쟁에 관심을 기울이면서 이 책을 저술했다.

이 책의 개요를 잘 파악하기 위해 우리는 독자들이 다니엘서의 비밀 사용에 대해 다루는 제1장을 먼저 읽어보기를 권한다. 제1장은 연구 과제 전체의 뼈대를 형성하기 때문에 반드시 읽어야 한다. 또한 우리가 이어지는 각 장에서도 제1장을 언급하기 때문에 이것을 먼저 읽을 필요가 있다. 우리는 독자들이 제1장을 읽고 난 후 각주에 제시된 자세한 내용을 세밀하게 검토하기 전에 먼저 각 장의 본문을 읽어나가면서 논의의 전반적인 흐름을 파악하기를 추천한다. 또한 우리는 신약성서가 구약성서를 사용하는 곳에서 어떻게 비밀 개념이 기능하는가라는 해석학적 고찰에 대해 더 알고자 하는 사람들을 위해서 이 책의 뒷부분에 성서 저자들의 인지적 주변시에 대한 그레고리 비일의 논문을 개작 및 축약해서 수록했다.

이 연구 과제에서 우리의 목표는 교회가 비밀 개념과 구약성서와 신약성서의 연관성에 대해 더욱 큰 인식을 얻게 하는 것이다. 복음 자체에는 "옛" 요소들과 "새로운" 요소들이 모두 포함된다. 이 요소들은 구약성서와 연속적이면서 동시에 불연속적인 관계에 놓여 있다.

우리 두 저자는 각자의 아내에게 감사한다. 그들은 모두 남편인 우리에게 하나님의 선하심을 지속적으로 입증해주고 있다. 참으로 그들은 에베소서 5:31-32의 "결혼의 비밀"에서 꼭 필요한 역할을 감당하고 있다.

우리는 이 책의 원고 작업을 위해 수고를 아끼지 않은 연구원 조시 다르소(Josh Darsaut)와 데이비드 배리(David Barry)에게 감사를 표한다.

무엇보다도 우리는 이 연구 과제에 대해 저술하고자 하는 열망과 또 그것을 완성하도록 힘을 주신 하나님께 감사한다. 우리는 이 책이 오직 그분께만 영광을 돌리기를 기도한다.

달리 언급하지 않는 한 이 책에서 성서의 영어 번역은 New American Standard Bible(NASB)을 따랐다.

그리스어 구약성서는 알프레드 랄프스(Alfred Rahlfs)가 편집하고 로베르트 한하르트(Robert Hanhart)가 개정 및 수정한 70인역(*Septuaginta*, Stuttgart: Deutsche Bibelgesellschaft, 2006)을 참조했다. 다니엘서와 관련해서는 서로 다른 두 가지 그리스어 구약성서 번역본, 곧 "고대 그리스어 역본"(Old Greek)과 "테오도티온"(Theodotion)으로 알려진 책을 사용했다. 다니엘서의 경우를 제외하고 그리스어 구약성서는 "그리스어 구약성서"나 "70인역"(때때로 "LXX"로 축약해서 표기됨)이라고 다양하게 언급될 것이다. 달리 언급하지 않는다면 그리스어 구약성서에 대한 영어 번역본은 *A New English Translation of the Septuagint*(New York: Oxford University Press, 2007)를 인용했다. 우리는 NASB에 제시된 핵심 단어나 구절을 밑줄을 그어 강조했다. 또한 우리는 NASB 자체에서 이탤릭체로 표기된 것을 그대로 놓아두었다. 이는 히브리어/아람어/그리스어 원문에는 그것에 상응하는 단어가 없지만 본문의 의미를 명확하게 전달하기 위해 해당 영어 단어가 번역에 의도적으로 삽입되었음을 가리킨다.

그리스어 신약성서는 네슬레-알란트(Nestle-Aland)가 편집한 *Novum Testamentum Graece*(Stuttgart: Deutsche Bibelgesellschaft, 1993)를 참조했다. 사해 사본에 대해서는 주로 마르티네스(F. G. Martinez, *The Dead Sea Scrolls Translated* [Boston: Brill, 1994])가 편집한 것을 참조했다. 때로는 마르티네스와 티흐켈라아르(Eibert J. C. Tigchelaar)가 공동으로 편집한 두 권으로 된 *The Dead Sea Scrolls Study Edition*(Boston: Brill, 2000)을 참조했다.

다양한 유대교 문헌의 주요 출처는 대체로 다음과 같은 영문판을 참조했으며 때때로 인용했다. *Mekilta de-Rabbi Ishmael*, vols. 1-3, trans. and ed. J. Z. Lauterbach (Philadelphia: Jewish Publication Society of America, 1976); *The Fathers According to Rabbi Nathan*, trans. Judah Goldin (New York: Schocken Books, 1974); *The Midrash on Psalms*, trans. and ed. W. G. Braude, Yale Judaica Series 13:1-2 (New Haven, CT: Yale University Press, 1976); *Midrash Rabbah*, vols. 1-10, ed. H. Freedman and M. Simon (London: Soncino, 1961); *The Old Testament Pseudepigrapha*, vols. 1-2, ed. J. H. Charlesworth (Garden City, NY: Doubleday, 1983). 하지만 때때로 다음 책을 참조했다. *Apocrypha and Pseudepigrapha of the Old Testament*, vol. 2, ed. R. H. Charles (Oxford: Clarendon, 1977); *The Aramaic Bible: The Targums*, ed. M. McNamara (Collegeville, MN: Liturgical, 1987).

고대 그리스어 문헌, 특히 필론과 요세푸스의 저서들은(영어 번역을 포함하여) 달리 밝히지 않는 한 뢰브의 고전 총서(Loeb Classical Library)에서 참조했다. 그리고 속사도 교부들에 대한 몇몇 영어 번역본은 라이트풋(J. B. Lightfoot)과 하머(J. R. Harmer)가 번역하고 홈스(M. W. Holmes)가 편집한 *The Apostolic Fathers*(Grand Rapids: Baker, 1992)를 참조했다.

그레고리 K. 비일과 벤저민 L. 글래드

약어

1–3 En.	*1–3 Enoch*
1–4 Macc	*1–4 Maccabees*
1QH	*Hodayot* or *Thanksgiving Hymns*
1QM	*Milḥamah* or *War Scroll*
1QpHab	*Pesher Habbakuk*
1QS	*Serek Hayaḥad* or *Rule of the Community*
2 Bar.	*2 Baruch*
2 Clem.	*2 Clement*
ABRL	Anchor Bible Reference Library
AGJU	Arbeiten zur Geschichte des antiken Judentums und des Urchristentums
AHD	*The American Heritage Dictionary of the English Language*, 4th ed. edited by Joseph P. Picket. Boston: Houghton Mifflin Harcourt, 2006.
Ant.	Josephus, *Jewish Antiquities*
Apoc. Ab.	*Apocalypse of Abraham*
Apoc. Pet.	*Apocalypse of Peter*
Apoc. Zeph.	*Apocalypse of Zephaniah*
Ascen. Isa.	*Ascension of Isaiah*
BA	*Biblical Archeologist*
Barn.	*Barnabas*
BDAG	Bauer, W., F. W. Danker, W. F. Arndt, and F. W. Gingrich. *Greek-English*

	Lexicon of the New Testament and Other Early Christian Literature. 3rd ed. Chicago: University of Chicago Press, 2000.
BDF	Blass, F., A. Debrunner, and R. W. Funk. *A Greek Grammar of the New Testament and Other Early Christian Literature*. Chicago: University of Chicago Press, 1961.
BECNT	Baker Exegetical Commentary on the New Testament
Bib	*Biblica*
BRS	Bible Resource Series
BS	Biblical Series
BZNW	Beihefte zur Zeitschrift für die neutestamentliche Wissenschaft
CBQ	*Catholic Biblical Quarterly*
CD	*Damascus Document*
Cher.	Philo, *De Cherubim*
CNT	Commentaire du Nouveau Testament
ConBNT	Coniectanea biblica: New Testament Series
COQG	Christian Origins and the Question of God
Diogn.	*Epistle to Diognetus*
DPL	*Dictionary of Paul and His Letters*. Edited by G. F. Hawthorne, R. P. Martin and D. G. Reid. Downers Grove: InterVarsity Press, 1993.
EBC	Expositor's Bible Commentary
ECC	Eerdmans Critical Commentary
EDNT	*Exegetical Dictionary of the New Testament*. 3 vols. Edited by Horst Balz and Gerhard Scheider. Grand Rapids: Eerdmans, 1993.
EGGNT	Exegetical Guide to the New Testament
Eph.	Ignatius, *To the Ephesians*
ExpTim	*Expository Times*
GTJ	*Grace Theological Journal*
HSCP	*Harvard Studies in Classical Philology*
HTR	*Harvard Theological Review*
IBC	Interpretation Bible Commentary

ICC	International Critical Commentary
Ios.	Philo, *De Iosepho*
ISBE	*International Standard Bible Encyclopedia*
IVPNTC	InterVarsity Press New Testament Commentaries
JBL	*Journal of Biblical Literature*
JETS	*Journal of the Evangelical Theological Society*
JNES	*Journal of Near Eastern Studies*
Jos. Asen.	*Joseph and Aseneth*
JSJSup	Journal for the Study of Judaism Supplement Series
JSNTSup	Journal for the Study of the New Testament Supplement Series
JSOTSup	Journal for the Study of the Old Testament Supplement Series
JSP	*Journal for the Study of the Pseudepigrapha*
JSPSup	Journal for the Study of the Pseudepigrapha Supplement Series
JTS	*Journal of Theological Studies*
LAE	*Life of Adam and Eve*
LCL	Loeb Classical Library
Leg.	Philo, *Legum allegoriae*
Legat.	Philo, *Legatio ad Gaium*
LNTS	Library of New Testament Studies
Magn.	Ignatius, *To the Magnesians*
Mart. Ascen. Isa.	*Martyrdom and Ascension of Isaiah*
Midr.	*Midrash*
MNTC	Moffat New Testament Commentary
Mos.	Philo, *De vita Mosis*
NCBC	New Century Bible Commentary
NETS	New English Translation of the Septuagint
NIBC	New International Bible Commentary
NICNT	New International Commentary on the New Testament
NICOT	New International Commentary on the Old Testament

NIDNTT	*New International Dictionary of New Testament Theology*. 4 vols. Edited by Colin Brown. Grand Rapids: Zondervan, 1979.
NIGTC	New International Greek Testament Commentary
NIV	New International Version
NIVAC	New International Version Application Commentary
NovTSup	Novum Testamentum Supplement Series
NSBT	New Studies in Biblical Theology
NTM	New Testament Monographs
OED	*Oxford English Dictionary*. 2nd edition.
OG	Old Greek translation
OTL	Old Testament Library
par.	parallel(s)
PNTC	Pillar New Testament Commentaries
Praem.	Philo, *De praemiis et poenis*
Pss. Sol.	*Psalms of Solomon*
PTMS	Pittsburgh Theological Monograph Series
RestQ	*Restoration Quarterly*
RevQ	*Revue de Qumran*
SBJT	*Southern Baptist Journal of Theology*
SBLECL	Society of Biblical Literature Early Christianity and Its Literature
SBLEJL	Society of Biblical Literature Early Judaism and Its Literature
SBLMS	Society of Biblical Literature Monograph Series
SBLSBS	Society of Biblical Literature Sources for Biblical Study
SBT	Studies in Biblical Theology
Sim.	*Similitudes (1 Enoch 37–71)*
SJT	*Scottish Journal of Theology*
SNTSMS	Society for New Testament Studies Monograph Series
Somn.	Philo, *De somniis*
Spec.	Philo, *De specialibus legibus*

SRB	Supplementi alla Rivista Biblica
STDJ	Studies on the Texts of the Desert of Judah
T. Benj.	*Testament of Benjamin*
T. Gad	*Testament of Gad*
T. Iss.	*Testament of Issachar*
T. Jac.	*Testament of Jacob*
T. Job	*Testament of Job*
T. Jos.	*Testament of Joseph*
T. Jud.	*Testament of Judah*
T. Levi	*Testament of Levi*
T. Mos.	*Testament of Moses*
T. Naph.	*Testament of Naphtali*
T. Zeb.	*Testament of Zebulun*
TDNT	*Theological Dictionary of the New Testament*. 10 vols. Edited by Gerhard Kittel and Gerhard Friedrich. Grand Rapids: Eerdmans, 1977.
Tg. Onq.	*Targum Onqelos*
Tg. Ps.-J.	*Targum Pseudo-Jonathan*
Theod.	Theodotion
TJ	*Trinity Journal*
TNIV	Today's New International Version
TNTC	Tyndale New Testament Commentaries
TOTC	Tyndale Old Testament Commentaries
TynBul	*Tyndale Bulletin*
VT	*Vetus Testamentum*
VTSup	Vetus Testamentum Supplement Series
WBC	Word Biblical Commentary
Wis	Wisdom of Solomon
WTJ	*Westminster Theological Journal*
WUNT	Wissenschaftliche Untersuchungen zum Neuen Testament
ZBK	Zürcher Bibelkommentare

서론

사복음서를 통독할 때 우리는 곧바로 다음과 같은 어려운 문제에 직면한다. 왜 이스라엘과 그 나라의 지도자들은 예수의 정체성과 그의 사명에 대해 온전히 파악할 수 없었을까? 예수는 자신이 바로 이스라엘 역사의 절정이며 구약성서 전체가 그의 도래를 기대한다고 주장한다. 하지만 왜 사람들은 두 팔을 활짝 펴고 예수를 영접하지 않았는가? 당시에 구약성서 학자였던 유대교 지도자들은 그들의 의결을 통해 이스라엘을 회복시키고자 하는 예수의 사명을 단호하게 억누르려고 시도하지 않았는가? 예수의 핵심 가르침 중 하나는 이 땅 위에 하나님의 영원한 나라를 세우는 일과 관련된다. 이 일은 예수의 사역을 통해 이루어질 것이다. 그러나 이스라엘 사람들은 대체로 하나님 나라에 대한 예수의 메시지를 받아들이지 않았다.

예수가 십자가에 달릴 때 제자들은 자신의 목숨을 구하려고 달아났다. 여인들이 예수가 죽은 자 가운데서 다시 살아났다고 제자들에게 보고했을 때 그들은 그 사실을 믿기를 주저했다. 하지만 어떻게 사도 바울은 고린도전서 15:3-4에서 "성경대로 그리스도께서 우리 죄를 위하여 죽으시고 장사 지낸 바 되셨다가 성경대로 사흘 만에 다시 살아나사"라고 말할 수 있었는가? 만약 십자가 처형과 부활이 구약성서에서 예고되었다면 왜 제자들은 그것을 더디 믿었는가? 바로 예수 자신이 여러 번이나 자신의 죽음과 부활을 예고하지 않았는가! 그렇다면 비록 구약성서는 사실상 예수와 그의 사역을 예상하고 있었지만, 예수의 정체성과 사역에는 사람들이 미처 기대하지 않은 어떤 측면이나 **새로움**이 있었던 것 같다. 어떤 사람들은 그것을 구약성서 안에서 전혀 발견할 수 없다고 주장할 것이다.

또 한 가지 적절한 예로 예수와 엠마오를 향해 걸어가던 두 제자 사이에 오간 대화를 들 수 있다. 예수는 그 제자들을 "미련하고 선지자들이 말한 모든 것을 마음에 더디 믿는 자들이여"(눅 24:25)라고 호되게 책망한다. 놀랍게도 그다음에 예수는 구약성서 전체가 궁극적으로 자신을 가리키고 있음을 그들에게 입증해준다. 요한복음에서 예수가 유대교 지도자들과 논쟁할 때에도 한 가지 비슷한 사건이 일어난다. 곧 "너희가 성경에서 영생을 얻는 줄 생각하고 성경을 연구하거니와 이 성경이 곧 내게 대하여 증언하는 것이니라. 그러나 너희가 영생을 얻기 위하여 내게 오기를 원하지 아니하는도다"(요 5:39-40). 구약성서를 해석하는 예수의 방식을 드러내는 예수의 말은 매우 날카롭고 정확하다. 곧 예수라는 인물은 구약성서 전체의 궁극적 의미를 풀어준다. 간단히 말해서 유대교 지도자들은 구약성서를 올바로 해석하는 데 실패했다. 하지만 우리는 왜 그들이 실패했는지를 질문해야 한다. 그들은 바로 그들이 살고 있던 시대에 성서학자들이 아니었는가?

우리는 어떻게 신약성서가 구약성서를 사용했는가라는 질문에 대해서도 똑같이 말할 수 있다. 많은 경우에 신약성서 저자들은 구약성서를 독창적인 방법으로 인용한다. 겉으로 보기에 그 방법은 구약성서 저자들의 원래 의도와 별로 상관이 없는 것 같다. 이와 같은 인용의 예는 에베소서 5:31-32에서 발견된다. 여기서 에베소서 저자는 창세기 2:24을 인용하며 이 구절을 그리스도와 교회의 관계에 적용한다. "그러므로 사람이 부모를 떠나 그의 아내와 합하여 그 둘이 한 육체가 될지니 이 비밀이 크도다. 나는 그리스도와 교회에 대하여 말하노라." 표면상 아담과 하와의 연합은 궁극적으로 그리스도와 교회를 가리키는 것으로 이해된다. 에베소서 저자는 창세기 2:24의 원래 맥락인 "거기에" 그리스도가 실제로 있다고 믿고 있다. 이 창세기 본문에, 구약성서 저자의 생각에는 없지만 신약성서 저자의 생각에는 있는 "새로운" 의미의 층이 있지 않을까? 과연 신약성서 저자들은 자신들이 인용하는 구약성서의 본문에 새로운 관점을 "집어넣어 읽는" 것일까? 만약 그렇다면 우리는 어떻게 신구약 성서 전체에 일관된 통일성이 있다고 여길 수 있는가?

예수에 대한 이스라엘의 불신앙, 창세기 2:24에 대해 예수가 해석하는 방법과 바울이 사용하는 방법은 공통의 실마리를 공유하고 있다. 곧 어떤 이들은 신약성서가 이스라엘의 이야기를 다시 시작하는 동안 구약성서와 연속성을 지니지 않는다고 믿는다. 따라서 불연속성의 요소나 "새로움"이 신약성서 전체에 흐르고 있다는 것이다. 주제에 따라 몇몇 요소는 구약성서와 더욱 연속적인 관계이지만 다른 요소들은 불연속적인 관계인 것 같다. 때때로 신약성서 저자들은 **비밀**이라는 용어를 이용함으로써 이와 같은 연속성/불연속성 개념에 관심을 보인다. 그들은 이 용어를 다음과 같이 중요한 주제에 국한해서 사용한다. 곧 종말의 하나님 나라가 지니는 특성(마 13장 및 평행 본문), 예수의 메시아 직분(고전 2:7), 부활(고전 15장), 유대인과 이방인의 관계(엡 3장) 및 이스라엘의 회복 시기(롬 11장) 등이다. 다니엘서에서 나온 용어로서 연속성과 불연속성을 모두 구체적으로 나타내는 **비밀**을 사용함으로써 신약성서 저자들은 독자들이 해당 주제가 이 두 요소를 모두 포함하고 있음을 이해하기를 기대한다. 다시 말해서 **비밀**이라는 용어는 독자들의 주의를 환기하여 해당 주제가 구약성서와 연속적인 동시에 불연속적인 관계에 놓여 있음을 의식하게 한다.

이 책의 목적은 구약성서와 신약성서의 관계를 밝히는 것이다. 이 목적을 위해 우리는 신약성서에서 **비밀**이라는 단어가 나타나는 모든 사례를 탐구할 것이다. 그리고 우리는 신약성서 저자들이 연속성과 불연속성이라는 쟁점을 어떻게 이해하는지를 주의 깊게 들을 것이다. 이 책 전체를 통해 우리는 연속성과 불연속성이 어떻게 서로 관련되는지를 밝힐 것이다. 비밀 개념에 대한 연구는 구약성서가 신약성서와 어떻게 관련되는지에 대한 우리의 이해를 더욱 세밀하고 정확하게 밝혀줄 것이다.

오늘날 독자들이 신약성서에서 **비밀**이라는 단어와 마주칠 때 그들의 머릿속에는 셜록 홈즈와 같은 이미지들이 떠오를 것이다. 『아메리칸 헤리티지 사전』(*The American Heritage Dictionary of the English Language*)에서 **비밀**이라는 단어의 첫 번째 항목은 "완전히 이해되지 않는 것, 또는 이해되지 않아서 당혹스럽게 하는 것이나 이해하기가 매우 어려운 것, 수수께끼"라고 정의되어 있다.[1] **비밀**이라는 단어가 원래 목표 대상이었던 독자들에게 무엇을 의미했는지를 전혀 생각해보지도 않은 채, 불행하게도 이 단어에 대한 오늘날의 사전적 정의는 이 단어가 신약성서에서 사용된 것 안으로 끼어들었다. 바로 여기에 21세기 서구인들이 직면하고 있는 문제가 놓여 있다. 곧 성서의 단어나 개념들을 올바로 진지하게 연구하지 않는다면 우리 서구인들은 성서를 읽을 때 어쩔 수 없이 자기 나름의 선입관이나 편견을 성서 안에 집어넣을 것이다. 이와 관련하여 서구 문화에서 어디서든 볼 수 있는 십자가를 간단히 예로 들 수 있다. 십자가는 자동차에도 붙어 있고 유명 인사들의 목에도 매달려 있다. 운동선수들은

1　*AHD*, p. 1163.

자신의 몸에 십자가 문신을 한다. 하지만 기원후 1세기에는 아무도 감히 그런 일을 하려고 시도조차 하지 않았을 것이다. 그런 행동은 마치 전기의자를 금으로 도금하거나 올가미를 목에 매는 것과 같은 일이었을 것이다. 기원후 1세기에 로마인과 유대인들은 십자가 처형을 종교적인 헌신의 표시가 아니라 반역죄나 도덕적 파탄의 상징으로 간주했다.

우리는 신약성서에 접근할 때 성서를 시대착오적으로 읽으려는 유혹을 거부해야 한다. 우리는 전후 문맥에 기초해서 단어를 연구하고, 유대교 배경을 올바로 평가하며, 구약성서 및 신약성서를 각각의 맥락에서 연구함으로써 더욱 견고한 해석학적 기초 위에 서 있게 된다. 그러므로 신약성서에서 비밀의 성서적 개념을 연구하려고 시도할 때 우리는 비밀이라는 개념이 구약성서와 유대교 문헌에서 어떻게 기능했는가에 반드시 관심을 기울여야 한다. 비밀에 대한 구약성서와 유대교 배경을 무시하는 것은 신약성서에서 이 단어가 의미하는 것의 상당 부분을 잘라내는 것이다. 그러면 결과적으로 비밀의 의미 중 상당 부분이 잘려나간 채 단지 작은 부분만이 우리에게 남게 된다.

우리는 대체로 **비밀**을 특별히 "**마지막 날에**" 일어나는 사건들과 관련된 것으로서, 부분적으로 감추어진 하나님의 지혜에 대한 계시라고 정의할 것이다. 앞으로 살펴보겠지만 학자들이 **비밀**을 이전에는 "**감추어져 있었지만**" 지금은 "**계시된**" **하나님의 지혜**라고 정의한다면, 그들은 올바른 방향으로 나아가고 있는 것이다. 우리가 이 정의를 더욱 정확하게 하려고 시도하겠지만 일반적으로 말해서 성서적 비밀에 대해 폭넓은 지지를 받는 이와 같은 이해는 옳다. 이 정의에 덧붙여 말한다면, **비밀**은 때때로 오늘날 다음과 같은 의미에 가까운 어떤 것을 뜻한다. 곧 다소 당황하게 만드는 지식을 의미한다. 오늘날의 이해와 대체로 일치하는 것으로서, 구약성서 및 신약성서의 몇몇 본문은 어떤 사람들이 비밀을 이해하지 못하거나 파악하지 못한다고 묘사한다. **비밀**이라는 용어가 의미하는 바를 더욱 역동적이고 심지어 복합적으로 만드는 것은 성서 저자들이 때때로 다음 두 가지 정의를 **동시에** 사용한다는 점이다. (1) 하나님의 지혜는 마침내 계시되었다. 그럼에도 (2) 하나님의 지혜는 일반적으로 믿지 않는 사람들에게 이해될 수 없는 상태로 머물러 있다. 비밀에 대한 성서의 개념은 이 두 가지 생각을 발전시킨다.

우리가 여기서 시도하는 것과 같은 단어에 초점을 맞추는 연구의 문제는 해석자가 한 단어에 쉽사리 너무 많은 의미를 끌어들일 가능성이 있다는 것이다. 다시 말해서 그 용어에 지나치게 많은 의미가 부여될 수 있다. 그렇다면 지나치게 많은 신학이 한 단어 안으로 들어오게 된다. 제임스 바(James Barr)는 『신약신학 사전』(*Theological Dictionary of the New Testament*)에 대해 다음과 같이 비판한다. 곧 그는 이 사전이 단어 하나가 하나의 신학적 개념 전체를 파악할 수 없다는 점을 고려하지 못했다고 주장한다.[2] 사실 다른 단어들도 동일한 신학 개념을 표현할 수 있다.

오래전부터 학자들은 **비밀**이라는 단어가 신약성서에서 전문 용어라는 점을 간파해왔다.[3] 따라서 제임스 바가 제시하는 비판은 대체로 비밀이라는 단어의 연구에는 적용되지 않는다. 전문 용어와 관련해서 그 용

---

2   James Barr, *The Semantics of Biblical Language* (New York: Oxford University Press, 1961), pp. 206-62.
3   예를 들면 다음과 같은 신약학자들이다. Douglas J. Moo, *Epistle to the Romans*, NICNT (Grand Rapids: Eerdmans, 1996, 『NICNT 로마서』, 솔로몬 역간), p. 714; David Aune, *Prophecy in Early Christianity and the Ancient Mediterranean World* (Grand Rapids: Eerdmans, 1983), p. 250; Gerd Luedemann, *Paul, Apostle to the Gentiles: Studies in Chronology*, trans. F. Stanley Jones (Philadelphia: Fortress, 1980), p. 240; Frederick David Mazzaferri, *The Genre of the Book of Revelation from a Source-Critical Perspective* (Berlin: Walter de Gruyter, 1989), p. 213; George Eldon Ladd, *A Theology of the New Testament*, rev. ed. (Grand Rapids: Eerdmans, 1993), p. 421.

어가 나타날 때마다 동일한 신학적 개념이, 심지어 복합적인 개념들도 그 안에 들어 있을 수 있다. 하지만 직접적인 전후 문맥은 그 용어가 사용되는 방법에 더 구체적인 의미를 부여한다. 모이세스 실바(Moisés Silva)는 다음과 같이 주장한다. "전문 또는 준(準)전문 용어들은 정의된 개념이나 관념을 **가리키거나 나타낸다**.…이 개념은 진정한 지시 대상이다.… 한 단어가 언어학 영역 외의 대상이나 실체와 일대일로 상응할 수 있다면, 그 범위 안에서 그 단어는 신약신학 사전에서 특징적으로 사용되는 용어 색인에 기초한 방법이나, 단어 및 사물, 역사-개념적 방법에 종속될 수 있다"(볼드체는 사전 원문을 따름).[4] 그럼에도 불구하고 전문 용어와 관련해서 구체적인 단어를 사용하지는 않는다고 하더라도 구체적인 개념을 염두에 둘 수 있다. 예를 들면 신약성서의 몇몇 본문에서는 비밀이라는 용어가 명백하게 사용되지 않지만 해당 본문에 비밀 개념이 나타난다.

비록 **비밀**은 전문 용어로서 그 단어가 사용될 때마다 동일한 일반적인 개념을 지니지만, 우리는 "부당하게 총체적인 의미를 전달하는 오류"를 범하지 않도록 유의해야 한다. 이 오류는 어떤 주어진 문맥에서 한 단어가 의미론적으로 가능한 모든 의미를 지니고 있다고 간주하는 것을 가리킨다.[5] 다시 말해서 우리는 한 단어에 지나치게 많은 의미를 부여하지 않도록 조심해야 한다. 이와 같은 함정을 피하기 위해 우리는 **비밀**이라는 용어가 사용되는 각각의 전후 문맥을 반드시 신중하고 주의 깊게 탐구하며 이 단어와 다른 단어 및 구절들과의 연관성을 검토해야 한다.

---

4   Moisés Silva, *Biblical Words and Their Meaning: An Introduction to Lexical Semantics* (Grand Rapids: Zondervan, 1983, 『성경어휘와 그 의미』, 성광문화사 역간), p. 107.
5   Barr, *Semantics*, p. 218; 참조. D. A. Carson, *Exegetical Fallacies*, 2nd ed. (Grand Rapids: Baker, 1996), p. 45. Carson은 심지어 전문 용어들도 의미가 "지나치게 많이" 부여될 수 있다고 경고한다.

어떤 사람들은 이 연구 과제의 적합성에 다음과 같은 의문을 제기할 것이다. 왜 고작 한 단어, 곧 신약성서에 단지 스물여덟 번 나타나고 구약성서에는 겨우 몇 번밖에 사용되지 않는 단어 하나에 대해 한 권의 책 전체를 저술하는가? 이 질문에 대한 대답은 해당 단어 자체보다, 물론 그것도 중요하지만, 그 단어와 연결된 개념에 있다. 예를 들면 공관복음서는 종말의 하나님 나라에 대한 개념을 비밀과 연결한다(마 13:11 및 평행본문). 심지어 바울은 고린도전서 2:1, 7에서 그 용어를 그리스도의 십자가 사건과 연결한다. 일단 우리가 비밀이라는 단어의 의미와 중요성을 파악하면, 그다음에 종말의 하나님 나라가 세워져가는 것과 십자가 사건과 같은 주제들을 다룰 수 있을 것이다. 또한 우리는 이 단어가 그와 같은 주제들에 대한 우리의 이해에 어떻게 영향을 미치는지 탐구할 수 있을 것이다. 요약하면 우리는 다음 두 가지를 주요 목표로 삼는다.

1. 구약 및 신약성서에서 사용되는 비밀 개념을 정의하고 그것의 중요성을 파악한다.
2. 신약성서 전체에서 다양하게 사용되는 **비밀**이라는 용어와 결합되어 나타나는 주제들을 가능한 한 정확하게 설명한다.

우리의 탐구가 얻어내는 최종 결과는 하나님 나라, 십자가 사건, 유대인과 이방인의 관계 등과 같은 다양한 주제에 대한 우리의 이해를 더욱 분명하게 해야 한다. **비밀**이라는 단어가 나타나는 대부분의 경우가 구약성서 인용 및 암시와 연결되어 있다는 점은 우연의 일치가 아닐 것이다. 때때로 신약성서 저자들에게 전에 이미 계시된 구약성서에 대한 새로운 "계시"가 주어졌다. 바로 계시에 대한 계시가 주어졌다! 이 연구가 제공하는 추가 유익은 구약성서와 신약성서의 관계에 대해 더욱 정확한 견해를 갖게 되는 것이다. 우리가 앞으로 입증하려고 시도하겠지만 **비밀** 사용에 대한 우리의 연구는 **비밀**이라는 단어가 나타나지 않는 신약성서에서 [예언의] 성취를 나타내는 데 다른 구약성서 본문이 어떻게 사용되는지에 대해 의미심장한 빛을 비춰줄 것이다.

이 연구 과제를 전개하기에 앞서 이 책에서 적용하는 우리의 성서 해석 방법에 기초를 제공해주는 전제 및 해석학적 접근 방법에 대해 논의하는 일이 중요하다.[6] 이 연구 과제의 기초를 제공해주는 첫 번째 중요한 전제는 성서 전체, 곧 구약 및 신약성서가 모두 하나님의 영감으로 기록되었다는 것이다. 이 기본적인 관점은 성서가 모두 하나님의 말씀이기 때문에 성서에는 통일성이 있다는 것이다. 성서에는 분명 신학적으로 중요한 다양성이 존재하지만, 이는 궁극적으로 서로 조화될 수 없는 것은 아니다. 따라서 구약 및 신약성서에서 공통 주제를 찾아내고자 하는 시도는 타당하면서도 건전한 추구다. 비록 성서를 관통하는 가장 중요한 주제가 무엇인가에 대한 해석자들의 견해에 서로 차이가 있다 하더라도, 성서의 궁극적 저자가 하나님이라고 단언하는 이들은 그것에 대해 논의하고 때로는 논쟁도 하는 공통의 데이터베이스를 갖고 있다.

또 하나의 중요한 전제는 인간 저자들을 통해 전달된 하나님의 저작 의도에 오늘날의 독자들도 접근 가능하다는 것이다. 비록 아무도 하나님의 이 의도를 완전하게 파악할 수 없지만, 특별히 구원과 성화 및 하나님의 영광이라는 목적을 위한 의도는 충분히 이해할 수 있다.

이 책은 상호텍스트성에 많은 주의를 기울일 것이다. 하지만 **상호텍스트성**(intertextuality)이라는 까다로운 전문 용어보다 성서 안에서의 암

---

[6] 상호텍스트성(intertextuality)에 대한 이 부분의 진술은 G. K. Beale, *We Become What We Worship: A Biblical Theology of Idolatry* (Downers Grove, IL: IVP Academic, 2008, 『예배자인가, 우상숭배자인가?』, 새물결플러스 역간), pp. 21-25에서 발췌했다.

시라고 말하는 편이 더 좋을 것이다. 이 분야에서 연구 작업을 수행하려면 몇 가지 관심사를 필히 머릿속에 기억하고 있어야 한다. 첫째, 해석자는 나중에 기록된 본문이 이전에 기록된 본문과 문학적으로 연결되어 있음을 반드시 입증해야 한다(예. 고유한 표현이거나 고유한 개념이거나 아니면 두 가지 모두이거나 상관없이). 우리는 다른 해석자들이 시도하지 않는 곳에서 몇몇 본문을 서로 연결하는 작업을 할 것이다. 이 연구 분야에는 최소주의자들(minimalists)과 최대주의자들(maximalists)이 포함되어 있다. 최소주의자들은 암시적인 문학적 연관성을 찾아내는 데 매우 신중하다. 그래서 심지어 최소주의자들이 정말로 그와 같은 연관성을 인정한다고 하더라도, 그들은 그 연관성에 기초한 해석에서 어떤 함의를 끌어내는 것을 매우 불안해한다. 사실 많은 신약학자는 몇몇 구약성서 본문의 원래 의미가 신약성서에서 그 본문을 사용하는 것과 어떤 관계가 있다고 이해하려고도 하지 않는다. 심지어 구약성서 본문이 정식으로 인용될 때조차도 말이다. 이와 정반대 입장에서 우리는 다른 학자들이 시도하는 것보다 더욱 타당한 암시의 가능성을 탐구하려고 한다. 물론 우리는 분명히 본문에 존재하지 않는 의미를 그 안에 집어넣어 읽고자 하는 시도를 피할 것이다. 대신 우리는 전후 맥락에서 각각의 문학적 연관성과 그 중요성 및 의미에 대한 타당한 설명이라고 우리가 판단하는 것을 제시하려고 시도할 것이다. 그와 같은 제안에 기초한 모든 연관성은 가능성 및 개연성과 관련하여 정도의 차이가 있다. 우리는 단지 "개연성이 있는" 연관성만을 제시할 것이다. 비록 모든 학자가 우리가 제시하는 연관성과 그것에 대한 해석의 개연성에 동의하지는 않겠지만 말이다.

몇몇 주석가는 "암시"(allusions)와 구별되는 "반향"(echoes)에 대해 이야기한다. 하지만 이 구별은 다음 몇 가지 이유를 살펴볼 때 궁극적으로 도움이 되지 않는다. 첫째, 어떤 학자들은 두 용어를 거의 동의어로 사용한다.[7] 둘째, 두 용어 사이에서 분명하게 질적인 구별을 시도하는 이들은 암시보다 반향이 구약성서에서 나온 더 적은 분량이나 문자적 일치를 포함한다고 간주한다. 따라서 반향은 암시보다 명백하지 않은, 곧 구약성서에 대한 단순한 언급이다. 이 점을 다른 방식으로 말한다면 반향은 일종의 암시로서 구약성서 본문에 의존할 **가능성이** 있다. 이는 구약성서 본문에 분명하게 또는 **개연성 있게** 의존하는 언급과는 구별된다. 그러므로 우리는 반향을 인식하는 판단 기준과 구별되는 것으로서 암시를 구별하는 기준을 제시하지 않을 것이다.[8] 암시와 반향에 대한 구체적인 판단 기준을 제시하는 일은 바람직하다. 그렇게 하면 독자들은 해석자가 어떻게 판단하는지를 알 수 있다. 하지만 구체적으로 어떤 판단 기준이 가장 좋은지에 대한 학자들의 견해가 서로 다르다는 사실은 우리로 하여금 암시와 반향에 대해 더욱 일반적이고 기초적인 판단 기준을 제시하도록 이끌었다. 결국 신약성서에서 구약성서의 암시 또는 반향이 나올 때마다 적용할 수 있는 명확하고 엄밀한 판단 기준을 찾아내는 일은 매우 어렵

---

7   예를 들면 다음 연구서를 참조하라. Richard B. Hays, *Echoes of Scriptures in the Letters of Paul* (New Haven, CT: Yale University Press, 1989, 『바울서신에 나타난 구약의 반향』, 여수룬 역간), pp. 18-21, 30-31, 119. 하지만 다른 한편으로 Hays는 때때로 인용, 암시 및 반향을 명확하게 구분한다. 그러면서 그는 구약성서에 대한 언급을 (각각) **확실한**(certain), **개연성이 있는**(probable) 및 **가능한**(possible)으로, 즉 아래로 내려가는 평가 기준으로 나타낸다(pp. 20, 23-24, 29).

8   또한 반향은 구약성서에 대한 저자의 무의식적 언급을 포함할 수도 있다. 하지만 그와 같은 언급을 입증하는 것은 더욱 미묘하고 어렵다. 예를 들면 다음 연구서들을 참조하라. G. K. Beale, "Revelation," in G. K. Beale and D. A. Carson, *Commentary on the New Testament Use of the Old Testament* (Grand Rapids: Baker Academic, 2007, 신약의 구약 사용 주석 시리즈 『일반서신·요한계시록』, CLC 역간), pp. 319-21. 비록 Christopher A. Beetham은 "암시"와 "반향"이 서로 명백하게 구별된다고 이해하지만, 의식적인 암시 및 반향을 무의식적인 암시 및 반향과 구분하는 가능성에 대한 논의와 관련해서 그의 다음 연구서를 참조하라. Christopher A. Beetham, *Echoes of Scripture in the Letter of Paul to the Colossians* (Boston: Brill, 2009), pp. 20-24, 34-35. 이런 구분에 대한 그의 논증은 우리가 읽어본 것 중에서 가장 훌륭하다.

다. 따라서 각각의 경우마다 신중한 연구가 이루어져야 한다.

아마도 암시를 입증해주는 판단 기준으로 가장 자주 언급되는 것은 리처드 헤이즈(Richard Hays)가 제시한 판단 기준일 것이다.[9] 헤이즈는 암시가 존재함을 가리키는 데 축적된 효과를 미치는 다음 몇 가지 판단 기준에 대해 논의한다.

1. 저자는 틀림없이 원전(原典)(그리스어 또는 히브리어 구약성서)을 이용할 수 있었다. 저자는 독자들이 자신이 쓴 것을 처음 읽거나 나중에 다시 읽을 때 자신이 의도한 암시를 인식하리라고 기대했을 것이다.
2. 단어나 구문의 유형들이 상당 부분 문자 그대로 반복되어 나타난다.
3. 전후 문맥에서(또는 동일한 저자가 다른 곳에서) 동일한 구약성서 맥락을 언급하는 것이 있는데, 이로부터 의도된 암시가 유래한다.
4. 가정된 구약성서 암시는 적합하고 필요를 충족시킨다. 즉 구약성서에서 해당 본문의 의미가 신약성서 저자의 논점과 주제 측면에서 일치할 뿐만 아니라 그의 논점을 밝혀주고 나아가 수사학적 효과를 높여준다.
5. 신약성서 저자가 그와 같은 암시를 의도했을 수 있다는, 또 독자들이 그 암시를 다양하게 이해했을 수 있다는 개연성이 있다. 특히 신약성서 저자의 글을 나중에 읽을 때에도 그와 같은 개연성이 있다.

---

[9] Hays, *Echoes of Scripture*, pp. 29-32; Hays는 *The Conversion of the Imagination* (Grand Rapids: Eerdmans, 2005), pp. 34-44에서 더 자세하게 논의한다. 우리는 Hays의 판단 기준에 대해 우리 나름의 몇 가지 논평을 설명하여 덧붙였으며, 그의 판단 기준 가운데 일부를 수정했다. Hays의 판단 기준을 따르면서 약간 확대하는 Beetham, *Echoes of Scripture in Colossians*, pp. 28-34도 보라.

그럼에도 불구하고 독자들이 저자가 의도한 암시를 알아차리지 못할 가능성은 언제나 있다(이 부분의 판단 기준은 첫 번째 판단 기준과 어느 정도 겹친다). 또한 만약 신약성서 저자가 구약성서를 사용하는 것과 동시대의 다른 유대교 저자들이 동일한 구약성서 구절을 사용하는 것에서 서로 평행과 유비를 이루는 부분이 나타난다고 입증할 수 있다면, 이는 암시의 타당성을 높여준다.

6. 혹시 다른 학자들도 그와 같은 암시를 알아차렸는지 확인하기 위해 신약성서 구절에 대한 해석 역사를 검토해보는 일도 중요하다. 하지만 이는 암시를 인식하는 데 있어 가장 신빙성이 낮은 판단 기준 중 하나다. 비록 과거의 해석에 대한 연구가 다른 이들이 이미 제시한 가능성 있는 암시를 밝혀줄 수 있다고 하더라도, 그것은 다양한 가능성을 좁히는 방향으로 이끌 수도 있다. 왜냐하면 주석가들은 이전의 주석가들을 따르는 경향이 있고, 주석서에 기초한 전통은 언제나 신약성서 저자가 사용하는 성서 내적 배열을 왜곡하거나 오해하고 그 배열에 대한 새롭고 창의적인 접근 방법을 놓칠 가능성이 있기 때문이다.

우리가 살펴보았듯이 몇몇 학자가 헤이즈의 방법론에 비판적인 입장을 보였다는 사실에도 불구하고 그의 접근 방법은 암시(헤이즈 자신은 "반향"이라는 용어를 좋아하지만)의 타당성에 대한 본질을 분별하고 논의하는 가장 좋은 방법 중 하나다.[10] 궁극적으로 가장 중요한 것은 단어, 단어의

---

[10] Hays의 접근 방법에 우호적인 학자 가운데서 몇몇 표본적인 연구는 다음과 같다. Benjamin L. Gladd, *Revealing the Mysterion: The Use of Mystery in Daniel and Second Temple Judaism with Its Bearings on First Corinthians*, BZNW 160 (Berlin: Walter de Gruyter, 2008), pp. 3-4nn5, 9. 이 부분은 반향, 암시 및 Hays의 방법론을 다루는 데 있어서 다음 책에 기초하고 있다. G. K. Beale, *A Handbook on the New Testament Use of the Old*

결합, 단어의 순서 또는 (만일 나중에 기록된 본문이 독특하다면) 주제의 독특성이다.

그럼에도 암시를 인식하기 위한 증거를 평가하는 작업은 정밀과학이 아니라 문학적 기술임을 기억할 필요가 있다. 독자들은 동일한 증거에 기초해서 다른 판단을 내릴 것이다. 어떤 이들은 특정 참조를 개연성이 있다고 분류하고, 다른 이들은 똑같은 참조를 약간 가능성이 있다고 하거나, 심지어 가능성이 희박해서 분석할 가치조차 없다고 간주할 것이다. 하지만 어떤 이들은 과연 저자가 구체적인 암시를 의도했는지에 대해 여전히 의문을 품을 수도 있다. 그들은 궁금해할지도 모른다. 만약 저자가 정말로 구약성서의 특정 본문으로부터 모든 의미를 전달하려고 의도했다면, 그는 그 본문과의 연관성을 더욱 분명하게 제시했어야 마땅하지 않은가? 이와 같은 몇몇 경우에 (바울과 같은) 후대 저자들은 자신들의 생각 속에 구약성서와의 연관성을 단순하게 전제했을 가능성이 있다. 왜냐하면 그들은 구약성서를 오랫동안 친숙하고 깊이 있게 다뤄왔기 때문이다. 이는 그들의 본문이 논의의 대상이 되는 구약성서 본문과 의미상 아무런 연관이 없음을 뜻하지 않는다. 이는 오히려 저자가 자신이 구약성서의 해당 본문을 참조한다는 것을 의식하지 않았거나, 독자들이 그와

Testament: Exegesis and Interpretation (Grand Rapids: Baker Academic, 2012, 『신약의 구약사용 핸드북』, 부흥과개혁사 역간), pp. 32-35을 보라(여기서 Hays의 접근 방법에 우호적이지 않은 학자들에 대해서도 논의한다). 한편 후대의 구약성서 저자들이 행한 더 이른 구약성서 구절에 대한 암시를 확인하기 위해 Hays와 비슷한 판단 기준을 논의하는 유익한 저서 중에서 다음을 참조하라. Richard L. Schultz, *The Search for Quotation: Verbal Parallels in the Prophets*, JSOTSup 180 (Sheffield: Sheffield Academic Press, 1999), pp. 222-39; B. D. Sommer, "Exegesis Allusion and Intertextuality in the Hebrew Bible: A Response to Lyle Eslinger," *VT* 46 (1996): 479-89. 또한 이 점과 관련해서 Sommer는 더 자세한 조사를 위해 자료들을 언급한다. 구약 및 신약성서 내의 중요한 암시들에 대한 각 사례 분석에 대해서는 예를 들면 다음 연구서를 참조하라. Michael Fishbane, *Biblical Interpretation in Ancient Israel* (Oxford: Clarendon, 1985).

같은 암시 또는 반향을 반드시 찾아내게 하려는 의도가 없었음을 의미한다. 둘 중 어느 경우든 참조에 대한 전거를 확인하고 원래 본문의 맥락이나 전후 문맥에서 오는 의미를 더욱 분명히 밝혀내는 작업은 저자가 강조하거나 암시하는 전제들을 잘 드러낼 것이다. 이 전제들은 해당 본문에서 저자의 명확한 진술을 위한 기초를 형성한다.

이와 같은 상호텍스트성에 대한 논의를 염두에 두고 이제 우리는 구약성서, 초기 유대교 및 신약성서의 비밀을 평가하는 데 우리의 접근 방법을 진행할 수 있다. 정경 구약성서에서 단지 아홉 번 나타나는 이 **비밀**(아람어로는 *rāz*)이라는 전문 용어는 다니엘서에서 발견된다. 반면에 신약성서에서 *mystērion*(그리스어)이라는 단어는 스물여덟 번 나온다. 대체로 초기 유대교는 다니엘서의 비밀 개념에 상당한 빚을 지고 있다. 초기 유대교는 "비밀"을 뜻하는 아람어와 그리스어 단어를 모두 받아들이면서 이 용어를 수백 번이나 사용한다. 우리의 연구 과제는 다니엘서의 **비밀** 개념을 분석하는 것으로 시작될 것이다. 그다음 초기 유대교의 비밀 사용에 대해 간략하게 개관할 것이다. 일단 **비밀**이라는 용어의 타당한 배경을 확증하고 나서 우리는 신약성서에서 이 용어가 나타나는 각각의 사례를 구체적으로 탐구할 것이다.

어떤 이는 왜 우리가 비밀이라는 주제에 대해 저술하기로 결정했는지를 질문할 것이다. 왜냐하면 이 주제에 대해 다른 개관들이 이미 존재하기 때문이다. 이 연구 과제를 저술하고자 하는 우리의 열망은 다음 두 가지 사항에 기인한다. 첫째, **비밀**에 대한 주석적·성서신학적 분석이 부족하다. 둘째, 특별히 **비밀**이라는 단어가 구약성서와 신약성서의 관계를 어떻게 알려주는가에 대한 연구서가 없다. 사실 이전에 나온 비밀에 대한 몇몇 개관은 성서 안에서 **비밀**이라는 단어가 나타난 각 사례에 대해 평가하고 있다. 하지만 그 정보는 지나치게 간략하며 전후 문맥과의 상호작용에 대한 자세한 설명도 제시하지 않는다. 다른 한편으로 특정한 책이나 주제에 알맞은 것으로서 비밀에 대한 몇몇 논문이나 간략한 단행본들이 저술되었다. 하지만 이 저작들은 상당히 주석적인 입장에서 논의하는 경향을 보인다. 따라서 우리의 연구는 **비밀**이라는 용어가 나타나는 각 경우를 분석하고 전후 문맥에 특별한 관심을 기울임으로써 이 부족한 부분을 채우고자 시도한다. 또한 우리는 대부분 **비밀**이라는 용어 사용과 연관되는 구약성서의 주변적인 암시와 인용에 초점을 맞춤으로써 **비밀**이라는 용어가 나타나는 각 경우를 파헤치고자 한다. 다시 말해서 구약성서 인용과 암시를 탐구하는 것은 계시된 비밀의 내용을 풀어서 밝혀내는 데 도움을 준다. 이 연구 결과는 부분적으로 다음 사실을 확인해줄 것이다. 곧 이방 종교 배경에 비추어서 비밀에 대한 신약성서의 개념을 이해하고자 하는 이전의 접근 방법은 최상의 접근 방법이 아니라는 것이다.[11] 이 연구 결과는 상대적으로 더 최근 연구들과 일치하는 것으로서, 신약성서 개념은 주로 구약성서에 비추어서(또한 더 약한 정도로 구약성서에 대한 유대교의 사상적 발전 과정을 참조해서) 이해해야 함을 확인해줄 것이다.

  이 연구서는 성서를 진지하게 연구하고자 하는 학생, 학자, 목회자 및 평신도들을 위해 저술되었다. 이 연구서는 특별히 까다로운 본문들을 다루기 때문에 복잡하며 어떤 부분은 명확하게 이해하기가 쉽지 않다. 이 본문들과 논쟁하는 과정에서 많은 잉크가 소모되었고 학자들은 이 구절 중 많은 부분에 대해 여전히 논의를 계속하고 있다. 우리는 다음과 같은 시도를 통해 독자들이 이 연구서에 더욱 쉽게 접근할 수 있도록 했다. 곧 우리는 이차 자료(주석서, 정기 간행물 등)와의 상호 작용을 제한하고 일차

---

11 이 책의 제11장에서 이와 같은 "종교사적" 접근 방법을 참조하라.

자료(구약성서 및 유대교 문헌)에 초점을 맞추었다. 또한 우리는 각 장의 마지막 부분에 위치한 〈추기〉에서 상호 연관된 구약성서 및 유대교 본문에 대해 많은 논의를 제시했다. 이를 통해 독자들은 각 장의 본문에서 다루는 논의의 흐름을 더욱 쉽게 파악할 수 있을 것이다. 그리고 우리는 〈추기〉가 이 책의 본문에서 다루는 논점들을 더욱 깊고 자세하게 입증해 주리라 기대한다.

우리는 학자 및 학생들이 우리가 탐구한 광범위한 특성에서, 특별히 **비밀**이라는 용어가 구약성서의 언급(그리고 관련된 참고 문헌)과 연결된 방법에서 유익을 얻기를 바란다. 이 연구는 구약 및 신약성서가 어떻게 서로 관련되는지를 강조하기 때문에, 우리는 목회자와 학생들이 이 연구로부터 도움을 얻기를 기대한다. 신약성서는 때때로 구약성서의 인용 및 주제를 포함하지만 그것을 새로운 방법으로 표현한다. 하지만 신약성서는 구약성서와의 연속성을 여전히 유지한다. 평신도 독자들은 각주에 포함된 자세한 논의 중 일부를 무시하고 본문에 초점을 맞추는 게 유익할 수도 있다. 우리는 학생 및 학자뿐만 아니라 진지한 관심을 가진 평신도에게도 우리가 연구하는 과제의 수준을 맞추려고 시도했다. 이미 언급한 대로 구약성서와 유대교 관련 주제나 본문에 대한 더 깊고 세부적인 탐구를 추구하는 이들을 위해 우리는 각 장 끝의 〈추기〉에 많은 논의를 위치시켰다.

우리는 신약성서의 **비밀** 사용에 대한 연구에서 각 경우마다 다음과 같이 동일한 일반적 방법론을 적용할 것이다. 먼저 우리는 신약성서에서 비밀이라는 용어가 나타나는 각 경우마다 전후 문맥을 자세히 살펴볼 것이다. 그다음 우리는 각 경우마다 구약성서 및 유대교적 배경을 탐구할 것이다. 어떤 경우에는 구약성서나 유대교적 배경에 대한 탐구가 많이 요구되지 않을 것이다. 우리는 신약성서의 **비밀**에 대한 각 연구의 끝에서 신약성서가 어떻게 구약성서 및 유대교와 연속적인 동시에 불연속적인 관계에 있는지를 밝히려고 시도할 것이다. 신약성서는 **비밀**이라는 용어를 다양한 방법으로 사용하면서 이를 여러 가지 교리 및 사고에 적용한다. 이 연구 과제의 범위가 상당히 광범위하기 때문에 우리는 각 장에서 우리의 조사를 비교적 간명하고 핵심적으로 수행해야 한다. 제1장은 이 연구 과제의 뼈대 역할을 한다. 따라서 우리는 이 책에서 제1장과 그 안에 들어 있는 개념들을 자주 다시 언급할 것이다.

제1장

:

다니엘서의 비밀 사용

신약성서에서 **비밀**이 어떻게 사용되었는지를 다룰 때 알게 되겠지만,[1] 비록 자주는 아니더라도, 비밀이라는 용어의 사용은 때때로 다니엘 2장과 4장에서 이 용어가 사용된 것을 배경으로 한다. 그러므로 우리는 다니엘서의 **비밀**에 대한 연구로 이 책의 첫 번째 장을 시작한다.

다니엘서에서 **비밀**이라는 단어는 중추적인 역할을 한다. 이 용어는 계시의 상징적 형태와 해석 모두를 압축해서 표현해준다. 게다가 **비밀**은 계시의 내용을 수반하는 종말과 관련되는 요소와 연결되어 있다. 우리는 **비밀**의 특성과 중요성을 파악하기 위해 반드시 다니엘서 내러티브에 세심한 관심을 기울여야 한다.

신약성서에 대한 구약성서 및 초기 유대교 배경을 이해하는 것은 비밀의 의미와 적용을 파악하는 데 있어 결정적이다.[2] 이 배경 자료를 무시

---

1 예를 들면 이 책에서 이어지는 마 13장; 고전 2장; 엡 3장; 살후 2장 및 요한계시록에 대한 장을 보라.
2 해당 출판사의 허락을 받아 이 장의 내용은 다음 연구 논문에서 발췌했다. Benjamin L.

하는 것은 어떤 영화의 후속편을 보지만 그 영화 시리즈의 첫 작품을 결코 보지 않는 것과 약간 비슷하다. 그렇게 하면 관객은 주요 등장인물들과 줄거리를 잘 모를 것이다. 이와 비슷하게 다니엘서나 유대교 문헌의 비밀 사용에 대한 지식이 전혀 없이 단지 신약성서의 비밀(*mystērion*) 사용에 대해서만 연구한다면, 그것은 불가피하게 부정확한 이해라는 결과를 초래할 것이다.

최근 몇 년 동안 학자들이 논의해왔듯이 신약성서의 **비밀** 사용은 다니엘서와 연결되어 있다. 하지만 다니엘서의 비밀 개념을 의미심장하게 발전시킨 학자들의 명단은 놀라울 정도로 짧다. 이 논의들은 일반적으로 다른 연구들에서 파생된 부수적인 논평이나 간략한 비평으로 제한된다. 심지어 비밀이라는 용어가 유대교에서 사용되는 특성을 다루는 중요한 저서들도 이 주제에 대해서는 단지 한 단락의 짧은 글을 제시하는 데 그친다.[3] 하지만 우리는 다니엘서와 유대교에서의 비밀 개념 모두를 어느 정도 상세하게 연구하고자 한다. 왜냐하면 이 장은 이 연구 과제의 나머지 부분을 위한 실질적인 기초를 제공하기 때문이다.[4]

다니엘서와 초기 유대교는 비밀을 이전에는 감추어져 있었지만 나중에 밝혀지는 종말의 사건들에 대한 계시로 제시한다. 성서에서 언급되는

Gladd, *Revealing The Mysterion: The Use Of Mystery in Daniel and Second Temple Judaism with Its Bearing on First Corinthians*, BZNW 160 (Berlin: Walter de Gruyter, 2008), pp. 17-50.

3   Raymond Brown, *The Semantic Background of the Term "Mystery" in the New Testament*, BS 21 (Philadelphia: Fortress, 1968), pp. 7-8; Günther Bornkamm, "μυστήριον, μυέω," in *TDNT* 4:814-15; Markus Bockmuehl, *Revelation and Mystery in Ancient Judaism and Pauline Christianity*, WUNT 36 (Tübingen: Mohr Siebeck, 1990: repr., Grand Rapids: Eerdmans, 1997), pp. 15-16, 48, 101-2.

4   G. K. Beale, *The Use of Daniel in Jewish Apocalyptic Literature and in the Revelation of St. John* (Lanham, MD: University Press of America, 1984), pp. 12-22; G. K. Beale, *John's Use of the Old Testament in Revelation*, JSNTSup 166 (Sheffield: Sheffield Academic Press, 1998), pp. 215-16; Gladd, *Revealing the Mysterion*, pp. 17-50.

비밀을 이해하는 데 핵심적으로 중요한 것은 감추어짐이라는 특성이다. **우리는 비밀의 계시는 전적으로 새로운 계시가 아니라 상당 부분 감추어졌던 무엇이 온전히 드러나는 것이라고 주장할 것이다.** 우리가 이 장에서, 사실 이 책에서 밝혀내고 싶은 것은 완전히 감추어지지는 않았지만 상당 부분 감추어졌던 무엇이 계시되는 비밀에 존재하는 이 긴장이다. 우리는 다니엘 2:20-23에 수록된 찬송과 연결함으로써 다니엘서의 비밀 개념을 밝히고자 한다. 우리는 다니엘서에서 비밀의 두 가지 형태를 관찰하고 그 것과 종말론적 사건들과의 관련성에 주목할 것이다. 비밀에 대한 다니엘서의 이해를 탐구한 후에 우리는 초기 유대교에서 비밀 개념이 두드러지게 나타나는 몇 가지 자료를 간략하지만 주의 깊게 살펴볼 것이다.

다니엘서의 비밀

다니엘서의 다음과 같은 내용이 많은 사람의 흥미를 계속 자극한다는 것은 결코 놀랍지 않다. 다니엘서에서 한 왕은 거대한 신상을 만들어 세운다. 한 사람이 사자들이 있는 굴 안으로 던져지며 무시무시한 네 짐승이 바다에서 나오지만, 결국 구름을 타고 오는 인물에게 심판을 받는다. 또한 다니엘서에서 악의를 품은 대적자들은 이스라엘과 전쟁하며 하나님을 모독한다. 그리고 다니엘서는 하나님의 지혜가 비밀에 대한 계시로서 밝혀지는 다소 독특한 견해를 제시한다. 나아가 다니엘서는 지혜에 대한 구약성서의 이해를 발전시키면서 하나님의 지혜가 상징적인 전달의 형태로 나타난다고 묘사한다. 참으로 특이하게도, 그 전달의 내용이 무엇인지는 천사나 하나님께 특별한 은사를 받은 개인이 반드시 해석해야 한다. 한편 구약성서에서 이전에 지혜가 표현되는 경우에도 그런 특징이 포함되지만(예. 요셉이 창 41장에서 바로의 상징적인 꿈을 해석함), 다니엘서는 이 표현을 더욱 발전시킨다. 즉 다니엘서에서 하나님이 전달하시는 주요 방법은 상징(꿈, 벽에 쓴 글씨 등)을 통해서다. 하지만 다니엘서에서는 전달 방법뿐만 아니라 내용도 발전된다. 여기서는 팽팽한 긴장감이 감도는 종말론적 사건들이 상징적인 전달 안에 자리 잡고 있다. 다니엘서는 "마지막 날에" 일어날 사건들에 대해 할 말이 많다. 종말에 극심한 박해와 통제되지 않는 거짓 가르침이 이스라엘 사람들에게 닥칠 것이다. 그러나 원수는 결국 제압될 것이다. 하나님은 죽은 자 가운데서 의로운 이스라엘 사람들을 일으키시고 불경건한 자들을 심판하시며 그의 영원한 나라를 세우실 것이다.

다니엘서 영역본에 나타나는 *mystery*는 아람어 명사 *rāz*의 번역어로서 다니엘서에서 모두 아홉 번 나타난다(단 2:18, 19, 27-30, 47; 4:9[4:6 MT]). 이 단어가 나타날 때마다 다니엘서의 그리스어 번역본은 일관되게 그리스어 명사 *mystērion*(mystery)으로 번역한다. 우리는 **비밀**이라는 용어를 이해하기 위해 이 단어를 다니엘서의 지혜 개념과 연결할 필요가 있다. 이제 우리는 다니엘서 전체에서 **비밀**과, 이 단어와 짝을 이루는 단어이자 개념인 **지혜**를 분석하고자 한다.

다니엘서에서 **비밀**이라는 단어가 처음 사용되는 두 경우는 다니엘 2장에 나타난다. 다니엘 2장은 느부갓네살이 "꿈을 꾸고서" 매우 놀랐다고 이야기한다. 또한 그는 "마음이 번민하여"(단 2:1) 잠을 이루지 못했다. 느부갓네살은 거대한 신상을 보았는데, 그 신상의 머리는 순금으로, 가슴과 팔은 은으로, 배와 넓적다리는 놋쇠로, 다리는 철로, 발의 일부는 쇠로, 나머지 일부는 진흙으로 만들어졌다(단 2:32-33). 겉으로 보기에 이 신상은 너무 높아서 도저히 파괴할 수 없을 것 같았다. 하지만 "손대지 아니한 돌이 나와서"(단 2:34), 그 신상의 발을 쳐서 부서뜨렸다. 그 결과 거대한 신상의 나머지 부분도 완전히 부서져버렸다. 그다음에 "돌"은 태산을 이루어 온 세상을 가득 채웠다(단 2:35). 그리고 다니엘은 느부갓네살 왕에게 불가사의한 꿈을 해석해주며 다음과 같이 말한다. 곧 그 신상의 네 부분은 네 나라를 상징한다는 것이다(종종 네 나라는 바벨론, 메데-바사, 그리스, 로마로 해석되었다). 네 번째이자 마지막 나라, 곧 일부는 쇠로 일부는 진흙으로 만들어진 발은 하나님의 영원한 나라에게 멸망한다. 그 나라는 "이 모든 나라를 쳐서 멸망시킬" 것이다(단 2:44). 그 거대한 돌은 종말의 하나님 나라를 세우는 데 핵심적인 역할을 한다. 이 돌은 하나님이 임명하신 개인(유대교는 이 돌이 메시아를 가리킨다고 해석했다), 또는 단순히 영원한 나라 자체를 상징할 가능성이 있다(단 2:45).

다니엘이 꿈을 해석하기 전에 느부갓네살 왕은 이미 바벨론의 지혜자들을 불러 꿈에 대해 말하라고 명령했다. 왜냐하면 그는 "그 꿈을 알고자 하여 마음이 번민했기" 때문이다(단 2:3). 하지만 바벨론의 지혜자들은 왕에게 그 꿈이나 그에 대한 해석을 말해줄 수 없었다(단 2:4, 7, 10-11). 그러자 느부갓네살은 바벨론의 모든 지혜자를 다 죽이라는 명령을 내린다(단 2:12-13). 아리옥에게서 이 극단적인 조치의 낌새를 알아챈 후(단 2:14-15), 다니엘은 왕에게 나아가 시간을 달라고 요청한다. 그러면 그가 느부갓네살에게 꿈에 대한 "해석을 알려주겠다고" 말한다(단 2:16).

다니엘의 간청에 따라 다니엘과 그의 친구들은 "이 비밀"(개역개정—"이 은밀한 일")에 대해 "하늘에 계신 하나님이 불쌍히" 여겨주시기를 간구한다(단 2:17-18). 그러자 하나님은 밤에 다니엘에게 환상을 보여주심으로써 그들의 간청에 곧바로 응답하신다(단 2:19). 환상을 통해 비밀에 대해 알게 되자마자 다니엘은 하나님의 이름을 찬송한다. 독자는 다니엘서 내러티브의 이 부분에서 다니엘서 전체를 이해하는 데 핵심적인 역할을 하는 본문을 마주한다. 이 점과 관련해서 다니엘 2:17-19은 다음과 같이 언급한다. 그리고 여기서 **비밀**이라는 단어가 두 번 사용된다(개역개정—

"은밀한 일"[18절], "은밀한 것"[19절]).

이에 다니엘이 자기 집으로 돌아가서 그 친구 하나냐와 미사엘과 아사랴에게 그 일을 알리고 하늘에 계신 하나님이 이 은밀한 일(비밀)에 대하여 불쌍히 여기사 다니엘과 친구들이 바벨론의 다른 지혜자들과 함께 죽임을 당하지 않게 하시기를 그들로 하여금 구하게 하니라. 이에 이 은밀한 것(비밀)이 밤에 환상으로 다니엘에게 나타나 보이매 다니엘이 하늘에 계신 하나님을 찬송하니라.

다니엘 2:18에서 **비밀**이라는 명사는 지시 대명사 "**이**"와 함께 나온다. 이는 앞에서 언급된 내용을 가리킨다. 곧 느부갓네살은 자신이 꾼 꿈과 그에 대한 해석을 알려달라고 요구했다(단 2:4-6, 9, 16). 다니엘은 왕이 꾼 꿈과 그 의미를 "비밀"이라고 이름 붙인다. 느부갓네살의 요구가 꿈과 그에 대한 해석을 모두 포함하므로 **비밀**에는 이 두 가지 구성 요소가 모두 포함된다. 하지만 느부갓네살 자신은 꿈의 내용은 알고 있었지만 그에 대한 해석은 알지 못한 것 같다.[5]

다니엘 4장에 나오는 느부갓네살의 꿈과 비교해보면 왕이 꿈의 내용을 이미 알고 있었음을 알 수 있다. 다니엘 2장에서 왕이 자신의 지혜자들에게 꿈에 대한 해석뿐만 아니라 꿈의 내용도 알려달라고 요구한 이유는 다음과 같다. 누구든지 꿈에 대한 해석을 제시하는 사람은 초자연적

---

5   단 2:16에 의하면 다니엘은 자신이 "왕에게 그 해석을" 알려줄 수 있도록 추가 시간을 주기를 요청한다. 여기서 **비밀**은 단지 꿈에 대한 해석만을 포함할 뿐 꿈 자체를 포함하지 않을 가능성도 있다. 하지만 이런 이해는 전후 문맥에 어울리지 않는다. 왜냐하면 단 2:4, 5, 6, 7, 9, 26에서 꿈과 그에 대한 해석이 같이 언급되기 때문이다. 느부갓네살은 꿈의 내용을 알기 원하지만 그 꿈은 반드시 해석되어야 한다. 다니엘이 꿈에 대한 해석을 왕에게 알려주기 위해 자신에게 시간을 달라고 요청했을 때, 그는 꿈이 왕에게 밝혀줄 내용에 포함될 것을 **상정했다**. 따라서 여기서는 꿈과 그에 대한 해석이 모두 비밀이다(Brown, *Semitic Background*, p. 7; Beale, *Use of Daniel*, p.13을 보라).

인 방법으로 꿈의 내용도 전달받았을 것이고, 따라서 이는 꿈에 대한 해석 역시 타당함을 입증하는 것이기 때문이다. 느부갓네살은 두 가지 상징적인 꿈을 꾸었다. 또한 그는 자신의 꿈이 상징적인 의미를 지니고 있음을 알았다(단 2:1-3; 4:5-6). 두 가지 꿈이 모두 상징이었기 때문에 느부갓네살은 바벨론의 지혜자들을 불렀다. 그들이 그의 꿈을 해석하지 못하자 느부갓네살은 다니엘을 불렀다. 여기서 강조점은 느부갓네살 왕이 자신의 꿈이 상징, 곧 자신에게 비밀로 남아 있는 해석에 대한 추가적인 계시를 필요로 한다는 사실을 알고 있었다는 데 있다. 우리는 느부갓네살이 상징적인 꿈에 대한 해석을 **전혀** 알지 못했는지에 대해 앞으로 언급할 것이다.

이제까지 살펴본 대로 **비밀**이라는 용어는 (다니엘서 관점에서 볼 때) 꿈과 그에 대한 해석을 모두 포함한다. 하지만 다니엘 2:20-23에서 다니엘의 찬송은 비밀과 지혜의 관계에 대해 더 깊은 통찰을 제공해준다. 다니엘이 이 찬송을 부르게 된 동기는 그에게 비밀이 밝혀졌기 때문이다. "이에 이 은밀한 것(비밀)이 밤에 환상으로 다니엘에게 나타나 보이매 다니엘이 하늘에 계신 하나님을 찬송하니라"(단 2:19). 따라서 다니엘 2:20-23의 내용은 비밀의 특성과 곧바로 연결되어야 한다. 왜냐하면 이 구절은 다니엘 2장과 비밀의 특성에 중대한 영향을 미치기 때문이다. 따라서 우리는 먼저 이 구절을 분석하고 그다음 그것을 전후 문맥 및 더 광범위한 맥락과 연결할 것이다.

다니엘 2:20-23의 찬송

다니엘 2:20-22은 하나님의 성품 및 그분과 비밀과의 관계를 독특하게 묘사한다.

20a 영원부터 영원까지 하나님의 이름을 찬송할 것은

20b 지혜와 능력이 그에게 있음이로다.

21a 그는 때와 계절을 바꾸시며

21b 왕들을 폐하시고 왕들을 세우시며

21c 지혜자에게 지혜를 주시고

21d 총명한 자에게 지식을 주시는도다.

22a 그는 깊고 은밀한 일을 나타내시고

22b 어두운 데에 있는 것을 아시며 또 빛이 그와 함께 있도다.

20b절은 20a절에서 하나님의 이름을 찬송하는 이유를 진술한다. "하나님의 이름이 찬송을 받을지어다.…왜냐하면 지혜와 능력이 그에게 속하기 때문이다"(NASB). 더욱이 20b절은 이어지는 절(21a-22b)에서 더욱 구체적으로 설명되며 여기서 중심을 이루는 것 같다. 곧 지혜와 능력은 오직 하나님에게서만 유래한다는 것이다. 21a-21b절은 하나님의 능력에 대해 묘사한다. 곧 하나님은 "왕들을 폐하심"으로써 "때를 바꾸신다". 반면에 21c-22a절은 하나님이 그분의 지혜를 드러내시는 데 관심을 기울인다. 즉 하나님은 "지혜를 주시고…지식을 주시는도다. 그는 깊고 은밀한 일을 나타내시고"라고 말한다. 그리고 22b절은 하나님이 밝혀주시는 것에 대한 기초를 언급하면서 21c-22a절에 대한 근거를 다음과 같이 제시하고 있다. 곧 "그는 심오하고 감추어진 일을 계시하신다. [왜냐하면] 그는 어둠 속에 무엇이 있는지 아시며 빛이 그와 함께 거하기 때문이다"(NASB). 요약하면 다니엘은 하나님을 높이며 그분을 찬송한다. 왜냐하면 하나님은 참으로 능력이 있고 지혜로운 분이기 때문이다. 하나님은 왕들을 폐하고 세우심으로써 그분의 능력을 행사하신다. 또한 하나님은 모든 것을 알고 계시기 때문에 그분의 지혜를 드러내신다.

두 번째 부분인 다니엘 2:23에서 주어가 3인칭 단수에서 2인칭으로 바뀐다. 그리고 이 절은 하나님의 행위를 강조하지만 다니엘과 관련된다.[6]

23a 나의 조상들의 하나님이여, 내가 주(당신)께 감사하고 주를 찬양하나이다.
23b 주(당신)께서 이제 내게 지혜와 능력을 주시고
23c 우리가 주(당신)께 구한 것을 내게 알게 하셨사오니
23d 곧 주(당신)께서 왕의 그 일을 내게 보이셨나이다.

하나님에 대한 다니엘의 찬송은 23a절("내가 주께 감사하고 주를 찬양하나이다")에서 분명하게 표현되며 그의 찬양은 23b-d절에 근거한다. 우리는 다시 지혜, 능력, 계시의 개념을 23b절에서 발견한다. 하나님이 다니엘을 압박감에서 구원해주신 것은 23b절, 곧 "주께서 내게 지혜를 주시고"에서 알 수 있다. 23c-d절은 하나님이 다니엘에게 지혜를 주신 것을 더 자세하게 설명한다. 곧 다니엘은 "우리가 주께 구한 것을 내게 알게 하셨사오니, 곧 주께서 왕의 그 일을 내게 보이셨나이다"라고 찬송한다. 따라서 첫 번째 부분인 20b-22b절이 두 번째 부분에서 다시 반복되지만 다니엘을 언급함으로써 초점이 좁아진다.

우리는 이 찬송을 머릿속에 떠올리면서 다음과 같은 몇 가지 중요한 결론을 끌어낼 수 있다. 첫 번째 부분(단 2:20-22)은 하나님이 왕들을 "폐하시고" "세우시며" 또한 "지혜자들"에게 지혜를 주신다고 분명하게 말한다. 두 번째 부분(단 2:23)에서 하나님은 왕들의 흥망성쇠(곧 느부갓네

---

[6] G. T. M. Prinsloo, "Two Poems in a Sea of Prose: The Content and Context of Daniel 2,20-23 and 6,27-28," *JSOT* 59 (1993): 97.

살)와 관련해서 다니엘에게 지혜를 주신다. 이를 한 걸음 더 나아가게 한다면 다니엘은 이미 다니엘 2:18-19에서 이 계시를 "비밀"(개역개정—은밀한 일)이라고 이름 붙였다. 그러므로 다니엘 2:23에 따르면(이 절은 단 2:20-22을 상정함), **비밀은 감추어진 종말론적 사건들이 완전하게 드러나는 것이라고 처음부터 그리고 일반적으로 정의될 수 있다.**

가장 기본적인 수준에서 말한다면 **비밀**이라는 용어는 하나님이 그분의 지혜를 **계시하심**과 관련된다. 이는 다니엘서 전체에서 계시하다 또는 드러내다를 뜻하는 어휘가 많이 사용되는 이유를 설명해준다. "계시하다"(아람어 $g\bar{a}l\bar{a}$)라는 동사는 여덟 번 나오는데, 하나님이 "비밀"(단 2:19, 28-30), "심오하고 감춰진 것들"(단 2:22, 개역개정—"깊고 은밀한 일")이나 환상을 통해 "메시지"(단 10:1, 개역개정—"한 일")를 "드러내심"을 가리킨다. 하나님의 지혜가 드러남이 이 모든 구절의 공통분모다.

그러므로 비록 다니엘 4장에서 계시를 뜻하는 전문 용어는 사용되지 않지만, 이 장에서 느부갓네살의 꿈을 "계시"라고 부르는 것은 여전히 타당하다. 또한 다니엘 7-12장에서 묘사되는 다니엘의 환상에도 동일한 특성을 적용할 수 있다. 더욱이 다니엘 7:1에서 다니엘은 다니엘 2장과 4장에 나오는 느부갓네살의 꿈과 비슷한 "꿈과 환상을 보았다"(NASB). 하나님이 다니엘 2-4장에서 느부갓네살의 꿈을 알고 해석할 수 있도록 다니엘에게 그분의 지혜를 전달해주셨듯이, 다니엘 7-12장에서도 하나님은 다니엘에게 그분의 지혜를 직접 드러내시며 다니엘이 꿈을 이해하도록 그에게 지혜를 제공하신다.

비밀의 형태

다니엘서의 독특한 특징은 두 부분으로 이루어진 계시(twofold revelation)

의 특성으로, 이는 예언자들이 하나님의 계시를 직접 받는 구약성서의 다른 책들과 대조된다. 이 부분에서 우리의 목표는 다니엘서에 나오는 지혜의 기본 구조를 개관하는 것이다. 이 분석은 다음과 같은 두 가지 주요 특징을 포함한다. 즉 처음에 부분적인 계시가 주어지고, 이어서 그 계시에 대한 자세한 해석이 뒤따른다.

다니엘 2장에서 느부갓네살은 꿈을 꾸고 나서 그 해석을 알고자 한다(단 2:1-13). 하나님은 꿈과 해석─비밀─을 모두 다니엘에게 "밤에 환상으로" 계시하신다(단 2:19). 꿈과 해석은 다니엘 2:31-45에 요약되어 있다. 하나님의 지혜가 드러남은 **해석**(아람어 *pešer*)이라는 용어로 특징지어지는데, 이 용어는 다니엘서에서 서른네 번 사용된다. *pešer*라는 용어에 대한 광범위한 논의는 특히 근동[7] 및 쿰란 연구[8]에서 이루어졌다. 하지만 우리는 당면한 목적을 위해 단지 그 용어가 다니엘서의 **비밀**과 어떻게 관련되는지에 국한해서 논의할 것이다.

해석이라는 용어는 창세기 40-41장을 기억나게 한다. 여기서 술 맡은 관원장과 떡 굽는 관원장은 꿈을 꾸었고 요셉은 그들의 꿈을 "해석"했다(창 40:5-19). 창세기에서도 요셉 외에는 아무도 바로의 꿈을 해석할 수 없었다(창 41:14-32). 요셉이 떡 굽는 관원장과 술 맡은 관원장과 바로의 꿈을 해석한 것과 마찬가지로 다니엘은 느부갓네살의 꿈을 해석한다.

우리는 이제 다니엘 4장에 나오는 느부갓네살의 꿈을 평가하고, 미묘하지만 중요한 비밀의 특징에 주의를 기울이려고 한다. 왜냐하면 다니엘 4장에서도 비밀이라는 단어가 나오기 때문이다(단 4:9; "어떤 은밀한 것(비

---

7   Michael Fishbane, *Biblical Interpretation in Ancient Israel* (Oxford: Clarendon, 1985), pp. 454-56.
8   예를 들면 W. H. Brownlee, "Biblical Interpretation Among the Sectaries of the Dead Sea Scrolls," *BA* 14 (1951): 54-76.

밀)이라도 네게는[다니엘에게는] 어려울 것이 없는 줄을 내가 아노니"). 다니엘이 꿈에 대한 해석을 알려주기 **전에**, 느부갓네살은 자신의 꿈이 지닌 상징적인 의미를 어느 정도 알아차린 것 같다. 이 관찰은 비밀에 대한 우리의 전반적인 이해에 근본적인 수준에서 영향을 미친다. 이 기초 위에서 우리는 **비밀**이 근본적으로 새로운 계시가 아니라 상당 부분(전적으로는 아니지만) 감추어진 무엇을 드러내는 것이라고 주장할 것이다.

다니엘 2장에서 언급되는 사례를 뒤따라 느부갓네살 왕은 다니엘 4장에서 계시의 특성을 지닌 또 다른 꿈을 꾼다. 이 꿈을 꾸고 나서 그는 또다시 바벨론의 지혜자들을 부른다. 다니엘 2장에서 왕은 자신의 꿈을 밝히지 않았는데, 이와 대조적으로 이번에는 꿈의 내용을 그들에게 알려준다. 곧 "내가 그 꿈을 그들에게 말하였으나 그들이 그 해석을 내게 알려주지 못하였느니라"(단 4:7). 느부갓네살은 자신의 꿈에 대한 지식뿐만 아니라 그 꿈의 해석에 대한 **부분적인** 이해도 다니엘에게 알려준다. 그 꿈은 모든 짐승에게 먹을 것을 제공해주며 하늘에까지 닿은 거대한 나무 이야기로 묘사된다(단 4:10-12). 하지만 다니엘 4:13에서 그 꿈이 계속 이어지는데(단 4:13a에서 천사 해석자를 소개하는 형식에 주목하라), 소식을 전하는 그 천사는 꿈을 보완하며 부분적인 해석을 제시한다. 그는 나무가 베어질 것이라고 알려주면서 다음과 같이 그 나무를 **사람**으로 해석한다.

그는 큰소리로 외치며 이렇게 말했다.
"그 나무를 베고 그것의 가지를 자르라.
그것의 잎사귀를 떨고, 그것의 열매를 헤쳐라.
짐승들을 그것 아래에서 떠나게 하고,
그것의 가지에 깃든 새들을 쫓아버려라.
그러나 그것의 뿌리와 더불어 그루터기를 땅에 남겨두고,

그것을 쇠와 놋줄로 동이고

들의 새로운 풀 가운데 두어라.

그가 하늘의 이슬에 젖게 하고,

그가 땅의 풀 가운데서 들짐승과 어울려 풀을 뜯게 하라.

그의 마음이 사람의 마음에서 변하게 하라.

그에게 짐승의 마음을 주어라.

그리고 그가 일곱 때를 지내게 하라"(단 4:14-16, NASB).

이 단락에서 처음부터 끝까지 아람어의 3인칭 대명사(남성 단수)가 사용되는데, 이 3인칭 대명사는 처음에는 나무를 가리키지만 나중에는 나무로 표현되는 사람을 가리킨다. 곧 다니엘 4:15-16에서 천사는 그 나무를 분명히 중요한 인물로 해석한다. 느부갓네살이 꿈속에서 전해 듣는 이야기에서 천사는 그 나무를 왕과 같은 인물로 해석한다.[9] 다니엘 4장의 고대 그리스어 역본(Old Greek)은 이 견해에 특별히 적합하다. 왜냐하면 이 번역본은 꿈에 대한 부분적인 이해를 느부갓네살에게 분명하게 돌리고 있기 때문이다(이 장의 뒤에 위치한 추기 1.1을 보라).

다니엘 4:10-15에서 느부갓네살은 하늘에까지 닿은 나무를 본다. 이는 우연의 일치가 아니다. 왜냐하면 구약성서의 다른 곳에서도 거대한 나무들은 강대국이나 개별적인 왕들을 상징하기 때문이다. 에스겔 17:23(이스라엘), 에스겔 31:1-2, 18(이집트의 왕), 에스겔 31:3-7(앗수르) 등은 모두 다니엘 4:12과 매우 비슷한 표현을 포함하고 있다. 다니엘 4:5에서 느부갓네살은 이렇게 말한다. "나는 꿈을 꾸었다. 그것은 나를

---

[9] 단 2:11에 대한 그리스어 번역본(OG)에서 한 천사가 언급되는데, 그는 해석을 알려준다. 이 점은 단 2장과 단 4장에 나오는 환상에 대한 내러티브가 서로 비슷한 특성을 지니고 있음을 한층 더 가리킨다.

두렵게 했다. 내가 침상에 누워서 생각하는 것과 <u>내 머릿속에 들어 있는 환상들이 나를 계속해서 놀라게 했다</u>"(NASB). 왕이 자신의 꿈에 대해 두려워하는 반응을 보이는 것은 확실히 괴상망측한 꿈의 영향으로 이해할 수 있다. 다른 한편으로 왕의 처신은 **그 꿈이 자신에게 적용되지 않을까라는 의구심**에서 비롯되었을 가능성도 충분히 있다. 다니엘 4장에서 느부갓네살의 꿈은 다니엘 2장에서 언급되는 그의 꿈을 따르고 있다. 다니엘 2장에서 바벨론 제국의 최종적인 멸망은 순금으로 만들어진 머리가 부서짐을 통해 상징적으로 묘사된다(단 2:32-35). 나아가 이는 두 번째 꿈이 자신의 종말과도 관련된다는 사실을 왕이 감지하고 있음을 넌지시 알려준다. 더욱이 왕이 비밀을 해석하는 부분과 관련된 꿈의 해석(단 2:36-45)을 어느 정도 알아차린다는 점은 다음과 같은 관찰에서 제시된다. 곧 천사가 다니엘 4:11-12에서 하늘에까지 닿은 거대한 나무를 묘사하는 것과 거의 동일한 방법으로 다니엘은 느부갓네살 왕의 통치를 묘사한다.

오 왕이여, 왕은 왕들 가운데서도 으뜸가는 왕이십니다. 하늘의 하나님이 나라와 권세와 능력과 영광을 왕에게 주셨습니다. 그리고 사람들과 들짐승들과 하늘의 새들이 어느 곳에 살든지 막론하고, 그분은 **그들을** 왕의 손에 넘겨주시고, 그들을 모두 다스리게 하셨습니다. 왕은 바로 금으로 만들어진 머리이십니다(단 2:37-38, NASB).

그 나무는 점점 자라서 튼튼하게 되었다.
그 높이는 하늘에까지 닿았다.
그것은 땅끝에서도 볼 수 있었다.
그 잎은 아름다웠고 그 열매는 많았다.
그리고 그 안에는 모든 사람을 위한 먹을 것이 있었다.

들짐승들이 그 아래에서 그늘을 발견했다.

그리고 하늘의 새들이 그 가지에 깃들었다.

그리고 살아 있는 모든 피조물이 그것에서 먹을 것을 얻었다

(단 4:11-12, NASB).

다니엘 2장과 4장의 밀접한 연관성은 잘 입증된다. 만약 두 장의 연관성이 타당하다면, 다니엘이 환상을 느부갓네살에게 해석해주기 전에도 왕은 하늘에까지 닿은 나무에 대한 환상이 어느 정도 자신과 관련됨을 십중팔구 믿었을 것이다. 이 주장이 옳든지 그렇지 않든지, 다니엘 4:19-27에서 느부갓네살의 꿈에 대한 다니엘의 해석은 부분적으로 존재하던 해석, 즉 왕 자신이 이미 알고 있던 내용을 더 자세하게 풀어주거나 온전히 해석해준다. 왕은 상징적인 나무가 어딘가에 있는 통치자나 왕을 나타내고 있음을 이미 알고 있었다. 만약 그가 그 꿈이 자신의 종말에 대한 것임을 감지했다면, 그는 상징적인 꿈에 대한 해석을 더 많이 알았던 것이다. 다시 말해서 다니엘은 왕의 꿈, **그리고** 왕이 이미 소유하고 있었던 꿈에 대한 부분적인(아마도 매우 부분적인) 해석을 더욱 자세하게 해석한다!

다니엘 2장에서 느부갓네살의 꿈은 방금 낸 패와 같은 짝의 패를 내는 경우인 것 같다. 다니엘 2:30b에 의하면, 다니엘은 "오직 그 해석을 왕에게 알려서 왕이 마음으로 생각하던 것을 왕에게 알려주려" 한다고 주장한다("생각"은 이미 왕의 마음속에 있었으며, 이는 상징적인 꿈을 단순히 회상하는 것 이상이었을 것이다. 참조. 단 7:1). 이 절은 느부갓네살이 다니엘 2장에서 언급되는 자신의 꿈에 대한 해석을 **어느 정도** 파악하고 있었음을 잘 드러내준다.

다니엘 4장의 이야기와 비슷하게 왕은 "마음이 답답해서 잠을 이루지 못했으며", "그 꿈을 몹시 이해하고 싶어 했다"(단 2:1-3, NASB). 비록

느부갓네살이 바벨론의 지혜자들에게 자신이 꾼 상징적인 꿈을 알려주지 않았지만, 다니엘에게는 꿈의 내용 가운데 일부를 말했을 가능성이 높다. 아마도 그는 그 꿈이 무엇을 의미하는지 스스로 생각한 것을 부분적으로 다니엘에게 말했을 것이다. 하지만 본문이 이 점에 대해 침묵하고 있으므로 어떤 입장을 취하기는 쉽지 않다. 그럼에도 만약 다니엘 2장과 4장이 비슷한 내용과 동일한 등장인물(느부갓네살 왕, 바벨론의 지혜자들 및 다니엘)과 동일한 계시 구조(두 가지 경우가 모두 "비밀"이라고 불림; 단 2:18-19; 4:9)를 포함하고 있다면, 다니엘 4장에서 꿈에 대한 보고에 적용되는 것은 다니엘 2장의 꿈에 대한 보고에도 잘 적용된다. 따라서 다니엘 2장과 4장의 밀접한 연관성으로 인해 느부갓네살은 다니엘이 꿈을 자세하게 설명하기 전인 다니엘 2장에서도 꿈의 상징적인 의미를 어느 정도 간파했을 것이다.

다니엘서의 나머지 부분은 일반적으로 처음의 부분적인 계시와 뒤따르는 해석이라는 확립된 유형을 따르고 있다. 다니엘 5장에는 불가사의한 계시와 해석이라는 두 부분으로 이루어진 유형이 나타난다(단 5:7-8, 15-17, 24-28). 불가사의한 계시는 (꿈과 마찬가지로) 갑자기 사람의 손이 나타나서 벽에 글을 쓴 것이다(단 5:5-9). 오직 다니엘만이 이 글을 정확하게 해석할 수 있는 능력이 있었다. 다니엘 1-6장의 경우와 마찬가지로 다니엘 7-12장에서도 지혜가 드러남은 두 부분으로 구성되는 전형적인 구조로 되어 있다. 다니엘 7장은 오래전부터 다니엘 2장과 연결된다고 간주되었다. 왜냐하면 네 짐승이 네 나라에 비유되기 때문이다. 이와 같은 주제의 연결 외에도 불가사의한 계시와 그 해석은 다니엘 2, 4, 5장과 많이 닮았다. 느부갓네살 및 벨사살과 마찬가지로 다니엘도 다니엘 7:16("그러자 그[천사]가 내게 말하면서 그 일에 대한 해석을 알려주었다", NASB)과 7:19("그때 나는 넷째 짐승에 대한 정확한 의미를 알고 싶었다",

NASB)에서 [자신이 본 환상에 대한] 해석을 구한다.

다니엘 7장의 경우와 마찬가지로 다니엘 8:15-17("나 다니엘이 환상을 보았을 때 나는 그 뜻을 이해하고자 했다.…나는 을래 강의 **두 언덕** 사이에서 사람의 음성을 들었다. 그는 큰소리로 외치면서 다음과 같이 말했다. '가브리엘아, 이 **사람**에게 환상의 의미를 알려주어라'")에서도 다니엘은 [자신이 본 환상에 대한] 해석을 얻기를 바란다(참조. 단 8:18-19). 이전의 에피소드들과 마찬가지로 이 불가사의한 계시는 천사 전달자를 통해 해석된다(단 8:19-26).

다니엘 9장은 다니엘 7-8장과 다르다. 왜냐하면 다니엘은 처음에 환상을 받지 않기 때문이다(단 9:22-23). 대신에 다니엘은 "칠십 년"에 대한 예레미야서의 예언(렘 25:11-12; 29:10)을 읽는다. 그렇지만 예레미야가 칠십 년에 대한 예언을 "여호와의 말씀"(단 9:2)으로 받았다는 사실을 주목할 필요가 있다. 따라서 다니엘은 하나님이 예레미야에게 **계시하신** 것을 읽고 있는 것이다. 다니엘은 하나님이 예레미야에게 계시하신 것을 "깨닫고", 예레미야의 예언에 대한 해석이 이스라엘에게 정해진 포로 기간이 문자적으로 칠십 년이라는 사실을 포함하고 있음을 이해한다(단 9:2). 게다가 "예레미야의 계시"와 관련해서 하나님은 환상을 통해 다니엘에게 더 자세한 해석을 전하신다(단 9:22-23). 이번에도 하나님은 또 다시 천사를 통해 알려주신다(단 9:22-23, 24-27). 천사의 해석은 예레미야의 예언에 대한 일종의 비유적인(아마도 모형론적인) 이해였을 것이다.[10]

---

[10] 이 점에 대해 예를 들면 다음 논문을 보라. Meredith G. Kline, "The Covenant of the Seventieth Week," in *The Law and the Prophets: Old Testament Studies Prepared in Honor of Oswald Thompson Allis*, ed. John H. Skilton (Phillipsburg, NJ: P & R, 1974), pp. 452-69. Kline은 단 9:24-27이 예레미야의 예언에 대한 일종의 "해석" 또는 "재해석"임을 부인한다. 하지만 우리는 Kline의 구조 안에서 다음과 같은 이해가 허용될 수 있다고 믿는다. 즉 단 9:24-27은 이스라엘의 칠십 년 포로 생활에 대한 예레미야의 예언이 역사적으로 성취된다는 것에 대한 모형론적 암시라는 것이다(pp. 454, 460-64을 보라. 이 부분은 모형론적인 해석을 가리킬 가능성이 있다). 이 점에 있어서 70인역의 대하 36:21-

여기서 강조점은 다니엘이 예레미야에게 주어진 하나님의 계시에 대해 처음에 그 의미를 이해했지만, 나중에 천사가 더 깊은 해석을 알려주었으며, 이는 처음 계시에 대한 해석에 기초한다는 것이다. 여기서 다시 "부분적으로 감추어짐―더욱 분명하게 계시됨"이라는 개념이 표현된다. 만약 천사가 알려준 이 해석이 예레미야의 원래 예언에 대한 다니엘의 문자적 이해에 기초하고 그것에서 비롯되지 않았다면, 다니엘은 예레미야의 예언에 대한 천사의 자세한 해석을 거의 이해하지 못했을 것이다.

다니엘 10-12장은 다니엘서에서 소개되는 마지막 환상으로 이루어진다. 이 환상의 경험은 다니엘 2장뿐만 아니라 다니엘 7-8장에서 발견되는 주제들을 더욱 발전시킨다.[11] 이전의 환상들과는 달리 이 환상은 두 단계로 이루어진 접근 방법(처음에는 감추어졌다가 나중에 드러나는 계시)을 명백하게 사용하지 않는다. 하지만 이 환상도 이와 같은 구분을 암시할 수 있다. 왜냐하면 다니엘 10:21에서 천사는 "나는 진리의 책에 기록된 것을 네게 알려줄 것이다"(NASB)라고 말하면서 계시를 직접 전달하지 않기 때문이다. "기록된"과 "책"이라는 개념은 손이 나타나서 벽에 글을 쓴 다니엘 5장을 강력하게 암시하고(단 5:24-25) 천사가 해석하는 역할을 하고 있음을 제시할 것이다.[12]

의미심장하게도 다니엘은 다니엘 2장에서 자신에게 계시된 꿈에 대한 해석뿐만 아니라 다니엘 10-12장에서(단 10:1, 11-14을 보라) 종말의 환상

---

22. 레 26:34 및 렘 25:12 사이에 밀접한 문자적 평행이 이루어지고 있음에 주목하라. 이 절들은 모두 이스라엘의 칠십 년 포로 생활을 예언하며 상호텍스트적 연관성을 보여준다. 이 세 본문을 서로 연결해주는 언어적 평행에 대해서는 G. K. Beale, *The Erosion of Inerrancy in Evangelicalism* (Wheaton: Crossway, 2008), pp. 139-42을 보라.

11 Tremper Longman, *Daniel*, NIVAC (Grand Rapids: Zondervan, 1999), p. 245.
12 참조. David W. Gooding, "The Literary Structure of the Book of Daniel and Its Implications," *TynBul* 32 (1981): 68.

과 그것의 선포에 대한 나중 설명을 이해한다. 여기서 다니엘은 다니엘 10-12장의 "말씀"과 환상을 이해했다고 한다. 그럼에도 불구하고 다니엘 12:4, 8-9이 분명하게 알려주듯이 다니엘은 나중에 주어진 계시에 대해 자세하게 설명하는 상당 부분을 여전히 이해하지 못한다(예. 단 12:8에서 "내가 듣고도 깨닫지 못한지라"에 주목하라). 상세한 예언을 "간수하고 봉함"(단 12:4, 9)한다는 것은 그 예언이 아직 성취되지 않고 있는 기간과 그것이 사람들에게 이해되지 않는 기간을 모두 가리킨다. 따라서 예언의 성취는 더 광범위하고 분명한 이해를 가져올 것이다. 이 점에서 우리는 다니엘이 처음에는 다니엘 2장의 계시와 관련된 꿈을 전혀 이해하지 못했으며 나중에 왕의 꿈을 자세하고 분명하게 이해하게 되었음을 알게 된다. 그다음 다니엘 2장 및 7장에 대한 자세한 설명과 다니엘 10-12장의 종말론적인 환상은 종말론적 사건들에 대한 다니엘의 기본적인 이해를 더욱 분명하게 다시 확인해준다. 하지만 결국 심지어 다니엘조차도 여전히 종말론적 사건들에 대해 단지 부분적으로만 이해하고 있음이 다니엘 12:4, 8-9에서 분명하게 드러난다. 왜냐하면 다니엘 11:1-12:3에서 다니엘이 보고 들은 내용의 상당 부분은 오직 환상을 통해 주어진 예언이 성취되어야만 비로소 온전히 파악될 수 있기 때문이다.

그러므로 우리의 분석에 의하면 다니엘서의 지혜는 두 부분으로 이루어진 구조적 특징을 지닌다고 할 수 있다. 곧 상징을 통한 계시와 그 계시에 대한 해석이다. 계시는 꿈, 글, 이전의 예언 및 환상의 형식을 취한다. 그러므로 이와 같은 계시의 형식을 두 갈래로 나누는 것은 그릇된 시도일 것이다. 왜냐하면 이 양식에서 각 요소는 하나님의 계시된 지혜를 표현하기 때문이다. 그럼에도 꿈, 글 및 구약성서와 같은 몇 가지 전달 방법으로 더 상세한 해석이 제공되기까지 계시는 대체로 그 의미가 감추어진 상태로 남아 있다. 하지만 꿈에 대한 설명에 포함된 부분적인 해석은 꿈이 처음에 계시될 때 그 안에 간직되어 있을 수 있다는 점에 주목하라. **온전한** 해석은 개개인에게, 심지어 그 꿈을 직접 본 사람(즉 느부갓네살, 다니엘)에게도 알려지지 않은 상태로 남아 있다. 나중에 더 자세하고 분명한 해석이 주어져야 비로소 처음에 비밀로서 감추어진 계시는 이해된다. 그리고 환상을 통해 예언된 종말론적 사건들이 성취될 때라야 비로소 더욱 자세하고 분명하게 이해하게 된다(예. 종말론적 사건들이 전개되는 동안 "지혜 있는 자들"이 중요한 통찰을 누림을 강조한다는 데 주목하라. 단 11:33-35; 12:3, 10).

우리의 연구는 비밀이 이전에 감추어졌으나 이제 밝혀진 계시를 구성한다는 일반적인 원리를 단언한다. 하지만 우리는 처음에 주어진 상징적인 계시가 비록 그것의 상당 부분을 알 수 없지만 완전히 감추어진 것은 아니라고 덧붙임으로써 이 정의를 가다듬는다. "부분적인 감추어짐—더욱 자세하고 분명하게 계시됨"이라는 개념은 다니엘 2장과 4장에서 명백하게 드러난다. 그리고 **비밀**이라는 단어는 다니엘서에서 실제로 이 두 장에서만 나타난다. 따라서 이어지는 계시는 종말론적 사건들에 대한 의미를 더욱 분명하고 자세하게 드러낸다. 우리는 "부분적인 감추어짐—더욱 자세하고 분명하게 계시됨"이라는 이 개념이 다니엘 2장과 4장뿐만 아니라 9장에서도 명백하게 드러나고 있음을 입증하려고 노력했다. 이 책이 의도하는 범위 내에서는 혹시 동일한 개념이 표현되어 있는지를 확인하기 위해 다니엘 5장, 7-8장과 10-12장을 상세하게 분석하여 충분히 다룰 만할 여유가 없다. 또 이 장들의 구절에서 그런 개념이 명백하게 드러나지 않을 수도 있다. 하지만 우리는 다니엘서에서 뒤따르는 계시들은 이전 계시의 유형을 따르리라고 예상할 수 있다. 왜냐하면 특히 그 계시들은 나중에 다시 다루어지기 **때문이다**(특히 단 2장의 내용은 단 7장에서 상당 부분 다시 개괄되며, 단 8장, 9장 및 10-12장에서 각각 다양한 정도로 다시 개괄된다). 이 점과 관련해서 우리는 다니엘 10-12장을 간략하게 논의했고, 종말론적 환상과 예언의 성취는 진정으로 다니엘이 이제까지 부분적으로 이해한 이 예언들을 더욱 분명하고 자세하게 이해하게 한다는 사실을 간과했다. 따라서 다니엘서에는 실제로 삼중 유형이 존재한다. 즉 (1) 예언적인 환상에 대해 조금밖에 이해하지 못한다(단 2장에서 느부갓네살, 단 4장에서 느부갓네살과 다니엘이 이 경우일 가능성이 있다). (2) 예언을 더욱 자세하고 광범위하게 밝혀주는 해석이 뒤따른다. (3) 그다음에 이전보다 더욱 자세하고 광범위하게 이해하도록 하는 예언의 성취가 뒤따른다.

비밀의 종말론적인 구성 요소

다니엘서에 의하면 지혜는 종말론적 사건들에 대한 지식과 관련된다. 여기서 **종말론적** 사건이라는 표현은 "마지막 날"에 일어나는 사건들을 의미한다. 구약성서에서 "마지막 날"과, 이와 동일한 의미를 지닌 다양한 표현은 종말을 가리키며 구약성서 전체에서 사용된다. 구약성서에서 이 표현은 무엇보다도 환난의 시기(신 4:30; 8:16; 겔 38:8, 16), 이스라엘의 회복(사 2:2; 렘 23:20; 30:24; 호 3:5; 미 4:1)과 이스라엘에 평화와 번영이 시작되도록 하는 통치자(창 49:1; 민 24:14)와 관련된다. 다니엘 2:28에서 다니엘은 비밀이 지니고 있는 가장 통찰력 있는 특징 중 하나를 다음과 같이 표현한다. "비밀을 계시하시는 분은 하늘에 계시는 하나님이십니다. 그분은 느부갓네살 왕에게 마지막 날에 무슨 일이 일어날지를 알려주셨습니다"(NASB). 다니엘은 느부갓네살에게 다음 두 가지 개념을 분명하게 전달한다. 즉 다니엘의 하나님은 "비밀을 계시하시는 분"이며, 다니엘 2장에서 비밀은 구체적으로 "마지막 날"(개역개정—"후일")과 관련된다. 다니엘 2:29에서 다니엘은 이 개념을 다음과 같이 더욱 발전시킨다. "왕이여, 당신이 침대 위에서 장래에[OG: '마지막 날에'] 일어날 일에 대해 생각하고 있을 **때**, 바로 비밀을 계시하시는 분이 무슨 일이 일어날지 당신에게 알려주셨습니다."

꿈의 내용을 고려할 때 다니엘 2:28-29에 나오는 종말에 대한 용어들은 매우 적절하다. 거대한 신상은 결국 "돌"에 의해 부서질 네 나라를 **나타낸다**(단 2:35, 44-45). 네 나라는 한 "나라에게 멸망하며 그 나라는 영원히 지속될 것이다"(단 2:44, NASB). 다니엘 2:45에서 다니엘은 마지막 날과 관련된 용어를 사용하면서 그 꿈의 절정을 다음과 같이 요약한다. "왕께서 손으로 떠내지 않은 돌 하나가 산에서 잘려져 나와서 그것이 쇠와 놋쇠와…부서뜨린 것을 보셨습니다. 이것은 위대하신 하나님이 장래에[OG: '마지막 날에'] 일어날 일을 왕에게 알려주신 것입니다." 다니엘서의 나머지 부분은 이 주요 주제―하나님 나라는 결국 느부갓네살을 포함하여 다른 나라들을 무너지게 할 것이다―를 다루고 있다.

비밀이라는 용어를 분석하면서 몇몇 주석가는 다니엘 4장이 종말과 관련되지 않으며 다니엘 2장과 전혀 다르다고 간주하는 경향이 있다. 그러나 이 입장은 다니엘 4장과 2장의 관계를 제대로 고려하지 않는다. 다니엘 2:21에 의하면 하나님은 다음과 같은 일을 행하신다.

때와 계절을 바꾸시며
왕들을 폐하시고 왕들을 세우시며

다니엘 4:28-33은 대단히 인상적인 방법으로 하나님이 왕을 "폐하시고"(단 2:21; 4:31) 다니엘 4:10-26에 나오는 비밀을 즉시 성취하신다는 한 가지 사례를 보여준다.[13] 사실 다니엘 2장의 환상은 부분적으로 첫 번째 나라(순금으로 만들어진 머리)인 바벨론에 관심을 기울인다. 그리고 다니엘 4장은 바벨론의 왕에 대한 심판의 시작에 초점을 맞추고 있다. 이는 다니엘 2장에서 부분적으로 예언되었다(비록 단 4장에서 심판은 단 2장에서처럼 정점에 이르지 않지만, 다니엘서의 맥락 안에서 결정적인 심판에까지 이르는 것으로 이해될 수 있었다).

다니엘 7-12장은 다니엘 2장에서 요약된 종말론적 사건들에 대해 더욱 자세하게 묘사한다. 다니엘 2장의 경우처럼 네 나라는 하나님의 영원한 나라에게 멸망한다(단 7:11-14). 다니엘 7장에서 비밀 개념은 하나님의 통치에 의해 멸망하는 네 나라로 규명되는 네 짐승을 나타낸다. 다니엘 8장에서 비밀 개념은 두드러지게 종말론적인 특성을 보인다(단 8:17-26).

이와 마찬가지로 다니엘 10-12장에 나오는 다니엘의 마지막 환상은 종말론적 언어를 포함하고 있다. 다니엘 10:14에서 천사 전달자는 앞으로 일어날 일에 대한 환상의 내용을 다음과 같은 말로 시작한다. "이제 내가 마지막 날에 네 백성에게 일어날 일을 깨닫게 해주려고 왔다. 왜냐하면 이 환상은 앞으로 일어날 일과 관련된 것이기 때문이다"(NASB).[14] 다니엘 11-12장의 종말론적 사건들은 왕들의 흥망성쇠와 안티오코스 4세와 종말론적 대적자(들)의 적대감을 포함하고 있다. 이와 같은 고난에도 불구하고 남은 자들이 있을 것이다. 이들은 죽은 사람들이 다시 살아날 때 마침내 신원될 것이다.

요약하면 감추어진 비밀의 내용은 마지막 날에 일어날 사건들과 관련된다. 이 종말론적 사건은 주로 최후의 환난, 이스라엘을 대적한 자들의

---

13 Beale, *Use of Daniel*, p. 15.
14 같은 뜻의 종말론적인 언어가 단 11:20, 27, 35; 12:4, 7, 9, 13(참조. 11:13) 등에서도 발견된다. 비록 이 절들에서는 "마지막 날"이라는 표현이 사용되지 않지만 **마지막 때**와 **정해진 때**와 같은 용어가 사용된다.

흥망성쇠, 종말의 하나님 나라가 세워짐, 그리고 마지막으로 이스라엘의 의로운 자들의 신원 등을 포함한다.

결론

비밀에 대한 계시는 대략 하나님이 이제까지 대부분 알려지지 않았던 종말론적 사건들에 대한 지혜를 온전히 알려주시는 것이라고 정의할 수 있다(단 2:20-23). 하나님은 주로 한 개인이나 천사가 전해주는 꿈과 환상을 통해 그분의 지혜를 전해주신다. 다니엘서 전반부에서 하나님은 그분의 지혜를 느부갓네살과 다니엘 모두에게 주신다. 반면에 다니엘 7-12장에서는 오직 다니엘만이 (해석하는 천사를 통해) 하나님의 지혜를 받는다.

다니엘 2장과 4장에서 비밀의 구조는 다음 두 가지 특징을 지닌다. 먼저 한 개인이 상징적인 의미가 있는 꿈을 받는다. 그다음에 그 꿈에 대한 자세한 해석이 뒤따른다. 다니엘서의 다른 부분에 나오는 환상(단 7, 8, 10-12장), 글(단 5장) 및 이전의 예언(단 9장)에서도 이 구조가 발견된다. 두 단계로 이루어진 비밀의 요소는 계시의 감추어진 특성과 그 계시에 대해 뒤따르는 해석을 알려준다. 곧 비밀은 대부분 감추어져 있었지만 이제 더욱 자세하게 계시되었다. 처음 계시는 전적으로 감추어져 있었던 것이 아니라 단지 부분적으로만 감추어져 있었다. 그리고 뒤따르는 계시는 종말론적 사건들에 대해 자세한 의미를 알려준다.

추기 1.1: 다니엘 4장에 대한 그리스어 구약성서의 해석

다니엘 4장에 대한 고대 그리스어 역본(Old Greek)은 다니엘서에 대한 가장 초기의 주석 중 하나다. 이 번역은 천사가 꿈에 대해 처음에 해석한 것을 증언한다(참조. 도표 1.1; 밑줄이 그어진 표현은 그리스어 번역본이 아람어 본문을 확대했음을 나타낸다). 테오도티온(Theodotion)의 그리스어 역본은 마소라 텍스트(MT)에 훨씬 더 가깝다. 반면에 고대 그리스어 역본은 천사의 처음 해석을 상당히 확대한다. 가장 주목할 만한 차이점은 마지막 절에서 나타난다. 여기서 고대 그리스어 역본은 다음과 같이 번역한다. "나[느부갓네살]는 그에게 꿈을 묘사했다. 그리고 그[다니엘]는 내게 그에 대한 모든 해석[pasan tēn synkrisin]을 알려주었다"(단 4:15[단 4:18 영역본 및 개역개정]). 하지만 마소라 텍스트와 테오도티온 역본은 단순히 "해석"(아람어 pišrā; 그리스어 to synkrima)이라고 읽는다. 이 부분에서 고대 그리스어 번역은 자신에게 온전한 해석이 주어지기에 앞서 왕이 정말로 자신의 꿈에 대해 스스로 부분적으로 이해했거나 해석했다고 암시해주는 것 같다. 이 점과 관련해서 다음과 같이 왕에게 계시된 꿈의 일부로서 다니엘 4:14a에 대해 고대 그리스어 번역에서 덧붙인 것은 우리의 흥미를 끈다. 곧 "그리고 그는 감옥으로 인도되었다. 그들은 그에게 놋쇠로 된 수갑과 족쇄를 채웠다. 나는 이 모든 것을 보고 대단히 놀랐다. 그래서 내 눈에서 잠이 달아났다." 여기서 분명한 것은 마음속에 있는 대상이 나무가 아니라 매우 중요한 인물이라는 점이다. 바로 이 점이 왕의 "놀람"과 그에게서 잠이 달아난 것에 대한 부분적인 이유였다. 나아가 이 요점은 다니엘이 나중에 왕에게 그의 꿈에 대한 자세한 해석을 알려주기에 앞서 왕이 스스로 나무의 상징에 대한 해석을 부분적으로 깨닫고 있었음을 가리킨다. 곧 왕은 나무가 심판을 받으리라고 묘사되는 중요한 인물을 상징하고 있음을 깨달았던 것이다. 그리고 그는 이 인물이 바로 자기 자신이 아닐까라고 의심했을 가능성이 높다. 이어지는 다니엘의 해석은 왕에게 이 그림을 뚜렷이 보여주고 더욱 자세하게 밝혀주었다.

도표 1.1

MT(NASB)	Old Greek	Theodotion
단 4:10 내가 침대에 **누워 있을 때 이것들이** 바로 내 마음속에 나타난 환상들이었다. 나는 보고 있었다. 그리고 보라. 땅의 한가운데 한 나무가 있었다. 그 키는 매우 컸다.	단 4:7(10) 나는 자고 있었다. 그리고 보라. 큰 나무 하나가 땅에서 자라고 있었다. 그 모습은 매우 거대했다. 그리고 <u>그 나무와 같은 것은 전혀 없었다</u>.	단 4:7(10) 내 침대 위에서 나는 보고 있었다. 그리고 보라. 나무 하나가 땅의 한가운데 있었다. 그리고 그 키는 매우 컸다.
단 4:11 그 나무는 점점 자라서 튼튼하게 되었다. 그리고 그 키는 하늘에 닿았다. 그리고 땅의 모든 끝에서도 그 나무를 볼 수 있었다.	단 4:8(11) 그리고 그 모습은 거대했다. 그 나무의 꼭대기는 하늘에 닿았다. 그리고 그 나무의 가지는 구름에 닿았다. 그래서 하늘 아래의 지역을 가득 채웠다. 해와 달이 그 나무 안에 살면서, 온 땅을 비추었다.	단 4:8(11) 그 나무는 점점 크게 자라서 튼튼해졌다. 그리고 그 꼭대기는 하늘에까지 닿았다. 그리고 그 나무의 가지는 온 땅의 끝까지 퍼져나갔다.
단 4:12 그 나무의 잎은 아름다웠고, 그 열매는 풍성했다. 그래서 그 나무 안에 모든 사람을 위한 먹을 것이 **있었다.** 들짐승들이 그 나무 아래에서 그늘을 발견했다. 그리고 하늘의 새들이 그 나무의 가지에 깃들었다. 그리고 모든 생물이 그 나무에서 먹이를 얻었다.	단 4:9(12) 그 나무의 가지 길이는 약 서른 스타디온이었다. 그리고 땅의 모든 동물이 그 나무 아래에서 그늘을 발견했다. 그리고 공중의 새들이 그 나무 안에서 새끼를 낳았다. 그 나무의 열매는 풍성했고 좋았다. 그리고 그 나무는 모든 생물을 먹였다.	단 4:9(12) 그 나무의 잎은 아름다웠다. 또한 그 나무의 열매는 풍성했다. 그리고 모든 사람을 위한 먹을 것이 그 나무 안에 있었다. 그리고 사나운 짐승들이 그 나무 아래 살았다. 그리고 공중의 새들이 그 나무의 가지에 살았다. 그리고 모든 육체가 그 나무에서 먹었다.
단 4:13 **내가** 침대 위에 **누워 있을 때**, 내가 내 마음속에 나타난 환상들을 보고 있었다. 그리고 보라. **천사** 감시자, 거룩한 이가 하늘에서 내려왔다.	단 4:10(13) 나는 내 꿈속에서 계속해서 보고 있었다. 그리고 보라. 한 천사가 하늘로부터 권능을 부여받고 보냄을 받았다.	단 4:10(13) 나는 침대 위에 있는 동안 밤의 환상을 계속 보고 있었다. 그리고 보라. 거기에 이르(Ir)가 있었다. 그리고 거룩한 이가 하늘로부터 내려왔다.
단 4:14 그가 큰 소리로 외치면서, 다음과 같이 말했다. "그 나무를 베어버리고, 가지를 잘라내라. 그 나무의 잎사귀를 떨구고 그 열매를 흩어버려라. 짐승들이 그 나무 아래에서 달아나게 하라. 그 나무의 가지에서 새들도 쫓아내라."	단 4:11(14) 그리고 그가 외치면서 말했다. "그 나무를 베어버려라. 그리고 그 나무를 없애버려라. 왜냐하면 지극히 높으신 이가 그 나무를 <u>뽑아내서 그것을 쓸모없게 만들라고 명령했기 때문이다</u>."	단 4:11(14) 그리고 그가 힘차게 외쳤다. 그리고 그가 이렇게 말했다. "그 나무를 베어버리고, 그 나무의 가지를 잡아 뜯고, 그 나무의 잎사귀를 떨구고, 그 나무의 열매를 흩어버려라. 그 나무 아래 있는 동물들을 뒤흔들어라. 그 나무의 가지 위에 있는 새들도 뒤흔들어라."

MT(NASB)	Old Greek	Theodotion
단 4:15 그러나 그 나무뿌리의 그루터기를 땅에 남겨두라. 하지만 **그 나무를** 쇠줄과 놋줄로 동여매고, 그것을 들판의 새 풀 속에 두라. 또한 그가 하늘의 이슬에 젖게 하라. 그리고 그가 땅의 풀 가운데서 들짐승과 함께 어울리게 하라.	단 4:12(15) 그리고 그는 이와 같이 말했다. "그 나무의 뿌리 가운데 하나를 땅속에 남겨두라. 그래서 그가 소와 같이 산속에 있는 땅의 동물들과 함께 풀을 먹을 수 있게 하라."	단 4:12(15) 그럼에도, 그 나무 뿌리의 그루터기를 땅에 남겨두라. 그리고 그것을 쇠줄과 놋줄로 동여매라. 그리고 그는 야외의 부드러운 풀과 하늘의 이슬 가운데 누울 것이다. 그리고 그는 땅의 풀 가운데서 짐승들과 더불어 제 몫을 받을 것이다.
단 4:16 그의 마음이 사람의 마음에서 변하게 하라. 또한 그에게 짐승을 마음을 주라. 그리고 그에게 일곱 때의 시기가 지나가게 하라.	단 4:13(16) "그리고 그의 몸이 하늘의 이슬로부터 변하게 하라. 그리고 그가 동물들과 일곱 해 동안 풀을 먹게 하라."	단 4:13(16) "그의 마음이 사람들의 마음에서 변하게 하라. 또한 그에게 짐승의 마음을 주라. 그리고 그에게 일곱 계절이 바뀌게 하라.
단 4:17 이 판결은 **천사** 감시자들이 내린 것이다. 그리고 이 결정은 거룩한 이들의 명령이다. 그래서 살아 있는 자들이 지극히 높으신 이가 사람의 나라를 다스리시고, 그가 원하는 사람에게 그 나라를 주시며, 사람들 중에서 가장 낮은 사람을 그 나라 위에 세우심을 알게 하려는 것이다.	단 4:14(17) 하늘의 주님이 하늘과 땅에 있는 모든 것에 대한 주권을 지니시며, 그분의 뜻대로 무엇이든 그들에게 행하신다고 그가 인정하기까지[14a]. 그 나무는 어느 날 내 앞에서 베어졌다. 또한 그 나무의 파멸은 어느 날 한 시간 안에 일어났다. 그리고 그 나무의 잎은 모든 바람에 흩날렸다. 나아가 그 나무는 질질 끌려가서 버려졌다. 그는 땅의 짐승들과 함께 풀을 먹었다. 그리고 그는 감옥에 보내졌으며, 그에게 수갑과 놋으로 만든 족쇄가 채워졌다. 나는 이 모든 일에 매우 놀랐다. 그리고 내 눈에서 잠이 달아났다.	단 4:14(17) 판결은 이르(Ir)의 의도에 의해 내려지고, 요구는 거룩한 이들의 말씀이다. 그래서 살아 있는 자들이 지극히 높으신 이가 사람들의 나라의 주인이시고, 그가 자기의 뜻대로 그 나라를 누구에게든지 주시며, 그가 사람들이 경멸하는 것 위에 그 나라를 세우심을 알게 하려는 것이다.

MT(NASB)	Old Greek	Theodotion
단 4:18 이것이 바로 나 느부갓네살 왕이 본 꿈이다. 이제 너 벨드사살아, **내게** 그 꿈에 대한 해석을 말하라. 내 나라의 지혜자들은 아무도 내게 해석[*pišrā*]을 알려주지 못한다. 그러나 너는 할 수 있다. 왜냐하면 네 안에 거룩한 신들의 영이 있기 때문이다.	단 4:15(18) 그리고 내가 아침에 내 침대에서 일어났을 때, 나는 다니엘, 곧 학자들의 지도자이자 꿈을 해몽하는 사람들의 우두머리를 불렀다. 나는 그에게 그 꿈에 대해 묘사해주었다. 그러자 그는 내게 그 꿈에 대한 모든 해석[*pasan tēn synkrisin*]을 알려주었다.	단 4:15(18) 이것이 바로 나 느부갓네살 왕이 본 꿈이다. 그리고 너 벨드사살아, 그 의미를 말하라. 왜냐하면 내 나라의 모든 지혜자는 그 의미[*to synkrima*]를 내게 설명할 수 없기 때문이다. 그러나 너 다니엘은 할 수 있다. 왜냐하면 거룩한 신적 영이 네 안에 있기 때문이다.

만약 이것이 고대 그리스어 역본에 대한 올바른 이해라면, 이는 그리스어 번역자가 다니엘 4장의 아람어 본문의 의미를 무엇이라고 생각했는지를 밝혀준다. 또한 그것은 우리가 이 장의 앞부분에서 내린 **비밀**의 정의—처음에 **부분적으로** 감추어진 계시가 나중에 더욱 자세하게 드러난—와 일치한다.

제2장
:
초기 유대교의 **비밀** 사용

비밀은 다니엘서뿐만 아니라 초기 유대교에서도 중요한 역할을 한다. 사실 이 용어는 사해 사본(Dead Sea Scrolls: DSS)에서 즐겨 사용되던 용어였다. 사해 사본은 문학적인 총서로서 다양한 텍스트(외경 및 위경 문헌, 종파 관련 문서, 구약성서 본문 등)를 포함한다. 사해 사본은 쿰란 공동체가 기원전 3세기에서 기원후 1세기 사이에 작성한 것 같다. 이 유대교 종파는 사해 바로 북쪽에 위치한 사막에서 신앙 공동체를 이루며 살고 있었다. 이 종파의 저술에는 구약성서 주석, 자신들의 신앙 공동체에로의 입단과 관련된 규정 및 행동 규범, 종말론적 전쟁을 대비하는 세부 지침에 대한 텍스트 등이 포함되어 있다.

쿰란 공동체는 **비밀**이라는 용어를 대단히 선호하는 경향을 지니고 있었다. 사해 사본은 이 용어를 다니엘서와 다르지 않은 방식으로 백 번도 넘게 이용한다. 사해 사본에서 이 용어를 자세히 검토하는 작업은 대단히 어렵다. 왜냐하면 쿰란 공동체가 이 용어를 다양한 방법으로 채택하여 사용했기 때문이다. 우리는 더욱 두드러지고 독창적인 용례 중 몇 가지에 대한 추적을 시도하여 다니엘서에 대한 우리의 이전 연구와 더불어 이 연구 과제의 나머지 부분에서 우리에게 도움이 될 기초를 세우려고 한다.

쿰란에 살았던 종파가 **비밀**이라는 용어를 중요하다고 판단한 유일한 유대교 집단은 아니다. 비밀이라는 용어는 「에녹 1서」(*1 Enoch*), 「바룩 2서」(*2 Baruch*), 「시빌의 신탁」(*Sibylline Oracles*)과 다른 저서들에서도 나타난다. 이 유대교 문헌들은 서로 다른 상황에서 살았던 유대인들이 이 용어를 어떻게 이해했는지에 대한 통찰력을 우리에게 제공해준다. 최근에 몇몇 학자가 이 유대교 문헌에서 사용된 비밀 개념에 대해 탐구했다. 하지만 여기서 그들의 연구 과정을 되짚어볼 필요는 없다.[1] 비록 간략하기는 하지만, 우리의 의도는 비밀이 언급되고 전개되는 주목할 만한 문헌 중 몇 가지를 개관하려는 것이다. 우리는 이 간략한 조사가 더욱 철저한 분석이 제공할 수 있는 뉘앙스를 제시하지 못한다는 점을 인정한다. 하지만 우리의 희망은 대표적인 견본을 제공하는 것이다. 우리는 정보를 더욱 잘 처리할 수 있도록 만들기 위해 다니엘서에 대한 우리의 분석에 따라 이 연구를 진행해나갈 것이다. 또한 우리는 사해 사본과 다른 유대교 문헌의 자료를 통합할 것이다. 우리가 앞으로 살펴보겠지만 **비밀**은 부분적으로 감추어졌으나 나중에 더욱 자세하게 밝혀지는 계시의 종말론적이며 이중적인 특성을 지닌다.

1　초기 유대교에서 비밀이라는 용어에 대한 철저한 개관은 다음을 보라. Benjamin L. Gladd, *Revealing the Mysterion: The Use of Mystery in Daniel and Second Temple Judaism with Its Bearings on First Corinthians*, BZNW 160 (Berlin: Walter de Gruyter, 2008), pp. 51-107; Markus Bockmuehl, *Revelation and Mystery in Ancient Judaism and Pauline Christianity*, WUNT 36 (Tübingen: Mohr Siebeck, 1990; repr., Grand Rapids: Eerdmans, 1997); 더 최근의 연구서는 다음과 같다. Samuel I. Thomas, *"Mysteries" of Qumran: Mystery, Secrecy, and Esotericism in the Dead Sea Scrolls*, SBLEJL 25 (Atlanta: Society of Biblical Literature, 2009).

사해 사본의 비밀

비밀과 종말론. 쿰란 문서에는 Sapiential Work A 또는 4QInstruction이라고 불리는 문헌이 있다. 아마도 이 문헌은 쿰란 공동체에서 저술되지 않았을 것이다.[2] 이 지혜문학 안에 **비밀**이라는 용어와 "존재의 비밀"이라는 구절이 두드러지게 나타나는데 「비밀의 책」(*Book of Mysteries*)에서 그 표현이 사용되는 것과도 일치한다. 4QInstruction에서 우리의 연구에 가장 적절한 텍스트 중 몇을 언급한다면 다음과 같다.

> 존재[의 비밀을 숙고해보라]. 또한 구원이 탄생하는 시간을 파악하라. 그리고 누가 영광과 수고를 상속받을지 간파하라(4Q417 1 I, 10-11 = 4Q416 2 I, 5-6; 4Q417 2 I, 2를 보라).

> 해의 시작과 시기의 끝남…그 사이에 일어난 모든 일과 이유와 하나님께서 존재의 비밀을 이해하는 사람들의 귀에 밝혀주신…그 시기에 무슨 일이 일어나게 될지와 관련하여(4Q418 123 II, 2-4).

이 텍스트들[3]과 다른 텍스트들[4]에 비추어볼 때, 우리는 "존재의 비밀"의 몇 가지 특성을 파악할 수 있다. 첫째, "존재의 비밀"이라는 구절은 하나님의 구원 계획 특히 과거, 현재 및 미래 사건들의 계획에 대한 지식을

---

[2] Matthew J. Goff, *The Worldly and Heavenly Wisdom of 4QInstruction*, STDJ 50 (Boston: Brill, 2003), p. 227.
[3] 4Q417 1 I, 10-11에는 내용이 빠져 있지만 해당 텍스트가 4Q418 123 II, 2-4와 평행을 이루고 있기 때문에 그 안에 "비밀"을 부분적으로 메꾸어야 할 것 같다. 4Q418 123 II, 2-4에는 빠진 단어 없이 "존재의 비밀"이라고 명백하게 언급된다.
[4] 4Q417 2 I, 6-13 = 4Q418 43-45 I, 4-10도 보라.

포함한다. 4Q418 123 II, 2-4는 이 점을 "해의 시작과 시기의 끝남…그 사이에 일어난 모든 일과 이유와 그 시기에 무슨 일들이 일어나게 될지와 관련하여"라고 잘 요약해준다. 따라서 비밀은 처음부터 끝까지 모든 우주적인 활동과 관련된다. 특별히 "존재의 비밀"은 쿰란 문헌의 다른 곳에서 때때로 종말의 심판과 관련된다.[5] 비록 이 구절이 마지막 날과 관련된 사건들을 포함하고 강조하지만, 종말론은 단지 존재의 비밀이라는 더 광범위한 범주가 자연스럽게 확장된 것이다. 다시 말해서 존재의 비밀은 하나님이 피조세계에 대해 전반적으로 결정하신 계획이다.[6] 둘째, **비밀**은 단지 구원 역사와 관련된 문제뿐만 아니라 결혼, 빈곤, 부모와 자녀의 관계와 같은 다양한 현실 문제도 포함하는 것으로 보인다.[7] 왜냐하면 비밀에 대한 언급은 주로 피조 질서(예. 창조, 심판) 안에서의 하나님의 활동을 포함하기 때문이다. 그렇다면 사회적·도덕적 쟁점도 피조 질서와 보조를 맞추어야 한다. 다르게 표현하자면 우리는 반드시 우주와 역사에 대한 하나님의 의도와 일치하도록 올바르게 분별하고[8] 그에 일치하는 삶을 살아야 한다.

비밀과 해석학. 최근에 학자들은 유대교의 해석학을 더욱 분명하게 이해하기 위해 사해 사본을 면밀하게 살펴보았다. 이 주석가들 사이에서 특히 흥미를 끄는 것은 (*pešarim*으로 알려진) 구약성서에 대한 주석을 제

---

5 예를 들면 4Q416 2 I, 5-6 = 4Q417 1 I, 10-11; 4Q418 77 2-4 = 4Q416 7 1-3.
6 Torleif Elgvin, "Wisdom and Apocalypticism in the Early Second Century BCE: The Evidence of 4QInstruction," in *The Dead Sea Scrolls Fifty Years after Their Discovery*, ed. Lawrence H. Schiffman, Emanuel Tov and James C. VanderKam (Jerusalem: Israel Exploration Society, 2000), p. 235.
7 예를 들면 4Q416 2 III, 8-10 = 4Q418 9-10; 4Q416 2 III, 13-15.
8 쿰란 공동체는 하나님이 계시하신 비밀을 분별하는 능력 또는 무능력을 크게 강조했다 (1QHa IX, 21; XV, 2-3; 1QS XI, 3; CD-A II, 14; 4Q418 123 II, 4). "육체"의 사람은 이해하고 판단하는 능력이 부족한 반면에 "영적인" 사람은 깊은 지식을 알아낸다.

공해주는 일단의 텍스트다. **비밀**이라는 용어는 이 텍스트들 안에서 단지 세 번 나타난다. 하지만 이 세 경우는 모두 의미심장한 통찰을 제공해준다. 처음 두 번은 하박국에 대한 유명한 주석에서 발견된다.

그리고 하나님은 하박국에게 마지막 세대에 무슨 일이 일어날지를 기록하라고 말씀하셨다. 하지만 그분은 그에게 시대의 완성을 알려주지 않으셨다. 그리고 그[하박국]가 "그렇게 해서 그것을 읽는 사람을 달리게 하라"고 말한 것과 관련해서, 그 해석은 의의 교사에게 속한 것이다. 하나님은 그에게 그분의 종들, 곧 예언자들의 말에 대한 모든 비밀을 알게 하셨다. 환상은 정해진 때 이루어질 것이다. 따라서 환상은 결말을 볼 것이며 반드시 이루어질 것이다. 환상에 대한 해석은 다음과 같다. 마지막 시대는 확장되며 예언자들이 말한 모든 것을 초월한 것이다. 왜냐하면 하나님의 비밀은 놀랍기 때문이다 (1QpHab VII, 1-8).

이 주석에 의하면 비록 하나님이 예언자 하박국에게 "무슨 일이 일어날지를" 말씀하셨지만, 하나님은 처음에 **언제** 이 일이 일어날지는 밝히지 않으셨다. 곧 "그분[하나님]은 그[하박국]에게 시대의 완성을 알려주지 않으셨다."[9] 다시 말해서 의의 교사, 곧 쿰란 공동체에서 최고 권위를 지닌 인물이 이전에 하박국에게 주어진 온전한 계시를 받았다. 이는 예언자 다니엘과 놀라울 정도로 비슷하다.[10] 하나님은 하박국이 예언한 시

---

[9] F. F. Bruce, *Biblical Exegesis in the Qumran Texts* (Grand Rapids: Eerdmans, 1959), p. 9; G. K. Beale, *The Use of Daniel in Jewish Apocalyptic Literature and in the Revelation of St. John* (Lanham, MD: University Press of America, 1984), pp. 37-38.

[10] 몇몇 주석가는 의의 교사가 예언자 다니엘과 비슷한 역할을 한다고 제안한다. 다음을 보라. William H. Brownlee, *The Midrash Pesher of Habakkuk*, SBLMS 24 (Missoula, Mt: Scholars Press, 1979), pp. 30, 112; Bruce, *Biblical Exegesis*, pp. 16-17; Beale, *Use of Daniel*,

기와 내용뿐만 아니라 그 예언의 **완벽한** 의미를 의의 교사에게 계시해주셨다(!). 이 주석에 의하면 "하나님은 그에게 그분의 종들, 곧 예언자들의 말에 대한 모든 비밀을 알게 하셨다." 이는 다음과 같은 개념을 전달해준다. 비록 구약성서의 예언자들에게 계시가 주어졌지만 하나님이 두 번째로 훨씬 더 완벽하게 계시해주실 시기가 남아 있다는 것이다. 의의 교사는 구약성서의 예언과 연속성이 전혀 없는 계시가 아니라 종말론적 사건들의 정확한 시기를 더 세밀하게 알려주는 계시를 받았다. 이 마지막 계시는 적절하게도 "비밀"이라고 불린다. 곧 이전에 구약성서의 예언자들에게는 감추어졌지만 이제 의의 교사에게 알려진 계시다(참조. 1QpHab II, 7-10). 1QH^a X, 13에 의하면 의의 교사는 "정통한 중개자" 또는 더 적합한 표현으로서 "지식의 중개자"라고 불린다. 이 호칭은 쿰란 공동체 내에서 중요한 역할 중 하나를 가리킨다. 학계에서 대다수 견해를 대표하는 존 콜린스(John J. Collins)는 의의 교사를 "공동체를 위한 계시의 공식 중개자"라고 이름 붙인다.[11]

둘째, 이 주석은 다음과 같이 어느 정도 예견되는 구조를 따르고 있는데, 이는 다니엘서에 뿌리를 두고 있는 것 같다. 먼저 구약성서 본문이 인용되고 **해석**이라는 단어가 뒤따른다. 그다음에 이 구절이 쿰란 공동체의 지역 상황에 적용된다. 다니엘서에 의하면 뒤따르는 올바른 풀이 또는 "해석"이 없다면 처음에 주어진 환상은 상당히 무의미하다. 따라서 똑같은 방법으로 쿰란 공동체는 구약성서 예언에 대한 텍스트들을 "환상"으로, 또는 해독을 해야 하는 것으로 간주했다.[12] 왜냐하면 쿰란 공동체의

---

p. 36.

11 John J. Collins, *The Apocalyptic Imagination: An Introduction to Jewish Apocalyptic Literature*, 2nd ed., BRS (Grand Rapids: Eerdmans, 1998), p. 151.

12 Daniel Patte, *Early Jewish Hermeneutic in Palestine*, SBLDS 22 (Missoula, MT: Scholars Press, 1975), pp. 300-308; I. Rabinowitz, "Pesher/Pittaron: Its Biblical Meaning and Its

저자들은 계시적인 특성을 지닌 환상을 강조하지 않았거나 그런 환상을 분명히 경험하지 못했기 때문이다.¹³ **따라서 쿰란 공동체에서 구약성서 텍스트, 특별히 예언은 감추어진 비밀로서 자세하거나 완전한 해석이 필요하다.**

타르굼에서 비밀

사해 사본과 마찬가지로 **비밀**이라는 용어는 몇몇 아람어 타르굼(기원전 1세기에서 기원후 5세기까지)에서 종말론적인 의미를 담은 용어로서 또다시 나타난다. 타르굼은 구약성서의 아람어 번역으로서 유대인들이 구약성서를 어떻게 해석했는지에 대한 통찰을 우리에게 제공해준다.

창세기 49장에 대한 타르굼은 오랜 기간에 걸쳐 상당히 확대되었지만 이 역작의 한가운데서 비밀 개념이 중추적 역할을 한다.¹⁴ 우리는 네오피티(Neofiti)가 창세기 49:1을 아람어에서 영어로 번역한 것을 다음과 같이 상세하게 인용한다.

> 야곱이 그의 아들들을 불러서 그들에게 다음과 같이 말했다. "너희는 모여라. 내가 너희에게 **숨겨진 비밀, 곧 감추어진 종말**을 말할 것이다. 그것은 의로운 사람들에게 상이 주어지고, 악한 사람들이 심판받으며, 에덴의 행복이 무엇인

Significance in the Qumran Literature," *RevQ* 8 (1973): 229-30.
13 하지만 쿰란 공동체는 분명히 자신들이 하나님의 계시에 동참하며 하나님의 계시를 공포함으로써 하늘의 영역에 참여한다고 믿었다. 사해 사본에 포함된 *Songs of Sabbath Sacrifice*에 의하면 이 공동체는 천사들과 함께 하늘의 계시와 비밀을 공포하는 데 참여한다(4Q400 2, 1-3; 4Q401 14 II, 2-8; 4Q403 1 II, 18-27).
14 타르굼에서 비밀과 계시와 관련된 다른 개념에 대한 추가적인 논의와 상세한 설명에 대해서는 Bockmuehl, *Revelation and Mystery*, pp. 94-96을 보라.

지에 대한 것이다." 야곱에게 종말이 계시된 다음에 축복과 위로를 가져오는 정해진 종말이 그들에게 전달되도록 하기 위해 열두 지파가 모두 모여 우리의 조상 야곱이 누워 있던 금 침대의 주변에 섰다. 종말이 야곱에게 계시되자마자 비밀은 그에게 감추어졌다. 그들은 야곱이 자신들에게 구원과 위로를 가져오는 정해진 종말을 말해주기를 기대했다. 하지만 비밀이 야곱에게 계시되자마자 그것은 그에게 감추어졌고 그 문이 그에게 열리자마자 그것은 그에게 닫혔다.[15]

타르굼에서 확대된 이 텍스트는 분명히 비밀을 우리가 이미 상세하게 논의한 몇몇 종말론적인 특징과 연결한다. 첫째, 창세기 49장에서 "비밀"은 "종말"에 대한 지식, "의로운 사람들의 상급" 및 "악한 사람들의 심판"과 "에덴의 행복"을 포함한다. 이 요소들은 각각 종말과 관련된 공통 개념으로서 유대교 문헌 전체에, 특별히 묵시문학(예. 1 En.; 2 Bar.)에 나타난다. 더욱이 "종말" 또는 "마지막 날"[16]에 대한 "비밀"의 계시는 아마도 다니엘 2:28-29을 직접 암시할 것이다(도표 2.1을 보라). 분명히 타르굼은 창세기 49:2-27에서 야곱이 받은 종말에 대한 계시와 자녀들에 대한 야곱의 예언적 축복 사이에 긴장이 있음을 인식했다. 왜냐하면 야곱은 역사의 종말에 대한 계시를 받았지만 그에 대한 세부 내용을 자손에게 구체적으로 말해주지 못했기 때문이다. 타르굼은 다음과 같이 주해함으로써 그 긴장을 완화한다. 곧 밝혀진 비밀―마지막 날에 대한 세부 내용―은 짧은 기간 동안 계시되었지만 이후로 감추어졌다는 것이다.

---

15 볼드체로 표기된 것은 타르굼에서 확대된 내용을 나타낸다. 밑줄 친 단어는 이 책의 저자들이 강조한 것이다.
16 마소라 텍스트의 창 49:1은 분명히 "마지막 날"이라는 표현을 사용한다. 따라서 이 표현은 창 49:1을 다른 종말론적 텍스트들(예. 사 2:2; 단 2:28)과 연결한다. 또한 타르굼의 민 24:14-17에 나오는 **비밀** 사용에서 강력한 종말론적 강조를 주목하라. 또한 타르굼의 해당 텍스트에서도 "마지막 날의 끝"이라는 표현이 사용된다.

도표 2.1

창세기 49:1(Neofiti)	다니엘 2:28
"그에게 종말이 계시되자마자 비밀은 그에게 감추어졌다.…그에게 비밀이 계시되자마자",	"비밀을 계시하시는 분은 하늘에 계신 하나님이십니다. 하나님은 느부갓네살 왕에게 마지막 날에 무슨 일이 일어날지를 알려주셨습니다"(NASB).

그럼에도 이 구절의 요점은 야곱이 종말론적 사건들에 대한 계시나 비밀을 받았다는 것이다. 다니엘서에 의하면 **종말**이라는 용어는 종말론적인 개념을 표현한다. 왜냐하면 이 용어는 종말론적인 맥락에서 반복적으로 나타나며, "마지막 날"[17]이라는 표현과 서로 바꿀 수 있는 것으로 여겨지기 때문이다. 따라서 창세기 49:1(Neofiti)에서는 다니엘서와 같은 비밀 개념이 알려져 있었던 것 같다.[18]

요약하면 타르굼에서 **비밀**이라는 단어가 때때로 비종말론적인 의미로 사용되더라도,[19] 몇몇 경우에서 여전히 종말론적인 색채를 띤다. 이 단어가 "종말" 또는 "마지막 날"이라는 단어와 짝을 이루는 것은 **비밀**이 타르굼에서 종말론적인 의미일 수 있음을 보여준다.

---

[17] 단 8:19; 9:27; 11:13, 27; 12:13; 참조. 단 11:35; 12:4, 7.

[18] Roger Syrén, *The Blessings in the Targums: A Study on the Targumic Interpretations of Genesis 49 and Deuteronomy 33*, Acta Academiae Aboensis 64/1 (Abo: Abo Academi, 1986), p. 121. Martin McNamara도 동일한 언어는 "묵시적인 텍스트, 예를 들면 단 2:18, 28, 30, 47이하에 의존하고 있음을 보여준다"고 주장한다. *Targum Neofiti 1: Genesis: Translated, with Apparatus and Notes* (Collegeville, MN: Liturgical, 1992), p. 215.

[19] 타르굼 문헌에서 몇몇 경우에 **비밀**이라는 용어는 하늘의 "비밀/회의"(미 4:12; 시 25:14; 89:8; 91:1; 111:1; 욥 15:8; 29:4) 또는 단순히 현세의 "비밀" 또는 "회의"(창 49:6 [*Tg. Onq.*]; 수 2:1; 삿 4:21; 9:31; 삼상 18:22; 24:5; 왕하 6:11; 겔 13:9; 시 55:15; 64:3; 83:4; 욥 19:19; 잠 3:32; 11:13; 15:22; 20:19; 25:9; 룻 3:7)를 의미한다.

결론

우리는 유대교의 비밀에 대한 타당한 관점을 다음과 같이 요약할 수 있다. 이는 우리가 1장에서 논의한 다니엘서의 의미와도 일치한다. (1) 비밀은 종말론적이다. 곧 비밀은 "마지막 날"에 일어날 사건들과 관련된다. 한편으로 **비밀**의 종말과 관련된 내용은 매우 일반적일 수 있다. 하지만 이 용어는 자주 의인들에 대한 보상과 심판 또는 구속사의 전개 과정에서의 특징과 같은 마지막 날에 대한 구체적인 측면을 언급한다. (2) 비밀의 계시적 특성에서 핵심은 이 개념이 두 가지 측면을 지니고 있다는 것이다. 곧 처음에 대체로 감추어진 계시는 때때로 드러나며, 나중에 그 의미에 대한 자세한(심지어 놀라운) 해석이 뒤따른다.[20]

추기 2.1: 「에녹 1서」와 다른 유대교 문헌에서 비밀

「에녹 1서: 파수꾼들의 책」. 「에녹 1서」(기원전 2세기)는 다섯 권의 책으로 이루어져 있다. 곧 「파수꾼들의 책」, 「비유의 책」, 「천문학의 책」, 「꿈과 환상의 책」 및 「에녹의 편지」가 있다. 「파수꾼들의 책」(*1 En*. 1-36장)이 아마도 에녹의 저서 중 가장 초기의 저술일 것이다. 이 책은 에녹의 하늘 여행과 타락한 천사들의 엄청난 죄에 대해 묘사한다. **비밀**이라는 전문 용어의 첫 사용은 8:3b에서 나타난다. 곧 "이 모든 [파수꾼들]은 자신들의 아내들과 자녀들에게 비밀들을 계시하기(*anakalyptein ta mystēria*) 시

---

20 유대교에서 특히 쿰란 공동체에서 새로 발전된 의미에 대해 다음과 같은 논쟁이 빚어질 수 있다. 이 새로운 의미는 구약성서 텍스트의 의미 발전과 일치하는가? 아니면 이 발전된 의미는 구약성서 텍스트의 의미와 전적으로 관련이 없는가? 대체로 우리의 견해는 전자의 입장으로 기운다. 하지만 여기서는 지면의 제약으로 이에 대해 논의할 수 없다.

작했다"(저자 사역).²¹ 게다가 9:6에서도 또 다른 비슷한 표현이 발견된다. "그리고 그들은[아자자엘과 다른 타락한 천사들은] 하늘에서 일어난 <u>영원한 비밀들을 계시했다</u>[edēlōsen ta mystēria tou aiōnos]." 이 구절은 파수꾼들이 사람들에게 **불법으로** 계시한 것을 묘사하는 맥락에 들어 있다. 예를 들면 「에녹 1서」 7:1에서 그들은 인류에게 "마술적인 의술"과 "주문(呪文)"을 보여주었다(참조. 8:1-3; 10:7; 65:6; 69:1-16). 아람어 판본은 이 본문을 "[마]술"과 "주문"([ihr]št wlks[pt']; 4Q202 II, 19)이라고 번역한다. 두 번째 단어의 어근인 ḥrš는 "요술사" 또는 "마술사"를 가리키는 구약성서에서 발견된다(예. 사 3:3). 더욱이 최근에 저술한 주석서에서 니켈스버그(Nickelsburg)는 다음과 같이 주장한다. 두 번째 단어는 kš[pt']("주문"[incantations])이 아니라 '[špt']("영을 불러냄"[conjurations])라고 읽어야 한다고 주장한다.²² 만약 니켈스버그가 옳다면 이 단어는 다니엘서를 연상시킨다. 왜냐하면 어근 'šp("영을 불러내다"[conjure])는 대부분 다니엘 1-5장에서 사용되기 때문이다.²³ 이 책이 다니엘서를 미묘하게 암시한다는 점은 비밀 개념에 대한 다니엘서의 전형적 특성을 강화한다.

에녹은 파수꾼들의 계시와 나란하게 하나님이 승인하신 계시의 수신인으로 서 있다(1:2). 그의 하늘 여행은 14:8에서 시작된다. 에녹은 하나님의 보좌가 있는 방에서 처음으로 멈춘다. 그곳에서 그는 하늘 성전에 들어가서 사명을 받는다(14:9-16:3). 그는 계시를 기록하고 전파하는 공식적인 "의의 기록자"가 될 것이다(12:4; 참조. 13:4-6; 14:1-16:4; 82:1). 이 하늘로의 승천—곧바로 유대교 전승이 됨—은 「안식일 희생 제사의 찬

---

21 아람어는 다음과 같이 그리스어로 기록된 내용과 매우 비슷하다. 곧 "[그리고 모두] 자신들의 아내들에게 비밀을 [계시하기] [(lgly)h rzyn] 시작했다"(4Q202 IV, 5 = 4Q202 III, 5).
22 George W. E. Nickelsburg, *1 Enoch*, Hermeneia (Minneapolis: Fortress, 2001), 1:197-199.
23 단 1:20; 2:2, 10, 27; 4:7; 5:7, 11, 15.

송집」(Songs of Sabbath Sacrifice)에서 발견되며, 쿰란 공동체가 하늘의 예배에 참여하는 것과 가깝다.[24] 에녹은 「에녹 1서」의 주요 부분에서 우주의 끝까지 여행한다(18:10-36:4).

다니엘서에서 계시는 "꿈"과 "환상"을 통해 전달된다(예. 단 2:3, 19; 4:5). 「에녹 1서」와 비교해볼 때 다니엘서의 계시에는 우주론적인 요소가 별로 없다. 또한 여행이나 방문에 대한 이야기도 전혀 없다. 하지만 몇 가지 비슷한 점이 있다. 곧 종말론(종말의 심판을 포함하여)에 대한 초점, 즉 죽음 이후의 삶에 대한 강조, 하나님의 보좌가 있는 곳과 천사들이다. 그러나 우리는 이 연구를 위해 이 두 묵시적 저술을 뒷받침하는 계시의 전달 방법에 주목해야 할 필요가 있다. 다니엘서에서 계시 또는 비밀은 주로 꿈에 대한 보고를 통해 밝혀진다. 반면에 에녹은 하늘 보좌로 올라가고 피조세계를 여행함으로써 "비밀"에 대한 통찰을 얻는다.

주목할 만한 다른 유대교 문헌. 유대교 저서인 「열두 족장의 유언」(Testaments of the Twelve Patriarchs)에는 비밀에 대해 서로 구별되는 두 범주가 나타난다. 한편으로 **비밀**은 개인 또는 단체 사이의 비밀(T. Zeb. 1:6; T. Gad 6:5)을 의미할 수 있다. 다른 한편으로 이 용어가 나타나는 다른 경우들은 다니엘서와 비슷하게 기능한다. 「레위의 유언」(Testament of Levi)은 상당히 묵시적인 배경에서 기록된다. 또한 「유다의 유언」(Testament of Judah) 12:6-7과 16:3-4은 감추어진 가르침에 대해 말하는 다른 유대교 문서들과 잘 어울린다(예. 4Q416 2 III, 8-10; 4Q416 2 III, 13-15). 따라서 「열두 족장의 유언」은 비밀에 대한 세속적이며 묵시적인 관점을 모두 포함한다.

필론은 유대교에 헌신하는 입장을 유지하는 **동시에**(예. Leg. 3.71, 100;

---

24 Collins, *Apocalyptic Imagination*, p. 54.

Cher. 48-49), 밀교에 적용되는 비밀 개념도 사용한다. 필론은 헬레니즘의 세계관과 히브리인의 "정통 가르침"의 결합을 추구한다. 따라서 우리는 유대교의 옷을 걸친 이방의 비밀 제의를 얻게 된다. 요세푸스도 **비밀**이라는 용어를 여러 번 사용하지만 셈어의 함축된 의미를 반영하지는 않는다. 대신에 그는 이 단어를 일반적인 헬레니즘 용례에 국한한다(예. *Ant*. 19.30, 71, 104).

「솔로몬의 지혜」(*Wisdom of Solomon*) 2:21-22을 제외하고 외경은 비밀의 종말 개념을 의미심장하게 발전시키지 않는다(예. Sir 27:16-17; Tob 12:7, 11; 2 Macc 13:21). 외경 저자들은 비밀이라는 용어의 묵시적인 측면에 드물게 의존하거나 심지어 거의 인정하지 않는다.

제3장

:

마태복음의 비밀 사용

우리는 앞의 두 장에서 비밀 개념이 어떻게 다니엘서에서 유래하고 사용되었는지, 또한 초기 유대교 문서의 일부분에서 그 개념이 어떻게 비슷한 방법으로 지속적으로 사용되었는지를 탐구했다. 다니엘서의 다소 독특한 점은 두 부분으로 이루어진 계시의 특성이다. 이는 예언자들이 하나님의 계시를 직접 받는 구약성서의 다른 책들과 대조된다. 우리는 비밀에 두 가지 주요한 특징이 있다고 결론지었다. 곧 처음에 부분적인 계시가 있고 나중에 의미심장하고 자세한 해석이 뒤따른다. 계시는 꿈, 글, 이전의 예언 및 환상의 형태를 취하는데, 이는 다니엘 2, 4, 9장에서 가장 분명하게 나타난다. 처음 주어지는 계시 안에는 꿈의 보고에 대한 부분적인 해석이 들어 있다. 따라서 자세한 해석은 개인에게 알려지지 않은 상태로 남는다. 심지어 그것은 꿈속에서 환상을 본 사람(즉 느부갓네살, 다니엘)에게도 알려지지 않는다. 자세하고 심지어 놀랄 만한 해석이 주어진 다음에야 비로소 처음에 상당 부분 감추어졌던 계시는 온전히 이해된다. 다니엘서에 의하면 비밀은 "마지막 날"에 일어날 사건들과도 관련된다.

그 사건에는 대체로 마지막 환난, 이스라엘을 대적하는 자들의 흥망성쇠, 종말의 하나님 나라가 세워짐, 이스라엘의 의로운 자들의 신원이 포함된다.

우리는 이제 사복음서에로 관심을 돌리면서 먼저 예수의 핵심 가르침 중 하나가 이 땅에 하나님의 영원한 나라가 세워지는 일과 관련된다는 점에 주목한다. 이 일은 예수의 사역을 통해 이루어질 것이다. 하지만 이스라엘은 하나님 나라에 대한 예수의 메시지를 거부한다. 한편으로 복음서는 하나님 나라에 대한 예수의 선포를 구약성서의 약속이 성취되는 것으로 제시한다. 하지만 다른 한편으로 하나님 나라에 대한 예수의 가르침은 구약성서 및 유대교의 기대와 다르다. 복음서 저자들은 이런 긴장을 다양한 방법으로 해결하려고 시도한다. 그들의 해결책 중 핵심이 되는 것이 비밀 개념이다. 공관복음서는 예수가 선포하는 종말의 하나님 나라의 특성을 표현하기 위해 **비밀**이라는 용어를 사용한다. 이 나라는 구약성서와 연속적인 동시에 불연속적인 관계에 놓여 있다.

아돌프 폰 하르낙(Adolf von Harnack)의 『기독교란 무엇인가?』(*What is Christianity?*)와 더불어 독일의 자유주의 신학은 절정에 이르렀다. 하르낙과 그와 신학적 입장이 비슷한 다른 학자들(예. 라이마루스[Reimarus], 슈트라우스[Strauss], 브레데[Wrede])에게 예수가 행한 사역의 탁월함은 그의 행위(십자가 또는 부활)가 아니라 그의 가르침에 기초했다. 이 학자들에 의하면 예수의 생애에서 핵심은 도덕적인 가르침에 있다. 알베르트 슈바이처(Albert Schweitzer, 그리고 그의 선구자인 요한네스 바이스[Johannes Weiss])의 선구적인 저서로 인해 예수와 복음서에 대한 이런 도덕적 환원주의는 마치 모래 위에 지은 집이 무너져내리는 것처럼 막을 내리게 되었다. 슈바이처는 역사적 예수에 대해 훨씬 더 맥락과 관련된 접근을 주장했는데, 이는 초기 유대교에 비추어 예수의 생애를 탐구하는 방법이었다.[1] 오늘날 역사적 예수에 대한 논쟁은 사실 슈바이처의 영향력 있는 저서에 여전히 신세를 지고 있다.

슈바이처의 시대에 학자들은 구약성서와 초기 유대교에 비추어 역사적 예수에 대한 그들의 초상화를 계속해서 더 세부적으로 손질했다. 하나님 나라에 대한 예수의 가르침과 행위가 사역의 중심에 있다. 예수는 복음서에서 다른 어떤 주제보다 하나님 나라의 특성에 대해 많이 말한다. 그리고 하나님 나라에 대한 그의 메시지의 중심에는 그 나라의 **역설적인** 특성이 있다. 비록 공관복음서에서 **비밀**이라는 용어가 단지 몇 번밖에 나타나지 않지만 이 단어는 종말의 하나님 나라에 대한 예수의 가르침에서 중추적인 역할을 담당한다.

비밀이라는 용어의 중요성은 공관복음서 연구에서 주목받아왔다. 조지 래드(George Eldon Ladd)는 "하나님 나라의 비밀은 그 나라에 대한 예수의 가르침에서 독특한 요소를 이해하는 데 열쇠 역할을 한다"[2]라고 주장한다. 우리는 래드의 견해가 옳다고 믿는다. 우리가 앞으로 밝히겠지만 예수의 사역과 선교의 상당 부분은 하나님 나라의 특성과 관련된다. 그러나 예수의 하나님 나라 개념은 대체로 구약성서 및 유대교의 기대에서 벗어나 있다. 그렇다면 예수의 하나님 나라 개념은 구약성서 및 유대교의 개념과 어떻게 다른가? 이 장의 목적은 바로 이 질문에 대답하는 것이다. 우리는 마태복음에서 사용되는 **비밀**을 탐구하고 이 단어가 직접적이고 더 광범위한 맥락에서 어떻게 기능하는지를 판단할 것이다. 앞으로 알게 되겠지만 마태복음에서 비밀은 그 내용(종말의 하나님 나라의 도

---

1   Albert Schweitzer, *The Quest of the Historical Jesus: A Critical Study of its Progress from Reimarus to Wrede*, 3rd ed., trans. W. Montgomery (London: Black, 1956).
2   George Eldon Ladd, *The Presence of the Future: The Eschatology of Biblical Realism* (Grand Rapids: Eerdmans, 1974), p. 227.

래)과 형식(부분적으로 감추어졌다가 나중에 더 자세하게 밝혀지는 계시) 모두에서 다니엘서와 연결된다.

전후 맥락

공관복음서에서 **비밀**(*mystērion*)이라는 단어는 세 번 나온다(마 13:11; 막 4:11; 눅 8:10). 이 용어는 각 복음서의 중요한 부분에서 발견되며 일관되게 하나님 나라의 특성에 대한 예수의 가르침과 관련하여 사용된다. 각 복음서 저자는 씨 뿌리는 자의 비유를 말하고 나서 예수가 비유를 해석해 주기 전에 이 용어를 사용한다. 우리의 목적을 위해 우리는 단지 공관복음서 내러티브에서 이 용어의 의미를 결정해야 한다. 마태복음이 해당 내용을 가장 자세하게 소개하기 때문에 우리는 주로 마태의 내러티브를 다루겠지만 다른 두 공관복음서의 이야기에도 주목할 것이다.

마태복음을 연구하는 학자들이 마태복음의 전반적 구조에 대해 논쟁을 벌이고 있지만 많은 학자는 예수의 가르침이 마태복음의 전반적 구조에서 상당 부분을 차지하고 있다고 확신한다.[3] 마태복음 13장은 마태복음에서 세 번째 담론 부분을 구성하며 정말로 중요한 담론이라 할 수 있다.[4] 다른 두 공관복음서와 마찬가지로 이 담론은 특별히 하나님 나라의 특성에 대해 말한다. 이는 예수의 사역에서 이 시점까지 지속적으로 떠오르고 앞으로도 계속해서 제기될 다음과 같은 의문에 대답하려고 시도한다. 왜 어떤 사람들은 하나님 나라를 이해하고 예수의 메시지를 받아

---

3   예를 들면 David L. Turner, *Matthew*, BECNT (Grand Rapids: Baker Academic, 2008), pp. 8-10; D. A. Carson, *Matthew*, EBC (Grand Rapids: Zondervan, 1984), pp. 50-51.
4   예를 들면 Craig Keener, *The Gospel of Matthew: A Socio-Rhetorical Commentary* (Grand Rapids: Eerdmans, 1999), p. 371을 보라.

들이는 반면에 다른 사람들은 그렇게 하지 않는가?[5]

우리의 연구를 위한 핵심 구절은 마태복음 13:10-17이다.

제자들이 예수께 나아와 이르되 "어찌하여 그들에게 비유로 말씀하시나이까?" 대답하여 이르시되 "천국의 비밀을 아는 것이 너희에게는 허락되었으나 그들에게는 아니되었나니 무릇 있는 자는 받아 넉넉하게 되되 없는 자는 그 있는 것도 빼앗기리라. 그러므로 내가 그들에게 비유로 말하는 것은 그들이 보아도 보지 못하며 들어도 듣지 못하며 깨닫지 못함이니라. 이사야의 예언이 그들에게 이루어졌으니 일렀으되 '너희가 듣기는 들어도 깨닫지 못할 것이요 보기는 보아도 알지 못하리라. 이 백성들의 마음이 완악하여져서 그 귀는 듣기에 둔하고 눈은 감았으니 이는 눈으로 보고 귀로 듣고 마음으로 깨달아 돌이켜 내게 고침을 받을까 두려워함이라' 하였느니라. 그러나 너희 눈은 봄으로, 너희 귀는 들음으로 복이 있도다. 내가 진실로 너희에게 이르노니 많은 선지자와 의인이 너희가 보는 것들을 보고자 하여도 보지 못하였고 너희가 듣는 것들을 듣고자 하여도 듣지 못하였느니라."

이 장은 씨 뿌리는 자의 비유로 시작한다(마 13:3-8). 제자들은 비유를 듣고 나서 어리둥절한 상태에 있었는데, 이는 아마도 무리의 정서를 반영하는 것 같다(마 13:2). 제자들은 예수에게 다음과 같이 질문한다. "왜 당신은 사람들에게 비유로 말씀하십니까?"(TNIV) 예수는 제자들의 질문에 "천국의 비밀을 아는 것이 너희에게는 허락되었으나 그들에게는 아니되었나니"(마 13:11)라고 대답한다.[6] 또 예수는 다음과 같이 말한다. 즉

---

5 R. T. France, *Gospel of Matthew*, NICNT (Grand Rapids: Eerdmans, 2007), p. 499.
6 마가와 누가는 "그들에게는[*ekeinois*] 그것[천국의 비밀에 대한 지식]을 아는 것이 허락되지 않았지만"(마 13:11)이라는 마태의 진술과 약간 다르게 표현한다. 마가는 "외인

"외인[들]" 또는 "큰 무리"(마 13:2)는 계시된 비밀에 접근하지 못하기 때문에 예수가 선포하는 하나님 나라의 특성을 파악할 수 없다. 예수는 마태복음 13:14-15에서 이사야 6:9-10을 인용하면서 왜 자신이 무리에게 비유로 말하는지를 설명해준다(마 13:12-13). 예수는 비유의 목적을 밝히고 나서 무리와는 달리 제자들은 이해할 수 있다고 다음과 같이 단언한다. "그러나 너희 눈은 봄으로, 너희 귀는 들음으로 복이 있도다"(마 13:16). 제자들은 이해할 수 있을 뿐만 아니라 구약의 예언자들도 지니지 못한 영적 통찰을 지닌다. 곧 "많은 선지자와 의인이 너희가 보는 것들을 보고자 하여도 [그것을] 보지 못하였고 너희가 듣는 것들을 듣고자 하여도 [그것을] 듣지 못하였느니라"(마 13:17). 마태복음은 비밀과 연결되는 이 절을 포함하고 있는 유일한 공관복음서다. 이 절은 비밀 개념에 본질적인 한 가지 공통 주제, 곧 비밀의 감추어짐을 언급하고 있다. 비밀은 당연히 일종의 감추어진 형태를 포함하기 때문에 우리는 비록 간략하기는 하지만 감추어짐에 대한 다니엘서의 개념을 언급하고 이를 우리가 마태

[들][exō]에게는 모든 것을 비유로 하나니"(막 4:11)라고 묘사한다. 그리고 누가는 마가와 매우 비슷하게 "다른 사람[들](loipois)에게는 비유로 하나니"(눅 8:10)라고 표현한다. 마태의 독특한 표현은 비밀의 본질이 더 묵시적인 특성을 지니고 있음을 반영할 것이다. 마태는 비밀에 대한 지식이 단순히 "그들에게" 또는 "외인들"에게 주어지지 않는다고 주장함으로써 다음과 같은 분명한 주제를 언급한다. 곧 하나님은 자신의 절대 주권에 기초해서 사람들을 선택하시고 그들에게 묵시적인 지혜를 알려주신다는 것이다. 하나님이 다니엘을 다루시는 것을 전형적인 예로 들 수 있다. 단 2:17-18에서 다니엘은 하나님이 (바벨론의 "지혜자들"이 아니라) 자신에게 느부갓네살의 꿈과 그에 대한 해석을 알려주시기를 기도한다. 하나님이 자신의 기도에 응답하시자(단 2:19), 다니엘은 단 2:20-23에서 하나님을 찬송한다. 여기서 하나님은 "지혜자"에게 지혜를 알려주시는 분으로 간주된다. 곧 하나님은 "지혜자에게 지혜를 주시고 총명한 자에게 지식을 주시는도다"(단 2:21b). 똑같은 주제가 단 2:30에서 다음과 같이 또다시 언급된다. 하나님이 "내게 이 은밀한 것을 나타내심은 내 지혜가 모든 사람보다 낫기 때문이 아니라 오직 그 해석을 왕에게 알려서 왕이 마음으로 생각하던 것을 왕에게 알려주려 하심이니이다." 따라서 예수가 선택된 그룹에게 지혜를 알려주는 것은 다니엘서의 패턴을 따르며 마태의 기술에서 강화된다.

복음에서 발견하는 것과 연결할 것이다.

다니엘서와 마태복음에서 감추어짐

비밀이라는 용어에는 감추어짐과 관련해서 두 단계가 있는 것 같다. 곧 "일시적인 감추어짐"과 "영속적인 감추어짐"이다.[7] "일시적인 감추어짐"이라는 표현은 부분적으로 감추어진 계시의 특성을 의미한다. 곧 일정 기간 알려지지 않은 상태로 있지만 결국 최종적이며 더욱 완벽한 형태로 밝혀지는 계시를 말한다. 반면에 "영속적인 감추어짐"은 지속적으로 감추어지는 비밀의 특성에 더욱 관심을 기울인다. 심지어 계시가 완벽하게 밝혀져 절정에 이를 때조차 계시의 자세한 의미가 몇몇 사람들에게 파악되지 못한 채로 남아 있다.

다니엘서는 이 두 가지 특성에 대해 모두 말한다. 비밀 개념은 하나님의 구원 역사 계획에 대한 감추어진 특성을 언급할 수 있다. 다니엘 2:28은 이 특별한 주제에 대해 다음과 같이 구체적으로 말한다. "오직 은밀한 것을 나타내실 이는 하늘에 계신 하나님이시라. 그가 느부갓네살 왕에게 후일에 될 일을 알게 하셨나이다." 여기서 느부갓네살 왕이 꿈속에서 본 신상에 대한 계시의 해석은 처음에 상당 부분 그에게 감추어져 있었다. 하지만 전후 맥락에서 이 계시는 종말에 세워질 하나님의 영원한 나라와, 이방 나라들의 멸망을 언급하고 있다고 분명하게 해석된다(단 2:36-45; 참조. 단 4:19-27; 5:25-28; 7:15-27; 8:15-26). 이 예는 "일시적

---

[7] 이 주제에 대한 더 깊은 숙고에 대해서는 Benjamin L. Gladd, *Revealing the Mysterion: The Use of Mystery in Daniel and Early Judaism with Its Bearing on First Corinthians*, BZNW 160 (Berlin: Walter de Gruyter, 2008), pp. 133-36을 보라.

인 감추어짐"의 범주에 속한다.[8]

감추어짐의 두 번째 측면(영속적인 감추어짐)도 다니엘서에 나타난다. 다니엘 12:8-9은 다니엘이 자신에게 말과 환상으로 주어진 예언적 계시(단 10:1-12:3)를 이해할 수 없었다고 다음과 같이 묘사한다. 곧 "내가 듣고도 깨닫지 못한지라"(단 12:8). 한 천사는 다니엘에게 다음과 같이 알려준다. 이 말이 성취될 "마지막 때까지 이 말을 간수하고 이 글을 봉함하라"(단 12:9). 그다음에 단 12:10에서 천사는 이렇게 말한다. 그 예언의 말이 성취될 때까지 "악한 자는 아무것도 깨닫지 못하되 오직 지혜 있는 자는 깨달으리라." 그리고 그때까지 기다리는 사람은 "복이 있으리라"(단 12:12). 따라서 신자(예. 다니엘)와 불신자 모두가 종말에 대한 예언을 이해하지 못했다.[9] 예언이 성취될 때 참된 성도는 이해하지만 불신자들은 계속해서 깨닫지 못할 것이다. "왕이 다니엘에게 말했다. '너희 하나님은 참으로 모든 신의 하나님이시요, 모든 왕의 주인이시다. 오직 그분만 <u>감추어진 비밀</u>을 계시하신다. 왜냐하면 너[다니엘]는 이 비밀을 밝힐 수 있기 때문이다'"(단 2:47, 저자 사역).

다니엘서 내러티브 전체에서 비밀은 대체로 느부갓네살에게 감추어졌다(단 2장 및 4장). 왜냐하면 그는 자신의 꿈을 대부분 이해할 수 없었기

---

8   "일시적인 감추어짐"이라는 주제는 유대교 안에서도 선례를 찾을 수 있다. 예를 들면 1QpHab VII, 1-8을 보라.
9   이 책 제2장에서 우리가 다음과 같이 한정한 것을 상기하라. 다니엘이 느부갓네살 왕에게 꿈으로 전달된 계시의 의미를 해석해주었기 때문에 느부갓네살과 바벨론의 지혜자들과 같은 불신자들도 단 2장에서 언급되는 종말의 예언에 대한 지식을 **어느 정도** 소유했을 것이다. 하지만 그들은 그 지식을 자신들의 삶에 지혜롭게 적용하는 도덕적인 능력을 지니지 못했다. 더욱이 다니엘은 계시를 통해 왕의 꿈뿐만 아니라 나중에 주어진 종말에 대한 환상과 선언을 이해했지만(단 10:1, 11-14!), 그럼에도 이후에 더욱 자세하게 주어진 계시의 대부분을 이해하지 못한다(단 12:4, 8-9). 더 자세한 예언은 "간수하고 봉함"해야 한다(단 12:4, 9). 이는 예언이 정해진 기간 동안 성취되지 않은 채 남아 있으며 그 시기에 이해될 수 없음을 가리킨다. 예언이 성취되면 더 분명하게 이해하게 될 것이다.

때문이다.¹⁰ 바벨론의 지혜자들도 느부갓네살의 꿈을 풀 수 없어서 당황한다. 비슷하게 다니엘 5장에서 벨사살 왕도 자신의 가장 지혜로운 조언자들을 불러서 갑자기 벽 위에 쓰인 글을 해석하려고 시도한다. 다니엘에 대해서도 똑같이 말할 수 있다. 다니엘은 다니엘 2장과 4장에서 영감을 받아서 꿈을 해석할 수 있었지만 다니엘 7-12장에서 자신이 받은 계시의 대부분을 이해하지 못한다. "영속적인 감추어짐"에 대한 이런 예는 비밀이 어떤 사람들에게는 감추어지지만 다른 사람들에게는 계시된다는 원리를 입증해준다. 이는 나중에 이 용어가 사용되는 유형을 만든다.¹¹

우리가 마태복음에서 비밀의 특성을 이해할 때 이와 같이 다니엘서에 나타나는 감추어짐의 유형을 간략하게 소개하는 일이 중요하다. 왜냐하면 우리는 마태복음에서도 감추어짐의 두 가지 형태를 모두 간파할 수 있기 때문이다. 마태복음 13:10에서 제자들은 예수에게 왜 그가 "비유로" 말하는지에 대해 질문한다. 그러자 예수는 "비밀"을 제자들에게는 드러내지만 무리에게는 그렇게 하지 않는다고 대답한다. 예수는 마태복음 13:14-15에서 이사야 6:9-10을 인용하면서 이 말에 대한 근거를 제시한다.

이사야의 예언이 그들에게 이루어졌으니 일렀으되,

"너희가 듣기는 들어도 깨닫지 못할 것이요,

보기는 보아도 알지 못하리라.

이 백성들의 마음이 완악하여져서

---

10 다음을 보라. Raymond Brown, *The Semitic Background of the Term "Mystery" in the New Testament*, BS 21 (Philadelphia: Fortress, 1968), p. 43; D. Deden, "Le 'Mystère' paulinien," *Ephemerides theologicae lovanienses* 13 (1936): 429-30. Deden은 단 2장의 "감추어짐"에 대한 주제를 고전 2장과 연결한다.
11 초기 유대교에서 "영속적인 감추어짐"에 대한 예는 1QHa IX, 21; XXI, 4-5; CD-A II, 14; 4Q268/4QDamascus Document 1 7-8을 보라.

> 그 귀는 듣기에 둔하고 눈은 감았으니,
>
> 이는 눈으로 보고 귀로 듣고 마음으로 깨달아
>
> 돌이켜 내게 고침을 받을까 두려워함이라" 하였느니라.

이 인용절은 해석하기가 무척 어려우며 학자들의 많은 관심을 받아왔다. 이 연구서의 목적을 위해 우리는 단지 몇 가지 연구 결과만 언급하고자 한다.

"보는 것"/"듣는 것"과 비밀 사이의 연결은 계시된 지혜, 곧 **비밀**을 이해하려면 신적 능력이 필요함을 가리킨다. 공관복음서에서 예수는 때때로 무리와 제자들에게 자신의 가르침을 "들으라" 또는 "깨달으라"고 명령한다. 가끔 이 말은 "귀 있는 자는 들을지어다"라고 표현된다.[12] 예수는 "비밀"이 제자들에게 주어졌으며(마 13:11), "너희 눈은 봄으로, 너희 귀는 들음으로 복이 있도다"(마 13:16)라고 말한다. 게다가 예수는 마태복음 13:37-43에서 제자들에게 비유를 해석해준다. 이는 예수가 감추어진 계시를 알려주고 있음을 가리킨다. 마태복음 11:25-27도 똑같은 주제에 대해 언급하며 그것을 천국의 특성 및 예수의 메시아 직분과 연결한다(마 11:1-24을 보라). "그때에 예수께서 대답하여 이르시되 '천지의 주재이신 아버지여, 이것을 지혜롭고 슬기 있는 자들에게는 숨기시고 어린아이들에게는 나타내심을 감사하나이다'"(마 11:25). 따라서 마태복음에는 신자들에 대한 일시적인 감추어짐과 고집이 센 불신자들에 대한 영속적인 감추어짐이 모두 나타난다.

---

[12] 마 11:15; 13:9; 막 4:9, 23; 8:18; 눅 8:8; 14:35. 참조. 행 7:51; 28:27; 롬 11:8; 고전 2:9; 계 2:7, 11, 17, 29; 3:6, 13, 22; 13:9. 더 자세한 논의에 대해서는 G. K. Beale, *John's Use of the Old Testament in Revelation*, JSNTSup 166 (Sheffield: Sheffield Academic Press, 1998), pp. 236-39을 보라.

특별히 마태복음의 기술에서 일시적인 감추어짐은 천국의 특성을 가리키며, 이는 구약성서와 유대교의 기대와 차이가 있다(추기 3.1을 보라). 마태복음 13:17은 이 특성을 다음과 같이 명백하게 언급한다. "내가 진실로 너희에게 이르노니 많은 선지자와 의인이 너희가 보는 **것들**을 보고자 하여도 보지 못하였고 너희가 듣는 **것들**을 듣고자 하여도 듣지 못하였느니라." 구약성서의 예언자들과 의인들은 "천국의 비밀"을 알지 못했다. 왜냐하면 그들에게 비밀은 상당 부분 감추어졌기 때문이다. 이제 예수는 이전에 대부분 감추어졌던 종말에 대한 계시를 드러내고 있다.[13] 여기서 비밀의 일시적인 감추어짐을 경험하는 신자들 사이에서 두 가지 특징을 구분해야 할 필요가 있다. 첫째, 구약성서 시대로부터 신약성서 시대로 이어지는 신자들의 언약 공동체가 있다. 구약성서 시대의 성도는 구약성서의 예언 가운데 상당 부분을 매우 부분적으로 이해했다. 그러나 새 언약 시대의 성도는 예언을 더 자세하게 이해했다. 둘째, 구약성서 시대의 신자들과 마찬가지로 예수가 사역하는 동안에 살았던 신자들은 처음에는 부분적으로 이해했다. 하지만 그들은 나중에 예수의 가르침을 듣고 깨달음을 얻어 구약성서의 예언을 더 자세하고 광범위하게 이해하게 되었다.

영속적인 감추어짐 또는 숨겨짐은 마태복음 13장과 평행 본문뿐만 아니라 예수의 계시 행위와 가르침에서도 많이 나타난다.[14] 예를 들면 마태복음 13장에서 예수는 씨 뿌리는 자의 비유에 대해 "아무나 천국 말씀을 듣고 깨닫지 못할 때는 악한 자가 와서 그 마음에 뿌려진 것을 빼앗

---

[13] 특히 Joel Marcus, "Mark 4:10-12 and Marcan Epistemology," *JBL* 103 (1984): 557-74을 보라.
[14] 예를 들면 마 11:25을 보라. 곧 "천지의 주재이신 아버지여, 이것을 지혜롭고 슬기 있는 자들에게는 숨기시고 어린아이들에게는 나타내심을 감사하나이다."

나니"(마 13:19)라고 말한다. 여기서 예수는 명백하게 영속적인 감추어짐, 곧 마지막 날에 대한 계시를 이해하지 못하는 무능력에 대해 말한다. 심지어 제자들도 한동안 계시의 의미를 파악할 수 없었다. 이는 왜 그들이 마태복음 13:36에서 밭의 가라지 비유를 설명해달라고 요청하는지를 밝혀준다.[15] 조엘 마커스(Joel Marcus)의 다음과 같은 주장은 옳다. 즉 "하나님 나라의 비밀에 대한 내용 중 일부는 인류를 눈먼 사람들과 **빛을 받은 사람들**(illuminati)로 구분하는 것이다."[16] 사실상 예수의 모든 비유와 행위의 의미는 숨겨지거나 어느 정도 영속적인 감추어짐의 형태로 특징지어진다. 이는 예수가 행한 모든 일이 "비밀"이라고 말하는 것은 아니다. 이것은 단지 예수의 사역에서 이 주제가 모든 곳에서 나타나며 매우 중요함이 입증된다는 뜻이다. "볼 수 있는 눈"을 가진 사람들은 예수의 메시지를 이해한다. 그러나 "눈먼 사람들"은 계시의 온전한 의미를 파악할 수 없다.[17] 제자들은 복음서에서 이해와 깨닫지 못하는 무능력 사이를 왔

---

15 "천국의 비밀을 아는 것이 너희에게는 허락되었으나[dedotai]"(마 13:11)라는 표현에서 그리스어 수동태 동사는 신적 수동태로 이해되어야 한다. 왜냐하면 비밀을 계시하시는 분은 하나님이시기 때문이다(단 2:20-23; France, *Gospel of Matthew*, p. 511을 보라).

16 Marcus, "Mark 4:10-12," p. 564.

17 몇몇 학자는 마태가 독자들이 예수의 제자들을 단 11:33-35; 12:3; 12:10에서 언급되는 "지혜자들"과 동일시하기를 의도한다고 주장한다. 예를 들면 David E. Orton, *The Understanding Scribe: Matthew and the Apocalyptic Ideal*, JSNTSup 25 (Sheffield: Sheffield Academic Press, 1989), p. 147. 이런 연결은 정당한 것 같다. 왜냐하면 단 11:33의 히브리어 본문은 "지혜자들"의 역할을 자신들의 지혜를 "많은 사람"에게 전달하는 것으로서 강조하고 있기 때문이다. 반면에 다니엘서의 그리스어 번역본 중 하나(Theodotion)는 다음과 같이 "지혜자들"의 이해를 강조한다. "그리고 사람들 중에서 총명한 자들[hoi synetoi]은 많은 것을 이해할 것이다[synēsousin]"(단 11:33a; Theodotion; NETS). 비록 신약성서에서 "이해"(syniēmi)를 의미하는 어군(語群)이 비교적 자주 나타나지만, 마태복음에서 이 단어는 몇몇 핵심 절에서, 특히 마 13:13-15, 19, 23, 51; 15:10에서 특별한 의미를 취한다. 지혜자들은 "마지막 날"(단 10:14; 11:35)에 대한 이해를 얻을 것이라고 예언되었다. 하나님 나라에 대한 예수의 담론에서 강조점 중 하나는 마지막 날의 하나님 나라가 예수를 통해 시작되었다는 것이다. 그렇다면 지혜자들의 도래가 제자들 중에서 또한 그들을 통해 시작된다는 점 역시 타당하다. 단 12:12("계속 기다리면서 성취에 이

다 갔다 한다. 비록 온전하게는 아니지만 때때로 제자들은 예수의 정체성과 그의 사명을 이해하는(예. 막 8:29) 반면에 어떤 경우에는 깨닫지 못한다(예. 막 8:17). 제자들과 비슷하게 무리는 때때로 예수의 사명을 이해할 수 없다고 간주되지만 어떤 경우에는 통찰력을 지녔다고 언급된다. 하지만 유대교 지도자들은 무디어서 깨닫지 못하는 것으로 나타난다. 결국 계시는 어떤 사람들에게는 일시적으로 감추어지는 반면에 다른 사람들에게는 영속적으로 감추어진다.[18]

마태복음 13:35에 인용된 시편 78:2

공관복음서의 묘사에 의하면 예수의 독특한 특성 중 하나는 그가 비유로 사람들에게 공개적으로 말하기를 좋아한다는 것이다. 마태복음 13:34에서 마태는 예수가 외인들 또는 무리에게 오직 비유로 말했다고 주장한다. 곧 "예수께서 이 모든 것을 무리에게 비유로 말씀하시고 비유가 아니면 아무것도 말씀하지 아니하셨으니"라고 말한다. 그러나 만약 예수가 자신의 청중이 이해하기를 바랐다면 왜 분명하게 말하지 않았을까? 비유의 개념은 감추어짐이라는 주제, 특히 "영속적인 감추어짐"이라는 주제와 연결되어 있다. 감추어짐과 비밀 개념에 대한 우리의 이해에 결정적으로 중요한 것은 마태복음 13:35에서 시편 78:2이 사용된다는 점이다. "**이는** 선지자를 통하여 말씀하신 바 '내가 입을 열어 비유로 말하고 창세부터 감추인 것들을 드러내리라' 함을 이루려 하심이라"(마 13:35).

르는 사람은 복이 있다", NASB)의 성취로서 예수의 제자들은 "복이 있다"(마 13:16).
18 일종의 "중간" 그룹이 있다는 사실도 주목해야 한다. 불신자들은 일시적으로 마음이 무딘 상태에 있음으로써 이해하지 못한다. 그러나 그들은 나중에 귀가 열리고 이해하게 되어 영적으로 밝아진 신자들의 그룹에 가담한다. 하지만 어떤 사람들은 마음이 영속적으로 무딘 상태로 있음으로써 전혀 이해하지 못한다.

마태복음과 70인역 본문의 차이점에 주목할 필요가 있다.

도표 3.1

시편 77:2(LXX) (영역본 및 개역개정 시 78:2)	마태복음 13:35
"내가 입을 열어 비유로 말할 것이다. 나는 오래된 문제들을 말할 것이다."	"내가 입을 열어 비유로 말하고 창세부터 감추어진 것들을 드러내리라."
anoixō en parabolais to stoma mou, phthegxomai problēmata ap' archēs.	*anoixō en parabolais to stoma mou, ereuxomai kekrymmena apo katabolēs [kosmou].*
"나는 내 입을 열어 비유로 말할 것이다. 나는 오래된 비밀스러운 말을 할 것이다"(MT).	

두 본문에서 첫 번째 구절은 똑같다. 하지만 두 번째 구절은 상당히 차이가 있다. 이 연구의 목적을 위해 우리는 단지 70인역의 구약성서에서 *problēmata*(문자적으로 "장애물들" 또는 "문제들")로 번역된 것과는 대조적으로 마태복음에서 "감추어진 것들"이 사용된 것에 주목할 필요가 있다.[19] 시편 78:2의 바로 앞 문맥에서 시편 저자는 청중에게 자신의 가르침을 주의하라고 또는 "들으라고" 명령한다(시 78:1). 시편 저자는 자신이 그 메시지를 "들어서 아는 바"라고 주장한다. 또한 그 메시지를 "조상들이 우리에게 전한" 것이라고 말한다(시 78:3). 또한 시편 저자는 그 메시지를 "자손에게 숨기지 아니하고"라고 약속한다(시 78:4). 다시 말해서 시편 저자는 단순히 "감추어진 것들" 또는 숨겨진 것들을 이스라엘의 한 세대에서 다음 세대로 전해준다(시 78:9-72을 보라). 마태는 흥미롭게도 70인

---

19 마소라 텍스트에는 히브리어 단어 *ḥîdâ*("수수께끼")가 사용된다. 이 단어는 불가사의한 것 또는 "은밀한 말"이나 "수수께끼"(민 12:8; 겔 17:2; 합 2:6; 시 49:4; 잠 1:6; 특히 삿 14:12, 14-19을 보라), 또는 "어려운 질문"(왕상 10:1; 대하 9:1) 등을 가리킨다. 시 78:2에서 해당 단어는 수수께끼라는 의미와 맞아떨어진다. 왜냐하면 그 단어는 "비유"(*māšāl*)와 평행을 이루고 있기 때문이다.

역의 *problēmata*를 *kekrymmena*("감추어진 것들")로 바꾼다.²⁰ 이처럼 마태가 70인역의 *problēmata*("장애물들" 또는 "문제들")와 대조적으로 특이하게 *kekrymmena*("감추어진 것들")를 사용한 것은 비밀 개념을 마태복음 13장의 천국 비유와 연결하려는 그의 시도를 반영할 것이다.

비밀 개념은 감추어진 지혜를 드러낸다는 관점을 포함하기 때문에(앞에서 언급한 것을 보라), 비밀은 당연히 **감추어진**(이 단어는 구약성서와 초기 유대교 문헌에서 그리스어 어근 *kryp*-으로 표현되었다. 참조. 단 2:47; 고전 2:7; 엡 3:9; 골 1:26)이라는 단어의 다양한 형태와 연결된다.

이와 같은 비밀과 "감추어짐"의 연결은 마태복음 13:35에서 주목할 만한 시편 인용의 기능을 설명하는 데 도움을 준다. 마태에 의하면 이 인용은 왜 예수가 비유로 말하는지를 부분적으로 설명해준다. 예수는 종말의 하나님 나라와 관련하여 "감추어진 것들" 또는 종말에 대한 비밀을 선포하고 있는 것이다. "하나님 나라의 비밀"에 대한 예수의 가르침은 모형론적인 측면에서 시편 저자가 "하나님의 일"을 또 다른 이스라엘 세대에게 선포하는 것(시 78:6)에 상응한다.

우리가 "모형론적"이라는 표현을 통해 의미하는 것은 다음과 같다. 즉 예수는 구약성서에서 시편 저자의 이스라엘에 대한 묘사가 예수 당시에 살았던 사람들의 세대를 미리 보여준다고 이해한다. 시편 저자와 예수는 모두 "감추어진 것들" 또는 "비유"를 한 세대로부터 또 다른 세대로 선포하고 있다.²¹ 더욱이 구약성서에서 시편 저자가 이스라엘이 하나님의 계

---

20 마소라 텍스트에서 *ḥîdâ*("수수께끼")는 모두 열일곱 번 나타난다. 그중 열한 번은 70인역에서 *problēma*("장애물" 또는 "문제")로 번역된다. 나머지 여섯 번은 *ainigma*("은밀한 것": 민 12:8; 왕상 10:1; 대하 9:1; 잠 1:6; 단 8:23)와 *diēgēma*("내러티브" 또는 "사건에 대한 기술": 겔 17:2)로 번역된다. 이 점은 마태가 *problēmata*("문제들") 대신에 *kekrymmena*("감추어진 것들")를 사용한 것이 독특하다는 생각을 강화한다.
21 Craig L. Blomberg, "Matthew," in *Commentary on the New Testament Use of the Old*

시에 대해 반복적으로 불순종하고 그것을 거부했다고 밝히는 것은 예수가 왔을 때에도 이스라엘이 똑같이 그렇게 한다는 것을 미리 보여준 것이다. 구약성서 시대에 이스라엘이 하나님의 비유적 계시에 계속해서 긍정적으로 반응하지 않은 것과 같이, 이스라엘은 예수가 사역할 때도 마찬가지로 반응했다. 그럼에도 불구하고 두 경우 모두 남은 자들은 보존된다. 구약 시대에 오직 이스라엘의 남은 자들만이 하나님의 말씀을 이해하고 순종했다. 이와 마찬가지로 오직 남은 자들만이 예수의 비유를 이해할 것이다. 시편 78:4은 미래의 시점을 가리키는 언급을 포함한다. 곧 그때에 하나님의 참된 백성은 이스라엘의 반복적인 불신앙을 묘사하는 시편 저자의 "비유"를 이해하게 될 것이다.

시편 78:2에 대한 마태의 번역은 외인들에게 또는 "보는 눈"과 "들을 귀"가 없는 사람들에게 감추어진 비밀의 특성을 강화한다. 그들은 단순히 밝혀진 비밀을 파악할 수 없다. 인용된 시편 본문도 비밀의 일시적인 감추어짐에 상응한다. 영원 전에("창세부터") 하나님은 하나님 나라가 시작되어 세워져 나가도록 계획하셨다. 하지만 하나님은 그 나라가 완성된 형태로 시작되도록 계획하지 않으셨고 예수가 올 때까지 그 나라를 분명하게 드러내지 않으셨다.

비록 여전히 논쟁이 활발하게 진행되고 있지만,[22] 비유는 대체로 비밀 개념과 관련이 있다. 따라서 비유는 반드시 해독되거나 해석되어야 한다. 이와 비슷하게 다니엘서에 의하면 비밀은 이중 구조, 곧 상징을 통한 계시가 주어지고 그다음에 그 계시에 대한 해석이 나온다는 특성이

Testament, ed. G. K. Beale and D. A. Carson (Grand Rapids: Baker Academic, 2008), p. 49을 보라.

22 과거와 오늘날의 쟁점에 대한 간략한 설명에 대해서는 Klyne R. Snodgrass, *Stories with Intent: A Comprehensive Guide to the Parables of Jesus* (Grand Rapids: Eerdmans, 2008), pp. 1-59을 보라.

있다. 시초에 주어진 계시는 대체로 사람들에게, 심지어 그것을 본 사람(예. 느부갓네살, 다니엘)에게도 이해할 수 없는 상태로 남아 있다. 계시에 대한 해석이 주어지면 시초에는 감추어진 계시의 의미를 이해할 수 있게 된다. 이는 아마도 **비밀**이라는 용어가 공관복음서에서 전형적인 비유들이 수록된 부분에 나타나는 여러 이유 중 하나일 것이다. 프란스(R. T. France)는 이와 같은 평가에 동의하는 것 같다. 그는 다음과 같이 주장한다. "비유는 '감추어진 것들'이다. 이런 방식으로 수단(비유) 자체는 그것이 전달하는 메시지(천국의 비밀)에 통합된다."[23]

하나님 나라의 비밀

이제 우리는 비밀의 감추어진 특성을 더욱 잘 이해하게 되었다. 따라서 비밀의 내용으로 관심을 돌리자. 예수는 "천국의 비밀을 아는 것이 너희에게는 허락되었으나"(마 13:11)라고 말한다. 아마도 예수의 이 말은 우리가 원하는 만큼 직접적이지는 않을 것이다. "천국의 비밀"이라는 표현은 정확히 무엇을 의미하는가? 아마도 "천국의 비밀"(*ta mystēria tēs basileias tōn ouranōn*)은 "천국에 속한 비밀"이라고 번역해야 할 것이다(여기서 그리스어 소유격 *tēs basileias*[천국의]는 소유를 나타내는 소유격으로 이해되어야 한다). 언어학적인 통계에 의하면 신약성서에서 **비밀**(*mystērion*)이라는 단어는 스물여덟 번 나타난다.[24] 그중 네 번만 복수형으로 나타나는데, 그 가운데 두 번은 공관복음서에서 발견된다(눅 8:10; 고전 13:2; 14:2). 그러나 복수형은 다니엘서에서도 발견된다(단 2:28-29, 47, OG/Theodotion). 아마

---

23 France, *Gospel of Matthew*, p. 500.
24 하지만 몇몇 사본에서는 고전 2:1에 **비밀**이라는 단어가 빠져 있음에 주목하라.

도 [공관복음서에서] 사용된 복수형은 예수의 가르침을 다니엘 2장과 연결하려는 노력을 반영할 것이다(아래를 보라).[25]

마가와 누가는 이 개념을 "하나님 나라의 비밀/비밀들"(막 4:11; 눅 8:10)이라고 표현한다. 반면에 마태는 그것을 "천국의 비밀"이라고 한다(참조. 예. 마 3:2; 4:17; 5:3, 10, 19-20; 7:21; 8:11; 10:7). 마태복음의 하늘과 땅의 개념에 대한 연구서에서 조너선 페닝턴(Jonathan T. Pennington)은 마태가 "하늘"이라는 용어를 선호하는 것은 "하나님"이라는 호칭을 피하려는 욕구가 아니라 하늘과 땅을 구분하려는 의도에서 비롯되었다고 설득력 있게 주장한다.[26] 게다가 하늘이라는 마태의 용어는 **하늘나라가 이 땅에 왔음**을 가리킨다. 하늘의 차원이 예수의 지상 사역 안으로 강력하게 들어왔다는 것이다. "마태는 일관되게 하늘을 τῶν οὐρανῶν(문자적으로 '하늘들의')이라고 묘사한다. 여기에는 하나님 나라가 이 땅의 나라들과 같지 않고, 그 나라들 위에 서 있으며, 종말에 (이 땅에서) 그 나라들을 대신함을 강조하려는 의도가 있다."[27] 우리는 단지 이 종말의 "하늘"나라가 왔으며, 이 땅의 영역 안에서 세워지기 시작했음을 덧붙이고자 한다. 사실 **비밀**(*mystērion*), **나라**(*basileia*), **하늘**(*ouranos*)이라는 핵심 단어들이 모두 나타나는 곳은 오직 다음의 두 구절, 곧 마태복음 13:11과 다니엘 2:28뿐이다. 마태는 십중팔구 다니엘서에서 언급된 오래 기다려온 나라가 성취되기 시작했음을 알리려고 이 용어들을 사용했을 것이다.

문제의 핵심으로 들어가서 예수는 "천국의 비밀"이라는 표현을 통해 무엇을 의미하고 있는가? 주석가들은 이 구절을 몇 가지 다른 방법으로

---

25 Otto A. Piper, "The Mystery of the Kingdom of God," *Interpretation* 1 (1947): 196에서 Piper는 복수 명사가 "그 비밀의 다양한 의미"를 가리킨다고 주장한다.
26 Jonathan T. Pennington, *Heaven and Earth in the Gospel of Matthew*, NovTSup 126 (Boston: Brill, 2007; repr., Grand Rapids: Baker, 2009).
27 앞의 책, p. 321.

다양하게 이해해왔다. 슈바이처는 이 구절이 대수롭지 않은 천국의 시작과 대조되는 위대한 추수를 가리킨다고 주장했다.[28] 오토 파이퍼(Otto Piper)는 이 표현이 예수의 성육신을 가리킨다고 추측한다.[29] 전후 문맥에서 계시된 비밀은 씨 뿌리는 자의 비유와, 이어지는 천국에 대한 비유들과 직접 관련된다. 구약성서의 예언들은 종말의 그 나라가 세워지는 것을 세상 역사의 끝에 있는 한 정점에서 하나님의 원수들이 결정적으로 타도되는 것으로 이해하는 것 같다(예. 창 49:9-10; 민 24:14-19; 단 2:35, 44-45; 구약성서와 유대교 문헌에서 나타나는 이 주제에 대한 개요는 추기 3.1을 보라).

엄밀하게 말해서 마태복음 13장에서 "천국의 비밀"에 대한 담론은 이 주제에 대해 다루는 가장 긴 구절로 마흔아홉 절이나 된다. 이는 마가의 서른한 절, 누가의 열네 절과 비교된다. 마태복음이 가장 자세하고 천국의 비밀에 대한 비유들을 훨씬 더 많이 포함한다.[30] 따라서 우리는 먼저 마태복음의 그림에 관심을 기울이고, 그 그림에서 타당한 부분을 마가 및 누가의 그림과 서로 비교할 것이다.

각 공관복음서에서 "천국의 비밀"이라는 표현은 "어찌하여 그들에게 비유로 말씀하시나이까?"라는 제자들의 질문에 대한 예수의 대답과 연

---

[28] Albert Schweitzer, *The Mysteries of the Kingdom of God: The Secret of Jesus' Messiahship and Passion*, trans. Walter Lowrie (New York: Macmillan, 1950), p. 108.

[29] Piper, "Mystery of the Kingdom," p. 190; 참조. G. W. Barker, "Mystery," in *ISBE* 3:452.

[30] 마태복음과 누가복음은 마가복음과 다른 두 가지 주목할 만한 차이가 있다. 마태와 누가는 "**천국**(눅-하나님 나라)**의 비밀[들]을 아는 것이**(*gnōnai ta mystēria*) 너희에게는 허락되었으나"라고 묘사한다(마 13:11; 눅 8:10). 반면에 마가는 "하나님 나라의 **비밀**(*to mystērion*)을 너희에게는 주셨으나"라고 언급한다(막 4:11). 마태와 누가는 "안다"라는 동사를 덧붙였으며, "비밀들"이라는 복수형을 사용한다. 왜 이와 같은 차이가 발생했는지 분명하게 알 수 없다. 하지만 우리는 텍스트상으로 적어도 마태복음과 누가복음이 여기서 마가복음과 독립적인 관계에 있다고 주장할 수 있다.

결된다(마 13:10).³¹ 예수는 천국의 특성을 충분히 밝혀주는 것은 그의 제자들에게 국한된다고 설명한다. 마태복음 13:13-15은 계시의 감추어짐과 "무리" 또는 "외인들"의 깨닫지 못하는 무능력을 설명해준다. 그다음에 마태복음 13:16-17은 제자들은 종말에 대한 계시를 이해할 수 있는 능력이 있기 때문에 계시를 파악할 수 있다고 언급한다(위를 보라). 씨 뿌리는 자의 비유는 주로 천국에 대한 내용이 아니라 그 나라를 받아들이는 것에 대해 말한다(마 13:18-23). 오직 천국의 메시지를 받아들이고 인내하거나 "열매 맺는"(마 13:23) 사람들만이 그 나라 안으로 들어가게 될 것이다.

예수는 비유의 특성에 대해 설명하고 나서(마 13:12-23) 천국의 **특성**에 대해 자세하게 말한다(마 13:24-52). 마태복음 13장에서 **나라**(*basileia*)라는 핵심 용어는 열두 번 나타난다. 예수의 비유는 전형적으로 다음과 같은 일반적인 형식과 더불어 소개된다. 곧 "천국은 ~하는 사람과 같으니"(마 13:24), 또는 "천국은 ~와 같으니"(마 13:31; 마 13:33, 44, 45, 47, 52을 보라)라는 표현이다. 이것은 "아무나 천국 말씀을 듣고"(마 13:19)로 시작되는 씨 뿌리는 자의 비유에 대한 예수의 해석과 대조된다.

가라지에 대해 다루는 두 번째 비유(마 13:24-30)는 좋은 씨를 밭에 뿌린 주인에 대해 묘사한다. 주인이 자고 있는 동안 그의 원수가 와서 가라지를 뿌렸다(마 13:24-25). 그러나 가라지와 밀이 **함께** 자라고 있어서 그것들을 분리하기가 어렵다(마 13:26-28). 주인은 밀과 가라지가 함께 자라도록 내버려두는 것이 지혜롭다고 생각한다(마 13:29). 나중에 추수 때에 주인은 밀과 가라지를 결국 분리할 것이다. 다행히 밀과 가라지 비유

---

31 마가복음은 열두 제자에 더해서 "그[예수]의 주위에 있던 다른 사람들"(TNIV)도 비유에 대해 예수에게 질문했다고 기록한다(막 4:10; 참조. 막 3:34).

는 몇 절 뒤에 해석된다(마 13:36-43). 왜냐하면 제자들이 그 비유가 무엇을 의미하는지를 깨닫지 못하기 때문이다(마 13:36). 예수의 해석에 의하면 밭은 세상이고, 좋은 씨는 천국의 아들들이며, 가라지는 악한 자의 아들들이다(마 13:38). 이 비유의 요점은 다음과 같이 명백하게 밝혀진다. 즉 **천국 시민들과 불의한 사람들이 함께 살고 있다.**[32]

천국에 대한 예수의 가르침을 "비밀"로 만드는 것은 천국에 대한 구약성서 및 유대교의 기대와 대조된다. 종말의 천국에 대한 예언 내용 가운데 주요 요소 중 하나는 불의와 외세의 억압이 궁극적으로 제거되고 나서 곧바로 하나님 나라가 **완전하게** 세워진다는 것이다. 메시아의 도래는 악한 나라들에게 종말을 알리는 조종(弔鐘)을 울리게 될 것이다. 이방의 왕들과 그들의 나라는 멸망하고 가루처럼 "부서질" 것이다(단 2:44). 그리고 메시아는 "철 몽둥이로 그들을 모두 부숴버릴 것이다"(*Pss. Sol.* 17:24). 그와 같은 패배와 심판은 결정적이며 역사의 마지막 시점에 갑자기 일어날 것이다. 그러나 여기서 예수는 메시아의 도래와 종말의 천국이 갑자기 일어나지 않는다고 주장한다. 왜냐하면 악한 자들의 완전한 패배와 심판이 일어나지 않기 때문이다. 역설적이게도 두 부류의 사람들, 즉 천국에 속한 사람들과 "악한 나라"에 속한 사람들이 이 세상에서 공존한다.

마가복음 4장의 비밀에 대해 주해하면서 조엘 마커스가 "하나님 나라의 비밀"에 대한 자신의 정의에 마가복음 3:23-27을 포함한 것은 옳다.

---

32 마태의 기술에서 가라지 비유는 마가의 자라나는 씨의 비유(막 4:26-29)와 비슷하다. 마가는 "하나님의 나라는 사람이 씨를 땅에 뿌림과 같으니"(막 4:26)라고 주장한다. 농부는 **어떻게** 씨가 싹이 나고 "자라서 알곡이 되는지" 알지 못한다. 씨는 인간의 행위에 의존하지 않고 단순히 스스로 자란다. 즉 "땅이 스스로 열매를 맺되 처음에는 싹이요 다음에는 이삭이요 그다음에는 이삭에 충실한 곡식이라"(막 4:28). 마찬가지로 천국도 인간의 업적에 의존하지 않은 채 시작되고 세워지며 확장되어간다. (쿰란 공동체의 「전쟁두루마리」(*War Scroll* [1QM])에서 언급되는 하나님 나라의 견해와 이 주제에 대한 예수의 가르침이 서로 대조되는 점을 주목하라. 곧 쿰란 공동체는 한 번의 결정적인 승리를

그가 제시하는 몇 가지 정확한 결론은 다음과 같다.

> 씨 뿌리는 자의 비유와 3:23-27을 함께 살펴보면, "하나님 나라의 비밀"의 구성 요소로서 다음과 같은 것들이 나타난다. (a) 하나님은 두 나라, 곧 하나님 나라와 사탄의 나라가 존재하는 것을 허용하신다. 이 두 나라는 서로 격렬하게 싸운다(3:23-26). (b) 예수의 사역으로 사탄의 나라는 완전히 패배한다(3:27). (c) (b)의 사실에도 불구하고 사탄의 나라는 여전히 다양한 방법으로 하나님 나라를 방해한다(4:3-8). 이 세 요소는 모두 "나라들의 충돌"이라는 표제 아래 포함될 수 있다. 이와 같이 "하나님 나라의 비밀"은 한편으로 하나님이 예수 그리스도를 통해 그분의 나라를 오게 하시지만, 다른 한편으로 눈 먼 사람들에게 어둠의 세력이 들어가서 그들이 하나님 나라를 적대하는 것을 허락하시는 하나님의 불가사의한 의도와 관련된다.[33]

주석가들은 대체로 이 입장을 인정하면서 계시된 하나님 나라의 비밀은 예수의 사역 안에서 또한 그 사역을 통해 종말의 하나님 나라가 사람들이 기대하지 않은 독특한 방법으로 시작된다는 사실을 포함한다는 데 동의한다.[34] 진정한 의미에서 종말론적인 나라는 예수를 통해 시작되었다. 광야에서 시험받는 동안 예수가 사탄을 물리친 일은 바로 하나님

통해 자신들의 원수들이 물리적으로 타도된다고 이해한다. 반면에 예수는 천국이 영적 차원에서 승리를 거두면서 시작되며 상당한 기간이 지나고 나서 궁극적으로 완성된다고 주장한다.) 종말에 천국은 궁극적으로 완성될 것이다. "열매가 익으면 [주인은] 곧 낫을 대나니 이는 추수 때가 이르렀음이라"(막 4:29).

33 Marcus, "Mark 4:10-12," p. 567.
34 예를 들면 Barker, "Mystery," p. 452; Günther Bornkamm, "μυστήριον, μυέο," *TDNT* 4:818-19; Brown, *Semitic Background*, pp. 32-36; H. Krämer, "μυστήριον," *EDNT* 2:449; Werner Kelber, *The Kingdom in Mark: A New Place and a New Time* (Philadelphia: Fortress, 1974), pp. 25-43; G. R. Beasley-Murray, *Jesus and the Kingdom of God* (Grand Rapids: Eerdmans, 1986, 『예수와 하나님 나라』, CH북스 역간), pp. 103-7.

이 메시아를 통해 이스라엘의 원수를 멸망시킬 것을 묘사하는 구약성서의 약속이 성취된 것과 다름없다. 그러나 이스라엘의 진정한 원수는 궁극적으로 로마가 아니라 사탄이다.[35] "손대지 아니한 돌"(단 2:34)과 같이, 예수는 마귀와 그의 악한 세력을 "부서뜨렸다." (마 21:44은 단 2:34에 대한 암시를 포함하고 있는 것 같다. "이 돌 위에 떨어지는 자는 깨지겠고 이 돌이 사람 위에 떨어지면 그를 가루로 만들어 흩으리라.") 더욱이 예수의 축귀는 그가 마귀를 이긴 결과이며 하나님 나라가 세워져가고 있음을 드러낸다. 예를 들면 마태복음 12:28은 "그러나 내가 하나님의 성령을 힘입어 귀신을 쫓아내는 것이면 하나님의 나라가 이미 너희에게 임하였느니라"라고 말한다. 세상의 종말에 하나님의 강포한 원수들(그들의 배후에는 사탄과 그의 악한 세력이 있다)은 완전히 최종적으로 패배할 것이다. 따라서 우리는 이미 일어났지만 아직 완전하지 않은, 종말에 일어날 악의 패배를 마주하게 된다. 먼저 기원후 1세기에 눈에 보이지 않는 악한 세력은 패배했다. 그다음 하나님과 그의 백성에 대한 난폭한 대적자들은 종말에 멸망할 것이다.

마태복음 13장으로 되돌아가보자. 이 부분에는 밭에 감추어진 보화와 극히 값진 진주에 대한 비유(마 13:44-46)가 포함되어 있다. 이 두 비유는 시작된 종말의 하나님 나라가 이루 말할 수 없이 소중한 가치를 지니고 있음을 보여준다. 이는 마태복음 13:52에 기록된 예수의 말에서도 다시 드러난다. "그러므로 천국의 제자된 서기관마다 마치 새것과 옛것을 그 곳간에서 내오는 집주인과 같으니라." 여기서 천국은 "새것과 옛것"을 제공하는 서기관에 비유된다. 예수의 말이 세부적으로 정확하게 무엇을 가리키든지 그 핵심 내용은 다음과 같다. 즉 천국에 대한 예수의 가르침은

---

[35] N. T. Wright, *Jesus and the Victory of God*, COQG 2 (Minneapolis: Fortress, 1996, 『예수와 하나님의 승리』, CH북스 역간), pp. 451-61.

"새로운" 그리고 "오래된" 통찰력을 모두 포함한다. 다시 말해서 예수의 가르침은 구약성서와 연속적인 동시에 불연속적인 관계에 놓여 있다(눅 10:21-24도 보라).[36] 예수의 가르침이 지닌 연속성은 이미 그러나 아직이라는 특성을 지닌 하나님 나라가 그 나라와 관련된 구약성서의 종말론적 예언을 정말로 성취한다는 사실에 있다(예. 창 49장; 민 24장; 단 2장). 하나님 나라는 이미 왔다! 반면에 예수의 가르침이 지니는 불연속성은 하나님 나라가 이미 시작되었으나 완전하지 않은 형태로 존재한다는 특성을 가리킨다. 의아하게도 구약성서와 유대교가 묘사하는 것처럼 하나님 나라의 도래는 이스라엘의 원수들과 마귀의 **완전한** 파멸을 신호하지 않는다. 하나님 나라에 대한 기대는 모든 죄와 악이 영원히 소멸되리라고 단언했지만 그럼에도 죄와 악과 반란이 지속된다.

하나님 나라는 **시작되었지만 미래에 완전하게 성취될 것이다.** 학자들은 이 구조에 "이미 그러나 아직"(already-and-not-yet)이라는 이름을 붙인다. 이것은 대체로 "시작된 종말론"으로 언급된다. 예수는 악한 자들에 대한 완전한 심판을 강조하는 가라지 비유를 통해 이 패러다임을 밝혀준다.

> 가라지를 뿌린 원수는 마귀요, 추수 때는 세상 끝이요, 추수꾼은 천사들이니 그런즉 가라지를 거두어 불에 사르는 것 같이 세상 끝에도 그러하리라. 인자가 그 천사들을 보내리니 그들이 그 나라에서 모든 넘어지게 하는 것과 또 불법을 행하는 자들을 거두어 내어 풀무 불에 던져 넣으리니 거기서 울며 이를 갈게 되리라. 그때에 **의인들은** 자기 아버지 나라에서 **해와 같이 빛나리라**. 귀 있는 자는 들으라(마 13:39-43).

---

36 France, *Gospel of Matthew*, pp. 546-47.

예수는 부활을 통한 의인들의 완전한 회복에 대해서도 말하는데(마 13:43), 부분적으로 다니엘 12:3을 인용한다. 전후 문맥에서 이 구절은 일반적인 부활을 가리킨다. 곧 의인들은 완전하게 회복되는 반면에 악인들은 영원한 벌을 받는다. "땅의 티끌 가운데에서 자는 자 중에서 많은 사람이 깨어나 영생을 받는 자도 있겠고 수치를 당하여서 영원히 부끄러움을 당할 자도 있을 것이며, <u>지혜 있는 자는 궁창의 빛과 같이 빛날 것이요, 많은 사람을 옳은 데로 돌아오게 한 자는 별과 같이 영원토록 빛나리라</u>"(단 12:2-3). 마태복음 13:43에서 다니엘 12:3을 인용하는 것은 이 구절이 미래에 성취됨을 알려준다. 다시 말해서 하나님이 종말에 하나님 나라를 완전히 회복하실 때 다니엘의 예언은 궁극적으로 성취될 것이다.

하나님 나라에 대한 "이미 그러나 아직"이라는 예수의 개념은 마태복음 13장에 수록된 다른 비유에서도 각각 발견된다. 마태복음 13:47-50에서 그물을 끌어올리는 비유는 가라지 비유의 강조점을 다음과 같이 다시 말해준다.

> 또 천국은 마치 바다에 치고 각종 **물고기**를 모는 그물과 같으니, 그물에 가득하매 물가로 끌어내고 앉아서 좋은 것(**물고기**)은 그릇에 담고 못된 것은 내버리느니라. 세상 끝에도 이러하리라. 천사들이 와서 의인 중에서 악인을 갈라내어 풀무 불에 던져 넣으리니 거기서 울며 이를 갈리라.

물고기는 그물에 모이고 그다음에 물가에서 분리된다. 좋은 물고기는 그릇에 담지만 나쁜 물고기는 버려진다(마 13:48). 가라지와 밀이 같은 밭에서 함께 자라는 것처럼 좋은 물고기와 나쁜 물고기도 같은 바다에서 살고 있다. 이 비유의 요점은 비록 종말의 하나님 나라가 시작되었지만 그 나라에 참여하는 사람들이 그렇지 않은 사람들과 공존한다는 것이다.

"세상 끝"에 있을 심판은 좋은 물고기와 나쁜 물고기를 분리할 것이다(마 13:49-50).

겨자씨 비유(마 13:31-32)와 누룩 비유(마 13:33)도 이 강조점을 정확하게 드러낸다.

> 또 비유를 들어 이르시되 "천국은 마치 사람이 자기 밭에 갖다 심은 겨자씨 한 알 같으니 이는 모든 씨보다 작은 것이로되 자란 후에는 풀보다 커서 나무가 되매 공중의 새들이 와서 그 가지에 깃들이느니라." 또 비유로 말씀하시되 "천국은 마치 여자가 가루 서 말 속에 갖다 넣어 전부 부풀게 한 누룩과 같으니라."

천국은 밭에 심은 겨자씨 한 알과 같다. "이는 모든 씨보다 작은 것이로되 자란 후에는 풀보다 커서 나무가 되매"(마 13:31-32; 막 4:30-32; 눅 13:18-19도 보라)라고 한다. 비슷하게 천국도 작게 시작되지만 결국에는 꽃이 만개한 나무로 자라서 완전한 형태를 지니게 될 것이다. 따라서 종말에 하나님 나라가 순식간에 완전한 형태로 오리라고 간주했던 구약성서의 기대와 대조적으로 예수는 천국의 비밀을 다음과 같이 말한다. 곧 천국은 작은 규모로 시작되지만 오랜 기간 확장될 것이다. 누룩 비유에서 한 여인은 누룩을 취해서 그것을 "가루 서 말"에 넣는다(마 13:33). 마침내 누룩이 가루 전체에 배어들어서 "전부 부풀었다." 여기서 강조점은 다음과 같다. 구약성서의 기대는 하나님 나라가 갑자기 오며 그 나라의 온전함이 모든 사람의 눈에 보이리라는 것이었다. 이제 드러난 천국의 비밀은 다음과 같다. 천국은 왔지만 처음에 눈에 보이지 않게 나타나며 그럼에도 성장하고 있다. 그 나라가 온전히 세워지면 결국 모든 눈이 그 나라를 보게 될 것이다.

이 두 비유의 강조점은 가라지 비유와 다소 차이가 있다. 비록 "겨자

"씨"가 다른 "씨"와 "식물" 가운데 존재하고 있지만, 누룩 비유와 더불어 겨자씨 비유의 전반적인 요지는 **느리지만 확실한 천국의 성장과 그것의 최종적인 통치권이다.**[37]

천국에 대해 밝혀진 비밀의 요지는 천국이 그 나라에 대한 구약성서 및 유대교의 기대와 다소 다르다는 점이다. 구약성서와 유대교는 천국이 다음과 같은 방식으로 오리라고 생각했다. 곧 천국은 (1) 모든 눈이 볼 수 있게 (2) 갑자기 (3) 완전한 형태로 오며, (4) 하나님의 모든 원수는 결정적으로 패배하고 (5) 성도들은 불경건한 자들과 분리될 것이다. 성도들은 상을 받지만 불경건한 자들은 벌을 받는다. 계시된 천국의 비밀은 다음과 같다. 천국은 (1) 대부분 눈에 보이지 않게 시작된다. 그래서 그 나라를 간파하려면 영적인 눈이 있어야 한다. (2) 두 단계("이미 그러나 아직")로 온다. (3) 첫 단계에서 마지막 단계에 이르기까지 상당 기간에 걸쳐 천국은 세워져간다. (4) 하나님의 대적자들은 곧바로 한꺼번에 패배하지 않는다. 눈에 보이지 않는 사탄의 세력이 먼저 정복되고 그다음 종말에 모든 대적이 격파되고 심판받을 것이다. (5) 성도들은 천국의 시작 단계에서 불경건한 자들과 분리되지 않는다. 하지만 그와 같은 구별은 마지막 날에 일어날 것이다. 그날에 예수를 따르는 이들은 상을 받고 불경건한 자들은 벌을 받는다.

---

37 겨자씨 비유는 부분적인 구약성서 인용 또는 강한 암시로 끝난다. "공중의 새들이 와서 그 가지에 깃들이느니라"(마 13:32). 이 인용은 단 4:12에 의존한 것 같다. 단 4장에서 나무는 느부갓네살이 통치하는 나라의 위대함을 칭찬한다. 반면에 마 13:32에서의 인용은 단 2장에서 언급된 오래 기다려온 나라, 곧 위대함을 찬양한다. 하나님 나라는 아이러니하게도 모든 나라, 곧 "나무들"을 베어버렸으며(참조. 단 4:14-15, 23), 그 나라들을 영원한 나라로 대체했다.

공관복음서에 존재하는 비밀

학자들이 공관복음서와 관련하여 **비밀**이라는 용어의 존재와 중요성을 결정하는 데 있어 좀처럼 묻지 않는 질문 중 하나는 왜 그 용어가 단지 이 특정한 담론에만 나타나는가다. 이 용어는 바울이 쓴 서신 전체에서 발견되고 요한계시록에서 몇 번 나타난다. 그러나 공관복음서에서는 오직 여기서만 세 번 나온다(이는 모두 동일한 담론에서 나온다). 그 이유는 무엇인가? 아마도 우리는 한 가지 제안을 할 수 있을 것이다. 즉 공관복음서는 중대한 연결점, 즉 종말의 하나님 나라에 대한 예수의 가르침에서 그 용어를 사용한다. 이 용어는 일시적이거나 영속적인 감추어짐과 같은 몇 가지 두드러진 특징을 머릿속에 떠올리게 할 뿐만 아니라 다니엘서 내러티브, 특히 다니엘 2장을 연상시킨다. 여기서 "비밀"과 "나라"는 서로 밀접하게 연결된다. 공관복음서에서 비밀이라는 용어는 다음 주제를 명백하게 강조한다. 즉 다니엘서에서 언급되는 종말의 하나님 나라는 예수 안에서 또 예수를 통해 성취되기 시작했다. 이는 왜 **비밀**이라는 용어가 공관복음서(또는 요한복음)의 다른 주제와 연결되지 않고 오직 종말의 하나님 나라에 대한 예수의 가르침에 국한되는지를 설명해준다.[38] 마태의 천국 언어와 관련하여 페닝턴은 다음과 같이 주장한다. "**마태는 다니엘서의 물을 많이 마시면서 다니엘 2-7장의 동일한 모티프와 비슷한 언어로**

---

[38] 예를 들면 George Eldon Ladd, *Presence of the Future: The Eschatology of Biblical Realism* (Grand Rapids: Eerdmans, 1974), pp. 223-25을 보라. Wright도 비슷하게 단 2장의 종말론적인 나라는 씨 뿌리는 자의 비유에서 예수의 가르침과 연결된다고 주장한다(*Jesus and the Victory of God*, pp. 231-32). 다음도 보라. David Wenham, "The Kingdom of God and Daniel," *ExpTim* 98 (1987): 132-34; Craig A. Evans, "Daniel in the New Testament: Visions of God's Kingdom," in *The Book of Daniel: Composition and Reception*, ed. John J. Collins and Peter W. Flint (Boston: Brill, 2001), 2:510-14.

부터 천국 언어 및 주제를 발전시켰다"(페닝턴이 강조함).[39] 예를 들면 다니엘 2장의 예언은 부분적으로 비밀을 언급할 뿐만 아니라 "하늘의 하나님이 한 나라를 세우시리니"(단 2:44)라고 말한다. 우리가 생각하기로 이렇게 언급한 이유는 마태(와 다른 공관복음서 저자들)가 다니엘서에서 언급된 오래 기다려온 나라가 바로 예수 안에서 또 예수를 통해 성취되기 시작했음을 나타내고 있기 때문이다.

결론

예수는 마태복음 13장(과 평행 본문)에서 자신의 가르침에 "천국의 비밀"이라는 이름을 붙인다. 그 가르침에 "비밀"이라는 이름을 붙인 이유는 그것이 구약성서에서 부분적으로 감추어졌던 것으로서 종말의 하나님 나라가 두 단계로 또는 "이미 그러나 아직"의 방식으로 성취될 것이기 때문이다. 구약성서는 하나님 나라가 마지막 때에 갑자기 세워질 것이라고 예고했다. 하지만 예수가 계시한 하나님 나라의 비밀에 의하면 그 나라의 때는 사람들이 미처 기대하지 않은 방식으로 왔다. 즉 그 나라는 "이미" 왔지만 "아직" 완전히 세워지지 않았다. 그 나라의 완성은 먼 미래의 어느 시점에 올 것이다. 이 점이 바로 계시된 하나님 나라의 비밀이 지니는 주요한 특징이다. 이는 하나님 나라가 매우 작은 형태로 시작되고, 오랜 기간에 걸쳐 첫 단계에서 마지막 단계로 진행되며, 종말에 완전히 세워짐을 의미한다. 구약성서 시대의 성도들은 기본적으로 하나님 나라의 예언이 완전한 형태로 성취된다고 이해했다. 그러나 그들은 그 예언이 성취되기 시작해서 오랜 기간에 걸쳐 완전히 성취된다는 것을 전혀 분

---

[39] Pennington, *Heaven and Earth*, p. 289.

명하게 인식하지 못했다. 이는 구약성서의 관점에서 볼 때 예언의 의미와 모순되지 않지만 예언이 온전히 성취되는 시기에 대한 더 정확한 이해와는 어긋난다. 사실상 구약성서의 관점도 하나님 나라에 관한 예언이 일정 기간을 거쳐 온전히 성취된다는 데 대한 어렴풋한 이해를 포함했다(예. 시 110:1-2을 보라).

요컨대 구약성서는 종말의 하나님 나라가 이스라엘의 모든 원수를 완전히 패배시킴으로써 갑자기 세워진다고 예언했다. 그러나 예수는 그의 나라가 자신을 대적하는 자들의 나라와 동시에 존재한다고 선언한다. 첫째, 하나님 나라는 진짜로 시작되었고 사탄과 그의 세력은 치명타를 입었다. 하지만 그 나라는 완전히 성취되지 않았다. 만물의 끝에 모든 적은 패배할 것이다. 둘째, 눈에 보이게 온다는 구약성서의 기대와는 달리 하나님 나라는 대체로 눈에 보이지 않게 시작된다. 따라서 그 나라를 파악하려면 특별한 통찰력을 지녀야 한다. 셋째, 하나님 나라의 시작 단계에서 성도들은 불경건한 자들과 분리되지 않는다. 그러나 그와 같은 분리는 마지막 날에 이루어질 것이다. 그때 예수를 따르는 이들은 상을 받지만 그렇지 않은 불경건한 자들은 벌을 받을 것이다.

이스라엘과 그곳의 지도자들은 대부분 하나님 나라의 비밀을 깨달을 수 없었다. 그들은 종말의 하나님 나라가 처음에 영적으로 시작되리라는 사실을 이해하지 못했다. 하나님 나라의 처음 단계에서는 의로운 자들과 불의한 자들이 공존하는 결과가 빚어진다. 하나님은 시대의 마지막에 영적이며 물리적인 측면 모두에서 그분의 종말의 나라를 완전하게 세우실 것이다.

---

40 G. K. Beale, "Eschatological Conception of New Testament Theology," in *Eschatology in Bible & Theology*, ed. Kent E. Brower and Mark W. Elliott (Downers Grove, IL: InterVarsity Press, 1997), p. 14을 보라. 같은 의미를 지닌 종말론적인 언어가 단 11:20, 27, 35; 12:4,

추기 3.1: 구약성서 및 초기 유대교에서 종말의 나라에 대한 기대

구약성서의 기대. 하나님 나라의 도래에 대한 구약성서의 기대는 분명히 의미심장하다. 그러나 이 주제는 개념적인 측면에서 상당히 광범위한 텍스트에서 나타나며 종말에 대한 다음과 같은 다른 개념들과 연결되어 있다. 즉 메시아 통치자의 도래, 새 창조, 이스라엘의 원수들에 대한 심판 및 이스라엘의 회복, 성령을 부음, 새 언약 등이다(사 43:1-8; 65:17; 66:22; 렘 31:33을 보라). 그러므로 우리는 모든 자료를 상세히 다룰 수는 없다. 우리는 몇몇 중요한 텍스트만을 예를 들어 언급함으로써 이 주제에 대해 개관하고, 범위를 좁혀 종말의 하나님 나라에 대한 기대에 초점을 맞추고자 한다.

아마도 이 주제를 다루는 가장 쉬운 길 중 하나는 "마지막 날"(또는 같은 뜻을 가진 종말론적인 표현)에 대한 개념을 하나님 나라의 도래와 명백하게 연결하는 구약성서 텍스트를 검토하는 방법일 것이다.[40] 구약성서의 도처에서 발견되는 "마지막 날"이라는 표현은 종말론적인 시기를 가리키는 것으로 간주되어야 한다.[41] 때때로 이 표현은 환난의 때(신 4:30; 8:16; 겔 38:8, 16)와 이스라엘의 회복(사 2:2; 렘 23:20; 30:24; 호 3:5; 미 4:1)을 가리킬 수 있다. 하지만 이 표현은 종종 하나님 나라를 가리키는 용어와 함께 사용된다.

이 표현이 제일 처음으로 나타나는 곳은 창세기 49:1이다. 곧 "너희는 모이라. 너희가 후일에[*bĕ'aḥărît hayyāmîm*, 문자적으로 '마지막 날에']

7, 9, 13(참조. 단 11:13, 35) 등에서도 발견된다. 비록 이 절들이 "마지막 날"이라는 표현을 사용하지는 않지만, **끝**(또는 **마지막 때**)과 **정한 기한** 등과 같은 용어들을 사용한다.

41　John T. Willis, "The Expression *be'acharith hayyamim* in the Old Testament," *RestQ* 22 (1979); 54-71을 보라.

당할 일을 내가 너희에게 이르리라."⁴² 몇몇 영역본에 반영되어 있듯이 (NASB, TNIV, NRSV)⁴³ 비록 몇몇 학자가 이 절의 표현에 종말론적인 의미가 내포되어 있음을 부인하지만, 우리는 이 표현을 종말과 관련된 것으로 이해해야 한다. 몇 절 뒤에서 야곱은 유다의 미래에 대해 다음과 같이 묘사한다.

> 유다는 사자 새끼로다.…
> 규가 유다를 떠나지 아니하며
> 통치자의 지팡이가 그 발 사이에서 떠나지 아니하기를
> 실로가 오시기까지 이르리니
> 그에게 모든 백성이 복종하리로다(창 49:9-10).

유다는 그의 대적들을 다스릴 것이며(창 49:8-10; 참조. 사 63:1-3) 사자처럼 강할 것이다(창 49:9). 그는 모든 나라가 그에게 복종할 때까지 다스릴 것이다(창 49:10). 따라서 유다의 승리는 단지 지역적인 현상이 아니라 있을 수 있는 이스라엘의 모든 원수에게 결정적이며 궁극적인 승리를 거두는 것으로 이해된다. 창세기 49:8-10은 이스라엘 역사의 절정이며 야곱의 예언에서 종말론적인 정점을 나타낸다. 유다의 후손으로 태어난다고 예언된 이 왕은 마치 아담이 했어야 하는 것처럼(창 49:9-10) 종말의

---

42 모세 오경에 나타나는 "마지막 날"에 대한 간략한 논의는 다음 연구서의 내용에서 요약한 것이다. G. K. Beale, *A New Testament Biblical Theology: The Unfolding of the Old Testament in the New* (Grand Rapids: Baker Academic, 2011, 『신약성경신학』, 부흥과개혁사 역간), pp. 88-102.

43 G. W. Buchanan, "Eschatology and the 'End of Days,'" *JNES* 20 (1961): 188-93, 특히 p. 189; J. P. M. Van Der Ploeg, "Eschatology in the Old Testament," in *Oudtestamentische Studiën*, ed. A. S. Van Der Woude (Boston: Brill, 1972), pp. 89-99.

원수를 패배시킬 것이다. 또한 그는 새로운 창조 환경에서 살아 있는 자들과 함께 상을 받을 것이다(창 49:11-12).

"후일에"라는 표현이 두 번째로 나타나는 곳은 민수기 24:14이다. 곧 "이제 나[발람]는 내 백성에게로 돌아가거니와 들으소서. 내가 이 백성이 후일에 당신의 백성에게 어떻게 할지를 당신에게 말하리이다 하고"라고 말한다. 창세기 49:1의 경우와 마찬가지로 이 구절은 단지 미래에 대한 모호한 언급이 아니라 구체적인 종말론적인 때를 가리킨다.[44] 민수기 24:14이 창세기 49:1-10을 암시한다는 것은 다음과 같은 사실을 고려할 때 분명하다. (1) 사실상 창세기 49:9에 나오는 똑같은 표현이 민수기 24:9에 나타난다. "그가 엎드리고 웅크림이 수사자 같고 암사자 같으니 누가 그를 범할 수 있으랴?" (2) 창세기 49:10과 민수기 24:17에서 "규"라는 단어가 나타난다. (3) 창세기 49장과 마찬가지로 민수기 24:8도 "나라들"을 가리켜 멸망하게 될 이스라엘의 원수라고 명백하게 언급한다. (4) 새로운 창조의 이미지가 창세기(창 49:11-12, 22, 25-26)와 민수기(참조. 민 24:5-7과 더불어 민 24:7b-9) 모두에 나타난다.

야곱이여, 네 장막들이
이스라엘이여, 네 거처들이 어찌 그리 아름다운고!
그 벌어짐이 골짜기 같고
강가의 동산 같으며
여호와께서 심으신 침향목들 같고
물가의 백향목들 같도다.

---

44 이는 민 24장에서 창 49장에 대한 암시와 "후일에"라는 표현이 사용되는 문맥과, 해당 표현이 후대의 성서 텍스트 및 성서 외의 문헌에서도 사용된다는 점으로 확인된다.

그 물통에서는 물이 넘치겠고

그 씨는 많은 물가에 있으리로다.

그의 왕이 아각보다 높으니

그의 나라가 흥왕하리로다(민 24:5-7).

민수기 24:5-8의 묘사는 아브라함에게 주어진 약속과도 연결된다(참조. 민 24:7에서 "씨"의 증가와 민 24:9에서 창 12:3b의 "복과 저주"가 반복됨). 그리고 원래 아담에게 주어진 사명(민 24:7의 "왕"과 "나라"와 민 24:19의 "주권자"에 주목하라)과 방법이 민수기 24장에 반영되었을 수 있다. 즉 창세기 3:15("여자의 후손은 네 머리를 상하게 할 것이요")에서 약속된 씨가 하나님의 원수를 패배시킨다(참조. 민 24:17에서 "한 규가…모압의 이마를 부술 것이다", [NASB]).

발락에게 주어지는 발람의 담론은 민수기 24:17-19에서 절정을 이룬다. 발람은 메시아적인 왕이 와서 이스라엘의 원수들을 쳐부술 것이라고 묘사한다.

내가 그를 보아도 이 때의 일이 아니며

내가 그를 바라보아도 가까운 일이 아니로다.

한 별이 야곱에게서 나오며

한 규가 이스라엘에게서 일어나서

모압을 이쪽에서 저쪽까지 쳐서 무찌르고

또 셋의 자식들을 다 멸하리로다.

그의 원수 에돔은 그들의 유산이 되며

그의 원수 세일도 그들의 유산이 되고

그와 동시에 이스라엘은 용감히 행동하리로다.

주권자가 야곱에게서 나서

남은 자들을 그 성읍에서 멸절하리로다 하고.

이 예언의 일부("에돔은 그들의 유산이 되며")는 아모스 9:12a("그들[이스라엘]이 에돔의 남은 자와…기업으로 얻게 하리라")에서 암시된다. 아모스의 이 예언은 이스라엘이 종말에 회복되어 고국으로 돌아갈 때 모든 나라를 멸망시킨다는 것이다(암 9:11). 창세기 49:11-12과 민수기 24:6-7과 매우 비슷하게 이 예언은 낙원을 그리는 것과 같은 언어로 묘사된다(참조. 암 9:13-15: "…산들은 단 포도주를 흘리며…그들은 포도원들을 가꾸고 그 포도주를 마시며 과원들을 만들고 그 열매를 먹으리라.…그들이 내가 준 땅에서 다시 뽑히지 아니하리라).

다니엘서에서는 종말에 하나님 나라가 세워져서 모든 나라를 다스린다는 내용이 절정을 이룬다. 우리가 앞서 제1장에서 살펴보았듯이 다니엘서에는 연속적으로 이방 나라들이 등장하지만 그 나라들은 "손대지 아니한 돌"에게 궁극적으로 멸망당하고 영원한 하나님 나라의 도래를 준비한다는 개요를 서술함으로써 이 주제에 기여한다. 다니엘 2장의 신상은 마침내 "돌"에 의해 부서져 가루가 되는 세상의 네 나라를 상징한다(단 2:35, 44-45). 신약성서에서 이 이미지는 메시아와 연결되어 해석된다.[45] 이방 나라들은 "영원히 망하지도 아니할" 한 나라에게 멸망할 것이다(단 2:44). 다니엘은 그가 말하는 예언의 성취가 미래에 일어나리라고 주장한다. "오직 은밀한 것을 나타내실 이는 하늘에 계신 하나님이시라. 그가 느부갓네살 왕에게 후일에(OG: *ep' eschatōn tōn hēmerōn*) 될 일을 알게 하셨나

---

45 G. K. Beale, *The Temple and the Church's Mission*, NSBT 17 (Downers Grove, IL: InterVarsity Press, 2004, 『성전 신학』, 새물결플러스 역간), pp. 185-88을 보라.

이다"(단 2:28). 이와 비슷하게 다니엘 2:45에서 다니엘은 다음과 같이 말한다. "손대지 아니한 돌이 산에서 나와서 쇠와 놋과…왕께서 보신 것은 크신 하나님이 장래 일을(OG: *ta esomena ep'eschatōn tōn hēmerōn*) 왕께 알게 하신 것이라." 다시 말해서 "돌"은 종말에 올 하나님의 대리자를 나타낸다. 그는 "마지막 날"에 이방 나라들을 멸망시키고 하나님의 완전한 나라를 세울 것이다(단 2:35, 44-45).

다니엘 7:11-12은 네 짐승, 곧 네 왕/나라의 멸망을 "내가…주목하여 보는 사이에 짐승이 죽임을 당하고 그의 시체가 상한 바 되어 타오르는 불에 던져졌으며 그 남은 짐승들은 그의 권세를 빼앗겼으나…"라고 생생하게 묘사한다(참조. 단 7:17). 그 대신 다음과 같이 인자가 하나님의 영원한 나라를 다스리는 권세를 받는다.

> 인자 같은 이가…와서…
> 그에게 권세와 영광과 나라를 주고
> 모든 백성과 나라들과 다른 언어를 말하는 모든 자들이
> 그를 섬기게 하였으니
> 그의 권세는 소멸되지 아니하는 영원한 권세요,
> 그의 나라는 멸망하지 아니할 것이니라(단 7:13-14).

다니엘서 대부분은 하나님 나라가 이스라엘의 원수들(느부갓네살의 나라를 포함하여)을 완전히 타도하리라는 주요 주제를 다루고 있다(단 4:4-33; 5:5-30; 7:1-27; 8:1-26; 10:1-12:13).[46] 구딩(Gooding)은 다음과 같이 올바르게 주장한다. "[다니엘서의] 전체 메시지는 처음에 느부갓네살이 예루살렘을 공격해서 다윗 후손인 왕을 제거한 이후부터 이방 제국의 권세가 폐지되고 메시아의 나라가 세워지기까지 이방 제국의 전체 통치 기간

에 대한 개관으로, 일부는 역사적으로 일부는 예언적으로 묘사된다."[47]

이 모든 구약성서의 예언은 종말의 하나님 나라의 수립을 세계사의 끝에 위치한 궁극적인 시점에 하나님의 원수들이 결정적으로 타도되는 것으로 이해하는 것 같다.

초기 유대교의 기대. 종말의 하나님 나라의 도래는 초기 유대교에 스며들어 있다. 왜냐하면 이는 종종 전반적인 회복 및 심판에 대한 텍스트와 연결되기 때문이다. 관련된 모든 텍스트를 자세하게 검토하는 일은 방대한 작업이고 이 연구 과제의 범위를 넘어선다. 이 주제와 관련된 문헌을 상세히 조사한 몇몇 연구서가 이미 존재한다. 따라서 여기서 해당 자료를 또다시 개괄해야 할 필요는 없다.[48] 구약성서와 마찬가지로 또한 구약성서를 암시하면서 초기 유대교 문헌은 대체로 악한 자들에 대한 결정적이며 완전한 심판, 의인들의 신원, 이스라엘 및 이스라엘의 원수들에 대한 메시아의 통치, 포로 생활로부터의 귀환을 강조한다. 우리는 아래에서 몇 가지 대표적인 텍스트만을 예로 제시하고자 한다.

불의한 통치자들을 멸망시키기 위해 그에게 힘을 주소서.…그가 지혜와 공의로 죄인들을 기업으로부터 몰아내게 하소서. 토기장이의 단지처럼 죄인들의

---

46 종말에 하나님 나라가 세워진다고 예언하는 구약성서의 다른 본문은 다음과 같다. "…내가 네 몸에서 날 네 씨를 네 뒤에 세워 그의 나라를 견고하게 하리라. 그는 내 이름을 위하여 집을 건축할 것이요, 나는 그의 나라 왕위를 영원히 견고하게 하리라.…네 집과 네 나라가 내 앞에서 영원히 보전되고 네 왕위가 영원히 견고하리라"(삼하 7:12-13, 16; 참조. 대상 17:11-14; 22:10). "**그(그의)** 정사와 평강의 더함이 무궁하며/또 다윗의 왕좌와 그의 나라에 군림하여/그 나라를 굳게 세우고 지금 이후로 영원히 정의와 공의로 그것을 보존하실 것이라/만군의 여호와의 열심이 이를 이루시리라"(사 9:7; 참조. 사 2:1-22; 11:1-16; 렘 23:5-8; 겔 40-48장). 시 2편도 보라.

47 David W. Gooding, "The Literary Structure of the Book of Daniel and Its Implication," *TynBul* 32 (1981): 68.

48 예를 들면 G. R. Beasley-Murray, *Jesus and the Kingdom of God* (Grand Rapids: Eerdmans, 1986).

교만을 부숴버리소서. 쇠몽둥이로 죄인들의 모든 재산이 산산조각 나게 하소서. 그의 입의 말로 불의한 나라들을 멸망시키소서. 그의 경고에 나라들이 그의 앞에서 도망할 것이다. 그리고 그는 죄인들의 마음의 생각으로 말미암아 그들에게 벌을 내릴 것이다. 그는 거룩한 백성을 불러 모아서 공의로 인도할 것이다. 또한 그는 그들의 주 하나님이 거룩하게 만든 백성의 지파들을 심판할 것이다. 그는 그들 가운데 불의가 지속되는 것을 참지 않을 것이다. 악함을 아는 어떤 사람도 그들과 함께 살지 못할 것이다. 왜냐하면 그는 그들이 모두 하나님의 자녀라는 것을 알기 때문이다. 그는 그들의 지파에 따라 그들에게 땅을 분배할 것이다. 타인들과 외국인들은 더 이상 그들 곁에 살지 못할 것이다. 그는 자신의 공의로운 지혜로 모든 백성과 나라를 심판할 것이다. 그리고 그는 이방 나라들이 그의 멍에를 메고 그를 섬기게 할 것이다. 그리고 그는 온 땅 (위에) 있는 높은 (곳에서) 주님을 영화롭게 할 것이다. 그리고 그는 예루살렘을 깨끗하게 하고 (또한 그곳을) 처음부터 그랬던 것처럼 거룩하게 할 것이다. (왜냐하면) 그의 영광을 보려고 땅끝에서 나라들이 올 것이기 때문이다. (왜냐하면) 나라들이 쫓겨난 예루살렘의 자녀를 선물로 보낼 것이기 때문이다. 그리고 나라들이 예루살렘을 영화롭게 한 주 하나님의 영광을 보려고 할 것이기 때문이다. 그리고 그는 하나님에게 가르침을 받아서 그들을 의로운 왕으로 다스릴 것이다. 그의 날에 그들 가운데 어떤 불의도 없을 것이다. 왜냐하면 모든 사람이 거룩하게 되고 주 메시아가 그들의 왕이 될 것이기 때문이다(*Pss. Sol.* 17.22-32, 기원전 1세기).

그리고 이 일이 일어나고 표적이 나타날 때…내 아들이 나타날 것이다. 너는 그를 바다에서 올라오는 사람으로 보았다. 그리고 네가 보았듯이, 모든 나라가 그의 목소리를 듣고…헤아릴 수 없는 많은 사람이 함께 모여 와서 그를 이기기를 바랄 것이다. 그러나 그는 시온 산의 꼭대기에 설 것이다. 그리고 시온

이 나타나서 모든 사람에게 명백하게 드러날 것이다. 너는 손대지 않은 산이 잘려져 나온 것을 보았다. 그리고 그 곧 내 아들은 모여든 나라들의 불의를 꾸짖을 것이다.…그리고 그는 그들 앞에서 그들의 악한 생각을 나무라며 그들이 당해야 할 고통으로 책망할 것이다.…그리고 그는 그들을 멸망시킬 것이다.…네 백성 가운데 남은 자들, 곧 내 거룩한 지경 안에서 발견되는 이들은 구원받을 것이다. 따라서 그가 모여든 모든 나라를 멸망시킬 때, 그는 남아 있는 백성을 보호할 것이다(*4 Ezra* 13.32-49, 기원후 1세기).

네가 본 이 인자는 왕과 힘센 자들을 그들의 안락한 자리에서, 권력자들을 그들의 보좌에서 제거할 것이다. 그는 권력자들의 통제권을 약화시키고 죄인들의 이를 부술 것이다. 그는 왕들을 그들의 보좌와 나라에서 쫓아낼 것이다(*1 En*. 46.4-5, 기원전 1세기).

네가 본 불꽃처럼 그들의 나라도 그렇게 될 것이다. 그들은 땅 위에서 수년 동안 통치하며 모든 것을 파괴할 것이다. 한 백성이 다른 백성을 칠 것이다. 한 나라가 다른 나라를 칠 것이다. 마침내 하나님의 백성이 일어나서 각 사람을 칼에서 벗어나 편히 쉬게 할 것이다. 그분의 나라는 영원한 나라가 될 것이다. 그리고 그분의 길이 진리로 인도할 것이다(4Q248 II, 1-5; 참조. 1Q28b V, 1-29, 기원전 3세기에서 기원후 1세기까지).

"불의한 나라들을 멸망시킴"(*Pss. Sol.* 17.23), "모여든 나라들의 불경건을 책망함"(*4 Ezra* 13.37), "왕들을 그들의 보좌와 나라에서 내쫓음"(*1 En*. 46.5) 등은 악한 나라들이 최종적으로 패배하며 종말의 하나님 나라가 완전한 형태로 도래함을 묘사하는 텍스트에서 공통으로 나타나는 주제다. 이 텍스트들은 이방 나라 및 그 나라의 백성이 하나님을, 특히 메시아를 끊임없이 거역하기 때문에 완전히 멸망하리라고 묘사한다.[49] 예를 들면 위에서 인용한 「솔로몬의 시편」(*Psalms of Solomon*) 17:24은 "쇠몽둥이로 죄인들의 모든 재산이 산산조각 나게 하소서"라고 말한다. 기원후 1세기 무렵에 초기 유대교는 로마 제국이 전복되기를 열망하며 기다렸다. 마카비 전쟁은 이스라엘의 원수들이 모두 한꺼번에 타도되어야 한다는 지울 수 없는 흔적을 유대교에 남겼다. 다니엘 2장의 네 번째 나라를 로마 제국과 동일시하는 요세푸스의 해석은 이 점을 잘 입증해준다.[50] "오래전에 다니엘이 보고 나서 그와 같은 일이 일어나리라고 기록한 것과 마찬가지로, 사실상 우리나라는 안티오코스 에피파네스(Antiochus Epiphanes) 치하에서 이와 같은 재앙을 경험하게 되었다.…다니엘 역시 로마 제국에 대해 기록했다"(*Ant.* 10.275-76; 참조. 11.336-39). 이 점에 비추어볼 때 유대인들은 다니엘이 예언한 마지막 부분이 성취되기를, 즉 메시아와 하나님이 이 마지막의 악한 네 번째 나라를 멸망시키기를 고대했다.

「전쟁 두루마리」(*War Scroll*[1QM])에서 쿰란 공동체는 이스라엘 내의 배교자들을 포함하는 원수들에 대한 종말론적인 공격을 신중하게 계획했다. 1QM I, 1-2에서 이 개념은 다음과 같이 명백하게 나타난다. "빛의 아들들의 첫 공격은 어둠의 아들들을 대항하여 시작될 것이다. 곧 벨리알의 군대, 에돔과 모압의 동맹군을 공격할 것이다.…그들은 언약을 위

---

49 특히 *T. Mos.* 10:1-7을 보라. "그때 그의 나라가 온 피조세계에 나타날 것이다. 그때 마귀는 종말을 맞이할 것이다.…왜냐하면 하늘에 계신 분이 그의 보좌에서 일어나실 것이기 때문이다. 그렇다. 그는 그의 아들들을 위해 진노와 분노를 느끼며 그의 거룩한 처소에서 나오실 것이다.…그리고 땅이 떨리고 마지막까지 흔들릴 것이다. 왜냐하면 지극히 높으신 하나님 곧 영원하신 분이 오시기 때문이다. 모든 사람이 그를 볼 것이고 그는 모든 나라에게 복수하실 것이다. 그렇다. 모든 우상이 파괴될 것이다." 참조. Wis. 3:8; *3 En.* 44.8; *4 Ezra* 2.10-14; *1 En.* 62.2-9; *2 En.* 31.3-6 [J]; 58.3 [J]; 4Q174 1 I,1-19; 4Q213 1 II +2, 1-19; 4Q387a 3 III, 1-12; 4Q554 2 III, 14-22.
50 F. F. Bruce, *A Mind for What Matters: Collected Essays* (Grand Rapids: Eerdmans, 1990), pp. 19-31; Louis H. Feldman, *Josephus's Interpretation of the Bible* (Los Angeles: University

반하는 자들의 지원을 받는 자들이다." 이 문서는 계속해서 쿰란 공동체의 전사-성도(warrior-saints)가 공격하는 특징을 자세하게 묘사한다(예. 그들의 깃발, 방패, 기병대 조직, 나팔 등; I-XIX단을 보라). XI단에서 쿰란 공동체는 다음과 같이 자신들을 야곱의 "별"과 동일시한다(민 24:17-19). "따라서 당신[주님]은 오래전부터 '한 별이 야곱에게서 나오며 한 홀이 이스라엘에서 일어설 것이다'라고 우리를 가르치셨습니다.…당신이 기름 부은 이들, 명령을 간파한 이들의 손을 통해…벨리알의 무리를 멸망시키려고 당신은 우리에게 당신이 정한 전쟁의 시기를 가르치셨습니다"(5-8). 사해 사본 전체에서 종말의 하나님 나라는 많은 논의의 대상이었고 크게 기대되었다. 왜냐하면 쿰란 공동체는 자신들이 지금 "마지막 날"에 살고 있다고 여겼기 때문이다(예. 4Q174 1 I, 19).

분명히 메시아는 하나님의 완전한 나라(*Pss. Sol.* 18.5: "하나님이 정하신 날에 메시아가 와서 다스릴 때 이스라엘을 깨끗하게 하시리라")와 새로운 창조의 시대가 오게 해서 이스라엘을 다스릴 것이다.[51] 이때 이방인들은 예루살렘으로 달려와서 복종할 것이다(*Pss. Sol.* 17.31: "땅끝에서 이방 나라들이 와서 그의 영광을 보고 자신의 자녀를 선물로 가져올 것이다"). 메시아가 이방 나라들에게 승리를 거둔 결과로 도처에 평화와 기쁨이 있을 것이다. "[그가] 영원한 평화 속에서 하나님 나라의 보좌에 앉은 [후에], 기쁨이 드러나고 안식이 나타날 것이다. 그다음에 건강이 이슬처럼 내려오고 질병은 사라질 것이다. 또한 두려움과 환난과 탄식은 영원히 사라질 것이다"(2

---

of California Press, 1998). pp. 629-69; Paul Spilsbury, "Flavius Josephus on the Rise and Fall of the Roman Empire," *JTS* 54 (2003): 1-24.

51 종말의 하나님 나라의 회복에 대한 전반적인 주제에 대해서는 다음과 같은 유대교 문서를 보라. *T. Jud.* 17.5-6; *T. Iss.* 5.7; *T. Jos.* 19.12; *T. Jac.* 7.27; *T. Mos.* 10.1-10; *1 En.* 25.7; 91.12-17; *3 En.* 48A.10; *Syb. Or.* 3.46-60; 3,635-730; 3.767-95; 14.352-60; *2 Bar.* 39.7; 73.1.

Bar. 73.1-2). 예루살렘의 모든 것은 "거룩하다"고 판단될 것이다(*Pss. Sol*. 17.30: "그가 예루살렘을 깨끗하게 하고, [또한 그곳을] 거룩하게 할 것이다"). 하나님은 이스라엘을 완전하게 회복시키실 것이다. 그리고 공의가 다스릴 것이다(*Pss. Sol*. 17.26: "그는 거룩한 백성을 모으시고 그들을 공의로 이끄실 것이다").

따라서 구약성서와 마찬가지로 초기 유대교 문헌에서도 하나님의 원수들이 패배하고 하나님 나라가 세워지는 사건은 세계 역사의 마지막에 갑자기 결정적으로 완전하게 일어난다.

제4장

:

로마서의 비밀 사용

우리는 앞 장에서 마태복음에서 **비밀**이 사용된 용례에 대해 살펴보았다. 예수는 제자들에게 천국이 거의 눈에 보이지 않는 두 단계(이미 그러나 아직)로 온다고 밝혀주었다. 또한 예수는 천국이 오랜 기간에 걸쳐서 첫 단계에서 마지막 단계로 성장해간다고 가르쳐주었다. 구약성서가 예고한 바와는 달리(아마도 오직 한 가지 예외는 시 110:1임), 하나님의 원수들은 곧바로 모두 한꺼번에 멸망하지 않는다. 그러나 눈에 보이지 않는 사탄의 세력은 처음에 굴복하고 종말에 완전하게 멸망할 것이다. 그리고 성도들은 천국의 첫 단계에서는 불경건한 자들과 분리되지 않은 채 악한 사람들 사이에서 살아간다.

로마서에서 비밀에 대한 바울의 논의는 비밀에 대한 마태복음(과 다른 공관복음서)의 관점에서 크게 벗어나지 않는다. 왜냐하면 공관복음서 저자들과 바울은 모두 대체로 하나님의 영원한 나라의 특성에 관심을 두고 있기 때문이다. 마태복음은 비밀을 다룰 때 천국이 세워지는 데 더 많은 관심을 기울이는 반면에, 로마서에서 바울은 사람들이 종말의 하나님 나라에 참여하는 **순서**에 대해 더 자세하게 다룬다.

복음서는 예수가 먼저 이스라엘 민족의 회복을 추구하고 그다음에 이방인의 구원을 추구한다고 제시한다. 마태복음 10:1-6에 의하면 예수는 열두 제자에게 천국 메시지를 이방인에게 먼저 전파하지 말고 유대 민족을 회심시키는 일을 하라고 지시한다. "예수께서 이 열둘을 내보내시며 명하여 이르시되 '이방인의 길로도 가지 말고 사마리아인의 [**어떤**] 고을에도 들어가지 말고 오히려 이스라엘 집의 잃어버린 양에게로 가라'"(마 10:5-6). 분명히 예수는 이방인을 회심시키는 일도 했으나 이스라엘을 회복시키는 일을 하고 나서야 비로소 그 일을 했다(예. 마 8:5-11). 구원 사역과 관련하여 동일한 유형이 사도행전에도 명백하게 나타난다. 사도행전은 다음과 같은 원칙에 기초하여 전개되는 구조를 지닌다. "너희가…예루살렘과 온 유대와 사마리아와 땅끝까지 이르러 내 증인이 되리라"(행 1:8). 바울의 선교 여행에 대한 누가의 묘사 역시 이 현상을 입증해준다. 바울은 먼저 회당에서 유대인들에게 복음을 전한 후에 유대인들의 불신앙 때문에 이방인에게로 발길을 돌린다. "바울과 바나바가 담대히 말하여 이르되 '하나님의 말씀을 마땅히 먼저 너희에게 전할 것이로되 너희가 그것을 버리고 영생을 얻기에 합당하지 않은 자로 자처하기로 우리가 이방인에게로 향하노라'"(행 13:46).

이렇게 복음서와 사도행전에서 확립된 유형을 로마서와 조화시키는 일은 다소 어렵다. 바울은 "먼저 유대인에게, 그다음 이방인에게"라고 분명하게 말하면서 로마서를 시작하고 끝맺는다(롬 1:16; 2:9-10; 15:8-9). 그렇지만 바울은 로마서 11:11-12에서 다음과 같이 그 순서를 뒤집는다. "그들이 넘어짐으로 구원이 이방인에게 이르러 이스라엘로 시기나게 함이니라. 그들의 넘어짐이 세상의 풍성함이 되며 그들의 실패가 이방인의 풍성함이 되거든 하물며 그들의 충만함이리요." 우리는 이 두 진술을 어떻게 해결해야 할까? 로마서 자체 내에 이 두 진리 사이의 긴장이 존재하는데, 주석가들이 이 긴장을 해결하기는 어려운 일이었다.

로마서 11장의 비밀

우리의 판단에 의하면 해결책은 로마서 11:25에서 밝혀진 비밀과, 그것이 신명기의 핵심 부분과 맺는 관계와 밀접한 관련이 있다. 신명기 27-32장의 줄거리는 구약성서에서 구원이 이방인에게 먼저 주어지고 이 일이 이스라엘의 질투로 이어져서 그들이 마침내 회복된다고 말하는 유일한 부분인 것 같다. 신명기 27-32장의 내용은 다소 특이하다. 왜냐하면 이 신명기 외에 구약성서의 다른 곳에서는 이스라엘의 구원이 이방인의 구원으로 이어진다고 예언하기 때문이다(예. 사 49:5-6).

계시된 비밀의 두 번째 언급(롬 16:25-26)은 앞서 로마서 11:25-26의 **비밀** 사용과 관련이 있을 것이다. 창세기 49장과 시편 2편은 종말에 이스라엘 왕이 올 때 그가 이방의 원수들을 복종시킨다고 말한다. 하지만 사도 바울은 이 구약성서 예언이 그리스도의 초림에서 기대하지 않은 방식으로 이미 성취되기 시작했다고 주장한다. 이 장에서 남은 부분의 과업은, 특히 유대인과 이방인의 관계 및 그들의 구원 순서와 관련해서, 로마서 11장과 16장의 비밀을 바울이 어떻게 이해하는지에 대한 우리의 접근법을 자세하게 설명하는 것이다.

비밀과 이스라엘 민족의 구원. 우리는 이제 로마서 11:11-27을 살펴보고자 한다.

그러므로 내가 말하노니 그들이 넘어지기까지 실족하였느냐? 그럴 수 없느니라. 그들이 넘어짐으로 구원이 이방인에게 이르러 이스라엘로 시기나게 함이니라. 그들의 넘어짐이 세상의 풍성함이 되며 그들의 실패가 이방인의 풍성함이 되거든 하물며 그들의 충만함이리요! 내가 이방인인 너희에게 말하노라. 내가 이방인의 사도인 만큼 내 직분을 영광스럽게 여기노니 이는 혹 내 골육을 아무쪼록 시기하게 하여 그들 중에서 얼마를 구원하려 함이라. 그들을 버리는 것이 세상의 화목이 되거든 그 받아들이는 것이 죽은 자 가운데서 살아나는 것이 아니면 무엇이리요? 제사하는 처음 익은 곡식 가루가 거룩한즉 떡덩이도 그러하고 뿌리가 거룩한즉 가지도 그러하니라.

또 한 가지 얼마가 꺾이었는데 돌감람나무인 네가 그들 중에 접붙임이 되어 참감람나무 뿌리의 진액을 함께 받는 자가 되었은즉 그 가지들을 향하여 자랑하지 말라. 자랑할지라도 네가 뿌리를 보전하는 것이 아니요, 뿌리가 너를 보전하는 것이니라. 그러면 네 말이 "가지들이 꺾인 것은 나로 접붙임을 받게 하려 함이라" 하리니 옳도다. 그들은 믿지 아니하므로 꺾이고 너는 믿으므로 섰느니라. 높은 마음을 품지 말고 도리어 두려워하라. 하나님이 원가지들도 아끼지 아니하셨은즉 너도 아끼지 아니하시리라. 그러므로 하나님의 인자하심과 준엄하심을 보라. 넘어지는 자들에게는 준엄하심이 있으니 너희가 만일 하나님의 인자하심에 머물러 있으면 그 인자가 너희에게 있으리라. 그렇지 않으면 너도 찍히는 바 되리라. 그들도 믿지 아니하는 데 머무르지 아니하면 접붙임을 받으리니 이는 그들을 접붙이실 능력이 하나님께 있음이라. 네가 원 돌감람나무에서 찍힘을 받고 본성을 거슬러 좋은 감람나무에 접붙임을 받았으니 원가지인 이 사람들이야 얼마나 더 자기 감람나무에 접붙이심을 받으랴?

형제들아, 너희가 스스로 지혜 있다 하면서 이 신비(비밀)를 너희가 모르기를 내가 원하지 아니하노니 이 신비(비밀)는 이방인의 충만한 수가 들어오기까지 이스라엘의 더러는 우둔하게 된 것이라. 그리하여 온 이스라엘이 구원을 받으리라. 기록된 바

> "구원자가 시온에서 오사
> 야곱에게서 경건하지 않은 것을 돌이키시겠고
> 내가 그들의 죄를 없이 할 때에
> 그들에게 이루어질 내 언약이 이것이라" 함과 같으니라.

바울은 로마서 11장에서 하나님이 유대 민족을 버리지 않으시고 심지어 심각한 상황의 한가운데서도 남은 자들을 보존하셨다고 주장함으로써 이스라엘의 회복이라는 문제를 다시 다룬다(롬 11:1-10). 하나님이 이스라엘을 보존하신다는 그분의 약속을 실수하지 않고 반드시 지키신다는 사실을 입증하기 위해 바울은 자신(롬 11:1)과, "바알에게 무릎을 꿇지 아니한 사람 칠천 명"에 대한 구약성서의 이야기(롬 11:2-4; 왕상 19:10-18)를 사용한다. 바울은 로마서 11:5에서 이렇게 말한다. "그런즉 이와 같이 지금도 은혜로 택하심을 따라 남은 자가 있느니라." 구약성서에서 남은 자들을 보존하신 것과 마찬가지로 하나님은 지금도 똑같은 일을 하고 계신 것이다. 로마서 9:6에서 바울은 이스라엘 사람이 모두 참이스라엘에 속하는 것은 아님을 날카롭게 지적하는데, 이는 로마서 11장의 논지를 더욱 예리하고 분명하게 밝혀준다.

다음 부분은 하나님의 계획 속에서 이방인의 역할을 자세하게 설명한다. 이상하게도 이스라엘의 불신앙으로 말미암아(롬 11:7-10), 이방인이 하나님의 진정한 마지막 백성의 일부가 되었다. 곧 "그들[이스라엘]이 넘어짐으로 구원이 이방인에게 이르러"(롬 11:11)라고 말한다. 이방인이 새 언약 공동체에 참여하자 유대인들은 질투하고, 이 질투심은 유대인들이 주님께로 돌아오도록 만든다(롬 11:11b, 14). 로마서 11:17-24에서 바울은 나무를 은유로 사용하며 세 당사자 간의 관계, 곧 예수와 이방인과 유대인의 관계를 입증하려고 한다. 어떤 이들은 나무의 뿌리를 신실한 족장들과 그들에게 주어진 약속들로 간주한다.[1] 우리는 이 점을 더 명확하게 해야 할 필요가 있다고 생각한다. 곧 뿌리는 그리스도 안에서 성취되기 시작한 족장들에게 주어진 약속을 나타낸다(우리는 롬 1:2-4 및 롬 9:4-5이 이를 증거하며 롬 15:12[여기서 그리스도는 사 11:10에 나오는 "이새의 뿌리"의 성취다]은 이를 확인해준다고 믿는다). 따라서 뿌리의 초점은 예수에게 맞추어져 있고(롬 11:18; 15:12),[2] 돌감람나무 가지는 이방인이며(롬 11:17), 원가지는 유대 민족을 가리킨다(롬 11:18). 원가지들은 잘려나갔고 대신에 돌감람나무 가지들이 접붙여졌다. 하지만 원가지들은 다시 원나무에 접붙여질 것이다. 다시 말해서 유대 민족 가운데서 남은 자들이 참이스라엘로 회복되어가는 과정이 전개될 것이다(롬 11:18). 비록 유대 민족이 "잘려나갔지만"(롬 11:19-20a), 이방인들은 하나님 앞에서 자신들의 신분에 대해 전혀 자랑할 만한 입장이 아니다(롬 11:20b). 유대인들과 마찬가지로 이방인들도 자신들의 불순종에 대해 심판을 받겠지만 믿음과 순종에 대해서는 상을 받을 것이다(롬 11:21-22). 로마서 11:23-24은 유대인들의 (현재와 미래의) 구원에 대해 이렇게 재확인한다. "그들[유대 민족]도 접붙임을 받으리니 이는 그들을 접붙이실 능력이 하나님께 있음이라"(롬 11:23). 이방인이 감람나무에 "접붙임"을 받은 놀라운 일과 대조하면서 로마서 11:24은 유대 민족의 회복을 강조한다. 바울은 로마서 11:25-26에서 이 주장에 대한 근거를 제시한다. "형제들이여, 나는 여러분이 이 비밀을 알지 못하기를 바라지 않습니다. 여러분이 스스로 지혜롭다고 판단하지 않게 하려는 것입니다. 그 비밀은 이렇습니다. 곧 [구원

---

[1] Douglas J. Moo, *The Epistle to the Romans*, NICNT (Grand Rapids: Eerdmans, 1996), p. 704.

[2] 예를 들면 다음 논문을 참조하라. Svetlana Khobnya, "'The Root' in Paul's Olive Tree Metaphor (Romans 11:16-24)," *TynBul* 64 (2013): 257-73.

받는] 이방인의 수가 다 찰 때까지 이스라엘 사람들 가운데서 일부는 완고한 상태에 머물러 있을 것입니다. 그리고 이와 같은 방법으로 온 이스라엘이 구원받을 것입니다"(저자 사역).[3] 다시 말해서 사도 바울은 어떻게 유대 민족이 구원받고 또 구원받을지에 대해 독자들에게 알려준다. 이방인이 구원받는 대상에 포함된 것은 유대인의 구원에 대한 촉매 역할을 한다. 이방인이 예수를 메시아로 믿을 때 일부 유대인들은 질투하고 예수를 그리스도로 영접하게 될 것이다.

이방인의 구원과 이스라엘의 회복. 로마서 11장에서 왜 우리는 "먼저는 유대인, 그다음은 헬라인"이라는 순서 대신에 "먼저는 이방인, 그다음은 유대인"이라는 순서를 만나게 되는가? 로마서 11:25은 "먼저는 유대인, 그다음은 헬라인"(바울 자신도 롬 1:16과 롬 15:8-9에서 이 점을 넌지시 밝힌다)이라는 구약성서의 기대로부터 이렇게 역전된 것에 비밀이라는 이름을 붙인다. 오순절 성령 강림 사건에서 또 그 후에 곧바로 예루살렘에서 복음을 먼저 듣고 받아들인 유대인들(행 2-7장)은 "먼저는 유대인, 그다음은 헬라인"이라는 순서가 성취되기 시작했음을 나타낸다. 이는 사도행전의 전개에서 명백하게 밝혀진다. 사도행전 1-7장은 유대인의 구원에 초점을 맞추고 있지만, 사도행전 8장과 10-11장의 이야기(예. 에티오피아 내시와 고넬료)는 이방인이 구원받기 시작하는 것을 묘사한다. 그다음에 사도행전 13장부터 결말까지는 주로 이방인의 구원에 초점을 맞추고 있다. 사도행전 13:46-51부터 그 이후로 유대인 중에서 오직 남은 자들만이 구원받고 또 구원받을 자의 대다수가 이방인이라는 점이 분명하

---

[3] 우리는 롬 11:26에서 "온 이스라엘"이라는 표현이 기원후 1세기부터 그리스도의 재림까지 회심한 모든 선택받은 유대 민족을 가리킨다고 이해한다(우리는 이 문제와 관련해서 많은 논란이 빚어지고 있음을 잘 알고 있다. 하지만 우리는 여기서 지면 관계상 이 논쟁에 대해 논의하거나 우리의 결론을 지지하는 증거를 제시할 수 없다. 그럼에도 이 결론은 현재의 논의에 중대한 영향을 미치지 않는다).

게 나타난다. 사도행전의 후반부는 주로 이방인으로 구성되고 유대인이 소수를 차지하는 교회의 유형을 나타낸다. 이 교회의 모습이 바로 로마서 11장에서 구원받은 이방인들이 교회에 들어오는 일을 통해 유대인들의 질투를 불러일으키려는 바울의 전략에 동기를 부여해주는 상황이었을 것이다.

로마서는 "먼저는 유대인, 그다음은 이방인"이라는 구약성서 유형을 완전히 인정한다(롬 1:16; 15:8-9). 하지만 로마서 11장은 (행 13-28장에서 분명하게 나타나듯이) 대부분의 교회 시대에 신자는 거의 이방인으로 구성되고 유대인 중에서 남은 자들이 구원을 받는다는 개념에 대해 고찰한다. 바울은 이와 같은 교회의 현실을 다음과 같은 의미로 해석한다. 즉 하나님은 많은 이방인 신자가 교회 안으로 들어옴을 통해 교회 시대의 종말까지 유대인 중 남은 자들이 믿게 하려고 계획하셨다는 것이다. 이런 방법으로 바울은 "먼저는 이방인, 그다음은 유대인"이라는 순서를 논증하며 지지한다. 사도행전이 입증해주듯이 바울은 이 유형이 발전한 교회의 초기 역사로부터 이 이중 유형을 변증하려고 시도하지 않는다. 대신에 바울은 이 유형이 구약성서에 기초한다고 변증한다.

구약성서의 관점에 의하면 이 이중 유형은 "비밀"이었다. 구약성서에서는 유대인과 이방인의 구원이 다음과 같은 두 단계로 성취된다고 명백하게 예고되지 않았다. 즉 (1) 처음 단계에서는 유대인들이 구원을 받아 구원받은 사람들의 대다수를 차지하며 그다음이 이방인이다. (2) 두 번째 더 긴 단계에서는 이방인들이 구원받은 사람들의 대다수를 차지하는데, 이 일이 구원받은 유대인 중 남은 자들을 자극할 것이다. 이것이 바로 비밀이다. 왜냐하면 이와 같이 **명백하게** 시간 순서로 된 두 단계의 구원은 구약성서에서 찾을 수 없기 때문이다. 그렇다면 구약성서에서 **전적으로** 낯선 개념이라는 점에서 이 두 단계 구원은 계시된 비밀인가? 우리는 그렇게 생각하지 않는다. 그렇다면 우리는 어떻게 구약성서에 그와 같은 두 단계 구원의 씨가 들어 있다고 설명할 수 있을까?

우리는 적어도 이 질문에 대한 답변은 부분적으로 바울이 로마서 10:19에서 신명기 32:21을 인용하고 나아가 로마서 11:13-14에서 그것을 더욱 발전시키는 데 대한 이해에 달려 있다고 생각한다.

그러나 내가 말하노니 이스라엘이 알지 못하였느냐? 먼저 모세가 이르되 "내가 백성 아닌 자로써 너희를 시기하게 하며 미련한 백성으로써 너희를 노엽게 하리라" 하였고(롬 10:19).

그러므로 내가 말하노니 그들이 넘어지기까지 실족하였느냐? 그럴 수 없느니라! 그들이 넘어짐으로 구원이 이방인에게 이르러 이스라엘로 시기나게 함이니라.…내가 이방인인 너희에게 말하노라. 내가 이방인의 사도인 만큼 내 직분을 영광스럽게 여기노니 이는 혹 내 골육을 아무쪼록 시기하게 하여 그들 중에서 얼마를 구원하려 함이라(롬 11:11-14).

신명기 31-32장은 은유적으로 하나님을 이스라엘의 남편으로 묘사한다. 하나님은 그분의 배우자가 다른 대상과 사랑에 빠진 것을 보고 화를 내신다. 이스라엘의 아버지로서 하나님은 당신의 자녀가 방탕하고 감사하지 않는 것을 보고 고통스러워하신다. 한편으로 신명기 32:21은 이스라엘의 구원이 아니라 이스라엘이 회복되기 전에 다른 나라들에게 심판받는다고 말하는 것처럼 보인다. 이방인에 대한 이스라엘의 질투와 분노는 그들이 이방인을 정복하는 위치에 있는 대신에 오히려 이방인들에게 심판받는 데 대한 그들의 불쾌함을 나타낸다. 다른 한편으로 신명기 32:21은 하나님이 "이스라엘을 질투하게 하신다"는 사실이 이스라엘이 다른 나라들의 역할을 부러워하고 있음을 암시한다고 알려주는 것 같다. 이스라엘은 이방 나라들을 심판해야 했다. 그러나 이스라엘의 불신앙으로 인해 하나님은 악한 나라들을 사용하셔서 이스라엘을 심판하신다. 따라서 이스라엘이 질투한 이유는 자신이 다른 나라들에게 벌을 내림으로써 그 나라를 구원하는 역사적인 위치에 있기를 바랐기 때문이다. 이런 점에서 이스라엘은 이방 나라들을 "질투하도록 자극받았을" 것이다(신 32장의 전후 맥락과의 상호 작용에 대해 더 자세히 알려면 추기 4.1을 보라).

존 머레이(John Murray)는 로마서 10:19에 대해 다음과 같이 단언했다. "이스라엘은 질투와 분노를 품도록 자극받았을 것이다. 왜냐하면 이스라엘이 받았던 하나님의 언약적 은총을 누리지 못했던 다른 나라가 이스라엘이 멸시한 은총의 수혜자가 될 것이기 때문이다."[4] 더글러스 무(Douglas J. Moo)는 로마서 10:19의 내용을 발전시키는 로마서 11:11에 대해 다음과 같이 결론짓는다. 즉 바울은 "유대인들이 자신들에게 먼저 약속된 메시아의 축복을 이방인들이 누리는 것을 볼 때 스스로 축복을 원하게 되리라고 생각한다."[5] 이 두 학자의 평가는 신명기 32:21의 질투심을 일으킨다(*parazēlaō*)는 개념에 대해 우리가 바로 앞에서 진술한 것과도 조화된다(추기 4.1을 보라). 비록 바울이 이 구절을 히브리어 텍스트에서 분명하게 나타나지 않는 두 가지 중요한 방법으로 이해하고 있지만 말이다. 즉 바울은 신명기 32:21에 대해 (1) 하나님이 그분의 언약적 은총을 이스라엘로부터 다른 나라들에게로 옮기심으로써 이스라엘의 질투를 자극한다는 종말론적 기간[6]을 언급하는 70인역의 번역에 비추어 이해한

---

4 John Murray, *The Epistle to the Romans 9-16*, NICNT (Grand Rapids: Eerdmans, 1959, 『로마서 주석』, 아바서원 역간), p. 62.
5 Moo, *Romans*, p. 688.
6 신 32:20(LXX)은 "내가 그들의 종말이 어떻게 될지를 볼 것이다"(MT)를 "그리고 내가 종말에[*ep'eschatōn*] 무슨 일이 일어날지를 그들에게 보여줄 것이다"(참조. NETS)라

다. 또한 (2) 메시아와 관련된 맥락으로 이해한다.[7]

따라서 다음과 같은 사실은 이해할 만하다. 즉 바울은 로마서 10:19에서 신명기 32:21을 이스라엘의 심판과, 종말에 이스라엘이 회복되고 구원받음을 가리키는 맥락에서 인식할 수 있었다. 또한 바울은 다음과 같이 단언할 수 있었다. 즉 이스라엘은 그들의 민족 이야기의 플롯이 이방인과 관련되어 이어지게 될 것을 알았다고 말이다. 왜냐하면 특별히 신명기 27-32장은 종말의 이스라엘에 대해 "증거"한다고 반복해서 말하기 때문이다.[8] 이스라엘의 질투를 긍정적인 의미로 보는 바울의 분명한 이해는 신명기 32:21뿐만 아니라 신명기 27-32장 전체의 맥락 안에 뿌리를 두고 있다. 이는 바울의 긍정적인 논리 전개를 더 잘 이해할 수 있게 해준다.

바울은 현재 완악함으로 인해 이스라엘이 심판받고 이방인들이 구원받은 다음에 이어지는 이스라엘의 구원을 신명기에서 예언된 똑같은 줄거리로 확인시켜준다. 바울이 이 신명기의 줄거리에 정통했다는 점은 그가 로마서 11:8(이스라엘의 완악함과 관련되는)에서 신명기 29:4을 인용하

고 번역한다. 라틴어 사본들과 아르메니아어 및 Origen에 기초한 시리아어 번역본(Syro-Hexaplaric version) 외에도 몇몇 사본은 더 자세한 표현으로서 "마지막 날에"(*ep'eschatōn tōn hēmerōn*)라고 읽는다(예. B[Vatincanus] 707 W1-54´). 이는 70인역 해석 전통의 중요한 한 갈래가 신 32:20-21을 종말론적인 의미로 이해했음을 보여준다. 바울이 신 32:21의 70인역에 의존하고 있지만 자신의 맥락 때문에 그 구절을 개작했다는 점은 널리 인정되고 있다. 따라서 롬 11:21을 종말론적인 맥락에 위치시키는 바로 앞 절은 바울의 이해 범위 안에 있었을 것이다.

7 추기 4.1은 유대인과 이방인의 구원 순서에 대한 배경에 초점을 맞추고 있다. 왜냐하면 그것이 롬 11:24-26에 나오는 비밀의 초점이기 때문이다. 하지만 왜 바울이 신 32:21을 메시아의 맥락 안에 위치시켰는가라는 질문은 지면 관계상 여기서 다루고자 하는 이해 범위를 벗어난다. 그러나 우리는 그 해답이 롬 11:26에 인용된 사 59:20-21에서 "구원자"가 온다는 예언과 비교하면서 롬 10:20-21에서 사 65:1-2의 인용을 숙고하는 데 달려 있다고 생각한다.

8 David Lincicum, *Paul and Early Jewish Encounter with Deuteronomy*, WUNT 2.284 (Tübingen: Mohr Siebeck, 2010), p. 162.

고, 로마서 15:10—이방 나라들이 하나님의 백성 이스라엘과 함께 기뻐해야 한다는—에서 신명기 32:42(LXX)을 인용한다는 점에서 명백해진다. 따라서 바울은 신명기 27-32장이 다음 사항에 대해 광범위하게 예언하고 있다고 이해한다. (1) 이스라엘의 불순종, 완악함 및 심판, (2) 하나님의 언약적 은총이 이방인에게 주어진다. (3) 이스라엘은 이방인들이 언약적 은총을 받는 것에 자극을 받아 질투하게 된다. (4) 이 모든 일은 마침내 이스라엘의 구원으로 이어진다.[9]

바울은 이와 같은 구원 순서를 단지 구원받는 사람들의 대다수가 이방인이라는 자신의 의견으로부터 이끌어낸 것인가? 그리고 이는 이스라엘이 질투하도록 자극해서 그들 역시 이 구원을 원하도록 하려는 바울의 소망이었는가? **하나님의 언약적 은총(즉 회복)이 먼저 이방인에게 베풀어지고 이 일이 이스라엘의 질투를 불러일으켜서 그들의 회복으로 이어진다는 줄거리는 구약성서에서 오직 신명기에만 나타나는 것 같다.** 이는 바울이 로마서 11:25-27의 밝혀진 비밀, 즉 이방인의 구원이 먼저, 그다음에 이스라엘의 구원이라는 그의 이해를 어디서 이끌어냈는가라는 질문에 대한 가장 훌륭한 설명으로 보인다.[10] 왜 그것이 비밀인가? 왜냐하면 구약성서의 다른 곳에서는 어디서나 이스라엘의 구원이 이방인의 구원을 촉발하리라고 예언되기 때문이다(예. 사 49:5-6). 앞으로 살펴보겠지만 심지어 신명기 안에서도 구원과 관련된 동일한 유형이 예언되었다. 하지

---

9   이 단락의 나머지 부분에서도 Lincicum(같은 책, pp. 164-65)을 따른다. 다음 논문에서 J. Ross Wagner는 Lincicum의 견해를 지지하며 서로 조화를 이룬다. J. Ross Wagner, *Heralds of the Good News*, NovTSup 101 (Boston: Brill, 2002), pp. 190-201.

10 Lincicum, *Paul and Early Jewish Encounter*, p. 165을 보라. Lincicum은 모세의 노래에서 예언된 내러티브가 "어떻게 바울이 롬 11:25-27에서 이스라엘의 최종적 구원에 대한 '비밀'에 이르게 되었는지 설명해주는가?"에 대해 질문한다. 하지만 그는 이 질문에 실질적이며 충실한 답변을 제시하지 않는다.

만 신명기 32:21은 거꾸로 "이방인 먼저, 그다음에 유대인"이라는 유형을 예언하는 것으로 보인다. 그렇지만 이 해석은 오직 신명기 27-32장의 더 광범위한 맥락에서만 더욱 분명해진다. 어떻게 신명기는 종말에 두 유형이 모두 일어난다고 예언할 수 있었을까? 그것이 바로 비밀이다. 그러나 구원이 실제로 성취되는 방법은 다음과 같이 두 유형을 모두 만족시킨다. 즉 처음에 그리스도인들은 대부분 유대교에서 회심한 사람들이었으며, 그다음에야 사도행전에서 밝혀주듯이 이방인이 교회의 대다수를 이루었다. 그러나 사도행전의 이야기가 계속 펼쳐지면서 이방인이 주로 교회의 구성원을 이루었고 유대인으로서 그리스도인이 된 사람은 소수에 지나지 않았다. 이에 대해 바울은 로마서 11장에서 "먼저는 이방인이, 그다음은 유대인이 자극을 받아 질투하고 구원에 이른다"는 유형으로 해석한다.[11] 구원 순서와 관련된 이 비밀이 어떻게 풀리는지 보여주는 것은 오

---

[11] 이는 종말론적인 기간의 마지막 시기에 이스라엘의 대다수가 구원을 받는다는 견해를 필요로 하지 않는다. 하지만 Lincicum과 다른 학자들은 이 견해를 받아들이는 것 같다. 유대들에 대해 증언하는 이방인들이 교회에서 압도적 다수를 차지한다는 사실만으로도 "먼저는 이방인, 그다음은 유대인"이라는 이 두 번째 유형을 지지하기에 충분하다. 이 본문에 대한 우리의 접근 방식을 지지해주는 것으로서 다음 논문 및 연구서에서 몇 가지 예를 보라. O. Palmer Robertson, "Is There a Distinctive Future for Ethnic Israel in Romans 11?" in *Perspectives on Evangelical Theology*, ed. Stanley N. Gundry and Kenneth S. Kantzer (Grand Rapids: Baker, 1979), pp. 209-27; Benjamin L. Merkle, "Romans 11 and the Future of Ethnic Israel," *JETS* 43 (2000): 709-21; and Anthony Hoekema, *The Bible and the Future* (Grand Rapids: Eerdmans, 1979, 『개혁주의 종말론』, 부흥과개혁사 역간), pp. 139-47. 이 모든 자료는 롬 11:26에서 "온 이스라엘"이라는 표현이 교회 시대의 끝에 이스라엘 민족의 집단적 회심이 아니라, 이 세상 역사의 끝까지 예수의 초림과 재림 사이 전체 기간에 구원받는 이스라엘 민족의 남은 자들을 가리킨다고 주장한다. 다른 주석가들은 비슷한 논의를 제시하면서 다음과 같이 주장한다. 곧 "온 이스라엘"은 이방인과 유대인 모두로 구성되는 신자들을 가리킨다. 예를 들면 John Calvin, *Acts 14-18*; *Romans 1-16*, Calvin's Commentaries (Grand Rapids: Baker, 1984), 16:437. 한편 다음과 같이 주장하는 주석가들도 많이 있다. 곧 롬 11:26은 이스라엘의 대다수가 사실상 초림과 재림 사이 시대의 마지막 때에 구원받는다고 예언한다는 것이다. 예를 들면 Murray, *Romans 9-16*, pp. 96-100; and R. L. Saucy, *The Case for Progressive Dispensationalism* (Grand Rapids: Zondervan, 1993), pp. 250-63을 보라.

직 실제로 성취되는 것뿐이다.

로마서 11장에서 신명기 29:22-30:19의 사용. 그러나 어떤 이들은 신명기 32:21이 분명하게 언급하지 않기 때문에 이 구절에 기초해서 "먼저는 이방인, 그다음은 유대인"의 회복이라는 유형을 확립할 수 없다고 여길 수 있다. 왜냐하면 우리가 살펴본 바와 같이 몇몇 학자는 이 구절이 단지 이스라엘을 심판하기 위해 다른 나라가 쳐들어오는 일만을 언급한다고 생각하기 때문이다.[12] 우리는 지금까지 신명기 32:21에서 이끌어 낸 논의가 이 유형을 지지한다고 생각한다. 구약성서에서 구원사적 순서에 대한 바울의 이해를 강화해줄 만한, 즉 "먼저는 이방인, 그다음은 유대인"이라는 순서가 반영된 다른 본문이 있는가? 신명기 27-32장은 이방 나라들에 대해 많이 언급하지 않는다. 우리는 신명기 32:43의 언급이 이방 나라들의 회복과 관련이 있음을 살펴보았다. 여기서 이방 나라들은 하나님의 백성 이스라엘과 함께 즐거워하라는 권면을 받지만 구원사적 순서는 명백하게 제시되지 않는다.

그러나 이방 나라들에 대한 두 번째 중요한 본문은 신명기 29:22-30:10이다. 이 본문은 "먼저는 이방인, 그다음은 이스라엘"이라는 회복의 순서를 반영할 가능성이 있다(추기 4.2를 보라). 바울은 신명기 29:22-30:10을 어떻게 이해했는가? 비록 신명기 29:22-28이 이방 나라에 구원을 베푸는 회복에 대해 명백하게 말하지는 않지만 그와 같은 방향을 가리키는 강조점이 있다. 이는 바울이 우리가 논의한 방식대로 이해했을 가능성이 있음을 암시한다. 만약 그렇다면 이 구절에서 "이방인의 구원

---

12   예를 들면 C. E. B. Cranfield, *A Critical and Exegetical Commentary on the Epistle to the Romans*, ICC (Edinburgh: T & T Clark, 1979), 2:539; R. H. Bell, *Provoked to Jealousy: The Origin of the Jealousy Motif in Romans 9-11*, WUNT 2.63 (Tübingen: Mohr, 1994), pp. 209-14도 보라.

이 먼저, 그다음에 이스라엘"과 "이스라엘의 구원이 먼저, 그다음에 이 방 나라" 사이의 긴장이 더욱 분명하게 표명되었을 것이다. 왜냐하면 신명기 32:21을 제외하고 신명기나 구약성서의 다른 곳에는 먼저 이방인이 구원받는다는 언급이 전혀 없기 때문이다. 오히려 구약성서에서는 구원 순서가 언급될 때마다 항상 이스라엘이 종말에 먼저 구원받고 그다음에 이방인들이 구원받는다고 예언된다(예. 사 42:6; 49:1-6; 60:1-2; 66:19; 슥 8:23). 구약성서 전체에서 신명기 29:22-30:10과 32:21은 회복 순서가 뒤바뀌어 나타날 가능성이 있는 유일한 곳이다. 바울은 신명기 29:29에서 하나님이 주권적으로 감추신 "비밀" 가운데 다음과 같은 어려운 질문이 내포되어 있음을 간파했을 것이다. 즉 어떻게 이방인들이 먼저 구원받고 그다음에 유대인들이 구원받을 수 있다고 말하는 동시에, 구약성서의 다른 예언들은 왜 먼저 이스라엘이 구원받고 그다음에 이방인들이 구원받는다고 선언하는가라는 질문이다. 이 신명기의 비밀은 바울이 로마서 11:25에서 계시된 "비밀"이라고 부르는 것 배후에 부분적으로 있는 것처럼 여겨진다. 아마도 바울의 관점과 관련하여 유대교는 나중에 신명기 29:29이 유대인과 이방인의 관계 또는 "앞으로 올 시대"를 가리킨다고 간주했을 것이다.[13] 신명기 29:22-29과 32:21은 "이방인 먼저, 그다음에 유

---

[13] *Midr. Psalms* 87.6에 따르면 "신 29:29[29:28 MT]에서 '감추어진 일은 우리 하나님 여호와께 속하였다'라는 표현은 하나님이 '이교도로부터 이스라엘에게 왕인 메시아를 보내실' 때를 가리킨다." 그때에 사 66:21에서 언급되듯이 "하나님은 제사장들과 레위인들을 자신이 양육하신 이스라엘의 자녀에게서 뿐만 아니라 이스라엘의 자녀를 데려오는 이방 나라들에게서도 취하실 것이다." 그다음에 이 미드라쉬는 다음과 같이 질문한다. "하나님은 [모세의 책에서] 어디서 이렇게 말씀하셨는가?" 신 29:28[29]에 이 질문에 대한 답변이 제시되었다고 주장한다. *Mekilta De-Rabbi Ishmael* 12,60-64도 사 66:21과 신 29:28의 관계에 대해 똑같이 말하지만, 이방인이 "제사장들과 레위인들"에 포함된다고 명시하지 않는다. 이런 미드라쉬의 논평은 구원 순서에 대한 문제를 언급하지 않지만 사실상 유대인과 이방인의 구원이 하나님의 "비밀"의 일부가 되는 밀접한 관계를 언급한다. *The Fathers According to Rabbi Nathan* 34는 신 29:28[영역본 및 개역개정 신 29:29]이 "우리에게 계시되지 않은 것들은…앞으로 올 시대에 우리에게 계시될 것이다"

대인"이라는 회복 순서를 가리킬 가능성이 있지만 이를 명백하게 언급하지 않는다. 이는 공관복음서와 바울 서신의 비밀 개념과 조화되는 것 같다. 여기서 계시된 비밀은 구약성서에서 온전히 계시되지 않았지만 이제 온전히 계시된 실재를 가리킨다.[14] 다시 말해서 (비록 신 27-32장은 이 순서를 암시하는 것처럼 보이지만) 이방인이 이스라엘의 구원에 대한 촉매 역할을 한다는 것은 구약성서에서는 대체로 감추어져 있었다. 하지만 하나님이 그분의 주권으로 먼저는 이방인이 그다음은 유대인이 구원받는 순서를 정하셨다는 것은 바울에게 완전히 계시되었다. 이와 같은 구원 순서는 구약성서에서도 어느 정도 기대되었다. 하지만 구약성서에서 그 순서는 자세히 설명되지 않았으며 나중에 구약성서 예언들도 그 순서를 진전시키지 않았다.

신명기 29:29에서 "감추어진 일"과 "나타난 일"이라는 언어는 전형적으로 묵시적 맥락에서 사용되는 어휘다. 또한 때때로 "감추어진 일"은 그리스어 구약성서(LXX)와 바울 서신에서 계시된 비밀과 사실상 동의어다.[15] 놀랍게도 바울은 로마서 16:25-26에서 다음과 같이 말한다. 즉 "감

---

14 마 13장에서 "비밀에 대한 계시"는 구약성서의 천국 예언이 성취되는 것과 관련된 완전히 새로운 계시가 아니라 그 예언이 놀라운 방식으로 성취되고 있음을 가리킨다는 점을 상기하라. 우리는 앞으로 바울에게도 비밀에 대한 계시는 완전히 새로운 실재가 나타나는 것이 아니라 구약성서의 예언이 기대하지 않은 방식으로 성취되는 것임을 살펴볼 것이다. 이는 이미 구약성서 자체에서도 어느 정도 이해할 만한 것이었다.

15 70인역의 신 29:29에서 "감추어진 일[들]"은 *krypta*로, "나타난 일[들]"은 *phanera*로 번역되었다. 이 단어들은 70인역의 다른 곳에서 묵시적 맥락에서 발견된다. 예를 들면 다음과 같다. Wis. 7:21 (*krypta kai emphanē*, 감추어지고 나타난); Sir. 1:30 ("주께서 네 감추어진 일들을 드러내실 것이다"); Sir 3:21-22 (신 29:29에 대한 암시); Sir. 4:18 (지혜는 "자신의 감추어진 일들을 그에게 밝혀줄 것이다"). 단 2:47은 명백한 종말론적인 맥락 때문에 특히 관련이 있다. 곧 하나님은 "네가 이 비밀[*mystērion*]을 드러낼 수 있었기 때문에, 감추어진 비밀들[*mystēria krypta*]을 나타내신다"(원서의 번역을 따름—역주). 참조. Sir. 11:4. 이와 마찬가지로 *phaneros*는 70인역에서 묵시적인 맥락에 사용된다(잠 15:11; 16:2; 사 64:1-2; 2 Macc. 12:41; 3 Macc. 6:18). 신약성서에서 *kryptos*는 마 10:26;

추어져왔던[*kryptos*가 아니라 그리스어 동사 *sigaō*의 현재완료분사가 사용됨] 비밀은…이제 <u>드러났고</u>[*phaneros*의 동사형인 *phaneroō*임], 또한…모든 나라에 알려졌다."

로마서 16장에서도 사도 바울은 비밀의 초점을 로마서 11:25-27에서와 똑같이 이해한다. 바울은 신명기의 비밀 또는 "비밀"에 대한 해답을 직접 경험했다. 사실상 종말에 먼저 구원받을 사람들은 예루살렘과 유대 지역의 유대인들이었다. 그다음 유대인 그리스도인들이 이방인에게 가서 복음을 증거한 결과 이방인들도 구원받게 되었다. 하지만 유대인 그리스도인들이 복음을 증거하던 초기에 다음과 같은 현상이 나타났다. 즉 대다수의 유대인이 복음의 메시지를 거부했으며 그것을 받아들인 사람들은 대부분 이방인이었다. 그래서 바울은 로마서 11:11-14에서 이방인 가운데서 복음의 성공이 유대인에게 "질투심을 불러일으켜" 그들의 구원으로 이어지기를 바라면서, 예수의 초림과 재림 사이의 남은 기간에 하나님이 정하신 구원 순서는 이방인이 먼저이고 그다음이 유대인이라고 말한다.[16]

눅 12:2; 롬 2:16에서 묵시적인 방식으로 사용된다. 고전 3:13에서는 *phaneros*가 똑같은 방식으로 사용된다. 의미심장하게도 다음 구절에서 *kryptos*와 *phaneros*가 **모두** 묵시적인 방식으로 사용된다. 즉 막 4:22(막 4:11의 "비밀"과 연결됨); 눅 8:17(눅 8:10의 "비밀"과 연결됨); 요 7:4; 고전 4:5(고전 4:1의 "비밀"과 연결됨); 고전 14:25; 고후 4:2; 엡 5:12-13; 골 1:26(여기서 "비밀"은 "감추어진 것"과 동등함!); 딤전 3:16(여기서 "비밀"은 "드러났다").

16 **예수 그리스도는 그 자신 안에 이스라엘 민족을 합산하는 참이스라엘이다**라는 전제 역시 우리가 비밀을 이해하는 데 도움을 줄 것이다. 따라서 (행 1-12장에 기록되어 있듯이) 참이스라엘로서 그리스도는 처음에 유대인이 구원받는 데 도화선이 되었다. 만약 민족으로서의 유대인들이 참이스라엘의 일부가 되기를 원하면 그들은 자기 자신 안에 참이스라엘을 모두 포함하는 유일한 분이신 그리스도를 믿고 그와 자신을 동일시할 필요가 있었다. 이스라엘에서 초기 유대인 그리스도인들은 기쁜 소식을 이방인들에게 전했고 이방인 중에서 많은 이들이 구원받았다. 따라서 구원과 관련된 첫 단계("먼저는 유대인에게요, 그리고 헬라인에게로다")는 참이스라엘이신 예수 그리스도를 통해 성취된다. 예수는 유대인의 구원을 촉발했고, 그다음에 유대인 그리스도인들의 복음 전파를 통

로마서 16장의 비밀

그리스도와 비밀. 로마서 16:25-26에서 **비밀**이라는 용어가 다시 발견된다.

> 나의 복음과 예수 그리스도를 전파함은 영세 전부터 감추어졌다가 이제는 나타내신 바 되었으며 영원하신 하나님의 명을 따라 선지자들의 글로 말미암아 모든 민족이 믿어 순종하게 하시려고 알게 하신 바 그 신비(비밀)의 계시를 따라 된 것이니 이 복음으로 너희를 능히 견고하게 하실

로마서 16장의 비밀은 일반적으로만 언급되었으며 십중팔구 로마서 11장에서 논의된 구원 유형이 뒤바뀌는 개념을 부분적으로 포함한다. 대부분의 학자들은 "모든 민족이 믿어 순종하게 하시려고 알게 하신 바"라는 결론적인 구절이 로마서 1:5의 "모든 이방인 중에서 믿어 순종하게 하나니"의 반복임을 인정한다. 몇몇 학자는 로마서 1:5에 나오는 이 표현의 배후에는 시편 2:8("내가 이방 나라를 네 유업으로 주리니")이 놓여 있다고 주장한다.[17] 시편 2:8은 로마서 1:5과 로마서 16:16에서 암시되고 있을 가능성이 있다. 시편 2:8은 로마서 1:4-5에서 중요한 역할을 하며, 창세기 49:10은 로마서 1장의 "모든 이방인 중에서 믿음으로 순종하게 하나니"라는 유명한 구절의 배후에 놓여 있는 것 같다.[18]

해 이방인들이 구원받게 되었다. 다음 사실을 주목하는 것은 중요하다. 곧 구원의 첫 단계에서 이방인들은 유대인 다음으로 구원받고 유대인 신자들처럼 참이스라엘에 속하게 되었다. 교회가 참이스라엘이라고 지지하는 추가 논의에 대해서는 G. K. Beale, *A New Testament Biblical Theology: The Unfolding of the Old Testament in the New* (Grand Rapids: Baker Academic, 2011), pp. 651-749을 보라.

17 D. B. Garlington, "Obedience of Faith in the Letter to the Romans," *WTJ* 52 (1990): 203을 보라. 롬 1:3-4은 시 2:7의 "내가 여호와의 명령을 전하노라. 여호와께서 내게 이르시되 '너는 내 아들이라. 오늘 내가 너를 낳았도다'"의 반영일 가능성이 충분히 있다.

도표 4.1

창세기 49:10b	로마서 1:4-5(참조. 롬 16:25과 거의 같음)
그[오실 이스라엘의 정복자]에게 모든 백성이 복종하리로다.	곧 우리 주 예수 그리스도시니라. 그로 말미암아 우리가 은혜와 사도의 직분을 받아…모든 이방인[문자적으로, **나라들**] 중에서 믿어 순종하게 하나니

 우리는 로마서 1장과 16장이 둘 다 창세기를 암시한다는 견해가 타당한지에 대해 간략하게 살펴볼 것이다. 그다음 우리는 시편 2편에 대한 암시와 관련하여 해당 구절의 해석상 의미에 대해, 마지막으로 로마서 16장에 나오는 **비밀**의 의미에 대해 논의할 것이다. 로마서 1장 및 16장에 나오는 두 표현이 거의 비슷하다는 점은 창세기 49:10을 암시하고 있음을 가리킨다(도표 4.1을 보라). 특히 유대교와 요한계시록 5:5은 창세기 구절에서 언급되는 통치자를 각각 메시아와 예수라고 확인해주기 때문이다. 그와 같은 암시 역시 시편 2:8과도 잘 조화된다. 왜냐하면 둘 다 메시아가 이방인들을 강제로 복종시킨다고 예언적으로 묘사하기 때문이다. 창세기 배경은 다음과 같은 두 가지 이유에서 로마서 16장의 맥락에 적합하다. (1) 실제로 똑같은 구절이 발견된다. (2) 창세기 49:1은 49장의 이야기 전체를 "마지막 날"에 일어날 예언으로 소개한다("나는 종말에 너희에게 무슨 일이 일어날지 말할 것이다"—저자 사역). 로마서 16:25-26은 "예언자들의 글"에 대해 말한다. 이 글은 "이제" 시대가 전환되는 시점에 성취되었다. 이는 개념적인 측면에서 종말이 시작되었음을 가리킨다.[19]

---

18 Garlington, "Obedience of Faith," p. 203을 보라. Garlington은 창 49:10 및 시 2:8-9 모두와 어느 정도 관련이 있다고 이해하는 것처럼 보인다. 하지만 그는 단지 연관성에 대해 언급할 뿐 자신의 견해를 전개하지 않는다. Chip Anderson, "Romans 1:1-5 and the Occasion of the Letter: The Solution to the Two-Congregation Problem in Rome," *TJ* 14 (1993): 38도 보라. Anderson은 창 49장과의 분명한 연관성에 대해 더 자세하게 설명한다.

19 Anderson은 "Romans 1.1-5," p. 38에서 롬 16장이 아니라 롬 1장과 관련하여 이전에 이

우리는 또다시 **비밀**이라는 용어가 구약성서의 언급과 밀접하게 연결되어 있음을 본다. (만일 시 2편도 염두에 둔다면) 비밀은 구약성서의 두 가지 언급과 연결되어 있는 셈이다. 창세기 49장과 시편 2편은 (아마도 민 24장도) 모두 종말에 이스라엘의 왕이 오면 그가 이방의 모든 원수를 복종시킨다는 데 동의한다. 의심의 여지 없이 바울은 여전히 이것이 사실이라고 주장한다. 이 일은 예수가 다시 와서 이미 시작된 영원한 나라를 완성시킬 역사의 종말에 일어날 것이다.

다른 한편으로 바울은 두 가지 예언(또는 적어도 창 49장)은 그리스도의 초림에 기대하지 않은 방식으로 이미 성취되기 시작했다고 이해한다. **즉 적대적인 이방인들이 "믿음의 순종"으로 자신들을 메시아의 통치에 자발적으로 내맡기기 시작했다.** 여기서 "'믿음의 순종으로'는 믿음에 기초한 순종과 믿음의 결과인 순종으로"를 의미한다.[20] 구약성서의 관점에서 볼 때 창세기 49장(시 2편 및 민 24장)에서 이방의 모든 **원수**의 **자발적인** 순종에 대해 말할 수 있었다는 사실은 비밀이었다. 그러나 이제 바울은 이 비밀스러운 예언이 이방인들이 복음을 믿음으로써 "어쩔 수 없는 순종"(captive obedience)을 받아들이는, 기대하지 않은 방식으로 성취되기 시작했다고 이해한다. 우리는 신약성서가 **비밀**을 사용하는 곳에서 연속성과 불연속성을 또다시 발견한다.

비밀과 구약성서. 로마서 16:25-26은 구약성서와 비밀을 짝을 지어 언급하는 가장 명백한 텍스트 중 하나다. 곧 "오랜 세월 감추어졌던 비밀의 [*mystēriou*] 계시는 지금 예언자들의 글[*graphōn prophētikōn*]에 의해 밝혀지고,…모든 나라에 알려져서"(NASB)라고 한다. 여기서 바울은 비밀의

와 같이 주장했다.
20   그리스어 소유격 구절에 대한 이와 같은 이해에 대해서는 Garlington, "Obedience of Faith," pp. 223-24을 보라.

두 가지 특성에 대해 말한다. (1) 밝혀진 비밀은 "오랜 세월 동안" 숨겨지거나 "감추어져" 있었다. 우리가 살펴보았듯이 비밀의 이와 같은 측면은 구약성서와 유대교 문헌 및 신약성서에서 때때로 암시되거나 명백하게 언급된다. 이는 특히 예언과 관련된 주제 또는 구절과 관련해서 하나님의 지혜가 이전에 감추어지는 특성을 지녔음을 가리킨다. 우리는 이 현상을 "일시적인 감추어짐"이라고 불렀으며 그것에 대해 상세하게 논의했다.[21] (2) 비밀의 계시는 "예언자들의 글"에 나타났다. 여기서 "예언자들의 글"이라는 표현은 십중팔구 구약성서 전체 또는 적어도 구약성서의 상당 부분을 가리킨다.[22] 바울은 구약성서에서 몇몇 구절에 대한 더 상세한 의미가 "비밀"이며 그것이 이제야 밝혀졌다고 주장한다. 다시 말해서 원래의 독자(청중)는 구약성서(또는 구약성서의 상당 부분)의 의미를 단지 **부분적으로만** 이해할 수 있었다. 그러나 이제 그리스도가 와서 이 텍스트의 의미가 더 자세하게 밝혀지고 알려졌다는 것이다.[23] 이런 맥락에서 창세기 49장과 시편 2편이 곧바로 머릿속에 떠오른다. 그러나 바울의 말은 어딘가 다른 곳에서 적용되는 것 같다. 우리가 이미 살펴보았고 또 앞으로도 계속 살펴보겠지만 로마서 11장과 16장에서 비밀은 또다시 구약성서의 텍스트 또는 개념과 밀접하게 연결되어 있다.

---

21 이 책에서 pp. 87-97을 보라.
22 예를 들면 Bockmuehl, *Revelation and Mystery*, p. 207; Romano Penna, *Il 《Mysterion》 Paolino*, SRB 10 (Brescia: Paideia, 1978), p.43.
23 롬 16장의 이 부분에서 바울의 비밀 이해와 관련하여 몇몇 학자는 그리스도 자신이 비밀에 대한 종말의 계시라는 점과 비밀로서의 그리스도와 관련되는 구약성서의 글에 대한 바울의 해석을 서로 구분한다. 사실상 여기서 그와 같은 구분이 존재하지만 이 두 가지 개념은 모두 체계적으로 밀접하게 연결되기 때문에, 우리는 이 두 가지를 전체로서 다룰 것이다. 그러나 이 책의 pp. 506-18에 제시된 우리의 결론에서 신약성서의 비밀 개념에서 그리스도의 역할에 대한 간략한 논의를 보라.

결론

한편으로 로마서는 구약성서에서 분명하게 발견되는 "먼저는 유대인, 그다음은 이방인"이라는 유형을 전적으로 지지한다(롬 1:16; 15:8-9). 반면에 로마서 11장은 교회 시대에 거의 모든 신자가 대부분 이방인임을 암시한다(교회 시대가 진행되는 동안 유대인들은 동시에 또는 몇몇 학자가 주장하듯이 미래에 구원받을 것이다). 하나님은 이방인 신자들이 유대인들을 자극하는 역할을 하도록 정하셨다. 곧 유대인들도 이방인 신자들을 보고 자극을 받아 이 시대의 종말까지 믿음을 갖게 된다. 이런 식으로 바울은 "먼저는 이방인, 그다음은 유대인"이라는 순서를 지지한다.

구약성서의 관점에서 볼 때 이 두 유형은 "비밀"이었다. 구약성서는 유대인과 이방인의 구원에 대해 다음과 같은 두 단계 성취를 분명하게 예고하지 않았다. (1) 처음에 구원받는 사람들의 대다수로서 유대인이 구원을 받고 그다음에 이방인이 구원받는다. (2) 두 번째 상당히 더 긴 단계에서 시작된 종말 시대의 과정 동안 이방인이 구원받는 사람들의 대다수를 구성한다. 이는 유대인 가운데서 남은 자들을 자극해서 그들도 구원받게 할 것이다. 구약성서는 이 가르침을 완전하게 발전시키지 않았지만 이 현상을 기대하는 것처럼 여겨지는 씨앗 형태로 몇몇 본문을 포함하고 있다.

바울은 신명기 27-32장이 다음과 같은 주제에 대해 광범위하게 예언하고 있다고 이해한다. (1) 이스라엘의 불순종, 완악함 및 심판, (2) 이방인에게 언약적 은총이 주어진다. (3) 이방인이 은총을 받음으로 인해 이스라엘이 질투심을 느낀다. (4) 마지막으로 이 모든 일이 이스라엘의 구원으로 이어진다. 구약성서에서 다음과 같은 구원 순서, 즉 먼저 이방인에게 구원이 주어지고 이 일이 이스라엘에게 질투심을 불러일으켜서 마침내 이스라엘이 회복된다는 내용이 암시되는 곳은 오직 신명기뿐이다. 이는 로마서 11:25-27에서 밝혀진 비밀에 대한 바울의 이해, 즉 먼저는 이방인이 구원받고 그다음은 유대인이 구원받는다는 내용을 바울이 어디서 이끌어냈는가를 가장 훌륭하게 설명해주는 것 같다. 왜 그것이 비밀이었는가? 왜냐하면 구약성서의 다른 곳에서는 오직 이스라엘의 구원이 이방인의 구원으로 이어진다고 분명하게 언급되기 때문이다(예. 사 49:5-6).

신약성서에 따르면 구원이 실제로 성취되는 방식은 다음 두 유형을 모두 만족시킨다. 사도행전의 유형이 밝혀주듯이 최초의 그리스도인 중 대다수는 유대교에서 개종한 사람들이었다. 이들은 처음에 이방인들의 구원을 촉발했다. 그러나 사도행전이 알려주듯이 이방인이 교회 구성원의 대부분을 차지했으며 유대인 신자들은 소수에 지나지 않았다. 바울은 로마서 11장에서 이를 "먼저는 이방인, 그다음은 유대인이 자극을 받고 질투하여 구원에 이르게 된다"는 유형으로 해석한다. 오직 실제 성취만이 구원 순서와 관련된 이 비밀이 어떻게 드러나는지를 보여준다.

로마서에서 **비밀**이 두 번째로 나타나는 것(롬 16:25-26)은 주로 이방인에 대한 주제와 관련해서 앞서 로마서 11:25-26에서 해당 단어가 사용된 것과 관련이 있다. 창세기 49장과 시편 2편은 종말에 이스라엘의 왕이 오면 그가 이방의 모든 원수를 복종시킨다고 주장한다. 바울은 확실하게 이를 사실이라고 주장한다. 이는 예수가 다시 와서 하나님의 영원한 나라를 궁극적으로 완성할 역사의 종말에 일어날 것이다. 다른 한편으로 사도 바울은 예수의 초림에 구약성서의 두 예언이 기대하지 않은 방식으로 이미 성취되기 시작했다고 말한다. 바울은 비밀이 오랜 세월 "감추어졌지만" 이제 "예언자들의 글로" 밝혀졌다고 주장한다. 해당 구약성서 텍스트의 완전한 의미를 원래의 독자들(청중)은 충분히 알 수 없었다. 그러나 이제 그리스도가 와서 이 텍스트의 의미가 더욱 자세하게 밝혀졌다.

추기 4.1: 신명기 32:21의 구약성서 맥락

신명기 32:21은 신명기 27-32장이라는 더 광범위한 부분에서 나타난다. 이 부분은 이스라엘이 신실하게 순종하면 장차 복이 주어진다고 선언한다(예. 신 28:1-14). 반면에 이스라엘이 믿지 않고 불순종하면 장차 저주가 임하고 이스라엘 땅에서 추방된다고 경고한다(예. 신 28:15-68). 이 부분은 전체적으로 이스라엘이 정말로 하나님을 신뢰하지 않고 그분의 계명을 어긴 결과로 벌을 받아 먼 나라로 추방되고 그곳에서 괴로움을 겪을 것이라고 구체적으로 예고된다. 이스라엘은 먼저 하나님께 불순종하고 추방의 고통이라는 저주를 경험할 것이다(예. 신 29:19-28; 31:16-21). 하지만 그 후에 이스라엘은 하나님을 믿고 추방에서 회복되어 약속의 땅으로 다시 돌아오는 축복을 경험할 것이다(예. 신 30:1-10). 그들이 구원받고 회복될 때 이스라엘과 더불어 일부 이방인들도 하나님께로 돌아오는 일에 동참할 것이다(신 32:43). 이방인의 회복에 대한 이와 같은 언급("모든 나라들아, 주의 백성과 함께 즐거워하라"는 표현에 암시됨)은 신명기 27-32장에서 단 한 번만 분명하게 나타난다. 이방인의 회복은 장차 이스라엘이 회복되는 똑같은 시기에 동시에 일어날 것 같다. 비록 나중에 이사야의 예언에서 발견되는 것처럼(예. 사 49:1-6) "먼저는 유대인, 그다음은 이방인"이라는 구체적인 순서 또는 그 반대의 순서가 전혀 명시되지는 않지만 말이다. 이사야서의 해당 구절에서는 "유대인의 구원 다음에 이방인의 구원"이라는 순서가 명백하게 나타난다.

바울은 신명기 32:21을 인용하며 구약성서에서 이스라엘이 유대인과 이방인을 구원하는 복음에 대해 알았다고 지적한다(참조. 롬 10:12-13, 이 구절은 롬 10:19의 신 32장 인용까지 이어지는 논의의 일부분을 이룬다). 하지만 몇몇 주석가에 의하면 여기서 분명한 문제는 신명기 32:21이 이스라엘의 구원을 가리키지 않으며 이스라엘이 회복되기 이전에 다른 나라들에게 심판받는다고 말하고 있다는 점이다.[24] (겉으로 보기에 신 32:21은 신 28:25, 33, 36, 49-52을 발전시킨다[25]). 따라서 이방인에 대한 이스라엘의 "질투"와 "분노"는 자신들이 이방 나라들을 패배시키는 입장에 있는 대신에 오히려 이방 나라들에게 심판받는다는 사실에 대한 그들의 불쾌감을 가리킨다.

하지만 신명기 32:21에 대한 두 번째 견해는 다음과 같다. 곧 하나님이 "이스라엘을 질투하게 하신다"는 것은 이스라엘이 이방 나라들의 역할을 "시기하고" 있음을 암시한다는 것이다. 바로 이스라엘이 이방 나라의 원수들을 심판해야 했다. 그러나 이스라엘의 불신앙 때문에 하나님은 이방 나라들을 사용하셔서 이스라엘을 심판하신다. 따라서 이스라엘은 "질투하게" 되었다. 왜냐하면 이스라엘은 이방 나라들에게 벌을 가하는 구속사적인 위치에 있기를 원했기 때문이다. 이런 점에서 이스라엘은 이방 나라들을 "질투하도록 자극받았을" 것이다. 따라서 이스라엘의 "분노"는 자신이 지금 이방 나라들이 담당하고 있는 위치에 있지 않다는 것에 대한 불쾌감을 가리킬 것이다. 이는 이스라엘이 그런 위치에 있기를 바라고 있음을 암시한다. 신명기 32:21의 상반절에서 사용되는 두 단어, 곧 "질투"와 "분노"가 거의 동일한 의미를 지닌다는 점도 이 견해를 지지해준다. 곧 이스라엘은 우상숭배로 하나님이 "질투하시도록" 또한 "진노하시도록" 만들었다(신 32:16-18에서도 똑같이 언급된다). 이 반응은 단순한 진노가 아니라 불쾌감을 드러내는 질투심이다. 왜냐하면 하나님은 이

---

24 예를 들면 Cranfield, *Romans*, 2:539도 보라. 참조. Bell, *Provoked to Jealousy*, pp. 209-14.
25 다른 한편으로 이방 나라들에 대한 심판도 언급된다(예. 신 32:41). 아마도 이스라엘의 심판이 이방 나라들의 심판보다 먼저 일어날 것이다. 왜냐하면 하나님은 이방 나라들을 도구로 사용하셔서 이스라엘을 심판하실 것이기 때문이다.

스라엘이 우상을 숭배하는 대신에 당신을 경배하기를 바라셨기 때문이다. 질투심이 반영된 진노 개념에 들어 있는 이 긍정적인 요소는 "친밀하고 독점적인 관계를 깨뜨린 데 대한 반응"[26]으로부터 생겨난다. 신명기 31-32장에서 "진노하게 하다"와 "질투하게 하다"라는 표현은 이스라엘의 남편으로서 하나님의 감정을 표현한다. 곧 하나님은 그분의 배우자가 다른 대상과 사랑에 빠지는 데 대해 진노하신다. 또한 이 표현은 이스라엘의 아버지로서 그분의 자녀가 방종하게 살며 감사할 줄 모르는 데 대한 하나님의 마음을 묘사한다.[27] 자기 아내가 다른 남자와 함께 있음을 목격한 남편이 화를 내지만 여전히 그녀의 사랑을 원하는 것과 마찬가지로, 하나님과 이스라엘의 관계도 똑같다. 이와 상응하는 신명기 32:21에서 하나님이 다른 나라에 언약적 은총을 베풀겠다고 말씀하시는 것은 다음과 같은 목적이 있다. 곧 하나님은 이스라엘을 화나게 하실 뿐만 아니라 그들에게 질투심을 일으켜 그들도 이방 나라들처럼 언약적 은총을 받는 위치에 있게 하시려는 것이다. 따라서 신명기 32:21은 하나님의 궁극적인 목표가 이스라엘이 언약을 신실하게 지켜서 하나님과 화해하도록 하려는 것임을 나타내는 맥락에 위치한다.[28]

이와 같이 하나님이 이방 나라들에 언약적 은총을 베푸시고 이스라엘이 "질투심을 느끼게" 하신 것은 다음과 같은 의도에서 비롯되었다. 즉 하나님은 이방 나라들이 경험하고 있는 하나님과의 언약 관계를 이스라엘이 질투해서 그들도 언약 관계를 회복하기를 바라셨던 것이다. "진노하게 하다"라는 표현도 비슷한 의미인 것 같다. 회복에 대한 이와 같은 개념은 신명기 32:21에도 포함되어 있을 것이다. 왜냐하면 이스라엘이

---

26 Wagner, *Heralds*, p. 195.
27 앞의 책, p. 195에서 이 견해를 지지하는 논거로서 제시된 구약성서의 다른 많은 구절을 보라.

이방 나라들의 위치에 있다는 것은 그들이 먼저 하나님과의 관계를 회복하고 그다음에 이방 나라들을 다스리고 기업으로 물려받는 데 있어서 하나님의 뜻을 따른다는 것을 의미하기 때문이다. 이것이 바로 이스라엘이 받은 원래 소명이었다. 분명히 신명기 27-32장은 이스라엘의 구원의 회복(신 30:2-10; 32:36, 43)과 이방 나라들의 구원(신 32:43; 참조. 신 29:22-28) 모두를 반복적으로 언급한다.

위에서 언급한 두 견해는 서로 멀리 떨어져 있는 게 아니라 연관되는 것 같다. 어떤 사람이 타인이 소유하고 있는 무엇에 대해 무척 불쾌해하고 화를 내며(견해 1), 동시에 그것을 소유하지 못했다고 몹시 질투하며 자신이 그것을 소유하게 되기를 원할 수 있지 않겠는가(견해 2)? 특히 히브리어(*qānâ*) 및 그리스어(*parazēlaō*) 단어에 두 의미가 모두 들어 있기 때문에 신명기 32:21에 이 두 개념이 모두 내포되었을 가능성이 있지 않을까? 또한 이 두 개념은 자신이 원래 사명을 성취할 수 있는 위치로 회복되어 이 땅의 다른 나라들을 다스리고 기업으로 물려받고자 하는 이스라엘의 열망에 대한 견해를 어느 정도 내포할 수 있지 않을까?[29]

신명기 32:21에는 적어도 이방 나라들에 대해 긍정적인 관점을 갖도록 해주는 세 가지 요소가 있다. 첫째, "복수의 언어는 '대적자들', '나를 미워하는 자들' 및 '원수'에 적용되지, 결코 이방인 **자체**에는 적용되지 않

---

28 참조. 같은 책, p. 198.
29 Robert Jewett, *Romans: A Commentary*, Hermeneia (Minneapolis: Fortress, 2007), pp. 645-46을 보라. Jewett은 다음과 같이 이해한다. "그리스어 전치사 παρά는 옆에 붙어 있는 동사를 타동사로 만들며, '~하게 만들다' 또는 '~하도록 자극하다'라는 의미를 갖게 한다. 따라서 번역과 관련된 쟁점은 그리스어 동사 ζηλόω에 초점을 맞추고 있다." 그러면서 그는 해당 단어에 다음 네 가지 주요 의미가 있다고 이해한다. "(1) 이스라엘의 거룩한 전쟁이라는 의미에서 거룩한 열심[이 의미를 뒷받침하는 것으로서 빌 3:6; 히 10:27과 LXX 습 1:18; 겔 36:6을 인용], (2) 열심 또는 질투심에서 비롯되는 적대감[이 의미를 지지하는 것으로서 행 15:17-18과 LXX 1 Macc. 1:24-26을 인용], (3) 질투심 그 자체[이 의미를 지지하는 것으로서 행 7:9; 고전 13:4과 LXX 창 30:1; Sir. 37:10을 인

는다."³⁰ 따라서 적대 관계를 묘사하는 이런 종류의 언어는 모든 이방인에게 적용되지 않는다.³¹ 둘째, 이방인에 대해 긍정적으로 말하는 몇몇 구절이 있다. 그중 두 곳은 문학적인 측면에서 한 단원으로 연결된 신명기 27-32장에서 나타난다(신 4:6; 26:18-19; 32:43; 33:19).³² 셋째, 모세의 노래 자체(신 32장)는 "마지막 날"(*eschatōn tōn hēmerōn*; 신 31:29)에 반드시 일어나는 일에 대해 명백하게 말한다. 이는 신명기 32:20의 70인역에서 다시 언급된다("종말에"[*ep'eschatōn*] 또는 "마지막 날에"[*ep'eschatōn tōn hēmerōn*]). 사실 종말에 대한 초점은 모세의 노래에 들어 있는 틀에 박히지 않은 몇몇 특징을 가장 잘 설명해줄 수 있다(예. 지난날의 주목할 만한 사건, 즉 언

용], (4) 목표에 이르고자 하는 경쟁심 또는 열망[이 의미를 뒷받침하는 것으로서 고전 12:31; 고후 9:2; 딛 2:14과 LXX Sir. 51:18을 인용; Philo, *Praem*. 89도 보라]" 등이다. 한편 70인역에서 그리스어 동사 *parazēlaō*는 대체로 다음 두 가지 의미로 사용된다. (1) 하나님이 질투하실 만한 그분의 분노를 자극함을 가리킨다. 즉 하나님은 이스라엘이 하나님을 진노하게 만든 우상에게 경배하는 대신에 하나님을 섬기기를 간절히 바라셨다(신 32:21a; 왕상 14:22; 시 78:58). (2) 의인은 불의한 자가 형통함을 보고 시기하며(또한 분노하기도 한다). 그래서 의인이 불경건한 자의 형통하는 입장에 있고자 바라게 된다(시 37:1, 7; 또 비슷한 경우로 시 37:8, 아마도 Sir. 30:3). 그리스어 동사 *parazēlaō*가 특히 신 32:21a에서 다르게 사용된 점에 비추어볼 때, 이스라엘이 신 32:21b에서 "질투하도록 자극받았다"는 말은 그들이 질투로 인해 이방 나라들에게 승리하는 위치에 있기를 열망하고 있음을 가리킨다. 21절 마지막 부분에서 "어리석은 나라로 내가 그들을 화나게 하겠다"는 표현이 이 점을 분명하게 밝혀준다. 한편 바울은 그리스어 동사 *parazēlaō*를 네 번 사용한다. 신 32:21을 인용하면서 롬 10:19에서 한 번, 롬 11:11, 14에서 두 번 사용한다. 롬 10:19에서 이 동사는 신명기의 경우와 마찬가지로 "질투해서 분노한다"는 개념으로 사용되는 것 같다. 반면에 롬 11:11 및 14에서 이 동사는 롬 10:19에서 언급되는 질투심에서 긍정적인 뉘앙스를 이끌어낸다. 즉 이스라엘도 이방 나라들처럼 하나님의 은혜를 받는 위치에 있기를 바란다는 것이다. 아마도 이 개념은 신 32:21 자체에도 포함되어 있을 것이다. 그리고 신약성서의 나머지 부분에서 이 동사는 고전 10:22에서 사용된다. 여기서 바울은 고린도 교인들이 우상숭배로 "주를[하나님을] 노여워하시게" 하면 안 된다고 말한다. 여기에는 신자들이 우상 대신에 당신을 경배하기를 원하시는 하나님의 질투하시는 바람과, 일부 교인들이 우상을 숭배하는 데 대한 그분의 진노가 내포되어 있다.

30 Lincicum, *Paul and the Jewish Encounter*, p. 161.
31 예를 들면 신 32:43은 구원받은 나라들과 이방의 "대적자들"을 구분한다.
32 신 32:43의 텍스트 문제에 대해서는 아래를 보라.

약, 출애굽 사건 및 족장 관련 사항 등에 대해 전혀 언급하지 않는다.)[33] 이와 같은 종말에 대한 초점은 신명기 32:29의 히브리어에 대한 70인역에서 더욱 강화된다. 즉 이스라엘은 그들에게 "다가올 때"에 "자신들의 종말[미래]"을 분별할 것이다. 사실 이 구절의 히브리어는 다음과 같은 의미로 되어 있다. "만약 그들이 지혜로웠다면 그들은 이것[신 32:22-27에서 언급되는 그들의 심판에 대한 이유]을 깨달았을 것이고 자신들의 미래를 분별했을 것이다!" 하지만 70인역은 다음과 같이 옮긴다. "그들은 이것들[신 32:22-27에서 언급되는 그들의 심판에 대한 이유]을 이해할 만한 지각이 없었다. 그 일이 일어날 때 그들이 그것을 받아들이게 하라." 따라서 이스라엘의 지난 세대는 하나님의 길을 제대로 깨닫지 못했지만, 종말에 사는 미래 세대는 마침내 자신들에게 일어날 이 사건들을 깨달아야 한다고 촉구된다.

추기 4.2: 신명기 29:22-30:10의 가능한 구약성서 맥락

신명기 29:22-30:10은 "먼저는 이방인, 그다음은 이스라엘"이라는 회복의 순서를 암시할 수도 있다. 비록 사변적이지만 우리는 숙고를 위해 이 추기가 배경 자료로서 여기에 포함될 만한 가치가 있다고 생각한다. 그 이유는 이제까지 아무도 이를 제시하지 않았기 때문이다. 여기서 해당 본문을 그대로 인용할 가치가 있다.

너희 뒤에 일어나는 너희의 자손과 멀리서 오는 객이 그 땅의 재앙과 여호와

---

33 둘째 및 셋째 요소와 관련하여 다시 Lincicum, *Paul and the Jewish Encounter*, p. 161을 보라. 그러나 Lincicum은 이방인에 대한 긍정적인 견해와 관련하여 신 32:43만을 언급한다.

께서 그 땅에 유행시키시는 질병을 보며 그 온 땅이 유황이 되며 소금이 되며 또 불에 타서 심지도 못하며 결실함도 없으며 거기에는 아무 풀도 나지 아니함이 옛적에 여호와께서 진노와 격분으로 멸하신 소돔과 고모라와 아드마와 스보임의 무너짐과 같음을 보고 물을 것이요. 여러 나라 사람들도 묻기를 "여호와께서 어찌하여 이 땅에 이같이 행하셨느냐? 이같이 크고 맹렬하게 노하심은 무슨 뜻이냐?" 하면 그때에 사람들이 대답하기를 "그 무리가 자기 조상의 하나님 여호와께서 그들의 조상을 애굽에서 인도하여 내실 때에 더불어 세우신 언약을 버리고 가서 자기들이 알지도 못하고 여호와께서 그들에게 주시지도 아니한 다른 신들을 따라가서 그들을 섬기고 절한 까닭이라. 이러므로 여호와께서 이 땅에 진노하사 이 책에 기록된 모든 저주대로 재앙을 내리시고 여호와께서 또 진노와 격분과 크게 통한하심으로 그들을 이 땅에서 뽑아내사 다른 나라에 내던지심이 오늘과 같다" 하리라.

감추어진 일은 우리 하나님 여호와께 속하였거니와 나타난 일은 영원히 우리와 우리 자손에게 속하였나니 이는 우리에게 이 율법의 모든 말씀을 행하게 하심이니라.

내가 네게 진술한 모든 복과 저주가 네게 임하므로 네가 네 하나님 여호와로부터 쫓겨간 모든 나라 가운데서 이 일이 마음에서 기억이 나거든 너와 네 자손이 네 하나님 여호와께로 돌아와 내가 오늘 네게 명령한 것을 온전히 따라 마음을 다하고 뜻을 다하여 여호와의 말씀을 청종하면 네 하나님 여호와께서 마음을 돌이키시고 너를 긍휼히 여기사 포로에서 돌아오게 하시되 네 하나님 여호와께서 흩으신 그 모든 백성 중에서 너를 모으시리니 네 쫓겨간 자들이 하늘가에 있을지라도 네 하나님 여호와께서 거기서 너를 모으실 것이며 거기서부터 너를 이끄실 것이라. 네 하나님 여호와께서 너를 네 조상들이 차지한 땅으로 돌아오게 하사 네게 다시 그것을 차지하게 하실 것이며, 여호와께서 또 네게 선을 행하사 너를 네 조상들보다 더 번성하게 하실 것이며,

네 하나님 여호와께서 네 마음과 네 자손의 마음에 할례를 베푸사 너로 마음을 다하며 뜻을 다하여 네 하나님 여호와를 사랑하게 하사 너로 생명을 얻게 하실 것이며, 네 하나님 여호와께서 네 적군과 너를 미워하고 핍박하던 자에게 이 모든 저주를 내리게 하시리니 너는 돌아와 다시 여호와의 말씀을 청종하고 내가 오늘 네게 명령하는 그 모든 명령을 행할 것이라. 네가 네 하나님 여호와의 말씀을 청종하여 이 율법책에 기록된 그의 명령과 규례를 지키고 네 마음을 다하며 뜻을 다하여 여호와 네 하나님께 돌아오면 네 하나님 여호와께서 네 손으로 하는 모든 일과 네 몸의 소생과 네 가축의 새끼와 네 토지소산을 많게 하시고 네게 복을 주시되 곧 여호와께서 네 조상들을 기뻐하신 것과 같이 너를 다시 기뻐하사 네게 복을 주시리라(신 29:22-30:10).

신명기 29-30장에서 이 부분은 매우 주목할 만하다. 왜냐하면 이 내용은 미래에 먼저 이방 나라들이 회복되고(신 29:22-29), 그다음에 이스라엘이 회복되는(신 30:1-10) 순서로 이해할 수 있는 **가능성**을 제공하기 때문이다. 여기서 주목할 만한 것은 이방 나라들의 회복에 대한 예언 다음에, 뒤따르는 이스라엘의 회복에 대한 내러티브 바로 앞에 "감추어진 일은 우리 하나님 여호와께 속하였거니와"(신 29:29)라는 언급이 제시된다는 점이다. 이 감추어진 일은 당시에 다른 사람들에게 계시되지 않았다. 여기서 "감추어진 일"은 앞서 나온 내용(이방인의 회복과 관련된 신 29:22-28을 포함하여)과 신명기 30:1-10을 가리키는 것처럼 보인다. 그러므로 신명기 29:29은 두 부분 사이의 전환점 역할을 한다. 만약 이 분석이 옳다면, "이방인의 회복이 먼저, 그다음 유대인의 회복은 나중에"라는 유형은 하나님의 "비밀"로 간주될 수 있다.

대부분의 주석가들은 신명기 29:22-29이 단지 포로 생활 중에 있는 이스라엘의 끔찍한 상황에 대해 이방 나라들의 인식과 놀람을 표현하는 수사학적 선언이라고 주장한다. 이와 관련된 내용은 열왕기상 9:8-9, 열왕기하 21:12, 예레미야 19:8, 22:8-9, 49:17[에돔에 대해], 50:13[바벨론에 대해], 예레미야애가 2:15, 에스겔 27:35-36, 에스겔 16:14에서 볼 수 있다.[34] 예를 들면 다른 평행 본문들을 잘 대표하는 열왕기상 9:8-9은 다음과 같이 말한다.

이 성전이 높을지라도 지나가는 자마다 놀라며 비웃어 이르되 "여호와께서 무슨 까닭으로 이 땅과 이 성전에 이같이 행하셨는고?" 하면 대답하기를 "그들이 그들의 조상들을 애굽 땅에서 인도하여 내신 그들의 하나님 여호와를 버리고 다른 신을 따라가서 그를 경배하여 섬기므로 여호와께서 이 모든 재앙을 그들에게 내리심이라" 하리라 하셨더라.

하지만 신명기 밖에 있는 이 구절은 이방 나라들이 이스라엘의 심판을 보고 놀란다고 간략하게 표현한다. 또한 이방 나라들이 이스라엘이 고통 당함을 보고 경멸한다고 묘사한다. 반면에 신명기 29:22-29은 이방 나라들이 이스라엘의 곤경에 대해 어떻게 생각하는지를 더 자세하게 설명하며 경멸의 어조를 포함하지 않는다. 특히 신명기 29장의 해당 구절에는 구약성서의 다른 곳에서 발견되는 속담과 같은 경멸의 표현과 다른 몇 가지 차이가 있다. 즉 (1) 신명기 구절의 묘사가 훨씬 더 길다. (2) 해당 구절은 하나님이 진노하셔서 "이 책에 기록된 모든 저주"를 이스라엘에 내리셨다고 말한다(신 29:27). 몇몇 주석가는 이를 후대에 편집자가 덧붙인 논평으로 이해하거나, "왜 주께서 이 땅에 이와 같이 하셨는가?"

---

34 이와 같은 표현이 나타나는 고대 근동의 평행 본문에 대해서는 J. A. T. Thompson, *Deuteronomy*, TOTC (Downers Grove, IL: InterVarsity Press, 1974), p. 283을 보라.

라는 질문에 대한 익명의 수사학적 답변으로 이해한다. 하지만 그것 역시 자신들의 질문에 이방 나라들이 스스로 대답하는 것일 수 있다. 이 경우에 이방 나라들은 "이 책[신명기]에 기록된 것"에 대해 긍정적으로 말하고 있는 것이다(이와 관련하여 신 29:24의 질문은 "여러 나라 사람들도 묻기를…"로 시작하며 그다음 절에서 그들의 대답은 "그때에 사람들이 대답하기를…"로 시작한다는 점을 주목하라). 따라서 이방 나라들은 신명기의 참된 예고가 성취되리라고 단언하고 있는 것이다.[35] 이는 적어도 바울과 같은 후대 독자들이 이 구절을 해석했을 법한 그럴듯한 방법인 것처럼 보인다.

(3) 신명기 29:22은 이스라엘이 장차 황폐하게 되는 것을 이방 나라들에서 오는 사람들뿐만 아니라 "마지막 세대[36] 곧 너희 뒤에 일어나는 너희[이스라엘]의 자손"도 지켜볼 것이라고 말하면서 단락을 시작한다. 이스라엘의 이 "마지막 세대"는 마지막 때의 이스라엘 사람들을 가리킬 것이다. 그들은 하나님이 지난날 이스라엘을 황폐케 하신 일을 긍정적으로 이해하며 평가한다. 그래서 "외국인들"(개역개정—"객")의 평가는 후대 이스라엘 세대의 긍정적인 인식 및 평가와 긍정적인 짝을 이룰 것이다. 따라서 "너희 뒤에 일어나는 너희의 자손과 멀리서 오는 객이…"라고 묘사된다.[37] 하지만 이는 우리에게 다음과 같은 수수께끼를 남긴다. 곧 신명기 29:22-23에서 이스라엘의 "너희 뒤에 일어나는 세대"는 지난날 이스라엘에게 임한 저주가 성취된 일에 대해 긍정적으로 증거하고 있다. 이 저주의 성취는 미래에 있을 이스라엘의 회복에 앞서 일어날 것이다(신 30:1-10). 그리고 미래의 회복된 이스라엘 민족은 신명기 30:1-10에서

---

35   반면에 만약 이것이 이방 나라들의 대답이 아니라 익명의 답변이라면, 이방 나라들은 이 답변에 대해 긍정하는 증인들로 간주될 수 있다.
36   대부분의 영어 번역은 히브리어 *haddôr hāʾaḥărôn*을 "오는 세대"라는 의미로 번역한다.
37   만약 신 29:22a이 "너희 뒤에 일어나는 너희의 자손과"라는 구절 뒤에 쉼표로 구두점을 찍는다면, "외국인"(객)은 이스라엘의 "오는 세대"와 같은 시대에 사는 사람들과 동일시

"너희"와 "너희의"라는 반복적인 표현을 통해 신명기 29:22에서 언급되는 이스라엘의 "뒤에 일어나는 세대"와 서로 구별된다. 이스라엘의 "뒤에 일어나는 세대"는 신명기 30:1-10에서 언급되는 이스라엘의 회복과 어떤 관계에 있는가? 신명기 29장 텍스트 자체는 이 점을 분명하게 드러내지 않는다. 적어도 두 그룹—이방인들과 후대의 이스라엘 세대—이 동시에 증거한다. 성취에 대한 바울의 관점에 비추어볼 때, 뒤에 오는 이스라엘 세대가 종말론적 시기가 시작될 때 처음 구원받은 이스라엘의 남은 자들일 가능성이 있는가? 이 남은 자들은 구원받은 이방인들과 함께 종말론적 시대의 나머지 기간에 구원받지 못하고 남은 이스라엘 사람들에 대해 증언하는 것인가? 이와 같은 문제점에도 불구하고 신명기 22:22-28의 증거는 이방인들의 증언에 초점을 맞추고 있다.

이와 같은 세 가지 독특한 개념은 앞에서 언급한 열왕기상 9장의 속담과 같은 또는 수사학적인 구절에 들어 있지 않다. 이 모든 것을 고려해 본다면, 이 세 가지 특징은 경멸의 표현이 없다는 점과 더불어 이방 나라들이 진정으로 이스라엘의 곤경을 숙고하고 있음을 암시한다. 또한 그들은 그것으로부터 배우고 있거나, 그것에 대해 증언하라고 하나님이 세우신 증인이거나, 아니면 두 가지 모두일 것이다. 이와 같은 논의를 전반적으로 취하는 유일한 주석가는 오직 밀러(P. D. Miller)뿐이다. 그는 위에서

될 것이다. 하지만 만약 그곳에 쉼표를 표기하지 않는다면, "외국인"은 "오는 세대"에 속할 것이다. 두 가지 표기 중 어느 쪽을 선택한다고 하더라도 그 의미는 서로 매우 가깝다. 종말에 이스라엘의 회복이 일어난다는 사실은 "끝날에 네가 네 하나님 여호와께로 돌아와서"(신 4:30)라는 신명기의 맥락에서 분명하게 나타난다. 이스라엘은 죄를 짓고 심판을 받은 다음에 돌이킬 것이다. 이는 곧바로 "마지막 때" 곧 이스라엘이 회복되기 직전으로 이어질 것이다(신 31:29; 32:20[LXX]; 31장도 보라). 이스라엘의 회복에 대한 종말론적인 맥락에 대해서는 신명기 30:4에 대한 *Tg. Ps.-J.*도 보라. 이는 다음과 같이 말한다. "여호와의 **말씀**(Memra)이 **위대한 대제사장 엘리야의 중재로 너희[이스라엘]를 모으실 것이다. 또한 그곳으로부터 그가 메시아 왕의 중재로 너희를 가까이 이끄실 것이다.**"

언급한 세 가지 관점에 대해서는 말하지 않지만 다음과 같이 주장한다.

> 적어도 그들[이방 나라들]은 이 책에서 야웨께서 하시는 일에 대한 간접적인 증인 및 해석자로 섬기고 있다. 이는 4:6에서 처음으로 나타난다.…[신 29:28에서] 이방 나라들이 이스라엘의 선생이라고 주장한다면 아마도 지나칠 것이다. 하지만 이스라엘에 대한 하나님의 사역은 또다시 세계 역사의 맥락 안에 위치한다. 이렇게 더 광범위한 역사는 이스라엘에 대한 하나님의 이야기가 전개되는 무대 역할을 한다. 그뿐 아니라 이방 나라들은 간접적인 방식으로 비록 그 이야기가 그들의 이야기가 아닐지라도 그에 대해 증언하고 숙고하며 파악하고 있다고 간주된다. 예언자들을 통한 하나님의 사역은 이방 나라들을 더욱더 직접적으로 그 이야기 안으로 끌어들인다. 또한 하나님의 사역은 초기에 주어진 하나님의 말씀(창 12:1-3)을 확인해준다. 즉 이스라엘이 걸어가는 길은 결코 이스라엘 자신만을 위한 것이 아니라 이 땅의 모든 민족을 위한 하나님의 목적 가운데 일부라는 사실 말이다.[38]

밀러의 이런 주장은 이스라엘의 곤경에 대한 이방 나라들의 숙고와 그에 대한 그들의 증언은 신명기에서 하나님의 계시에 대한 그들의 긍정적인 반응 가운데 일부이며, 따라서 이는 이방 나라들이 하나님께로 회복되는 일과 불가분의 관계로 연결된다고 말하는 것과 다름없다. 여기서 이방 나라들에 대한 긍정적인 견해는 신명기의 다른 곳에서 하나님의 계시에 대한 반응에 있어서 긍정적인 이방 나라들에 대한 몇몇 언급과도 조화된다. 비록 신명기에서 "이방 나라"와 "이방 민족"에 대한 대부분의

---

[38] P. D. Miller, *Deuteronomy*, Interpretation (Louisville, KY: Westminster John Knox, 1990), pp. 211-12.

언급이 부정적이지만(예. 그들이 이스라엘에게 패배하거나 그들의 우상숭배에 대한 언급), 적어도 이방 나라에 대해 더 낙관적인 견해를 표현하는 다음의 중요한 네 구절이 있다.

> 너희는 지켜 행하라. 이것이 여러 민족 앞에서 너희의 지혜요, 너희의 지식이라. 그들이 이 모든 규례를 듣고 이르기를 "이 큰 나라 사람은 과연 지혜와 지식이 있는 백성이로다" 하리라(신 4:6).

> 여호와께서도 네게 말씀하신 대로 오늘 너를 그의 보배로운 백성이 되게 하시고 그의 모든 명령을 지키라 확언하셨느니라. 그런즉 여호와께서 너를 그지으신 모든 민족 위에 뛰어나게 하사 찬송과 명예와 영광을 삼으시고 그가 말씀하신 대로 너를 네 하나님 여호와의 성민이 되게 하시리라(신 26:18-19).

> 너희 민족들아,[39] 주의 백성과 즐거워하라.
> 주께서 그 종들의 피를 갚으사
> 그 대적들에게 복수하시고
> 자기 땅과 자기 백성을 위하여 속죄하시리로다(신 32:43).

> 그들이 백성들을 불러 산에 이르게 하고
> 거기에서 의로운 제사를 드릴 것이며

---

[39] 마소라 텍스트, 70인역, 타르굼에서는 모두 "이방 나라들"이 "그의 백성" 즉 이스라엘을 위해 또는 이스라엘과 함께 즐거워하라고 되어 있다. 대부분의 영역본이 신 32:43을 동일한 방법으로 번역한다. 바울 자신은 롬 15:10에서 이와 같은 의미로 70인역을 인용한다. 그러나 쿰란 문서(4QDeut^9)에는 이 구절에서 "이방 나라들아, 그의 백성과 함께 즐거워하라"를 생략하고 대신 "하늘들아, 그와 함께 즐거워하라"고 되어 있다(NRSV에서 이 번역이 대부분 반영됨). 쿰란 문서의 번역은 원래 히브리어(MT에 실려 있는)의 일

바다의 풍부한 것과

모래에 감추어진 보배를 흡수하리로다(신 33:19).

신명기 4:6은 이방 나라들이 이스라엘이 "지혜와 지식이 있는 백성"임을 깨닫고 그 사실에 대해 증언하게 되리라고 언급한다. 신명기 26:18-19은 하나님이 이스라엘을 "모든 민족 위에" 높이신 것은 이방 나라들로부터 "그의[즉 하나님의] 찬송, [그의] 명예, [그의] 영광"이 일어나게 하고, 그들이 이스라엘을 대신하여 하나님이 권능으로 역사하신 일을 증언하게 하려는 것이라고 단언한다.[40] 다른 한편으로 신명기 26:19에서 이방 나라들이 하나님의 역사에 대해 증언하는 것처럼, 신명기 29:22-28에서도 이방 나라들은 하나님이 그분의 절대 주권으로 이스라엘을 멸망시키실 것이라고 증언한다. 이는 그들의 이 증언이 결과적으로 이방 나라들이 이 권능 있는 역사에 대해 하나님을 "찬양하고" "영화롭게" 할 것임을 암시하는 것처럼 보인다. 위에 제시한 신명기 32장과 33장의 해당 구절은 중요하다. 왜냐하면 이 구절들이 신명기 28-32장의 문학 단위 안에 나타나고 우리의 중심 텍스트인 신명기 29:22-29 및 신명기 32:21과 가까운 맥락에서 나오기 때문이다. 신명기 32장의 해당 구절에서 이방 나라들은 이스라엘의 원수들이 사라질 종말론적인 때에 "즐거워할" 것이다. 두 번째 신명기 33장 구절은 이스라엘이 이방 민족들을 "불러 산에 이르게 하고"라고 확인해준다. 이는 아마도 이스라엘의 "율법이 시온, 곧

부분을, 이와 비슷하게 마소라 텍스트는 원-마소라 텍스트(쿰란 문서에 실려 있는)의 일부분을 생략한 것 같다. 이 두 문서 모두 복합적인 가장 초기의 원래 히브리어 텍스트를 반영할 것이다.

[40] 신 26:19은 이스라엘이 이방 나라들로부터 얻게 될 "칭찬과 명예와 영광"을 언급할 가능성이 있다. 하지만 그분의 약속의 성취를 통해 이스라엘을 축복하신 분은 바로 하나님이시다(신 26:18).

여호와의 집이 서 있는 산에서 나오는" 마지막 때를 가리킬 것이다. 그때에 "많은 백성이 가며 이르기를 '오라 우리가 여호와의 산에 오르자'"라고 말할 것이다(사 2:1-3).

따라서 만약 신명기 29:22-29이 하나님이 이스라엘을 다루시는 데 있어서 하나님의 계시에 대한 이방 나라들의 긍정적 반응을 가리킨다고 이해하는 것이 옳다면, 신명기 29:22-29과 더불어 곧바로 이어지는 예언, 즉 이스라엘이 회개함으로써 하나님께 반응하여 회복된다고 말하는 예언(신 30:1-10)은 구원사의 순서를 나타낸다. 곧 이방인들의 긍정적인 반응(즉 이방인들이 하나님께로 돌아옴)에 뒤이어 이스라엘도 하나님께 긍정적인 반응을 보일 것이다. 신명기 29:29("감추어진 일은 우리 하나님 여호와께 속하였거니와")은 신명기 29:22-28과 신명기 30:1-10 사이의 전환점이 된다.[41] 신명기 29:29a에서 "감추어진" 측면은 앞서 나온 언급을 포함하는 것처럼 보인다. 곧 하나님이 이스라엘을 이집트에서 이끌어내시고 나서 이스라엘 백성의 마음이 무디어지고(신 29:2-4), 그들이 더욱 죄를 짓게 되었으며(신 29:19-21, 24-27), 그 결과 결국 하나님의 심판이 그들에게 임하게 되었다(신 29:22-28)는 관점이 포함되어 있다. 하지만 이 구절의 전환적인 역할이 이방 나라들이 먼저 하나님이 이스라엘을 다루는 것을 올바로 해석하고 난 다음에야 이스라엘이 자신의 회복에 대해 깨닫게 되는 그 이유에 대한 관점을 포함할 가능성이 있을까? 신명기 29:29에 들어 있는 하나님의 주권적 비밀에는 이방인들이 마지막 때에 먼저 회복되고 그다음에 이스라엘이 회복된다는 내용이 포함되어 있다. 이는 상당

---

41 몇몇 주석가는 신 29:29이 신 30:1-10에 속하며, 신 30:10의 토라에 대한 결론적인 언급과 더불어 수미상관 구조를 이룬다고 생각한다. 분명히 신 29:29b에서 "계시한다"는 개념은 신 30:10에서 그에 대한 필연적 결과를 지니게 된다. 비록 주석가들은 앞에 나오는 절들에서 그것이 정확하게 무엇을 가리키는지 논쟁하고 있지만, 신 29:29과 신 30:1-10 사이에는 어떤 연관성이 있는 것 같다.

히 모순되는 것처럼 여겨질 수 있다. 왜냐하면 신명기 4:6은 이스라엘이 먼저 자신들에게 주어진 율법을 통해 지혜를 드러내고 이어서 이방 나라들이 그것을 인정한다고 언급하기 때문이다. 마찬가지로 신명기 33:19은 분명히 마지막 때에 이스라엘이 먼저 하나님의 산에 올라가고 그다음에 "이방 민족들을 하나님의 산으로 부른다"고 묘사한다.[42] 이와 같이 명백하게 서로 다른 두 개념이 어떻게 조화될 수 있는가? 신명기 29:29은 그것이 "감추어진 일"(secret)이라고 주장한다. 후대 이스라엘 세대가 이방 나라들과 함께 긍정적으로 증언한다는 관점은 이 감추어진 일의 의미를 더욱 복잡하게 만든다(신 29:22). 그다음에 신명기 30:1-10에서 이스라엘의 구원이 뒤따른다. 여기서 후대 이스라엘 세대는 과연 정확히 누구인가?

만약 신명기 29:22-28을 순전히 수사학적인 측면에서 이해한다면, 당연히 이 수수께끼들은 모두 풀릴 것이다.

---

[42] 이 예언은 다소 모호하다. 하지만 바로 그 이유 때문에 이 예언에 들어 있는 의미에 종말이 포함되어 있는 것처럼 보인다.

제5장

:

고린도전서의 비밀 사용

우리는 앞 장에서, 비록 로마서가 구약성서 전체에서 발견되는 "먼저는 유대인, 그다음은 이방인"이라는 유형을 지지하지만(롬 1:16; 15:8-9), 로마서 11장은 교회 시대 동안 대부분의 신자가 이방인(동시에 구원받게 될 유대인 남은 자들과 더불어)으로 이루어지게 되리라고 말하고 있다고 결론지었다. 하지만 이방인 신자들은 유대인 신자들의 구원을 자극하는 역할을 할 것이다.

바울은 신명기 27-32장이 이스라엘의 불순종, 완악함 및 심판, 그리고 언약에 기초한 이스라엘의 은총이 이방인에게 제공됨에 대한 예언이라고 이해하는 것 같다. 이와 같이 이방인이 언약적 은총을 받음으로 인해 이스라엘은 질투하게 되고 마침내 이스라엘의 구원으로 이어진다. 왜 이것이 "비밀"인가? 왜냐하면 구약성서의 다른 곳에서는 모두 이스라엘의 구원이 이방인의 구원을 이끈다고 언급되기 때문이다.

로마서 16:25-26에서 계시된 비밀은 앞서 로마서 11:25-26에서 사용된 비밀과 관련이 있을 것이다. 창세기 49장과 시편 2편은 종말에 이스라엘의 왕이 올 때 그가 이방의 원수들을 복종시킨다고 주장한다. 바울은 구약성서의 이 두 예언이 그리스도의 초림에서 이미 기대하지 않은 방식으로 성취되기 시작했다고 주장한다.

지금까지 로마서 11장 및 16장에서 바울이 밝힌 비밀을 살펴보았다. 우리는 이제 고린도전서로 관심을 돌리고자 한다. 고린도전서는 몇몇 중요한 연결 부분에서 **비밀**이라는 용어를 사용한다. 비밀이 처음으로 논의되는 곳은 고린도전서의 시작 부분이다. 여기서 바울은 왜 유대인들이 자신들의 메시아를 십자가에 못 박았는가라는 신학적 문제에 직면하고 있다. 유대인들은 대부분 그들의 왕이 오기를 열정적으로 고대하지 않았던가? 구약성서의 예언은 이 딜레마를 부추기는 역할을 한다. 고린도전서 15:3에서 바울의 관점에 의하면 십자가는 구약성서에서 기대된다. 그렇다면 왜 대부분의 유대인들은 이 중대한 사건이 하나님의 예언 계획의 정점임을 인식하지 못했는가? 바울은 그의 모든 서신 중 고린도전서에서 비밀에 대해 가장 자세하게 논의하면서 이 복잡한 질문에 대답하고 있다. 고린도전서의 다른 부분에 나타나는 비밀 사용 역시 십자가에 대한 이와 같은 논의에서 별로 벗어나지 않는다.

바울이 고린도에 도착했을 때 그곳의 분위기는 정치 및 교회에서의 파벌 다툼, 도덕적 타협, 만연한 우상숭배 및 세속적인 명예와 부의 추구 등과 같은 특징을 보이고 있었다. 우리는 누가가 기록한 사도행전 18장을 통해 고린도에서 이루어진 바울의 사역에 대해 부분적으로 알 수 있다. 누가에 의하면 제2차 선교 여행 기간에 바울은 아덴에서의 사역(행 17:16-34)을 마치고 곧바로 고린도에 도착했다. 누가는 바울이 고린도에서 일 년 육 개월을 머물렀다고 기록한다(행 18:11). 바울은 고린도를 떠나 에베소에 머물렀을 때 고린도 교인들의 부도덕한 행위와 관련하여 그들에게 편지를 썼다(고전 5:9). 그다음에 바울은 "글로에의 집(고전

1:11) 사람들"로부터 또한 아마도 "스데바나와 브드나도와 아가이고"(고전 16:17)에게서 고린도 교회에 대한 소식을 전해 듣는다. 그리고 바울은 고린도 공동체 안에서 일어나는 광범위하고 다양한 문제, 특히 교회의 분열에 대해 고린도 교인들이 직접 쓴 편지를 받는다(고전 7:1). 따라서 바울은 고린도 교인들에게 다시 한번 편지를 쓴다. 바로 우리가 "고린도전서"라고 부르는 편지에서 바울은 이 구체적인 문제들에 대해 언급하고 있다.

에베소서를 제외하고 신약성서에서 고린도전서보다 **비밀**이라는 용어를 더 많이 사용하는 책은 없다. 이 서신에서 **비밀**이라는 용어는 모두 여섯 번 나타난다. 고린도전서에서 **비밀**은 핵심 구절에서 발견되며 이 서신이 추구하는 전반적인 목적에서 중요한 역할을 한다. 주석가들은 고린도전서에서 사용된 이 용어를 다니엘서와 연결했지만 이 관계, 특히 이 용어와 구약성서의 관계를 의미심장하게 발전시키지는 못했다.[1]

고린도전서 2:1, 7에서 계시된 "비밀"은 바로 십자가 처형이라는 역설적인 사건이다. 곧 그리스도는 죽임을 당하는 순간에 절대 주권을 지닌 왕이 되었다. 십자가 죽음이라는 사건은 하나님의 지혜일 뿐만 아니라 인간이 지닌 모든 형태의 지혜에 대한 승리다. 고린도전서 4:1에서 바울은 지도자들이 어떤 사람이 되어야 하는가에 대한 예로 그 자신과 아볼로를 사용한다. 지도자들은 "하나님의 비밀을 맡은 자"이며 "그리스도의 일꾼"이다. 다니엘과 같은 인물로서 사도 바울의 목표는 하나님의 계시를 전달하는 자로서 자신의 역할을 신실하게 감당하는 것이다(고전 4:2). 비록 고린도전서 13:2 및 14:2에서 바울이 "비밀"의 내용과 관련하여 아무

---

1 이 장에서 사용되는 자료는 다음 연구 논문에서 허락을 받고 사용했다. Benjamin L. Gladd, *Revealing the Mysterion: The Use of Mystery in Daniel and Second Temple Judaism with Its Bearing on First Corinthians*, BZNW 160 (Berlin: Walter de Gruyter, 2008), pp. 108-262.

런 단서도 제공해주지 않지만, 이 두 구절의 용례는 구약성서와 유대교 배경에 비추어 이해되어야 한다. 마지막으로 계시된 비밀은 신자들이 그리스도, 곧 마지막 아담의 형상으로 변화되는 것과 관련된다(고전 15:51).

고린도전서 2:1, 7에서의 십자가의 비밀

전후 문맥. 고린도전서 2장을 연구하기에 앞서 이전 단락인 고린도전서 1:17-31이 어떻게 고린도전서 2장으로 연결되는지를 이해하는 것이 도움이 된다.

그리스도께서 나를 보내심은 세례를 베풀게 하려 하심이 아니요, 오직 복음을 전하게 하려 하심이로되 말의 지혜로 하지 아니함은 그리스도의 십자가가 헛되지 않게 하려 함이라.

십자가의 도가 멸망하는 자들에게는 미련한 것이요, 구원을 받는 우리에게는 하나님의 능력이라. 기록된 바

"내가 지혜 있는 자들의 지혜를 멸하고 총명한 자들의 총명을 폐하리라" 하였으니

지혜 있는 자가 어디 있느냐? 선비가 어디 있느냐? 이 세대에 변론가가 어디 있느냐? 하나님께서 이 세상의 지혜를 미련하게 하신 것이 아니냐? 하나님의 지혜에 있어서는 이 세상이 자기 지혜로 하나님을 알지 못하므로 하나님께서 전도의 미련한 것으로 믿는 자들을 구원하시기를 기뻐하셨도다. 유대인은 표적을 구하고 헬라인은 지혜를 찾으나, 우리는 십자가에 못 박힌 그리스도를 전하니, 유대인에게는 거리끼는 것이요 이방인에게는 미련한 것이로되 오직 부르심을 받은 자들에게는 유대인이나 헬라인이나 그리스도는 하나님의 능력이요 하나님의 지혜니라. 하나님의 어리석음이 사람보다 지혜롭고

하나님의 약하심이 사람보다 강하니라.

형제들아, 너희를 부르심을 보라. 육체를 따라 지혜로운 자가 많지 아니하며 능한 자가 많지 아니하며 문벌 좋은 자가 많지 아니하도다. 그러나 하나님께서 세상의 미련한 것들을 택하사 지혜 있는 자들을 부끄럽게 하려 하시고 세상의 약한 것들을 택하사 강한 것들을 부끄럽게 하려 하시며 하나님께서 세상의 천한 것들과 멸시 받는 것들과 없는 것들을 택하사 있는 것들을 폐하려 하시나니 이는 아무 육체도 하나님 앞에서 자랑하지 못하게 하려 하심이라. 너희는 하나님으로부터 나서 그리스도 예수 안에 있고 예수는 하나님으로부터 나와서 우리에게 지혜와 의로움과 거룩함과 구원함이 되셨으니 기록된 바 **"자랑하는 자는 주 안에서 자랑하라"** 함과 같게 하려 함이라(고전 1:17-31).

고린도전서 1:17-18은 바울이 제기하는 주제, 즉 십자가의 메시지는 신자들의 행위와 세계관을 영속적으로 변화시킨다는 사실을 분명하게 나타낸다. 고린도 교인들이 자신들의 분파적 행위를 바꿀 수 있는 유일한 길은 바로 십자가의 메시지를 받아들이는 것이다. 이제 대부분의 학자들은 고린도전서 1:17에서 "말의 지혜로"라는 표현이 세속적인 그리스-로마의 수사학적 관습을 가리킨다고 인정한다. 메시지의 전달이 아니라 그 내용이 사람들을 곤경에서 구원해준다. 특히 고린도에서 높이 평가되던 수사학은 말하는 사람이 바라는 대로 청중을 어떻게든 설득하는 것을 목표로 삼았다. 만약 바울이 자신의 사역에서 그와 같은 세속적인 수사학 방법을 따랐다면 십자가의 능력은 헛된 것이 되었을 것이다(고전 1:17). "말의 지혜"와는 대조적으로 바울은 "십자가의 도"를 선포한다(고전 1:18).[2] 신자들이 아닌 외부 사람들에게 십자가의 메시지는 힘없

---

2   바울이 사역하던 동안 고린도에서 이루어진 소피스트 운동은 지난 몇 년간 많은 학자의

고 어리석은 것이다. 그러나 믿는 자들에게 십자가는 하나님의 구원이며 능력이다. 고린도전서 1:19-25은 고린도전서 1:18a, 즉 "십자가의 도가 멸망하는 자들에게는 미련한 것이요"라는 진술에 대해 근거를 제시한다. 고린도 사람들을 꾀고 있었던 세상의 지혜는 십자가 위에서 그리스도가 행한 일을 깨달을 수 없었다. 더욱이 하나님의 지혜는 인간이 도달할 수 있는 범위를 벗어날 뿐만 아니라, 인간의 모든 지혜(사 29:14; 고전 1:19), 심지어 가장 교양 있는 사람들의 지혜(고전 1:20-21)도 **뛰어넘는다**. 하지만 유대인과 헬라인들은 모두 십자가의 메시지를 검토하고 그것을 터무니없는 것으로 여긴다(고전 1:22-25).

나아가 바울은 고린도전서 1:26-28에서 하나님이 하시는 일은 인간의 이성과 반대된다고 설명하면서 고린도전서 1:19-25을 해석한다. 즉 "그러나 하나님께서 세상의 미련한 것들을 택하사 지혜 있는 자들을 부끄럽게 하려 하시고 세상의 약한 것들을 택하사 강한 것들을 부끄럽게 하려 하시며"(고전 1:27)라고 말한다. 하나님의 목적은 "아무 육체도 하나님 앞에서 자랑하지 못하게"(고전 1:29) 하려는 것이다. 바울은 참된 지혜는 오직 그리스도 안에서 발견된다고 주장한다. 그래서 바울은 "자랑하는 자는 주 안에서 자랑하라"(고전 1:31; 렘 9:23)고 권면한다.

관심을 끌었다. 몇 가지 중요한 저서가 간행되었는데, 이 저서들은 고린도전서의 사회적 맥락과 그에 대한 바울의 반응을 더욱 명료하게 밝혀주었다. 예를 들면 Bruce Winter, *Philo and Paul Among the Sophists*, SNTSMS 96 (New York: Cambridge University Press, 1997); Duane Litfin, *St. Paul's Theology of Proclamation: 1 Corinthians 1-4 and Greco-Roman Rhetoric*, SNTSMS 79 (New York: Cambridge University Press, 1994). 고린도에서 그렇게 소중히 여기던 지혜는 소피스트적 지혜의 유형이었다. 이 지혜의 정확한 내용을 확인하기는 무척 어렵지만 우리는 다음과 같이 추측할 수 있다. 즉 소피스트적 지혜는 사람들을 꾀려는 의도를 지녔으며 철학적이고 인간 중심적이다. 수사학적인 재능을 지닌 이들은 이 지혜를 뽐냈으며 자신의 설득력 있는 수사학적 언변으로 추종 세력을 얻기를 바랐다. 고린도 사람들은 이런저런 소피스트와 결탁해서 상대방을 교묘하게 이기고자 했으며, 따라서 지도자들과 (또 그들끼리) 서로 논쟁하고 있었다.

이제 고린도전서 2:1-9에서 바울은 이전 장에서 그가 말한 내용에 기초하여 다음과 같이 말한다.

형제들아, 내가 너희에게 나아가 하나님의 증거를 전할 때에 말과 지혜의 아름다운 것으로 아니하였나니 내가 너희 중에서 예수 그리스도와 그가 십자가에 못 박히신 것 외에는 아무것도 알지 아니하기로 작정하였음이라. 내가 너희 가운데 거할 때에 약하고 두려워하고 심히 떨었노라. 내 말과 내 전도함이 설득력 있는 지혜의 말로 하지 아니하고 다만 성령의 나타나심과 능력으로 하여 너희 믿음이 사람의 지혜에 있지 아니하고 다만 하나님의 능력에 있게 하려 하였노라. 그러나 우리가 온전한 자들 중에서는 지혜를 말하노니 이는 이 세상의 지혜가 아니요, 또 이 세상에서 없어질 통치자들의 지혜도 아니요, 오직 은밀한 가운데 있는 하나님의 지혜를 말하는 것으로서 곧 감추어졌던 것인데 하나님이 우리의 영광을 위하여 만세 전에 미리 정하신 것이라. 이 지혜는 이 세대의 통치자들이 한 사람도 알지 못하였나니 만일 알았더라면 영광의 주를 십자가에 못 박지 아니하였으리라. 기록된 바

"하나님이 자기를 사랑하는 자들을 위하여 예비하신 모든 것은 눈으로 보지 못하고 귀로 듣지 못하고 사람의 마음으로 생각하지도 못하였다" 함과 같으니라.

고린도전서 2:1-5에서 바울은 복음의 내용에 일치하는 설교의 실례를 보여준다(고전 1:18-25). 고린도에 도착하고 나서 바울은 세속적인 수사학 방법을 사용하지 않았다(고전 2:1). 왜냐하면 그는 "오직 예수 그리스도와 그가 십자가에 못 박힌 것만"을 알고자 했기 때문이다. 바울의 [복음 전파] 방법은 "내가 너희 가운데 거할 때에 약하고 두려워하고 심히 떨었노라 내 말과 내 전도함이…다만 성령의 나타나심과 능력으로 하여"(고전 2:3-4; 참조. 고전 1:17)라는 그의 메시지와 일치한다. 바울이 "연

약함과 두려움으로" 고린도로 간 목적은 고린도 사람들의 믿음이 "사람의 지혜에 있지 아니하고 다만 하나님의 능력에 있게" 하려는 것이었다(고전 2:5). 바울의 견해에 의하면 믿음은 반드시 전적으로 십자가의 메시지에 위치해야 하며 그 이상도 그 이하도 아니다.

고린도전서 2장의 처음 다섯 절에서 바울은 자신이 "비밀"을 선포한 방법(고전 2:1), 또는 십자가의 메시지에 대해 다시 말한다. 반면에 고린도전서 2:6-16에서 바울은 그 지혜의 특성에 대해 묘사한다. 고린도전서 2:6-9은 그 지혜에 대한 **접근성**(accessibility)에 대해 말한다. 고린도전서 2:6의 상반절은 신자들 또는 "온전한 자들"이 이 지혜에 어떻게 접근 가능한지를 간략하게 언급한다. 반면에 "이 세대"에 속한 사람들과 "이 세대의 통치자들"은 그와 같은 지혜에 접근할 수 없다(고전 2:6b). 그다음에 고린도전서 2:6b의 부정적인 언급과 대조적으로 고린도전서 2:7은 이 지혜가 진정으로 계시된 비밀이며 신자들의 유익을 위한 것임을 밝힌다. "오직 은밀한 가운데 있는 하나님의 지혜를 말하는 것으로서 곧 감추어졌던 것인데 하나님이 우리의 영광을 위하여 만세 전에 미리 정하신 것이라." 이어서 고린도전서 2:8은 앞 절의 "감추어졌던 지혜"에 대해 계속 설명한다. 곧 "이 세대의 통치자들"은 십자가의 지혜를 이해하지 못했다. 만약 그들이 이해했다면 그리스도를 십자가에 못 박지 않았을 것이다. 바울은 고린도전서 2:9에서 구약성서를 인용하면서 이 결론을 지지한다. 즉 통치자들은 마음이 완악해서 십자가를 이해할 수 없는 반면에 신자들은 이해할 수 있다. 고린도전서 2:7에서 언급되는 **비밀**의 내용을 밝히기에 앞서 우리는 먼저 다니엘서에 대한 암시와 감추어짐의 특성에 주목해야 한다. 이 두 가지 논의는 우리가 고린도전서 2장에 나오는 비밀의 의미를 밝히는 데 도움이 된다.

고린도전서 1-2장에서의 다니엘서의 사용. 학자들은 이미 오래전부터 고린도전서 1-2장에 다니엘서에 대한 몇 가지 암시가 존재하고 있음을 간파해왔다. 아래에 제안되는 다니엘서에 대한 암시는 감지하기가 힘들지만, 동일한 맥락 내에서 그와 같은 암시가 여러 번 나타난다는 사실은 암시가 어느 정도 존재할 수 있다는 개연성을 가리키고 있다. 하지만 다음과 같은 질문에 답변해야 하는 어려운 과제가 있다. **왜** 바울은 고린도전서의 처음 몇 장을 쓰면서 다니엘서를 반영하는가? 우리는 먼저 다니엘서를 더욱 두드러지게 암시하는 구절을 다루고 그다음에 이 복잡한 문제에 대한 해결책을 제시할 것이다.

몇몇 학자는 다니엘 2:20-23의 주목할 만하고 중요한 찬송이 고린도전서 2:6-16의 배후에 있다고 주장한다. 이 학자들이 그렇게 생각할 만한 충분한 이유가 있다.[3] 앞에서 논의한 대로 비밀에 대한 다니엘서의 개념을 이해함에 있어 다니엘 2:20-23은 중심적인 역할을 한다. 우리는 이 찬송이 거의 다니엘서 전체에 걸쳐 나타나는 비밀의 특성을 요약해준다고 생각한다. 비록 이 찬송에 **비밀**(*mystērion*)이라는 용어가 명확하게 나타나지 않지만 그 개념은 거의 확실하게 암시되어 있다. 왜냐하면 이 찬송은 하나님이 그분의 지혜를 "지혜자들"과 다니엘에게 드러내시는 과정을 묘사하기 때문이다. 더욱이 다니엘 2:20-23에 나타난 하나님의 계시는 다니엘 2:27-30, 47에서 "비밀"(개역개정-"은밀한 것")이라고 반복적으로 언급되기 때문이다.

이와 같은 다니엘 2장에서의 **비밀**의 사용은 바울이 고린도전서 2:1, 7에서 똑같은 단어를 반복적으로 사용하는 배후에 놓여 있을 가능성이 있다.[4]

---

3   H. H. Drake Williams, *The Wisdom of the Wise*, AGJU 49 (Boston: Brill, 2001), p. 167; Hans Hübner, *Biblische Theologie des Neuen Testaments* (Göttingen: Vanderhoeck & Ruprecht, 1993), 2:121.

4   **비밀**(*mystērion*) 또는 **증거**(*martyrian*)의 사본상의 문제에 대해서는 Gladd, *Revealing the Mysterion*, pp. 123-26을 보라. 사본들은 이 두 이형을 강력하게 지지한다. 하지만

두 텍스트 사이에 나타나는 아래의 공통점은 이를 분명하게 입증해준다.

1. 다니엘 2장은 "비밀"이 악한 통치자에게 계시되었다고 언급한다. 그는 계시된 해석을 온전히 이해하지 못한다(참조. 고전 2:8).
2. 경건한 예언자는 비밀에 대한 해석을 이해한다. 그는 계시를 받아 다른 사람들에게 전해준다(고전 2:10-16).[5]
3. 예언자는 계시된 비밀을 이해한다. 왜냐하면 하나님이 그분의 성령을 통해 그에게 비밀을 계시하셨기 때문이다(참조. 단 4:9[단 2:20-21과 평행을 이룸] 및 고전 2:10-16).[6]
4. 이 비밀을 아는 것은 "지혜"를 지니는 것이다.
5. 비밀은 종말에 하나님 나라가 세워지는 데 관심을 기울인다(이와 관련되는 바울의 종말론적 언어에 대해서는 고전 2:7-8, 7:31 및 10:11을 참조하라).
6. 다니엘이 하나님에게서 통찰력을 받았다는 언급과 마찬가지로 **능**

---

*mystērion*이 다소 유리한 지지를 받는다(P^{46}, ℵ, A). 하지만 어느 이형을 원문으로 선택하는가는 해당 본문의 전후 문맥과 직결되어 있다. 고전 1-2장에서는 묵시적인 언어가 많이 나타나는데, 이는 바울이 다시 묵시적 단어, 즉 *mystērion*을 사용했을 개연성을 강화한다. 또 "사람이 마땅히 우리를…하나님의 비밀을 맡은 자로 여길지어다"라는 고전 4:1도 이 논쟁에서 핵심적인 역할을 한다고 이해되어야 한다. 결론적으로 외적·내적 증거를 모두 고려할 때 *mystērion*이 의미상 더 잘 어울린다.

[5] 고전 2:6에서 "온전한 자들"이라는 표현은 많은 논쟁을 불러일으켰다. 이는 다니엘서와 후기 유대교 문헌에서 상당히 발전된 비슷한 주제를 반영할 가능성이 있다. "백성 중에 지혜로운 자들이 많은 사람을 가르칠 것이다"(단 11:33; 참조. 단 12:3). 따라서 "통찰력"을 지닌 사람들은 특별 계시를 받은 사람으로서 이 계시를 다른 사람들에게 전해준다.
[6] 더욱이 계시의 과정에서 성령의 역할은 고전 2:10-13("오직 **하나님이 성령으로 이것을 우리에게 보이셨으니** 성령은 모든 것 곧 **하나님의 깊은 것까지도** 통달하시느니라")과 단 4:9 사이의 상호텍스트성 또는 적어도 주제의 연관성을 암시해줄 가능성이 있다. 단 4:9에서 느부갓네살은 다니엘에 대해 이렇게 묘사한다. 즉 다니엘은 "거룩한 신들의 영"을 지니고 있어서, 그에게 "어떤 은밀한 것이라도 어려울 것"이 없다(참조. 단 2:11; 4:18; 5:11, 14). 심지어 고전 2:10에서 "보이셨으니"와 "하나님의 깊은 것"이라는 표현은 단 2:22의 "그는 깊고 은밀한 일을 나타내시고"라는 표현을 암시할 수도 있다.

력과 **지혜**에 대한 강조는[7] 다니엘 2:20-23이 고린도전서 2:6-16에 반영된 구약성서 배경의 일부분임을 제시해주는 것 같다.

왜 다니엘서인가? 만약 고린도전서 1-2장이 정말로 다니엘서에 대한 암시를 포함하고 있다면, 왜 바울은 다니엘서에 의지하는가? 이는 단순히 수사학적 묘미인가? 아니면 더 깊고 예리한 이유가 있는가? 바울은 이 암시를 십자가의 비밀을 전달하는 수단으로 사용하는 것 같다. 구속사의 과정에서 십자가의 의미는 대단히 위대하고 중요한 것이다. 다니엘서에 대한 바울의 언급은 왜 십자가의 의미가 어리석은 자들에게는 이해하기가 어렵게 남아 있는 반면에 지혜로운 자들에게는 그것이 하나님의 지혜인가에 대한 근거를 제공해준다. 이 암시는 이 세상 지혜에 대한 하나님의 종말론적 승리의 성취(단 2:1-16, 25-30)와 지상 나라들에 대한 하나님의 영원한 통치의 시작(단 2:44-45)을 알려주는 이중 의무를 수행할 수 있다. 따라서 다니엘서는 고린도전서 1-2장에 나타나는 바울의 전반적인 사고에 있어 중요한 의미를 지닌다. 다시 한번 다니엘서 내러티브는 신약성서의 비밀 이해에서 중요한 역할을 한다.

비밀의 감추어짐. 독자들이 비밀을 파악하기 어렵게 만드는 것은 고린도전서 1-2장에서 이 용어가 다양한 측면에서 사용되고, 관련 있는 몇몇 주제와 연결되어 표현되기 때문이다. 여기서 한 가지 주목할 만한 주제가 "감추어짐"이다. 곧 "우리는 비밀에 감추어진 하나님의 지혜를 선포합

---

[7] 몇몇 학자는 고전 2:4-6에서 **지혜**와 **능력**이 함께 언급되는 것은 단 2:20(MT) 및 단 2:23(MT, Theodotion)을 참조하는 것이라고 주장한다. 다음 연구서를 보라. G. K. Beale, *John's Use of the Old Testament in Revelation*, JSNTSup 166 (Sheffield: Sheffield, 1998), p. 252; H. Hübner, *Vetus Testamentum in Novo* (Göttingen: Vandenhoeck & Ruprecht, 1997), 2:230. **능력**(*dynamis*)은 고전 1:18, 24; 2:4, 5에 네 번 나타난다. **지혜/지혜로운**(*sophia/sophos*)은 고전 1:19-2:16에서 스무 번이나 사용된다.

니다"(고전 2:7a, 저자 사역).[8] 바울이 **비밀**이라는 명사를 형용사 의미를 지닌 현재완료 분사 감추어진(*apokekrymmenēn*)과 어떻게 연결하는지 주목하라. 우리가 다니엘서 및 마태복음의 비밀을 다루는 장에서 살펴보았듯이 감추어짐은 비밀이라는 용어의 가장 중요한 특성이다. 우리는 "일시적인 감추어짐"과 "영속적인 감추어짐"을 구분했다. 일시적인 감추어짐은 계시의 감추어지는 특성과 그것의 최종적인 계시와 관련된다. 즉 계시는 일정 기간만 사람들에게 감추어졌다. 반면에 영속적인 감추어짐은, 단지 몇몇 사람만 계시를 파악할 수 있듯이(예. 다니엘과 같은 인물), 심지어 감추어진 것이 드러난 이후에도 계시가 지속적으로 또는 변함없이 감추어짐을 가리킨다.

만약 우리가 비밀의 이 두 가지 특성을 고린도전서 1-2장에 적용한다면 몇몇 어려운 텍스트를 해결할 수 있을 것이다. 왜냐하면 비밀이라는 용어는 십자가의 메시지(고전 1:18-31)를 가리키고, 십자가 사건은 인류에게 감추어졌다가 이제 계시되었기 때문이다. 우리는 이제 고린도전서 2:7을 더 잘 이해할 수 있다. "우리는 비밀에 감추어진 하나님의 지혜를 선포합니다. 이는 하나님이 영세 전에 우리의 영광을 위해 미리 정하신 것입니다"(저자 사역).

하나님은 이전에 그리스도의 죽음이 지닌 아이러니한 특성을 모든 인

---

8   그리스어 구문 *en mystēriō*("비밀에")가 무엇을 수식하는가에 대해 학자들의 견해는 일치하지 않는다. 어떤 이들은 *en mystēriō*가 동사 *laloumen*("우리가 말한다")을 수식한다고 주장한다. 이 견해에 기초하면 "우리는 은밀하게 말한다" 또는 "우리는 하나님의 지혜를 비밀로 말한다"(NASB, ASV)라고 번역된다. 이와 같은 번역은 바울이 비밀로 말하고 있음을 내포할 것이다. 이는 바울 신학과 전반적으로 모순되고 전후 문맥과도 의미가 잘 연결되지 않는 것처럼 보인다. 더 널리 받아들여지는 다른 대안은 *en mystēriō*를 그리스어 명사 *sophian*("지혜")과 연결하는 것이다(ESV, NRSV, NIV). 후자의 번역은 전후 문맥과도 의미가 더 잘 통한다. 왜냐하면 이 번역은 다음과 같이 지혜의 묵시적인 특성을 강조하기 때문이다. 즉 "우리는 비밀에 감추어진 하나님의 지혜를 선포한다."

류에게 감추셨다. 그리고 십자가의 메시지는 **계속** 믿지 않는 사람들에게 감추어져 있다. "이 지혜는 이 세대의 통치자들이 한 사람도 알지 못하였나니 만일 알았더라면 영광의 주를 십자가에 못 박지 아니하였으리라"(고전 2:8). 하나님의 계획은 과거에 감추어졌을 뿐만 아니라 "이 세대의 통치자들"과 믿지 않는 사람들에게도 감추어졌다. 반면에 바울은 동시에 신자들이 십자가의 비밀을 깨닫게 되었다고 말한다. 바울은 이 점에 대해 고린도전서 2:10-16에서 "오직 하나님이 성령으로 이것(즉 비밀)을 우리에게 보이셨으니"(고전 2:10a)라고 설명한다.

감추어짐이라는 주제와 일치하게 고린도전서 2:9은 "이 세대의 통치자들"이 십자가 사건을 이해하지 못했다는 주장(고전 2:7-8)에 대한 근거를 제공해준다. 고린도전서 2:9에서 이사야 64:4의 사용은 중요하다. 하지만 이에 대해 다루는 일은 이 연구 과제의 범위를 벗어난다.[9] 많은 학자가 고린도전서 2:9에서 이사야서 구절이 인용되고 사용되는 데 대해 혼란스러워한다. 하지만 원래 문맥을 철저하게 분석해보면 이는 바울의 사고와도 잘 어울린다. (눈, 귀, 마음에 초점을 맞추는) 신체를 통한 감지와 관련된 표현은 구원 사건과 계시를 간파하는 데 종종 사용된다. 바울은 하나님의 구원 계획에 대한 통치자들의 인식 결여와 성령으로 충만한 신자들의 통찰력을 대조한다. 통치자들의 마음이 완악해지고 영적으로 둔감해진 결과로 인해 그들은 예수를 십자가에 못 박았다. 하지만 바울과 고린도 교회의 신자들은 성령의 역사로 새로운 인식 능력을 갖게 되었기 때문에 십자가의 구원 사건을 이해할 수 있다. "온전한"(고전 2:6) 자들과 "신령한"(고전 2:15) 자는, 볼 수 있는 눈과 십자가를 통한 종말의 계시를

---

[9] 고전 2:9의 사 64:4 사용에 대한 더 자세한 논의에 대해서는 Gladd, *Revealing the Mysterion*, pp. 136-50을 보라.

이해할 수 있는 마음을 지닌 사람들이다.

고린도전서 1-2장의 지혜와 비밀. 고린도전서 2:1, 7에서의 바울의 **비밀** 사용은 겉으로 보기에 그리스도를 통한 하나님의 구원을 나타내는 것 같다. 여기서 **비밀**이라는 용어가 사용된 구체적인 용례는 아마도 고린도전서 15:51, 로마서 11:25 및 에베소서 3:4-6에서 이 단어가 사용된 것보다 그 의미를 정의하고 분명하게 설명하기가 더 어려울 것이다. 물론 앞서 언급한 구절들에서도 비밀이라는 용어를 정의하기는 쉽지 않다. 하지만 고린도전서 1-2장에서 밝혀진 비밀은 흩어져 있는 모자이크 조각과 비슷하다. 우리는 모양과 색깔과 다양한 형태와 크기를 잘 살펴서 서로 다른 조각들을 모두 짜 맞추어야 한다. 모든 조각을 짜 맞추고 나면, 약간 뒤로 물러서서 나타난 그림을 면밀히 검토해볼 필요가 있다.

여기서 우리가 비밀 개념을 이해하도록 도와주는 첫 번째 요소는 고린도전서 1-2장에 나타난 **비밀**과 "지혜"의 관계다. 고린도전서 2:7에서 시작하여 거꾸로 살펴보는 작업을 통해 우리는 계시된 비밀이 하나님의 "지혜"에 속한다는 사실을 간파할 수 있다. 고린도전서 2:7에서 바울은 "우리는 비밀에 감추어진 하나님의 **지혜**를 말합니다"(저자 사역)라고 이야기한다. 다시 말해서 **바울이 고린도전서 1-2장을 통해 논의하고 있는 하나님의 지혜는 "비밀"이라는 이름을 붙일 수 있다**(고전 1:21, 24, 30; 2:6). 바울은 고린도전서 2:2, 8에서 그리스도를 언급하면서 우선적으로 구약성서와 유대교가 기대하던 메시아 개념을 염두에 두고 있을 가능성이 매우 높다(간략한 개요에 대해서는 추기 5.1을 보라).

구약성서에 의하면 메시아는 무엇보다도 "이스라엘의 왕"을 가리킨다. 하나님은 메시아를 통해 당신의 백성을 회복시키고 다스리겠다고 약속하신다. 사무엘하 7장에서 하나님은 다윗에게 그의 후손이 이스라엘을 다스릴 것이라고 약속하셨다. 구약성서의 전기 및 후기 예언서에서는 이 약속과 그것의 성취에 대한 발자취를 추적할 수 있다. **메시아, 즉 다윗의 후손은 하나님의 영원한 나라를 세우고 이스라엘의 원수들을 쳐부수는 데 있어 중요한 역할을 할 것이다.** 이는 분명하다. 새로운 출애굽의 도래, 죄 사함을 받음, 성령 강림 및 새로운 창조의 시작 등은 메시아가 와서 하나님 나라를 세우는 이 현상과 연결되어 있다. 메시아의 고난 측면과 관련해서 몇몇 구절은 메시아가 고난 받는다고 넌지시 알려주는 것 같다. 하지만 메시아의 고난은 그의 사역에서 가장 중요한 측면은 아니다. 메시아의 고난은 하나님이 당신의 백성을 회복시키는 수단이다.[10]

십자가의 비밀. 기원후 1세기의 메시아 기대에 대한 기본적인 이해와 연결해서 우리는 고린도전서 2장에서 언급되는 십자가 사건에 대한 비밀을 인식할 수 있다. 이 연구서의 처음 몇 장에서 우리는 계시된 비밀이 구약성서에서 부분적으로 감추어졌던 하나님의 지혜에 대한 온전한 계시임을 논증하려고 시도했다. 기독교 이전 시대에 이 지혜는 대체로 감추어져 있었다. 하지만 이제는 더 자세하게 알려지거나 계시되었다. 그렇다면 고린도전서 2장에서는 어떻게 십자가가 계시된 비밀인가? 학자들은 이 문제에 대해 서로 다르게 답변한다. 몇몇 주석가는 **비밀**이라는

---

[10] 사 53장 및 단 9:26(참조. 창 3:15; 단 9장 및 슥 12:10; 13:7)과 같은 구약성서 텍스트는 고난 받는 메시아에 대해 생각하는 것 같다. 신약성서도 구약성서의 고난 받는 메시아에 대한 관점을 인지한다. 예를 들면 눅 24:25-27은 다음과 같이 언급한다. "[예수께서] 이르시되 '미련하고 선지자들이 말한 모든 것을 마음에 더디 믿는 자들이여 그리스도가 이런 고난을 받고 자기의 영광에 들어가야 할 것이 아니냐' 하시고 이에 모세와 모든 선지자의 글로 시작하여 모든 성경에 쓴 바 자기에 관한 것을 자세히 설명하시니라"(참조. 요 5:39-47). 고전 15:3-4은 구약성서가 고난 받는 메시아를 기대했음을 긍정한다. "내가 받은 것을 먼저 너희에게 전하였노니 이는 성경대로 그리스도께서 우리 죄를 위하여 죽으시고 장사 지낸 바 되셨다가 성경대로 사흘 만에 다시 살아나사"(고전 15:3-4)라고 한다. 이와 비슷하게 벧전 1:10-11도 다음과 같이 언급한다. "이 구원에 대하여는 너희에게 임할 은혜를 예언하던 선지자들이 연구하고 부지런히 살펴서 자기 속에 계신 그리스도의 영이 그 받으실 고난과 후에 받으실 영광을 미리 증언하여 누구를 또는 어떠한 때를 지시하시는지 상고하니라."

용어는 그리스도 안에서 하나님의 일반적인 구원을 가리키며, 십자가는 그 구원의 초점이라고 주장한다. 하지만 바울은 곧바로 이어지는 문맥에서 몇 가지 단서를 제공하면서 우리에게 다른 방향을 가리킨다. 아래에 나오는 네 가지 강조점이 그에 대한 몇 가지 단서이며, 그 강조점들을 종합하면 우리는 그리스도와 관련하여 계시된 비밀이 무엇인지에 대해 더욱 분명한 그림을 보여줄 수 있다.

영광의 주. 고린도전서 2:8b에서 곧바로 한 가지 단서가 발견된다. "만일 [그들이-통치자들이] [그것을-비밀을] 알았더라면, [그들은] 영광의 주를 십자가에 못 박지 아니하였으리라." "주"(kyrios)와 십자가 사건의 결합은 바울에게서는 이례적이다. 바울은 십자가를 언급할 때마다 대부분 "그리스도" 또는 "예수 그리스도"라는 칭호를 사용한다(유일한 예외는 갈 6:14의 "우리 주 예수 그리스도의 십자가"라는 표현에서 발견된다).[11] "주"라는 칭호뿐만 아니라 그 칭호를 수식하는 "영광의"(tēs doxēs)라는 표현도 독특하다. "영광의 주"라는 칭호와 정확하게 일치하는 표현은 신약성서의 다른 곳이나 구약성서의 그리스어 번역본에서는 전혀 나타나지 않는다.[12]

하지만 이 칭호는 유명한 유대교 문서인 「에녹 1서」에서 여러 번 나타난다. 「에녹 1서」 22.14에서 에녹은 환상을 받고 나서 하나님을 높인다. "그 순간 나는 영광의 주[ton kyrion tēs doxēs]를 축복하며 다음과 같이 말했다. '복되도다 영원히 의로움으로 통치하시는 내 주여.'" 몇 장 뒤에서 천사 우리엘은 악한 자들과 의로운 자들의 심판의 특성에 대해 에녹에게 이렇게 말한다. "그들에게 의로운 심판의 광경이 펼쳐질 것이다.…은혜를 입은 자들은 영광의 주[ton kyrion tēs doxēs], 영원하신 왕을 축복할 것

---

11   예를 들면 고전 1:17, 23; 2:2; 고후 13:4; 갈 3:1; 6:12; 빌 2:8; 3:18; 골 1:20; 2:14.
12   하지만 약 2:1에서 "영광의 주"라는 표현은 이 칭호에 매우 가깝다. "영광의 주 곧 우리 주 예수 그리스도에 대한 믿음을 너희가 가졌으니 사람을 차별하여 대하지 말라."

이다"(1 En. 27.3). 에녹은 이와 같은 통찰력에 반응하며 다음과 같이 하나님을 찬양한다. "그 순간 나는 <u>영광의 주</u>[ton kyrion tēs doxēs]를 축복하고 그의 영광에 걸맞은 찬양을 그에게 돌렸다"(1 En. 27.5).

「에녹 1서」에서 "영광의 주"라는 칭호는 유대교 묵시주의에서 보좌가 있는 공간에 대한 전승을 대표한다. 최근 수년간 유대교 묵시문학에 나타난 하나님의 하늘 보좌실(heavenly throne room) 개념에 대해 많은 논쟁이 벌어졌다. 우리의 목적을 위해 우리는 단순히 바울이 고린도전서 2:8에서 "영광의 주"라는 칭호를 사용하면서 유대교 전승을 살짝 건드리고 있을 가능성을 언급할 필요가 있다. 바울은 초월적 존재인 주 하나님을 묘사하는 유대교의 칭호를 취해서 그것을 그리스도에게 적용한다. 그리스도를 "영광의 주"라고 이름 붙임으로써 사도 바울은 사실상 그리스도를 높임을 받은 가장 뛰어난 신적 통치자로 지정한다.

메시아. 우리는 앞에서 "메시아"에 해당하는 그리스어 단어가 *christos*("그리스도")라고 말했다. 이 칭호는 이스라엘의 메시아적 왕을 가리킨다. 신약성서를 읽을 때 특히 예수의 고난과 죽음을 다루는 부분에서 이 칭호는 중요하다. 기원후 1세기의 유대인 독자(또는 구약성서를 잘 알았던 이방인)는 곧바로 이 칭호의 구약성서/유대교적 배경을 알아차렸을 것이다. 고린도전서 1-2장을 읽을 때 우리도 반드시 이 칭호의 중요성을 머릿속에 떠올려야 한다. 바울은 이스라엘 왕의 죽음에 대해 말하고 있다.

고린도전서 1:17과 이어지는 구절에서 우리는 그리스도와 관련된 칭호가 약간씩 바뀌면서 언급되고 있음을 인식하게 된다. 왜냐하면 "주"라는 칭호는 고린도전서 2:8에서야 비로소 사용되기 때문이다. 사도 바울은 "주 예수 그리스도"(고전 1:2-9)라는 칭호에서 "십자가에 못 박힌 그리스도"(고전 1:23)라는 칭호로 바꾸어 말한다. "그리스도"와 "예수"라는 칭호는 고린도전서 1:17, 23, 30 및 2:2에서 전적으로 십자가에 못 박힌 사건과 연결되어 사용된다. 바울이 표현의 다양성을 위해 이 칭호들을 사용한다고 볼 수 있지만 개연성이 낮다. 계시된 비밀은 **메시아**의 십자가 사건과 관련되기 때문에 바울은 이 관계를 어떻게 적절하고 세밀하게 표현해야 할지에 주의를 기울이고 있다. 바울은 고린도전서 1:17에서 다음과 같이 말한다. "그리스도께서 나를 보내심은 세례를 베풀게 하려 하심이 아니요, 오직 복음을 전하게 하려 하심이로되 말의 지혜로 하지 아니함은 그리스도의 십자가가 헛되지 않게 하려 함이라." 또다시 고린도전서 1:23에서 바울은 "우리는 십자가에 못 박힌 그리스도를 전하니"라고 주장한다. 마지막으로 바울은 고린도전서 2:2에서 다음과 같이 단언한다. "내가 너희 중에서 예수 그리스도와 그가 십자가에 못 박히신 것 외에는 아무것도 알지 아니하기로 작정하였음이라." 요약하면 바울은 왕 같은 메시아라는 예수의 특성이 바로 십자가 위에서의 끔찍한 죽음과 관련되어 있음을 강조하고 있다.

능력. 오랫동안 기다려온 메시아의 존귀한 특성과 더불어 능력이라는 개념이 고린도전서 1-2장에서 반복적으로 언급된다. 이 개념은 고린도전서 1:18에서 십자가와 연결된다. "십자가의 도가 멸망하는 자들에게는 미련한 것이요, 구원을 받는 우리에게는 하나님의 능력이라." 몇 절 뒤에서 이 주제는 고린도전서 1:23-24에서 반복된다. "우리는 십자가에 못 박힌 그리스도를 전하니 유대인에게는 거리끼는 것이요 이방인에게는 미련한 것이로되 오직 부르심을 받은 자들에게는…그리스도는 하나님의 능력이요"(참조. 고전 2:4). 앞에서 우리는 이 맥락에서 능력은 다니엘 2:20, 23을 가리킨다고 말했다. 다니엘 2:20, 23, 37에 의하면 [하나님의] 능력은 이 땅의 왕들을 보좌에 앉히기도 하고 내쫓기도 하며 하나님의 영원한 나라를 세운다(단 2:21, 36-45). 이는 다니엘 2:44-45에서도 입증된다. 여기서 장차 하나님이 세우실 나라는 "영원히 망하지도 아니할 것이요", 네 번째 마지막 나라를 능가할 것이다. 이와 같이 능력에 대한 다니엘서의 개념을 십자가 사건과 결합함으로써 **바울은 하나님이 메시아의 죽음을 통해 종말의 하나님 나라를 세우신다고 강조한다.**

고난의 십자가. 그리스도가 높임을 받은 영광의 주라는 점은 단지 계시된 비밀의 절반에 지나지 않는다. 이 동전의 다른 면은 바로 십자가에 못 박힌 사건이다. 우리는 이미 고린도전서 1-2장에서 십자가의 중요성에 주목했다(고전 1:17-18, 22-25; 2:1-2, 8). 십자가는 유대인에게는 "거리끼는 것"이고 이방인에게는 "미련한 것"이다(고전 1:23). 다행스럽게도 우리는 이런 생각에 대해 자세히 설명하려고 많은 시간을 쓸 필요가 없다. 왜냐하면 십자가에 대한 유대교 및 그리스-로마의 관점은 명백하기 때문이다.[13] 기원후 1세기에 십자가는 버림받음과 저주의 상징이었다. 신명기 21:23은 기원후 1세기에 십자가와 연관지어졌고,[14] 바울도 갈라디아서 3:10에서 그리스도와 관련하여 이 구절을 인용한다. 신명기 21:22-23은 다음과 같이 기록한다. "사람이 만일 죽을 죄를 범하므로 네가 그를 죽여 나무 위에 달거든…나무에 달린 자는 하나님께 저주를 받았음이니라." 십자가는 완전한 버림받음, 즉 하나님께 저주를 받은 수치의 전형을 상징한다.

결론: 십자가에 못 박힌 왕. 앞에서 언급한 여러 사항을 모두 고려해서 나온 결과는 주목할 만하다. 우리는 예수의 칭호가 지니는 중요성, 이 칭호와 십자가 사건과의 연관성(주 예수 그리스도, 십자가에 못 박힌 메시아 또는 그리스도, 영광의 주), 그리고 "능력"이라는 독특한 언어에 주목했다. 메

---

[13] 다음 연구서들을 보라. M. Hengel, *Crucifixion: In the Ancient World and the Folly of the Message of the Cross* (Philadelphia: Fortress, 1977); David W. Chapman, *Ancient Jewish and Christian Perceptions of Crucifixion*, WUNT 244 (Tübingen: Mohr Siebeck, 2008).

[14] 4QpNah (4Q169) 3 + 4 4-9; 11QTemple (11Q19) LXIV, 6-13을 보라.

시아의 도래와 십자가의 치욕이 왕을 나타내는 개념과 연결된다는 점을 검토하고 나서 우리는 고린도전서 2장의 비밀을 밝힐 수 있게 되었다. **밝혀진 비밀은 십자가에 매달린 높임 받은, 왕 같은, 신적 메시아다.**[15] 비록 예수가 십자가 위에서 수치스러운 죽음을 당하지만 동시에 그는 가장 높은 신적 통치자, 곧 "영광의 주"다.[16] 우리가 유대교 문헌에서 볼 수 있듯이 이 표현은 오직 하늘 보좌실에 계신 하나님께만 사용된다. 따라서 고린도전서 2:1, 7에서 알려주는 비밀은 **패배하고 저주받은 동시에 영광의 주로 다스리는 신적인 영광의 주** 메시아다. 피(Fee)는 고린도전서 주석에서 다음과 같이 논평한다. "사람들은 메시아를 받아들이거나 십자가 사건을 받아들일 수 있다. 적어도 단지 인간의 이해에 기초한 관점에서 이 둘을 모두 받아들일 수는 없다. **메시아**는 능력, 영광, 승리를 의미하는 반면에 **십자가 사건**은 연약함, 수치, 패배를 의미하기 때문이다."[17] 우리는 여기서 더 나아가 다음과 같이 주장할 수 있다. 영광의 주로서[18] 예수는

---

15 비밀은 메시아로서 고난 받는 예수를 포함한다고 일반적으로 동의하는 학자들에 대해서는 다음을 보라. 예를 들면 Gordon D. Fee, *First Epistle to the Corinthians*, NICNT (Grand Rapids: Eerdmans, 1987), p. 105; Garland, *1 Corinthians*, 95; Richard Hays, *First Corinthians*, IBC (Louisville, KY: Westminster John Knox, 1997), pp. 43-44; Seyoon Kim, *The Origin of Paul's Gospel*, WUNT 4 (Tübingen: Mohr Siebeck, 1981: repr., Grand Rapids: Eerdmans 1981, 『바울 복음의 기원』, 두란노서원 역간), pp. 80-81; Günther Bornkamm, "μυστήριον, μυέω," *TDNT* 4:819; Raymond Brown, *The Semitic Background of the Term "Mystery" in the New Testament*, BS 21 (Philadelphia: Fortress, 1968), p. 41; D. A. Carson, "Mystery and Fulfillment," in *Justification and Variegated Nomism: Volume 2—The Paradoxes of Paul*, ed. D. A. Carson, Peter T. O'Brien and Mark A. Seifrid (Grand Rapids: Baker, 2004), pp. 416-17; F. F. Bruce, *1 and 2 Corinthians*, NCBC (London: Marshall, Morgan & Scott, 1971; repr., Grand Rapids: Eerdmans, 1986), p. 39.
16 "영광의 주"라는 표현에서 "영광의"는 형용사적 소유격("영광스러운 주")이거나, 소유를 의미하는 소유격("영광을 지니신 주")일 것이다. 하지만 Anthony C. Thistelton은 *The First Epistle to the Corinthians*, NIGTC (Grand Rapids: Eerdmans, 2000), p. 247에서 이 표현이 자격을 나타내는 소유격이라고 주장한다.
17 Fee, *1 Corinthians*, p. 75.
18 어떤 이는 "영광의 주"라는 바울의 언급은 오직 부활하고 나서 하늘에서 높임을 받은 상

자신의 고난과 십자가 사건을 통해 통치하시는 하나님으로 확인된다.

비록 고난 받는 메시아가 어느 정도 기대되었다고 해도 메시아의 고난은 구약성서에서 특히 유대교 사상에서 중심적인 역할을 하지 않는다. 세상의 지혜는 메시아가 십자가 처형을 받을 수 있다는 사실을 상상할 수 없었다. 더구나 세상의 지혜는 **메시아가 패배하고 있는 동안에 영광스러운 신적 통치자로서 실제로 통치력을 행사한다**는 것을 이해할 수 없었다. 메시아에 대한 이와 같은 이해는 구약성서와 유대교의 기대를 발전시킨다. 따라서 바울은 예수가 십자가에서 처형되는 순간에 그의 신적인 **메시아** 직분을 수행하는 것으로 묘사한다. 이전에 구약성서에 등장하는 하나님의 예언자들은 이 비밀에 대한 계시를 분명하게 깨달을 수 없었다. 이는 그들에게 상당 부분 감추어져 있었다.

태에 있는 예수만을 가리킨다고 주장할 수 있다. 하지만 이 표현은 감추어졌던 것 가운데 일부, 곧 "감추어진 지혜"를 나타내는 것처럼 보인다. 이는 비밀의 본질에서 일부였다(고전 2:8). 예수는 "영광의 주"이지만 "이 세대의 통치자들"은 이 사실을 이해하지 못했거나(고전 2:8), 그것을 볼 수 있는 눈을 지니지 못했다(고전 2:9a). Thistleton은 *1 Corinthians*, p. 247에서 이렇게 말한다. "영광의 주는 바울에게 있어서 더 광범위하게 대조되는 개념에 속한다. 바울에 의하면 영광은 십자가와 관련된다(갈 6:14)." 따라서 바울은 갈라디아서 본문에서 "내게는 우리 주 예수 그리스도의 십자가 외에 결코 자랑할 것이 없으니"라고 말할 수 있다. "영광의 주"로서 예수는 "이제 십자가에서 자신을 내어주는 경이로운 대상이라는 관점에서 정의된다." 그래서 바울은 고전 2:8에서 예수는 바로 십자가 사건을 통해 영화롭게 되었다고 이해한다. 반면에 김세윤은 *Origin of Paul's Gospel*, pp. 78-80에서 다음과 같이 주장한다. 즉 그리스도가 하늘의 영역으로 올라간 후에 바울이 다메섹으로 가던 길에서 경험한 사건에서 "영광의 주"로서 그리스도는 하늘로부터 나타나 자신을 바울에게 계시했다(고후 4:4의 "그리스도의 영광"과 고후 3:18의 "주의 영광"에 호소하면서. 김세윤은 두 표현이 모두 다메섹으로 가던 길에서 그리스도가 바울에게 나타난 사건에 대한 암시와 관련이 있다고 주장한다. 참조. 빌 3:21). 이와 같은 이해가 포함되었을 수도 있지만 그리스도의 영광은 이미 십자가 위에서 감추어진 형태로 나타난 것처럼 보인다. 왜냐하면 계시는 바울뿐만 아니라, "하나님이 자기를 사랑하는 자들"(고전 2:9)과 그리스도인 전체에게도("우리에게", 고전 2:10; "우리가", 고전 2:12; "신령한 자", 고전 2:15) 주어졌다고 언급되기 때문이다. 만약 그리스도가 정말로 하늘에서 높임 받은 "영광의 주"(우리는 이를 신적 칭호라고 여긴다)였다면, 그는 비록 감추어졌지만, 분명히 그의 십자가 사건에서 신성했으며 이와 같은 영광을 소유했던 것이다.

구약성서에도 이와 같이 고난의 한가운데서 통치한다는 아이러니를 암시해주는 곳이 있는가? 지면 관계상 여기서 이 주제에 대해 상세하게 다룰 수는 없다. 하지만 몇몇 암시는 이 주제를 더 깊이 탐구하도록 이끌어줄 것이다. 예를 들면 이사야 53장에서 언급되는 종은 이스라엘의 남은 자들을 대신해서 고난 받는다. 그래서 종의 고난 가운데에서 하나님의 백성에게는 실제로 "치유"(사 53:5), 죽음에서의 구원(사 53:8), 의롭게 됨(사 53:11)이 일어난다. 이에 기초해서 우리는 다음과 같이 말할 수 있다. 이 긍정적이며 영적인 현실이 메시아가 고난의 한가운데서도 그의 백성을 죽음과 죽음의 권세로부터 구원하는 영적 통치력을 행사한다는 사실에 대한 핵심 요소가 아닐까? 이 일 후에 메시아는 더욱 분명한 보상을 받게 되지 않을까?(사 53:12) 고난의 한가운데서 통치하는 왕에 대한 또 다른 예는 바로 다윗일 것이다. 많은 점에서 다윗은 다윗의 자손으로 오는 마지막 왕, 곧 예수에 대한 모형이다. 압살롬이 다윗을 쫓아가서 죽이려고 시도할 때 다윗은 요단강을 건너 피신하는 고난을 겪었다. 이 과정에서도 다윗은 여전히 왕으로서 자기를 따르던 이스라엘의 남은 자들을 통치했으며 전쟁을 이끌고 대적자에게 승리를 거두었다(하지만 언약 백성에 속한 자기 아들이 바로 다윗의 원수로서 반란의 장본인이었다).

만약 구약성서에서 고난의 한가운데서 통치하는 아이러니에 대한 이와 같은 암시 및 또 다른 시사점이 지니는 장점이 있다면, 이 암시들이 씨가 자라는 모판 역할을 한다는 점일 것이다. 여기서부터 구약성서의 암시들은 그리스도의 "비밀"에 대한 후대의 계시로 더욱 분명하게 밝혀졌다. 따라서 고린도전서 2장에서 십자가에 못 박힌 영광의 주에 대한 계시의 선포는 "새로운" 것이다. 하지만 다른 한편으로 이 선포는 구약성서에서 이미 암시되고 실마리가 제공된 것을 더욱 분명하게 밝히는 것이다. 그러므로 구약성서와 고린도전서 2장 사이에는 연속성이 있다. 하지만 고린도전서 2장에는 새로운 계시 역시 포함되어 있다. 이 새로운 계시는 이전에 구약성서에서 기대했던 것을 놀라운 방법으로 더욱 분명하게 알려준다.

고린도전서 4:1에서의 "비밀을 맡은 자" 바울

고린도 교회의 교인들은 육신에 속한 사람들로 간주된다. 왜냐하면 그들은 한 지도자를 다른 지도자보다 낫다고 여기며 서로 싸우고 있었기 때문이다(고전 3:1-4; 고전 1:10-13을 보라). 따라서 바울은 고린도 교인들이 본받아야 할 몇 가지 예를 제공함으로써 이런 잘못된 상황을 바로잡으려고 시도한다. 고린도전서 3장에서 농사 및 건축과 관련된 은유를 언급한 후에 바울은 "그리스도의 일꾼"과 "하나님의 비밀을 맡은 자"(고전 4:1)로서 교회를 섬기는 일에 대한 세 번째 은유로 관심을 돌린다. 심고 세우는 활동(고전 3:8, 14-15)과 같이, 비밀을 관리하는 바울의 청지기 직분은 엄격한 판단에 부딪히기도 한다(고전 4:3-5). 오직 주께만 책임을 진다는 점을 강조하면서 바울은 비밀을 맡은 사람으로서 자신의 직분을 변호한다. 독자들이 고린도전서 4장 구절을 머릿속에 쉽게 떠올리도록 여기서 본문을 온전히 제시할 필요가 있다.

사람이 마땅히 우리를 그리스도의 일꾼이요 하나님의 비밀을 맡은 자로 여길지어다. 그리고 맡은 자들에게 구할 것은 충성이니라. 너희에게나 다른 사람에게나 판단받는 것이 내게는 매우 작은 일이라. 나도 나를 판단하지 아니하노니 내가 자책할 아무것도 깨닫지 못하나 이로 말미암아 의롭다 함을 얻지 못하노라. 다만 나를 심판하실 이는 주시니라. 그러므로 때가 이르기 전 곧 주께서 오시기까지 아무것도 판단하지 말라. 그가 어둠에 감추인 것들을 드러내고 마음의 뜻을 나타내시리니 그때에 각 사람에게 하나님으로부터 칭찬이 있으리라(고전 4:1-5).

과거에는 주석가들이 고린도전서 4:1의 "하나님의 비밀을 맡은 자"라는 구절 배후의 배경에 대해 면밀하게 탐구하려고 시도하지 않았다. 그러나 이제 대부분의 주석가들은 이 문맥에서 **비밀**이라는 용어가 분명히 유대교 사상의 흐름 가운데 위치하고 있다고 인정한다(학자들은 대체로 고전 4:1의 배후에 고전 2:7에 나오는 바울의 **비밀** 사용이 위치한다고 이해한다).

"맡은 자"로서 바울의 직분은 고린도전서 3:6-15에서 바울이 언급하는 다른 역할들과 비슷하다. 고린도전서 3장에서 첫 번째 은유, 곧 심는 자로서의 바울은 "밭"이나 "포도원 경작"에 대해 말하는 몇몇 구약성서 본문을 생각나게 한다. 이 은유는 아마도 바울이 자신을 하나님의 밭에서 일하는 마지막 때의 종으로 간주하고 있음을 암시할 것이다. 심고 세운다는 이미지는 십중팔구 성전에 대한 구약성서와 유대교의 텍스트를 가리킬 것이다.[19] 만약 이 두 가지 은유가 구약성서 텍스트를 염두에 두고 있다면(이는 개연성이 있는 것 같다), 추가적인 구약성서 텍스트가 맡은 자의 직분과 관련하여 바울이 사용하는 마지막 은유의 배후에 놓여 있다는 것도 우연의 일치는 아닐 것이다.

만약 고린도전서 2:1, 7의 비밀에 대한 다니엘서 배경이 여전히 고린도전서 4:1에도 반영되어 있음을 염두에 둔다면, "맡은 자들에게 구할 것은 충성이니라"(고전 4:2)는 구절은 다니엘 6:4에서 묘사되는 다니엘의 인물됨을 반영할 수 있다(도표 5.1을 보라). 다니엘 6:4은 다니엘이 "충성된

---

19 출 31:4; 35:31-32, 35; 왕상 5-6장; 대하 3-4장; 시 92:12-15; 겔 17:5, 7; 1QS VIII, 5; 1QH VIII, 4-11; CD I, 7; 참조. G. K. Beale, *The Temple and the Church's Mission*, NSBT 17 (Downers Grove, IL; InterVarsity Press, 2004), pp. 246-52.

사람으로 인정되었다"고 명백하게 말하지는 않지만 그 말에 거의 가깝게 묘사하고 있다.

도표 5.1

다니엘 6:4 Theodotion(단 6:4 MT)	고린도전서 4:2
"그들은 그에 대해 아무 구실이나 부정을 찾을 수 없었다. 왜냐하면 그는 신실했기 때문이다."	"그리고 맡은 자들에게 구할 것은 충성이니라."
MT: "그들은 고발의 근거나 부정의 **증거**를 찾을 수 없었다. 왜냐하면 그는 신실해서 그에게서 아무 과실이나 부정을 찾을 수 없었기 때문이다."	
Theodotion: *pasan prophasin kai paraptōma kai amblakēma ouch heuron kat autou hoti pistos ēn*	*hōde loipon zēteitai en tois oikonomois, hina pistos tis heurethē*

더욱이 다니엘 2:45에서 꿈에 대한 다니엘의 해석은 "확실하다"고 여겨진다. 곧 "꿈은 사실이고 그에 대한 해석은 **믿을 수 있다**[*pistē*]"(OG). "믿을 만하다" 또는 "확실하다"(*'mn*)라는 동사는 다니엘서에서 세 번만 사용된다(단 2:45; 6:5, 24). 이 동사는 언제나 어간 *pist*-로 시작되는 그리스어 단어로 번역된다(동사 *pisteuō*는 단 6:24에서 사용된다). 다니엘 2:45에서 다니엘이 말하는 비밀에 대한 계시는 "믿을 만한" 것이다(참조. 계 22:6). 왜냐하면 그 메시지는 다니엘이 사역하던 기간에 이미 일어난 종말론적 사건(예. 단 4:28-37; 5:30)과, 분명히 일어날 일이지만 마지막 성취를 기다리는 사건들을 포함하고 있기 때문이다. 따라서 다니엘서에 비추어 볼 때 다니엘에게서 나온 메시지와 그것의 전달자는 **모두** 믿을 만하다.

비록 바울의 "신실함"이 다니엘이라는 인물과 다니엘이 비밀을 선포한 일과 모두 비슷할지라도, 이 연관성은 고린도전서 4:1-5에서 언급되는 충성된 청지기에 대한 깊은 의미를 모두 밝혀주지는 않는다. 바울은 자신이 하나님과 고린도 교인들 사이를 중재하는 위치에 있다고 여긴다.

이는 바울이 자신을 "지혜 있는 자"(단 12:3)로 여겼거나 적어도 다니엘이 행한 것과 비슷한 능력으로 자신의 역할을 수행하고 있다고 여겼음을 암시할 수 있다. 즉 바울은 다니엘과 마찬가지로 자신이 하나님의 계시를 다른 사람들에게 충실하게 전달했다고 생각했을 것이다.[20]

고린도전서 13:2, 14:2에서의 예언과 방언의 비밀

고린도전서 12-14장에서는 성령의 은사가 핵심 주제가 된다. 성령이 주시는 은사는 신앙 공동체 전체를 위한 것이므로(고전 12:12-31), 자기를 내세우려고 은사를 사용하면 안 된다. 사랑이 없으면 이 모든 은사는 쓸모없는 것이다(고전 13:1-13). 비록 고린도 교인들이 방언의 은사를 매력적이라고 여겼을지라도 방언을 통역할 수 있는 사람이 없다면 혼자서 따로 기도할 때만 방언으로 기도해야 한다(고전 14:3, 14-17). 방언은 교회의 덕을 세우는 데 사용되어야 한다(고전 14:5). 반면에 예언은 훨씬 더 공적이며 신앙 공동체에 유익한 것이다(고전 14:1, 3, 5-12, 20-33). 왜냐하면 교회는 예언의 메시지를 이해하고 그에 기초해서 교화되기 때문이다.

"모든 비밀"의 내용. 고린도전서 13:2에서 바울은 이렇게 말한다. "내가 예언하는 능력이 있어 모든 비밀과 모든 지식을 알고 또 산을 옮길 만한 모든 믿음이 있을지라도 사랑이 없으면 내가 아무것도 아니요." 고린도전서 13:2에서 **비밀**의 정확한 내용을 결정하기는 어렵지만 우리는 어느 정도 그 내용을 파악할 수 있다. 왜냐하면 바울은 곧바로 이어지는 문맥에서 몇 가지 단서를 제공해주기 때문이다. 만약 우리가 고린도전서

---

20 고전 4:1의 바울에 대한 묘사와 매우 비슷하게 쿰란 공동체의 탁월한 인물인 의의 교사도 자신을 "비밀을 맡은 자"라고 여겼을 수 있다(1QS IX, 18-19 = 4Q256 XVIII, 1-3; 4Q258 VIII, 3-4; 참조. 1QS IX, 12-14, 20 = 4Q259 III, 2-17).

13:2에서 사용된 **비밀**을 바울이 고린도전서 2:1, 7, 4:1 및 15:51과 신약 성서의 다른 곳에서 이 단어를 사용하는 용례들과 연결시킨다면, 그 내용은 더욱더 분명해질 것이다. 고린도전서 2장에서 드러난 비밀은 그리스도가 십자가 위에서 행한 역설적인 사역이다. 고린도전서 4:1에서 바울은 고린도 교인들에게 자신을 묵시적인 지혜의 청지기로 여기라고 명령한다. 고린도전서 15:51에서 비밀은 우리가 곧 경험하게 될 부활의 특성을 포함하고 있다. 우리는 다니엘서와 초기 유대교의 비밀이 종말과 관련된 다양한 쟁점, 즉 하나님의 영원한 통치, 의로운 이스라엘 민족이 박해받음, 성도의 원수들이 패배함 등과 관련된다는 점에 주목했다. 따라서 이와 같은 추론에 기초하면 고린도전서 13:2에서 비밀의 내용은 적어도 종말의 현실과의 연관성을 포함하고 있다. 바울은 비록 자신에게 종말론적인 지혜와 지식이 있다고 할지라도 사랑이 없으면 그와 같은 특별한 통찰력은 쓸모없다고 선언한다.

방언과 비밀. 고린도전서 14:2에서 사도 바울은 다음과 같이 말한다. "방언을 말하는 자는 사람에게 하지 아니하고 하나님께 하나니 이는 알아듣는 자가 없고 영으로 **비밀**(*mystēria*)을 말함이라." 이 구절은 앞 절의 권면—"특별히 예언을 하려고 하라"(고전 14:1)—의 근거(*gar*)가 된다. 또한 이 구절은 다음과 같이 두 부분으로 이루어져 있다. 즉 "방언을 말하는 자는 사람에게 하지 아니하고 하나님께 하나니"와 "이는 알아듣는 자가 없고 영으로 비밀을 말함이라"로 나눌 수 있다. 고린도전서 14:2의 하반절은 상반절에 근거를 둔다. 곧 "방언으로 말하는 사람은 하나님께 말하는 것이다. 왜냐하면 아무도 [그것을] 이해하지 못하기 때문이다. 따라서 그는 성령으로 비밀을 말하고 있다"(저자 사역).

고린도전서 14:2의 "비밀"을 정의하는 몇 가지 다른 방법이 있다. 어떤 이들은 이 용어를 일상적으로 사용하는 의미로 받아들인다(즉 방언으로 말하는 사람은 단순히 "비밀"[secrets]을 하나님께 전달하는 것이다.)[21] 반면에 다른 이들은 이 구절을 부사적 용법으로 해석해서 "비밀스럽게 말하다"로 이해하거나[22] 이 구절이 이방의 밀교 의식을 가리킨다고 주장한다.[23] 마지막으로 "비밀"은 성령의 능력을 통해 하나님에게 계시를 말하는 것을 가리킬 가능성이 있다.[24] 이런 여러 가능성에 비추어볼 때 마지막 견해가 이어지는 문맥에 가장 잘 어울리는 것 같다. 하지만 어느 견해를 결론으로 선택한다고 해도 해석에 대한 실마리를 제공해주는 것은 한정되어 있기 때문에 그 결론은 잠정적이다.

바울이 고린도전서 14:2에서 "비밀"을 사용하는 것은 분명히 모호한 점이 있기 때문에 관련된 구절을 자세하게 검토한다면 이 절에 대한 의미를 더욱 정확하게 파악할 수 있을 것이다. 우리가 너무 멀리까지 갈 필요는 없다. 왜냐하면 우리는 이 구절과 가까운 곳에 위치한 고린도전서 13:2에서 비밀을 발견할 수 있기 때문이다. 우리는 이미 고린도전서 13:2에서 바울이 언급하는 비밀, 즉 "모든 비밀과 모든 지식"에 대해 논의했으며 이 절에서 "비밀"은 종말의 계시를 가리킬 수 있다고 추론했다(고

---

[21] 예를 들면 Fee, *1 Corinthians*, p. 656; Thiselton, *1 Corinthians*, pp. 1085-86; Peter T. O'Brien, "Mystery," in *DPL*, pp. 621-23; Chrys Caragounis, *The Ephesian Mysterion: Meaning and Content*, ConBNT 8 (Lund: Gleerup, 1977), p. 27.

[22] Joseph Coppens, "Mystery" in the Theology of Saint Paul and Its Parallels at Qumran," in *Paul and Qumran: Studies in New Testament Exegesis*, ed. Jerome Murphy-O'Connor (Chicago: Priority, 1968), pp. 137-38.

[23] H. W. House, "Tongues and the Mystery Religions at Corinth," *Bibliotheca sacra* 140 (1983): 134-50; A. E. Harvey, "The Use of Mystery Language in the Bible," *JTS* 31 (1980): 332.

[24] 다음을 보라. Brown, *Semitic Background*, p. 47; James D. G. Dunn, *Jesus and the Spirit: A Study of the Religious and Charismatic Experience of Jesus and the First Christians as Reflected in the New Testament* (Philadelphia: Westminster Press, 1975; repr., Grand Rapids: Eerdmans, 1997), p. 244; Bornkamm, "μυστήριον," p. 822; Kim, *Origin of Paul's Gospel*, p. 78. Hays, *1 Corinthians*, p. 223은 이 점을 함축하고 있다.

전 14:25을 보라). 아마도 고린도전서 14:2에 나타나는 "비밀"에도 똑같은 내용을 적용할 수 있을 것이다.

사람의 방언과 천사의 말. 고린도전서 14:2에서 언급되는 "비밀"의 특성에 대한 연구에서 우리를 올바른 방향으로 나아가게 하면서, 바울은 "내가 사람의 방언과 천사의 말을 할지라도 사랑이 없으면 소리 나는 구리와 울리는 꽹과리가 되고"라고 말하는 고린도전서 13:1에서 흥미로운 힌트를 알려준다. 고린도전서 13:1에서 방언과 천사가 서로 연결된다는 점은 중요하다. 왜냐하면 초기 유대교에서 방언은 천사의 말과 관련되어 발견되기 때문이다.

최근에 몇몇 학자가 유대교에서 발견되는 천사의 기도 및 예배에 대해 자세히 연구하여 관심을 끌 만한 몇 가지 결론을 이끌어냈다.[25] 우리는 몇몇 유대교 텍스트에서 환상을 보는 이들이 천사들이 하나님을 경배하는 데 동참하고 있음을 발견한다. 「욥의 유언」(*Testament of Job*) 48.3(기원전 1세기에서 기원후 1세기 사이에 저술됨)은 다음과 같이 말한다. "그러나 그녀[Hemera]는 황홀한 상태에서 천사의 방언으로 말했으며, 천사들이 찬양하는 형식에 맞춰 하나님께 찬송을 올려드렸다. 그녀는 황홀한 상태로 말하면서 '성령'이 자신의 옷에 새겨지도록 허락했다"(*T. Job* 49:1-50:3; *Mart. Ascen. Isa.* 9.33-36; 9:27-32; *Apoc. Zeph.* 8:1-5; *Sim.* 7:1-11도 보라).

이와 비슷하게 쿰란에서 발견된 몇몇 텍스트도 말하는 사람을 천사들의 무리와 동일시하며 묘사한다.[26] 하지만 우리는 단지 「안식일 희생제물의 노래」(*Songs of Sabbath Sacrifice*, 기원전 2세기)라고 불리는 텍스트만 인용

---

25 예를 들면 Bilhah Nitzan, *Qumran Prayer and Religious Poetry* (Boston: Brill, 1994), pp. 290-91; Esther G. Chazon, "Human and Angelic Prayer in Light of the Scrolls," in *Liturgical Perspectives: Prayer and Poetry in Light of the Dead Sea Scrolls*, ed. Esther G. Chazon, STDJ 48 (Boston: Brill, 2003), pp. 35-47.
26 1QHa 26 top; 4Q471b 1-3; 1QHa XI, 20-23; 1QHa III, 21-22; 1QS XI, 5-9도 보라.

하고자 한다. 천사들이 이 텍스트에서 "비밀"을 지니고 이를 선언하는 것과 마찬가지로 쿰란 공동체도 신적 지혜를 지니고 이를 선포한다. 지면 관계상 이 문헌에서 연관이 있는 두 텍스트만 인용하고자 한다. 첫 번째 텍스트는 천사들을, 두 번째 텍스트는 거룩한 성도들을 언급한다.

> 그리고 그들의 방언의 제물[…] 가장 거룩한 일곱 지역의 놀라운 비밀에 대한 일곱 가지 비밀스러운 지식…첫 번째 방언은 두 번째 천사의 방언과 더불어 일곱 배나 늘어날 것이다. 두 번째 방언은 세 번째 천사의 방언과 더불어 일곱 배나 늘어날 것이다. 세 번째 방언은 일곱 배나 늘어날 것이다(4Q403 1 II, 26-28).

> [그의 지식을 누리는 너희들이여] [경이로운] 신(들) 가운에서 기쁨으로 노래하라. 지식을 선포하는 모든 사람의 방언으로 그의 영광을 선포하라. 그를 선포하는 모든 사람의 입으로 [그의 경이로운] 노래를 부르라. 왜냐하면 그는 [영원히 노래하는 모든 사람의 하나님이며, 이해력을 지닌 모든 영을 그분의 권능으로 다스리는 재판관이시기 때문이다.] 모든 [위엄 있는] 신들이여, [위엄을 지니신 왕에게] 감사드려라. 모든 [지식의 신들이여] 그의 영광에 대해 감사드려라. 그리고 [모든 정의의 영이여 그의 진리에 감사드려라. 그리고 그들은 자신들의 지식을 만족스러워한다](4Q404 4, 2-7 = 4Q403 1 I; 참조. 4Q403 1 I, 36-42; 4Q405 4, 5, 6, 57, 58, 69).

「안식일 희생제물의 노래」에서 나온 이 구절들에 비추어 우리는 몇 가지 관찰을 할 수 있다. (1) 천사들/쿰란 공동체에 속한 사람들은 자신들의 "방언"으로 하나님을 찬양한다. (2) 이 예배는 하나님의 거룩하심, 지식 및 "비밀"을 찬양하는 것으로 이루어진다. (3) 천사들/쿰란 공동체의 예배는 지식을 "기뻐하고" "선포하는" 것을 포함한다. 따라서 방언(glossolalia)으로 말한다는 바울의 선포는 예배/기도(고전 14:14-19)를 포함하며, "천사의 말"(고전 13:1)과 "비밀"(고전 14:2)은 이 문서들과 개념적인 측면에서 평행을 이룬다. 사실 평행을 이루는 몇몇 요소는 고린도전서와 매우 가깝다. 즉 이 요소들은 방언으로 말하는 사람이 하나님이 계신 하늘 보좌실에서 천사들이 경배하는 데 참여하는 것임을 보여준다. 이는 아마도 "기도하거나 예언할 때"(고전 11:5; 참조. 고전 11:13), 고린도전서 11:10에서 "여자는 천사들로 말미암아 권세 아래에 있는 표를 그 머리 위에 둘지니라"라고 말하는 의미의 일부일 것이다. 그리고 "기도하거나 예언할 때"라는 표현은 그리스도인들의 예배 모임에서 일어나는 행위를 가리킬 것이다. 그리스도인들이 모여서 하나님께 예배할 때 그들은 자신들이 바로 천사들과 하나님 앞에 있다고 여겼다. 비록 눈에 보이지 않는 천상의 차원이긴 하지만 하나님이 그들 가운데 계신다고 말이다(고전 14:25; 행 2:1-41; 10:44-47). 적어도 텍스트의 측면에서는 이 텍스트 중 어떤 것도 고린도 교회의 상황과 연결하기 어렵다. 하지만 최소한 유대교의 몇몇 요소는 인간이 천상의 언어로 하나님의 보좌실에 있는 천사들과 의사소통을 할 수 있었다는 생각을 촉진해준다. 고린도전서 14장이 이 쿰란 텍스트에 의존하지는 않았을 것이다. 그럼에도 이 텍스트들은 개념적인 측면에서 고린도전서 14장이 무엇을 말하고 있는지에 대해 몇 가지 일반적인 유사점을 제공해줄 수 있다.

방언의 해석. 만약 우리가 고린도전서 14장에서 언급되는 방언과 비밀의 계시적인 특성과 그에 대한 해석을 올바로 이해한다면, 우리는 다니엘서가 제시하는 지혜의 유형에 놀라울 만큼 가깝게 다가가게 된다. 우리는 다니엘서에서 어떻게 하나님이 느부갓네살에게 거대한 신상에 대한 비밀을 드러내시고(단 2:28-29), 그다음에 그에 대한 해석을 다니엘에게 계시해주셨는지를(단 2:19, 30, 47; 4:9) 살펴보았다. 이와 마찬가지로 똑같은 이중 유형이 쿰란 문서에서, 특히 하박국서에 대한 주석에서 발견된다. 그러므로 견고하게 확립된 묵시적 지혜의 이중 유형에 기초하여 바울이 방언을 비밀을 말하는 것으로 묘사하는 것은 타당하다.

바울이 강력하게 주장하듯이 예언은 교회의 덕을 세우는 역할을 한다. 예언은 그리스도인 예언자에게 주어지는 계시이며 신자 개인이나 신앙 공동체 전체와 관련된다. 다시 말해서 예언은 의도된 목표를 지닌 계시이며, 신앙 공동체는 예언의 메시지를 듣고 이해해서 공동체의 덕을 세운다. 한편 방언으로 말하는 것은 이해될 수도 있고 그렇지 못할 수도 있다. 만약 방언을 통역하지 않는다면 사람들은 방언이 무엇을 말하는지를 이해할 수 없다. 심지어 방언을 말하는 사람조차도 그 의미를 이해하지 못한다(고전 14:13-17). 그러나 만약 처음에 주어진 계시에 이어서 두 번째 또는 마지막 계시를 받는다면, 전체 계시가 무엇을 의미하는지를 이해할 수 있게 될 것이다. 따라서 이로 인해 신자 개인의 마음 또는 신앙 공동체가 교화된다(고전 14:5, 14-15).

고린도전서 15:51에서 부활의 비밀

고린도전서 15:50-53은 고린도전서 15:35에서 제기된 질문에 대답하며 바울의 논증에서 절정 역할을 한다. 이 어려운 텍스트를 설명하기에 앞서 관련된 본문 전체를 인용할 필요가 있다.

> 누가 묻기를 "죽은 자들이 어떻게 다시 살아나며 어떠한 몸으로 오느냐?" 하리니 어리석은 자여! 네가 뿌리는 씨가 죽지 않으면 살아나지 못하겠고 또 네가 뿌리는 것은 장래의 형체를 뿌리는 것이 아니요, 다만 밀이나 다른 것의

알맹이 뿐이로되 하나님이 그 뜻대로 그에게 형체를 주시되 각 종자에게 그 형체를 주시느니라. 육체는 다 같은 육체가 아니니 하나는 사람의 **육체**요, 하나는 짐승의 육체요, 하나는 새의 육체요, 하나는 물고기의 육체라. 하늘에 속한 형체도 있고 땅에 속한 형체도 있으나 하늘에 속한 것의 영광이 따로 있고 땅에 속한 것의 **영광**이 따로 있으니 해의 영광이 다르고 달의 영광이 다르며 별의 영광도 다른데 별과 별의 영광이 다르도다.

죽은 자의 부활도 그와 같으니 썩을 것으로 심고 썩지 아니할 것으로 다시 살아나며 욕된 것으로 심고 영광스러운 것으로 다시 살아나며 약한 것으로 심고 강한 것으로 다시 살아나며 육의 몸으로 심고 신령한 몸으로 다시 살아나나니 육의 몸이 있은즉 또 영의 **몸**도 있느니라. 기록된 바 첫 **사람** 아담은 **생령이 되었다** 함과 같이 마지막 아담은 살려 주는 영이 **되었나니**. 그러나 먼저는 신령한 사람이 아니요 육의 사람이요 그다음에 신령한 사람이니라. 첫 사람은 땅에서 났으니 흙에 속한 자이거니와 둘째 사람은 하늘에서 나셨느니라. 무릇 흙에 속한 자들은 저 흙에 속한 자와 같고, 무릇 하늘에 속한 자들은 저 하늘에 속한 이와 같으니, 우리가 흙에 속한 자의 형상을 입은 것 같이 또한 하늘에 속한 이의 형상을 입으리라.

형제들아, 내가 이것을 말하노니 혈과 육은 하나님 나라를 이어받을 수 없고 또한 썩는 것은 썩지 아니하는 것을 유업으로 받지 못하느니라. 보라, 내가 너희에게 비밀을 말하노니 우리가 다 잠잘 것이 아니요 마지막 나팔에 순식간에 홀연히 다 변화되리니 나팔 소리가 나매 죽은 자들이 썩지 아니할 것으로 다시 살아나고 우리도 변화되리라. 이 썩을 것이 반드시 썩지 아니할 것을 입겠고 이 죽을 것이 죽지 아니함을 입으리로다. 이 썩을 것이 썩지 아니함을 입고 이 죽을 것이 죽지 아니함을 입을 때에는 **사망을 삼키고** 이기리라고 기록된 말씀이 이루어지리라. **사망아, 너의 승리가 어디 있느냐? 사망아, 네가 쏘는 것이 어디 있느냐?** 사망이 쏘는 것은 죄요 죄의 권능은 율법이라. 우리 주 예수 그리스도로 말미암아 우리에게 승리를 주시는 하나님께 감사하노니(고전 15:35-57).

바울은 고린도전서 15:35-49에서 암시적으로 언급된 것을 고린도전서 15:50에서 "혈과 육은 하나님 나라를 이어받을 수 없고"라고 분명하게 말한다. 아마도 고린도 교인들의 견해와 일치시켜서 바울은 "땅에 속한 것"은 "하늘의" 환경 안에서 존속할 수 없다고 주장한다. 그러나 고린도 사람들의 견해와 달리 바울은 하나님이 이 땅의 몸을 지니고 있는 사람들을 천상의 존재처럼 새로운 형태로 변화시킬 수 있다고 믿는다. 고린도전서 15:36-38에서 바울은 이 점을 이미 언급했다. 바울은 모든 신자가 하늘의 아담의 형상으로 변화된다고 설명하는 부분에서 자신이 비밀을 밝히고 있음을 힘주어 선언한다(고전 15:51-52). 바로 여기에 고린도 교인들에게 "감추어진" 중요한 사실이 있다. 즉 고린도 교인들은 이 땅에 속한 몸은 하늘의 환경에서 존속할 수 없다는 점을 오해했다. 고린도전서 15:53은 계시된 비밀에 대한 근거를 제시하며 나아가 변화의 특성에 대해 묘사한다. 신자들은 이 땅에 속한 존재에서 하늘에 속한 존재로 변화된다.

변화의 비밀. 고린도전서 15:51에서 계시된 비밀은 특별히 새로운 가르침을 가리키는 게 아니라 그리스도 안에서 하나님의 구속 사역을 일반적으로 묘사한다고 주장하는 이들이 있다. 반면에 많은 주석가는 계시된 비밀은 단지 살아 있는 사람들의 변화에만 해당된다고 단언한다. 따라서 리처드 헤이즈는 다음과 같이 주장한다. "비밀은 **심지어 살아 있는 사람들도** 죽음을 통과하지 않은 채 부활의 몸을 받아서 **새로운 형상으로 변화될** 것이라는 사실이다"(Hays가 강조함).[27] 이 견해는 살아 있는 사람들에게 강조점을 둔다. 한편, 다른 학자들은 비슷하지만 앞에서 언급한 것과 구별되는 견해로서 계시된 비밀은 살아 있는 사람들 **및** 죽은 사람들의 변화를 가리킨다고 주장한다.[28] 아마도 우리는 다음과 같은 질문을 제기할 수 있을 것이다. 계시된 비밀은 살아 있는 신자들이 죽음을 경험하지 않고 부활한 존재로 변화된다는 새로운 견해를 가리키는가? 아니면 모든 사람이 종말에 변화된다는 것을 가리키는가?

계시된 비밀의 정확한 내용을 결정하기 위해서 우리는 맥락을 기억해야 한다. 곧바로 이어지는 문맥에서는 분명히 변화가 강조되고 있다. 하지만 고린도전서 15:51-52에서 바울은 비밀의 계시를 세밀하게 언급하는 것처럼 보인다. "내가 너희에게 비밀을 말하노니"라고 선언하고 나서 바울은 곧바로 "우리가 다 잠 잘 것이 아니요"라고 부정적인 측면에서 언급한 다음에, "홀연히 다 변화되리니"라고 긍정적인 측면에서 말한다.[29] 먼저 사용되는 "다"(*pantes*; 51a절)는 "살아 있는 사람들"을 가리킬 것이다 (분명히 오직 살아 있는 사람들만이 죽거나 "잠잘" 수 있다). 반면에 두 번째로 사용되는 "다"(*pantes*; 51b절)는 살아 있는 사람들**과** 죽은 사람들을 모두 가리킬 것이다.[30] 두 번째 "다"를 단지 살아 있는 사람들만 가리키는 것으로 이해하는 것도 가능하다. 하지만 더 광범위한 맥락과 전후 문맥에서 죽은 사람들의 부활을 분명히 염두에 두고 있기 때문에 살아 있는 사

---

27 Hays, *1 Corinthians*, p. 274; 참조. Fee, *1 Corinthians*, p. 801; Carson, "Mystery and Fulfillment," p. 419; Kim, *Origin of Paul's Gospel*, 78; Bornkamm, "μυστήριον," p. 823; Markus Bockmuehl, *Revelation and Mystery in Ancient Judaism and Pauline Christianity*, WUNT 36 (Tübingen: Mohr Siebeck, 1990; repr., Grand Rapids: Eerdmans, 1997), p. 172.
28 Joachim Jeremias, "Flesh and Blood Cannot Inherit the Kingdom of God (1 Cor 15:50)," *NT Studies* 2 (1955-56): 159; Brown, *Semitic Background*, 47; E. -B. Allo, *Première Épître aux Corinthiens*, 2nd ed. (Paris: Gabalda, 1956), p. 432; Coppens, "'Mystery' in the Theology," p. 143.
29 고전 15:51-52의 사본상의 문제점에 대해서는 Gladd, *Revealing the Mysterion*, p. 251n90을 보라.
30 Garland, *1 Corinthians*, p. 743을 보라.

람들과 죽은 사람들을 모두 포함하는 것이 더 바람직한 해석인 것 같다(고전 15:35-44, 55-56). 고린도전서 15:35 이후로 바울은 이 땅의 몸과 하늘의 몸의 특성에 대해 상세하게 논의했다. 그래서 바울은 **모든 사람, 곧 살아 있는 사람들과 죽은 사람들이 모두 몸의 변화를 경험할 것**이라고 주장하면서(고전 15:50: "혈과 육은 하나님 나라를 이어받을 수 없고") 고린도전서 15:51에서 논의를 다음 단계로 전개한다. 게다가 고린도전서 15:51-52에서 바울의 강조점은 언제가 아니라 **어떻게** 부활이 일어나는지에 대한 것이다. 이 점과 관련해서 이 부분이 교차 대구 형식으로 구성된 점은 우리의 이해에 도움을 준다.

    보라, 내가 너희에게 한 가지 비밀을 말한다.
        a 우리는 다 잠자지 않을 것이다.
            b 우리는 다 변화될 것이다(*allagēsometha*).
                c 마지막 나팔이 울릴 때, 순식간에, 눈 깜짝할 사이에
                c′ 나팔소리가 울리면,
        a′ 죽은 사람들은 썩지 않을 몸으로 살아나고,
            b′ 우리는 변화될 것이다(*allagēsometha*)(NASB).

"변화될 것이다"라는 동사의 반복은 이 주제를 강화한다. 첫 번째 "변화될 것이다"는 살아 있는 사람들과 죽은 사람들을 모두 가리키는(b) 반면에 뒤에 나오는 동사는 살아 있는 사람들을 가리킨다(b′).[31] 우리는 고린도전서 15:50에서 제기된 문제—"혈과 육은 하나님 나라를 이어받을

---

31   아마도 이 구절(b′)은 살아 있는 사람들만을 언급할 것이다. 왜냐하면 바로 앞 구절(a′)에서 죽은 사람들만을 염두에 두고 있기 때문이다.

수 없고"-인 원점으로 다시 돌아오게 되었다. 혈과 육은 하나님 나라를 이어받을 수 없다는 점을 충족시키기 위해 죽은 사람들과 살아 있는 사람들은 변화될 것이다. 따라서 **비밀에 대한 계시는 바울이 고린도전서 15:35, 50에서 제기한 딜레마를 해결해준다**. 이는 좁은 측면에서 단지 문제의 일부만을 해결해줄 상황, 즉 살아 있는 사람들의 변화를 가리키는 게 아니라, 살아 있는 사람들과 죽은 사람들을 모두 포함하는 개개인으로 이루어진 그룹 전체의 변화를 가리킨다.

고린도전서 15:53은 고린도전서 15:51-52에서 언급되는 계시된 비밀에 대한 근거를 제공해준다. 즉 신자들은 반드시 변화되어야 하는데(고전 15:51-52), 그 이유는 "이 썩을 몸은 반드시 썩지 않을 것을 입어야 하고[*endyō*], 이 죽을 몸은 반드시 죽지 않을 것을 입어야 하기[*endyō*]" 때문이다(저자 사역). 이 구절은 고린도전서 15:50에서 표제어처럼 언급되는 썩을 것과 썩지 않을 것을 상기시킨다. 더욱이 이 구절은 고린도전서 15:51-52에서 언급되는 신자들의 변화의 특성에 대한 근거를 분명하게 묘사하며 설명해준다. 이 **변화, 즉 계시된 비밀은 신자들이 마지막 아담의 몸을 자기의 것으로 받음이다**. 이는 고린도전서 15:49에서 다음과 같이 구체적으로 설명된다. "우리가 흙에 속한 자의 형상을 입은[*ephoresamen*] 것같이 또한 하늘에 속한 이의 형상을 입으리라[*phoresomen*]." 이 두 동사(*phoreō* 및 *endyō*)는 보통 옷을 입는 것을 가리킨다(고전 15:54에서도 마찬가지인데, 여기서 "썩을 몸이 썩지 아니함을 입고[*endyo*], 죽을 몸이 죽지 아니함을 입을[*endyō*] 때"라고 언급한다). 여기서 바울은 변화를 "마지막 아담"의 옷을 입는 것으로 이해한다. 고린도전서 15:45-48은 두 가지 존재 양식―이 땅과 하늘의―을 대조하면서 모든 신자가 마지막 아담과 같이 될 것이라고 결론짓는다. 그다음 구절은 바로 앞 절이 말한 내용을 더욱 분명하게 밝혀준다. 즉 셋이 흙으로 지어진 첫 번째 아담인 자기의 아버지의 형상을 입은 것과 같이, 신자들은 하늘에 속한 아담의 형상을 입게 된다는 것이다(고전 15:49).³² 비록 몇몇 주석가가 고린도전서 15:49-53에 나오는 바울의 언어에서 구약성서 배경을 인정하지만, 그것이 의미하는 바를 밝힌 학자는 거의 없다.

몸에 아담의 옷을 입는다는 바울의 견해. 이 장의 뒷부분에 있는 추기 5.2에서 살펴보겠지만 적어도 유대교의 가르침에서는 다음 두 가지를 전제한다. (1) 아담은 영광스러운 상태로 창조되었지만 타락 이후에 그 영광을 잃어버렸다. (2) 의인들은 타락 이전의 아담의 상태로 돌아가야 하며 그러므로 원래 아담과 같이 되어야 한다. 하지만 이 그림이 아담과 신자들의 부활에 대한 바울의 견해와 어울리는가? 바울은 원래 아담의 상태로 돌아가기를 주장하고 있는가? 바울이 유대교, 특히 묵시적인 배경에 기초하고 있다고 주장하는 학자들은 바울의 견해가 그 당시와 후기 유대교의 관점과 일치한다고 강조한다. 많은 이들이 동조하고 있지만 이 견해의 문제점은 다음과 같다. 즉 창세기의 어느 곳에서도 아담은 **종말론적인** 옷을 입고 있지 않다. 게다가 이 해석은 고린도전서 15:45a, 곧 "기록된 바 '첫 **사람** 아담은 **생령이 되었다** 함과 같이'"에서 인용되는 창세기 2:7을 충분할 만큼 진지하게 다루지 않는다. 나아가 고린도전서 15:45b은 "마지막 아담은 살려주는 영이 **되었나니**"라고 언급한다.

고린도전서 15:46에서 바울은 첫 번째 아담을 "육의"(*psychikos*) 사람으로, 마지막 아담을 "신령한"(*pneumatikos*) 사람으로 여긴다. 하지만 많은 이들은 바울이 창세기 2:7에서, 곧 **타락 이전의** 텍스트에서 인용한다는

---

32   고전 15:49에서 창 5:3("아담은 자기의 모양 곧 자기의 형상과 같은 아들을 낳아 이름을 셋이라 하였고")이 암시되는 점에 주목하라. 다음도 보라. Benjamin L. Gladd, "The Last Adam as the 'Life-Giving Spirit' Revisited: A Possible Old Testament Background of One of Paul's Most Perplexing Phrases," *WTJ* 71 (2009): 297-309.

사실을 간과하고 있다. 타락 이전의 아담, 또는 표면상 "영광의 옷"을 입은 아담은 심지어 죄를 짓기 이전인데도 "육의" 사람으로 간주되었다. 반면에 그리스도는 **다른** 영광의 몸을 지니고 있다. 고린도전서 15:35-44과 특히 고린도전서 15:45-49에서는 바로 이 점을 강조한다. 즉 마지막 아담인 그리스도는 첫 번째 아담과 다르다. 그리스도의 새로운 몸은 타락 이전의 몸으로 돌아가는 게 아니라 성령으로 다시 창조된 전적으로 다른 몸이다.[33]

따라서 바울이 변화의 쟁점에 대해 논의할 때, 그는 단순히 원래의 아담의 옷을 입는 것이 아니라 승천하신 마지막 아담의 몸으로 변화되는 것을 가리키고 있다(고후 5:1-5; 빌 3:20-21; 참조. 요일 3:2). 고린도전서 15:49-54에서 이전 생명의 옛 옷을 벗어버린다는 함축적 묘사와 새 옷을 입는다는 더욱 명백한 언급은 바로 창세기 3장에서 옷을 바꿔 입는 배경을 반영하는 것 같다. 한편 창세기 3:7은 아담과 하와가 죄를 범한 직후에 그들 스스로 자신들의 수치스러운 벌거벗음을 가리려고 했다고 말해준다. "그들이…무화과나무 잎을 엮어 치마로 삼았더라." 다른 한편으로 타락 후에 그들이 하나님께로 회복되기 시작함을 분명하게 나타내는 표현에서(특히 창 3:20에 비춰볼 때), 창세기 3:21은 "여호와 하나님이 아담과 그의 아내를 위하여 가죽옷을 지어 입히시니라[*endyō*]"라고 말한다. 여기서 그들이 입었던 첫 번째 옷을 벗기고 대신에 하나님이 만드신 옷으로 대체했음을 밝혀준다. 그리고 이 구절은 그들이 스스로 만든 옷은 그들의 소외된 상태와 죄로 말미암은 수치와 연관되며(창 3:7-11), 하나님과 화해하기를 시작한 그들을 가려주기에는 불충분한 덮개임을 지

---

[33] Andrew T. Lincoln, *Paradise Now and Not Yet: Studies in the Role of the Heavenly Dimension in Paul's Thought with Special Reference to His Eschatology* (Grand Rapids: Baker, 1991), pp. 51-52을 보라.

적한다.³⁴ 바울이 옷에 대한 창세기 3장의 언어를 유비적으로 사용했을 가능성이 있다. 하지만 창세기 2:7의 경우에서 이미 살펴보았듯이 아마도 바울은 창세기 3장의 언어를 모형론적으로 사용했을 것이다. 즉 종말시대의 정점에 신자들은 타락한 옛 아담의 옷을 벗어버리고 마지막 아담의 의복을 입는다고 이해된다. 아담 그 자신도 마지막 아담의 옷을 미리 입었다. 이는 하나님과 아담의 회복된 관계를 가리킨다. 이제 그 옷은 새로운 인류가 종말의 정점에 갖게 될 회복된 관계를 나타낸다. 앞에서 살펴보았듯이 종말의 정점에 입는 이 변화된 옷은 고린도전서 15장이 언급하는 비밀의 중심에 있다. 따라서 고린도전서 15장의 비밀은 부분적으로 창세기 3장에서 이야기하는 옷을 바꿔 입는 것에 대한 바울의 모형론적 이해를 포함하고 있을 것이다.

결론. 우리는 바울이 살아 있는 신자들과 죽은 신자들이 모두 변화되는 것을 계시된 비밀이라고 부른다는 사실을 밝혀냈다. 우리는 이 변화가 신자들의 몸(바로 이 시대의 끝에 죽은 사람들과 살아 있는 사람들을 모두 포함하여)이 마지막 아담인 그리스도의 "옷" 또는 몸을 입는 것을 가리킨다고 결론지었다. 고린도전서 15:51-52에서 계시된 비밀은 신자들이 육의 몸에서 신령한 몸으로 변화되는 것이다. 또한 고린도전서 15:45에 의하면 그리스도는 성령의 도우심으로 하나의 물리적인 영역에 속한 몸을 또 다른 영역에 속한 몸으로 변화시킨다.

그렇다면 왜 바울은 결국 드러나는 이것을 "비밀"이라고 부르는가? 이 비밀에 대한 계시는 구약성서의 어느 곳에서도 발견할 수 없는 완전히

---

34 아담과 하와가 "허리에 걸친 옷"은 하나님의 거룩한 임재 앞에서 입기에는 적합하지 않은 의복이라는 사실이 다음에서 분명하게 입증된다. 곧 "그들은 하나님의 낯을 피하여 동산 나무 사이에 숨었다." 또한 그들은 자신들을 여전히 "벗었다"고 여겼다(창 3:8-10). *Sib. Or.* 1:47-49도 창 3:8의 옷에 대해 이와 같은 견해를 취한다.

새로운 계시인가? 구약성서에서는 단지 몇몇 구절만 부활에 대해 분명하게 말한다. 이 텍스트들 가운데 이사야 26:19과 다니엘 12:2-3이 포함되는데, 이 구절들은 변화에 대해 미묘하게 알려준다. 결국 이 텍스트들에 근거해서 쉽게 다음과 같이 추측할 수 있다. 즉 죽어서 장사되어 무덤 속에서 이미 몸이 썩은 사람들은 장차 신체의 부패 상태에서 부활의 존재가 되는 변화를 경험하게 될 것이다.

그럼에도 불구하고 구약성서는 몸의 변화에 대해 **명백하게** 가르쳐주지 않는다. 따라서 확실하게 암시된 내용을 명료하게 해주는 바울의 비밀에서 이 변화가 일부분이 되는 것은 당연하다. 그러나 구약성서가 가르쳐주지 않는 것은 죽은 사람들의 부활이 일어나는 시대의 맨 끝에 **죽지 않고 살아 있는 사람들**도 몸이 변화되어 새로 지음을 받고 부활한 존재를 경험한다는 점이다. 아마도 에녹과 엘리야가 천상으로 들림을 받은 사건이 이런 일을 암시해줄 것이다. 죽은 사람들이 부활할 때 살아 있는 성도들의 몸도 영원하고 새로운 피조세계에서 살기 적합하게 영원히 지속되는 몸으로의 변화가 필요하다는 사실은 타당한 것 같다. 바울 역시 이 점을 더욱 분명하게 밝혀준다. 따라서 이와 같은 내용이 비밀을 계시하는 데 포함된 것 같다. 구약성서는 부활을 아담과 관련된 하나님의 형상과 연결하지 않는다. 우리가 살펴본 대로 이 내용은 바울의 비밀에서 일부분을 차지한다. 그러나 추기 5.2에서 살펴보겠지만, 구약성서와는 달리 유대교 문헌에서는 여러 곳에서 부활을 변화로, 곧 타락 이전의 아담의 상태로 돌아가는 것이라고 묘사한다. 하지만 바울은 유대교에 속한 논쟁 상대자들과 다른 견해를 제시한다. 즉 **바울은 부활을 타락 이전의 아담의 상태로 돌아가는 게 아니라 종말론적인 아담의 조건으로 변화되는 것으로 이해한다.** 다른 중대한 축복과 관련하여 첫 번째 아담이 종말에 일어날 그와 같은 변화의 축복을 경험하게 되리라는 관점이 창세기

1-3장에 암시되어 있다.[35] 그러나 이제 바울은 이 점을 명백하게 제시한다. 바울은 창세기 2:7에서 타락 이전의 아담의 상태를 종말론적인 아담인 예수에 대한 모형론적 그림자로 보고 있는 것 같다(고전 15:45a, "첫 사람 아담은 생령이 되었다"). 왜냐하면 바울은 고린도전서 15:45b("마지막 아담은 살려주는 영이 **되었나니**")에서 고린도전서 15:45a의 의미를 풀어주기 때문이다. 마찬가지로 바울이 사용하는 비밀의 개념에는 부분적으로 창세기 3장에서 서술된 옷을 바꿔 입는 일에 대한 바울의 모형론적 이해가 포함되어 있을 것이다. 구약성서의 관점에서 보면 이런 모형론적 용례들은 비밀스럽다. 왜냐하면 이 구약성서의 구절들이 모형론적 관점을 지니고 있다는 점은 분명하지 않았기 때문이다.

요약하면 고린도전서 15:45-54에서 비밀에 대한 바울의 이해는 구약성서에서 분명하게 계시되지 않은 다음 네 가지 측면을 포함하고 있는 것 같다. (1) 종말에 몸의 변화가 일어날 것이다. (2) 성도들의 부활에 대한 구약성서의 예언의 완전한 성취는 부활한 성도들이 아담의 형상으로, 특히 새로운 아담인 메시아의 종말론적 형상으로 변화되는 것이다. (3) 죽은 사람들이 부활할 때 **살아 있는** 사람들도 새롭게 창조된 부활의 생명으로 바뀌는 몸의 변화를 경험할 것이다. (4) 바울은 창세기 2:7과 창세기 3장의 옷에 대한 이야기를 모형론적으로 이해한다. 바울이 사용하는 비밀과 관련된 이 네 가지 측면은 모두 예상치 못한 몸의 변화에 대한 개념을 중심축으로 하여 회전한다.

---

35 이 점에 대해서는 G. K. Beale, *A New Testament Biblical Theology: The Unfolding of the Old Testament in the New* (Grand Rapids: Baker Academic, 2011), pp. 39-46을 보라.

결론

바울은 당파, 내분, 경쟁으로 가득한 공동체에게 이 문제의 해결책으로서 십자가 신학을 제시한다. 만일 고린도 교인들이 십자가의 지혜를 받아들이고 십자가를 지는 생활 방식을 선택한다면 그들의 분열은 막을 내릴 것이다. 우리는 고린도전서 2장의 비밀이 십자가 처형이라는 역설적 사건이라고 결론지었다. 즉 그리스도는 죽음과 패배의 순간에, 그럼에도 불구하고 절대 주권을 지닌 "영광의 주"였다. 이스라엘이 오랫동안 기다려온 영광스러운 메시아가 십자가 처형을 당하고 저주 아래 놓인다는 사실은 구약성서에서 전반적으로 감추어져 있었다.

고린도 교회의 신자들은 서로 다른 지도자들을 지지하면서 경쟁하고 있었다. 이는 세상의 지혜를 드러내는 행위였다. 한편으로 고린도전서 3:18-23에서 바울은 "이 세상"(고전 3:18)의 지혜에 따라 행하는 사람들을 비난하면서, 고린도 신자들에게 "사람을 자랑하지"(고전 3:21) 말라고 가르친다. 다른 한편으로 고린도전서 4:1-5에서 바울은 교회 지도자들이 어떻게 살아야 하는지를 밝혀준다. 바울은 자신과 아볼로를 지도자들이 마땅히 되어야 하는 본보기, 즉 "그리스도의 일꾼"이요 "하나님의 비밀을 맡은 자"(고전 4:1)로 여기라고 말한다. 다니엘과 같은 인물인 사도 바울의 목표는 예언의 비밀에 대한 하나님의 계시를 전달해주는 자신의 역할을 충성스럽게 감당하는 것이다(고전 4:2).

바울은 고린도전서 13:2과 14:2에서 "비밀"의 내용에 대한 어떤 구체적인 단서도 제공해주지 않는다. 하지만 우리는 여전히 이 두 구절의 경우를 구약성서 및 유대교 사상의 범위 안에 위치시킬 수 있다. 아마도 "방언을 말하는 자는…영으로 비밀을 말함이라"(고전 14:2)라는 어려운 표현은 쿰란 공동체의 상황과 비슷하게 천사들의 경배에 참여하는 개인을 언급하는 것일 수 있다.

분명히 고린도 교인 중에서 어떤 이들은 다음과 같은 부활의 비밀을 파악할 수 없었을 것이다. 즉 하나님은 부활을 통해 살아 있는 사람과 죽은 사람 모두를 예전의 썩어질 몸으로부터 새로운 창조의 몸을 지닌 존재, 즉 마지막 아담의 형상을 지닌 옷을 입은 몸으로 변화시키신다. 사람들은 유대교가 상상했던 것처럼 첫 번째 아담의 형상으로 돌아가는 게 아니라 "마지막 아담"의 형상으로 변화될 것이다.

추기 5.1: 고린도전서 2:1-8에서의 메시아 기대와 메시아에 대한 관점

종말의 메시아에 대한 구약성서의 기대. 학자들은 구약성서가 이 주제에 대해 많이 언급하는지 아니면 그렇지 않은지를 논쟁한다. 어떤 학자들은 단지 몇몇 텍스트만이 메시아에 대해 분명하게 언급한다고 간주하는 최소한의 견해를 선택한다. 반면에 다른 학자들은 거의 모든 텍스트에서 메시아와 관련된 요소를 찾아내고자 한다. 아마도 진리는 이 두 극단 사이 어딘가에 있을 것이다. 메시아에 대한 구약성서의 개념을 상세하게 연구하는 것은 이 연구 과제의 범위를 벗어난다. 따라서 우리는 주요 자료에 초점을 맞추고 더욱 분명한 텍스트에 우리의 관심을 제한하고자 한다.[36] 더욱이 우리는 앞으로 언급할 많은 구약성서의 텍스트가 매우 시적이며 불가사의하게 표현되어 있음을 염두에 둘 필요가 있다. 이 점은 해당 텍스트를 정확하게 해석하는 일을 지독히도 어렵게 만든다. 아마도

---

[36] 더 자세한 논의에 대해서는 다음 연구서들을 참조하라. Michael F. Bird, *Are You the One Who Is to Come? The Historical Jesus and the Messianic Question* (Grand Rapids: Baker Academic, 2009), pp. 31-62; John J. Collins, *The Scepter and the Star: The Messiahs of the*

이 내용은 메시아적 궤도 또는 "원-메시아주의"라고 말하는 게 가장 좋을 것이다.[37] 일단의 구약성서 텍스트는 메시아의 도래를 기대한다. 몇몇 텍스트는 다른 텍스트보다 이에 대해 더 크게 노래하지만 모든 텍스트에는 다음과 같은 한 가지 공통분모가 있다. 즉 한 인물이 "마지막 날"에 와서 이스라엘을 다스리고 회복시킨다는 사실이다. 오로지 "메시아"라고 분명하게 언급하는 구절만을 받아들인다면 이는 단어-개념 오류(word-concept fallacy)를 저지르는 일이 될 것이다. 구약성서 저자는 사실상 메시아적인 인물이나 종말의 왕과 같은 인물을 염두에 두었지만, **메시아**라는 용어를 전혀 사용하지 않았을 가능성이 충분히 있기 때문이다.

비록 명백하게 "메시아적"이지는 않지만, 창세기 3:15은 씨앗의 형태임에도 불구하고 메시아에 대한 기대를 전개하는 무대를 제공한다(하지만 몇몇 학자는 과연 이 구절이 악을 패배시킬 종말론적 인물과 관계가 있는지를 논쟁한다).

> 내가 너로 여자와 원수가 되게 하고
> 네 후손도 여자의 후손과 원수가 되게 하리니
> 여자의 후손은 네 머리를 상하게 할 것이요
> 너는 그의 발꿈치를 상하게 할 것이니라 하시고

하나님이 최초의 부부에게 하신 약속 중 하나는 다음과 같다. 곧 그들의 자손이 두 계보, 즉 경건한 씨와 불경건한 씨를 형성하고 이 두 계보

Dead Sea Scrolls and Other Ancient Literature, ABRL 10 (New York: Doubleday, 1995); N. T. Wright, *The New Testament and the People of God*, COQG 1 (Minneapolis: Fortress, 1992), pp. 307-20.

37　Bird, *Are You the One?* p. 36.

가 끊임없이 서로 싸우게 된다는 것이다. 그들의 자손 중 하나는 마침내 뱀의 머리를 "상하게" 하거나 "부숴버릴" 것이다(참조. 시 91:13). 매우 시적이며 정형화된 방식으로 창세기 저자는 악의 화신인 바로 그 뱀이 치명적인 상처를 입게 되리라고 약속한다.

창세기의 마지막 부분에서 야곱은 자기의 열두 아들을 축복한다. 그리고 유다는 다음과 같이 구체적이고 특별한 축복을 받는다.

> 유다야, 너는 네 형제의 찬송이 될지라.
> 네 손이 네 원수의 목을 잡을 것이요,
> 네 아버지의 아들들이 네 앞에 절하리로다.
> 유다는 사자 새끼로다.
> 내 아들아, 너는 움킨 것을 찢고 올라갔도다.
> 그가 엎드리고 웅크림이 수사자 같고
> 암사자 같으니 누가 그를 범할 수 있으랴.
> 규가 유다를 떠나지 아니하며
> 통치자의 지팡이가 그 발 사이에서 떠나지 아니하기를
> 실로가 오시기까지 이르리니
> 그에게 모든 백성이 복종하리로다(창 49:8-10; 참조. 4Q252 V, 1-6).

이 구절에 따르면 "후일에"(창 49:1) 미래의 통치자가 유다 족속에서 나오고 그의(또한 이스라엘의) 원수들을 정복할 것이다. 이 결정적인 승리의 결과로 모든 민족이 그(와 이스라엘)에게 순종할 것이다.

민수기 24:17은 더 잘 알려진 텍스트 중 하나다. 여기서 한 "별"이 "후일에"(민 24:14) 야곱에게서 나오며 그가 이스라엘의 오랜 원수인 "모압의 이마를 칠 것이다"라고 말한다.

하나님은 사무엘하 7장에서 다윗과 언약을 맺으신다. 여기서 하나님은 예루살렘에서 다윗 자손의 통치자가 끊어지지 않게 하겠다고 약속하신다.

> 네 수한이 차서 네 조상들과 함께 누울 때에 내가 네 몸에서 날 네 씨를 네 뒤에 세워 그의 나라를 견고하게 하리라. 그는 내 이름을 위하여 집을 건축할 것이요, 나는 그의 나라 왕위를 영원히 견고하게 하리라. 나는 그에게 아버지가 되고 그는 내게 아들이 되리니 그가 만일 죄를 범하면 내가 사람의 매와 인생의 채찍으로 징계하려니와(삼하 7:12-14; 참조. 4Q174 1 I, 7-14).

하나님은 그 통치자의 나라를 "영원히" "세우시겠다고" 약속하신다. 이 통치자는 하나님을 위해 성전 또는 "집"을 지을 것이다. 사무엘하 7장의 중요성은 아무리 강조해도 지나치지 않다. 여기서 다윗의 자손에 대한 기대감이 시작된다. 그는 언젠가 이스라엘을 다스리고 하나님의 영광스러운 성전을 지을 것이다. 예언의 핵심 내용은 다윗의 자손인 이 통치자의 도래와[38] 이스라엘의 회복에 대한 언급과 연결되어 있다. 이스라엘의 왕들 중 몇 사람도 이 다윗 자손과 관련된 약속의 초기 성취로서 역할을 할 것이다.

몇몇 시편도 다윗의 자손인 통치자를 기대하고 있다. 예를 들면 시편 2:2, 6-7은 다음과 같이 말한다(시 78편 및 132편도 보라).

> 세상의 군왕들이 나서며
> 관원들이 서로 꾀하여 여호와와 그의 기름 부음 받은 자를 대적하며(시 2:2).

---

[38] 예를 들면 사 9:7; 16:5; 렘 22:4; 겔 34:22-24; 호 3:5; 미 5:2; 암 9:11; 학 2:20-23; 슥 3:6-10; 4:1-14.

내가 나의 왕을 내 거룩한 산

시온에 세웠다 하시리로다.

내가 여호와의 명령을 전하노라.

여호와께서 내게 이르시되 "너는 내 아들이라

오늘 내가 너를 낳았도다"(시 2:6-7).

시편 89편은 특별히 중요하다. 이 시편 전체를 통해 시편 저자는 다윗에 대한 하나님의 언약을 생각나게 한다.

주께서 이르시되 "나는 내가 택한 자와 언약을 맺으며

내 종 다윗에게 맹세하기를

내가 네 자손을 영원히 견고히 하며

네 왕위를 대대에 세우리라" 하셨나이다(시 89:3-4).

이후에 시편 저자는 계속해서 다음과 같이 말한다.

내가 그의 앞에서 그 대적들을 박멸하며

그를 미워하는 자들을 치려니와…

내가 또 그를 장자로 삼고

세상 왕들에게 지존자가 되게 하며(시 89:23, 27).

이 구절들은 십중팔구 다윗의 계보에 대해 말하고 있다. 그 계보는 다윗의 자손인 통치자, 곧 메시아가 세워지는 데서 절정을 이룬다. 시편 110편은 해석하기가 매우 어려운 시편 중 하나인데, 왕 같은 메시아뿐만 아니라 **제사장적** 메시아를 기대하고 있다.

여호와께서 내 주에게 말씀하시기를
"내가 네 원수들로 네 발판이 되게 하기까지
너는 내 오른쪽에 앉아 있으라" 하셨도다.

여호와는 맹세하고 변하지 아니하시리라.
이르시기를 "너는 멜기세덱의 서열을 따라
영원한 제사장이라" 하셨도다(시 110:1, 4; 참조. 히 7:1-28).

이사야서는 구약성서의 어떤 다른 책보다 더욱 분명하게 후일에 있을 이스라엘의 통치자에 대해 예언한다. 그는 이스라엘의 원수들을 없애버리고 공의와 지혜로 다스릴 것이다. 이사야 11:1-5은 이 메시아적인 인물, 곧 "가지"에 대해 어느 정도 자세히 묘사한다.

이새의 줄기에서 한 싹이 나며
그 뿌리에서 한 가지가 나서 결실할 것이요.…

공의로 가난한 자를 심판하며…

그의 입의 막대기로 세상을 치며
그의 입술의 기운으로 악인을 죽일 것이며(사 11:1, 4-5; 참조. 사 9:6-7).

예레미야 23:5(참조. 렘 33:17-22)도 비슷한 언어로 동일한 현상에 대해 다음과 같이 말한다.

내가 다윗에게 한 의로운 가지를 일으킬 것이라.

그가 왕이 되어 지혜롭게 다스리며
세상에서 정의와 공의를 행할 것이며.

이사야 9:6-7 및 11:1-5의 메시아적 통치자는 아마도 이사야서 후반부에서 다루는 고난 받는 종과 동일시되어야 할 것이다. 이 종은 이스라엘을 바벨론의 포로 상태에서 해방시키고 의로운 남은 자들을 회복시키는 기폭제다(사 42:1-9; 49:1-6; 50:4-9; 52:13-53:12). 마지막 노래(사 52:13-53:12)는 종이 다른 사람들을 위해 고난 받는다고 예언한다.

그는 멸시를 받아 사람들에게 버림받았으며…
그는 실로 우리의 질고를 지고
우리의 슬픔을 당하였거늘…
그가 찔림은 우리의 허물 때문이요,
그가 상함은 우리의 죄악 때문이라.
그가 징계를 받으므로 우리는 평화를 누리고,
그가 채찍에 맞으므로 우리는 나음을 받았도다.

그는 강포를 행하지 아니하였고
그의 입에 거짓이 없었으나
그의 무덤이 악인들과 함께 있었으며
그가 죽은 후에 부자와 함께 있었도다.
여호와께서 그에게 상함을 받게 하시기를 원하사
질고를 당하게 하셨은즉
그의 영혼을 속건제물로 드리기에 이르면
그가 씨를 보게 되며

그의 날은 길 것이요,

또 그의 손으로 여호와께서 기뻐하시는 뜻을 성취하리로다.…

나의 의로운 종이 자기 지식으로

많은 사람을 의롭게 하며

또 그들의 죄악을 친히 담당하리로다(사 53:3-5, 9-11).

이 본문은 텍스트상의 이형(textual variants), 종의 지시 대상(개인 또는 집단?), 정형화된 언어의 정확한 의미 등 해석하기 어려운 문제로 얽혀 있다. 그럼에도 불구하고 적어도 초기 기독교는 이 본문을 메시아와 관련지어 해석했다(마 8:17; 눅 22:37; 행 8:32; 벧전 2:22; *Sib. Or.* 8.257; *Ascen. Isa.* 4.21). 또한 이 본문은 "메시아적 궤도"에서 일부분을 차지한다.

구약성서의 다른 구절도 메시아가 얼마간 고난을 겪는다고 언급한다. 다니엘 9:25-26은 이 인물이 마침내 죽임을 당하게 된다고 암시하는 것 같다. 곧 "예루살렘을 중건하라는 명이 날 때부터 기름 부음을 받은 자[*māšîaḥ*] 곧 왕이 일어나기까지 일곱 이레와 예순두 이레가 지날 것이요…그리고 예순두 이레 후에 기름 부음을 받은 자[*māšîaḥ*]가 끊어져 없어질 것이며"라고 말한다(참조. 슥 12:10). 이 구절은 해석하기가 어려워서 우리에게 해답보다 의문점을 더 많이 남긴다. 어쨌든 "기름 부음을 받은 자"가 예순아홉 "이레" 또는 주간 후에 도래하고 예루살렘은 "중건될" 것이다. 다니엘 9:26은 예순두 "이레" 또는 주간 뒤에 기름 부음을 받은 자가 "끊어져 없어질 것이다"라고 말한다. 과연 이 구절이 후일의 메시아적 인물에 대해 말하고 있는지, 그렇지 않은지를 결정하기는 매우 어렵다. 적어도 탁월한 이스라엘의 지도자(왕?)가 죽임을 당하거나 "끊어질" 것이다. 하지만 다니엘 9:24은 메시아적 해석을 지지하는 쪽으로 기울게 한다. 곧 "네 백성과 네 거룩한 성을 위하여 일흔 이레를 기한으로 정하였나니 허물이 그치며 죄가 끝나며 죄악이 용서되며 영원한 의가 드러나며"라고 말한다. 다니엘 9:24에서 "영원한 의가 드러나며"와 다니엘 9:25-26에서 "기름 부음을 받은 자"라는 표현은 똑같은 주제―메시아는 하나님의 종말의 "의"를 가져온다―를 염두에 두고 있는 몇몇 메시아적 구절을 생각나게 한다(사 11:1-5; 렘 23:5; 33:15).

구약성서의 많은 구절이 메시아적인 인물이 와서 이스라엘을 구원하고 그들을 곤경에서 구원하리라고 명백하게 말하거나 적어도 암시한다. **메시아**(히브리어 *māšaḥ*; 그리스어 *christos*)라는 용어는 "기름 부음을 받은 자"를 의미한다. "기름을 붓다"(*māšaḥ*)라는 동사는 뚜렷한 목적을 위해 구별함을 뜻한다. 이 동사는 성막이나 제단과 같은 다양한 제의(祭儀)의 맥락에서 나타난다(출 40:9-11). 또한 이 용어는 특별한 목적을 위해 구별된 개인들에게도 적용된다. 예를 들면 아론(레 8:12), 사울(삼상 15:17), 다윗(삼하 12:7) 등이 있다. 이 동사의 명사형은 제사장(레 4:3; 삼상 2:35) 및 왕(예. 삼상 24:6; 26:11)에게, 또한 이방인 통치자 고레스(사 45:1)에게도 적용된다. 시편 2:2(참조. 시 2:7-9)과 다니엘 9:25-26(참조. 삼상 2:10)에서 장차 올 종말의 왕은 실제로 "기름 부음을 받은 자" 또는 "메시아"라고 불린다.

요약하면 구약성서에서 메시아는 무엇보다도 장차 올 "이스라엘의 왕"을 가리킨다. 야웨 하나님은 메시아를 통해 그분의 백성을 회복시키고 통치하겠다고 약속하신다. 사무엘하 7장에서 하나님은 다윗에게 그의 자손이 이스라엘을 통치할 것이라고 약속하셨다. 구약성서는 전기 및 후기 예언서에서 이 약속과 이것의 성취를 추적하고 있다. **메시아, 곧 다윗의 자손이 하나님의 영원한 나라를 세우고 이스라엘의 원수들을 멸망시키는 데 도구로 사용될 것이다.** 이는 명백하다. 새로운 출애굽 사건의 도래는 다음 현상과 밀접한 관계가 있다. 즉 이 사건은 죄 사함, 성령 강림 및 새로운 창조의 새벽이 밝아오는 일 등을 가능하게 한다. 메시아가 고난 받는다는 측면과 관련하여 몇몇 본문은 메시아가 어느 정도 고난을 겪는다고 암시하는 것 같다. 하지만 이 고난은 메시아의 사역에서 가장 중심적인 측면은 아니다. 메시아의 고난은 하나님이 그분의 백성을 회복시키기 위한 수단이다.[39]

이와 같은 구약성서 배경에 반하여 바울이 고린도전서 2:1-8에서 예수를 고난의 한가운데서 통치하는 신성한 왕으로 이해하는 것은 오실 "메시아"에 대한 예언이 기대하지 않은 방식으로 성취될 것을 표현하고 있다.

종말의 메시아에 대한 유대교의 기대. 초기 유대교에서 나타나는 메시아 대망은 종합하기가 대단히 어렵다. 왜냐하면 이 시대에 유대인들은 다양한 종파로 나뉘어 있었기 때문이다(예. 에세네파, 바리새파, 사두개파, 열심당 등). 어떤 그룹은 메시아적인 열정으로 넘친(예. 열심당) 반면에 다른 그룹들은 자신들의 정치 신념에 걸맞게 메시아에 대해 최소한의 기대를 지니고 있었다(예. 사두개파). 간단히 말하면 한 그룹에 적용되는 것이 반드시 다른 그룹에도 적용되는 것은 아니었다. 우리는 이 책의 연구 목적을 위해 유대교의 다양한 메시아 대망을 전반적으로 자세하게 다루거나

---

[39] 신약성서 저자들은 구약성서가 고난 받는 메시아에 대한 생각을 품고 있다는 사실을 명백하게 이해하며 이를 표현하고 있다. 예를 들면 눅 24:25-27을 보라. "[예수께서] 이르시되 '미련하고 선지자들이 말한 모든 것을 마음에 더디 믿는 자들이여 그리스도가 이런 고난을 받고 자기의 영광에 들어가야 할 것이 아니냐?' 하시고, 이에 모세와 모든 선지자의 글로 시작하여 모든 성경에 쓴 바 자기에 관한 것을 자세히 설명하시니라"(참조. 요 5:39-47). 이와 비슷하게 고전 15:3-4도 구약성서가 고난 받는 메시아를 기대했다고 단언한다. 곧 "내가 받은 것을 먼저 너희에게 전하였노니 이는 성경대로 그리스도께서 우리 죄를 위하여 죽으시고 장사 지낸 바 되셨다가 성경대로 사흘 만에 다시 살아나사"라고 말한다. 마찬가지로 벧전 1:10-11도 이렇게 말한다. "이 구원에 대하여는 너희에게 임할 은혜를 예언하던 선지자들이 연구하고 부지런히 살펴서 자기 속에 계신 그리스도의 영이 그 받으실 고난과 후에 받으실 영광을 미리 증언하여 누구를 또는 어떠한 때를 지시하시는지 상고하니라."

완벽한 종합을 시도할 필요는 없다. 대신에 우리는 다양한 유대교 문헌에서 몇몇 텍스트를 살펴보고 몇 가지 기본적인 결론을 제시하고자 한다.

아마도 메시아에 대한 가장 길고 자세한 기술은 대략 기원후 1세기 문헌으로 알려진 「솔로몬의 시편」 17.21-46에서 유래한다.

> 보소서, 주여! 그들에게 그들의 왕, 다윗의 아들을 세우셔서 그가 주의 종 이스라엘을 통치하게 하소서.…그에게 능력을 덧입게 하시어 불의한 통치자들을 멸망시키고 예루살렘을 이방인들로부터 깨끗하게 하소서.…그가 그들의 [죄인들의] 모든 재산을 쇠몽둥이로 부수게 하소서. 그가 그의 입의 말로 불의한 나라들을 멸망시키게 하소서(Pss. Sol. 17.21-22, 24).

여기서 메시아는 이방인의 정복과 관습의 결과인 우상숭배의 오염으로부터 이스라엘을 "깨끗하게" 한다(Pss. Sol. 17.11-15). 그는 결국 이교도 또는 "죄인들"을 없애버릴 것이다. 몇 절 뒤에서 「솔로몬의 시편」의 저자(들)는 메시아가 유배된 이스라엘 백성을 팔레스타인으로 돌아오게 함으로써 이스라엘을 회복시키는 데 도구로 사용된다고 예언한다. "그는 거룩한 백성을 모을 것이다.…그는 그들[이스라엘 민족]에게 그들의 지파에 따라 땅을 분배할 것이다"(Pss. Sol. 17.26-28). 일단 이스라엘이 그들에게 약속된 땅으로 회복되면, 그다음에 이방인들은 유대교로 개종하고 이스라엘 백성을 섬기는 역할을 할 것이다. "그[메시아]는 이방 나라들이 자기의 멍에 아래서 섬기게 할 것이다.…이방 나라들이…땅끝에서 와서 그의 영광을 보고 쫓겨난 이스라엘의 자녀를 선물로 데려올 것이다.…그들[이방 나라들]의 왕은 바로 주 메시아가 될 것이다"(Pss. Sol. 17.30-32; 참조. 18.7).

「바룩 2서」 30.1-5a(기원후 2세기)는 "종말"에 일어날 메시아의 도래를 의로운 자들의 부활과 연결한다. 즉 "이 일 후에 때가 되면 기름 부음을 받은 자가 나타날 것이다. 그는 영광과 더불어 돌아올 것이다. 그때 그를 소망하며 잠들어 있던 모든 사람이 일어날 것이다"(2 Bar. 30.1). 몇 장 뒤에서 "네 번째 나라"(로마?)가 기울기 시작할 때 메시아가 오리라고 예언된다. "성취의 때가 다가오면 그것[네 번째 나라]은 무너질 것이다. 그때 내 기름 부음 받은 자의 통치가 드러날 것이다"(2 Bar. 39.7). 또 몇 절 뒤에서 메시아는 "그[네 번째 나라의 통치자]에게 그의 모든 악한 행위에 대해 유죄 판결을 내리고 그의 모든 신하를 모으며 그 앞에 그들의 모든 일을 드러낼 것이다. 이 일 후에 메시아는 그 왕을 죽일 것이다"(2 Bar. 40.1-2).

메시아의 왕다운 통치를 확대하면서 「레위의 유언」 18.2-9(기원전 2세기)은 메시아를 다음과 같이 예언자적이며 제사장적인 색채로 묘사한다.

> 그때 야웨께서 새 제사장을 세우셔서 그에게 야웨의 모든 말씀을 계시하실 것이다.…그리고 그의 별이 하늘에서 왕과 같이 나타날 것이다. 해가 낮을 비추는 것과 같이 그 별이 지식의 빛을 비출 것이다.…그의 제사장 직분을 통해 이 땅의 이방 나라들이 지식을 더할 것이다. 또한 야웨의 은혜의 빛이 이방 나라들에게 비칠 것이다(T. Lev. 18:2-3, 9).

「레위의 유언」에 의하면 메시아는 "제사장" 역할을 할 것이다. 메시아의 제사장적 의무 중 하나는 이스라엘과 이방 나라들에게 지식을 전하는 것이다.

이와 마찬가지로 쿰란 공동체의 몇몇 문서 역시 메시아의 제사장 역할을 강조한다. 예를 들면 다메섹 문서(CD-A XII, 23)는 "악한 시대에 아론의 〈메시아〉가 일어날 때까지, 그것[쿰란 공동체의 규율]을 따라서 행하는 사람들"을 언급한다. 메시아에 대해 세부적으로 말하지는 않지만, 제사장인 아론이라는 인물과 밀접하게 연결되어 있기 때문에 그는 "아론의 메시아"라고 묘사된다. 이 구절 및 이와 비슷한 다른 본문(CD-B XIX, 10; XX, 1)은 쿰란 공동체가 두 메시아—아론의 자손과 다윗의 자손—를 기대했음을 암시해준다.[40]

특별히 주목할 만한 문헌은 쿰란 공동체의 주석서 가운데 하나인 4QIsaiah Pesher^a(4Q161)로,[41] 여기서 이사야 11:1-5이 다음과 같이 메시아와 관련되어 해석된다.

> 종말에 나오게 될 다윗의 [줄기에 대한 말씀의 해석]이 있다. 그의 입김으로 그가 그의 원수들을 죽이고 하나님은 용기의 영으로 그를 도우실 것이다.… 영광의 보좌, 거룩한 왕관 및 화려한 옷이 그의 손 안에 있을 것이다.…그는 모든 민족과 마곡(Magog)을 다스릴 것이다. 그의 칼이 모든 민족을 심판할 것이다(4Q161 8-10 III, 18-22).

이 구절은 철자 또는 단어들이 빠져 있어서 몇몇 특정 구절은 그 의미를 파악하기가 쉽지 않다. 하지만 여기서 메시아가 "마지막 날"에 도래하며 악한 자들을 복종시킨다는 점은 분명하다. 하나님은 메시아가 이 사명을 성취하도록 그를 지원하실 것이다. 그때 메시아는 "영광의 보좌"와 "왕관"과 특별한 옷을 상으로 받게 될 것이다.

우리는 결코 메시아에 대한 기대를 세밀하게 분석하지 않았다.[42] 하지

---

40   다메섹 문서(CD)는 대략 기원전 1세기에서 기원후 1세기 사이에 유래한 것으로 추측된다.
41   이 이사야서 페셰르는 기원전 1세기에서 유래한다.
42   예를 들면 *4 Ezra* 12-13도 보라.

만 우리가 개관한 텍스트들은 서로 어느 정도 일치한다. 따라서 구약성서뿐만 아니라 초기 유대교도 메시아가 와서 이스라엘을 다스리고 이방 나라들을 심판하기를 기대했다. 일반적으로 말해서 이것이 바로 공통분모다. 몇몇 텍스트는 메시아의 고난을 암시한다(사 52:13-53:12; 단 9:25-26). 하지만 우리가 염두에 두어야 할 사항은 구약성서에서 특히 유대교에서는 메시아의 고난을 강조하지 않는다는 점이다. (구약성서의 기대를 발전시키는) 이 유대교 배경은 메시아에 대한 구약성서의 기대를 강조한다. 이는 나아가 고린도전서 2:1-8에서 예수에 대한 바울의 이해가 장차 오실 "메시아"에 대한 구약성서의 예언이 기대하지 않은 방식으로 성취되리라는 사실을 표현하고 있음을 보여준다.

추기 5.2: 초기 유대교에서 종말론적인 변화

묵시문학에는 몸의 변화에 대해 가장 분명한 언급들이 있다. 고린도전서 15:50-54에서 바울이 말하는 것처럼, 이 텍스트들은 일반적으로 변화를 몸에 하늘의 옷을 입는 것으로 묘사한다.

> 의롭고 선택된 자들은 땅에서 일어나서 우울한 낯빛을 지닌 존재이기를 멈출 것이다. 그들은 영광의 옷을 입을 것이다. 너희의 이 옷은 영의 주님에게서 받은 생명의 옷이 될 것이다. 너희의 옷은 절대 낡아지지 않을 것이다(*1 En.* 62.15-16).

> 그리고 주께서 미카엘에게 말씀하셨다. "가서, 에녹에게서 땅의 옷을 벗겨라. 그리고 내 기쁨의 기름을 그에게 부어라. 또 그에게 내 영광의 옷을 입혀라." 그러자 미카엘은 주께서 그에게 말씀하신 대로 실행했다.…그리고 나는 그분

의 영광스러운 자들 가운데 한 사람처럼 되었다. 식별할 수 있는 차이점이 전혀 없었다(*2 En*. 22.8-10 [J]; 참조. *2 Bar*. 51.3-10; *Apoc. Ab*. 13.14).

그리고 그곳에서 나는 에녹과 그와 함께 (있던) 모든 사람을 보았다. 그들은 (자신들의) 육신의 옷을 벗은 채로 있었다. 그리고 나는 그들이 하늘의 옷을 입은 것을 보았다. 그리고 그들은 큰 영광 가운데 그곳에 서 있는 천사들과 같았다(*Ascen. Isa*. 9.9-10; 참조. 4.16; 8:14-15; 9.17).

이 자료 중에는 기원후 1세기보다 후대에 저술된 문헌도 있지만(예. *2 En., Ascen. Isa*.), 그럼에도 불구하고 이 텍스트들은 옷과 연결되어 묘사되는 이 주제의 중요성을 나타낸다. 이 묵시적 텍스트들은 의인들이 하늘의 옷을 입게 된다고 명백하게 가르쳐준다. 첫 번째 텍스트, 곧 「에녹 1서」 62.15(기원후 1세기 후반)은 이 옷에 "영광의 옷"이라는 이름을 붙인다. 「바룩 2서」 51.3-10과 「이사야의 승천」(*Ascension of Isaiah*) 8.14-15 및 9.9-10에서 의인들은 "천사들의 화려함으로" 변화되며(*2 Bar*. 51.5),[43] "천사들과 동등하게" 된다(*Ascen. Isa*. 8.15).

창세기 3:21("여호와 하나님이 아담과 그의 아내를 위하여 가죽옷을 지어 입히시니라")은 옷에 대한 유대교 저자들의 강조점을 자극했을 것이다(앞에서 살펴봤듯이 이 구절이 고전 15:49-54에서 바울에게 영향을 미쳤을 가능성이 있다). 초기 유대교와 심지어 랍비들도 아담과 하와의 옷에 대해 숙고했다. 그들은 아담이 시초에 고귀한 신분으로 지음을 받았지만 타락의 결과로 그의 영광스러운 "옷"이 벗겨졌다고 주장했다. 묵시문학에 속하는

43　*Second Baruch*은 대략 기원후 2세기에 유래하며, *Martyrdom and Ascension of Isaiah*는 기원전 2세기에서 기원후 4세기 사이에 저술된 것으로 추측된다. 후자는 기독교인이 쓴 문서다.

「아담과 하와의 생애」(Life of Adam and Eve)는 다음과 같이 명백하게 언급한다. "그리고 내 눈이 열리자마자 나는 내가 입고 있던 의로움이 벗겨졌다는 것을 알았다. 그래서 나는 울면서 이렇게 말했다. '왜 당신은 이런 일이 내게 일어나게 했습니까? 내가 입고 있던 내 영광으로부터 왜 나를 벗어나게 했습니까?'"(20.1-2)[44]

여기서 하와는 타락과 "영광"의 상실에 대해 이야기한다. 이런 개념에 따르는 당연한 결과는 하나님이 원래 아담이 입고 있던 옷을 의인들에게 입히실 때, 그들은 아담이 타락하기 이전의 상태로 돌아간다는 것이다. 몇몇 쿰란 텍스트는 하나님이 개개인을 원래 아담의 상태로 회복시키신다는 유대교 견해를 발전시킨 것 같다.

> 당신은 당신을 충성스럽게 섬기는 이들을 [보호하십니다]. [그래서] 그들의 자손이 당신 앞에 언제나 있게 하십니다. 당신은 [영원한] 이름을 주시고, 허물을 [용서하시며], 그들의 모든 죄악을 멀리 던져버리시고, 그들에게 유산으로서 아담의 모든 영광을 [그리고] 긴 세월을 주십니다(1QH^a IV, 14-15).

> 하나님은 그의 위에 진리의 영을 부으실 것이다.…그래서 [그들이] 하늘의 아들들의 완벽한 행위에 대한 지혜를 깨닫게 하실 것이다. 하나님이 영원한 언약을 위해 선택하신 사람들을 위해, 또한 그들에게 아담의 모든 영광이 주어질 것이다.… 왜냐하면 정해진 종말이 오고 새로운 창조가 이루어질 때까지 하나님은 동일한 몫으로 그들을 구별하셨기 때문이다(1QS IV, 21-25; 참조. 4Q171 III 1 1-2; CD-A III, 19-20).

---

[44] 참조. *2 Bar*. 4:3; 참조. 56:5-59:12; *Apoc. Adam* 1:2, 4-5; 13:14; *3 Bar*. 4:16 [그리스어].

쿰란 공동체는 의인들과 신실한 자들이 "아담의 모든 영광"을 얻을 것이라고 주장했다. 유대교의 다른 종파들과 마찬가지로 그들도 분명히 아담을 높이 평가했고 성도들이 아담이 타락하기 이전의 상태로 돌아가야 할 필요가 있다고 이해했다.

제6장

:

에베소서의 비밀 사용

고린도전서의 비밀을 다룬 제5장은 주로 십자가의 본질과 예수의 왕 되심(고전 1-2장)에 대한 바울의 가르침을 포함했다. 구약성서 및 유대교의 메시아 개념에는 일반적으로 메시아가 왕으로서 이스라엘과 모든 나라를 다스린다는 내용이 들어 있다. 다윗의 후손인 메시아는 하나님의 영원한 나라를 세우고 이스라엘의 원수들을 멸망시킬 것이다. 구약성서의 몇몇 구절은 메시아가 어느 정도 고난을 받으며 하나님이 이 고난을 수단으로 사용하여 그분의 백성을 회복시키신다고 암시하는 것 같다. 그러나 바울은 예수가 십자가 위에서 고통스럽게 죽어가는 바로 그 순간에 자신의 신적이며 메시아적인 특권을 행사한다고 묘사한다. 메시아의 통치가 고난과 죽음이라는 특징을 지니고 있다는 사실은 구약성서에서 대체로 감추어져 있었다. 하지만 구약성서에서도 메시아가 고난을 받고 왕으로서 통치한다는 두 가지 주제가 씨앗의 형태로 나타나 있다(예. 쫓겨 다니던 동안에도 다윗이 통치한 사례, 이사야서에서 언급되는 종). 또한 우리는 신자들의 부활에 대한 바울의 논의에 주목했다. 즉 첫 번째 아담의 형상에서 마지막 아담의 형상으로 변화되는 몸의 변화가 밝혀진 비밀을 어떻게 구성하는지를 다루었다. 왜냐하면 구약성서는 마지막 날의 부활에서 죽은 사람들뿐만 아니라 살아 있는 사람들의 몸도 종말론적인 아담, 곧 메시아의 형상으로 변화된다는 사실을 분명하게 계시하지 않았기 때문이다. 마찬가지로 창세기 2:7과 창세기 3장이 모형론적인 관점을 포함하고 있다는 점도 이 비밀의 일부였다.

에베소서에서 비밀은 서신의 신학 구조와 사고의 흐름에 스며들어 있다. 따라서 에베소서가 비밀의 의미를 발견하려는 이들의 많은 관심을 받았다는 점은 놀랍지 않다. 이 서신에서 **비밀**이라는 용어는 중요한 연결 지점에서 여섯 번이나 나타난다(엡 1:9; 3:3-4, 9; 5:32; 6:19).

에베소 사람들에게 보내는 편지는 초기에 주로 이방인으로 이루어진 교회가 세워졌을 때 제기된 가장 난처한 질문 중 하나에 답하고 있다. 이방인들도 예수와 연합함으로써 종말의 하나님의 백성에 속하게 되었다. 그렇다면 이방인 신자들도 이스라엘 민족에게 주어진 하나님의 명령, 즉 이스라엘 민족과 주변 민족의 경계를 구분했던 그 명령을 지켜야 하는가? 예를 들면 마지막 때에 이방인들도 이스라엘 민족의 음식 규정을 준수해야 하는가? 할례는 어떻게 해야 하는가?

에베소서 1장에서의 우주적인 비밀[1]

주석가들은 에베소서의 비밀이 대체로 일반적인 것에서 구체적인 것으

---

[1] 이 연구서는 신약학자들 사이에서 논란이 있는 에베소서, 골로새서, 데살로니가후서 및 목회 서신을 바울이 직접 쓴 것으로 인정한다. 왜냐하면 우리는 바울의 저작을 반대하는 주장이 설득력 있다고 여기지 않기 때문이다.

로 진행되는 연합의 주제와 관련된다고 올바르게 주장했다.[2] 아마도 다음과 같은 피터 오브라이언(Peter T. O'Brien)의 주장은 올바른 방향을 향하고 있을 것이다. "다른 바울 서신의 경우와 마찬가지로 에베소서에서 그리스도는 비밀에 대한 올바른 이해의 출발점이다. 에베소서에는 제한적으로 적용해야 하는 몇 가지 '비밀'이 있는 게 아니라 다양하게 적용해야 하는 최고의 '비밀'이 하나 있다."[3] 광범위한 것에서 구체적인 것으로 옮겨가면서 바울은 에베소서 1장에서 고려할 대상을 최대한 넓히고 난 후 서신을 써내려가며 이를 점차 좁히고 있다. 에베소서 1장에서 드러난 비밀은 절대 주권인 그리스도의 손 아래로 모든 것을 모아 하나로 통일시킨다. 그다음에 바울은 에베소서 3장에서 이와 같은 통일의 구체적인 예를 제시한다. 곧 그리스도 안에서의 유대인과 이방인의 동등함과 연합이다. 에베소서 5장에서 바울은 연합에 대한 더 깊은 본보기를 제시한다. 곧 바울이 받은 특별한 통찰로서 그리스도와 교회의 연합이다. 이는 남편과 아내의 연합을 반영한다(엡 5:31-32). 에베소서에 마지막으로 나타나는 **비밀**은 아마도 복음에 대해 더욱 일반적인 메시지로 돌아간다. 거의 모든 경우에 에베소서의 **비밀**은 구약성서의 인용 구절들과 직접 연결되어 있다.

복음서는 이스라엘을 회복시키고 이 나라를 대적하는 원수인 사탄을 정복하는 존재, 즉 오랫동안 기다려온 메시아로서 예수를 분명히 묘사하고 있다. 우리는 바울 서신에 이르러서야 비로소 **우주적인** 통치자 역할을 하는 그리스도에 대해 명백하게 배우게 된다. 학자들은 "우주적인 그

---

[2] Gregory W. Dawes, *The Body in Question: Metaphor and Meaning in the Interpretation of Ephesians 5:21-23*, Chrys Caragounis, *The Ephesian Mysterion: Meaning and Content*, ConBNT 8 (Lund: Gleerup, 1977), p. 118; Andrew T. Lincoln, *Ephesians*, WBC 42 (Waco, TX: Word, 1990), p. 35.

[3] Peter T. O'Brien, *Letter to the Ephesians*, PNTC (Grand Rapids: Eerdmans, 1999), p. 110.

리스도"의 개념에 대해, 특히 그 개념이 영지주의 신화와 어떤 관계에 있는지에 대해 논쟁한다. 그러나 영지주의 자료는 기원후 1세기 이후에 쓰인 것이다. 따라서 적어도 후대에 나타난 형태로 기원후 1세기에 영지주의 사상이 이미 존재하고 있었는지는 분명하지 않다. 또한 이런 연구는 우주적인 그리스도에 대한 바울의 개념이 무엇보다도 구약성서에 깊이 뿌리내리고 있다는 사실을 인식하는 데 실패함으로써 그릇된 방향으로 나아가고 있다. 그리고 심지어 바울 자신도 우주적인 통치자로서 예수의 역할은 계시된 "비밀"이라고 주장한다. 다시 말해서 메시아가 이 땅뿐만 아니라 하늘의 영역까지 포함해서 온 우주를 통치하는 왕이 된다는 것은 구약성서에서 온전히 계시되지 않았다. 우리가 이제 살펴보겠지만 에베소서 1장은 그리스도의 우주적 통치의 범위, 방식 및 결과를 더욱 분명하게 제시하고 있다.

이제 에베소서 1:3-14을 자세히 살펴보게 될 것이므로 우리는 해당 본문을 여기에 인용한다.

찬송하리로다. 하나님 곧 우리 주 예수 그리스도의 아버지께서 그리스도 안에서 하늘에 속한 모든 신령한 복을 우리에게 주시되 곧 창세전에 그리스도 안에서 우리를 택하사 우리로 사랑 안에서 그 앞에 거룩하고 흠이 없게 하시려고 그 기쁘신 뜻대로 우리를 예정하사 예수 그리스도로 말미암아 자기의 아들들이 되게 하셨으니 이는 그가 사랑하시는 자 안에서 우리에게 거저 주시는 바 그의 은혜의 영광을 찬송하게 하려는 것이라. 우리는 그리스도 안에서 그의 은혜의 풍성함을 따라 그의 피로 말미암아 속량 곧 죄 사함을 받았느니라. 이는 그가 모든 지혜와 총명을 우리에게 넘치게 하사 그 뜻의 비밀을 우리에게 알리신 것이요, 그의 기뻐하심을 따라 그리스도 안에서 때가 찬 경륜을 위하여 예정하신 것이니, 하늘에 있는 것이나 땅에 있는 것이 다 그리스도 안에서 통일되게 하려 하심이라. 모든 일을 그의 뜻의 결정대로 일하시는 이의 계획을 따라 우리가 예정을 입어 그 안에서 기업이 되었으니 이는 우리가 그리스도 안에서 전부터 바라던 그의 영광의 찬송이 되게 하려 하심이라. 그 안에서 너희도 진리의 말씀 곧 너희의 구원의 복음을 듣고 그 안에서 또한 믿어 약속의 성령으로 인치심을 받았으니 이는 우리 기업의 보증이 되사 그 얻으신 것을 속량하시고 그의 영광을 찬송하게 하려 하심이라.

"그 뜻의 비밀"의 내용. 에베소서 1장에 나오는 비밀의 내용을 규정하기 위해 우리는 먼저 에베소서 1:8-10과 관련된 해석상의 문제점을 해결하고 바울이 주장하는 논리의 흐름을 간략하게 살펴보아야 한다. "모든 지혜와 총명을"(엡 1:8b)이라는 전치사구는 어떻게 하나님이 비밀을 드러내셨는지를 묘사한다. 이와 비슷하게 그다음에 나오는 두 구절, 곧 "그의 기뻐하심을 따라"와 "그리스도 안에서 때가 찬 경륜을 위하여"도 **어떻게** 하나님이 비밀을 계시해주셨는지 말해준다. 첫 번째 구절은 아마도 하나님이 비밀을 계시해주시는 것은 그분의 "기뻐하심"에 기초하고 있음을 더욱 구체적으로 가리킬 것이다. 그리고 두 번째 구절은 하나님이 비밀을 설명해주시는 목적을 밝혀주며, 우리가 비밀 자체를 더욱 온전하게 이해하도록 해준다. 여기서의 비밀은 마지막 때를 가리키는 "때가 찰" 때의 "가정 경영"(또는 "경륜", *oikonomia*)[4]을 감독하는 것과 관련이 있다(엡 1:10a).

---

4   그리스어 명사 *oikonomia*는 "경륜" 또는 "가정 경영"으로 번역될 수 있다. 그리스어 명사 *oikonomos*는 고전 그리스어와 헬레니즘 그리스어에서 전형적으로 주인을 위해 가정의 일을 관리하고 운영하는 **집사**(steward)를 가리키는 데 사용되었다. 따라서 *oikonomia*는 "가정 경영"과 관련된 임무를 묘사했다. 때때로 "가정의 집사"는 노예였다(랍비들은 종종 그와 같은 일을 하는 사람을 개념적인 측면에서 "그 집의 아들"이라고 언급했다). 이는 사실상 *oikonomos*와 동등하다. 복음서는 "노예"로서 주인의 집을 관리하는 하인을 언급함으로써 이 개념을 표현한다(*doulos*가 나오는 마 24:45를 보라. *T. Jos.* 12에 나오는 요셉도 참조하라). 그리스어 구약성서에서 *oikonomos*는 왕의 "가정" 일을 관리하는 종을 가

나아가 에베소서 1:10은 "경륜을 위하여"라는 구절을 "하늘에 있는 것이나 땅에 있는 것이 다 그리스도 안에서 통일되게 하려 하심이라"라는 구절로 설명한다(참조. ESV, RSV, TNIV의 구두법). 여기서 그리스어 부정사 "하나가 되게 하다"(*anakephalaiōsasthai*)는 그 앞에 있는 명사 "가정 경영"(또는 "경륜")을 더 자세하게 설명해주는 것으로 이해해야 한다. 이는 궁극적으로 "비밀"에 대한 추가 설명이다. 다시 말해서 바울은 계시된 비밀의 일부분이 바로 "가정 경영"으로서, 하늘과 땅에 있는 모든 것을 모아 그리스도 안에서 하나가 되게 하는 일임을 우리에게 말하고 있다.

여기서 "하나가 되게 하다"(*anakephalaiōsasthai*)라는 표현은 "이끌다", "회복시키다" 또는 "통일시키다"로도 정의될 수 있다.[5] "모든 것"은 그리스도 안에서 모아지거나 "요약"된다. 아마도 NIV의 번역, 즉 "그리스도 아래서 하늘과 땅에 있는 모든 것이 하나가 되게 하다"가 이 까다로운 표현을 더 잘 번역한 것 같다. 링컨(Lincoln)은 "에베소서 1:10은 그리스도를 중심으로 우주의 다양한 요소가 모이고 하나가 되는 것을 언급한다"라고 주장한다.[6] 만일 이 비밀의 내용이 그리스도 안에서의 "모든 것"의 통일을 포함한다면, 이것은 정확하게 무엇을 의미하는가?

현시점에서 우리는 그리스도가 죄 때문에 분열에 빠진 하늘과 땅 사이의 잃어버린 연합과 조화를 회복시키기(또는 화해시키기) 위해 왔다고

리킨다(예. 사 36:3, 22; 37:2).

[5] 그리스어 동사 *anakephalaiōsasthai*를 이렇게 정의하는 것은 주석가들 사이에서 의견 일치가 이루어진 것처럼 보인다. 예를 들어 다음을 보라. O'Brien, *Ephesians*, p. 111; Lincoln, *Ephesians*, pp. 32-33; Martin Kitchen, "The *anakephalaiōsis* of All Things in Christ" (Ph.D diss., University of Manchester, 1988).

[6] Lincoln, *Ephesians*, p. 33; 참조. Markus Bockmuehl, *Revelation and Mystery in Ancient Judaism and Pauline Christianity*, WUNT 36 (Tübingen: Mohr Siebeck, 1990; repr., Grand Rapids: Eerdmans, 1997), p. 199.

말할 수 있다. 이는 바로 이런 개념을 단언하는 골로새서 1:20-22의 평행 본문과도 맥락을 같이한다.

> 그의 십자가의 피로 화평을 이루사 만물 곧 땅에 있는 것들이나 하늘에 있는 것들이 그로 말미암아 자기와 화목하게 되기를 기뻐하심이라. 전에 악한 행실로 멀리 떠나 마음으로 원수가 되었던 너희를 이제는 그의 육체의 죽음으로 말미암아 화목하게 하사 너희를 거룩하고 흠 없고 책망할 것이 없는 자로 그 앞에 세우고자 하셨으니.

하나님의 우주적인 가정은 무질서에 빠져 부서지고 산산조각이 났다. 가정의 관리자로서 그리스도는 하나님의 우주적인 가정을 질서정연한 상태로 되돌려놓으려고 왔다. **비밀의 계시에서 주요 초점은 그리스도가 인간의 타락으로 잃어버렸던 원래의 우주적인 연합과 조화를 복구하고 회복시킨다는 것이다. 인간의 타락은 지상 영역뿐만 아니라 하늘의 영역에도 영향을 미쳐서 분열을 초래했다.** 따라서 그리스어 동사 *anakephalaioō*의 개념은 "모든 것을 하나의 머리 아래로 다시 함께 모이게 한다"는 것이다. 따라서 이는 그리스도가 모든 것을 다시 정렬하여 원래의 질서로 되돌려놓는 것을 의미한다. 우주적인 가정의 모든 일은 주권을 지닌 그리스도의 머리 아래 놓여 재정리된다.

앞으로 살펴보겠지만 여기서 비밀은 문맥상 서로 연결된 다음 세 가지 요소로 구성된다. 이 요소들은 그리스도가 자신 아래 "모든 것을 다시 모이게 하는" 데 꼭 필요하다. 세 요소는 (1) 그리스도의 통치 영역, (2) 그리스도의 통치 수단, (3) 그리스도의 통치 결과다. 다행스럽게도 바울은 에베소서 1장의 끝부분에서 1:8b-10의 의미를 보충 설명해준다. 이는 "하늘과 땅에 있는 모든 것이 통일되게 하는" 그리스도의 사역에 대해 더 많은 통찰을 우리에게 제공해준다.

> 그(하나님)의 능력이 그리스도 안에서 역사하사 죽은 자들 가운데서 다시 살리시고 하늘에서 자기의 오른편에 앉히사 모든 통치와 권세와 능력과 주권과 이 세상뿐 아니라 오는 세상에 일컫는 모든 이름 위에 뛰어나게 하시고 또 만물을 그의 발아래에 복종하게 하시고 그를 만물 위에 교회의 머리로 삼으셨느니라. 교회는 그의 몸이니 만물 안에서 만물을 충만하게 하시는 이의 충만함이니라(엡 1:20-23).

그리스도의 통치 영역. 에베소서 1:9-10은 그리스도 아래서 하늘과 땅에 있는 모든 것이 다시 통일되는 비밀에 대해 말한다. 에베소서 1:20-23은 이 비밀을 더 자세하게 설명해준다. 에베소서 1:20-23에서 그리스도를 땅과 하늘에 있는 모든 것의 "머리"(*kephalē*)라고 언급하는 것은 아마도 에베소서 1:10에서 그리스도 안에서 "하늘과 땅에 있는 모든 것"을 "하나가 되게 하는"(*anakephalaiōsasthai*) 그리스도에 대해 상세히 말하는 것이다. 그러므로 우리는 에베소서 1:20-23에 나오는 그리스도에 대한 바울의 묘사에 대해 설명하려고 한다. 왜냐하면 이 구절이 에베소서 1:9-10에 나타나는 비밀에 대해 더 상세히 말하고 있기 때문이다. 우리가 면밀히 살펴보게 될 첫 번째 기독론적 주제는 그리스도의 통치 범위다. 우리가 이미 앞 장에서 살펴봤듯이 오실 메시아에 대한 핵심 요소 중 하나는 이스라엘과 주변 나라들을 통치하는 메시아의 역할이다. 우리는 앞 장에서 구약성서와 초기 유대교에 의하면 메시아가 "후일에" 와서 이스라엘의 원수들을 물리치고 새로운 창조 및 이방 나라들과 하나님 사이의 화해를 초래할 것이라고 이미 결론지었다(추기 5.1을 보라).

또한 에베소서 1장에 나타난 메시아의 통치 역시 **그리스도가 우주를**

통치한다는 구약성서와 유대교의 기대를 발전시킨다. 바울은 그리스도, 문자적으로 "메시아"가 하늘에 있는 것이나 땅에 있는 것, 곧 "모든 것"을 통일시키거나 하나가 되게 한다고 말한다(엡 1:10). "모든 것"이라는 표현은 하늘에 있는 것이나 땅에 있는 것"이라고 설명된다.[7] 나아가 이 개념은 에베소서 1:20-22에서 그리스도의 "통치"라는 더욱 분명한 언어로 설명된다. "[하나님은] 하늘에서 [그리스도를] 자기의 오른편에 앉히사 모든 통치와 권세와 능력과 주권과 이 세상뿐 아니라 오는 세상에…뛰어나게 하시고 또 만물을 그의 발아래에 복종하게 하시고 그를 만물 위에 교회의 머리로 삼으셨느니라"(엡 1:10과 1:20-22에서 밑줄 친 단어들의 평행 관계에 주목하라). 대부분의 주석가가 동의하듯이 여기서 그리스도는 이 세상의 통치자일 뿐만 아니라 하늘의 우주적 권세도 다스린다고 묘사된다. 이 두 텍스트 및 이와 같은 다른 텍스트들은 **그리스도가 우주적인 통치자, 즉 땅뿐만 아니라 하늘도 다스리는 통치자로서 자신의 메시아적 특권을 행사한다**는 사실을 특히 분명하게 밝힌다(참조. 행 2:32-35과 고전 15:25-28은 그리스도의 지상 통치에 초점을 맞추고, 빌 2:9-11; 골 1:15-18; 계 1:5-18은 땅과 하늘의 영역 모두를 다스리는 그리스도의 통치를 포함한다).

요컨대 에베소서 1:9에서 드러난 비밀은 부분적으로 메시아의 통치 영역이다. 구약성서와 초기 유대교는 오실 메시아가 **이 세상에서** 하나님의 통치를 실현하고 **이 땅 위에 있는** 이방 나라들을 정복하리라고 기대했다. 그러나 그리스도의 도래 및 통치, 그리고 그가 하나님 아버지의 우편으로 높임을 받은 것은 그리스도가 이 세상의 통치자들뿐만 아니라 하늘의 영역에 있는 적대적인 영적 지배자들도 다스린다는 사실을 알려주

---

7   Caragounis, *Ephesian Mysterion*, pp. 143-46은 에베소서가 대체로 두 주요 그룹, 즉 하늘의 권능("하늘에 있는 것")과 교회("땅에 있는 것")의 화해 또는 "하나 됨"에 관심을 기울이고 있다고 주장한다.

었다. 이 세상 및 하늘을 다스리는 그리스도의 통치 영역은 구약성서 및 유대교 텍스트를 발전시킨다.[8] 이는 하늘의 영역까지도 다스리는 그리스도의 우주적 통치가 구약성서에 전조가 없지 않다고 말하고자 함이 아니다. 많은 구약성서 텍스트가 보여주듯이 분명히 하나님은 온 우주를 다스리신다(예. 창 2:4; 14:21; 신 10:14). 신약성서는 그리스도를 주 하나님과 함께 다스리시는 분으로 위치시킨다. 그리스도 역시 그의 아버지가 다스리시는 것과 똑같이 통치한다(엡 1:20; 빌 2:9-11; 골 3:1). 그러므로 그리스도의 신적 정체성은 땅과 하늘의 주권을 반드시 수반한다. 따라서 구약성서는 하나님이 하늘과 땅을 모두 통치하신다는 묘사를 통해 사실상 씨앗의 형태로 미래에 있을 그리스도의 우주적 통치를 정확하게 예견하고 있다. 그리고 신약성서는 이를 분명하게 밝혀준다.[9]

메시아가 하늘까지도 다스린다는 구약성서의 개념은 에베소서 1:22에서 더욱 명백하게 나타난다. 여기서 그리스도는 하늘과 땅의 통치자로 간주되며 에베소서 1:9-11을 다음과 같이 자세히 풀어준다. "[하나님이] 그를 앉히시고…모든 통치와 권세와 능력과 주권과…모든 이름 위에 뛰어나게 하시고 또 만물을 그의 발아래에 복종하게 하시고 그를 만물 위에 교회의 머리로 삼으셨느니라"(엡 1:21-22). 이와 같은 맥락에서 에베소서 1:21의 상반절은 다니엘 7:14, 27을 암시한다(도표 6.1을 보라).[10] 이 두 텍스트는 언어 및 개념 측면에서 모두 일치한다. 우선 "통

---

8 참조. Caragounis, *Ephesian Mysterion*, p. 117; Bockmuehl, *Revelation and Mystery*, p. 200; H. Krämer, "μυστήριον," *EDNT* 2:448; Raymond Brown, *The Semitic Background of the Term "Mystery" in the New Testaments*, BS 21 (Philadelphia: Fortress, 1968), pp. 59-64.
9 Old Greek에서 단 7:13의 "인자"는 하나님과 동일시된다. 곧 "인자가 하늘의 구름을 타고 오고 있었다. 그리고 그는 옛적부터 계신 분으로 왔다." 이것은 타당하다. 왜냐하면 우리가 단 7:14에서 묘사되는 인자의 통치 영역에 대한 암시가 엡 1:21에서 언급되고 있음을 아래에서 직접 살펴볼 것이기 때문이다.
10 Caragounis, *Ephesian Mysterion*, p. 126도 해당 구절이 단 7:14을 암시한다고 이해한다(참

치와 권세"가 얼핏 보기에 성서의 많은 곳에서 흔히 발견되는 표현인 것 같지만 **권세**(exousia)와 **통치**(archē)가 함께 결합되어 나타나는 곳은 구약성서에서 **단지** 다니엘 7:14, 27뿐이다.[11] "모든 통치"(archēn pasōn)와 "모든 권세"(pasai hai exousiai)가 에베소서 1:21 및 구약성서에서는 오직 다니엘 7:27(OG)에서만 발견된다는 점도 이 독특성을 강화한다. 게다가 다니엘 7:27(OG)에서 성도들에게 "하늘 아래에서" 통치하는 권세가 주어지고, 에베소서 1:20-21의 그리스도가 "하늘에서" 통치한다는 표현에서 "하늘"이라는 개념이 공통으로 사용되고 있음에 주목하라. 그리스도의 하늘 통치는 다니엘 7:13에서 가장 가까운 선례를 찾아볼 수 있을 것이다. 여기서 인자는 "하늘의[ouranou] 구름을 타고 와서" **하늘에서** "옛적부터 계신 이" 앞에서 온 세상을 통치하기 위해 권세를 받는다고 예언적으로 묘사되고 있다. 이에 대해 다니엘 7:13-14은 다음과 같이 상세히 언급한다.

하늘의 구름을 타고

인자 같은 이가 와서…

그에게 권세와

영광과 나라를 주고,

모든 민족과 나라와 모든 언어를 말하는 사람들이

그를 섬기게 했다(MT).[12]

조. pp. 157-61).

[11] 이 결합은 잠 17:14에서도 한 번 나타나지만 이 구절에서 "통치"는 "통치하는 권력"을 가리키지 않고, 다른 어떤 것에 앞서는 무엇을 가리킨다. 곧 "선동과 다툼이 부족함에 앞선다." 따라서 잠언의 개념은 단 7장의 경우와 전혀 다른 의미를 지니고 있다.

[12] R. T. France, *Jesus and the Old Testament* (Grand Rapids: Baker, 1982), p. 169을 보라. France는 T. W. Manson의 견해를 따르고 있다. 즉 단 7:13에서 인자는 하나님으로부터 그의 권세를 받기 위해 하늘의 영역으로 간다고 묘사된다.

도표 6.1

다니엘 7:14, 27	에베소서 1:20-21
7:14(Theodotion) "그리고 그[인자]에게 통치권[hē archē]이 주어졌다. 그의 권세는 영원한 권세다[hē exousia autou exousia aiōnios]. 이는 없어지지 않을 것이며, 그의 왕위는 멸망하지 않을 것이다."	"[하나님이] 그[그리스도]를…하늘에서[epouraniois] 앉히사 모든 통치와 권세[pasēs archēs kai exousias]와 능력과 주권과 이 세상뿐 아니라 오는 세상에서 일컫는 모든 이름 위에 뛰어나게 하시고"
7:27(OG):"그리고 나라와 권세[exousian]와 그들의 모든 나라의 위엄과 하늘[ouranon] 아래 있는 그 나라들의 모든 통치권[archēn pasōn]을 그[하나님]가 지극히 높으신 이의 거룩한 백성에게 줄 것이다. 그의 나라의 통치는 영원히 지속될 것이다. 그리고 모든 권세[pasai hai exousiai]가 세상의 종말까지 그를 섬기고 그에게 복종할 것이다"(Theodotion의 단 7:27도 이와 비슷함).	

다니엘 7:13-14은 **온 땅**에서의 통치에 초점을 맞추고 있다. 반면에 다니엘 7:13, 27에서 **하늘**을 사용하는 것과(앞의 논의를 보라), 바사(와 그리스, 단 10:20)[13]의 악한 하늘의 "통치자"(ho archōn)와 다니엘 10:13에서 하늘의 선한 "통치자"(archōn)에 대한 언급은 이 통치가 하늘의 영역으로 확장됨을 암시하고 있다. 특별히 다니엘 7:13-14에서 "인자"의 통치가 하늘의 영역까지도 다스리는 미래의 통치를 포함한다는 점은 다니엘 10:13, 16-21에서 분명해진다. 여기서 "인자"(단 10:16, Theod.)가 다니엘에게 주는 계시는 "인자"도 미가엘 천사와 함께 **지금** "바사의 [하늘의] 통치자와…그리스의 [하늘의] 통치자에 맞서 싸우고 있다"는 내용을 포함한다. 이런 점에서 만일 이 내용이 인자가 하늘의 악한 천사들과 이 세상 나라들의 대표자들을 통치하게 된다는 것을 의미하지 않는다면, "인자"가 종말에 온 땅을 다스릴 때(단 7:13-14) 어떻게 이 땅에 있는 바사와

---

13 그러나 단 10:20에서 그리스어 명사 archōn은 "그리스의 군주"에게는 사용되지 않는다.

그리스의 영토를 통치할 수 있겠는가? 사실 과거 역사에서 "인자"가 하늘의 악한 세력을 이미 무찌르기 시작했다는 것은 이와 같은 세력에 대한 인자의 완전한 그리고 종말론적인 통치를 가리킨다. 이는 구약성서 자체가 오실 메시아가 **땅과 하늘을** 모두 통치하게 된다는 사실을 가리킨다는 중요한 단서다. 에베소서 1:9-10, 21-22은 그리스도가 이 일을 성취하는 것으로 이해한다.

한 가지 더 숙고해야 할 사항은 구약성서가 종말에 도래할 왕이 하늘과 땅을 모두 통치한다고 암시했다는 점이다. 아담은 에덴동산에서 사탄인 뱀을 다스렸어야 했지만 그렇게 하지 못했다. 따라서 마지막 아담은 바로 그 일을 하려고 왔다. 이는 시편 8:6("만물을 그의 발아래 두셨으니")을 인용하는 에베소서 1:22과 일맥상통한다. 이 시편은 구약성서 전체에서 이상적인 아담을 가장 분명하게 언급하는 구절 중 하나다. 시편 8:2이 "원수들과 보복자들을 잠잠하게" 하기 위해 인간의 약함에서 나오는 강함에 대해 말하는 것은 우연의 일치가 아닌 것 같다. 시편 8:2은 시편 8:5-8에서 언급되는 이상적이고 종말론적인 아담의 통치 방식과 부분적으로 연결될 가능성이 있다. 이는 창세기 1:26, 28을 암시하는 우주적 통치를 의미한다.

만일 시편 8:2 및 8:5-8이 창세기 1장의 배경과 서로 연결된 게 맞는다면, 뱀은 시편 8:2에 언급된 대적 가운데 포함되어야 할 것이다. 왜냐하면 이 뱀은 창세기 1-3장 전체에서 아담이 정복해야 했던 유일한 적으로 나오기 때문이다.[14] 따라서 모든 악한 세력, 즉 하늘에 거주하는, 또 땅

---

[14] 바로 앞부분에서 주목한 내용, 즉 엡 1:21-22에서 이루어지는 단 7장의 암시는 엡 1:22에서 시 8:7(LXX)의 인용으로 확인된다. 시 8편의 아담적인 인물(창 1:27-28을 보라)은 개념적인 측면에서 창 1:28을 발전시키는 단 7장에 나오는 인자의 배후에 놓여 있다. 창 1:28의 개념은 구약성서 전체에서 다시 언급되며 시 8:4-8에서 가장 두드러지게 나타난다. G. K. Beale, *A Biblical Theology of the New Testament: The Unfolding of the*

에서 활동하는 모든 악한 세력에게 미치는 그리스도의 우주적인 통치는 구약성서에서는 부분적으로 발견되지만 신약성서에서 더욱더 분명하고 자세하게 드러난다.

그러므로 위의 내용에 비춰본다면 그리스도가 **하늘과 땅에 있는 모든 것**을 다시 모으고 그것을 자기 아래 올바로 다시 통일시킨다고(엡 1:10) 밝혀진 비밀은 구약성서에서는 단지 암시되기만 했으나 신약성서에서 분명하게 드러났다. 이것이 바로 비밀의 내용 중 일부분이다.

그리스도의 통치 수단. 그리스도의 아담적 통치 및 만물을 자기 아래 통일시키는 수단은 그의 죽음(엡 1:7)과 부활(엡 1:20)을 통해 주어지며 비밀 계시의 일부로서 포함된다. 에베소서 1:9-10에서 바울은 그리스도가 어떻게 승리했는지 밝히지 않고 단지 그가 "만물"을 다시 정리하는 데 있어서 통치권을 행사하고 있다고 밝힌다. 그러나 에베소서 1:19-20에서 사도 바울은 그리스도가 어떤 방법으로 자신의 메시아적 특권을 성취했는지를 부분적으로 알려준다. 그것은 바로 "그[하나님]가 그[그리스도]를 죽은 자 가운데서 살리고 하늘의 영역에서 자기의 오른편에 앉힐 때, 그가 그리스도 안에서 역사한 강력한 힘"(NIV)으로 된 것이다. 또한 에베소서 1:9에서 "비밀"이라는 용어가 언급되기 직전에 에베소서 1:7이

Old Testament in the New (Grand Rapids: Baker Academic, 2011), pp. 83-84을 보라. G. B. Caird는 단 7장에 대한 논의에서 다음과 같이 주장한다. "권세가 인자에게 넘어가는 재판 절차에서 시 8편의 인간의 운명에 대한 비전이 성취된다. 이 재판 절차에서 인류는 비록 일시적으로 낮아지기는 했지만 영광과 존귀를 물려받는다. 심지어 짐승도 인간의 권위에 복종할 것이다. 따라서 단 7장은 시 8편에 대해 최초로 알려진 미드라쉬를 보존하고 있다." Caird는 그다음에 자신의 이 진술에 대해 다음과 같이 각주를 단다. "여기서 뒤로 되돌아가는 과정은 단 7장 → 시 8:6 → 창 1:26일 것이다." G. B. Caird, *New Testament Theology*, ed. L. D. Hurst (Oxford: Clarendon: 1995), 378n57을 보라. 따라서 바울은 엡 1:22에서 아담적인 인물(곧 시 8:4의 "인자")의 역할이 성취되었음을 알리기 위해 시 8편을 인용할 것이다. 즉 이 아담적인 인물은 모든 피조물을 자기에게 복종시킨다. 이는 모든 피조물을 다스리는 인자의 역할을 강화한다.

다음과 같이 그리스도의 죽음을 분명하게 언급하고 있음에 주목하라. "우리는 그리스도 안에서…그의 피로 말미암아 속량 곧 죄 사함을 받았느니라."

우리는 앞 장에서 이미 이 주제에 대해 어느 정도 자세하게 논의했다. 따라서 여기서 우리는 앞서 제시한 결론을 간략하게 되풀이하고자 한다. 메시아가 고난을 당한다는 사실은 구약성서와 초기 유대교에서도 예견되었다. 하지만 고난과 죽음이 그의 사역에서 **중심**을 차지하는 것은 아니다. 구약성서에서 메시아와 관련된 몇몇 텍스트는 이스라엘의 회복을 성취하기 위해 메시아적인 인물이 고난을 받는다고 말한다(참조. 사 40-56장의 맥락에서 사 53장; 단 9:26; 슥 13:7). 그러나 복음서에서 예수는 자신의 고난과 죽음이 중요한 역할을 차지하며 자신의 메시아 직분과 종말의 나라를 나타낸다고 주장한다(예. 마 17:12; 막 9:12). 이 계시의 "새로움"은 메시아가 반드시 고난을 당한다는 점이 아니라 이 개념이 얼마나 주목을 끌 만한 것인지, 그리고 특히 메시아의 고난이 그의 통치와 얼마나 밀접하게 연결되어 있는가에 있다. **그리스도의 통치는 그의 죽음 및 패배와 밀접한 관련이 있다.** 놀랍게도 그는 패배한 바로 그 순간에 자신의 메시아 역할을 수행한다. 요한복음에서 잘 알려진 주제로서 그리스도는 바로 패배의 한가운데서 승리를 거둔다. 구약성서에서는 메시아의 죽음도 그의 부활도 메시아에게 주어질 통치 수단으로서 분명하게 이해되지 않는다.[15] 사실 메시아가 죽은 자 가운데서 부활한다는 사실은 구약성서와 유대교 문헌에서는 단지 암시된 형태로만 나타난다.[16] 그렇다면 그리스도

---

[15] 앞에서 이미 주장했듯이 다윗이 자신의 아들 압살롬의 추적을 피해 예루살렘으로부터 피신한 일은 아마도 고국을 떠나 있거나 고난을 겪고 있는 그 사람이 동시에 진정한 왕일 수 있음을 가리키는 구약성서의 암시다.

[16] 구약성서에서 하나님의 백성 또는 거룩한 개인들의 부활에 대한 언급이 발견된다(신 32:39, 참조. 출 3:6; 참조. 욥 14:14 및 19:25-26; 삼상 2:6; 시 16:9-10; 22:28-29;

의 역설적인 죽음에 관한 이와 같은 요소들은 에베소서 1장에서 밝혀진 "비밀"에 어느 정도 포함된다. 왜냐하면 그의 죽음은 에베소서 1:9-10의 비밀과 관련되기 때문이다.

이와 마찬가지로 그리스도의 부활은 이전에 미처 기대하지 못한 사건이다. 부활은 그리스도가 자신의 통치를 행사하는 수단이며, 만물을 자기 아래 회복시키고 통일시키기 위해 반드시 일어나야 했던 사건이다. 구약성서에서는 메시아의 부활이 종말의 왕 직분을 성취하는 데 결정적인 사건이 된다는 점이 분명하게 언급되지 않았다. 그러나 이제 메시아의 부활은 에베소서 1:9-10에서 계시된 비밀의 한 부분을 차지한다. 우리는 이스라엘의 부활이 구약성서에서 분명하게 예언되었고, 여기에는 이스라엘의 오실 메시아의 부활도 마땅히 포함된다고 이미 논의했다. 창세기 3:15은 종말에 올 지도자가 종말의 대적자에게서 받는 고통("그의 발꿈치를 상하게 하는")을 이겨내고 그 대적자에게 치명적인 타격을 가할 것이라고 예언한다. 그렇지만 이 승리가 부활을 통해 일어난다는 점은 창세기 3:15에서 분명하게 드러나지 않는다. 그럼에도 불구하고 죽음에 대한 승리를 뜻하는 부활의 예언들은 이스라엘의 부활에 대해 구약성서의 예언이 의미하는 대로 이해되어왔던 것처럼 보인다. 아마도 이는 죽음을 야기하는 악한 세력에 대한 승리를 함축적으로 포함했을 것이다. 이와 같은 정도로 오실 메시아가 부활을 통해 승리한다는 사상은 구약성

49:14-16; 73:24; 사 25:7-9; 26:19; 겔 37:1-14; 단 12:1-2; 호 6:1-3; 13:14). 아마도 오직 사 53:10-11에서만 메시아적인 종의 부활이 언급될 것이다. 하지만 이 텍스트도 기껏해야 그것을 암시할 뿐이다. 신약성서는 시 16:9-10(행 2:24-32을 보라) 및 호 6:1-3(고전 15:4)과 같은 텍스트들을 메시아의 부활을 언급하는 것으로 이해한다. 이는 아마도 예수가 진정한 이스라엘의 총합 또는 이스라엘 민족 중에서 의로운 개인의 전형이라는 이론적인 근거에 기초할 것이다. 따라서 모든 신실한 이스라엘 사람들이 종말에 부활하기 때문에, 이 부활에는 이스라엘의 신실한 메시아도 반드시 포함되어야 한다.

서에 함축적으로 뿌리내리고 있다고 여겨진다.

사실 고린도전서 15:3-4은 "성경대로 그리스도께서 우리 죄를 위하여 죽으시고…성경대로 사흘 만에 다시 살아나사"라고 말한다. 따라서 바울은 메시아의 부활이 구약성서 어딘가에서 예고되었다고 이해한다. 그렇지만 어디에서 예고되었는가? 많은 이들은 호세아 6:1-2을 메시아의 부활을 예언하는 구절로 이해한다("[여호와께서] 우리를 치셨으나…여호와께서 이틀 후에 우리를 살리시며/ 셋째 날에 우리를 일으키시리니/ 우리가 그의 앞에서 살리라"). 이 예언은 일차적으로 이스라엘 신앙 공동체의 회복을 가리킨다. 아마도 바울은 이 구절을 메시아의 부활을 예언하는 "성서"의 한 부분으로 포함시키고 있는 것 같다. 우리가 바로 앞에서 지적했듯이, 이는 이스라엘의 부활이 이스라엘의 오실 메시아의 부활을 포함한다는 관점에 기초한 것이다. 메시아는 종말의 이스라엘을 자기 안에 모아서 대표했다. 따라서 에베소서 1장에서 죽음 및 악의 세력에 대한 승리로 묘사되는 그리스도의 부활은 계시된 비밀에 포함되어야 할 것 같다. 왜냐하면 이 부활이 구약성서에서 분명하게 드러나지 않았기 때문이다. 하지만 이 가르침은 구약성서에 뿌리를 두고 있으며 거기에 암시되어 있었다.

특별히 어떻게 그리스도가 (그의 부활뿐만 아니라 부분적으로 그의 죽음을 통해) 만물의 재통일을 성취했는가(엡 1:10에서)라는 질문과 관련하여, 우리는 또다시 신구약성서의 **연속성**과 **불연속성**을 간파하게 된다. 이제까지 우리는 이 연구를 통해 이것이 사실임을 밝혀왔다. 우리는 신약성서가 **비밀**을 사용하는 부분에서 이것이 항상 사실임을 계속해서 논의할 것이다.

그리스도의 통치 결과. 에베소서 1장에서 비밀의 또 다른 요소는 그리스도의 통치 결과에 대한 것이다. 여기서 제시되는 우리의 논평은 그리스도의 통치 "영역"에 대해 앞에서 논의한 것과 다소 겹친다. 이 요소는 에베소서 1:9-10의 다음과 같은 언급에서 가장 주목을 받는다. "그 뜻의 비밀을…다 그리스도 안에서 통일되게[*anakephalaiōsasthai*] 하려 하심이라." 우리는 앞에서 그리스어 동사 *anakephalaiōsasthai*를 "하나 되게 하다" 또는 "통일시키다"라는 의미로 가장 잘 번역할 수 있다고 논의했다. 영역본 NIV가 에베소서 1:10을 "그리스도 아래서 하늘과 땅에 있는 모든 것을 하나 되게 한다"고 올바로 번역한다. 한마디로 "모든 것"은 그리스도 안에서 함께 모아지거나 "요약"된다. 그리스도의 통치 결과를 올바로 판단하기 위해 우리는 우주적 통일, 즉 에베소서 1장에서 비밀의 초점이 되는 이 우주적 통일 개념의 특성을 더 깊게 탐구할 필요가 있다.

바로 앞의 문맥에서 "모든 것"은 "하늘에 있는 것이나 땅에 있는 것"으로 정의된다(엡 1:10). 앞에서 언급했듯이 "모든 것"이라는 표현은 영적인 세력과 개체라고 구체적으로 언급된다(엡 1:21, "모든 통치와 권세와 능력과 주권과…일컫는 모든 이름"). 십자가 사건과 부활은 우주의 종말론적 회복을 시작하게 했다. 피조물의 타락과 분열된 특성은 실질적인 의미에서 그리스도의 우주적 통치 아래 올바로 세워졌으며 그 통치 안으로 들어왔다.

골로새서 1:16-20은 에베소서 1:10, 21에 나오는 "모든 것"에 대한 바울의 논지와 매우 닮았다. 골로새서의 이 구절을 에베소서의 구절과 더욱더 타당하게 연결해주는 것은 거기에 "모든 것"의 "화해"라는 개념이 포함된다는 점이다.

> 만물이 그에게서 창조되되 하늘과 땅에서 보이는 것들과 보이지 않는 것들과 혹은 왕권들이나 주권들이나 통치자들이나 권세들이나 만물이 다 그로 말미암고 그를 위하여 창조되었고 또한 그가 만물보다 먼저 계시고 만물이 그 안에 함께 섰느니라.…아버지께서는 모든 충만으로 예수 안에 거하게 하시고

그의 십자가의 피로 화평을 이루사 만물 곧 땅에 있는 것들이나 하늘에 있는 것들이 그로 말미암아 자기와 화목하게 되기[apokatallaxai ta panta]를 기뻐하심이라(골 1:16-20).

그리스도가 처음의 질서정연하고 조화로운 피조물이 생기게 한 존재였듯이(골 1:16-17), 그는 새로운 피조물에게 질서를 부여하시는 분이다.[17] 골로새서 1:16-17의 의미와 관련하여 학자들 사이에서 맹렬한 논쟁이 빚어지고 있다. 하지만 이 골로새서 구절은 그리스도의 죽음과 부활로 인해 전 우주가 "갱신되는" 과정에 있으며 그리스도의 통치 아래로 들어오게 되었다는 관점을 부각한다(참조. 빌 2:10-11). 로제(Lohse)는 다음과 같이 올바로 논평한다. 즉 "우주는 하늘과 땅이 하나님이 정하신 창조 질서로 다시 돌아오게 됨으로써 화목하게 되었다.…우주는 또다시 그의 머리 아래 있으며,…우주의 평화가 돌아왔다."[18] 심지어 악의 세력들조차 그리스도의 권능 아래 강요되는 평정의 과정을 겪으면서 "화해될" 것이다. 물론 이것은 그리스도의 초림에서 (특별히 영적인 측면에서) 결정적으로 돌이킬 수 없이 시작되었으며, 그의 재림에서 (영적으로 또한 물리적으로) 완성된다. 이 우주적인 평화, 평정, 통일에 있어서 가장 중요한 몇 가지 측면이 에베소서 3장과 5장에서 드러나게 될 것이다. 우리는 에베소서 3장 및 5장에서 사용되는 비밀에 대해 다루면서 그리스도를 통해 이루어지는

---

17 골 1:15-22에 나오는 옛 창조와 새 창조의 관계에 대한 더 자세한 설명은 G. K. Beale, "Colossians," in *Commentary on the New Testament Use of the Old Testament*, ed. G. K. Beale and D. A. Carson (Grand Rapids: Baker Academic, 2007), pp. 851-55을 보라.

18 Eduard Lohse, *Colossians and Philemon*, Hermeneia (Minneapolis: Fortress, 1972), p. 59; 또한 참조. Douglas J. Moo, *The Letters to the Colossians and Philemon*, PNTC (Grand Rapids: Eerdmans, 2008, 『골로새서·빌레몬서』, 부흥과개혁사 역간), pp. 136-37; Moo, "Nature in the New Creation: New Testament Eschatology and the Environment," *JETS* 49 (2006): 469-74.

우주의 통일과 회복이 어떻게 구약성서에서 비밀이었다가 신약성서에서 계시되는지를 설명하고자 한다. 그리스도를 통한 이 우주적인 회복과 통일이 바로 에베소서 1:9에서 언급되는 비밀의 초점일 것이다.

에베소서 3장의 민족적 비밀

그리스도의 우주적 통치와 여기에 뒤따르는 만물의 통일에 대해 논의하고 나서 바울은 에베소서 2-3장에서 연합이라는 주제를 이어간다. 그는 그리스도가 분열된 우주를 회복시키기 시작한 가장 의미 있는 방법 중 하나는 이전에 소외되고 적대적이었던 민족들을 통일시키는 일임을 명시한다. "모든 것(만물)"이 그리스도 안에서 하나가 되는 것과 마찬가지로 유대인과 이방인도 그리스도 안에서 하나가 된다. 따라서 우리는 에베소서 3장에서 계시된 비밀은 에베소서 1장에서 다루어지는 우주적인 비밀에 깊게 뿌리내리고 있으며 그 비밀을 밝혀준다고 이해해야 한다. 에베소서 3장에서 사도 바울은 이방인들이 그리스도 안에서 믿음으로 새로운 언약 공동체에 참여하고 그 공동체 안에서 믿는 유대인들과 더불어 동등한 구성원이 되는 일에 어떻게 비밀이 관련되는지를 자세히 설명한다. 그러나 이것이 어떻게 또는 왜 비밀인가? 이 단원의 나머지 부분은 에베소서 3장에서 언급되는 비밀의 본질이 정확히 무엇인지를 입증하려고 시도할 것이다. 에베소서 3장 본문은 난해하기로 악명이 높다. 그래서 우리는 이 본문을 여러 각도에서 세부적으로 검토하고자 한다.

우리는 먼저 이 구절의 전후 문맥을 살펴보고 그다음에 어떻게 민족적 연합에 대한 바울의 논의가 구약성서 및 유대교와 관련되는지를 검토할 것이다. 우리는 참이스라엘인 그리스도의 역할과 에베소서 3장의 비밀을 이해하도록 도와주는 암시에도 주목할 것이다. 우리는 마지막으로 우리의 결론을 더욱 나타내는 다니엘서의 암시를 조명할 것이다.

전후 문맥. 에베소서 3장은 신약성서에서 비밀에 대해 가장 길게 논의하는 본문 중 하나다. 이는 바울이 밝혀진 비밀을 어떻게 이해하는지에 대한 풍부한 통찰을 포함한다. 따라서 우리는 이 본문을 다양한 측면에서 관찰하면서 탐구할 것이다.

이러므로 그리스도 예수의 일로 너희 이방인을 위하여 갇힌 자 된 나 바울이 말하거니와 너희를 위하여 내게 주신 하나님의 그 은혜의 경륜을 너희가 들었을 터이라. 곧 계시로 내게 비밀을 알게 하신 것은 내가 먼저 간단히 기록함과 같으니 그것을 읽으면 내가 그리스도의 비밀을 깨달은 것을 너희가 알 수 있으리라. 이제 그의 거룩한 사도들과 선지자들에게 성령으로 나타내신 것 같이 다른 세대에서는 사람의 아들들에게 알리지 아니하셨으니 이는 이방인들이 복음으로 말미암아 그리스도 예수 안에서 함께 상속자가 되고 함께 지체가 되고 함께 약속에 참여하는 자가 됨이라. 이 복음을 위하여 그의 능력이 역사하시는 대로 내게 주신 하나님의 은혜의 선물을 따라 내가 일꾼이 되었노라. 모든 성도 중에 지극히 작은 자보다 더 작은 나에게 이 은혜를 주신 것은 측량할 수 없는 그리스도의 풍성함을 이방인에게 전하게 하시고 영원부터 만물을 창조하신 하나님 속에 감추어졌던 비밀의 경륜이 어떠한 것을 드러내게 하려 하심이라. 이는 이제 교회로 말미암아 하늘에 있는 통치자들과 권세들에게 하나님의 각종 지혜를 알게 하려 하심이니 곧 영원부터 우리 주 그리스도 예수 안에서 예정하신 뜻대로 하신 것이라. 우리가 그 안에서 그를 믿음으로 말미암아 담대함과 확신을 가지고 하나님께 나아감을 얻느니라. 그러므로 너희에게 구하노니 너희를 위한 나의 여러 환난에 대하여 낙심하지 말라. 이는 너희의 영광이니라(엡 3:1-13).

에베소서 3장은 "이러므로"(이 이유 때문에)로 시작한다. 여기서 "이러므로"는 유대인과 이방인이 "하나"가 되었다고 말하는 앞의 문맥을 가리킨다. 바울은 그리스도가 "중간에 막힌 담을 자기 육체로 허시고"(엡 2:14) 두 그룹을 하나로 만들었다고 주장한다. 바울의 은유가 정확하게 무엇을 가리키는지에 대해 많은 학자들이 논쟁을 벌여왔으나 바울은 구약의 율법을 가리키는 것 같다. 왜냐하면 에베소서 2:15 – "원수 된 것, 곧 다양한 규정을 포함하는 계명의 율법을 자기 육체로 허물고"(NASB) – 에서 바울은 그리스도가 어떻게 두 그룹을 한 몸으로 만들었는지를 설명하면서 앞 절(엡 2:14)을 확대하고 있기 때문이다. 바울의 이 말은 그리스도의 죽음이 지니는 구원의 의미보다(사실 평행 본문인 골 2:13-14은 여기에 초점을 맞추고 있다) 그 죽음이 가져오는 중대한 사회학적 **결과** 중 하나에 초점을 맞추고 있다. 그리스도의 죽음은 민족 그룹이 이제 자신들을 정의하는 방식, 특히 이전에 이스라엘을 특별한 민족 국가로 규정했던 율법의 민족주의적 표시 방식에 대해서 변화를 가져왔다.

"그리스도의 비밀"(엡 3:4: *tō mystēriō tou Christou*)이라는 표현은 신약성서에서 골로새서에 한 번 더 나오는데, "그리스도의 비밀[*mystērion tou Christou*]을 말하게 하시기를"(골 4:3)이라고 언급된다. 다른 몇몇 경우에 (롬 16:25; 엡 5:32; 골 1:27; 2:2) 그리스도가 분명하게 비밀이라는 용어와 함께 언급되고 있지만 골로새서 4:3이 가장 가까운 평행 본문이다. 에베소서 3:4에서 "그리스도의"(*Christou*)라는 소유격이 어떤 의미로 사용되었는지를 결정하기는 어렵다. 하지만 우리는 그것을 어떤 대상을 가리키는 소유격, 곧 "그리스도에 대한 비밀"이라고 제안한다. 이는 이어지는 문맥에도 잘 어울린다. 에베소서 3:6은 "이방인들이…그리스도 예수 안에서…함께 약속에 참여하는 자가 됨이라"라고 말한다. 에베소서 3:8은 "이 은혜를 주신 것은 측량할 수 없는 그리스도의 풍성함을[에 대해] 이방인에게 전하게 하시고"라고 언급한다. 어떤 대상을 가리키는 이 소유격의 중요성은 다음과 같다. 비록 에베소서 3:3-13에서 계시된 비밀은 이방인과 유대인이 관계 맺는 방식에 적용되고 있기는 하지만, 여기서 계시된 비밀은 메시아와 밀접하게 연결되어 있어서 바울은 그것을 "그리스도에 대한 비밀"이라고 이름 붙일 수 있었다.

우리는 고린도전서 1장에 대해 논의하는 장에서 영속적이며 일시적인 감추어짐이 바울 문헌에서 핵심적인 역할을 하고 있음을 살펴보았다. 에베소서 3:5은 우리가 "일시적인 감추어짐"이라고 부르는 것에 대해 언급한다. 이 일시적인 감추어짐의 특성은 구약 시대의 성도들이나 "다른 세대들"[19]에게는 감추어져 있었지만 종말에 그리스도의 오심과 더불어 이제 하나님의 백성에게 밝혀진 구체적인 계시와 관련된다(참조. 골 1:26).[20] "이제 그의 거룩한 사도들과 선지자들에게 성령으로 나타내신 것같이 다른 세대에서는 사람의 아들들에게 알리지 아니하셨으니"라는 거의 정형화된 표현에 주목하라.[21] 이 두 세대 간 대조에 대한 강조는 아마도 민족 그룹 자체보다 **이 사람들이 살고 있는 시대**에 초점을 맞추고 있을 것이다. "다른 세대"와 "사람의 아들들"(엡 3:5)은 하나님이 부분적으로 이 비밀을 감추셨던 옛 시대에 살았다. 반면에 "사도들"과 "선지자들"(엡 3:5)은 새 시대, 즉 하나님이 비밀을 계시하시는 시대에 속해 있다. 이는 **이제**

---

19 구약성서에서 "다른 세대들"(*heterais geneais*)이라는 표현은 현재 세대와 과거/미래 세대 간의 대조다(예. 신 29:21; 삿 2:10; 시 47:14 LXX). 여기서 바울은 이 표현을 사용하여 비밀에 대한 구약성서의 불완전하거나 부분적인 지식과 신약성서의 더 온전한 계시를 구분하고 있다.
20 골 1:26도 보라. "이 비밀은 만세와 만대로부터 감추어졌던 것인데 이제는 그의 성도들에게 나타났고"(참조. 벧전 1:10-12).
21 Nils Alstrup Dahl, *Jesus in the Memory of the Early Church* (Minneapolis: Augsburg, 1976), pp. 32-33. Dahl은 한동안 "감추어졌지만" "이제 계시된" 비밀에 대한 정형화된 표현을 언급하는데, 그의 주장은 옳다.

(*nyn*)라는 주목할 만한 단어로 입증된다. 바울이 사용하는 언어의 용례에서 이 단어는 종종 시대의 전환을 알려준다(예. 롬 8:22; 11:30; 16:26; 고후 5:16; 6:2; 딤후 1:10).

비밀의 내용. 지금까지 우리는 에베소서 3:1-13에 대해 간략하게 논의했다. 이제 우리는 계시된 비밀의 내용에 초점을 맞추고자 한다. 에베소서 3:6은 이 장에서 언급하는 비밀의 심장부에 이르게 한다. "이는 이방인들이 복음으로 말미암아 그리스도 예수 안에서 함께 상속자가 되고 함께 지체가 되고 함께 약속에 참여하는 자가 됨이라(*einai*)." 이 구절은 에베소서 3:3-4—"곧 계시로 내게 비밀을 알게 하신 것은…그것을 읽으면 내가 그리스도의 비밀을 깨달은 것을 너희가 알 수 있으리라"—에서 계시된 비밀의 내용을 풀어주는 더욱 자세한 해석 또는 설명으로 시작한다.

계시된 비밀의 내용에 대해서는 일반적으로 세 가지 견해가 있다. 세대주의자들과 진보적 세대주의자들은 여기서 비밀의 내용이 다음과 같다고 주장한다. 즉 유대인과 이방인은 일반적으로나 영적으로나 동등하며, 이는 구약성서에서 전혀 계시되지 않았다. 다시 말해서 두 그룹은 그리스도 안에서 하나님께 온전히 나아가고, 그의 몸(교회)의 동등한 구성원이며, 그리스도 안에서 완전한 구원을 누린다.[22]

반면에 어떤 주석가들은 계시된 비밀의 내용은 유대인과 이방인의 완전한 평등으로, 이 두 그룹이 모두 **참된** 이스라엘로서 동등하게 교회를 구성한다고 주장한다.[23] "약속"에 의하면 이방인이 이스라엘의 한 부분이라는 것은 이 절과 바로 앞 단락(엡 2:11-22)에서 분명히 나타난다. 그렇

---

22 예를 들어 다음을 보라. Harold W. Hoehner, *Ephesians: An Exegetical Commentary* (Grand Rapids: Baker, 2002), pp. 445-48; Robert L. Saucy, "The Church as the Mystery of God," in *Dispensationalism, Israel and the Church*, ed. Craig Blaising and Darrell L. Bock (Grand Rapids: Zondervan, 1992), pp. 127-55.
23 예를 들면 Caragounis, *Ephesian Mysterion*, pp. 140-41.

지만 여기서 제기되는 질문은 이 개념이 에베소서 3:6에서 계시된 비밀에 속하는가, 그렇지 않은가에 있다. 예를 들면 카라구니스(Caragounis)는 다음과 같이 주장한다. 즉 "이것이…3장에서 언급되는 **비밀**(*mysterion*)의 내용이다. 강조점의 무게는 유대인보다 오히려 이방인에게 있다. 왜냐하면 이 관계에서 새로운 것은 유대인의 구원이 아니라 이방인이 구원과 그리스도의 몸에 참여하는 것이기 때문이다."[24]

만일 이 비밀이 이방인이 이스라엘의 유산 상속에 참여하는 일과 관련된다면 비록 그것이 중요한 진술이더라도 에베소서 3:6은 단지 에베소서 2장에서 이미 확립된 것을 다시 진술하는 것에 지나지 않는다. 이 학자들에 의하면 믿는 유대인들과 이방인들은 이제 참이스라엘로서 똑같은 자격을 지니고 있다. 에베소서 2:12은 구약 시대에 이방인들은 "이스라엘 나라 밖의 사람"이었다고 말한다. 하지만 에베소서 3:6은 이제 이방인들이 "함께 [몸의] 지체가 되고"라고 언급한다. 에베소서 2:12에 따르면 전에 이방인들은 이스라엘로부터 떨어져 있었다. 또한 에베소서 2:12에서 이방인들은 전에 이스라엘의 "약속의 언약들에 대하여는 외인"이었으나, 이제 에베소서 3:6은 그들이 "함께 약속에 참여하는 자"가 되었다고 말한다. 에베소서 2:12에 비춰보면 여기서의 약속은 이스라엘에게 주어진 것이었다. 마지막으로 에베소서 2:12은 구약 시대에는 이방인들이 "그리스도 밖에" 있었다고 주장한다. 그런데 어떻게 그리스도가 오

---

[24] Caragounis, *Ephesian Mysterion*, p. 139 (참조. pp. 140-41). 엡 3:6에서 그리스어 접두사 *syn*은 분명히 이 견해와 양립할 수 있다. 곧 "이방인들은 **공동 상속자들**[*synklēronoma*]과 **몸의 공동 구성원들**[*syssōma*]이고, 또한 약속의 **공동 참여자들**[*symmetocha*]이다." 다음도 보라. O'Brien, *Ephesians*, p. 236; Frank Thielman, "Ephesians," in G. K. Beale and D. A. Carson, *Commentary on the New Testament Use of the Old Testament* (Grand Rapids: Baker, 2007), p. 819; Lincoln, *Ephesians*, p. 181; Bockmuehl, *Revelation and Mystery*, p. 202; Seyoon Kim, *The Origin of Paul's Gospel*, WUNT 4 (Tübingen: Mohr Siebeck, 1981; repr., Grand Rapids: Eerdmans, 1981), p. 23; G. W. Barker, "Mystery," in *ISBE* 3:454.

기 전인 구약성서에서 이방인들에게 이 약속이 적용된다고 말할 수 있었는가? 로마서 9:4-5에 비춰보면 이는 "그리스도"의 궁극적인 오심과 관련하여 이스라엘에게 주어진 "언약"과 "약속"을 가리킨다. 이제 에베소서 3:6은 그 언약과 약속이 그리스도 안에서 성취되기 시작했으며, 이방인들도 이제 "그리스도 예수 안에서 함께 [성취된] 약속에 참여하는 자"가 된다고 말하고 있다. 따라서 이 학자들에 의하면 에베소서 2:11-22은 이방인들이 이스라엘과 이스라엘의 성취된 약속에 참여하고 있다는, 계시된 비밀이다. 그리고 에베소서 3:3-13은 이 사실에 대해 더 깊이 숙고하고 있다.

그러므로 비록 이 견해가 고려할 만한 가치가 있고 어느 정도 사실이기는 하지만, 여기서 에베소서 3:6은 에베소서 2:11-22에서 이미 설명한 유대인과 이방인의 관계를 단지 반복하고 새로 진술한 것에 지나지 않는다. 이 견해는 **이방인들도 종말에 참이스라엘에 속하게 된다고 분명하게 예언한 구약성서의 몇몇 언급을 이해하지 못한다**는 점에서 만족스럽지 못하다(시 87:4-6; 사 11:9-10; 14:1-2; 49:6; 51:4-6; 60:1-16; 렘 3:17; 슥 3:9-10). 다시 말해서 에베소서 3:6에서 이방인들도 참이스라엘을 구성한다는 계시의 "새로움"은 무엇인가? 만약 구약성서가 분명하게(또한 자주) 그런 주장을 했다면, 왜 바울이 그와 같은 계시를 받았겠는가? 이 점은 바울이 정반대의 경우(!)를 말할 때 사용하는 명백한 표현에 주목하면 분명해진다. 즉 바울은 "이제…나타내신 것같이 다른 세대에서는 [그리스도의 비밀을] 사람의 아들들에게 알리지 아니하셨으니"(엡 3:5)라고 말한다.[25] 앞에서 살펴보았듯이 바울의 요점은 이 가르침이 단순히 구약성

---

25 Caragounis는 [엡 3:5에서] 그리스어 부사 *hōs*("~같이")를 비교의 정도를 나타내는 표현으로 이해해야 한다고 주장한다(*Ephesian Mysterion*, p. 102). 다시 말해서 구약성서의 예언자들은 사실상 나중에 바울에게 계시된 감추어진 비밀에 대해 **어느 정도** 분별하

서에서 명확하게 발견되지 않는다는 것이다. 따라서 구약성서가 분명하게 알려주듯이 에베소서 3장에서 계시된 비밀은 **주로** 유대인과 이방인의 평등과 관련되는 것은 아니다(하지만 우리가 이미 살펴보았듯이 이 평등은 비밀을 이해하는 데 대단히 중요하다).

오히려 비밀에 대한 세 번째 견해는 주로 종말에 이방인이 참이스라엘의 한 부분을 이루게 되는 **방법**과 관련된다. 그렇다면 에베소서 3:6에서 비밀의 내용은 정확하게 무엇인가? 가장 구체적인 대답은 다음과 같다. 곧 **이방인들은 "종말"이라고 알려진 시기에 참이스라엘 사람이 되기 위해 율법이 요구하는 이스라엘의 민족적 관습과 외형상의 표시를 더 이상 지켜야 할 필요가 없다**. 비밀의 내용으로서 에베소서 3:6을 다시 한번 인용해보자. "이는 이방인들이 복음으로 말미암아 그리스도 예수 안에서 함께 상속자가 되고 함께 지체가 되고 함께 약속에 참여하는 자가 됨이라"(엡 3:6). 바울이 **어떻게** 이 두 그룹을 동등한 기초에 위치하도록 하는지를 강조하는 일은 중요하다. 여기서 비밀은 이 두 그룹이 단순히 한 공동체라는 사실이 아니다. 왜냐하면 이는 구약성서에서 이미 분명하게 예

고 있었다는 것이다. 반면에 다른 학자들은 그리스어 *hōs*는 독립적인 용법으로 사용되었으며, 구약성서 저자들은 이 가르침에 대해 전혀 알지 못했다고 주장한다(Thielman, "Ephesians," pp. 818-19). 다음 두 가지 이유에서 첫 번째 견해가 더 선호할 만하다. (1) 우리는 지금까지 이 연구 과제를 통해 특정한 개념(하나님 나라, 메시아 직분 등)과 관련된 것으로서 비밀에 대한 신약성서의 관점은 그 개념에 대한 구약성서의 예언자적 견해와 근본적으로 분리되지 않는다는 점을 간파해왔다. 심겨진 씨앗이 큰 나무가 되듯이 신약성서에서 드러난 비밀은 구약성서에 그 뿌리를 두고 있다. 사실상 구약성서와 신약성서 사이에는 어느 정도 연속성이 존재하는 것이다. 그럼에도 불구하고 구약성서의 관점에서 볼 때 비밀의 성취는 놀랄 만한 것이다. (2) 구약성서와 유대교 문헌은 종말에 이방인들의 회심을 예고한다. 이방인들도 이스라엘의 몇몇 고유한 특징(할례, 음식 규정 등)을 받아들여야 할 것이다. 이 예언들은 신약성서에서 파기되지 않고 그리스도에게 모형론적으로 적용되었다. 참이스라엘로서 그리스도는 이 예언들을 성취한다. 이방인들이 그리스도를 믿을 때 그들도 이 예언들을 성취하는 것이다. 바로 이런 방법으로 이방인들은 구약성서의 기대를 성취하며 계시된 비밀의 "새로움"을 구성하는 참이스라엘의 일부분이 된다. 우리는 앞으로 이 주제에 대해 논의할 것이다.

언되었기 때문이다. 오히려 그들은 **그리스도(메시아) 안에서** 하나다. (구약성서에서 이스라엘 왕들이 그랬던 것처럼) 그리스도는 이스라엘의 메시아적 왕으로서 참이스라엘을 대표하며 그 결과 그들은 참이스라엘의 일부분이 된다. 아마도 우리는 이를 다음과 같이 설명할 수 있을 것이다. 구약성서와 유대교에 의하면 이방인은 토라에 대한 자신의 충성을 통해(예. 라합, 룻, 우리아) **참**이스라엘의 구성원이 되었다. 그들은 삶의 모든 측면에서 이스라엘 민족의 문화를 따라야 했다. 예를 들면 그들은 이스라엘의 율법이 요구하는 것으로서 할례, 음식 규정 및 안식일 준수와 같은 이스라엘의 민족적 특징을 받아들여야 했다.

구약성서 역시 종말에 이방인들이 이스라엘 백성이 될 때 그들도 이스라엘 사람이라는 정체성을 나타내는 동일한 민족적 표시를 지킬 것이라고 예언했다(예. 사 56:3-8; 66:18-21; 슥 14:16-19; 구약성서와 유대교에서 이 주제에 대한 개요를 알려면 추기 6.1을 보라). 하지만 놀랍게도 바울은 이제 이방인들이 유대인 신자들과 함께 참이스라엘의 몸 자체인 그리스도 안에서 믿음으로 **참**이스라엘 백성이 되었다고 주장한다.[26] 또 바울은 이방인이 이전에 이스라엘 율법이 요구했던 다양한 민족적 특징으로써 자신을 입증할 필요가 없다고 말한다. **요컨대 이 비밀은 어떻게 이방인들이 종말에 이스라엘의 언약적인 표시, 즉 구약성서의 관점에 의하면 이전에 이스라엘 사람으로 간주되기 위해 해야 한다고 요구되었던 그 표시를 받아들이지 않은 채 참이스라엘 사람이 되는가를 포함하고 있다.** 이제 누군가가 참이스라엘 사람으로 간주되기 위해 요구되는 유일한 표시는 그리스도와 함께하는 신분 확인이다. 이는 민족적으로 유대인인 "동료" 신자들에게도 똑같이 적용된다. 그래서 민족적 유대인이 참이스라엘 사람

---

26 참조. Gene Wiley, "'Mystery' in the New Testament," *GTJ* 6 (1985): 356.

이 되는 방법도 비밀의 한 부분을 차지한다. 그럼에도 불구하고 이 비밀의 초점은 어떻게 이방인이 종말의 이스라엘이 되는가에 있다. 왜냐하면 에베소서 3:6은 "[이 비밀은] 이방인들이 그리스도 예수 안에서 함께 상속자가 되고…"와 같은 강조점을 반영하고 있기 때문이다(이는 상반되는 평행 본문인 엡 3:6과 엡 2:12로 확인된다). 참이스라엘로서 그리스도의 신분 확인이 에베소서 3장의 비밀을 이해하는 데 있어 핵심 전제이므로, 우리는 곧바로 이 개념을 요약할 것이다.

핵심 전제로서 참이스라엘인 그리스도. 참이스라엘로서 그리스도의 역할은 에베소서 3장의 비밀을 이해하는 데 있어 중요한 핵심 전제다.[27] 비록 바울이 이 개념을 갈라디아서 3:16(그리스도는 아브라함의 "자손")처럼 분명하게 언급하지는 않지만, 이는 여기서의 논의 전체에서 중추적인 역할을 한다. 이미 구약성서에서 이사야 49:3은 "너는 나의 종이요…이스라엘이라"고 말하면서 메시아를 가리키는 종이 참이스라엘임을 단언한다. 갈라디아서 3:16에 나오는 아브라함의 자손이 갈라디아서 3:29에서 이스라엘 자손의 부분으로 간주되는 것과 마찬가지로, 유대인이든 이방인이든 그리스도를 믿는 사람들은 종말의 참이스라엘인 그리스도와 동일시된다.

참이스라엘인 예수에 대한 더 광범위한 성서신학은 여기서 참이스라엘의 대표자인 예수의 배경이 되기에 적합하다. "인자"와 "하나님의 아들"이라는 예수의 칭호는 각각 구약성서의 인물인 아담과 이스라엘을 반영한다. 이스라엘과 그 족장들에게 창세기 1:26-28의 아담과 같이 동일

---

27 종말의 참이스라엘로서 그리스도의 역할 및 그와 엡 3장의 관계에 대한 자세한 논의를 알려면 다음을 보라. G. K. Beale, *A New Testament Biblical Theology: The Unfolding of the Old Testament in the New* (Grand Rapids: Baker Academic, 2011), pp. 651-56(더 광범위하게 알려면 pp. 657-749을 보라).

한 사명이 주어졌다. 따라서 이스라엘의 최초의 아버지인 아담이 첫 번째 동산에서 실패했던 것과 거의 같은 방식으로 이스라엘을 "에덴동산"에서 실패한 집단적 아담으로 이해하는 것은 부당하지 않다. 이런 점에서 예수가 "하나님의 아들"이라고 불린 한 가지 이유가 바로 이것이 첫 번째 아담(눅 3:38; 참조. 창 1:26-28과 관련하여 창 5:1-3) 및 이스라엘(출 4:22; 호 11:1)을 위한 이름이기 때문이라는 것은 이해할 만하다. 또한 이스라엘은 "장자"(출 4:22; 렘 31:9)라고도 불렸다. 메시아 역시 "장자"가 되리라고 예언되었다(시 89:27). 마찬가지로 다니엘 7:13에서 "인자"라는 용어는 짐승들에게 절대 주권을 행사하는 아담의 아들로서 종말의 이스라엘과 이스라엘을 대표하는 왕을 가리킨다. 따라서 하나님은 이스라엘 민족이 참인류가 어떠해야 하는지를 나타내는 집단적인 민족적 아담이 되도록 의도하셨다(예. 신 4:6-8을 보라). 따라서 교회는 종말의 참이스라엘의 시작이다. 이는 그리스도가 성취한 아담, 참인류, 다니엘 7장의 "인자"에 대한 예언의 원래 목적들이 확인되기 시작하는 것이다. 창세기 1:28의 아담과 다니엘 7장의 인자에 대한 논의는 사실상 에베소서와 관련된다. 왜냐하면 에베소서 1장의 비밀은 부분적으로 아담(엡 1:22에 창 1:26-28을 발전시킨 시 8:6이 암시됨)과 인자의 통치(엡 1:20-21에 단 7:13-14, 27이 암시됨)에 대한 암시와 연결되어 있기 때문이다.

그러므로 에베소서 3:6과 신약성서의 다른 곳에서 교회가 단순히 이스라엘과 비슷한 것이 아니라 실제로 이스라엘이라고 주장하는 것은 중요하다. 이는 이스라엘 자체의 원래 목적에 부합한다. 또한 종말에 이방인들이 이스라엘의 일부가 되고, 또 단지 "이방인"이라는 이름을 지닌 구원받은 백성이 아니라 구원받은 민족적 이스라엘과는 독립된 백성으로서 함께 공존한다는 구약성서의 예언에도 잘 들어맞는다. 이 구약성서의 예언은 (라합, 룻, 우리아와 같은 과거 사례들과 일치하는 것으로서) 종말에 이스라엘로 개종한 이방인들에게서 그들의 이방인 정체성이 완전히 지워진다고 예견하지 않았다. 이 예언은 구원받은 이방인들이 이스라엘과 더불어 존재한다는 것도, 이방인이라는 민족적 정체성으로 말미암아 이스라엘의 일부가 될 것이라는 점도 예견하지 않았다. 오히려 종말에 이방인들은 과거 구약성서 시대에 개종한 이방인들의 사례와 마찬가지로 이스라엘 및 이스라엘의 하나님과 더불어 그 신분이 확인될 것이라고 기대되었다.

일단 참이스라엘인 그리스도의 역할 및 그리스도와 이방인의 관계를 이해하면, 우리는 여기서 에베소서 3장에서 밝혀진 비밀의 주요 내용을 더욱 잘 파악할 수 있다. 종말의 참이스라엘인 그리스도의 정체성은 바울의 추론을 잘 설명해준다. 이방인이 이스라엘의 민족주의적 신분을 확인해주는 율법의 표지를 붙이지 **않은 채** 오직 믿음으로 참이스라엘의 일부가 될 수 있다는 사실은 구약성서에서 온전히 계시되지 않았다. 계시된 비밀은 다음과 같다. 즉 이방인은 오직 참이스라엘인 그리스도를 믿음으로 이루어지는 신분 확인으로만 참이스라엘이 될 수 있다. 그들은 이전 시대에 이스라엘 사람이 지녔던 민족주의적 표시(할례, 안식일법, 음식 규정 등)로써 자신의 신분을 확인할 필요가 없다. 참이스라엘이라는 그리스도의 정체성이 바로 이 비밀에 대한 열쇠다. 즉 이방인은 참이스라엘 사람이 되기 위해 이스라엘의 율법이 아니라 그리스도로써 자신의 신분을 확인한다. 이방인이 이스라엘 사람이 되기 위해 지리적인 이스라엘 땅으로 이주해야 할 필요는 없다. 대신에 그들이 참이스라엘 사람이 되려면 예수에게 오기만 하면 된다. 사실상 이 비밀에는 민족적 유대인 역시 과거 이스라엘을 독특하게 구별해주는 율법의 표시가 아니라 그리스도와 더불어 자신의 신분을 확인함으로써 종말의 이스라엘이 된다는 내용이 부분적으로 포함된다. 여기서 비밀의 초점은 이방인이 참이스라엘에 참여하는 방법에 맞추어져 있다. 이 점을 염두에 두고 우리는 이제 우리의 결론과 일치하는 것으로서 다니엘 2장에 대한 암시를 살펴볼 것이다.

다니엘 2:28의 관점에서 참이스라엘인 메시아와 함께하는 이방인의 신분 확인. 에베소서 3장에서 바울은 남은 유대인 신자들과 함께 회심한 이방인들도 이제 율법이 요구하는 이스라엘의 민족주의적 신분 확인을 더 이상 받아들일 필요가 없다고 주장한다. 하지만 참이스라엘 사람임을 표시하는 율법의 민족주의적 표시를 받아들이지 않고 어떻게 이방인과 유대인이 참이스라엘이 될 수 있는가? 앞에서 우리가 논의했듯이 가장 그럴듯한 대답은 메시아 예수가 참이스라엘이라는 것이다. 메시아는 오직 한 분이므로 오직 하나님의 한 백성만이 있을 수 있다.[28] 이제 그리스도가 유일무이한 "표지"(tag)다. 이 표지와 더불어 각 사람은 자신의 신분을 확인해야 한다. 바로 이것이 왜 에베소서 2:15-18이 그리스도의 죽음에 대해 말하는가에 대한 답변이다. 그의 죽음은 유대인과 이방인을 "한 성령"의 영역 안에 존재하는 "한 새 사람", "한 몸"으로 만든다. 이 "한 새 사람"과 "한 몸"은 바로 그리스도, 곧 메시아의 몸이다. 유대인과 이방인은 하나다. 왜냐하면 그들은 그리스도와 연합했으며 그리스도 곧 자신들을 대표하는 이스라엘의 메시아와 더불어 신분을 확인했기 때문이다. 이방인들은 "그리스도 예수 안에서 함께 상속자가 되고 함께 지체가 되고 함께 약속에 참여하는 자"(엡 3:6)가 될 수 있다. 왜냐하면 민족적 유대인이든 이방인이든 모든 참이스라엘 사람을 대표하는 이스라엘의 왕, 곧 그리스도 안에서 종말의 참이스라엘의 약속과 기업이 시작되었기 때문이다.

---

28   참이스라엘인 예수와 이방인의 관계에 대한 자세한 논의를 알려면 Beale, *New Testament Biblical Theology*, pp. 873-78을 보라.

메시아가 올 때 이스라엘의 신정국가가 완전히 새롭게 구성되어 오직 참이스라엘인 메시아(예수)의 새로운 조직으로만 존속할 것이라는 사실은 구약성서에서 부분적으로 감추어져 있었다.[29] 그리스도 안에서 유대인과 이방인은 옛 언약에 기초한 표시로 이루어지는 신분 확인이 아니라 이스라엘의 왕인 예수 안에서 자신들의 공동체적인 신분 확인을 통해 완전한 평등이라는 기초 위에 서로 결합된다.[30]

에베소서 3장에서 다니엘서를 암시하는 것은 이방인들이 그리스도를 통해 종말의 이스라엘 나라에서 완전한 참여자들이 되었다는 우리의 주장을 강화해준다. 에베소서 3:3에서 "계시로 내게 비밀을 알게 하신 것"(*kata apokalypsin egnōristhē moi to mystērion*)이라는 표현은 다니엘 2:28을 암시한다(Theodotion; 도표 6.2를 보라).

---

[29] 다시 엡 3:5에서 그리스어 단어 *hōs*에 주목하라. 이 단어는 절대적인 감추어짐이 아니라 그것의 정도를 언급한다.

[30] William Hendriksen은 *New Testament Commentary: Exposition of Ephesians* (Grand Rapids: Baker, 1967), pp. 153-55에서 비슷하게 주장한다. 그의 논평은 우리의 결론을 명료하게 하는 데 도움을 준다. 하지만 그는 그리스도가 "새로운 조직" 또는 교회인지에 대해서는 분명하게 표현하지 않는다. 참조. F. F. Bruce, *The Epistles to the Colossians, to Philemon, and to the Ephesians* (Grand Rapids: Eerdmans, 1984), p. 314. Bruce는 여기서 비밀은 유대인과 이방인 사이의 차별이 완전히 없어짐을 예견하지 못한 것이라고 주장한다. Saucy, "Church as the Mystery." pp. 149-51은 엡 3장에 언급되는 비밀의 부차적인 뉘앙스는 다음과 같은 의미에서 예상하지 못한 성취를 가리킨다고 주장한다. 즉 이스라엘의 구원이 대부분 확보되었음에도 불구하고 이방인들이 구원된다. 또 구약성서는 오직 한 시대의 성취를 기대했지만 에베소서는 두 시대의 성취를 묘사한다. 우리는 엡 3장에서 첫 번째 개념을 발견하지 못한다. 그러나 두 번째 개념은 어느 정도 포함되었을 가능성이 있다. 왜냐하면 우리는 마 13장에 대한 논의에서 그것을 비밀의 한 부분으로 이해했고(앞의 제3장을 보라), 종말의 성취와 관련해서 "이미 그러나 아직"의 관점이 에베소서에 스며들어 있기 때문이다. 그럼에도 이와 같이 시간적인 두 시대의 개념은 엡 3장에서 언급되는 비밀의 초점은 아니다.

도표 6.2

다니엘 2:28(Thoedotion)	에베소서 3:3
"하늘에 비밀을 계시하시는 하나님이 계십니다. 그분이 느부갓네살 왕에게 마지막 날에 일어날 일을 알려주셨습니다[apokalyptōn mystēria kai egnōrisen tō basilei]."	"계시로 내게 비밀을 알게 하셨다(kata apokalypsin egnōristhē moi to mystērion)."

다니엘서 배경은 우리가 이제까지 계시된 비밀에 대해 내린 결론에 어떤 중요한 의미를 덧붙여줄 수 있을까? 다니엘 7장과 평행을 이루는 (돌은 인자와 평행을 이룸)³¹ 다니엘 2장에서처럼, (우리가 엡 1:9-10, 20-22에서 살펴보았듯이) 에베소서의 비밀은 메시아가 종말에 악한 통치자들을 물리치는 일에 이어서 이스라엘의 나라를 세우는 일과 관련된다(참조. 엡 3:5, 10 ["이제"]; 참조. 갈 4:4).³² 다니엘 2장에서 세워지는 나라는 세계적으로 광범위한 나라로 통합되는 이방인들을 포함하고 있는 것 같다. 그 이유는 돌이 반대하는 악한 나라를 대표하는 거대한 신상을 깨뜨린 후에 "태산을 이루어 온 세계에 가득하였나이다"라고 언급되기 때문이다(단 2:35). 하나님 나라를 대표하는 돌은 온 땅을 통치한다. 이것은 이 통치에 복종하는 이방인을 다스린다는 것을 포함하지 않을까? 우리는 구약성서

---

31 *4 Ezra* 13:1-11이 단 2장에서 돌이 원수 나라들을 패배시키는 것을 묘사하는 것과 더불어 단 7장의 인자와 밀접하게 연결되어 있음에 주목하라. 예를 들면 *4 Ezra* 13:6을 보라. "그[인자]는 스스로 거대한 산을 떼어내고 그 위로 날아갔다."
32 엡 1:9-10과 3:9-10 사이의 평행하는 표현에 주목할 때 엡 3장의 비밀은 분명히 엡 1장에서 언급된 비밀을 발전시킨다. 이는 두 텍스트 모두 시작된 종말론의 한 측면인 비밀에 관심을 기울이고 있음을 보여준다.

도표 6.3

엡 1:9-10	엡 3:9-10
그 뜻의 비밀을 우리에게 알리신 것이요…때가 찬 경륜을 위하여(gnōrisas hēmin to mystērion… eis oikonomian tou plērōmatos tōn kairōn)	영원부터…감추어졌던 비밀의 경륜이…드러내게 하려 하심이라(oikonomia tou mystēriou tou apokekrymmenou apo tōn aiōnōn…hina gnōristhē nyn).

의 다른 예언들을 통해 마지막 때 모든 이방인이 심판받는 게 아니라 그들 가운데 일부는 하나님을 믿고 그분의 통치에 기꺼이 복종한다는 것을 알고 있다(예. 사 2:2-4; 11:10, 12). 이것이 온 땅을 가득 채우는 하나님 나라의 이미지 안에 어느 정도 포함된다는 점은 평행하는 다니엘 7:13-14에서 명백하게 드러난다. 여기서 인자의 영원한 그리고 종말론적인 나라와 통치는 "모든 백성과 나라들과 다른 언어를 말하는 모든 자들이 그를 섬기게" 하는 데 초점을 맞춘다.

이와 같이 바울은 다니엘 2:28의 "비밀"을 암시했다. 왜냐하면 바울은 예언된 나라의 시작에 대한 비밀을 언급하기 원했을 뿐만 아니라 종말의 나라가 이방인을 포함하는 요소를 끌어내고 싶었기 때문이다.[33]

이 점에 비추어볼 때 에베소서 3장에서 드러난 비밀은 다니엘 2장에서 예언된 이스라엘 나라의 시민이 되는 것과 관련하여 누구에게나(유대인 또는 이방인) 요구되는 새로운 입장 요건을 설명해준다. 즉 **모세 율법이 요구하는 민족적 신분 확인의 표시에 복종하고 그것으로 신분을 확인하는 것이 아니라 오직 이스라엘 왕 예수에게 복종하고 그와 더불어 자신의 신분을 확인하는 것이다.** 여기서 논점이 되는 것은 바로 이스라엘 나라다. 왜냐하면 다니엘 2장 배경과 에베소서 3:6의 "메시아[이스라엘의 기름 부음을 받은 왕] 예수 안에서"와 "그리스도 예수 안에서 함께 상속자[*synklēronoma*]"라는 언급은 에베소서 5:5에서 "그리스도와 하나님의 나라에서 기업[*klēronomian*]"을 얻는다는 내용으로 확대되고 있기 때문이다.[34] 이방인에 대한 주제가 에베소서 3:6에서 이제 이스라엘과 관련된

---

33 이 논지와 관련해서 우리는 Ochang Kwon의 논문으로부터 도움을 받았다. 그의 논문은 단 2장에 나오는 나라에 이방인 개념이 포함되어 있을 가능성에 우리가 관심을 갖도록 했다("A Biblical Theology of Ephesians," New Testament Theological Seminar at Westminster Theological Seminary, January 2014).

34 이방인은 참이스라엘의 부분으로 간주될 수 있다. 왜냐하면 이스라엘의 회복에 대한 사

다는 것은 에베소서 2:12에서도 명백하게 드러난다. 우리가 이 장의 앞부분에서 논의했듯이 믿지 않는 이방인들은 서로 비슷한 평행 구조로 제시된 다음 세 가지 사항과 분리된다고 간주된다. 즉 (1) "그리스도와 관련이 없고" (2) "이스라엘 연방(commonwealth)으로부터 소외되었으며" (3) "약속의 언약에 대해 외인들"이다.[35] 우리가 이미 언급했듯이 민족적 유대인이 참이스라엘이 되는 방법이 아마도 비밀에 포함되어 있겠지만, 에베소서 2:12과 3:6의 관계 역시 이방인이 비밀의 초점임을 밝혀준다.

하지만 에베소서 3장의 비밀은 구약성서 및 유대교에서 묘사하는 내용, 즉 종말에 이방인이 실제로 이스라엘 지역으로 옮겨와서 율법이 요구하는 구체적인 민족주의적 표시를 받아들임으로써 이스라엘 사람이 된다는 것과 어떤 관련이 있는가? 이는 관련 문제에 대해 바울과 구약성서 및 유대교 사상 간의 완전한 불연속성이 아닌가? 다음 몇 가지 사항은 에베소서 3장에서 계시된 비밀이 전적으로 새로운 것이 아니라 비록 희미하기는 하지만 구약성서에서 발견된 내용을 분명하게 드러내는 것임을 보여준다.

1. 이사야 49:3("너는 나의 종이요 내 영광을 네 속에 나타낼 이스라엘이라")이 언급하는 종은 이스라엘 민족을 자기 자신 안에 포괄하는 개별적인 종이다. 여기서 종은 이전에 집단으로서의 이스라엘이 실패했던 일, 즉 하나님으로부터 받은 사명을 성취한다. 그는 이스라엘을 대신하여 죽는(사 53장) 그와 동일한 종이다. 이사야 54:17 이후로 신실한 이스라엘 사

57:19의 예언은 이방인에게 적용되며 그들 안에서 성취되는 것으로 이해되기 때문이다(엡 2:17). 또한 엡 2:20-22에서 이방인은 종말에 세워지기 시작한 이스라엘 성전의 부분으로도 이해될 수 있다.

[35] 이 부분에서 점차 고조되어가는 논의는 Saucy, "Church as the Mystery," pp. 127-55에서 제시된 방향과 정반대를 가리킨다. 무엇보다도 Saucy는 "비밀"은 이방인이 참이스라엘의 일부가 되는 것과 전혀 관계가 없다고 주장한다.

람들은 이사야서에서 처음으로 하나님의 "종들"이라고 불린다. 이에 대한 명백한 근거는 그들의 정체성이 개별적 메시아인 그 종 안에서 발견되기 때문이다.[36] 그들은 이제 진정한 이스라엘의 "종들"이다. 왜냐하면 그들은 믿음으로 그 개별적인 종과 더불어 자신들의 신분을 확인했기 때문이다. 이제 바로 그 종이 그들의 주요한 신분 확인 표지다. 이사야 49:1-8에서 유대인과 이방인 모두가 종 이스라엘이 받은 사명의 직접적인 대상이었음을 상기하라. 우리는 바울이 이사야 49:1-8의 맥락을 잘 알고 있었다는 사실을 안다(행 13:47; 고후 6:2). 그러므로 다음과 같이 결론을 맺는 일이 비합리적이지는 않을 것이다. 즉 에베소서 3장에서 유대인 및 이방인 그리스도인들이 율법의 민족주의적 신분 확인 표지를 보존해야 한다고 요구되지 않는 중요한 이유 중 하나는 메시아가 참이스라엘, 곧 새 언약 공동체의 주요 표지로 기능하기 때문이다. 우리는 앞에서 참이스라엘인 그리스도가 비밀을 이해하는 데 핵심적인 역할을 한다고 논증했다. 율법은 줄곧 그리스도를 가리킨다(예. 롬 10:4; 골 2:3). 따라서 이와 같이 계시된 비밀은 바울의 이해, 즉 이사야서의 메시아인 종이 참이스라엘의 총합을 의미한다는 사실일 것이다. 종말의 이스라엘, 곧 메시아인 종 예수에게 속한 사람들은 참이스라엘인 예수와 더불어 자신들의 신분을 확인하는 것을 제외하고 더 이상 어떤 외적인 확인 표시도 필요하지 않다. 따라서 이사야 49장과 이어지는 장들의 의미는 에베소서 3장의 비밀에 대한 바울의 견해를 강조하는 전제로서 위치한다.

2. 구약성서가 에베소서 3장에서 계시된 비밀을 미리 내다보았다고 제시하는 다른 고려 대상들이 있다. 이사야 56:3-5은 종말론적인 미래에

---

36 우리는 이사야서의 이 개념을 다음 논문에서 참고했다. Daniel J. Brendel, "'Isaiah Saw His Glory': The Use of Isaiah 52-53 in John 12," (PhD diss., Wheaton College Graduate School, 2013), pp. 77-82.

"고자들"이 성전 예배에 참여할 수 있다고 단언한다. 그들은 옛 언약 아래 있는 율법으로 인해 성전 제사에서 배제되었다(예. 레 21:20; 신 23:1을 보라). 게다가 동일한 본문에서(사 56:3, 6) 이방인인 "외국인들"은 성전 예배(옛 언약 아래에서 회심한 이방인에게 허용됨)에 참여할 수 있을 뿐만 아니라 성전에서 "섬기는" 제사장도 될 수 있다. 이사야 66:19-21도 이 개념을 입증해준다(이에 대해서는 나중에 나오는 추기를 보라). 율법에 의하면 아론과 레위 지파의 후손으로 태어난 민족적 이스라엘 사람만이 제사장이 될 자격이 있었다. 비록 이사야 56장이 사실상 여전히 "고자들"과 "외국인들"이 모세 율법을 부분적으로 지키는 것으로 묘사하지만(나중에 나오는 추기에서 사 56장에 대한 우리의 논의를 보라), 그럼에도 불구하고 이 본문은 종말에 "고자들"과 이방인인 "외국인들"에 대한 율법의 요구가 느슨해짐을 드러낸다. 사실상 제사장이 반드시 레위 지파 출신이어야 한다는 민족적 요구는 삭제된다. 따라서 이 장벽의 제거는 심지어 이방인도 제사장이 될 수 있음을 의미한다.

이 점과 관련해 에베소서 2:17에서 유대인과 이방인이 그리스도 안에서 회복됨에 대한 이사야 57:19의 인용과, 곧바로 뒤이어 유대인과 이방인이 그리스도와 사도들과 예언자들의 터 위에 세워진 하나의 성전으로 세워져간다는 언급(엡 2:19-22)은 주목할 만한 가치가 있다. 이 관점은 이사야 56장에 나오는 이방인에 대한 성전 예언이 바울의 주변시(peripheral vision) 안에 있으며 에베소서 3장의 비밀에 대한 바울의 논의를 예견하고 있음을 제시해준다.

3. 종말에 이방인이 율법을 준수할 필요가 없음을 암시해주는 구약성서의 추가 구절은 창세기 15:6이다. 여기서 아브라함은 할례를 받기 전에 하나님을 믿었고 하나님은 "그것을 그의 의로 여기셨다"고 언급한다. 이와 같이 아브라함은 할례라는 민족주의적 구별 표시를 받기 **전에** 의롭

다 함을 받을 수 있는 믿음이 있다는 말을 들었다. 이것 역시 종말에 이방인이 옛 이스라엘의 민족주의적 표시를 지키지 않고도 믿음을 갖고 의롭다고 여김을 받으며 새 이스라엘의 구성원이 된다는 개념을 기대하는 것처럼 보인다. 사실상 창세기 17:5은 아브라함이 "여러 민족의 아버지"가 된다고 말함으로써 아브라함과 이방인을 직접 연결한다. 바울은 이것이 아브라함의 예에 기초한 타당한 추론이라는 점을 로마서 4:1-5, 9-17에서 분명히 밝히고 있다. 여기서 바울은 아브라함이 할례 표시를 받기 전에 믿음으로 의롭다고 여김을 받았다는 창세기 15:6을 인용한다. 바울은 아브라함에 대해 "무할례자로서 믿는 모든 자의 조상이 되어 그들도 의로 여기심을 얻게 하려 하심이라"(롬 4:11; 참조. 롬 4:12-17)고 말한다. 또한 바울은 아브라함의 사례가 이방인이 이스라엘의 옛 율법을 지키지 않고도 종말의 언약 공동체의 구성원이 된다는 사실을 예상하고 있다는 그의 주장의 일부로서 창세기 17:5을 제시한다.

4. 이제 언급할 구약성서의 마지막 예도 여기서의 논의에 타당할 것이다. 노아는 정결한 짐승과 부정한 짐승을 모두 방주에 태우라는 명령을 받았다(창 7:2, 8). 홍수 후에 방주에서 나왔을 때 "노아가 여호와께 제단을 쌓고 모든 정결한 짐승과 모든 정결한 새 중에서 제물을 취하여 번제로 제단에 드렸다"(창 8:20). 그러나 창세기 9:3에서 하나님이 노아에게 "모든 산 동물은 너희의 먹을 것이 될지라. 채소같이 내가 이것을 다 너희에게 주노라"고 말씀하실 때, 하나님은 정결한 것과 부정한 것의 구별을 없애신다. 이와 같이 방주 안에 있던 짧은 기간에 하나님은 정결한 짐승과 부정한 짐승이 있다고 제정하셨다. 정결한 짐승은 하나님께 제사를 드리기 위한 것이었다. 어떤 학자들은 이것을 나중에 부정한 짐승 및 정결한 짐승과 관련된 이스라엘의 율법을 예견하는 것으로 또는 그 뿌리로 이해한다. 이 율법은 어떤 짐승이 제물로서 "정결한" 동물인지, 또 어떤

사람이 성전 예배에 참여하기에 "정결하고" "부정한" 사람인지를 구별하는 결정적 기준이었다(부정한 동물로 더러워진 사람들은 정결을 위해 희생제물을 드려야 했다).[37] 하나님이 노아 시대에 부정하고 정결한 동물의 구별을 제정하시고(창 7:2, 8), 그다음 홍수 직후에 새로운 창조의 시작으로 보이는 것으로서 그 제정을 없애버리신 일(창 9:3)은 정말로 되돌릴 수 없는 또 다른 새 창조의 시대를 기대하게 한다. 즉 하나님이 새롭게 창조하시는 백성을 위해 모세 율법에서 동일한 구분을 폐지하실 것을 기대하게 한다(많은 학자가 그리스도와 교회가 새로운 창조 시대의 일부라는 개념을 입증해준다).[38] 적어도 한 명의 구약학자는 심지어 이와 같은 노아의 상황을 사도행전 10장에서 언급되는 베드로의 환상을 내다보는 것으로 이해한다. 사도행전 10장에서 하나님은 유대인 및 이방인 그리스도인들을 위해 정결한 짐승과 부정한 짐승의 구분이 폐지되었다는 환상을 베드로에게 보여주신다.[39]

그러므로 에베소서 3장의 계시된 비밀이 구약성서에 전혀 선례가 없다고 믿는 사람들은 다음 사실을 고려할 필요가 있다. 즉 위에서 언급한 몇몇 구약성서 본문은 종말의 이스라엘 구성원들이 옛 이스라엘의 율법에 대한 외적인 정체성 표시에 속박당하지 않을 것을 예견하고 있다.[40]

---

[37] Meredith G. Kline, *Kingdom Prologue* (Overland Park, KS: Two Age Press, 2000, 『하나님 나라의 서막』, CLC 역간), pp. 254-56; Gordon J. Wenham, *Genesis 1-15*, Word Biblical Commentary (Waco, TX: Word, 1987, WBC 성경주석 『창세기 상』, 솔로몬 역간), pp. 176-77, 189; 참조. John H. Walton, *Genesis*, NIVAC (Grand Rapids: Zondervan, 2001, NIV 적용주석 『창세기』, 성서유니온 역간), p. 313. Walton은 희생제물과 관련해서 부정하고 정결한 짐승에 대한 구분은 "시내산에서 처음으로 제정된 혁신이 아니라 이미 노아 시대에 확정된 것"이라고 주장한다.

[38] 예를 들면 Beale, *New Testament Biblical Theology*를 보라.

[39] Kline, *Kingdom Prologue*, pp. 254-56.

[40] 예를 들면 앞에서 언급한 이 견해를 지지하는 학자들에 더해 다음 논문도 보라. Sigurd Grindheim, "What the Old Testament Prophets Did Not Know: The Mystery of the Church in Eph 3,2-13," *Biblica* 84 (2003): 531-53.

우리는 이 본문들이 정도의 차이는 있지만 예견(豫見)이며, 이 예견은 에베소서 3장에서 계시된 비밀이 완전히 새로운 것이 아니라 구약성서에서 이미 암시된 내용을 중대하게 명료화한 것임을 나타낸다고 믿는다. 이는 바울이 에베소서 3:4-6에서 비밀을 규정짓기 위해 왜 그리스어 단어 *hōs*를 사용하는지에 대한 이유다. 그것은 구약성서에서 희미하게 계시되었던 것이 이제 신약성서에서 철저하게 밝혀짐을 나타낸다.

결과적으로 에베소서 3장에서 계시된 비밀에 대한 최선의 접근 방법은 예수가 모든 것을 자신 안에서 요약해서 보여준다는 데 있다. 즉 참이스라엘인 예수는 그의 충성스러운 순종의 측면뿐만 아니라, 참성전, 진정으로 정결한 존재(옛 이스라엘의 정결하고 부정한 음식 규례로 깨끗해진 것이 아닌)라는 측면에서도 참할례 및 참안식일(오직 예수 안에서만 발견되는 안식으로서)이며 이스라엘 땅이 전 세계로 확장된다는 약속의 성취의 시작 등이 된다는 것이다. 이 모든 종말의 약속은 참이스라엘인 그리스도 안에서 모형론적으로 성취된다(갈 3:16; 계 2:12을 보라). 만일 이런 현실이 그리스도 안에서 모형론적으로 성취되었다고 이해하는 것이 옳다면(우리는 이것이 입증될 수 있다고 믿는다),[41] 우리에게는 다음 질문에 대한 정확한 답이 있다. 왜 바울은 이방인이 이스라엘 땅과 율법에 대한 민족주의적 특징에 복종하고 그것으로 자신들의 신분을 확인하는 대신에, 유대인들과 함께 참이스라엘인 그리스도께 복종하고 그와 더불어 자신의 신분

---

41 이 논점에 대해서는 다음을 참조하라. Leonhard Goppelt, *Typos: The Typological Interpretation of the Old Testament in the New*, trans. Donald H. Madvig (Grand Rapids: Eerdmans, 1982); David L. Baker, "Typology and the Christian Use of the Old Testament," *SJT* 29 (1976): 137-57; G. P. Hugenberger, "Introductory Notes on Typology," in *The Right Doctrine from the Wrong Texts?* ed. G. K. Beale (Grand Rapids: Baker, 1994), pp. 331-41; P. Fairbain, *The Typology of Scripture* (New York: T & T Clark, 1876); 이와 같은 다양한 관점에 대해서는 Beale, *New Testament Biblical Theology*를 보라.

을 확인함으로써 참이스라엘 백성이 될 수 있다고 말하고 있을까? 이것이 바로 계시된 비밀의 내용이다. 따라서 참이스라엘이 되기 위해서는 중동에 위치한 지리적인 이스라엘 지역이 아니라 지금 예수께로 나아가야 한다.

에베소서 5장에 나타난 결혼의 비밀

그리스도 안에서 우주적이며 민족적인 연합을 약술하고 나서 우리는 이제 결혼의 연합에 대한 바울의 논의를 다루고자 한다. 에베소서 5:30-31에서 비밀의 내용은 창세기 2:24 사용을 중심으로 전개된다. 에베소서 5장에서 드러난 비밀은 계속 논쟁거리가 되고 있는데, 그 이유는 부분적으로 에베소서 5장과 창세기 2:24의 관계와 그것에 대한 바울의 난해한 해석 때문이다. 또한 여기서의 어려움은 에베소서 5:22-33을 집중적으로 다루는 주석서와 이차 문헌이 대단히 많다는 점에 있다. 에베소서 5장의 비밀 사용을 평가하기 위해 우리는 먼저 창세기 2:24의 전후 문맥과 더 확대된 구약성서 맥락을 살펴보아야 한다. 이 인용 구절에 대한 구약성서 맥락을 간략하게 살펴본 후에 우리는 에베소서 5장으로 다시 돌아와서 구약성서 맥락을 고려하여 바울이 창세기 2:24을 어떻게 사용했는지 이해하려고 시도할 것이다.

전후 문맥. 여기서 계시된 비밀은 "가정 규범"(household code)으로 분류되는 텍스트의 한가운데서 나타난다(엡 5:22-6:9; 또한 골 3:18-4:4을 보라). 이 "가정 규범"이라는 명칭은 고대 가정 구조에 대한 그리스-로마 사회의 이해를 나타낸다. 여기에는 가족 구성원 사이의 올바른 관계에 대한 내용이 포함되어 있다. 학자들은 때때로 그리스-로마의 가정 규범과 에베소서 5-6장 및 골로새서 3-4장에서 발견되는 가정 규범 사이에서 강한 개념적 연관성을 찾아낸다. 하지만 여기서 반드시 염두에 두어야 하는 것은 가정 규범과 새로운 창조 공동체로서 종말의 하나님의 백성과의 관련성이다. 가정 규범은 복음과, 또 신자들과 복음의 관계와 밀접하게 연결된다(엡 5:1-21). 이런 점에서 에베소서 1:9-10은 그리스도 아래서 "모든 것이 통일됨"은 "때가 찰 때"의 가정 경영(개역개정-"때가 찬 경륜")을 위한 것이라고 말한다. 따라서 그리스도는 "가정 관리자"로서 하나님이 창조하신 가정을 회복하려고 왔다. 그리스도는 우주적 가정에서 사람들의 그룹을 회복시킬 뿐만 아니라 가정 안에서 가족 사이의 분열된 관계를 되돌려놓으려고 왔다. 곧 남편과 아내, 부모와 자녀, 주인과 종의 관계를 회복시키려고 왔다. 우리는 이제 남편과 아내 사이의 회복된 관계에 대한 바울의 논의를 살펴보고자 한다.

아내들이여, 자기 남편에게 복종하기를 주께 하듯 하라. 이는 남편이 아내의 머리 됨이 그리스도께서 교회의 머리 됨과 같음이니, 그가 바로 몸의 구주시니라. 그러므로 교회가 그리스도에게 하듯 아내들도 범사에 자기 남편에게 복종할지니라. 남편들아, 아내 사랑하기를 그리스도께서 교회를 사랑하시고, 그 교회를 위하여 자신을 주심같이 하라. 이는 곧 물로 씻어 말씀으로 깨끗하게 하사 거룩하게 하시고 자기 앞에 영광스러운 교회로 세우사 티나 주름 잡힌 것이나 이런 것들이 없이 거룩하고 흠이 없게 하려 하심이라. 이와 같이 남편들도 자기 아내 사랑하기를 자기 자신과 같이 할지니, 자기 아내를 사랑하는 자는 자기를 사랑하는 것이라. 누구든지 언제나 자기 육체를 미워하지 않고 오직 양육하여 보호하기를 그리스도께서 교회에게 함과 같이 하나니, 우리는 그 몸의 지체임이라. **그러므로 사람이 부모를 떠나 그의 아내와 합하여 그 둘이 한 육체가 될지니** 이 비밀이 크도다. 나는 그리스도와 교회에 대하여 말하노라. 그러나 너희도 각각 자기의 아내 사랑하기를 자신같이 하고 아내도 자기 남편을 존경하라(엡 5:22-33).

아내의 책임에 대해 자세히 말하고 나서(엡 5:22-24), 바울은 남편의 책임에 대해 계속 언급한다(엡 5:25-33). 에베소서 5:25에서 남편에게 아내를 사랑하라는 명령은 그리스도와 교회를 비교함으로써 강조된다. 그리스도가 교회를 사랑함과 마찬가지로 남편은 아내를 사랑해야 한다. 그다음 바울은 이어지는 구절에서 교회를 향한 그리스도의 희생적인 사랑에 대해 설명한다(엡 5:25b-27). 에베소서 5:28은 아내에 대한 남편의 사랑을 설명하기 위해 또 다른 비교를 소개한다. 즉 자기 자신을 사랑하듯이 자기 아내를 사랑해야 한다. 이제 바울은 교회가 그리스도 안에서 연합을 이룬다는 개념을 지지하기 위해 에베소서 5:31에서 창세기 2:24을 인용한다. 바울은 그리스도와 교회가 연합된 이 관계가 "비밀"이라고 말한다(엡 5:32). 에베소서 5:33은 남편과 아내의 책임을 다시 간략하게 말하면서 에베소서 5:22-32의 내용을 요약한다. 이제까지 우리는 신약성서의 전후 문맥을 살펴보았다. 지금부터 우리는 창세기 2:24에 대한 구약성서의 전후 문맥 및 더 광범위한 맥락에 관심을 기울이고자 한다.

창세기 2:24의 맥락. 창세기 2:7에 의하면 하나님은 사람(아담)을 지으시고 그의 코에 "생기"를 불어넣으셨다. 아담은 에덴동산을 "경작하며" "지키라는" 명령을 받았다(창 2:15). 창세기 2:18에서 하나님은 "사람이 혼자 사는 것이 좋지 아니하니 내가 그를 위하여 돕는 배필을 지으리라"라고 말씀하신다. 몇 절 뒤에 하나님은 그 사람의 배필로서 하와를 창조하신다. 즉 "여호와 하나님이 아담에게서 취하신 그 갈빗대로 여자를 만드시고 그를 아담에게로 이끌어오시니"(창 2:22)라고 기록되어 있다. 하나님이 여자를 남자에게 데려오시자 아담은 시적인 어조로 이렇게 선언한다.

> 이는 내 뼈 중의 뼈요,
>
> 살 중의 살이라.
>
> 이것을 남자에게서 취하였은즉
>
> 여자라 부르리라(창 2:23).

그다음 구절에서 창세기의 해설자는 이렇게 주석을 단다. "이러므로 ['al-kēn] 남자가 부모를 떠나 그의 아내와 합하여 둘이 한 몸을 이룰지로 다"(창 2:24). 창세기 2:23-24의 논리는 다음과 같다. 즉 여자는 남자의 친 밀한 짝이며 동반자이므로 그들은 연합을 이룬다(창 2:23). 그러므로('al-kēn) 결혼은 이 창조 관계에서 최고의 표현이다(창 2:24).

우리는 창세기 2:24과 관련해서 간략하게 몇 가지를 살펴보려고 한다.[42] 첫째, 아담과 하와의 연합은 창세기 1-2장의 내러티브, 특히 창세기 2:18-24에서 절정을 이룬다. 아담은 하나님의 형상을 지니고 있기 때문에 창조 질서의 정점이다(창 1:26-27; 2:7). 그럼에도 하나님의 형상으로 지음 받은 존재로서 아담은 아직 불완전한 상태에 머물러 있다. 아담을 제외하고 모든 동물은 짝이 있고 서로 조화롭게 기능하고 있다(창 2:19-20). 비로소 여자가 지음을 받고 최초의 한 쌍이 "결혼한"(창 2:24) 후에야 모든 창조가 완성 지점에 이르게 된다. 최초의 남자와 여자가 조화와 연합의 관계를 이루는 것은 오직 결혼이라는 상황 안에서다.

둘째, 최초 한 쌍의 결혼이 창세기 1-2장의 절정을 이룬다는 점에 덧붙여 **창세기 2:24은 이스라엘의 결혼 개념의 기초이며 결혼에 대한 전형적인 표현의 역할을 한다.** 사실상 창세기 2:24은 기본적인 내용을 지니고

---

[42] 우리가 창 2:24에 대해 앞에서 언급한 사항 중 몇 가지가 다음 연구서에서 확인된다. Gordon P. Hugenberger, *Marriage as a Covenant: Biblical Law and Ethics as Developed from Malachi*, VTSup 52 (Boston: Brill, 1994; repr., Grand Rapids: Baker, 1998), pp. 151-67.

있기에 신구약성서에서 언급되는 결혼에 대한 논의나 묘사는 한결같이 이 구절에 의존하고 있다. 고든 후겐버거(Gordon Hugenberger)도 마찬가지로 창세기 2:24에서 결혼이 지닌 이런 전형적인 특성을 단언한다. 그리고 그는 이 결론을 지지하기 위해 몇몇 텍스트를 제시한다.[43] 그는 창세기 2:24이 "일반화된 언어"("아담"과 "하와" 대신에 창 2:24은 "남자"와 "아내"라고 읽음)를 포함하고 있으므로, 이스라엘의 존재 전체에 걸쳐 적용될 수 있다고 말한다. 창세기 2:24은 정경 전체를 통해 다시 반복적으로 언급된다.

구약성서에서 창세기 2:24에 대한 가장 명백한 암시는 아마도 말라기 2:15에 나타날 것이다. 그러나 이 구문은 올바로 파악하기가 어렵기로 악명이 높다.[44] 그럼에도 불구하고 말라기 2:15a은 아마도 다음과 같은 의미로 이해되어야 할 것이다. "야웨께서 너희 둘을 하나로 만드시지 않았느냐? 너희는 몸과 영으로 그에게 속한다"(TNIV; 또한 ESV, ASV, NJB를 보라). 만약 이 번역이 옳다면 이 구절은 창세기 2:24을 염두에 두고 있을 것이다.[45]

셋째, 최초 한 쌍의 결혼은 창세기 1-2장의 내러티브에서 절정의 역할을 하고 이스라엘에서 결혼의 기초를 구성할 뿐만 아니라 남자와 여자 사이의 언약으로 간주되어야 한다.[46] 비록 **언약**이라는 용어가 창세기

---

43 Hugenberger, *Marriage as a Covenant*, pp. 153-56.
44 앞의 책, pp. 125-51.
45 말 2:15에 더하여 창 2:24의 인용은 신약성서에서 네 번, 즉 마 19:4-6; 막 10:7; 고전 6:16; 엡 5:31에 나타난다. 분명히 창 2:24은 상호텍스트성 및 정경의 관점에서도 큰 역할을 한다.
46 아담과 하와의 결혼을 언약으로 이해하는 학자들은 다음과 같다. Victor Hamilton, *The Book of Genesis: Chapters 1-17*, NICOT (Grand Rapids: Eerdmans, 1990), p. 181; Richard M. Davidson, *Flame of Yahweh: Sexuality in the Old Testament* (Peabody: Hendriksen, 2007), pp. 44-46; David Instone-Brewer, *Divorce and Remarriage in the Bible: The Social and Literary Context* (Grand Rapids: Eerdmans, 2002), pp. 1-19; John K. Tarwater, "The

2장에 나타나지는 않지만 그 개념은 여기에 들어 있다. 후겐버거는 그의 『언약으로서의 결혼』(*Marriage as a Covenant*)에서 이 점을 설득력 있게 제시한다. 그는 "'떠나다'와 '결합하다'라는 표현은 주거지의 변화가 아니라 가정에서 보여주어야 하는 충실함에 대한 급격한 변화의 필요성을 강조하려는 의도를 지닌 것 같다"고 인정한다. 곧 "남편은 이전에 자신의 부모에게 보여주었던 최우선적인 충실함을 이제 자기 아내에게로 옮겨야 한다."[47] 아담과 하와가 "한 몸"이 되는 행위는 우선적으로 성적 결합을 말하는 것이 아니라 "부모와 자녀의 관계조차 초월하는 사랑의 헌신에 기초하는 결합"을 의미한다(말 2:14을 보라).[48]

넷째, 이 점이 가장 중요한데, 구약성서에서 결혼은 이스라엘과 맺은 하나님의 언약에 비유된다. 구약성서에서 야웨와 이스라엘의 관계는 때때로 남편과 아내의 결혼이라는 은유로 묘사된다. 창세기 2:24에서 발견되는 몇몇 주요 동사는 하나님과 이스라엘 사이의 언약을 다루는 텍스트들에서도 나타나는데,[49] 아마도 이 텍스트들은 창세기 2:24을 반영할 것이다. 신명기 31:16-17은 아이러니한 방법으로 핵심 동사 "버리다"(*'zb*)를 사용한다. "이 백성은 곧 그들이 들어갈 그 땅의 이방 신들과 더불어 음란한 짓을 할 것이다. 그들은 나를 버릴 것이다[*waʿăzābanî*]. 또한 그들은 나와 맺은 언약을 깨뜨릴 것이다. 그리고 그날에 [내가] 그들에게 격렬하게 진노하여 나는 그들을 버릴 것이다[*waʿăzābtîm*]. 나는 내 얼굴

Covenantal Nature of Marriage in the Order of Creation in Genesis 1 and 2" (PhD diss., Southeastern Baptist Theological Seminary, 2002).

47 Hugenberger, *Marriage as a Covenant*, pp. 159-60.
48 앞의 책, p. 162.
49 LAE 32.15에서 해설자는 다음과 같이 논평한다. "하나님은 처음 형성된 갈비뼈를 네게서 부당하게 취하시지 않았다. 하나님은 그[아담]의 갈비뼈에서 이스라엘이 태어날 것을 알고 계셨다." 여기서 이스라엘은 아담과 하와의 연합과 유기적으로 연결된다.

을 그들에게 숨길 것이다"(NIV의 번역; 참조. 신 29:25). 그들의 우상들을 "버리고" 하나님에게 붙어 있는 대신에, 이스라엘은 하나님을 "버렸다." 그러므로 하나님도 그들을 "버리실" 것이다. "붙어 있다"(*dbq*)를 의미하는 동사 역시 몇몇 흥미로운 문맥에서 나타난다. 신명기 10:20은 "네 하나님 여호와를 경외하여 그를 섬기며 그에게 의지하고[*tidbāq*] 그의 이름으로 맹세하라"고 말한다. 몇 장 뒤에서 똑같은 주제가 다음과 같이 반복된다. 즉 "너희는 너희의 하나님 여호와를 따르며 그를 경외하며 그의 명령을 지키며 그의 목소리를 청종하며 그를 섬기며 그를 의지하며 [*tidbāqûn*]"(신 13:4; 참조. 신 4:4; 11:22; 30:20; *Jub*. 1.23-24)라고 말한다.

우리가 앞에서 살펴보았듯이 구약성서에서 창세기 2:24은 말라기 2:15에서 가장 명백하게 적용된다. "주께서 너희 둘을 하나로 만드시지 않았느냐? 너희는 몸과 영으로 그에게 속한다. 왜 그는 너희를 하나로 만드셨는가? 왜냐하면 그는 경건한 자손을 찾고 계셨기 때문이다. 그러므로 너는 명심하라. 네 젊은 날의 아내를 배신하지 말라"(TNIV). 예언자 말라기는 여기 세 번째 논쟁에서 포로기 이후의 공동체에 대한 다양한 관심사를 표현한다. 땅은 이스라엘이 언약에 신실하지 않았기 때문에, 특별히 그들이 이혼과 배신을 저지름으로써 더럽혀졌다. 예언자 말라기는 결혼을 "언약"(개역개정-"서약")으로 이해하며(말 2:14), 이스라엘 백성에게 결혼을 그와 같이 여기라고 권고한다.

개념적인 측면에서 하나님이 이스라엘을 그분의 아내로 맞아들였다는 은유는 구약성서에 특히 예언서에 퍼져 있다.[50] 바인펠트(Weinfeld)는

---

50 하나님과 이스라엘의 결혼 관계에 대해서는 다음을 보라. 예를 들면 Davidson, *Flame of Yahweh*, pp. 113-17; Instone-Brewer, *Divorce and Remarriage*, pp. 34-58; Raymond C. Ortlund, Jr., *Whoredom: God's Unfaithful Wife in Biblical Theology*, NSBT (Grand Rapids: Eerdmans, 1996).

하나님과 이스라엘 사이의 결혼 관계가 이미 모세 오경에 존재한다고 주장한다.[51] 이스라엘이 세워지는 순간 및 현장으로서 시내산 사건은 심지어 야웨와 이스라엘의 "결혼"으로 간주될 수 있다(참조. 호 13:5; 겔 20:9).[52] 몇몇 학자는 하나님이 이스라엘에 대해 "질투하신다"는 개념과, 이것에 자연적으로 상응하는 이스라엘이 "음행을 저지른다"는 표현도 이 결혼 관계를 증명한다고 주장한다.[53] 야웨는 이스라엘에 대해 질투하신다. 왜냐하면 그는 이스라엘과 혼인 서약을 맺으셨기 때문이다(출 34:14; 참조. 예. 신 4:24; 5:9; 6:15; 32:16, 21; 왕상 14:22). 구약성서의 다른 곳에서 야웨를 배반하는 간음에 대한 은유는 더 자세하게 나타난다(예. 사 54:6; 50:1-3; 62:5; 렘 2:29-3:25; 호 1-3장; 암 7:17).

결론적으로 결혼에 대한 구약성서의 개념은 정확히 창세기 2:24에서 그 뿌리를 찾을 수 있다. 이스라엘 사람들은 이스라엘의 모든 결혼의 근원으로서 에덴동산에서 맺어진 아담과 하와의 결혼에 귀를 기울여야 했다. 창세기 2:24은 결혼에 대해 이스라엘이 본보기로 삼아야 할 전형이다. 최초의 한 쌍의 결혼은 미래의 결혼을 위한 원형이기 때문에 우리는 야웨와 이스라엘 사이의 결혼 은유를 연구할 때 반드시 창세기 2:24을 염두에 두어야 한다. 아담이 그의 아내 하와와 언약을 맺었듯이 야웨는 그분의 아내인 이스라엘과 언약을 맺으셨다. 이스라엘은 하와에게 기대되는 품행을 자신의 본보기로 삼아서 아담에 해당하는 자기의 남편 야웨

51　Moshe Weinfeld, *Deuteronomy and the Deuteronomic School* (Oxford: Clarendon, 1972), pp. 81-82n6; Moshe Weinfeld, "Berit—Covenant vs. Obligation," *Bib* 56 (1975): 120-28 (특히 p. 125)도 보라.

52　J. K. Hoffmeier, "Moses," in *ISBE* 3:419; George A. Knight, *Hosea: Introduction and Commentary* (London: SCM Press, 1960), pp. 22-25; Seock-Tae Sohn, *The Divine Election of Israel* (Grand Rapids: Eerdmans, 1991), pp. 40-44.

53　Davidson, *Flame of Yahweh*, pp. 113-14; Instone-Brewer, *Divorce and Remarriage*, p. 34.

에게 신실해야 했다. 창세기 2:24에 대한 구약성서의 맥락을 염두에 두고 이제 우리는 에베소서 5:31-32을 살펴보고자 한다.

비밀의 내용. 바울은 남자와 여자가 "한 몸"이 되는 것에 대해 70인역의 창세기 2:24[54]을 인용하며, "아, 이 비밀이 크도다[*to mystērion touto mega estin*],[55] 나는 그리스도와 교회에 대하여 말하노라"(엡 5:32)라고 주장한다. 비밀이 "크도다"라는 표현은 신약성서에서 오직 여기서만 나타난다. 다른 곳에서는 비밀이 이와 같이 언급되지 않는다.[56]

에베소서 5:32에서 밝혀진 비밀의 정확한 내용과 관련하여 학자들의 견해는 아직까지 일치하지 않는다. 이 견해는 대체로 다음 다섯 가지 범주로 분류할 수 있다.

1. 혼인 "성사"로, 로마가톨릭 신학자들이 종종 이 견해를 지지한다. 하지만 이는 가장 가능성이 적은 견해다. 성서와 유대교 문헌의 어디

---

54 바울은 창 2:24에 대한 그리스어 구약성서의 번역을 몇 군데 바꾸어 표현한다. 이 구절의 시작에서 70인역은 *heneken toutou*("이것 때문에" 또는 "그러므로")라고 되어 있다. 반면에 엡 5:31은 *anti toutou*("이 이유로 말미암아")라고 표현한다. 몇몇 학자는 이 변화에 상당한 의미를 부여한다. 예를 들어 Moritz의 생각에 따르면 이 변화는 바울이 논리적으로 주제에서 벗어나고 있음을 반영하며, 따라서 바울은 인용문의 중요한 의미를 약화시키고 있다(*Profound Mystery*, p. 135). 하지만 바울의 구약성서 사용은 논리적인 탈선이 아니라 그리스도와 교회가 하나 되는 관계에 대한 핵심적인 기초로서 나타난다고 인정하는 것이 가장 좋다. 아마도 이 변화는 텍스트가 지니는 논리의 전반적인 흐름에 인용문을 짜 맞추려는 바울의 시도를 반영할 것이다(O'Brien, *Ephesians*, p. 429).

55 학자들은 그리스어 구문 *to mystērion touto mega estin*을 어떻게 번역하는지와 관련하여 다양한 견해를 제시한다. 예를 들면 "이것은 큰 비밀이다"(TNIV; KJV; NRSV), 또는 "이 비밀은 크다"(ESV; NET; ASV). O'Brien이 *Ephesians*, p. 430n284에서 다음과 같이 지적하는 것은 옳다. 즉 두 번째 번역은 비밀의 중대성을 강조하는 반면에 첫 번째 번역은 비밀을 모두 파헤칠 수 없다는 점을 강조한다. 이 그리스어 구문이 지닌 문제에 대한 더욱 상세한 논의는 Sampley, 'One Flesh,' pp. 86-87; Moritz, *Profound Mystery*, pp. 142-43을 보라.

56 딤전 3:16("크도다 경건의 비밀이여")은 이 구절과 비슷하다. 딤전 3:16 외에 이 구절과 가장 비슷한 표현은 위경 *LAE* [*Apocalypse*](21.1; 34:1)에서 나타난다.

에서도 **비밀**은 성례의 의미를 지니지 않는다.[57]

2. 비밀은 일차적으로 남자와 여자의 신비한 관계에 관심을 기울인다. 모리츠가 대표적으로 이 입장을 지지한다.[58]

3. 엄밀히 말해서 **비밀**은 그리스도와 교회 사이의 친밀한 관계를 가리키지, 창세기 2:24의 해설을 지칭하지 않는다.[59] 앞의 두 견해와 마찬가지로 이 견해도 창세기 2:24 인용문의 중요성을 간과하고 있다. 이 견해에 의하면 계시된 비밀은 창세기 2:24에 대한 바울의 **해석**이 아니라 어느 정도 결혼에 적용되고 있을 뿐이다.

4. 바울은 창세기 2:24의 해석에서 그리스도와 교회의 모형론적 관계를 밝히고 있다.[60] 하지만 그의 해석은 대체로 창세기 2:24의 원래 의미와 일치하지 않는다. 이 견해는 창세기 2:24의 사용과 이 구절에 대한 바울의 무리한 해석에 더 많은 관심을 기울이고 있다. 그러나 이 견해가 정말로 타당한가? 바울의 해석이 창세기 2:24의 의미를 훼손하는가? 만약 해당 구절을 단지 창세기 2장의 맥락 내에서만 좁게 이해한다면 이런 결론이 타당한 것처럼 여겨질 수도 있을 것이다.

---

57 다음 논문에서 제시되는 비판을 보라. Andreas J. Köstenberger, "The Mystery of Christ and the Church: Head and Body, 'One Flesh,'" *TJ* 12 (1991): 86-87.

58 Moritz, *Profound Mystery*, pp. 144-45.

59 예를 들면 Köstenberger, "Mystery of Christ," pp. 91-92; J. Cambier, "Le grand mystère concernant le Christ et son Église: Éphésiens 5,22-33," *Bib* 47 (1966): 43-90; Hoehner, *Ephesians*, pp. 777-78; Lincoln, *Ephesians*, p. 381.

60 Bruce, *Ephesians*, pp. 394-95; Bockmuehl, *Revelation and Mystery*, p. 204; Kim, *Origin of Paul's Gospel*, p.78n1; Günther Bornkamm, "μυστήριον, μυέω," in *TDNT* 4:823; C. Brown, "Secret," in *NIDNTT* 3:505 (501-11); R. Brown, *Semitic Background*, pp. 65-66; Joseph Coppens, "'Mystery' in the Theology of Saint Paul and Its Parallels at Qumran," in *Paul and Qumran: Studies in New Testament Exegesis*, ed. Jerome Murphy-O'Connor (Chicago: Priority, 1968), pp. 146-47. Thielman은 비록 "Ephesians," p. 828에서 페셰르(*pesher*) 또는 "영감 받은 해석"이라는 용어를 사용하지 않지만 그럼에도 "그[바울]는 하나님이 자신에게 창세기의 해당 내용에 대한 알레고리적인 적용을 계시하셨음을 믿었다"라고 주장한다.

5. 우리의 견해는 밝혀진 비밀이 창세기 2:24에 대한 바울의 해석에 근거한다고 믿는다는 점에서 네 번째 견해에 가장 가깝다. 그러나 네 번째 견해가 단언하듯이 바울의 해석은 창세기 2:24의 의미를 왜곡할 만큼 **전적으로** "새로운" 것이거나 그렇게 창의적인 것은 아니다. 또한 우리는 앞의 세 견해에 동의하지 않는다. 왜냐하면 우리는 창세기 2:24과 이 구절의 전후 문맥 및 더 광범위한 맥락이 계시된 비밀에서 핵심적인 역할을 한다고 믿기 때문이다.

만약 창세기 2:24이 전후 문맥과 더 광범위한 구약성서의 맥락에서 올바로 이해된다면, 바울의 해석적 접근은 구약성서 텍스트에 대한 자연스러운 독해에 훨씬 더 잘 어울린다. 우리의 관점에 의하면 창세기 2:24에 대한 바울의 해석을 이해하는 데 있어 다음 세 가지 사항을 견지하는 것이 중요하다. 첫째, 이미 앞에서 논의했듯이 창세기 2:24은 구약성서에서 결혼에 대한 이스라엘 관점의 전형이다. 따라서 구약성서에서 결혼을 중요하게 논의할 때에는 창세기 2:24을, 개념적인 측면에서 정도의 차이는 있지만, 반드시 염두에 둔다.

둘째, 창세기 2:24은 결혼에 대한 기초를 제공한다. 구약성서에서 결혼은 이스라엘의 과거 및 미래와 관련된 하나님의 행위와, 종말에 하나님과 이스라엘의 궁극적인 결혼 등에 은유로 적용된다. 몇몇 주목할 만한 구약성서 텍스트는 종말에 하나님이 이스라엘을 회복시키는 것을 묘사하는 데 결혼 은유를 사용한다(사 61:10; 62:2-5; *4 Ezra* 10).[61]

---

[61] 예를 들어 사 62:4b-5은 다음과 같이 언급한다. "주께서 너를 기뻐하실 것이다./ 그리고 **그분과** 네 땅이 결혼하게 될 것이다./ 총각이 처녀와 결혼하듯이,/ 네 아들들이 너와 결혼할 것이다./ 신랑이 신부를 기뻐하듯이,/ 네 하나님께서 너를 기뻐하실 것이다"(NASB). 이 텍스트는 주목할 만하다. 왜냐하면 이는 하나님과 이스라엘 사이의 최종적이며 완성된 결혼을 예고하기 때문이다.

셋째, 따라서 두 번째 사항에 비추어볼 때 다음과 같은 결론을 이끌어 낼 수 있다. 즉 인간의 결혼에 대한 원형으로서 창세기 2:24은 구약성서 자체 안에서 **어느 정도** 하나님과 이스라엘의 결혼에 대한 배경과 결혼 관계를 가리키는 역할을 한다. 여기에는 종말에 이루어질 하나님과 이스라엘 사이의 결혼 관계도 포함된다.

비록 이 세 가지 사항의 상호 관계가 해석에 기초한 것이지만, 이 세 가지를 올바른 관점으로 받아들여 이 논의에 도입한다면 바울이 구약성서를 적용하는 방식은 이치에 맞는 것으로 드러난다. **바울이 시도한 유일하고 중요한 해석적 도약은 야웨와 이스라엘의 관계를 그리스도와 교회의 관계에 적용한 것으로 여겨진다. 그리스도는 야웨와 동일시되고 교회는 종말의 참이스라엘과 동일시된다.** 이와 같은 동일시는 해석적인 측면에서 받아들일 수 없을 만큼 너무 무리한 것은 아니다. 왜냐하면 이 두 개념은 이미 구약성서 안에서 기대되었고, 에베소서의 앞부분뿐만 아니라 사실 바울의 사상에서도 이미 발견되었기 때문이다.[62]

이 결론에 대한 가장 강력한 증거 본문은 에베소서 5장의 전후 문맥에서 발견된다. 몇몇 주석가는 에베소서 5장에서 그리스도와 교회의 관계에 대한 구약성서의 배경이 야웨와 이스라엘의 관계라고 주장했다. 이 점에 대해 오브라이언은 다음과 같이 분명하게 주장한다. 곧 "하나님과 이스라엘의 관계에 대한 구약성서의 이미지가 이와 같이 결혼 유비를 사용하는 배후에 있다."[63] 우리가 살펴보았듯이 구약성서에서 이스라엘은

---

62 에베소서 앞부분과 관련해서 이 장에서 엡 1장 및 3장에 대한 우리의 연구를 보라. 엡 2:17; 4:8; 5:14도 보라. 여기서 그리스도는 이스라엘의 하나님을 묘사하는 구약성서의 구절로 확인된다.

63 O'Brien, *Ephesians*, p. 420. 참조. Sampley는 '*One Flesh*,' p. 49에서 이렇게 주장한다. 에스겔서와 아가에서 발견되는 야웨-이스라엘의 *hieros gamos*[거룩한 결혼]와 에베소서 사이에는 명백한 의존관계가 존재한다. 에스겔서와 아가는 신부, 신부의 약혼 및 관련된 정

야웨의 신부로 언급된다. 마찬가지로 바울은 교회가 그리스도의 "몸"(엡 5:23)이며 그의 신부라고 주장한다. 곧 "그리스도께서 교회를 사랑하시고 그 교회를 위하여 자신을 주심같이 하라.…자기 앞에 영광스러운 교회로 세우사"(엡 5:25-27)라고 말한다. 에베소서 5:26이 에스겔 16:9을 암시한다는 점은 이 주장을 뒷받침해준다(도표 6.4를 보라).[64] 우리가 앞에서 살펴보았듯이 에스겔 16장은 하나님이 이스라엘을 버림받은 상태에서 구원하고 이스라엘과 결혼한다고 말한다. 이 개념은 그리스도와 교회의 결혼에 상응한다. 두 구절은 모두 "물"로 씻어 신부를 정결케 한다고 언급한다.

도표 6.4

에스겔 16:9	에베소서 5:26
"내가 물로[*en hydati*] 네 피를 씻어 없애고 네게 기름을 바르고"	"이는 곧 물로[*hydatos*] 씻어 말씀으로 깨끗하게 하사 거룩하게 하시고"

비록 바울이 이전 맥락에서(엡 5:23-29) 확고한 기초에 근거하여 결혼 관계를 이미 분명하게 논증했지만 그는 마침내 에베소서 5:31-32(창 2:24의 인용 및 "비밀" 용어 사용)에서 이 관계가 최초의 한 쌍의 결혼에서 실제로 예견되었음을 드러낸다. **그러므로 에베소서 5장에서 계시된 비밀은 아담과 하와가 결혼으로 하나가 된 것은 모형론적으로 그리스도와 교회에 상응한다는 바울의 인식을 가리킨다.** 구약성서는 나중 시대(곧 "후일")에 발생하게 될 일과 상응하는 사건들을 미리 보여주거나 기대하는

결 의식에 대한 강조에서 에베소서와 가장 밀접한 관련성을 보여준다"(괄호에 있는 내용은 이 책 저자들이 삽입함).

64 몇몇 주석가는 엡 5:26에 겔 16:9이 암시되어 있다고 단언한다. 예를 들면 O'Brien, *Ephesians*, p. 422; Thielman, "Ephesians," p. 826.

역사적인 패턴을 내포하고 있다. 이스라엘 민족, 이스라엘의 왕들, 예언자들, 제사장들 및 이스라엘의 중요한 구원 에피소드들이 이 거룩한 역사의 핵심 내용을 구성한다. 아담과 하와의 결혼은 바로 이 구조 안에서 두드러진 역할을 한다. 바울은 창세기 2:24에서 언급되는 아담과 하와의 결혼(과 신약 시대 이전의 모든 결혼)을 그리스도와 교회의 결혼에 대한 그림자로 간주한다. 이 모형론을 촉진시킨 것은 야웨와 이스라엘의 결혼 관계였다. 야웨와 이스라엘의 결혼 자체는 창세기 2:24과 연결되며 에스겔 16장 인용이 분명하게 입증해주듯이 그리스도와 교회의 모형이기도 했다. 그러므로 창세기 2:24에 대한 바울의 해석과 이해는 무리가 없으며 이미 확립된 구약성서의 패턴과 일치한다.[65]

우리는 이 점과 관련해서 한 걸음 더 나아가 그리스도에 대한 바울의 관점을 알아차릴 수 있다. 우리는 앞에서 하나님과 이스라엘의 관계는 그리스도와 교회의 현재 관계에 상응한다는 점에 주목했다. 에베소서 전체에서 그렇듯이(엡 2:17; 4:8; 5:14), 여기서도 바울은 분명히 그리스도와 하나님을 동일시하고 있다.[66]

---

[65] O'Brien이 그리스도와 교회의 관계에 결혼을 적용하는 것은 구약성서에 그 선례가 있다는 사실에 주목한 것은 옳다. 그는 다음과 같이 주장한다. "한편으로 결혼에 대한 바울의 가르침은 구약성서에 기초하고 있다. 다른 한편으로 교회와 그리스도의 결혼은 아담과 하와를 통해 예표로 제시되었다"(*Ephesians*, p. 435). 따라서 그가 창 2:24이 그리스도와 교회에 대한 모형론이라고 이해한 것은 옳다. 또한 그는 이 관점을 비밀과 연결하여 올바른 방향으로 나아가기 시작한다. 하지만 그는 다음과 같이 모호하게 제시한다. 즉 그는 창 2:24이 어떻게 전후 문맥과 더 광범위한 정경의 맥락에서 비밀을 이해하도록 분명하게 연결하는 역할을 하는지 입증하려고 시도하지 않음으로써 창 2:24을 비밀에 대한 정의에 직접 통합하지는 않는다.

[66] Köstenberger는 "Mystery of Christ," p. 89에서 만약 바울이 창 2:24을 그리스도와 교회에 대한 모형으로 이해했다면, 이는 "회고하는 모형론"(retrospective typology)으로 분류되어야 함을 인정한다. 다시 말해서 이 모형은 단지 사건이 일어난 **후에**, 이 경우에는 그리스도와 교회가 연합을 이룬 사건 후에 이해된 것이다. 이 견해의 취약점은 다음과 같다. 즉 이 견해는 어떻게 창 2:24이 구약 정경의 맥락에서 야웨와 이스라엘 사이의 관계를 나타내는 은유의 기초로서 이미 어느 정도 기능했는지를 제시해주지 못한다.

이 계시된 비밀에서 "새로운" 것은 무엇인가? 우리는 앞에서 창세기 2:24에 언급된 아담과 하와의 결혼이 훗날 구약성서 역사에서 하나님과 이스라엘의 결혼을 가리키며, 마지막 때 이루어질 하나님과 이스라엘의 완전한 결혼을 가리키고 있음을 살펴보았다(사 61:10; 62:4-5). 하나님과 이스라엘의 관계가 나중에 오직 한 인물인 종말의 메시아와 참이스라엘에게 적용된다는 점은 구약성서에서 부분적으로 감추어져 있었다. 바울의 창세기 2:24 인용에는 그리스도와 하나님의 동일시와, 교회와 종말의 참이스라엘과의 동일시가 자연스럽게 함축되어 있다. 이것은 구약성서에 함축적으로 내포되어 있었다. 왜냐하면 우리가 살펴보았듯이 그리스도와 하나님의 동일시와 종말의 이방인들과 종말의 이스라엘의 동일시는 구약성서 자체에서 발견되기 때문이다. 하지만 여기에는 오실 메시아가 종말의 이스라엘과 결혼하게 될 신랑이라는 명확한 신분 확인은 전혀 없다. 하지만 이는 통찰력 있는 이스라엘의 주석가가 이끌어낼 수 있었던 성서신학적 추론이다. 바울은 이 추론을 분명하게 이끌어냈다.

따라서 바울의 **비밀** 사용에 있어 신구약성서 사이에 존재하는 **연속성**과 **불연속성**을 인식하는 것은 중요하다. 계시된 비밀에 대한 바울의 이해는 전적으로 새로운 가르침이 아니라, 비록 놀라운 측면을 지니고 있기는 하지만 구약성서에서 그 뿌리를 발견할 수 있는 가르침이다. 우리는 구약성서 전체에서 특히 결혼이 하나님과 이스라엘에게 적용될 때, 어떻게 아담과 하와의 결혼 관계가 개념적인 측면에서 다시 언급되며 재사용되는 본보기로 이해되는지를 살펴보았다. 에베소서에서 비밀의 씨앗들이 뿌려진 지점은 정확히 바로 이 부분이다. 바울이 이 결혼 개념을 교회와 그리스도에게 적용할 때 이 동일한 씨앗들은 신약성서에서 마침내 꽃을 피운다.[67]

에베소서 6장에 나타난 복음의 비밀

우리는 에베소서 6:18-19에서 다음과 같이 계시된 비밀의 마지막 언급을 발견한다.

> 모든 기도와 간구를 하되 항상 성령 안에서 기도하고 이를 위하여 깨어 구하기를 항상 힘쓰며 여러 성도를 위하여 구하라. 또 나를 위하여 구할 것은 내게 말씀을 주사 나로 입을 열어 **복음의 비밀**을 담대히 알리게 하옵소서 할 것이니.

여기서 비밀이라는 용어는 바울의 마지막 권면 부분에서 나타난다. 여기서 바울은 에베소 교회에게 기도에 힘쓰는 공동체가 되라고 요구한다(엡 6:18-20). 에베소서 6:18에서 바울은 편지의 수신인들에게 "성령 안에서 기도하고" 건전한 정신으로 깨어 있으라고 요청한다. 마지막으로 에베소서 6:19에서 바울은 그들이 바울의 개인 사역을 위해 어떻게 기도해야 하는지를 구체적으로 말한다. 사도 바울은 자신이 "복음의 비밀을 담대히 알리도록" 에베소 교회가 기도해주기를 요청한다(엡 6:19). 다르게 표현하면 교회는 바울이 "복음의 비밀"을 다른 사람들에게, 심지어 믿지 않는 사람들에게도 전파하도록 기도해야 한다는 것이다. 신약성서에서는 오직 이곳에서만 "복음의 비밀"(*to mystērion tou euangeliou*)이라는 정확한 표현이 나온다(참조. 딤전 3:9, 16).

---

67 사해 사본은 엡 5장의 바울의 언급과 매우 비슷한 관점을 보여준다. 우리가 아는 바로는 바울 서신 외에 창 2:24이 "비밀"이라는 용어와 짝을 이루어 나타나는 곳은 오직 사해 사본뿐이다. 4Q416 2 III, 15-21(= 4Q418 9-10)과 4Q416 2 IV, 1-5(= 4Q418 10; 4Q418a 18)은 하나의 완벽한 텍스트를 형성하고 있다. 이 텍스트는 독자들에게 계시된 비밀에 따라 행동하라고 권면한다.

골로새서 4:2-3은 몇 가지 점에서 에베소서 6:18-20과 비슷하다(도표 6.5를 보라). 에베소서와 골로새서의 두 본문에서 바울은 편지의 수신인들에게 자신의 사역을 위해 기도하고 깨어 있으라고 요청한다. 또한 두 본문은 바울이 복음 전파 사역으로 인해 투옥되었음을 언급한다. 에베소서와 마찬가지로 골로새서 4:3도 기도 제목을 구체적으로 명시하는데, 이는 "그리스도의 비밀"을 전파할 기회가 바울에게 주어지도록 기도해달라는 것이다. 두 본문의 맥락이 거의 똑같기 때문에(또한 텍스트상의 연관성을 공유할 것이다), 골로새서 4:3의 "그리스도의 비밀"은 에베소서 6:19의 "복음의 비밀"과 똑같은 의미를 지닌 것처럼 보인다. 골로새서 4:3과 에베소서 6:19에서 비밀 개념은 그리스도 및 그의 사역과 밀접하게 연결되어 있어서 비밀은 복음과 거의 동의어가 되었다.

도표 6.5

골로새서 4:2-3	에베소서 6:18-20
기도를 계속하고 기도에 감사함으로 깨어 있으라. 또한 우리를 위하여 기도하되 하나님이 전도할 문을 우리에게 열어 주사 그리스도의 비밀을 말하게 하시기를 구하라. 내가 이 일 때문에 매임을 당하였노라.	모든 기도와 간구를 하되 항상 성령 안에서 기도하고 이를 위하여 깨어 구하기를 항상 힘쓰며 여러 성도를 위하여 구하라. 또 나를 위하여 구할 것은 내게 말씀을 주사 나로 입을 열어 복음의 비밀을 담대히 알리게 하옵소서 할 것이니 이 일을 위하여 내가 쇠사슬에 매인 사신이 된 것은 나로 이 일에 당연히 할 말을 담대히 하게 하려 하심이라.

복음의 핵심, 곧 그리스도의 죽음과 부활 및 그 의미는 근본적으로 새로운 현상을 빚어낸다. 비록 구약성서에서 기대되고 예언되었지만(예. 롬 1:2; 16:25-26; 고전 15:3-4) 복음은 새로운 요소를 포함하고 있다. 예를 들면 우리가 고린도전서 1-2장에 대한 논의에서 이미 살펴보았듯이 메시아의 십자가 처형은 비밀로 불린다. 왜냐하면 메시아가 고난을 당하고 죽음과 패배의 **한가운데서** 승리를 거둔다는 사실은 구약성서에서 명백

하게 언급되지 않았기 때문이다. 그리고 모든 의인이 아니라 오직 메시아만이 먼저 부활한다는 것도 비밀이다. 사실상 구약성서는 **모든 의인**의 부활을 예고하지, 오직 메시아만 부활한다고 예언하지 않는다.[68] 복음에서 전적으로 중심을 이루는 이 두 가지 핵심 진리는 계시된 비밀로서 이해되어야 한다.

"복음의 비밀"이 지닌 또 다른 차원은 "종말에" 일어나는 사건들과 관련된다. 비밀의 두드러진 특징 중 하나는 종말과 관련된 의미를 내포하고 있다는 점이다. 다니엘서와 초기 유대교는 이 점을 분명하게 알려준다. 복음의 비밀은 그리스도 안에서 하나님의 종말론적인 행위와 이로 인한 시대의 구분에 관심을 기울인다.[69]

"복음의 비밀"과 관련된 이 측면은 에베소서 6:19의 깊고 넓은 의미 안에 어느 정도 포함되어 있을 것이다.

결론

우리는 에베소서에 나타난 비밀의 중요성을 입증하려고 시도했다. 우리는 에베소서에서 어떻게 **비밀**이라는 용어가 기능했는가를 연구했을 뿐만 아니라 구약성서에 비추어 그 개념을 평가함으로써 이 일을 시도했다. 에베소서에서, 구약성서에 깊이 뿌리를 내리고 있는 바울의 가르침은 구약성서의 암시와 인용을 많이 포함하고 있다. 비록 구약성서에 기초하고 있기는 하지만, 바울은 이 편지의 수신인들에게 놀랄 만한 "새로

---

[68] 이 주제에 대한 더 자세한 논의는 이 책 pp. 457-59을 보라.
[69] 종말론, 바울의 복음 및 비밀의 상호 관계에 대한 유익한 논의에 대해서는 Herman Ridderbos, *Paul: An Outline of His Theology*, trans. John Richard de Witt (Grand Rapids: Eerdmans, 1977, 『바울 신학』, 솔로몬 역간), pp. 49-53을 보라.

운 계시"를 제시한다. 이 장에서 우리가 자세히 밝히려고 시도한 것은 바로 구약성서와 연속성의 관계에 있는 이 "새로움"이다.

에베소서 1장에서 바울은 이 편지의 수신인들에게 "그[하나님]의 뜻의 비밀"(엡 1:9)을 파악하라고 호소한다. 우리는 이 계시된 비밀의 세 가지 측면을 살펴보았다. 곧 그리스도의 우주적인 통치의 범위와 수단과 결과다. 비밀의 범위로서 그리스도는 온 우주를 다스린다. 구약성서와 유대교는 종종 메시아가 이 땅의 이방 나라들을 다스린다고 말한다. 하지만 메시아가 우주의 하늘 영역까지 통치한다고 분명하게 말하지는 않는다. 이와 같은 특별한 통치권은 오직 하나님에게만 해당된다. 그럼에도 메시아의 통치가 심지어 하늘에까지 확장된다는 몇 가지 암시가 제시되고 있다(예. 특히 단 10:20-21과 관련해서 단 7:13-14). 그리스도의 통치 도구에는 통치력을 얻는 수단으로서 그의 죽음이 포함된다. 마지막으로 에베소서 1:9에서 언급되는 비밀의 주요한 초점인 그리스도의 통치 결과는, 영적인 존재든 몸을 지닌 존재든, 그리스도 안에서의 "만물"의 우주적인 연합을 포함한다. 만물은 메시아의 영역과 통치 아래 놓인다. 그리스도는 서로 소외된 대상들을 "통일"시킨다.

"그의 뜻의 비밀"(엡 1:9)의 구체적인 적용 중 하나는 유대인과 이방인이 그리스도 안에서 누리는 연합으로 에베소서 3장에서 묘사된다. 비록 많은 주석가가 에베소서 3장의 비밀은 유대인과 이방인의 평등을 내포한다고 주장하지만, 우리는 이 비밀에 두 그룹이 그리스도를 통해 참이스라엘로서 하나가 되는 **방식**이 포함된다고 논증했다. 구약성서와 초기 유대교는 종말에 있을 이방인의 회심을 다음과 같이 묘사하는 것 같다. 즉 이 종말론적 회심은 이방인이 언약 공동체를 주변 민족들과 구분하는 민족주의적 표지(예. 할례, 음식 규정, 안식일)를 받아들이는 일이 필요하다고 말이다. 그러나 이렇게 해서는 이방인과 유대인이 거의 구분되지 않을 것이다. 왜냐하면 이방인들은 라합과 룻의 경우와 비슷한 방식으로 이스라엘의 일부가 되기 때문이다. 하지만 바울에게 계시된 비밀은 다음과 같다. 즉 이방인은 율법이 요구했던 유대교의 언약적 신분 확인 표지를 더 이상 받아들여야 할 필요가 없다. 이방인은 참이스라엘이자 참이스라엘 사람이 되기 위한 유일한 신분 확인 표지인 그리스도를 믿음으로 그와 연합함으로써 종말에 이스라엘 언약 공동체의 구성원이 된다. 메시아가 올 때 이스라엘 왕정 체제는 완전히 재구성되어 믿음으로 신분이 확인된 이들을 대표하는 메시아의 새로운 유기체, 즉 하나님의 참이스라엘로서 존속한다는 점은 구약성서에서 분명하게 언급되지 않았다.

결혼의 비밀은 연합이라는 주제를 또다시 다루고 있기 때문에 비밀이라는 용어가 처음에 나타난 것과 비슷하다. 에베소서 5장에서, 계시된 비밀의 특성은 창세기 2:24에서 실마리를 뽑아온다는 점에서 이 구절과 유기적으로 연결된다. 바울은 창세기 2:24이 정말로 그리스도와 교회의 연합에 대해 말하고 있다고 이해하며 추론한다. 일단 우리가 전후 문맥과 광범위한 구약성서의 맥락에서 창세기 2:24을 해석한다면 바울의 구약성서 사용은 다소 창의적이기는 하지만 창세기 2:24의 원의미와 구약성서의 다른 곳에서 이 구절을 반영하는 것에서 벗어나지 않는다.

마지막으로 에베소서 6:19에서 바울은 "복음의 비밀"이라는 표현을 사용하여 어떻게 복음이, 즉 그리스도의 죽음과 부활이 자신의 통치를 확립하는 데 있어서 새로운 현상이며, 몇 가지 새로운 요소를 포함하는지를 설명한다. 시작된 메시아의 통치에서 고난의 중심적 역할, 오직 **한 명**의 의로운 이스라엘 사람의 부활, 그리고 하나님 나라의 이미-그러나-아직이라는 특성은, 비록 구약성서에서 미묘하게 기대되었음에도 불구하고, 모두 종말의 새로운 계시들이다. 이 계시들은, 명백하게 언급되지 않지만, 에베소서 6:19에서 언급되는 비밀의 의미심장한 내용에 어느 정도 포함되어 있을 것이다.

추기 6.1: 구약성서와 유대교에서의 이방인의 종말론적 회심

우리는 이제 구약성서와 유대교 문헌에 기초해서 종말에 이방인이 이스라엘의 신앙으로 회심하는 것에 대해 간략하게 묘사하고자 한다. 이는 종말의 이방인 구원에 대한 구약성서의 기대를 분명하게 밝히고 그것을 에베소서 3장에 나오는 바울의 비밀과 대조하기 위함이다. 학자들은 초기 및 후기 유대교에서의 개종(proselytization)을 연구하는 데 많은 시간을 들였으나 이방인들의 **종말론적 회심**(latter-day conversion)에 대해서는 그렇지 않았다.[70] 이스라엘이 종말에 회복되는 결과로서 이방인들이 하나님께로 회복되며 그들이 이스라엘 사람들과 연합을 이룬다는 것은 몇몇 구약성서 텍스트에서 분명하게 나타난다(예. 시 87:4-6; 사 11:9-10; 14:1-2; 19:18-25; 25:6-10; 42:1-9; 49:6; 51:4-6; 60:1-16; 렘 3:17; 습 3:9-10; 슥 2:11). 학자들은 종종 이 개념을 이방인들의 "종말론적 순례"라고 부른다.[71] 하지만 우리는 이방인들이 종말론적으로 하나님의 구원받은 백성

---

70 예를 들면 다음 연구를 보라. Shaye J. D. Cohen, "Crossing Boundary and Becoming a Jew," *HTR* 82 (1989): 13-33; John P. Dickson, *Mission-Commitment in Ancient Judaism and in the Pauline Communities: The Shape, Extent, and Background of Early Christian Mission*, WUNT 159 (Tübingen: Mohr Siebeck, 2003), pp. 15-19; John G. Gager, *The Origins of Anti-Semitism: Attitudes Toward Judaism in Pagan and Christian Antiquity* (New York: Oxford University Press, 1985), 59-66; Scot McKnight, *A Light Among the Gentiles: Jewish Missionary Activity in the Second Temple Period* (Minneapolis: Fortress, 1991).

71 Joachim Jeremias, *Jesus' Promise to the Nations*, SBT 24 (London: SCM Press, 1958), pp. 55-73을 보라. 이 점에 대해 Jeremias의 연구는 특히 독창적이다. 그는 이방인들의 종말론적 순례의 다섯 가지 특성을 규명한다. 곧 하나님의 현현, 하나님의 부르심, 이방인들의 여행, 세계적인 성소에서의 예배 및 세계적인 산에서 벌어지는 메시아 잔치다 (pp. 57-59). 이 주제와 관련한 다른 개관들에 대해서는 다음도 보라. James P. Ware, *The Mission of the Church in Paul's Letter to the Philippians in the Context of Ancient Judaism*,

의 일부가 되는 **방식**에 더 많은 관심이 있다. 구약 시대에 회심한 이방인들의 경우(룻과 우리아와 같이)와 마찬가지로, 회심한 이방 민족들은, 종말에 이스라엘 민족과 거의 구분할 수 없는 것처럼 보인다.

비록 몇몇 학자가 이방인들이 종말에 외적인 민족주의 표시를 받아들이라는 요구를 받는다는 데 대해 의심을 품지만,[72] 다음 텍스트들은 겉으로 보기에 이스라엘의 민족 신앙으로의 회심은 외적인 언약 표시가 요구되며 수반됨을 말해준다. 하지만 우리는 다음 텍스트들을 간략하게 살펴볼 때 한 가지 생각을 염두에 두어야 한다. 즉 압도적인 명백한 증거는 없다는 사실이다. 이방인들이 종말에 유대교 개종자가 된다는 것은 사실상 몇몇 구약성서 텍스트에서 암시되어 있다. 하지만 이는 두드러지지도 않으며 자세하게 논의되지도 않는다. 우리가 가진 전부는 예언서에서 이곳저곳에 흩어져 있는 수수께끼와 같은 몇몇 텍스트와 어떻게 이방인들이 구약 시대에 이스라엘 종교로 개종했는가에 대한 선례뿐이다.

구약성서에서 이방인의 종말론적 회심. 이사야서는 이방인들이 종말에 언약의 표시를 받아들임을 가리키는 더욱 주목할 만한 몇몇 언급을 포함한다. 이사야 56:3-8은 종말에 이방인들이 참이스라엘의 일부가 되는 미래의 시기를 내다보고 있다.[73]

NovTSup 120 (Boston: Brill, 2005), pp. 57-91; Michael F. Bird, *Jesus and the Origins of the Gentile Mission*, LNTS 331 (New York: T & T Clark, 2006), pp. 26-29.

72 예를 들면 Terence L. Donaldson, "Proselytes or 'Righteous Gentiles'? The Status of Gentiles in Eschatological Pilgrimage Patterns of Thought," *JSP* 7 (1990):12.

73 사 2:2-3도 주목하라. 여기서 이사야는 하나님이 어느 날 이방인들을 "가르치시고"(사 42:4; 51:4), 모든 나라가 종말에 예루살렘으로 몰려드는 기대를 가리킨다. 그들이 하나님에게서 가르침을 받을 것이며 이스라엘과 함께 야웨를 예배하는 데 동참할 것이다(미 4:1-3의 평행 본문을 보라). 사 2:3에 대한 타르굼과 미 4:1-3도 보라. 이와 비슷하게 *Midrash Rabbah*는 다음과 같이 주장한다. "율법이 시온에서부터 나올 것이다. 즉 **율법이 시온에서부터 나올 것이요**(사 2:3)라고 말한 대로 이루어질 것이다"(레 24:4).

여호와께 연합한 이방인은 말하기를
"여호와께서 나를 그의 백성 중에서 반드시 갈라내시리라" 하지 말며
고자도 말하기를 "나는 마른 나무라" 하지 말라.
여호와께서 이와 같이 말씀하시기를
"나의 안식일을 지키며 내가 기뻐하는 일을 선택하며
나의 언약을 굳게 잡는 고자들에게는
내가 내 집에서, 내 성 안에서
아들이나 딸보다 나은 기념물과 이름을 그들에게 주며
영원한 이름을 주어 끊어지지 아니하게 할 것이며
또 여호와와 연합하여 그를 섬기며 여호와의 이름을 사랑하며
그의 종이 되며 안식일을 지켜 더럽히지 아니하며
나의 언약을 굳게 지키는 이방인마다
내가 곧 그들을 나의 성산으로 인도하여
기도하는 내 집에서 그들을 기쁘게 할 것이며
그들의 번제와 희생을 나의 제단에서 기꺼이 받게 되리니
이는 '내 집은 만민이 기도하는 집이라' 일컬음이 될 것임이라."
이스라엘의 쫓겨난 자를 모으시는 주 여호와가 말하노니
"내가 이미 모은 백성 외에 또 모아 그에게 속하게 하리라" 하셨느니라.

몇몇 사항에 근거해서 추론하면 여기서의 전망은 분명히 종말 시대를 언급한다. 이방인들은 "아들이나 딸보다 나은 이름" 곧 "영원한 이름"(사 56:5)을 받을 것이다. 이사야서의 다른 곳에서 이 짤막한 어구는 새로운 백성 그룹을 만드시는 하나님의 새로운 창조 행위를 가리킨다(사 62:2).[74]

---

74 다음도 보라. G. K. Beale, *The Book of Revelation: A Commentary on the Greek Text*, NIGTC

게다가 "그들을 나의 성산으로 인도하여"라는 하나님의 약속은 이사야 2:3과 똑같은 종말론적인 사건이며 다른 몇몇 텍스트에서도 반복된다(슥 2:11; 8:20-23). 이는 이방인들이 지리적인 이스라엘 땅으로 움직여야만 종말의 이스라엘 공동체에 참여할 수 있음을 의미한다. 마지막으로 이사야 56:8은 비록 세밀하게 설명하기가 대단히 어렵지만 미래에 이방인들을 "모으는 것"을 가리키는 것처럼 보인다. "내가 이미 모인 사람들[유대교 개종자들] 외에도 여전히 다른 사람들[이방인들]을 그들[유대인 포로들]에게 모을 것이다"(NIV).

이사야 56장은 종말에 하나님의 성전에서 섬길 수 있는 두 부류의 특별한 사람들을 대상으로 삼는다. 첫 번째 부류는 일반적인 "이방인"(문자적으로 "외국인의 아들": *ben-hannēkār*)이다. 그들은 전통적으로 언약에 기초한 의무와 책임에 참여하는 일이 금지되었다. 예를 들면 유월절(출 12:43, 45) 또는 성전에서 이스라엘 공동체의 예배에 적극적으로 참여하는 일(신 23:3) 등이다. 그런데 "이방인"뿐만 아니라 "고자"(*sārîs*)도 종말의 모임에 온전히 참여하는 것으로 언급된다. [전통적으로는] 이방인과 마찬가지로 고자도 성전에서 드려지는 이스라엘 예배에 참여하는 것이 금지되었다(신 23:1).[75] 하지만 고자는 이스라엘 공동체에 특별히 성전 예배에 참여하는 일이 온전히 허락되며 동등한 구성원으로 간주된다. 이 연구서의 목적을 위해 우리는 **이방인들이 하나님의 종말의 백성에 참여하는 방식**을 강조할 필요가 있다.

이사야 56:3은 이방인이 "야웨께 연합했다"고 말한다. 그다음에 이사

(Grand Rapids: Eerdmans, 1999; 『NIGTC 요한계시록』, 새물결플러스 역간), pp. 254-55.

75　그러나 신 23:1, 3은 이 사람들이 이스라엘 공동체의 일부가 되는 것을 전반적으로 금지하고 있을 가능성이 있다.

야 56:6은 어떻게 이방인이 그렇게 하는지를 묘사한다. 이방인들은 "야웨를 섬기며", "야웨의 이름을 사랑하며", 또한 중요한 사항으로서 "안식일을 지켜 더럽히지 않는다." 안식일과 관련된 마지막 언급은 시사하는 바가 크다. 왜냐하면 이방인들에게 언약 공동체의 가장 두드러진 특징 가운데 하나, 즉 안식일을 지켜야 한다고 요구하기 때문이다(예. 출 20:8-11; 31:14-16; 레 23:3, 11, 15). 이사야 56:4-5은 고자에게도 동일한 행위를 요구한다. "내 안식일을 지키고…고자들에게는 내가 내 집에서, 내 성 안에서…기념물"과 새 이름을 줄 것이다. 차일즈(Childs)는 고자에게 요구되는 조건은 "단순히 율법 아래서 살아야 하는 삶에 적합한 표준이다"라고 주장한다.[76] 안식일을 지키는 일은 언약을 맺는 데 요구되는 것이 아니라 종말의 언약 공동체의 구성원에게 요구되는 사항이다. 이 사항은 이방의 외국인들도 지켜야 한다.

언약을 지키는 일에 더해서 "이방인들"과 "고자들"에게 다음과 같이 성전에서 희생제물을 드리는 일이 기대된다. 곧 "내가 곧 그들을 나의 성산으로 인도하여 기도하는 내 집에서 그들을 기쁘게 할 것이며 그들의 번제와 희생을 나의 제단에서 기꺼이 받게 되리니"(사 56:7)라고 말한다. 분명히 종말의 순례에서(사 2:2-3; 미 4:1-2을 보라), 이방인들은 성전으로 희생제물을 가져올 것이다. 이는 언약 공동체를 이방 민족들과 구분하는 이스라엘의 율법에 순종하는 행위다. 이방인들 역시 이스라엘의 제사장들로서 성전에서 섬길 것이다. 즉 "또 여호와와 연합하여 그를 섬기며…기도하는 내 집에서…번제와 희생을 나의 제단에서 기꺼이 받게 되리니"(사 56:6-7)라고 기록되어 있다.

---

[76] Brevard S. Childs, *Isaiah*, OTL (Louisville: Westminster John Knox, 2000), p. 458; 참조. John Oswalt, *The Book of Isaiah Chapters 40-66*, NICOT (Grand Rapids: Eerdmans, 1998, 『NICOT 이사야 II』, 부흥과개혁사 역간), p. 460.

이사야 66:18-21은 이방인들이 하나님의 종말론적인 공동체의 일부가 되는, 특별히 성전 예배를 위한 제사장으로서 자격이 주어지는 방식을 묘사하는 또 다른 예를 제시한다.

> 내가 그들의 행위와 사상을 아노라. 때가 이르면 뭇 나라와 언어가 다른 민족들을 모으리니 그들이 와서 나의 영광을 볼 것이며, 내가 그들 가운데에서 징조를 세워서 그들 가운데에서 도피한 자를 여러 나라 곧 다시스와 뿔과 활을 당기는 룻과 및 두발과 야완과 또 나의 명성을 듣지도 못하고 나의 영광을 보지도 못한 먼 섬들로 보내리니, 그들이 나의 영광을 뭇 나라에 전파하리라. 나 여호와가 말하노라. 이스라엘 자손이 예물을 깨끗한 그릇에 담아 여호와의 집에 드림 같이 그들이 너희 모든 형제[곧 이방인들]를 뭇 나라에서 나의 성산 예루살렘으로 말과 수레와 교자와 노새와 낙타에 태워다가 여호와께 예물로 드릴 것이요, 나는 그[이방인들] 가운데에서 택하여 제사장과 레위인을 삼으리라. 여호와의 말이니라.

이 구절은 해석하기가 매우 어렵다. 왜냐하면 이사야 66:19에서 "그들"이 과연 누구인지가 다소 모호하기 때문이다. 여기서 "그들"은 이미 회복을 경험하기 시작한 신실한 유대인들을 가리킨다고 보는 것이 가장 가능성이 높다. 그다음 구절은 회복된 유대인들이 이방인들에게 가서 선교 사역을 하는 것을 언급한다. 이 이방인들은 회복된 유대인들의 "형제"가 된다. 비록 "형제"가 누구를 가리키는지 전적으로 분명하지는 않지만 곧바로 이어지는 문맥에서 이 용어는 아마도 주변 나라들에서 온 이방인들로 규명되어야 할 것이다. (비록 이사야가 한 "이스라엘 사람"이 이스라엘의 남은 자를 회복시킨다는 것을 내다보기는 하지만, 예. 사 49:2-6; 53장), 이사야서 전체나 예언서 전체 어디에도 이스라엘 사람이 다른 이스라엘 사람을 회복시킨다는 언급은 나타나지 않는다. 만약 우리가 옳다면 우리는 이사야 66:20을 다음과 같이 풀어서 해석할 수 있다. "그렇다면 그들 곧 회복된 유대인들은 모든 형제 곧 이방인들을 야웨께 드리는 소제로서 모든 나라로부터 데려올 것이다"(사 66:20a). 또다시 이사야 2:2-3 및 56:7에서와 마찬가지로 이방인들은 부분적으로 이스라엘 지역으로 이주함으로써 이스라엘 사람이 된다.

우리는 마침내 이사야 66:21의 의미를 파악할 수 있다. 이사야 66:20에서 언급되는 이 "형제"는 이방인 회심자들이다. 하나님은 그들 가운데 일부를 이스라엘의 제사장으로 세우실 것이다. "나는 그[이방인들] 가운데에서 택하여 제사장과 레위인을 삼으리라"(사 66:21). 놀랍게도 하나님은 이방인과 유대인 가운데서 일부를 선택하셔서 종말에 그분의 성전에서 **제사장과 레위인**으로 섬기게 하실 것이다. 이는 같은 개념이 분명하게 나타나는 이사야 56:3-8을 발전시킨다. 이는 종말에 이방 민족들이 이스라엘 민족으로서 규명됨을 가리키는 다양한 방법 중 하나다.[77] 비록 앞에서 이사야 56장과 66장이 종말에 사람들을 위해 모세 율법이 느슨하게 됨을 보여주고 있다고 살펴보았지만, 이 구절은 모세 율법의 일부가 계속 준수된다는 것도 밝혀준다.

우리가 인용하는 마지막 구절은 스가랴 14:16-19이다.

---

[77] 해당 본문이 이방인을 "제사장과 레위인"이 될 사람들로 이해하는지 아닌지와 관련된 논쟁에 대해서는 G. K. Beale, *New Testament Biblical Theology*, pp. 660-62을 보라. *Midrash on the Psalms*에서 사 66:21에 대한 다음의 주석은 주목할 만하다. "이스라엘을 왕이신 메시아에게로 인도할 이교도들로부터 하나님은 제사장이나 레위인이나 이스라엘 혈통의 사람을 선별하실 것이다. 왜냐하면 '그들 중에서도 내가 선택한다'는 것은 하나님이 제사장과 레위인을 이스라엘 자녀 중에서뿐만 아니라 이스라엘 자녀를 데려온 나라들에서도 선택한다는 것을 의미하기 때문이다"(*Midr. Ps.* 68.6).

예루살렘을 치러 왔던 이방 나라들 중에 남은 자가 해마다 올라와서 그 왕 만군의 여호와께 경배하며 초막절을 지킬 것이라. 땅에 있는 족속들 중에 그 왕 만군의 여호와께 경배하러 예루살렘에 올라오지 아니하는 자들에게는 비를 내리지 아니하실 것인즉 만일 애굽 족속이 올라오지 아니할 때에는 비 내림이 있지 아니하리니 여호와께서 초막절을 지키러 올라오지 아니하는 이방 나라들의 사람을 치시는 재앙을 그에게 내리실 것이라. 애굽 사람이나 이방 나라 사람이나 초막절을 지키러 올라오지 아니하는 자가 받을 벌이 그러하니라.

여기서 스가랴 14:1-15의 살아남은 이방인들은 "예루살렘으로 올라가서" 그곳에서 야웨께 경배하며 "초막절을 지킬 것이다." 이방인들은 유대인들과 함께 야웨께 예배드릴 뿐만 아니라 유대의 절기 특히 초막절을 지키는 데 참여할 것이다. 이 연구에서 초막절은 특별히 우리의 흥미를 끈다. 레위기 23:40-43에 의하면 이스라엘 백성은 해마다 이레 동안 초막절을 기념해야 했다. 오직 이스라엘 사람들만 이 절기를 지켜야 했다. "이스라엘에서 태어난 모든 사람은 초막에서 거주해야 한다"(NASB; 레 23:42; 참조. 신 16:13-16). 이 절기를 지키는 목적은 이스라엘이 이집트로부터 구원받은 일을 재현하는 것으로서 그들이 광야에서 "장막"에 살았던 시절을 회고하는 것이었다. 초막절은 하나님의 용서와 은혜로운 선택을 묵상하며 숙고하는 시간이었다. 이 절기는 이스라엘이 하나님이 선택하신 민족이며 모든 다른 나라와 구별되는 나라임을 공적으로 나타냈다. 스가랴 14장에서는 "모든 나라"가 이 동일한 절기를 지킨다. 정말로 만약 어떤 나라가 초막절을 지키는 데 참여하기를 거부한다면 하나님은 비를 내리지 않음으로써 그들을 심판하실 것이다. "만일 애굽 족속이 올라오지 아니할 때에는 비 내림이 있지 아니하리니…초막절을 지키러 올라오지 아니하는 이방 나라들의 사람을 치시는 재앙을 그에게 내리실 것이라"(슥 14:18-19).

다양한 구약성서 본문에 대해 앞서 제시한 개관은 종말에 회복된 이방인들이 언약의 인식 표시나 이스라엘의 율법 표시, 곧 하나님의 선택된 백성의 일부분으로서 그들을 구분해주는 외적 표지를 받아들임으로써 이스라엘에 동참한다는 사실을 알려주는 것 같다. 이사야 56:3-8은 이방인들이 "언약을 굳게 잡고" "안식일을 지킬" 것이라고 주장한다. 우리는 이방인이 이스라엘 지역으로 이주하는 것이 종말론적인 이스라엘 사람이 되는 한 가지 전제 조건이었음을 반복적으로 살펴보았다. 우리는 이방인들이 성전에서 제사장으로서 섬기게 될 것이라는 점도 거듭 살펴보았다. 마지막으로 스가랴 14:16-19에 의하면 이방인들은 초막절을 지키는 데 참여할 것이다. 이 모든 예는 다음과 같은 구약성서의 관점을 나타낸다. 즉 이방인은 종말에 참이스라엘 사람이 되기 위해 그들을 참이스라엘 사람이라고 확인해주는 이스라엘의 율법에 기초한 외적인 언약 표지를 받아들여야 한다는 것이다.

마찬가지로 구약성서에서 다른 관련 본문들도 이방인들의 회심을 예고한다. 이 본문들 대부분은 이방인이 종말에 참이스라엘 백성으로 간주되려면 이스라엘 지역으로 이주해야 함을 보여준다. (앞에서 언급한 본문들과 마찬가지로) 해당 본문들은 이방인이 언약 공동체의 일부분이 되는 방식에 초점을 맞추지 않는다. 이 본문들은 기꺼이 **이방인이 특별히 이스라엘 지역으로 이주함으로써 참이스라엘 사람이 되는 때를 기대한다**. 더욱 적절한 본문에 대한 간략한 개요는 아래에서 이어진다(사 19:18-25; 슥 2:11; 8:22-23; 9:6-7도 보라).[78]

---

[78] 이 구약 본문 및 다른 본문들에 대한 더 자세한 논의는 Beale, *New Testament Biblical Theology*, pp. 651-68을 보라.

이사야 49장은 구약성서에서 종말에 메시아가 참이스라엘을 자기 안에 불러 모은다는 가장 분명한 진술 중 하나다. 이는 이방인과 관련된다.

> 내게 이르시되 "너는 나의 종이요,
> 내 영광을 네 속에 나타낼 이스라엘이라" 하셨느니라.
> 그러나 나는 말하기를 "내가 헛되이 수고하였으며
> 무익하게 공연히 내 힘을 다하였다" 하였도다.
> 참으로 나에 대한 판단이 여호와께 있고
> 나의 보응이 나의 하나님께 있느니라.
>
> 이제 여호와께서 말씀하시나니 그는 태에서부터 나를 그의 종으로 지으신 이시오,
> 야곱을 그에게로 돌아오게 하시는 이시니, 이스라엘이 그에게로 모이는도다.
> 그러므로 내가 여호와 보시기에 영화롭게 되었으며
> 나의 하나님은 나의 힘이 되셨도다.
> 그가 이르시되 "네가 나의 종이 되어 야곱의 지파들을 일으키며
> 이스라엘 중에 보전된 자를 돌아오게 할 것은 매우 쉬운 일이라.
> 내가 또 너를 이방의 빛으로 삼아
> 나의 구원을 베풀어서 땅끝까지 이르게 하리라"(사 49:3-6).

여기서 종은 "이스라엘"이라고 불린다. "[야웨께서] 내게 이르시되 '너는 나의 종이요 내 영광을 네 속에 나타낼 이스라엘이라' 하셨느니라"(사 49:3). 그리고 그가 받은 종말의 사명은 "야곱의 지파들을 일으키며 이스라엘 중에 보전된 자를 돌아오게" 하는 것이다(사 49:6). 이사야 49:3의 종은 이스라엘의 남은 자들을 회복시키는 개인 메시아를 의미하는 종으로 이해하는 것이 가장 좋다. 한 개인이 "많은 사람"의 행위를 모으며 대표

한다.[79]

하지만 참이스라엘을 모두 모으는 메시아-종이라는 개념이 어떻게 종말에 이방인들이 참이스라엘이 되는 것과 관련되는가? 이 종은 참이스라엘의 총합이 되기 때문에 유대인이든 이방인이든 간에 참이스라엘과 동일시되고 싶은 모든 사람은 반드시 이 종과 자신을 동일시해야 한다(이것이 바로 사 53장이 암시하는 것이다). 비록 구약성서는 개인인 참이스라엘 곧 종(또는 이스라엘의 종말의 왕)과, 그와 자신을 동일시하는 이방인 사이를 결코 분명하게 연결하지는 않는다. 하지만 이는 암시되어 있거나 의미가 내포된 것처럼 보인다. 우리는 앞 단원에서 이사야 2:2-3, 56:3-8, 66:21도 이방인들이 부분적으로 이스라엘 지역으로 이주함으로써 종말의 참이스라엘의 일부분이 된다는 것을 묘사한다고 논의했다. 이사야서의 다른 텍스트들도 이방 민족이 종말에 이스라엘 땅으로 순례한다고 묘사한다(사 49:22-23; 60:4-12). 이와 같이 들어오는 이방인들은 일반적인 이스라엘 백성에게뿐만 아니라, 이사야 49-53장의 맥락을 고려할 때 모든 이스라엘을 자신 안에 불러 모으는 존재에게도 경의를 표해야 할 필요가 있다.

시편 87편은 종말에 이방인들이 시온에서 "태어난다"고 말한다. 그들은 원래 이스라엘에서 태어난 사람들의 신분을 물려받는다.

> 그의 터전이 성산에 있음이여,
> 여호와께서 야곱의 모든 거처보다
> 시온의 문들을 사랑하시는도다.

---

79 참조. 단 7:13-27에서 "인자"는 참이스라엘로서 기능하며 참이스라엘을 대표한다.

하나님의 성이여,

너를 가리켜 영광스럽다 말하는도다(셀라).

나는 "라합과 바벨론이 나를 아는 자 중에 있다" 말하리라.

보라 블레셋과 두로와 구스여,

이것들도 거기서 났다 하리로다.

시온에 대하여 말하기를 "이 사람, 저 사람이 거기서 났다"고 말하리니

지존자가 친히 시온을 세우리라 하는도다.

여호와께서 민족들을 등록하실 때에는 그 수를 세시며

"이 사람이 거기서 났다" 하시리로다(셀라).

노래하는 자와 뛰어 노는 자들이 말하기를

"나의 모든 근원이 네게 있다" 하리로다(시 87:1-7).

"시온" 곧 "하나님의 성"에 대해 말하는 "영광스러운 일"(시 87:2-3)은 이방 민족들이 "거기서 태어났다"는 것을 포함한다(시 87:4). 시편 87:4에서 이방 민족들이 태어나는 곳을 말하는 "거기서"는 시편 87:2-3에서 "시온"과 "하나님의 성"을 가리킨다. 시편 87:6에서 "여호와께서 민족들을 등록하실 때에는 그 수를 세시며"라는 구절은 종말에 "나를[그분을] 아는"(시 87:4) 이방 백성의 최종적인 수를 가리킨다. 그들은 종말의 참이스라엘 사람들로 여겨질 것이다. 왜냐하면 그들은 "거기서 태어났기" 때문이다. 즉 "시온"(시 87:2, 5) 또는 "하나님의 성"(시 87:3)에서 태어났기 때문이다. 따라서 국가적·민족적 출생이 이방 나라인 사람들도 종말의 참이스라엘 사람 또는 시온의 진정한 시민으로 여겨질 것이다.

이와 마찬가지로 앞에서 간략하게 언급했던 에스겔 47장도 이스라엘이 최종적으로 회복될 때 이방인들이 이스라엘 민족의 일부로 간주될 것이라고 이해한다.

"그런즉 너희가 이스라엘 모든 지파대로 이 땅을 나누어 차지하라. 너희는 이 땅을 나누되 제비 뽑아 너희와 너희 가운데에 머물러 사는 타국인 곧 너희 가운데에서 자녀를 낳은 자의 기업이 되게 할지니, 너희는 그 타국인을 본토에서 난 이스라엘 족속같이 여기고 그들도 이스라엘 지파 중에서 너희와 함께 기업을 얻게 하되 타국인이 머물러 사는 그 지파에서 그 기업을 줄지니라." 주 여호와의 말씀이니라(겔 47:21-23).

여기서 이방의 "타국인"은 이스라엘 민족을 구성하는 일부분으로 간주된다. 이스라엘 민족은 "이스라엘의 모든 지파대로 이 땅을 나누어 차지하라"는 명령을 받는다(여기에는 "타국인"에게도 "기업"을 주라는 명령이 포함되어 있다). 왜냐하면 이 타국인들을 "본토에서 난 이스라엘 족속같이" 여겨야 하기 때문이다. 에스겔 47:22에서 타국인의 자녀들이 이스라엘에서 태어난 사람들"같이"(또는 "처럼") 간주되어야 한다고 말하고 있기 때문에, 이방인들이 **진정한** 이스라엘 사람들로 간주되지 않았을 가능성이 있다. 그렇지만 이 본문을 이해하기 위한 가장 좋은 맥락은 어떻게 이방인들이 구약성서 시대에 이스라엘의 신앙을 갖는 회심자들이 되었는가를 보여주는 선례에 있다.

이스라엘 백성과 함께 이집트를 빠져나온 이집트 사람들(출 12:38, 48-51)이나 라합(수 6:25; 참조. 마 1:5) 또는 룻(룻 1:16; 4:10; 참조. 마 1:5)과 같은 사람들이 자신들의 이전 신앙을 버리고 이스라엘 신앙으로 개종할 때, 그들은 **원래 이스라엘 사람과 똑같이** 이스라엘 민족의 구성원으로 간주되었다. 에스겔 47장의 경우도 동일할 것이다. "마지막 것은 처음 것과 같을 것이다"라는 원리에 따르면, 에스겔 47:22에서 "타국인"의 종말론적인 상황("너희는 그 타국인을 본토에서 난 이스라엘 족속같이 여기고"[wĕhāyû lākem kĕʾezrāh])은 출애굽기 12:48에 따르면 이스라엘 역사의 시작에서 타국인의 상황("그[타국인]는 본토인과 같이 될 것이나"[wĕhāyâ kĕ'ezrāḥ])을 반영하는 것처럼 보인다. 에스겔 47:22-23은 "너희가 이스라엘 모든 지파대로 이 땅을 나누어 차지하라"(겔 47:21)는 언급 다음에 소개된다. 이 구절은 이스라엘 지파의 구성원들이 민족적인 이스라엘 사람들이라고 설명하고 비민족적인 지파 구성원들도 언급하면서 그들 역시 참이스라엘 사람들로 간주되어야 한다고 묘사한다. 왜냐하면 그들도 본토에서 태어난 사람들과 똑같이 이스라엘 땅의 일부를 기업으로 얻기 때문이다.[80]

초기 유대교에서의 이방인의 종말론적 회심. 구약성서와 마찬가지로 종말에 이방인이 참이스라엘의 일부가 되는 **방식**을 명백하게 언급하는 유대교 문헌은 많지 않다. 몇몇 텍스트는 이방인이 포함된다고 언급하지만(예.Tob 14:5-6; 13:13; *T. Zeb*. 9.8; *Jos. Asen*. 15.6; *Pss. Sol*. 17:29-34), 이 텍스트들은 이 회심이 어떻게 일어나는지를 분명하게 밝히지 않는다. 그럼에도 불구하고 소수의 텍스트는 이방인이 종말에 이스라엘에 참여할 뿐만 아니라 외적으로 이스라엘 사람처럼 보이며 그들처럼 행동하리라고 나타내는 것 같다.[81]

그리스인들의 부정한 발이 네 땅 주위에서 더 이상 맴돌지 않을 것이다. 오히려 그들은 그들의 마음속에 너희의 율법을 따르고자 하는 생각을 품을 것이다(*Sib. Or*. 5.264-66; 참조. 1.383-384, 기원후 1세기에서 2세기).

그리고 그때 모든 섬과 성읍은 이렇게 말할 것이다. "영원히 죽지 않는 그분

---

80 다음과 같은 이사야의 예언도 주목하라. 곧 종말에 유대인들은 주변 나라들로부터 이방인들을 예루살렘으로 데려올 것이다. 거기서 그들은 참이스라엘의 일부분이 되고 그들 가운데 어떤 이들은 심지어 레위 지파에 속한 제사장들과 같은 역할을 할 것이다(사 66:19-21).

81 *1 En*. 10.21도 보라. "그리고 백성의 모든 자녀가 의롭게 될 것이다. 또한 모든 나라가 나를 경배하고 축복할 것이다. 또한 그들은 내게 엎드릴 것이다"(90.6-42도 참조하라).

이 얼마나 그 사람들을 사랑하시는가!…그들은 자신들의 입으로 찬송하며 기쁨에 넘쳐 다음과 같이 말할 것이다. '오라, 우리가 땅에 엎드려 영원히 죽지 않는 왕, 곧 위대하고 영원하신 하나님께 간구하자. 우리가 성전으로 가자. 왜냐하면 오직 그분만이 절대 주권을 지니셨기 때문이다. 그리고 우리 모두 지극히 높으신 하나님의 율법을 묵상하자'"(Sir. Or. 3:710-719, 기원전 1세기).

이 두 텍스트는「시빌의 신탁」에 들어 있는 것으로서 이방 나라들이 토라를 받아들임에 대해 말한다. 첫 번째 구절은 "그리스인들"이 장차 "너희의 율법을 따르고자" 한다는 희망을 표현한다. 이는 신탁의 세 번째 책에서 훨씬 더 분명하게 언급된다. 이 책에 의하면 "섬들과 성읍들"이 성전에 와서 야웨께 간구하며(참조. 사 2:2; 미 4:2), "지극히 높으신 하나님의 율법을 묵상"한다(7.10-19). 여기서 사용되는 "묵상하다"(*phrazō*)라는 용어는「시빌의 신탁」의 다른 곳에서도 여러 번 나타난다. 이 책의 14.273에서 이 단어는 다음과 같이 무엇인가를 "말하다" 또는 "선포하다"를 의미한다. 곧 "그가 외인들에게 전쟁과 비참한 투쟁을 선포하는 [*phrazomenoi*] 섬들로부터 많은 신탁을 모을 때"(참조. T. Sol. 6:8)라고 말한다. 이 단어는 이 책의 14.300-301에서도 나타난다. 하지만 여기서 이 단어의 의미는 아마도 7.19의 "비록 그가 묵상하는[*phrazōsi*] 자들에게 먼저 유명한 신탁들을 정화하라고 말한다 하더라도, 세 아이가 올림픽 경기에서 승리할 때…"라는 언급에 더 가까울 것이다.「시빌의 신탁」의 다른 곳에 나타나는 이 두 용법에 비추어볼 때 이 책의 7.19에서 이 단어는 아마도 "묵상하다" 또는 "생각하다"를 의미할 것이다.[82] 이 점은 이방 나

82　Liddell & Scott는 그리스어 동사 *phrazō*는 중간태와 수동태에서 **"자기 자신을 나타내다, 곧 생각하다 또는 묵상하다, 숙고하다, 곰곰이 되새겨보다, 논쟁하다"**를 의미한다고 지적한다(1958).

라들이 지극히 높으신 분의 율법을 따른다는 것뿐만 아니라 그것에 대해 숙고하고 아마도 연구했다고 여겨지기 때문에 중요하다. 이 주제는 「에녹 2서」(2 En. 48.6-7[J])에서도 다음과 같이 명백하게 언급된다. "너희는 반드시 그 책들을 너희의 자녀에게 넘겨주어야 한다. 너희의 모든 세대를 통해, ⟨또한 [네] 친척들에게⟩ 그리고 분별력 있는 모든 이방 나라에게 그 책들을 전달해야 한다. 그래서 그들이 하나님을 경외하도록 또 그들이 그 책들을 받아들이도록 해야 한다"(참조. 2 En. 33.9).[83]

아마도 이방인들이 유대교로 개종한다는 가장 분명한 언급 중 하나는 필론의 「모세의 생애」(De vita Mosis, 기원전 1세기에서 기원후 1세기 사이)에서 발견될 것이다. 필론의 해당 본문은 명백하게 종말에 초점을 맞추지는 않는다. 하지만 여기서 필론은 이방 나라들이 유대교로 개종하는 때인 미래의 시기를 고대하고 있다.

이와 같은 방법으로 경이롭고 비교할 수 없으며 가장 바람직한 율법이 개인이든 왕이든 가릴 것 없이 모든 사람에게 알려졌다. 이 일 역시 이스라엘 나라가 오랫동안 번영하지 못한 시기에 일어났다. 대체로 이 경우는 번영하지 못하는 사람들의 일 위에 구름이 드리워져 있을 때다. 그래서 그들에 대해 알려진 바가 거의 없다. 그렇다면 만약 그들이 새로운 출발을 해서 그들의 상황이 개선되기 시작한다면, 그들의 명성과 영광은 얼마나 크게 증가되겠는가? 나는 이 경우에 모든 나라가 <u>그들의 모든 개인적인 관습</u>[ta idia kai polla chairein]을 버린 채, 또 <u>그들의 나라의 법</u>[tois patriois hekastous]을 완전히 무시한 채 변화되어서 단지 [이스라엘] 백성의 영광을 위해 오리라고 생각한다.

---

83 이방인들이 토라를 받아들인다는 전반적인 주제에 대해서는 다음을 보라. Wis. 18:4; T. Benj. 11.2-3; 참조. T. Levi 4.2-5; 18:3-9; T. Jud. 24.6; T. Zeb. 9.8; T. Naph. 8.3-4; T. Benj. 10.9.

왜냐하면 나라[이스라엘]의 번영과 연결된 채 빛나는 그들의 율법은 마치 떠오르는 해가 무수한 별빛을 가리는 것과 같이 다른 나라들의 법을 무색하게 할 것이기 때문이다[84] (*Mos.* 2:43-44).

필론은 "모든 나라가 그들의 모든 개인적인 관습을 버린다"고 주장한다. 이는 분명히 우상숭배와 일반적인 악한 행위를 포함한다. 하지만 이 주장은 심지어 이방 나라의 민족적 표지나 고유한 관습(*tois patriois hekastous*)까지도 염두에 두고 있을 수 있다. 예를 들면 「요셉의 생애」(*De Iosepho* 1.202)에서 필론은 다음과 같이 비슷하게 주장한다, "그리고 그들의 접대 방식은 그들의 민족적 관습[*ta patria hekastois*]에 따라서 각각 거행되었다. 왜냐하면 요셉은 고대법을 뒤집는 일은 옳지 않다고 생각했기 때문이다." 또다시 *Legatio ad Gaium* 1.153에서 필론은 이렇게 말한다. "그들은 그가 모든 일에 관심을 기울였음을 알고 있었다. 그는 지대한 관심을 갖고 민족적인 법과 관습[*tōn par' hekastois patriōn*]이 공식화되고 보존되도록 했다"(참조. *Somn.* 2.78). 따라서 「모세의 생애」 2.43-44는 이방 나라들이 자신들의 다양한 법, 규정, 절기 등에 나타난 민족적인 자부심을 버리고 이스라엘의 독특성을 채택할 것이라는 관점을 강조한다. 다시 말해서 이방 나라들은 자신들의 독특성을 또 다른 독특성으로 맞바꾼다는 것이다. 이와 비슷하게 웨어(Ware)는 이 구절에 대해 다음과 같이 논평한다. "그[필론]가 이방인들의 유대교 관습 채택을 성취의 시기에 모세 율법이 모든 것을 쓸어버린다는 예견으로 이해한 것과 마찬가지로, 필론은 당시에 유대교로 개종한 자들에 대해 다음과 같이 이해했다. 즉 이는

---

[84] 여기서 제시된 영문 번역은 C. D. Young, *The Works of Philo* (Peabody, MA: Hendriksen, 1993)에서 가져온 것이다.

어떤 의미에서 **모든 민족이 유대교로 개종하는 자들이 될 때**를 미리 암시하거나 **기대하고 있다**고 말이다."[85]

결론. 요약하면 우리는 이제까지 구약성서와 초기 유대교의 몇몇 문헌이 다음과 같이 기대했음을 살펴보았다. 즉 이방인들은 (1) 종말에 **참**이스라엘의 일부가 될 것이다. (2) 그들은 이스라엘의 민족주의적 특징을 받아들여서 원래의 이스라엘 사람들과 사실상 구별할 수 없게 된다. 그들은 종말론적인 이스라엘 사람들이 될 것이다. 이는 아마도 과거에 이방인들(출애굽 당시 이스라엘과 함께 빠져나온 이집트인들, 라합, 룻 등)이 이스라엘 지역으로 이주하여 율법이 요구하는 민족주의적 신분 확인의 표지를 받아들인 일과 동일한 방법으로 이루어질 것이다. 바로 이것이 우리가 에베소서 3장을 다룰 때 논의했듯이, 이방인들이 이스라엘의 옛 율법이라는 민족주의적 표지로써 그들의 신분을 확인하지 **않고서도** 참이스라엘 사람이 될 수 있다는 사실이 비밀인 이유다.

---

[85] Ware, *Mission of the Church*, p. 142. Peder Borgen, "Proselytes, Conquest, and Mission" in *Recruitment, Conquest and Conflict*, ed. Peder Borgen, Vernon K. Robbins and David B. Gowler (Atlanta: Scholars, 1998), p. 65도 보라.

제7장
:
골로새서의 비밀 사용

바울이 에베소 교회에 쓴 편지는 골로새서와 매우 비슷하기 때문에 몇몇 학자는 이 두 편지를 "쌍둥이 서신"으로 부른다. 두 서신 사이의 한 가지 접촉점은 바울이 **비밀**이라는 용어를 사용한다는 데 있다. 앞 장에서 이루어진 에베소서에 대한 우리의 연구는 몇 가지 결론을 이끌어냈다. 바울은 에베소 교회에게 "그(의)[하나님의] 뜻의 비밀"을 파악하라고 권면한다(엡 1:9). 우리는 이 비밀의 세 가지 측면, 곧 그리스도의 우주적 통치의 범위, 방법 및 결과를 간략하게 살펴보았다. 그리스도의 우주적 통치의 결과는 그리스도 안에서 "모든 것(만물)"의 연합을 포함한다.

에베소서에서 사용된 **비밀** 용어의 두 번째 용례는 첫 번째 용례의 부차적 범주에 속한다. 곧 이전에 서로 소외된 두 그룹의 백성이 연합을 이루는 것이다. 많은 학자가 에베소서 3장에서 계시된 비밀은 유대인과 이방인의 평등을 수반한다고 주장한다. 하지만 우리는 이 비밀이 이 두 그룹이 동일한 기초 위에 서 있게 되는 방식을 포함한다는 견해를 제시했다.

구약성서는 종말에 이방인들이 이스라엘로 와서, 이스라엘 공동체를 주변의 이방 나라들과 구별하는 신체적·민족주의적 표지(예. 할례, 음식 규정)를 받아들임으로써 언약 규정을 지킬 것이라고 예고한다. 구약성서의 예언에 의하면 이방인들이 마침내 이 율법 규정을 받아들일 때 그들은 이스라엘 지역으로 이주하고 유대인들과 거의 구별할 수 없게끔 될 것이다. 신약성서는 종말의 그리스도의 통치의 시작에 비추어 이 문제를 언급한다. 그때 이방인들의 회심이 성취되고 어떤 변화가 뒤따를 것이다. 예를 들면 사도 바울은 이방인들이 더 이상 이 언약 규정을 지키라고 요구받지 않는다고 주장한다. 왜냐하면 그들은 참이스라엘인 그리스도에 대한 믿음을 갖고 있기 때문이다. 이방인들이 그리스도와의 연합을 이룰 때 그들은 종말의 이스라엘 공동체의 일부분이 된다.

세 번째 비밀 사용은 그리스도와 교회가 연합하는 특성을 가리키는데, 이는 특별히 결혼을 통해 이해된다. 에베소서에서 마지막으로 사용되는 비밀은 복음 자체의 특성에 대해 말한다. 골로새서는 종말에 이스라엘의 일부분이 되는 이방인들에 대한 에베소서의 주제를 계속해서 다룬다. 골로새서에서 바울은 비밀 개념을 이방 나라들의 회심과 연결시킨다. 아마도 골로새서에서 **비밀**의 중요성과 내용을 결정하는 데 있어 가장 어려운 일은 이 문제에 대한 바울의 짧은 언급에서 정보를 찾아내야 하는 작업일 것이다. 그래서 골로새서에서의 비밀에 대한 학자들의 주해가 매우 적다는 사실은 놀랍지 않다.

만약 계시된 비밀이 분명하게 정의되지 않는다면 우리는 어떻게 이 연구 과제를 진행해야 할까? 이 연구 과제에서 줄곧 시도해왔던 것처럼 우리는 비밀과 연결된 구약성서에 대한 암시를 확인하고 평가하는 일이 중요하다고 생각한다. 때때로 바울은 비밀과 관련해서 구약성서 본문의 인용 또는 암시를 사용한다. 이렇게 함으로써 바울은 계시된 비밀의 내용을 교묘하게 밝힌다.

골로새서를 간략하게 살펴보면 이 편지는 다음과 같은 사항을 암시해 준다. 당시 골로새에 있던 교회는 그리스도에 대한 자신들의 이해와 그리스도 안에서의 자신들의 정체성 문제와 씨름하고 있었다. 몇 가지 영적 압박을 극복하기 위해 골로새 교회는 틀림없이 이교도 및 유대교 관습에 연루되어 있었을 것이다. 이제 고대하던 그리스도가 왔다. 그렇다면 골로새 교인들은 모세 율법과 어떤 관계를 맺어야 하는가? 게다가 골로새 교인들은 그리스도의 통치에 대해 취약한 견해를 지니고 있었다. 정말로 그리스도가 절대 주권을 갖고 영적이고 물질적인 모든 것, 즉 만물을 통치하는가? 골로새 교회는 그리스도의 우주적 통치에 비추어서 자신들의 정체성을 어떻게 이해해야 하는가?

먼저 우리는 골로새서 1:26-27에서 언급되는 비밀의 의미를 파헤치고자 한다. 그다음 그것을 다니엘 2장에 대한 암시와 연결하고자 한다. 다니엘 2장은 대체로 종말의 나라에 관심을 기울이고 있다. 몇몇 주석가가 지적했듯이 다니엘서는 골로새서의 이 부분에 나오는 비밀의 내용을 이해하는 데 있어 중요하다. 예를 들면 클린턴 아놀드(Clinton Arnold)는 "바울의 비밀 개념은 다니엘서의 '비밀'(רז) 사용에 기초해서 이해되어야 한다"[1]라고 주장한다. 이 주제는 골로새서 2:2의 밝혀진 비밀까지 이어진다. 이어지는 문맥에서 바울은 하나님이 그리스도를 "일으키시고"(골 2:12), 악한 세력들과 나라들을 "무력화하고" 그리스도 안에서 승리를 얻게 하셨으며(골 2:15), 그리스도 안에서 하나님의 영원한 나라를 세우셨다(골 3:1)라고 말한다. 마지막으로 골로새서 4:3에 의하면 바울은 "그리스도의 비밀"을 전파했기 때문에 투옥되었고 이 계시의 선포로 인해 계

---

1 C. E. Arnold, *The Colossian Syncretism: The Interface Between Christianity and Folk Belief at Colossae*, WUNT 77 (Tübingen: Mohr Siebeck, 1995; repr., Grand Rapids: Baker, 1996), p. 271.

속해서 옥에 갇혀 있었다.

골로새서 1:26-27에서의 하나님 나라, 이방인과 그리스도에 대해 드러난 비밀

전후 문맥. 골로새서 1:23-29은 대체로 바울과 복음의 관계 및 복음 전파와 관련한 그의 역할에 관심을 기울이고 있다.

> 만일 너희가 믿음에 거하고 터 위에 굳게 서서 너희 들은 바 복음의 소망에서 흔들리지 아니하면 그리하리라. 이 복음은 천하 만민에게 전파된 바요, 나 바울은 이 복음의 일꾼이 되었노라. 나는 이제 너희를 위하여 받는 괴로움을 기뻐하고 그리스도의 남은 고난을 그의 몸된 교회를 위하여 내 육체에 채우노라. 내가 교회의 일꾼 된 것은 하나님이 너희를 위하여 내게 주신 직분을 따라 하나님의 말씀을 이루려 함이니라. 이 비밀은 만세와 만대로부터 감추어졌던 것인데 이제는 그의 성도들에게 나타났고 하나님이 그들로 하여금 이 비밀의 영광이 이방인 가운데 얼마나 풍성한지를 알게 하려 하심이라. 이 비밀은 너희 안에 계신 그리스도시니 곧 영광의 소망이니라. 우리가 그를 전파하여 각 사람을 권하고 모든 지혜로 각 사람을 가르침은 각 사람을 그리스도 안에서 완전한 자로 세우려 함이니 또는 모든 지혜로 각 사람을 권하고 이를 위하여 나도 내 속에서 능력으로 역사하시는 이의 역사를 따라 힘을 다하여 수고하노라.

이 단락의 핵심 내용은 바울이 불신자들(특히 이방인들)의 회심을 위해 개인적으로 많은 고난을 겪고 있으며 또한 그리스도인들이 된 사람들을 섬기고 있다는 것이다. 골로새서 1:24은 이해하기가 매우 어렵지만 아마도 이 구절은 바울이 십자가와 일치하는 삶의 방식으로 살고 있음을 어느 정도 가리킬 것이다(참조. 고후 4:7-12; 12:9-10). 다시 말해서 사도 바울은 자신의 삶을 통해 십자가의 역설―연약한 것 같지만 강하고, 패배한 것 같지만 승리하며, 어리석은 것 같지만 지혜로운―을 구체적으로 보여주고 있다. 바울의 사도직은 골로새서 1:25에서 부각된다. "내가 교회의 일꾼 된 것은 하나님이 너희를 위하여 내게 주신 직분을 따라 하나님의 말씀을 [전파하는 것을] 이루려 함이니라." 골로새서 1:26에서 밝혀진 비밀은 앞 구절의 내용에 이어지며 나아가 "하나님의 말씀"이라는 구절을 더욱 명료하게 한다. "하나님의 말씀"을 분명하게 밝히는 데 있어서 바울은 비밀에 대한 훌륭한 정의를 간결하게 제시해준다. 곧 "이 비밀은 만세와 만대로부터 감추어졌던 것인데 이제는 그의 성도들에게 나타났고"라고 말한다. 골로새서 1:26에서 계시된 비밀을 정의하고 난 후 바울은 이어지는 절에서 비밀의 내용에 관심을 기울인다. 골로새서 1:27a은 독자들 또는 "성도들"의 특성을 자세하게 밝힌다. 곧 "하나님이 그들로 하여금 이 비밀의 영광이 이방인 가운데 얼마나 풍성한지를 알게 하려 하심이라." 마지막으로 골로새서 1:27b에서 사도 바울은 밝혀진 비밀의 내용이 무엇인지 알려준다. 이방인들에게 나타난 "이 비밀은 너희 안에 계신 그리스도시니 곧 영광의 소망이니라."

하나님 나라의 재구성. 대체로 주석가들은 골로새서 1:26-27에 나타난, 계시된 비밀의 내용을 구체적으로 묘사하려고 하지 않는다. 이 내용을 제시하려고 시도하는 이들은 그것을 광범위하게 정의하는 것을 선호하는데, 예를 들면 그리스도의 인격 또는 대체로 복음이라고 정의한다.[2] 분명히 **비밀**(*mystērion*)이라는 용어는 복음에 대한 요약으로서 그리스도 안

---

2 예를 들면 Eduard Lohse, *Colossians and Philemon*, Hermeneia (Philadelphia: Fortress, 1971), p. 76; 참조. Douglas J. Moo, *The Letters to the Colossians and Philemon*, PNTC (Grand Rapids: Eerdmans, 2008), pp. 158-59.

에서 성취되는 하나님의 구원을 가리킬 수 있다(예, 엡 6:19). 하지만 과연 골로새서 1:26-27의 비밀도 이것을 의미하는가? 이 연구 과제를 통해 우리가 살펴봤듯이 비밀의 내용을 결정하려면 해당 맥락에서 구약성서에 대한 암시와 인용을 포함한 전후 문맥에 대해 세심하게 살펴보는 일이 필요하다.

우리는 곧바로 골로새서 1:27에서 몇 가지 구문론적인 중요한 문제에 직면한다. "이방인들/이방 나라들 가운데"(*en tois ethnesin*)라는 구절이 구문론적인 측면에서 무엇을 수식하는지를 확정하기는 어렵다. 이 구절은 "알게 하다"(*gnōrisai*; TNIV, HCSB)를 뜻하는 부정사를 수식하는가? 아니면 "이 비밀"(*mystēriou toutou*; NASB, NRSV, ASV, NJB, NET)을 수식하는가?[3] 만약 이 전치사구가 "이 비밀"을 수식한다면, 이는 "이방인들"과 관련된 비밀의 중요성을 강조하는 것이다.[4] 다시 말해서 비밀은 주로 어떻게 이방인들이 비밀의 일부분이 되는지를 포함한다. 다른 한편으로 몇몇 주석가와 번역이 제시하듯이, 이 단어는 "알게 하다"를 수식할 수도 있다. 이 경우에 바울은 "이방인들 가운데서" 또는 "이방인들에게" 행해진 비밀의 **선포**를 강조하고 있다.

첫 번째 번역은 비록 **비밀**의 정확한 의미를 밝혀주지는 않지만 이방인들과 **관련된** 비밀의 중요성을 강조한다. 이 번역은 계시된 비밀이 대체로 이방인들에 대한 진실에 관심을 기울이고 있다는 견해에 신빙성을 더해준다. 두 번째 번역은 이방인들이 비밀의 일부분이 된다는 점보다 비밀이 전달된 범위를 강조한다. 곧 밝혀진 비밀은 **심지어** 이방인들에게

---

3 해당 구절이 "그 영광이 얼마나 풍성한지"를 수식한다는 입장을 훌륭하게 옹호할 수도 있다. Murray J. Harris, *Colossians and Philemon*, EGGNT (Nashville: B & H Academic, 2010), p. 64를 보라.

4 J. B. Lightfoot, *St. Paul's Epistles to the Colossians and Philemon*, 4th ed. (Peabody, MA: Hendrickson, 1995), p. 169를 보라.

까지 전달되었다는 것이다. 하지만 우리는 계시된 비밀이 이방인들에게 관심을 기울이고 있음을 강조하는 첫 번째 번역을 선호한다.[5] 골로새서 1:27의 문장 구조에 대한 우리의 이해가 옳다면, 이 절의 상반절은 곧 "<u>이방인들 가운데서</u> [입증된 바와 같이] 하나님께서 이 비밀이 얼마나 풍요로운지 알게 하려고 의도했던 사람들에게"라고 그 의미를 풀어서 번역할 수 있을 것이다.

우리는 골로새서 1:27 구문에 대한 더 나은 이해에 도달하려고 노력했기 때문에 이제 바울의 구약성서 사용에 관심을 기울임으로써 비밀의 내용을 탐구할 수 있다. 우리는 예언적이며 종말론적인 의미와 함께 70인역의 "비밀"(*to mystērion*; MT에서 *rāz*)이라는 단어가 구약성서에서 오직 다니엘 2장(단 2:18-19, 28-30, 47)에만 나타남을 살펴보았다(또한 **비밀**은 단 4:6[MT]에도 예언의 의미를 지닌 왕의 꿈에 대한 감추어진 해석과 관련해서 나타난다. 다니엘은 왕에게 그 해석을 알려준다. 하지만 이 꿈은 분명한 종말론적인 문제에 관심을 드러내지 않는다). 다니엘 2장에서 "비밀"의 계시는 왕의 꿈에 대한 **감추어진** 해석을 가리킨다. 왕의 꿈에서, 세상의 네 나라를 대표하는 거대한 신상이 있었다. 손대지 않은 돌이 잘려 나와 그 신상을

---

5 첫 번째 번역("이방인들 가운데 [입증된] 이 비밀")을 지지하는 쪽으로 기울게 하는 것은 아마도 골 1:27의 시작 부분에 위치한 그리스어 관계 대명사일 것이다. 상당히 분명하게 골 1:26("이 비밀은…이제는 그의 성도들에게 나타났고")은 대체로 비밀을 받은 특권을 지닌 사람들, 곧 신자들(유대인 및 이방인 그리스도인들)에게 초점을 맞추고 있다. 골 1:27의 그리스어 관계 대명사 "*hois*"의 선행사는 1:26의 성도들(*tois hagiois*)이며, 비밀을 받은 그룹을 구체적으로 말한다. 이들은 "하나님이 이 비밀을 알게 하려고 한 사람들에게"에 나온다. 다시 말해서 "이방인들 가운데"라는 표현이 "알게 하다"를 뜻하는 그리스어 부정사를 수식한다고 이해하는 것은 이 구절을 다소 불필요하게 만드는 것이다. 왜냐하면 바울은 이미 골 1:26에서 이방인들이 비밀을 받은 사람들 가운데 포함되어 있다고 구체적으로 말했기 때문이다. 그리고 골 1:27의 앞부분에 위치한 그리스어 관계 대명사는 수신자들(곧 유대인 및 이방인 신자들)에 대한 언급을 반복하는 것이다. "비밀"이 "알게 하다"를 수식한다고 이해하는 두 번째 견해를 선호하는 이유에 대해서는 Moo, *Colossians and Philemon*, pp. 157-58을 보라.

부숴버렸다. 그 돌은 거대한 산이 되어 온 땅에 가득 찼다. 그 돌은 종말에 세상의 악한 나라들을 멸망시키는 하나님 나라를 가리킨다고 해석된다. 이 꿈의 주요 초점은 종말에 하나님이 악한 나라를 멸망시키고 그분의 영원한 나라를 세우신다는 것이다(단 2:44-45).

또한 우리는 비밀(to mystērion)이라는 단어가 신약성서에서 스물여덟 번 나타남을 관찰했다. 많은 용례에서 간파할 수 있는 특징은 이 단어가 대체로 구약성서의 인용 또는 암시와 직접 관련된다는 것이다(때때로 다니엘서로부터 인용 또는 암시된다). 이 모든 용례에서 적어도 **비밀**은 대부분 다음 두 가지 사항을 가리키는 데 나타난다. (1) 구약성서의 예언이 성취되기 시작했다. (2) 이 성취는 구약성서의 관점에서 볼 때 기대하지 않았던 것이다. 두 번째 사항과 관련해서 여러 신약성서 저자는 구약성서 텍스트들을 그리스도 사건에 비추어 또한 성령의 인도함을 받아 이해한다. 이는 여전히 구약성서의 관점과 일치하지만 새로운 해석적 발전이라는 결과로 이어진다. 비록 다니엘이 여기서 모든 비밀의 용례를 항상 염두에 두지는 않았겠지만 종말론적 예언이라는 개념은 성령의 인도함을 받는 더 깊은 해석이 필요하다. 이와 같은 개념이 반드시 다니엘 2장을 직접 암시하지는 않지만 "비밀"에 대한 이 개념은 아마도 여기에 궁극적인 기원을 두고 있을 것이다.

다니엘서와 특별히 신약성서의 다른 곳에서 이와 같은 "비밀" 사용은 골로새서 1장의 비밀과 어떻게 관련되는가? 골로새서 1:26-27에서 "비밀"에 대한 표현은 다니엘 2장의 구절에 기초하고 있는 것 같다.[6]

---

6 이 장에서 단 2장 및 잠 3장의 암시에 대해 이어지는 논의는 다음 주석서에 기초하고 있다. G. K. Beale, "Colossians" in *Commentary on the New Testament Use of the Old Testament*. ed. G. K. Beale and D. A. Carson (Grand Rapids: Baker Academic, 2007), pp. 858-60.

도표 7.1

다니엘 2장 (Old Greek; 저자 사역)	골로새서 1:26-27 (저자 사역)
"비밀[*mystērion*]은 계시되었다.…[그는] 지혜자에게 지혜[*sophian*]를 주며, 이해[*synesin*]가 있는 사람들에게 지식을 준다"(19-21절). "그는 감추어진 일들[*apokrypha*]을 알려준다"(22절). "그는 비밀들[*mystēria*]을 계시하며 알려준다[*egnōrisen*]"(28절; 이 구절은 사실 29절과 동일하며 30절과 비슷하다. 반면에 테오도티온의 전통을 따르는 사본들은 다음과 같이 읽는다. "그는 이 비밀을 알려주었다[*egnōrisen to touto mystērion*]": 230; *touto*라는 단어가 없는 동일한 표현이 A 판본의 사본 106 및 584와 아르메니아어 번역본에서 나타난다). Old Greek은 테오도티온 번역본과 다소 차이가 있다.	"감추어진 비밀[*to mystērion to apoke-krymmenon*]이…성도들에게 드러났다. 하나님은 그들에게 이 비밀의[*mystēriou*] 영광의 풍요함이 무엇인지 알려주시고자[*gnōrisai*] 했다"(이 텍스트에 대한 몇몇 비교와 관련해서 H. Hübner, *Vetus Testamentum in Novo* 2 [Göttingen: Vandenhoeck & Ruprecht, 1997], p. 530을 보라). 이 평행 본문들뿐만 아니라 골 2:2-3 및 엡 3:3-10에서 "비밀"과 직접적으로 관련되는 "지혜"[*sophia*]와 "이해"[*synesis*]의 사용에 주목하라.

위에서 밑줄을 그은 표현들이 결합되어 나타나는 곳은 오직 다니엘 2장, 에베소서 3:3, 9 및 골로새서 1-2장뿐이다. 에베소서 3장의 경우와 마찬가지로 여기서 이 표현 역시 다니엘 2장의 "비밀"(예. 단 2:28-29, 44-45)이 종말에 초점을 맞추는 것과 일치되게 종말론적인 실재를 표현한다.[7] 다니엘서는 종말론적인 나라가 세워지는 데 관심을 기울이며, 에베소서와 골로새서는 종말의 메시아 왕(*christos*)과 그를 중심으로 한 "비밀"에 초점을 맞추고 있다. 골로새서 1:27에서 "비밀"을 "너희[이방인들] 안에 계신 **그리스도**"라고 명백하게 확인하고 골로새서 2:2에서 "비밀"을 그리스도라고 비슷하게 확인해주는 것은 에베소서 3장에서 언급되는 똑같

---

[7] Jean-Noël Aletti, *Saint Paul Épitre Aux Colossiens*, Études Biblilques no. 20 (Paris: J. Gabalda, 1993), pp. 156-57을 보라. Aletti는 대체로 단 2장이 골 1:26-27에서 "비밀"의 배경이라고 이해한다. 참조. Michael Wolter, *Der Brief an die Kolosser; Der Brief Philemon*, Ökumenischer Taschenbuchkommentar zum Neuen Testament Band 12 (Gütersloh: Gütersloher Verl.-Haus Mohn/Würzburg: Echter Verl, 1993). p. 104. Wolter는 여기서 "비밀"을 대체로 유대교 묵시와 쿰란을 배경으로 이해한다.

은 종류의 비밀을 가리킨다. 에베소서 3장에서 유대인과 이방인들은 메시아 예수, 즉 참이스라엘 안에서 공동체를 이루는 신분 확인을 통해서 완벽한 평등이라는 기초 위에 서로 결합된다. 즉 그들은 그리스도 안에 있고 그리스도는 그들 안에 있다(아마도 성령을 통해). 이는 다니엘서 예언의 "비밀스러운" 성취다. 왜냐하면 구약성서에서 이스라엘의 신정국가가 그렇게 철저하게 변화되어 오직 종말의 참이스라엘인 메시아적 왕 안에서 지속된다는 점은 명백하게 밝혀지지 않았기 때문이다.[8] 이는 다니엘 7장의 네 나라에 대한 평행 본문에서 암시를 얻을 수 있을 것이다. 여기서 인자의 통치는 다니엘 2장의 거대한 신상 이미지를 대체한다. 또한 다니엘 7장에서 인자는 이스라엘의 성도들을 대표한다. 따라서 인자에게 적용되는 것은 그들에게도 적용되며 그 역도 마찬가지다.[9] 다니엘 2장의 돌과 다니엘 7장의 인자 사이의 연결은 「에스라 4서」 13:3-7에서 분명하게 나타난다. 여기서 다니엘 7장의 인자라는 인물은 "자신을 위해 [돌에서 자라난] 거대한 산을 만들어서 그 위로 날아간다."

하지만 이스라엘의 왕 메시아가 "이방인들 가운데"(골 1:27) 있다는,

---

[8] 에베소서에서 유대인과 이방인은 하나다. 왜냐하면 이제 그들은 부활한 메시아와 함께 연합되고 그들의 신분이 확인되기 때문이다(이는 엡 1:20-21을 엡 2:5-6과 비교해보면 명백하게 드러난다). 유대인 그리스도인들과 더불어 이방인들은 "그리스도 예수 안에서 공동 상속인, 즉 몸의 공동 구성원 및 약속의 공동 참여자"가 될 수 있다(엡 2:12에서 이 세 개념의 대조를 보라). 왜냐하면 이스라엘의 약속과 기업은 모든 참이스라엘 사람들을 대표하는 이스라엘의 왕 메시아를 통해 시작되었기 때문이다. 그리스도의 부활은 새로운 창조가 시작되게 했다. 거기에는 민족주의적 구별이 전혀 없다. 몇몇 주석가는 여기서의 비밀은 완전한 동등함에 있다고 이해했다. 하지만 우리가 판단하는 바로는 아무도 그와 같은 동등함의 기초가 **참이스라엘로서** 부활한 "그리스도 예수" 안에 있다는 것을 인식하지 못했다. 왜냐하면 예수 그리스도 안에는 아무런 구별 표지가 없으며 단지 연합만이 있기 때문이다. 에베소서의 평행 본문으로부터 동일한 개념이 골 1:26-27로 전달되었다. 이 골로새서 구절에서도 이스라엘의 왕이신 그리스도와 신자들의 연합이 강조된다(골 1:27; 2:10-13, 19-20; 3:1-4). 이 결론과 에베소서 3장에서 다니엘서의 "비밀" 사용에 대한 자세한 논의를 알려면 이 책에서 pp. 246-68을 보라.

[9] 더 자세한 내용을 알려면 Beale, *New Testament Biblical Theology*, pp. 393-96을 보라.

"그리스도"에 대한 개념이 어떻게 이 비밀의 한 부분을 차지할 수 있는가? 이방인들은 그리스도와 관련해 구약성서의 비밀에서 어떤 역할을 할 수 있는가? 골로새서 1:26-27이 특별히 다니엘 2장의 비밀을 암시한다는 점을 염두에 둔다면, 다니엘 2:34-35, 44-45에서 비밀에 대한 해석의 절정은 돌(종말에 하나님이 세우시는 이스라엘 나라를 나타냄)이 그 거대한 신상(세상의 악한 나라들을 나타냄)을 부숴버리는 것이다. 신상을 없애 버리고 나서 "그 돌은…거대한 산이 되어 온 땅을 가득 채웠다"(단 2:35, NASB). 우리가 에베소서 3장에 대한 논의에서 주장했듯이 온 땅 전체에서 적어도 이방인들의 남은 자들이 있을 것이다. 그들은 멸망한 악한 나라들에 속하지 않는다. 오히려 그들은 회복되어 종말론적인 이스라엘 나라의 구성원이 되고 구원의 회복을 경험할 것이다(구약성서의 다른 텍스트도 이 점에 대해 증언한다. 예. 사 2:1-4; 11:1-13; 49:6, 22-23; 슥 2:11; 8:22-23). 다니엘 2장과 부분적으로 평행을 이루는 다니엘 7:14은 온 땅을 채우는 돌-산의 이미지에 내포된 것을 다음과 같이 명백하게 드러낸다. "그[인자]에게 권세와 영광과 나라를 주고 모든 백성과 나라들과 다른 언어를 말하는 모든 자들이 그를 섬기게 하였으니 그의 권세는 소멸되지 아니하는 영원한 권세요…." 따라서 다니엘 2장 및 7장은 종말의 이스라엘 나라가 그 나라의 일부분으로서 이방인을 포함한다는 개념을 표현하고 있다. 골로새서 1:27에서 그리스도가 "이방인들 가운데" 있다는 강조는 우연이 아닐 것이다. 이는 다니엘 2장에서 온 세상을 가득 채우는 돌에 암시된 것을 더욱 분명하게 이끌어낸다.[10] 비록 다니엘 7장의 평행 본문이 다니엘 2장을 어느 정도 밝혀주지만 골로새서는 다니엘 2장에서 분

10　엡 3장에 나오는 "비밀"의 특성과 관련하여 Ochang Kwon의 논문("A Biblical Theology of Ephesians," Westminster Theological Seminary, January 2014)은 단 2장에 대한 이와 같은 견해에 우리의 관심을 기울이게 했다.

명하게 언급되지 않은 것, 곧 비밀을 분명하게 밝혀준다. 사실상 골로새서 1:27의 마지막에 위치한, 그리스도가 "영광의 소망"이라는 표현에 다니엘 7:14이 반영되었을 가능성이 있다. 왜냐하면 메시아적인 인물이 유대인뿐만 아니라 이방인으로 구성된 나라에서도 "영광"을 받는다고 언급되는 70인역의 두 본문 중 하나가 바로 다니엘 7:14이기 때문이다.[11]

이것은 다니엘 2장에서 언급되는 비밀의 계시에서 구체적인 한 부분을 차지한다. 하지만 우리는 이방인들이 이스라엘과 인자의 나라에서 일부분이 된다는 개념이 다니엘서의 다른 곳과 이사야서에서 발견된다는 것을 살펴보았다. 이 비밀의 핵심은 다른 곳에서 발견되어야 한다. 골로새서 2:16-23은 에베소서 2:14-18과 평행을 이룬다. 이 에베소서 구절은 그리스도가 와서 하나님의 백성이 이전에 지니던 민족적 표시를 없애고 그것을 그리스도로 대체했다고 강조한다. 이 강조점은 에베소서 3장의 비밀을 이해하는 데 있어 핵심 요소다. 골로새서 2:16-23도 동일한 것을 강조한다. 여기서 "먹거나 마시는 일이나 유대교 절기나 초하루나 안식일"과 관련된 모세 율법은 더 이상 구속력이 없다. 왜냐하면 이제 이런 것들은 단지 그리스도를 가리키는 "그림자"로 이해되어야 하기 때문이다. 그리스도는 바로 이런 것들의 종말론적인 "실체"(substance)다. 골로새서 2장에서, 에베소서 2:13-18에 해당하는 평행 본문은 그리스도가 폐지한 에베소서 2:15의 "법조문"(dogma)을 외적이며 민족주의적인 율법의 표현이라고 정의한다. 이 법조문은 먹고 마시는 것, 유대교 절기, 초하루 제사 및 안식일 등에 대한 것이다(골 2:15-17, 20-21을 보라). 심지어 골

---

11 또 다른 본문은 사 49:3, 5이다. 여기서 하나님은 메시아인 종이 회복시키는 임무를 통해 영광을 얻도록 하신다. 이 일에는 이방인들도 포함된다(사 49:6). 민 24:8(LXX)과 시 8:5에서도 메시아적인 인물이 "영광"을 받는다고 언급되지만 이방인들과 직접 연결되지는 않는다.

로새서 2:20-21은 이 "규례"(decrees)를 다음과 같이 동사 형태로 언급한다. "[왜] 너희는 너희 자신을 규례에 복종시키는가(*dogmatizō*)? 왜 붙잡지도 말라, 맛보지도 말라, 만지지도 말라고 말하는가? 이런 것들은 모두 한때 쓰이고 없어지는 것이며, 사람들의 명령과 가르침을 따르는 것이다"(NASB).

따라서 신자들은 이런 것들에 대해 "메시아(그리스도)와 함께 죽었다." 이런 것들은 옛 이스라엘에게 몹시 중요했지만 종말의 하나님의 참백성과 나라에게는 더 이상 중대하지 않다(골 2:20-22). 우리가 살펴본 바와 같이 후일에 이루어질 이방인의 구원은 분명한 예언적 기대였다. 그러나 예언은 이방인들이 이스라엘 땅으로 와서 이스라엘의 신앙으로 회심할 것이라고 추측했다. 또한 이 예언은 이방인들이 이스라엘 사람이 되기 위해 민족주의적 표시(할례 등)를 받아들이는 것을 포함한다고 추측했다. 에베소서 3장과 골로새서 1-2장은 이방인들이 이전의 이스라엘 신정 체제의 신분 확인 표시를 받아들이지 않고 자신들의 신분을 확인해주는 유일한 표시로서 오직 메시아에게 복종함으로써 종말에 이스라엘의 일부분이 될 수 있다는 것은 이전에는 비밀이었음을 계시해준다. 따라서 골로새서의 "비밀"은 어떻게 마지막 때 이방인들이 하나님의 구원받은 백성과 그 나라의 일부분이 되는지와 관련하여 다니엘 2장의 나라에 대한 예언뿐만 아니라 일반적인 예언자적 기대가 성취되기 시작했음을 나타낸다. 게다가 우리는 이 비밀이 다음과 같은 개념을 포함하고 있음을 살펴보았다. 즉 예언된 이스라엘 나라는 철저히 새롭게 되기 때문에 단지 종말에 이스라엘의 메시아적 왕 자신과, 그와 더불어 자신의 신분을 확인하는 사람들의 영역 안에서만 지속적으로 존재한다.

이 계시된 비밀은 다니엘서와 구약성서에서 완전히 감추어져 있었는가? 아니면 부분적으로 계시되었는가? 골로새서 1:26은 이 비밀이 전적으로 감추어져 있었음을 나타내는 것 같다. 곧 "이 비밀은 만세와 만대로부터 감추어졌던 것인데 이제는 그의 성도들에게 나타났고"라고 말한다. 그러나 이 구절은 에베소서 3:4-5과 평행을 이룬다고 이해하면 가장 좋다. 에베소서 구절은 "그것을 읽으면 내가 그리스도의 비밀을 깨달은 것을 너희가 알 수 있으리라. 이제 그의 거룩한 사도들과 선지자들에게 성령으로 나타내신 것 같이 다른 세대에서는 사람의 아들들에게 알리지 아니하셨으니"라고 말한다. 여기서 "이제" 앞에 나오는 그리스어 접속사 *hōs*는 에베소서가 비밀의 계시를 정도 또는 수준과 관련된 것으로 이해하고 있음을 나타낸다. 이 비밀의 내용은 구약성서에서 부분적으로만 명백했지만 "이제" 비밀은 완전히 계시되었다. 골로새서 1:26에서 부분적인 계시로부터 완전한 계시라는 동일한 전개 과정을 간파하지 못할 이유는 없다. 왜냐하면 특별히 우리는 27절에서 이방인들이 포함되는 것은 다니엘 2장에서 부분적으로 계시되었음을 살펴보았기 때문이다. 사실 우리는 앞에서 다룬 장에서 다니엘 2장 및 4장에 나오는 느부갓네살에 대한 다니엘의 비밀 해석은 왕이 어느 정도 지니고 있던 부분적인 지식을 명료하게 또는 더욱 온전하게 밝혀준 것임을 살펴보았다. 하지만 어떻게 이방인들이 율법의 민족주의적 표지가 아니라 메시아와 함께하는 신분 확인을 통해 종말에 이스라엘 나라의 구성원이 되는지에 대해서는 전혀 밝혀지지 않은 것처럼 보인다. 그러나 이 내용도 구약성서에서 씨앗과 같은 몇몇 개념으로부터 생겨났을 것이다.[12]

---

12   이방인들이 율법의 민족주의적 표지가 아니라 메시아와 더불어 이루어지는 자신들의 신분 확인을 통해 종말에 이스라엘 나라의 구성원들이 된다고 계시된 비밀은 구약성서에서 구체적으로 표현되지 않았다. 하지만 이것이 전적으로 기대되지 않은 것처럼 보이지는 않는다. 이 계시는 다음과 같은 관점에서 자라났을 것이다. 즉 구약성서는 메시아인 종이 자기 안에서 신실한 이스라엘을 부르는 존재로 이해한다(예. 사 49:3). 심지어 구약성서의 관점에서도(예. 이사야의 관점에서), 종말에 구원받을 모든 사람은 하나님

이전 시대 및 세대와 대조되는 것으로서 "이제"(nyn)라는 표현은 비밀의 계시가 종말의 시작의 일부임을 알려준다. 다른 곳에서 바울은 "이제"(nyn)라는 단어를 종말이 시작되었다는 의미로 사용한다(롬 8:18; 13:11-12; 고후 6:2; 살후 2:6[13]). 에베소서 3:9뿐만 아니라 에베소서 3:5과 평행을 이루는 앞에서 언급한 본문 및 그 본문에서 "이제"라는 용어가 사용된 것은 중요한 의미를 지닌다. 왜냐하면 에베소서 3:5, 9의 표현은 에베소서 1:10의 "때가 성취됨"이라는 의미가 시작된 것을 발전시키고 있기 때문이다. 이는 "비밀"이 "알려진" 때다(참조. 엡 1:9; 롬 16:25-26도 보라. 여기서 "이제"와 "비밀"이라는 용어가 모두 나타난다. 또한 이 개념은 엡 3:5, 9의

의 종의 구원 사역을 신뢰해야 할 뿐만 아니라(사 53장), 그 종과 자신을 동일시해야 한다. 이 때문에 사 53장 이후부터 처음으로 이사야서에서 신실한 이스라엘 사람들은 모두 함께 반복적으로 "종들"(열한 번 사용됨)이라고 불린다. 이는 아마도 그들이 종과 자신을 동일시하기 때문이다. 그렇다면 우리는 메시아적 종이 참이스라엘 사람이 되는 핵심적인 종말론적 표지라고 추측할 수 있을 것이다. 나아가 바울은 이 관점을 더욱 깊게 발전시켰을 개연성이 있다. 이는 다음 사항을 고려할 때 더욱 잘 이해된다. 곧 바울은 이스라엘 율법의 정체성을 확인해주는 표시들이 궁극적으로 가리키는 것을 예수가 모형론적으로 성취한다고 이해한다. 다시 말해서 바울은 예수가 율법이 가르치는 지혜의 총체(골 2:3)를 나타내며, 참성전(골 1:19), 참할례(골 2:11-12), 참안식일(골 2:16-17), 그리고 율법의 음식 규정이 가리키는 모든 것이라고 이해한다. 바울이 발전시킨 이와 같은 관점 중 일부는 심지어 구약성서 자체에도 암시되어 있다. 예를 들면 내가 이 장의 앞부분에서 언급했듯이 단 2장의 "돌"은 단 7장의 "인자"와 평행을 이룬다. 이것은 단 2장에서 언급되는 "나라"(단 2:44-45에서 이 나라는 "돌"이 나타내는 것이라고 이해됨)는 인자와 더불어 확인되어야 함을 의미한다. 하지만 나는 다른 곳에서 이 돌은 이스라엘 나라뿐만 아니라 종말의 이스라엘 성전을 나타낸다고 주장했다(G. K. Beale, *The Temple and the Church's Mission* [Downers Grove, IL: Inter-Varsity Press, 2004], pp. 144-53). 만약 그렇다면 인자는 이스라엘 나라를 대표하는 왕일 뿐만 아니라(단 7:13을 단 7:17-27과 비교해볼 때 이 점은 명백함), 본질적으로 이스라엘 성전과 동일시된다. 그러므로 단 7장에서 참이스라엘 사람이 되려면 그는 반드시 참이스라엘을 대표하는 인자와 더불어 자신의 신분을 확인해야 한다. 그뿐 아니라 에베소서에 대해 다루는 앞 장에서 우리는 구약성서의 다른 본문들은 종말에 이방인들에게 율법의 금지 규정들을 약화시키는 것을 기대한다고 주장했다(예. 사 56:6-7; 66:18-21. 롬 4장; 창 7-9장).

13 바울 서신의 다른 곳에서 "이제"(nyn과 nyni)가 종말론적인 시작의 의미로 사용된 것과 관련해서 앞에 나오는 골 1:22의 "이제"에 대한 해설을 보라. Beale, *A New Testament Biblical Theology*, pp. 480-83도 보라.

평행 본문과 실제로 똑같다). 여기서 "이제"의 사용은 골로새서 1:22의 "이제"(*nyni*)로 이어진다. 골로새서 1:22에서는 "화목"이라는 개념이 종말의 시작에서 일부분을 차지한다.

다니엘 2장과 골로새서 2:1-4에서의 하나님의 비밀

우리는 비밀이라는 용어를 찾으려고 멀리까지 갈 필요가 없다. 골로새서 1:26-27 이후에 곧바로 2:1-4에서 이 단어가 나타난다.

> 내가 너희와 라오디게아에 있는 자들과 무릇 내 육신의 얼굴을 보지 못한 자들을 위하여 얼마나 힘쓰는지를 너희가 알기를 원하노니, 이는 그들로 마음에 위안을 받고 사랑 안에서 연합하여 확실한 이해의 모든 풍성함과 하나님의 비밀인 그리스도를 깨닫게 하려 함이니 그 안에는 지혜와 지식의 모든 보화가 감추어져 있느니라. 내가 이것을 말함은 아무도 교묘한 말로 너희를 속이지 못하게 하려 함이니.

바울은 골로새 교회를 향하여 자신이 골로새 교인들과 그의 "얼굴을 보지 못한" 다른 사람들을 위해 얼마나 많은 노력을 쏟아가며 사역하고 있는지를 알기 바란다고 말한다(골 2:1). 골로새서 2:2에서 사도 바울은 자신의 노력에 대한 목적을 밝힌다. 하지만 이 구절의 구체적인 논리의 흐름은 쉽게 파악되지 않는다. 바울의 사고에서 정확한 흐름이 정확히 무엇이든지 간에 골로새서 2:2에서 목적을 나타내는 바울의 마지막 진술은 대단한 강조점은 아니라 하더라도 골로새서 2:1-2의 주요 강조점이다. 즉 바울은 "이는 그들로 마음에 위안을 받고 사랑 안에서 연합하여…하나님의 비밀인 그리스도를 깨닫게 하려 함이니"[14]라고 말한다. 다시 말해서 바울이 부지런히 수고한 것은 골로새 교회와 다른 교회들이 "하나님의 비밀"을 파악할 수 있게 하려는 것이다.

나아가 골로새서 2:2에서 계시된 비밀은 "그리스도"라고 묘사된다.[15] 틀림없이 계시된 비밀은 그리스도에게 집중적으로 초점을 맞추고 있다. 따라서 바울은 단순히 이 비밀을 "그리스도"라고 부를 수 있었다. 그러므로 독자들은 곧바로 다음과 같은 결론을 내릴 수 있을 것이다. 즉 이 **비밀**의 정확한 내용이 무엇이든지 간에 이 비밀은 그리스도와 관련되어야 하고 또한 그리스도에게 집중되어야 한다. 골로새서 2:3은 다음과 같이 그리스도를 더욱 세부적으로 묘사하면서 이 비밀에 대한 더 깊은 통찰을 우리에게 제공해준다. "그 안에는 지혜와 지식의 모든 보화가 감추어져 있느니라." 그리스도에 대한 이와 같은 묘사는 우리가 이 연구서의 앞에서 비밀에 대해 연구한 내용과 놀라울 정도로 잘 어울린다. 앞으로 살펴보겠지만 바울은 구약성서의 두 텍스트, 곧 다니엘 2장과 잠언 2장을 암시하면서 이 텍스트들을 **비밀**의 내용에 통합시킨다.

골로새서 2:3은 "비밀" 자체인 그리스도(골 2:2) 안에 지혜와 지식의 모든 보화가 감추어져 있다고 설명한다. 우리는 이미 이 "비밀"의 배경이 다니엘 2장임을 살펴보았다. 우리가 곧 살펴보겠지만 여기서도 똑같이

---

14 그리스어 본문에서 골 2:2b의 마지막 몇 단어(*tou theou*, *Christou*)는 다양한 텍스트 이형을 포함하고 있다. 하지만 여전히 *tou theou*, *Christou*라는 읽기를 원문으로 여겨야 한다. 외적인 측면에서 이 구절은 초기부터 지지를 얻는다(P^{46} B Hilary Pelagius Ps-Jerome). 또한 다소 뜻밖의 표현인 *tou theou*, *Christou*는 왜 다양한 다른 이형들이 존재하는지를 잘 설명해준다. Bruce M. Metzger, *A Textual Commentary on the Greek New Testament*, 2nd ed. (Stuttgart: Deutsche Bebelgesellschaft, 1998), p. 555을 보라. 따라서 주석가들과 번역의 대부분은 *tou theou*, *Christou*를 원문으로 선호한다.
15 그리스어 본문에서 동격을 나타내는 소유격("하나님의 비밀", 곧 "그리스도") 용법에 주목하라. 구문론적인 측면에서 그리스어 소유격 *Christou*("그리스도")는 그리스어 명사 *theou*("하나님의")에게 지배받을 수 있다. 하지만 *Christou*("그리스도")와 *mystēriou*("비밀")를 짝을 이루게 하는 것이 훨씬 설득력이 있다(NASB, ESV, NIV, ASV, NRSV).

다니엘 2장이 배경을 이루고 있으나 잠언 2장이 추가되었다.

도표 7.2

다니엘 2장(Theodotion[NETS])	골로새서 2:2-3(저자 사역)
"비밀[*mystērion*]은 계시되었다.…[그는] 지혜자들에게, 지혜[*sophian*]와 이해[*synesin*]가 있는 자들에게 지식을 주었다"(19-21절). "그는 감추어진 것들[*apokrypha*]을 알려주었다"(22절).	"이해[*syneseōs*]의 모든 확실함의 풍성함으로, 하나님의 비밀[*mystēriou*]에 대한 지식, 곧 그리스도로 이르게 하려는 것입니다. 그 안에 지혜[*sophias*]와 지식의 모든 보화가 감추어져[*apokryphoi*] 있습니다."

이와 같이 골로새서 1:26-27에서부터 다루어진 개념, 즉 다니엘 2장에서 예언된 나라가 시작되었다는 개념은 여기서도 이어진다. 유대인 신자뿐만 아니라 이방인 신자도 이 나라의 한 부분을 차지한다. 하지만 다니엘 2장에 대한 암시가 이제 잠언 2:3-6과 결합되었고, 바울로 하여금 골로새서 2:3에서 잠언 텍스트에 초점을 맞추게 했다고 이해하는 것이 가장 바람직하다.

도표 7.3

잠언 2:3-6	골로새서 2:2-3
"만약 지혜[*sophian*]를 불러서 구하고자 하면, 이해[*synesei*]를 위해 네 목소리를 높여라. 그리고 만약…그것을 보화[*thēsaurous*]처럼 찾고자 하면, 너는 명철[*synēseis*] [잠 2:4의 "보화" 대신에, 심마코스와 테오도티온은 감추어진 것들(*ta apokrypha*)로 읽음]…그리고 하나님의 지식[*epignōsin*]을 발견할 것이다. 왜냐하면 주님은 지혜[*sophian*]를 주시며, 그에게서 지식[*gnōsis*]과 명철[*synesis*]이 나오기 때문이다."	"이해[*syneseōs*]의 모든 확실함의 풍성함으로, 하나님의 비밀에 대한 지식[*epignōsin*], 곧 그리스도로 이르게 하려는 것입니다. 그 안에 지혜[*sophias*]와 지식[*gnōseōs*]의 모든 보화[*thēsauroi*]가 감추어져[*apokryphoi*] 있습니다." (이와 같은 텍스트 비교와 관련해서 Hübner, *Vetus Testament in Novo* 2, pp. 532, 534을 보라.)

비록 70인역 전체에서 "지혜"(*sophia*)와 "이해"(*synēsis*)가 (또한 때때로 추가된 단어인 "지식"[*gnōsis*]도) 함께 나타나지만, 도표 7.3에서 밑줄 친 단

어가 모두 사용되는 곳은 오직 잠언 2장과 골로새서 2장뿐이다. 게다가 잠언을 언급하는 타당성은 골로새서 1:15-17에서 그리스도를 참 "지혜"라고 요약하며 가장 우선적으로 강조하는 데서 찾아볼 수 있다(많은 주석가는 잠 8:22-31이 골 1:15-17에 대한 배경의 일부분일 가능성이 있다고 이해한다).[16] 여기서 또다시 신분 확인이 표면으로 떠오른다. 심지어 골로새서 1:26에서 "비밀"의 묘사는 "지혜"로서의 "비밀"에 대해 더욱 분명한 언급을 기대할 가능성이 있다. 왜냐하면 "비밀"과 "지혜"가 다니엘 2:19-21(Theod.)에서 밀접하게 연결되어 나타나기 때문이다. 골로새서 1:26-27의 "비밀"과 골로새서 1:28의 "지혜"가 서로 느슨하게 연결되어 있는 것과 비교해보라. "<u>이전 시대들로부터</u>[*apo tōn aiōnōn*] 감추어진 비밀"이라는 표현과도 비교해보라.

신자들은 "하나님의 비밀, 곧 그리스도에 대한 [참]지식"을 지닐 수 있다. 왜냐하면 이 비밀이 그들에게 계시되었기 때문이다(골 1:26-27; 2:2). 그리스도가 "지혜와 지식"(골 2:3)의 진정한 원천이므로 성도들도 자신들의 신분을 그리스도와 더불어 확인하고 그와 연합을 이룸으로써 이런 이해에 동참한다(골 2:3-8을 보라). 구약 시대에는 토라가 "지혜"의 화신이었으나 이제는 메시아가 하나님의 "지혜"에 대한 가장 위대한 표현이다. 이 점에 비추어볼 때 토라는 "지혜"가 가장 명백하게 드러난 모형론적 전조였다. 이는 메시아라는 인물을 통해 가장 명확하게 표현되었다. 이 점은 골로새서 1:26-27에 대한 우리의 논의와 밀접하게 관련된다. 우리는 이

---

16 참조. Wolter, *Der Brief an die Kolosser; Der Brief Philemon*, pp. 111-12. Wolter는 "지혜의 보화"라는 바울의 표현은 초기 유대교에서 "지혜"에 대해 흔히 사용되는 은유를 반영한다고 이해한다. 하지만 그는 자신이 덧붙이는 암시 목록에 잠 2:3도 포함한다. 한편 몇몇 주석가는 해당 본문이 사 45:3("네게 흑암 중의 보화[*thēsauros*]와 은밀한 곳에 숨은 [*apokryphous*] 재물을 주어")과 평행을 이룬다고 이해한다. 하지만 잠언의 구절이 표현상 훨씬 더 가깝다.

본문에 대한 논의에서 계시된 비밀은 이방인이 어떻게 율법의 민족주의적 표지가 아니라 그리스도와 함께하는 신분 확인을 통해 종말의 이스라엘 나라의 구성원이 되는가에 초점을 맞추고 있다고 결론지었다. 골로새서 2:2-3은 그 이유를 더욱 분명하게 밝혀준다. 곧 예수 그리스도는 바로 옛 이스라엘 율법이 가리키던 대상이었다. 따라서 그는 율법의 계시와 지혜의 가장 완전한 표현이다. 결과적으로 새로운 언약 공동체의 구성원 자격은 반드시 "그 안에 지혜와 지식의 모든 보화가 감추어져 있는" 예수와 더불어 신분을 확인함으로써 이루어져야 한다.

이는 에베소서 3장과 골로새서 1:26-27의 **비밀** 사용에 대한 우리의 결론과 잘 어울린다. 이와 관련하여 우리는 비밀의 본질이 다음과 같은 내용임을 살펴보았다. 즉 종말에 이방인들은 율법이 요구하는 이스라엘의 민족적 관습과 외적인 표시를 더 이상 따르지 않고도 참이스라엘 사람이 될 수 있다. 간단히 말해서 이제 유대인과 이방인에게 참이스라엘 사람이 되기 위해 요구되는 유일한 표시는 그리스도와 더불어 자신의 신분을 확인하는 것이다. 그리스도는 참이스라엘 및 이스라엘의 율법에 내포된 충만한 지혜를 자기 안에 모두 포함하고 있다(후자에 대해서는 롬 10:4을 보라). 골로새서 2:2-3은 이스라엘의 율법(토라)을 "지혜"라고 언급한다. 구약성서의 율법에 내포된 모든 "지혜"가 "그리스도 안에서" 발견되기 때문에 유대인이든 이방인이든 간에 그리스도와 연합을 이룬 사람들은 모두 자신의 신분을 나타내는 궁극적인 표시로서 그리스도를 모시고 있으며, 구약성서에서 이스라엘의 율법이 요구하는 민족주의적 표시를 받아들일 필요가 없다.

메시아가 정점이 되고 하나님의 율법에서 표현된 모든 지혜의 총합이 될 수 있다는 사실에 대한 단서를 구약성서에서 찾을 수 있는가? 만약 찾을 수 있다면, 비록 그것이 분명하지 않다고 하더라도, 우리는 이 장의 앞부분에서 종말의 이스라엘을 대표하는 이사야서의 종이 이 쟁점과 어느 정도 관련이 있다는 견해를 제시했다. 초기 유대교에서도 희미한 선례가 있다. 여기서 지혜는 의인화될 뿐만 아니라 때때로 하나님 앞에서 존재하는 독립적 존재로까지 나타나는 것 같다. 적어도 유대교는 하나님의 속성을 지혜와 같은 것으로 의인화하여 어떻게 초월적인 하나님이 타락한 세상과 관련을 맺으시는지를 설명한다. 아마도 초기 유대교도 잠언 8:24-31과 같은 텍스트를 자세히 설명하려고 시도했을 것이다. 이 잠언 본문은 율법을 나타내며 이를 하나님의 지혜로 의인화한다. 이 지혜는 하나님이 천지를 창조하실 때 하나님과 함께 있었다. 바울은 구약성서의 지혜를 비슷한 방법으로 해석하는 데 있어 유대교의 영향을 받았지만 이를 참지혜로서의 그리스도에게 적용했을 가능성이 있다. 아니면 바울은 자기 나름의 방법으로 단순히 무엇인가 비슷한 것을 시도했을 것이다.[17] 구약성서 및 유대교 전승에서 의인화된 것은 그리스도 안에서 인격적으로 성육신했다. 이 점을 다르게 표현한다면 지혜의 절정으로서 구약성서의 율법은 모형론적으로 그리스도를 가리키는 것이었다.

골로새서 4:3에 나타난 그리스도의 비밀을 위해 갇힌 바울

전후 문맥. 골로새서 4:1-6은 골로새서 3:5에서 시작된 단원을 이어간다. 이는 그리스도의 죽음 및 부활과 더불어 이루어진 자신들의 신분 확인에 기초한 신자들의 새롭고 창조적인 삶을 설명해준다(골 3:1-4).

---

17 바울이 골 1:15-17에서 그리스도를 지혜로 이해하는 것과 관련하여 구약성서 및 유대교 배경에 대한 요약 설명을 알려면 Moo, *Colossians*, pp. 111-13, 118-20을 보라.

상전들아, 의와 공평을 종들에게 베풀지니 너희에게도 하늘에 상전이 계심을 알지어다. 기도를 계속하고 기도에 감사함으로 깨어 있으라. 또한 우리를 위하여 기도하되 "하나님이 전도할 문을 우리에게 열어주사 그리스도의 비밀을 말하게 하시"기를 구하라. 내가 이 일 때문에 매임을 당하였노라. 그리하면 내가 마땅히 할 말로써 이 비밀을 나타내리라. 외인에게 대해서는 지혜로 행하여 세월을 아끼라. 너희 말을 항상 은혜 가운데서 소금으로 맛을 냄과 같이 하라. 그리하면 각 사람에게 마땅히 대답할 것을 알리라(골 4:1-6).

골로새서 4:2-6은 골로새서 3:5-4:6로 이루어진 단원을 마무리하는 단락이다. 이 단락은 믿지 않는 사람들에게 복음의 메시지를 전달하고자 하는 바울의 관심과 연결된다. 바울은 골로새 교인들에게 그들 자신의 삶과 바울의 사역을 위해 간절히 기도해주기를 요청한다(골 4:2). 특별히 골로새 교인들이 바울을 위해 기도할 때 하나님이 "전도할 문"을 열어주시도록 기도해달라고 부탁한다(골 4:3a). 그러면 바울이 "그리스도의 비밀을 말하게" 되는 기회가 주어질 것이다. 여기서 "그리스도의 비밀"이라는 표현은 "말씀" 또는 "메시지"(NIV)와 동의어임을 나타내는 것 같다. 다시 말해서 바울은 계시된 비밀이 선포되도록 기도해달라고 골로새 교인들에게 간청한다. 골로새서 4:3b에서 바울은 "이 일 때문에 매임을 당하였노라"[18]라고 말한다. 즉 그는 "그리스도의 비밀"을 선포했기 때문에 투옥되었다. 바울의 개인적인 통찰은 "그리스도의 비밀"의 중요성과 바울 자신의 간청이 긴급함을 드러낸다. 즉 바울은 계시된 비밀을 선포했기 때문에 여전히 옥에 갇혀 있다.

---

[18] 그리스어 중성 관계 대명사 *ho*의 선행사는 앞에 나오는 중성 명사 *mystērion*("비밀")일 것이다.

비밀의 내용. 바울은 골로새서 4:3에서, 계시된 비밀의 내용을 교묘하게 밝히면서 두 가지를 암시한다. 첫째, "그리스도의 비밀"이라는 표현이다. 아마도 골로새서 4:3에서 말하는 **비밀**의 내용은 골로새서 1:26-27 및 2:2에서 계시된 비밀과 매우 비슷할 것이다. 우리가 살펴본 바와 같이 각각의 경우에 그리스도는 핵심적인 역할을 한다.

> 이 비밀은 만세와 만대로부터 감추어졌던 것인데 이제는 그의 성도들에게 나타났고 하나님이 그들로 하여금 이 비밀의 영광이 이방인 가운데 얼마나 풍성한지를 알게 하려 하심이라. 이 비밀은 너희 안에 계신 그리스도시니 곧 영광의 소망이니라(골 1:26-27).

> 이는 그들로 마음에 위안을 받고 사랑 안에서 연합하여 확실한 이해의 모든 풍성함과 하나님의 비밀인 그리스도를 깨닫게 하려 함이니(골 2:2).

이와 같이 계시된 비밀은 오랫동안 기다려온 하나님 나라의 성취에 있어서 핵심적인 역할을 한다. 왜냐하면 이 비밀은 그리스도의 인격 안에서, 또한 그리스도와 함께 하는 성도들의 신분 확인을 통해 하나님 나라의 재구성을 나타내주기 때문이다. 심지어 이 비밀은 종말의 하나님 나라뿐만 아니라 어떻게 이방인들이 마지막 때에 하나님의 언약 백성의 일부분이 되는지에 대한 전반적인 예언자적 기대의 초기 성취를 알려주기 때문이다.[19]

골로새서 4:3에서 바울은 "그리스도의 비밀"이라는 표현을 사용한다. 이 표현은 신약성서의 다른 곳에서 단 한 번 나타난다. 곧 "그것을 읽을

---

[19] 동일한 견해인 O'Brien, *Colossians*, p. 239도 보라.

때 여러분은 내가 <u>그리스도의 비밀</u>을 깨달은 것을 이해할 수 있을 것입니다"(NASB, 엡 3:4). 사도 바울은 계시된 비밀로 인해 자신이 옥에 갇혀 있다고 주장한다(골 4:3). 아마도 바울은 처음으로 로마 감옥에 있었을 때 골로새서를 기록했을 것이다(행 28:16-31을 보라). 하지만 골로새서의 기록 장소를 결정하는 일은 몇 가지 어려운 과제와 연결되어 있으므로 우리가 제시하는 결론은 결정적인 것은 아니다.[20] 당시에 바울이 정확히 어디에 있었든지 간에 그는 자신이 "그리스도의 비밀" 때문에 옥에 갇혀 있다고 말한다. "그리스도의 비밀을 말하게 하시기를 구하라. 내가 <u>이 일 때문</u>에 매임을 당하였노라."[21] 골로새서 4:3에서 전치사 구문 "이 일 때문에"는 바울이 **당시에** 비밀을 위해 고난을 당하고 있거나, "그리스도의 비밀"로 말미암아 **본시** 로마에 감금되었음을 의미할 것이다.[22] 이 전치사 구의 의미가 정확히 무엇이든지 간에 바울이 "그리스도의 비밀"이 자신의 사역 및 투옥과 불가분의 관계에 있다고 간주한다는 점에 주목하는 것은 중요하다.[23] 왜 바울은 이 비밀을 이토록 강조하는가? 특별히 왜 바

---

20 골로새서의 저자 및 기록 장소와 관련해서 여전히 많은 논쟁이 빚어지고 있다(Moo, *Colossians*, pp. 28-41을 보라). 몇몇 학자는 골로새서의 저자가 바울이라는 입장을 지지하지만 이 서신이 로마에서 기록되었다는 점은 부인한다(예. N. T. Wright, *The Epistles of Paul to the Colossians and Philemon: An Introduction and Commentary*, TNTC [Grand Rapids: Eerdmans, 1986, 『골로새서 빌레몬서』, CLC 역간], pp. 37-42). 하지만 우리는 이 서신이 바울의 저술이며 로마에서 기록되었음을 단언한다.
21 골 4:2과 관련해서 Bockmuehl은 다음과 같이 우리의 호기심을 불러일으키는 주장을 한다. "여기서 바울은 자신의 매임을 통해 '그리스도의 비밀'을 **입증한다고** 말한다. 바울은 그 자신을 통해서 십자가 신학(*theologia crucis*)에 대한 분명한 표현을 제시하고 있다"(*Revelation and Mystery*, p. 192). 특별히 골 1:24에 비추어볼 때 아마도 바울은 이것을 염두에 두었을 가능성이 높다. 하지만 바울이 종종 십자가 신학이라는 개념과 더불어 나타나는 다른 용어, 예를 들면 **영광**, **지혜**, **통치** 등을 여기서 명백하게 사용하지 않는다는 것은 유일하게 의심스러운 점이다.
22 골 4:3과 비슷한 용도로 눅 23:25에서도 그리스어 전치사 *dia*가 사용된다. "그[바라바]는 도시에서 일어난 폭동과 살인 때문에(*dia*) 옥에 갇힌 사람 중 하나였다"(NASB).
23 골 4:2-4의 평행 본문인 엡 6:19-20은 다음과 같이 더 자세하게 설명해준다. "또 나를 위하여 구할 것은 내게 말씀을 주사 나로 입을 열어 복음의 비밀을 담대히 알리게 하옵

울은 이 비밀을 사도로서의 자신의 경력과 연결하는가? 우리는 이 질문에 대한 답이 골로새서 1:26-27 및 2:2에서 계시된 비밀 안에 있다고 믿는다.

이 계시의 중요성은 우리가 아는 바와 같이 바울이 이방인 가운데서 선교 활동을 한 것과도 일치한다. 사도행전은 바울이 다메섹으로 가던 중에 회심하고 사명을 받은 일에 대해 세 번에 걸쳐 이야기한다(행 9:1-43; 22:1-21; 26:9-19). 이 세 단락은 모두 이방인에게 복음을 전하도록 그리스도가 바울에게 사명을 부여했음을 강조한다(참조. 행 13:44-47; 사 49:6). 바울의 사역을 유일무이하게 만드는 한 가지 의미 있는 세부 사항은 **토라로부터 자유로운 복음을 이방인에게 전파하는 데 대한 그의 확신**이다. 바울은 이방인이 오직 그리스도를 믿음으로써만 언약 공동체의 완전한 구성원이 된다고 말한다(갈 3:29). 이는 정확히 바울이 에베소서와 골로새서에서 계시된 비밀이라고 간주하는, 또한 자신의 사역에서 절대적인 중심을 차지하고 있다고 여기는 바로 그 가르침이다. 바울이 유대주의자들로부터 받은 핍박은 부분적으로 그의 이런 확신으로부터 비롯된 것이다. 이는 바울이 골로새서 4:2-4에서 왜 기도를 요청하는지 그 이유를 설명해준다. 아마도 바로 이 확신이 그가 옥에 갇히는 데 원인을 제공했을 것이다(유대인들은 종종 그리스도인들이 유대교 종파가 아니며, 따라서 그리스도인들은 로마 정부가 황제 숭배 의무를 면제해주었던 유대교의 보호막 아래 있지 않다고 이방 당국에 일러바쳤다).

소서 할 것이니 이 일을 위하여[*hyper hou*] 내가 쇠사슬에 매인 사신이 된 것은 나로 이 일에 당연히 할 말을 담대히 하게 하려 하심이라."

결론

다니엘서 내러티브에 대한 바울의 암시는 골로새서 1:26-27에서 언급되는 비밀의 내용에 통찰을 제공한다. 다니엘 2장에 대한 바울의 암시는 "메시아"에 대한 언급과 쌍을 이루며 우리를 다음과 같은 결론으로 이끈다. 곧 종말의 하나님 나라는 골로새서 1:26-27에서 필수 불가결한 역할을 한다. 이스라엘의 신정국가가 그와 같이 중대한 변화를 겪으며 오직 종말에 이스라엘의 메시아적 왕의 영역에서만 구성된다는 것은 구약성서에서 부분적으로 감추어져 있었다.

종말의 하나님 나라에 대한 발전된 이해 개념에 덧붙여지는 또 다른 층위는 유대인과 이방인이 그리스도 안에서 하나라는 바울의 확신이다. 하지만 이것은 그 이상이다. 비록 서로 유기적으로 관련되지만 **비밀**이라는 용어는 다양한 주제를 내포할 수 있다. 동일한 현상이 골로새서 1:26-27에서도 나타난다. 비밀은 그리스도 안에서 재구성되는 하나님 나라에 관심을 갖는 반면에, 비밀의 다른 측면은 유대인과 이방인의 관계와 연관된다. 유대인-이방인 관계는 하나님 나라의 재구성과 충돌하지 않는다. 왜냐하면 유대인과 이방인은 옛 이스라엘의 민족주의적 언약의 표시로써 자신의 신분을 확인하지 않고서도 그리스도 안에서 종말론적인 하나님 나라를 구성하기 때문이다.

골로새서 2:2-3에서 바울은 그리스도 안에 "지혜와 지식의 모든 보화가 감추어져 있느니라"라고 놀라운 주장을 한다. 그리스도는 하나님의 참 "지혜이자 지식"이다. 그리스도와 더불어 자신의 신분을 확인하는 신자들도 이와 같은 이해를 공유한다. 이전에 토라는 하나님의 지혜의 화신이었다. 그러나 이제는 그리스도가 지혜의 가장 완전한 표현이다.

골로새서 4:3에서 바울은 자신이 그리스도에 대한 비밀을 선포할 기회를 얻도록 기도해달라고 성도들에게 요청한다. 심지어 사도 바울은 계시된 비밀로 말미암아 자신이 옥에 갇혀 있다고 주장한다. 곧 바울은 "그리스도의 비밀"이 자신의 사역과 투옥에서 필수 불가결한 것이라고 이해한다. 바울의 메시지는 이방인이 오직 믿음으로써만 종말의 이스라엘의 일부가 된다고 주장했기 때문에 유대인 청중에게는 분명 걸려 넘어지게 하는 돌이었다. 바로 이 때문에 바울은 투옥되었던 것이다.

제8장
:
데살로니가후서의 비밀 사용

에베소서와 골로새서의 비밀 사용에 대해 다룬 앞의 두 장은 주로 이방인의 종말론적 회심이 지닌 특성에 초점을 맞추었다. 우리는 다음과 같이 주장했다. 즉 구약성서의 예언에 의하면 종말에 이방인이 회심하게 될 때, 그들은 이교 국가들과 이스라엘을 구별해주는 율법 규정(예. 음식 규정, 안식일, 할례 등)을 받아들인다고 예언되었다. 하지만 사도 바울은 하나님이 자신에게 이방인이 그렇게 할 필요가 없다고 계시하셨다고 주장한다. 왜냐하면 이방인은 참이스라엘의 실체인 그리스도와 자신을 결합했기 때문이다. 그리스도는 참이스라엘을 구별해주는 유일한 표시다. 왜냐하면 그는 참이스라엘을 대표하고 자신 안에 율법의 지혜를 모두 결집하기 때문이다. 바울이 두 서신에서 이 주제를 언급할 필요를 느낀 것은 결코 우연이 아니다. 왜냐하면 이 문제는 갓 태어난 교회에서 뜨거운 논쟁거리였기 때문이다(참조. 행 15장; 갈라디아서).

에베소서와 골로새서에서 발견되는 비밀의 또 다른 측면은 그리스도 안에서의 종말의 하나님 나라 설립이다. 바울은 이스라엘에게 예언된 신정국가는 종말의 참이스라엘인 메시아적 왕 자신과 그가 대표하는 사람들의 영역에서 성취되고 계속된다고 주장한다. 다음의 사실은 구약성서(단 2장)에서 부분적으로 감추어져 있었다. 곧 종말에 성도들은 메시아와 연합을 이루고 이런 방식으로 그리스도와 함께 통치함으로써 그의 종말의 나라에 참여할 것이다.[1]

데살로니가후서의 비밀에 대한 바울의 관점도 종말의 하나님 나라에 대한 이 논의를 이어간다. 하지만 바울은 몇 가지 부정적인 특성에 강조점을 둔다. 하나님의 영원한 나라의 설립과 더불어 깜짝 놀랄 만한 이스라엘의 대적자가 나온다. 다니엘서는 "후일에" 이스라엘 나라가 세워지기 전에 악한 인물이 직접 무대에 나타나서 이스라엘을 반대하고 언약 공동체에 대규모의 속임과 박해를 가져온다고 경고한다.

"종말"에 대한 성서의 개념에 몰두하는 문화에서 "적그리스도"와 "환난"은 사람들의 마음과 생각을 뒤흔드는 문제다. 적그리스도는 언제 무대에 나타나는가? 엄밀히 말하면 그것은 미래에 일어나는 현상인가? 바울이 종말에 대한 신자들의 그릇된 이해와 관련하여 데살로니가 교회에 편지를 쓸 때 데살로니가후서에도 이런 쟁점이 등장한다. 이 쟁점을 이해하는 데 있어 결정적인 것은 데살로니가후서 2:7에서 말하는 "불법의 비밀"이 과연 무엇을 의미하는가이다.

우리는 데살로니가후서 2:7의 전후 문맥과, 이 구절에서 나타나는 다니엘서의 마지막 환상에 대한 암시를 간략하게 살펴보고자 한다.

---

[1] 이 책의 pp. 311-22에 있는 "하나님 나라의 재구성"에서 이 주제에 대한 더욱 자세한 설명을 보라.

전후 문맥

형제들아, 우리가 너희에게 구하는 것은 우리 주 예수 그리스도의 강림하심과 우리가 그 앞에 모임에 관하여 영으로나 또는 말로나 또는 우리에게서 받았다 하는 편지로나 주의 날이 이르렀다고 해서 쉽게 마음이 흔들리거나 두려워하거나 하지 말아야 한다는 것이라. 누가 어떻게 하여도 너희가 미혹되지 말라. 먼저 배교하는 일이 있고 저 불법의 사람 곧 멸망의 아들이 나타나기 전에는 그날이 이르지 아니하리니 그는 대적하는 자라. 신이라고 불리는 모든 것과 숭배함을 받는 것에 대항하여 그 위에 자기를 높이고 하나님의 성전에 앉아 자기를 하나님이라고 내세우느니라. 내가 너희와 함께 있을 때에 이 일을 너희에게 말한 것을 기억하지 못하느냐? 너희는 지금 그로 하여금 그의 때에 나타나게 하려 하여 막는 것이 있는 것을 아나니 불법의 비밀이 이미 활동하였으나 지금은 그것을 막는 자가 있어 그중에서 옮겨질 때까지 하리라(살후 2:1-7).

바울은 틀림없이 종말론에 대한 올바른 가르침에서 벗어난 데살로니가 교인들의 관점을 바로잡기 위해 데살로니가후서를 기록했을 것이다. 왜냐하면 그들은 데살로니가전서에 기록된 바울의 가르침을 완전히 이해하지 못했기 때문이다. 데살로니가전서에서 바울은 그리스도의 재림에 대해 정확한 시간표를 제시하는 사람들을 바로잡는다. 바울은 왜 데살로니가 교인들이 무질서하고 무기력하게 살고 있는지를 설명한다(살전 5:12-14). 그들의 게으른 행위를 올바른 방향으로 돌리려고 바울은 주의 날이 임박했다며 다음과 같이 경고한다. 즉 "주의 날이 밤에 도둑같이 이를 줄을 너희 자신이 자세히 알기 때문이라. 그들이 '평안하다, 안전하다' 할 그때에 임신한 여자에게 해산의 고통이 이름과 같이 멸망이 갑자기 그들에게 이르리니, 결코 피하지 못하리라. 형제들아, 너희는 어둠에 있지 아니하매, 그날이 도둑같이 너희에게 임하지 못하리니"(살전 5:2-4)라고 말한다. 데살로니가 교인들이 데살로니가후서를 읽을 시점에 이런 긴박한 분위기가 지나칠 정도로 조성되어 있었다. 그들은 그리스도의 재림이 눈에 보이지 않는 영적인 방식으로 이미 왔다고 믿었다. 따라서 이제 바울은 또다시 종말론에 대한 그릇된 견해를 바로잡아야 했다. 또한 그는 왜 주의 날이 아직도 완전하게 오지 **않았는지를** 설명해야만 했다.

데살로니가후서에서 바울은 데살로니가 교인들의 영적 성장과 그들이 극심한 박해 가운데서 인내한 데 대해 감사하면서 편지를 시작한다(살후 1:3-4). 하나님은 그리스도가 다시 올 때 데살로니가 교인들에게 해를 끼친 사람들에게 형벌을 내린다고 약속하신다(살후 1:5-9). 그때 신자들은 신원되는 반면에 불신자들은 심판받을 것이다. 따라서 바울은 데살로니가 교인들이 그들의 믿음을 굳게 지켜서 하나님의 부르심에 "합당한 자"로 여김을 받기를 기도한다(살후 1:5, 11-12).

이어지는 단락에서 바울은 데살로니가 교인들이 자신들의 믿음을 굳게 지키는 한 가지 방법을 설명한다. 데살로니가후서 2:1-12에서 바울은 데살로니가의 신앙 공동체에게 "주의 날"의 시기와 관련해서 속지 말라고 권면한다. 분명히 거짓 교사들은 그리스도의 재림과 부활이 이미 일어났다고 주장했다. 데살로니가후서 2:2에서 바울은 다음과 같이 말한다. "주의 날이 이미 왔다고 주장하면서 예언이나 말이나 편지로 이른바 우리에게서 받은 가르침이라고 주장하는 것에 쉽게 흔들리거나 놀라지 마십시오. 아무도 어떤 방법으로든지 여러분을 속이지 못하게 하십시오"(살후 2:2-3a; TNIV).[2] 이 거짓 교사들은 최종적인 부활이 이미 일어났기 때

---

2   G. K. Beale, *1-2 Thessalonians*, IVPNTC (Downers Grove, IL: InterVarsity Press, 2003),

문에 그리스도가 이미 재림하여서 그의 백성을 영광스런 자리로 높이 들어올리셨다고 주장했다(참조. 고전 15:12-24; 딤후 2:16-18; 벧후 3:3-13).

바울은 그리스도가 다시 오시기에 앞서 반드시 두 사건이 먼저 일어나야 한다고 주장하면서 이 거짓 가르침을 논박한다. 즉 "누가 어떻게 하여도 너희가 미혹되지 말라. 먼저 배교하는 일이 있고 저 불법의 사람 곧 멸망의 아들이 나타나기 전에는 그날이 이르지 아니하리니"라고 말한다.[3] 아마도 "배교하는 일"은 믿음에서 떨어져나간 언약 공동체 내의 사람들을,[4] "불법의 사람"[5]은 종말의 이스라엘의 대적자 곧 "적그리스도"를 가리킬 것이다.[6] 이 두 사건 중 어느 것도 완전한 형태로 일어나지 않았기 때문에 그리스도의 재림은 여전히 미래에 일어날 사건으로 남는다.

바울은 데살로니가후서 2:4에서 "불법의 사람"에 대해 설명한다. 바울은 데살로니가 교인들이 속지 말아야 할 세 번째 이유에 대해 힘주어 말한다. 왜냐하면 바울이 방금 그들에게 말한 내용은 새로운 정보가 아니기 때문이다. 바울은 배교하는 일과 적그리스도의 등장에 대해 그들에게

199-203을 보라.

[3] 살전 5:1-8과 살후 2:1-4 사이에 긴장감이 존재한다. 살전 5:1-8은 그리스도의 재림이 임박했고 표적 없이 올 것이라고 주장하는 반면에 살후 2:1-4은 그 사건이 일어나기에 앞서 두 가지 표적이 일어난다고 주장한다. 이 어려운 쟁점에 대한 논의와 제안된 해결책에 대해서는 앞의 책, pp. 198-203을 보라.

[4] Beale, *1-2 Thessalonians*, pp. 204-6.

[5] 몇몇 사본(A D F G Ψ 𝔐 lat sy; Ir^{lat} Eus)은 "불법의 사람"(*anthrōpos tēs anomias*) 대신에 "죄인"(*anthrōpos tēs hamartias*)이라고 읽는다. 필사자들이 흔하게 사용되지 않는 "불법"(*anomia*)이라는 용어 대신에 훨씬 더 많이 사용되는 "죄"라는 용어로 바꾸어 필사했을 가능성이 있다(바울 서신에서 그리스어 명사 *anomia*는 여섯 번 나타나는 반면에 *harmartia*는 대략 예순네 번이나 사용된다). 더욱이 살후 2:7은 살후 2:3의 "불법"의 사람을 전제하는 것처럼 보인다. 다음을 보라. Beale, *1-2 Thessalonians*, pp. 204-5 n 2:3, Bruce Metzger, *A Textual Commentary on the Greek New Testament*, 2nd ed. (Stuttgart: Deutsche Bibelgesellschaft, 1998), p. 567.

[6] 신약성서에서 "적그리스도"(*antichristos*)라는 단어는 오직 요한 서신(요일 2:18, 22; 4:3; 요이 7절)에만 나타난다.

이미 반복해서 말했다. "내가 너희와 함께 있을 때에 이 일을 너희에게 말한 것을 기억하지 못하느냐?"(살후 2:5) 데살로니가후서 2:3-4은 데살로니가 교인들이 이미 알고 있는 사실을 기억나게 한다. 기억을 되살리는 일은 다음과 같은 의미를 내포하고 있다. 곧 바울은 자신의 서신을 읽는 사람들이 그릇된 가르침에 점차 저항력을 잃어가고 있음을 간파했다. 왜냐하면 그들은 바울이 그들에게 이미 가르친 진리를 점차 잊어버리고 있었기 때문이다. 그들은 미래에 대해 이와 같은 중대한 사실을 기억하지 않음으로써 "자신들을 스스로 어리석게 만들고" 있었다.

데살로니가후서 2:6에서 바울은 데살로니가 교인들이 알고 있는 또 다른 사항을 말한다. 곧 이 악한 인물이 역사에 아직 나타나지 않은 이유는 "지금 그를 억제하고 있는" 존재가 있기 때문이다. "그래서 그[불법의 사람]의 때에 그가 나타날 것이다." 그런데 놀랍게도 데살로니가후서 2:7에서 바울은 "불법의 비밀"[7]이 "이미 활동"하고 있다고 설명한다. "억제하는 자"가 물러가자마자 종말의 이스라엘의 대적자는 자기 모습을 실제로 나타낼 것이다.[8] 이 단락의 주요 강조점은 데살로니가후서 2:3("누가 어떻게 하여도 너희가 미혹되지 말라")에 담겨 있으며 이 구절의 주변에

---

7 여기서 그리스어 명사 소유격 *anomias*는 특성을 나타내는 소유격, 곧 "불법으로 특징지어지는 비밀"을 의미할 것이다(BDF§165).
8 "억제하는 자"가 정확히 누구를 의미하는지에 대해서는 주석가들의 다양한 견해가 존재한다. 이 문제의 해결을 복잡하게 만드는 두 가지 사항이 있다. 먼저 살후 2:6에서는 중성 명사 *to katechon*이 사용되는 반면에 살후 2:7에서는 남성 명사 *ho katechōn*이 나타난다. 게다가 살후 2:7b은 번역하기가 매우 어렵다. 학자들은 "억제하는 자"가 누구인지에 대해 대체로 다음과 같이 다양한 견해를 제시한다. 로마 제국, 구체적으로 언급되지 않은 제국, 유대인의 나라, 사탄 또는 그의 대리자 중 하나, 지역 교회 안에서 거짓 교사들의 영향력, 하나님 또는 성령, 천사가 전하는 복음 등이다. 우리는 마지막 견해를 선택한다. 천사는 마귀의 영향력을 억제하여 복음을 효과적으로 전파하는 일에서 하나님의 주권을 나타낸다. 특별히 악한 인물이 박해와 속임수를 통해 복음이 널리 전파되는 일을 일시적으로 막을 수 있게 될 때, 천사는 "불법의 사람"을 역사 속으로 데려오려고 하는 마귀의 욕망을 억제한다(마 16:18; 계 20:1-9을 보라). 이 문제에 대한 논의는 Beale, *1-2*

있는 다른 모든 절이 여기서의 권면을 지지하고 있다. 데살로니가후서 2:8-10은 이 종말론적인 인물의 죽음 및 사탄과 그의 협동에 대해 말한다. "그때에 불법한 자가 나타나리니 주 예수께서 그 입의 기운으로 그를 죽이시고 강림하여 나타나심으로 폐하시리라"(살후 2:8). 이 인물은 언약 공동체 내에서 또한 공동체 밖에 있는 사람들에게 커다란 속임수를 행할 것이다(살후 2:10-12). 거짓에 속아 넘어가고 "불의를 기뻐하는" 개개인들은 장차 하나님의 심판을 받을 것이다(살후 2:12).

그러나 바울은 하나님이 데살로니가 공동체를 선택하시고 그들이 건전한 가르침을 계속해서 간직하고 있는 데 대해 감사한다. 건전한 가르침을 유지하는 일은 선택받은 것을 지키는 데 있어서 반드시 필요하다. 그래야 "선택받은" 이들이 속지 않게 된다(살후 2:13). 하지만 이 편지의 독자들은 계속해서 거룩한 삶을 살아야 하며 복음이 변질되지 않도록 해야 한다. 그들이 사도들의 전통을 버리지 않고 그것을 온전히 보전하는 일은 중요한 사항이다. "그러므로 형제들아, 굳건하게 서서 말로나 우리의 편지로 가르침을 받은 전통을 지키라"(살후 2:15).

다니엘 11-12장과 "불법의 사람"

데살로니가후서 2:3에 소개된 "불법의 사람"이라는 표현은 다니엘 11:29-36과 12:10(LXX, Theodotion)을 연상시킨다.[9] 주석가들은 데살

Thessalonians, pp. 213-18을 보라.

[9] 몇몇 학자는 사 57:3("무당의 자식[huioi anomoi], 간음자와 음녀의 자식들아, 너희는 가까이 오라")이 살후 2:3의 "불법[tēs anomias]의 사람, 곧 멸망의 아들[ho huios]"이라는 표현의 배후에 있다고 주장한다. 또한 시 89:22(88:23 LXX) - "원수가 그를 속이지 못하며, 불법의 아들[huios anomias]이 그를 해치지 못할 것이다(NASB)" - 도 배후일 가능성이 있다고 거론된다. 다음을 보라. Gordon D. Fee, *The First and Second Letters to the*

로니가후서 2:3-4에서 "불법의 사람"이라는 묘사가 부분적으로 다니엘 11장을 암시한다는 데 대체로 동의한다(도표 8.1을 보라).[10]

다니엘서의 마지막 단원(단 10-12장)은 다니엘이 본 마지막 환상으로 이루어져 있다. 지혜 있는 사람들은 "많은 사람"을 가르치고 환난의 시기에 연단을 받아 정결하게 될 것이다(단 11:33-35). 다니엘 12:1은 큰 박해, 곧 "개국 이래로 그때까지 없던 환난"을 언급한다. 하지만 이 환난의 한가운데서도 남은 자들은 "구원을 받을 것이다"(단 12:1). 그들은 마침내 부활하고 지혜 있는 자들은 별과 같이 "빛날 것이다"(단 12:2-4). 다니엘 11-12장에서 언급되는 종말의 사건들은 대체로 왕들이 왕위에 오르고 폐위되는 일과 (셀레우코스 왕조의) 안티오코스 4세의 적대 행위와 종말의 대적자(단 11:36-45)에 대해 다루고 있다. 안티오코스 4세가 다니엘 11:36-45에서 언급되는 인물과 동일인인지는 확실하지 않다. 하지만 적어도 안티오코스 4세는 분명히 이 대적자의 선구자 또는 모형 역할을 한다.

Thessalonians, NICNT (Grand Rapids: Eerdmans, 2009); and Jeffrey A. D. Weima, "1-2 Thessalonians," in G. K. Beale and D. A. Carson, *Commentary on the New Testament Use of the Old Testament* (Grand Rapids: Baker, 2007), p. 887. 비록 앞에서 언급한 이사야서와 시편의 본문들이 여기에 다소 반영되어 있다 하더라도 바울은 다니엘서 특별히 단 12:10에 초점을 맞추고 이를 암시할 가능성이 더 높다. 단 12:10에 대한 묘사는 바울의 어휘에 더 가깝다("불법의"라는 표현의 반복에 주목하라). 게다가 주제와 관련하여 다니엘서와 바울의 밀접한 연관성이 명백하게 드러난다.

10 예를 들면 C. A. Wanamaker, *The Epistle to the Thessalonians*, NIGTC (Grand Rapids: Eerdmans, 1990), pp. 245-46; O. Betz, 'Der Katechon,' *NTS* 9 (1963): 282-84; F. F. Bruce, *1 & 2 Thessalonians*, WBC 45 (Dallas, TX: Word, 1982), p. 168; I. H. Marshall, *1 and 2 Thessalonians*, NCBC (Grand Rapids: Eerdmans, 1983), pp. 190-91.

도표 8.1

다니엘 11:31, 36 및 12:10	데살로니가후서 2:3-4
군대는 그의 편에 서서 성소 곧 견고한 곳을 더럽히며 매일 드리는 제사를 폐하며 멸망하게 하는 가증한 것을 세울 것이며(단 11:31)	…불법의 사람[*anthrōpos tēs anomias*], 곧 멸망의 아들이 나타나기 전에는 그날이 이르지 아니하리니 그는 대적하는 자라 신이라고 불리는 모든 것과 숭배함을 받는 것에 대항하여 그 위에 자기를 높이고 하나님의 성전에 앉아 자기를 하나님이라고 내세우느니라.
그 왕은 자기 마음대로 행하며 스스로 높여 모든 신보다 크다 하며 비상한 말로 신들의 신을 대적하며…(단 11:36)	
많은 사람을 선택해서 희게 만들고 정결하게 하라. 그리고 불법자들이 법을 어기는 행동을 하게 하라[*anomēsōsin anomoi*]. 그리고 불법자들[*anomoi*]은 이해하지 못하나 총명한 자들은 이해할 것이다(단 12:10, LXX 및 Theodotion).	

곧바로 이어지는 문맥인 다니엘 11:36-45에서 하나님의 최후 대적자가 언약 공동체를 포위한다. 바울이 데살로니가후서 2:3-4에서 직접 언급하는 구절인 다니엘 11:36은 다음과 같이 깜짝 놀라게 하는 말로 이 대적자를 특징짓는다. "그 왕은 자기 마음대로 행하며 스스로 높여 모든 신보다 크다 하며 비상한 말로 신들의 신을 대적하며 형통하기를 분노하심이 그칠 때까지 하리니 이는 그 작정된 일을 반드시 이룰 것임이라"(참조. 단 2:8, 11, 25; 8:9-12; 사 14:12-14). 우리는 이 인물이 "스스로 높여 모든 신보다 크다 하며" 신성을 모독하는 일을 저지를 것을 안다. 다시 말해서 그는 자신을 하나님 위에 위치시킬 것이다. 이 대적자는 자신을 하나님보다 높일 뿐만 아니라 "비상한 말로 신들의 신을 대적"할 것이다. 바울은 데살로니가후서 2:4에서 이와 같은 일이 아직 일어나지 않았지만 미래에 언젠가 그리스도의 재림 직전에 반드시 이 일이 일어날 것이라고 주장한다.

게다가 다니엘이 예언한 것으로서 종말에 일어날 이스라엘에 대한 공격은 다음 두 가지 방식으로 나타난다. 첫째, 한 대적자가 의로운 이스라엘 사람들을 박해할 것이다. 다니엘 11:31은 "군대는 그의 편에 서서 성소 곧 견고한 곳을 더럽히며 매일 드리는 제사를 폐하며 멸망하게 하는 가증한 것을 세울 것이며"라고 말한다. 여기서 종말의 대적자는 성전 지역에서 전쟁을 벌이고 "멸망하게 하는 가증한 것을 세워" 성전을 더럽힐 것이다. 나아가 다니엘 11:33-35은 언약 공동체 안에 있는 "지혜자들"에 대한 공격을 다음과 같이 묘사한다. "백성 중에 지혜로운 자들이…불꽃과 사로잡힘과 약탈을 당하여 여러 날 동안 몰락하리라"(단 11:33). 그럼에도 불구하고 의로운 자들은 핍박을 받으면서도 잘 견뎌낼 것이다(단 11:32). 그들은 "몰락"하고 "연단"을 받아 "정결하게 될" 것이다(단 11:35).

박해에 덧붙여서 다니엘이 예고한, 종말에 있을 이스라엘에 대한 공격이 나타나는 두 번째 방식이 있다. 종말에 이스라엘의 원수는 미혹하는 말로 언약 공동체 안에 있는 사람들 가운데 일부를 속일 것이다. 이 원수의 속임수는 "부드러운 말"을 동반하고 일부가 "거룩한 언약"을 저버리게 하는 결과를 초래할 것이다(단 11:30). 그의 영향력 역시 "언약을 배반하고 악하게 행동하는 사람들"에게 미쳐서 그들은 더욱더 "불경건하게" 되고(단 11:32) 타협하며 속임수를 일삼아서 다른 사람들을 타락시킬 것이다. 다니엘 11:34은 "많은 사람이 속임수를 써서 자신이 신실한 사람(실제로는 그렇지 않지만)이라고 주장하면서 그들[신실한 자들]과 결합할 것이라고 주장한다.

다니엘 12:10은 일반적으로 종말에 존재하는 두 그룹의 행위에 대해 다음과 같이 묘사한다. "많은 사람이 연단을 받아 스스로 정결하게 하며 희게 할 것이나 악한 사람은 악을 행하리니 악한 자는 아무것도 깨닫지 못하되 오직 지혜 있는 자는 깨달으리라." 의로운 이스라엘 사람들은 하나님이 하시는 일을 잘 분별하고 깨달을 것이다. 겉으로 보이는 특별히 심각한 박해에 비추어볼 때 마치 악한 사람들이 이기는 것처럼 보인다. 하지만 하나님의 계획을 깨닫는 사람들("지혜로운 사람들")은 종말의 혼란에 대한 의미를 파악할 것이다. 하나님은 악한 사람들이 언약 공동체 안에 있는 사람들에게 점점 더 적대적이게 될 것을 정하셨다. 이는 신실한 사람들이 "연단을 받아 정결하게 되는" 결과를 초래할 것이다. 다른 한편으로 악한 사람들 또는 "불법의 사람들"은 분명히 종말의 대적자에게 속아 넘어갈 것이다(참조. 단 11:29-34). 이 "불법의 사람들"은 점점 더 악해지고 속일 것이다. "악한 사람은 악을 행할"(단 12:10) 것이다.[11] 비록 설명되지 않는 부분이 있지만 이와 같은 불법의 행위는 "매일 드리는 제사를 폐하며 멸망하게 하는 가증한 것을 세울" 때와 직접 연결된다.

바울이 데살로니가후서 2:3-4에서 다니엘 11:31, 36 및 12:10을 인용할 때 그는 아마도 다니엘 11:31-12:10이라는 더 넓은 맥락을 염두에 두었을 것이다. 바울은 "불법의 사람"(살후 2:4)이라는 개인을 통해 이 일이 미래에 분명히 일어날 것이라고 주장한다. 다니엘서는 이스라엘을 박해하는 이 중대한 압제자에 대해 어느 정도 자세하게 말한다(추기 8.1-3에서 다니엘서의 다른 곳, 초기 유대교 및 신약성서에 나타나는 이 주제에 대한 개요도 보라). 다니엘서가 이 대적자를 종말론적인 맥락에서 언급하고 있다는 점이 가장 중요하다. 핵심 구절들은 "마지막 날"(단 10:14), "오랜 후"(단 10:14) 및 "정한 때 끝"(단 8:17)이라는 상황에서 묘사된다. 다시 말해서 이 인물은 이스라엘 역사에서 "마지막 날"이 시작될 때 무대에 등장

---

11 단 11:32(LXX, Theodotion) 역시 "불법"이라는 주제를 포함한다. 하지만 Theodotion의 번역은 다음과 같이 종말의 대적자를 "불법의 사람들"이라는 그룹으로 대치한다는 점에서 다르다. "그리고 불법의 사람들[hoi anomountes]은 속임수를 써서 언약을 소개할 것이다"(NETS).

할 것이다. 또한 이 종말의 대적자는 자신을 하나님보다 높임으로써 심각한 신성모독을 저지를 것이다(단 11:36).[12] 이 인물은 주로 다음 두 가지 특징으로 식별될 것이다. (1) 그는 여러 차례에 걸쳐 다양한 방향으로 이스라엘을 공격할 것이다(단 7:25; 8:24; 9:26; 11:31, 33-35). (2) 그는 언약 공동체 안에 있는 많은 사람을 속일 것이다(하지만 남은 자들 또는 "지혜 있는" 자들은 속이지 못할 것이다). 또한 그는 악한 사람들을 계속해서 현혹할 것이다(단 8:25; 9:27; 11:30, 32, 34; 12:10).[13]

비밀의 내용

다니엘서의 암시에 대한 간략한 분석에 비추어 이제 우리는 데살로니가후서 2:1-7에 나오는 바울의 권고를 더욱 깊이 이해할 수 있다. 앞에서 언급했듯이 바울은 그리스도의 재림에 대한 데살로니가 교회의 잘못된 인식을 바로잡는다. 그는 그리스도의 최종 도래가 아직 일어나지 않았다고 분명하게 밝힌다. 왜냐하면 그날이 오기에 앞서 다음 두 사건이 일어날 것이기 때문이다. 곧 "배교하는 일"이 일어나고 "불법의 사람"이 나타날 것이다(살후 2:3).[14]

비록 바울이 데살로니가후서 2:3에서 다니엘이 예고한 "불법의 사람"

---

12 안티오코스는 BASILEOS ANTIOCHOU THEOU EPIPHANOUS(신의 현현인 안티오코스 왕)라는 문구가 새겨진 동전을 만들게 했다. 참조. Martin Hengel, *Judaism and Hellenism: Studies in their Encounter in Palestine during the Early Hellenistic Period* (Philadelphia: Fortress, 1974), 1:285. 다음 책에서 인용됨. John J. Collins, *Daniel*, Hermeneia (Minneapolis: Fortress, 1993), p. 386.
13 추기 8.1, "다니엘서와 종말에 나타날 이스라엘의 대적자"와 추기 8.3, "초기 유대교에서의 종말의 대적자"를 보라.
14 "불법의 사람"에 대해서는 Craig S. Keener, *The Gospel of Matthew: A Socio-Rhetorical Commentary* (Grand Rapids: Eerdmans, 2009), pp. 570-71을 보라.

이 아직 나타나지 않았다고 주장하지만, 이 구절은 놀랍게도 종말의 대적자가 이미 무대 위에 있음을 감지하게 한다. 이 암시는 "불법의 비밀[*mystērion*]"[15]이 이미 활동하였으나[*ēdē energeitai*]"라는 데살로니가후서 2:7의 묘사에 대해 설명해준다. 이 두 구절(살후 2:3, 7) 사이에서 주제의 연속성을 유지하는 것이 중요하다. 데살로니가후서 2:3에서 바울은 "불법의 사람"이 장차 나타나리라고 말한다. 그리고 데살로니가후서 2:7에서 바울은 동일한 인물에 대해 그의 현존이라는 관점에서 묘사한다. 몇몇 학자가 추측하듯이 데살로니가후서 2:7은 악함과 박해의 전반적 형태가 아니라 이스라엘이 오랫동안 기다려온 대적자와 결부된 종말의 구체적인 속임수와 박해에 대해 언급한다. 다니엘서에서 언급되는 종말의 박해자는 눈으로 볼 수 있는 육신의 모습으로 언약 공동체에게 나타날 것이다. 하지만 놀랍게도 바울은 그 대적자가 비록 육신의 모습으로 나타나지는 않았지만 언약 공동체 안에서 "이미 활동"하고 있다고 주장한다.

우리는 앞에서 다니엘서가 이스라엘의 대적자가 어떻게 성소를 더럽힐지를 두 번이나 언급한다고 지적했다.

군대는 그의 편에 서서 성소 곧 견고한 곳을 더럽히며 매일 드리는 제사를 폐하며 멸망하게 하는 가증한 것을 세울 것이며(단 11:31).

매일 드리는 제사를 폐하며 멸망하게 할 가증한 것을 세울 때부터 천이백구

---

15   몇몇 영역본에는 그리스어 명사 *mystērion*이 "비밀스러운 능력"(TNIV) 또는 "감추어진 능력"(NET)으로 잘못 번역되어 있다. 대신에 이 명사는 "비밀"(mystery)로 번역되어야 한다(NASB, ESV, NRSV, ASV). 이 "비밀"이라는 단어는 이 용어가 일반적으로 번역되는 것으로서, 다니엘서의 배경을 잘 보존해준다. 게다가 이 단어는 신약성서에서 보통 "비밀"로 번역되기 때문에 신약성서 전체에서 이 명사가 사용되는 용례와도 연속성이 유지된다.

십 일을 지낼 것이요(단 12:11).

이 두 텍스트는 종말의 압제자가 이스라엘의 성전 경내에 들어와서 성소를 더럽히는 것을 묘사한다. 이와 같은 행위는 당초 기원전 167년에 안티오코스 4세가 행한 일이다. 이 사건을 염두에 두고 바울은 데살로니가후서 2:4에서 적그리스도가 "하나님의 성전에 앉을" 것이라고 말한다. 비록 학자들 사이에서 많은 논쟁이 빚어지고 있지만, 여기서 "성전"(naos)은 미래에 언젠가 예루살렘에 다시 세워질, 눈으로 보이는 성전을 가리키지 않을 것이다. 오히려 "성전"(naos)은 신자들의 공동체, 곧 교회를 가리킬 것이다.[16] 다시 말해서 적그리스도는 교회에서 권위 있는 지위를 차지하고 그 지위를 이용해 거짓된 가르침을 널리 퍼뜨릴 것이다. 성전 안에 "멸망하게 하는 가증한 것"을 "세우는" 압제자가 데살로니가후서 2:3-4에서 예고된 이 사건을 행할 것이다.[17]

계시된 비밀은 다음과 같다. 곧 종말의 원수가 눈에 보이는 육신의 형태로 아직 나타나지는 않았지만, 그는 이미 속임과 박해라는 "불법의" 일들을 조장하고 있기 때문에 다니엘서의 예언은 불시에 시작되었다. 주석가들은 이 주장에 어느 정도 동조하는 것처럼 보인다. 예를 들면 브루스(F. F. Bruce)는 다음과 같이 말한다. "현재 그것['불법의 비밀']은 표면 밑에서 활동하고 있다. 하지만 정해진 때가 되면 그것은 '불법의 사람'이 나타남을 통해 구체적인 모습을 드러낼 것이다."[18]

---

16 고전 3:16-17; 고후 6:16; 엡 2:19-21; 벧전 2:4-7; 계 3:12; 21:22을 보라.
17 살후 2:4에서 언급되는 성전에 대한 다른 해석들에 대한 논의와, 여기서 취하는 입장을 지지하는 추가 논증에 대해서는 G. K. Beale, *The Temple and the Church's Mission*, NSBT 17 (Downers Grove, IL: InterVarsity Press, 2004), pp. 274-92을 보라.
18 Bruce, *1 & 2 Thessalonians*, p. 170. 예를 들어 다음 학자들의 견해도 참고하라. Wanamaker, *Epistles to the Thessalonians*, p. 255; Markus Bockmuehl, *Revelation and Mystery*

종말에 이스라엘을 억압하는 자에 대한 다니엘의 예언은 시작되었으며 기원후 1세기에 그 열매를 거두고 있었다. 하지만 역사의 궁극적인 끝은 아직 오지 않았다. 다니엘이 말한 예언의 완전한 의미는 부분적으로 감추어져 있었다. 왜냐하면 **종말의 원수는 다니엘이 기대했던 것처럼 아직 육신의 형태로 오지 않았기 때문이다**. 하지만 눈에 보이지 않는 영적인 존재를 통해 그는 이미 사람들을 속이는 "불법의" 일을 조장하고 있다. 그의 속이는 행위는 그에게 동조하는 자들, 곧 거짓 교사들의 대리 활동을 통해 나타난다. 이는 다니엘도 종말에 대적자의 도래와 연결시켜 예고했던 일이다.

우리가 이제까지 살펴본 신약성서에서 사용된 대부분의 **비밀**(*mystērion*)과 마찬가지로, 데살로니가후서 2:7에서도 이 용어는 구약성서의 언급과 연결된다(살후 2:4에서 단 11장). 이와 같은 연결은 놀랍지 않다. 왜냐하면 이 연구서의 제1장에서 우리는 **비밀**과 관련하여 "마지막 날에"(개역개정 – 후일에)라는 표현이 반복적으로 나타나는 것을 살펴보았기 때문이다. 이런 점에서 바울은 다니엘 2장으로부터 종말의 "비밀"에 대한 언급을 취해서 그것을 다니엘 11장에 적용하고 있다. 바울은 다니엘 11장에서 적그리스도와 그의 대리자들에 대한 다니엘의 예고가 다니엘 2장에 나오는 종말론적인 "비밀"의 일부분이라고 말한다. 또한 우리가 신약성서의 다른 곳에서 살펴보았듯이 **비밀**이라는 단어는 구약성서의 언급과 연결될 때 보통 다음의 사실을 가리키는 데 사용된다. 즉 예언은 성취되기 시작하지만 구약성서의 독자들이 이 예언이 성취된다고 기대한 방식과 비교할 때 전혀 예상하지 않았던 방식으로 성취된다.

---

in Ancient Judaism and Pauline Christianity, WUNT 36 (Tübingen: Mohr Siebeck, 1990; repr., Grand Rapids: Eerdmans, 1997), pp. 197-98; Günther Bornkamm, "μυστήριον, μυέω," in TDNT 4:823.

그리스도의 재림 바로 직전에 이 악한 인물이 육신의 형태로 올 때(살후 2:3-4, 8-12), 다니엘의 예언은 궁극적으로 이루어질 것이다. 이와 같이 다니엘의 예언은 문자 그대로 "이미-그러나-아직" 차원에서 성취될 것이다. 하지만 예언이 성취되는 시기와 방식은 시초에 예상하지 못했다. 따라서 이는 계시된 비밀이다. 그러므로 바울이 데살로니가후서 2:7에서 **비밀**이라는 단어를 사용하는 이유는 다음과 같다. 즉 바울은 다니엘서에 언급된 적그리스도에 대한 예언이 다니엘이 분명하게 예견하지 못한 불가사의한 방식으로 데살로니가 교회에서 성취되기 시작했다고 이해했기 때문이다. 다니엘서의 독자들은 종말에 속임을 일삼는 대적자의 동조자들이, 이 대적자가 육신의 모습으로 드러남과 동시에 나타날 거라고 예상했을 것이다. 대적자가 나타나면 모든 사람이 직접 눈으로 볼 수 있을 것이다(그는 "자기를 높이고 하나님의 성전에 앉아", 살후 2:4). 하지만 실상 예상한 것과 달리 바울은 다니엘의 예언이 성취되는 시작 단계에서 적그리스도가 **육신으로** 직접 나타나지 않고 단지 거짓 교사들만 나타난다고 말한다. 그럼에도 적그리스도는 이미 영적으로 존재하며 자신에게 동조하는 속이는 자들을 통해 이미 언약 공동체 안에서 활동하고 있었다.

이는 종말론적인 대적자가 온다는 다니엘의 예언이 문자 그대로 성취되는 것 안에 여전히 포함된다. 왜냐하면 이 대적자가 육신으로 오는 것은 영적인 존재도 포함하기 때문이다(예언의 관점에서 이 두 측면은 구별되지 않을 것이다). 육신으로 나타난다는 예언 부분은 종말의 끝에 이르기까지 성취되지 않을 것이다. 하지만 영적인 존재에 대한 예언 부분은 이미 성취되기 시작했다. 거짓 예언자들을 통해 불법한 자의 영은 이미 나타나서 활동하고 있다. 이 점과 관련해서 우리는 "집단적인" 불법한 자들을 가리킬 수 있다. 비록 아직 육신으로 나타나지는 않았지만 개별적인 존재로서 이 종말의 원수는 그의 특사들에게 자신의 영을 불어넣어 그들로 하여금 그의 뜻을 실행하게 한다. 따라서 그는 그들의 대표자이며 그들은 그가 개인적으로 육신으로 나타나기 전까지 이 땅에서 그의 대표자들이다. (이것은 집단적 인격으로서의 그리스도와 정반대가 된다. 지금 그리스도는 이 땅에 있지 않고 하늘에 있지만 그리스도인들을 대표하며 성령을 통해 그들에게 영감을 불어넣어서 그들이 그의 뜻을 행하게 한다). 신자들이 이 땅에서 "그리스도의 몸"을 대표함과 마찬가지로, 교회에서 믿지 않는 거짓 교사들은 이 땅에서 적그리스도의 몸을 대표한다. 이는 "이것이 곧 적그리스도의 영이니라. 오리라 한 말을 너희가 들었거니와 지금 벌써 세상에 있느니라"라고 말하는 요한일서 4:3의 관점과 매우 비슷하다.

어떤 이들은 바울이 다니엘서에서 언급되는 종말의 대적자를 염두에 두고 있다는 데 의혹을 제기할 것이다. 왜냐하면 다니엘서는 종말의 대적자가 속일 뿐만 아니라 박해한다고 예언했기 때문이다. 분명히 데살로니가후서 2장에서 염두에 두고 있는 것은 박해가 아니라 속임이다. 그러나 박해는 데살로니가후서 1:4-6 및 3:1-3에서 바울의 고려 대상에 명백하게 포함된다.[19] 따라서 바울은 데살로니가후서 1장과 3장에서 데살로니가 신자들이 겪게 될 박해를 묘사함으로써 이 박해가 불법한 자의 활

---

[19] 살후 3장에서 바울은 다음과 같이 솔직하게 주장한다. "우리를 위하여 기도하기를…우리를 부당하고 악한 사람들에게서 건지시옵소서 하라. 믿음은 모든 사람의 것이 아니니라. 주는 미쁘사 너희를 굳건하게 하시고 악한 자에게서 지키시리라"(살후 3:1-3). 이 본문에서 지적할 만한 가치가 있는 한 가지 사항은 다음과 같다. 즉 바울은 "악한 자"와 "부당하고 악한 사람들"을 밀접하게 연결시킨다. 이 관계는 살후 2:8-9에서 "불법한 자"와 사탄의 관계와 거의 동일하다. 즉 "그때에 불법한 자가 나타나리니…악한 자의 나타남은 사탄의 활동을 따라 모든 능력과 표적과 거짓 기적과"(살후 2:8-9)라고 말한다. 여기서 적그리스도는 거의 사탄의 대표자로 간주된다("사탄의 활동을 따라"). 이와 비슷하게 바울은 자신과 자신의 동료들이 "부당하고 악한 사람들"에게서 보호받거나 구원받도록 기도해주기를 요청한다(살후 3:2). 그다음에 바울은 곧바로 하나님이 당연히 데살로니가 신자들을 "악한 자"에게서 지켜주신다고 언급한다(살후 3:3). "부당하고 악한 사람들"은 적그리스도와 마찬가지로 사탄의 동일한 영향 아래 놓여 있을 것이다. 따라서 그들은 언약 공동체를 박해하는 극악한 일을 행할 것이다.

동과 연결되어 있음을 부차적으로 염두에 두고 있을 가능성이 높다.

영속적인 감추어짐

우리는 이 연구서를 통해 우리가 "영속적인 감추어짐"이라고 이름을 붙인 현상을 주목해왔다.[20] 다시 말해서 비밀을 동반하는 지속적인 감추어짐의 상태가 있다. 이 감추어짐은 완악한 불신자들에게서는 결코 제거되지 않는다. 그러나 성령이 내주하며 성령의 계시를 받아들이는 신자들은(고전 2:6-16)은 계시된 비밀의 내용을 파악하고 이해할 수 있다. 반면에 성령은 불신자들 안에 거하지 않는다. 따라서 불신자들은 하나님이 계시해주신 지혜에 담겨 있는 구원의 의미를 파악할 수 없다. 비록 바울이 데살로니가후서 2장의 곧바로 이어지는 문맥에서 이 특성을 분명하게 확인해주지는 않지만 이 개념이 함축되어 있을 가능성이 있다. 분명히 데살로니가 신자들은 그리스도의 재림에 대한 바울의 가르침을 오해했다(살전 4-5장). 그래서 바울은 그리스도가 다시 오기 전에 어떤 사건이 일어날지를 그들에게 다시 한번 환기시킨다. 하지만 바울은 적그리스도가 그들 가운데서 "이미 활동"하고 있음을 명백하게 지적한다(살후 2:7). 몇 절 뒤에서 바울은 하나님이 **성령**과 "진리를 믿음으로" 그들을 거룩하게 하신 일에 대해 교회가 끊임없이 하나님께 감사해야 한다고 권면한다(살후 2:13). 종말론에 대한 바울의 가르침(살후 2:3-12)은 데살로니가후서 2:13에서 언급되는 "진리"와 연결되어 있을 가능성이 있다. 데살로니가 공동체는 반드시 그리스도의 재림과, 재림으로 이어지는 사건들에 대해 올바른 견해를 유지해야 한다. 데살로니가후서 2:7은 "불법의 비밀"이

---

20 앞에서 pp. 87-97에 제시된 논의를 보라.

이 사건들이 펼쳐지는 데 핵심적인 역할을 한다는 윤곽을 제시한다. 다시 말해서 바울은 데살로니가 신자들이 눈에 보이지 않고 집단적인 적그리스도의 교묘한 영향을 받지 않도록 항상 조심해야 한다고 말한다. 적그리스도가 미혹하는 것은 대체로 불신자들에게 "지금 감추어져" 있다. 이 불신자들은 데살로니가 교회 안에 있는 거짓 교사들(그들은 자신들이 그리스도인이라고 공언하고 있다)을 포함한다(살후 2:3을 보라!). 이와 같은 미혹은 종말이 완성될 때까지 지속될 것이다. 이 점에 대해 데살로니가후서 2:8-12에서 바울은 다음과 같이 주장한다. "그때[종말의 끝]에 불법한 자가 나타나리니…악한 자의 나타남은…불의의 모든 속임으로 멸망하는 자들에게 있으리니 이는 그들이 진리의 사랑을 받지 아니하여 구원함을 받지 못함이라. 이러므로 하나님이 미혹의 역사를 그들에게 보내사 거짓 것을 믿게 하심은 진리를 믿지 않고 불의를 좋아하는 모든 자들로 하여금 심판을 받게 하려 하심이라"(살후 2:8-12). 하지만 비밀은 믿음이 있는 데살로니가 사람들에게 계시되었다. 그들은 "불법의 비밀"을 간파할 수 있도록 반드시 깨어 있어 정신을 차려야 한다(살전 5:6). 베스트(Best)는 다음과 같이 이 관점에 동의한다. "데살로니가 신자들은 그릇된 가르침으로 자신들을 미혹하는 이단자들의 사역에서, 또는 유대인이나 동족들이 그들을 괴롭히는 사건에서(살전 2:14), 또는 초자연적인 영역에서 일어나는 '거룩한 전쟁'에서 활동하고 있는 반역의 비밀을 간파하게 될까?"[21]

---

21 Best, *Thessalonians*, p. 293; 참조. Bockmuehl, *Revelation and Mystery*, p. 198.

결론

바울은 데살로니가 신자들에게 그리스도의 재림에 앞서 두 가지 사건, 곧 대규모로 "배교"하는 일과 "불법의 사람"이 나타난다고(살후 2:3) 경고한다. 데살로니가후서 2:3-4에서 다니엘서를 암시하면서 바울은 종말의 폭군에 대한 다니엘의 예언이 "불법의 사람"을 통해 성취될 것임을 제시한다. 이 "불법의 사람"은 그리스도의 재림에 직면해서 올 것이다. 다니엘서 및 초기 유대교 문헌과 마찬가지로 사도 바울은 "불법의 사람"이 하나님을 모독하고 교회를 박해하며 언약 공동체 안에서 거짓 가르침으로 사람들을 몹시 미혹할 것이라고 주장한다. 나아가 바울은 계속해서 다음과 같이 주장한다. 곧 종말의 대적자는 눈에 보이지 않게 또한 거짓 교사 및 교회의 박해자들과 함께 집단적으로 존재할 것이다. 그래서 바울은 "불법의 비밀이 이미 활동"(살후 2:7)하고 있다고 말한다. 종말에 등장할 이스라엘의 박해자에 대한 다니엘의 예언은 기원후 1세기에 성취되기 시작해서 열매를 맺을 것이다. 하지만 역사의 종말은 아직 오지 않는다. 다니엘 11장에 언급된 예언은 사람들이 미처 예상하지 못한 방법으로 정말로 "비밀스럽게" 성취되기 시작할 것이다. 왜냐하면 다니엘의 예상과 달리 종말의 원수는 아직 육신의 모습으로 나타나지 않았기 때문이다. 하지만 그는 영적으로 존재하면서 속이고 박해하는 자신의 "불법"의 일을 사람들에게 고취함으로써 다니엘서의 예언을 성취할 것이다. 그의 미혹하는 활동은 그의 동조자들인 거짓 교사들의 대리 역할을 통해 일어날 것이다. 종말에 이스라엘을 미혹하는 자는 그리스도의 재림 직전에 육신을 지닌 모습으로 나타날 것이다(살후 2:3-4). 이때 영적인 존재들이 육신을 지닌 적그리스도와 결합할 것이다. 적그리스도가 이와 같이 두 단계를 거쳐서 나타난다는 것은 다니엘서에서 부분적으로 감추어져 있었다.

따라서 바울은 이를 "비밀"로 간주한다.

데살로니가후서 2:7은 요한일서 2:18과 평행을 이루는데, 요한일서의 이 구절도 다음과 같이 다니엘서의 예언을 암시한다. "아이들아, 지금은 마지막 때라. 적그리스도가 오리라는 말을 너희가 들은 것과 같이 지금도 많은 적그리스도가 일어났으니 그러므로 우리가 마지막 때인 줄 아노라."[22] 요한일서 저자도 다니엘서에서 예언된 적그리스도가 기대하지 않은 방식으로 오기 시작했지만 종말의 끝에 결정적인 방법으로 도래함을 간파하고 있다.

우리를 놀라게 하는 이와 같은 결론에 비추어볼 때 교회는 박해와 만연하는 거짓 가르침에 직면하여 반드시 깨어 있어야 하며 복음의 진리에 헌신해야 한다. 비록 적그리스도가 아직 육신의 모습으로 나타나지는 않았지만, 그럼에도 그는 영으로 존재하며 거짓 교사들을 통해 활동하고 있다. 그 결과 기원후 1세기의 교회에서 대환난의 온갖 미혹은 적그리스도들을 통해 일어나고 있다. 이 일은 그리스도가 다시 올 때까지 일어날 것이다. 따라서 종말의 대적자에 대한 다니엘서의 예언은 기원후 1세기에 일어나기 시작해서 그리스도가 다시 올 때 궁극적으로 성취될 것이다.

오늘날 어떤 그리스도인들은 적그리스도가 아직 여기에 육신의 모습으로 나타나지 않았고 미래의 대환난이 아직 시작되지 않았으므로 적그리스도의 속이는 활동이 자신들에게 영향을 끼칠 수 없다고 생각한다. 하지만 교회 시대에 살고 있는 그리스도인들은 대환난 시기에 온다는 적그리스도의 미혹에서 면제되었다고 생각해서는 안 된다. 왜냐하면 실상 적그리스도는 이미 자신을 드러내기 시작했기 때문이다. 이 역시 대환난

---

22 요일 4:3에서도 다음과 같이 비슷하게 언급된다. "예수를 시인하지 아니하는 영마다 하나님께 속한 것이 아니니 이것이 곧 적그리스도의 영이니라. '오리라' 한 말을 너희가 들었거니와 지금 벌써 세상에 있느니라."

자체가 이미 시작되었음을 가리킨다. 종말에 일어날 환난의 최종적인 성취는 교회 시대에 이미 일어나고 있는 박해와 속임을 강화할 것이다. 물론 교회 시대가 진행되는 동안 적그리스도가 부추기는 온갖 박해와 미혹은 제한적이며, 모든 장소에 있는 모든 교회에 영향을 미치지는 않을 것이다(하지만 모든 교회가 이와 같은 일로 위협받을 것이다). 그렇지만 종말론적인 환난의 마지막 단계에서 이와 같은 박해와 미혹은 보편적으로 일어날 것이다(이 점에 대해서는 살후 2:3-4이 암시해주며 계 11:7 및 20:7-9이 입증해준다).

바울 시대의 데살로니가 신자들과 우리 시대의 신자들을 미혹으로부터 보호해줄 수 있는 유일한 것은 깨어서 하나님의 말씀을 기억하는 것이다. 바울의 다음과 같은 말을 머릿속에 떠올릴 때 이 점은 명백하게 드러난다. 바울은 데살로니가 신자들에게 바로 이 점을 "기억"하고(살후 2:5) "굳건하게 서서" 가르침을 받은 것을 "지키라"(살후 2:15)고 권면한다. 그렇게 해야 그들과 우리가 "영원한 위로"를 얻고 "은혜로 주신 좋은 소망"(살후 2:16)을 지닐 수 있다는 것이다. 데살로니가후서 2:8-12에서 바울은 신자들에게 이렇게 말한다. 즉 만약 지금 그들이 적그리스도의 거짓 가르침에 미혹되지 않는다면, 그들은 나중에 최후 심판대에서 적그리스도와 그에게 미혹된 추종자들과 함께 심판을 받지 않을 것이다. 바울은 데살로니가 교회가 자신과 그의 동료 사역자들을 통해 전해 받은 건전한 가르침(살후 2:1-12에서 언급된 적그리스도에 대한 가르침도 포함하여)을 계속해서 유지해야 한다고 말한다. 복음의 참된 진리를 오래 참으며 굳게 지키는 일이 거짓 가르침을 통한 적그리스도의 영향력을 막아낼 것이다. 여기서의 인내와 관련하여 결정적으로 중요한 점은 다니엘 11장에 기록된 예언이 계시된 비밀로서 성취되기 시작했음을 바울이 어떻게 설명하고 있는지를 인식하는 것이다.

추기 8.1: 다니엘서와 종말에 나타날 이스라엘의 대적자

종말의 이스라엘의 원수와 관련하여 몇몇 구약성서 본문이 비슷한 인물을 암시할 수도 있지만,[23] 이 인물에 대한 가장 자세한 설명은 다니엘서에서 발견된다.

> 그 열 뿔은 그 나라에서 일어날 열 왕이요 그 후에 또 하나가 일어나리니, 그는 먼저 있던 자들과 다르고 또 세 왕을 복종시킬 것이며, 그가 장차 지극히 높으신 이를 말로 대적하며 또 지극히 높으신 이의 성도를 괴롭게 할 것이며, 그가 또 때와 법을 고치고자 할 것이며, 성도들은 그의 손에 붙인 바 되어 한 때와 두 때와 반 때를 지내리라(단 7:24-25; 참조. 단 7:7-12).

> 그중 한 뿔에서 또 작은 뿔 하나가 나서 남쪽과 동쪽과 또 영화로운 땅을 향하여 심히 커지더니 그것이 하늘 군대에 미칠 만큼 커져서 그 군대와 별들 중의 몇을 땅에 떨어뜨리고 그것들을 짓밟고 또 스스로 높아져서 군대의 주재를 대적하며 그에게 매일 드리는 제사를 없애버렸고 그의 성소를 헐었으며 그의 악으로 말미암아 백성이 매일 드리는 제사가 넘긴 바 되었고 그것이 또 진리를 땅에 던지며 자의로 행하여 형통하였더라.…

> 이 네 나라 마지막 때에,
> 반역자들이 가득할 즈음에,

---

23 예를 들면 신 13:1-11; 겔 28:2; 슥 11:15-17. 다음 논의를 참조하라. G. W. Lorein, *The Antichrist Theme in the Intertestamental Period*, JSPSup 44 (New York: T & T Clark, 2003), pp. 30-42; Kim Riddlebarger, *The Man of Sin: Uncovering the Truth About the Antichrist* (Grand Rapids: Baker, 2006), pp. 37-60.

한 왕이 일어나리니

그 얼굴은 뻔뻔하며 속임수에 능하며

그 권세가 강할 것이나 자기의 힘으로 말미암은 것이 아니며

그가 장차 놀랍게 파괴 행위를 하고

자의로 행하여 형통하며

강한 자들과 거룩한 백성을 멸하리라.

그가 꾀를 베풀어

제 손으로 속임수를 행하고

마음에 스스로 큰 체하며

또 평화로운 때에 많은 무리를 멸하며

또 스스로 서서 만왕의 왕을 대적할 것이나,

그가 사람의 손으로 말미암지 아니하고 깨지리라

(단 8:9-12, 23-25; 9:26-27도 보라).

비록 우리는 가능성이 있다고 생각하지만 다니엘 7-12장에 기록된 각각의 환상이 **동일하게** 적대적인 인물에 대해 말하는지는 전적으로 분명하지 않다. 이 환상들은 박해자와 속이는 자가 일어나서 이스라엘을 억압한다고 묘사한다. 하지만 각각의 본문이 동일한 인물에 초점을 맞추고 있는지 혹은 그렇지 않은지를 결정하기는 어렵다. 어떤 인물들은 종말에 나타날 적그리스도에 대한 모형론적인 선구자일 가능성이 있다. 그리고 다른 인물들은 이 종말의 적그리스도 자신을 직접 가리킬지도 모른다. 어느 경우든지 신약성서는 이 본문에서 각각 언급되는 박해하고 속이는 자에 초점을 맞추고 있다. 이는 종말에 나타날 이스라엘의 대적자에 대한 신약성서의 가르침에서 중심이 되는 배경을 구성한다.

앞에서 다니엘 7-9장에서 인용한 이 본문들은 다니엘 11-12장의 예

언에 대한 우리의 이전 결론과, 데살로니가후서 2장에서 이 예언들이 "이미-그러나-아직"의 형태로 성취된 것을 강화한다. 각각의 텍스트는 이스라엘에 대한 대적자의 맹렬한 공격을 언급한다. 곧 그는 "성도를 괴롭게 할"(단 7:25)[24] 것이며 "강한 자들과 거룩한 백성을 멸할"(단 8:24) 것이다. 이 텍스트들에 의하면 거대한 속임수는 이 대적자의 조치가 지니는 특징을 다음과 같이 드러낼 것이다. "그가 또 때와 법을 고치고자 할 것이며"(단 7:25), "그가 꾀를 베풀어 제 손으로 속임수를 행할" 것이다(단 8:25).

많은 주석가가 다니엘 7, 8, 9, 11장에서 언급된 종말의 대적자가 그리스 왕 안티오코스 4세를 가리킨다고 이해한다(1 Macc. 1:48-50; 2:15을 보라). 이 견해는 몇몇 경우에 가능성이 있다. 하지만 우리는 안티오코스 4세는 단지 다니엘서의 이 예언이 성취되기 시작하는 초기 인물이었고, 다니엘은 하나님의 백성을 훨씬 더 박해하게 될 더욱 심각한 또 다른 종말의 대적자를 예상하고 있다고 지적하지 않을 수 없다. 많은 학자의 견해에 의하면 이 대적자에 대한 다니엘의 표현은 "망원경으로 내다보는 듯이" 묘사되었다. 다시 말해서 가까운 시기에 성취되는 것과 나중에 성취되는 것이 오직 한 가지 사건으로 축약된 것이다. 따라서 처음에 또는 가까운 시기에 성취되는 것은 안티오코스 4세와 관련되지만 나중에 성취되는 것은 그 "불법의 사람"을 내다보고 있다.[25]

---

24 교부들뿐만 아니라 LXX/Theodotion의 몇몇 사본은 "괴롭게 하다"(LXX *kataribō*; Theodotion *palaioō* = 아람어 *ybl'*)를 "속이다"(*planaō*)로 바꾸어 필사한다. 그래서 여기서는 종말의 대적자가 성도들을 "속이는" 것으로 묘사된다(36-770 C′ 26 46′ 239 410 590 Aeth Arab Arm Hippol. Polychr.).

25 다음도 보라. Tremper Longman, *Daniel* (Grand Rapids: Zondervan, 1999), pp. 280-83; Riddlebarger, *Man of Sin*, pp. 68-75; G. B. Caird, *The Language and Imagery of the Bible* (Philadelphia: Westminster Press, 1980), pp. 262-63; Anthony A. Hoekema, *The Bible and the Future* (Grand Rapids: Eerdmans, 1979), p. 156; Joyce G. Baldwin, *Daniel*, TOTC

추기 8.2: 신약성서의 적그리스도에 대한 다른 언급

적그리스도는 데살로니가후서에 나타난 바울의 가르침뿐만 아니라 복음서와 초기 기독교에서도 눈에 띄는 역할을 한다.[26] 감람산 강화에서 예수는 많은 사람을 속이고 멸망으로 이끌 종말의 인물에 대해 말한다.[27]

> 많은 사람이 내 이름으로 와서 이르되 "나는 그리스도[*ho christos*]라" 하여 많은 사람을 미혹하리라(마 24:5; 평행 본문 막 13:6; 눅 21:8).

> 거짓 선지자가 많이 일어나 많은 사람을 미혹하겠으며 불법[*tēn anomian*]이 성하므로 많은 사람의 사랑이 식어지리라(마 24:11-12).

> 그때에 사람이 너희에게 말하되 "보라, 그리스도가 여기 있다" 혹은 "**그가** 저기 있다" 하여도 **그를** 믿지 말라. 거짓 그리스도들과 거짓 선지자들이 일어나 큰 표적과 기사를 보여 할 수만 있으면 택하신 자들도 미혹하리라. 보라, 내가 너희에게 미리 말하였노라. 그러면 사람들이 너희에게 말하되 "보라, 그리스도가 광야에 있다" 하여도 나가지 말고 "보라, 골방에 있다" 하여도 **그들을** 믿지 말라(마 24:23-26; 평행 본문 막 13:21-22).

(Downers Grove, IL: InterVarsity Press, 1978), pp. 199-201.

26   계 13:1-8; 17:7-8; 19:19-20도 보라. 초기 교회에서의 이 주제에 대한 개요에 대해서는 다음 연구서와 논문을 참조하라. L. J. Lietaert Peerbolte, *The Antecedents of Antichrist: A Traditio-Historical Study of the Earliest Christian Views on Eschatological Opponents*, JSJSup 49 (Boston: Brill, 1996), pp. 63-220; Paul Hanley Furfey, "The Mystery of Iniquity" *CBQ* 8 (1946): 179-91.

27   *The Apocalypse of Elijah*(기원후 1세기에서 4세기 사이에 저술됨)는 부분적으로 마 24장과 살후 2:3의 영향을 받았다. 이 묵시록에는 속임(3.1, 5-18; 4.15)과 박해(1.10; 4.2, 7-10; 참조. *Apoc. Pet.* 2; *Didache* 16.3-4)가 모두 포함되어 있다.

이 본문들은 종말의 대적자에 대한 우리의 이전 결론을 강화해준다. 예수는 기원후 70년에 일어난 성전이 파괴되는 사건에 앞서 이스라엘을 미혹하는 적그리스도를 내다보고 있다.[28] 적그리스도의 영향력은 이스라엘의 멸망이 가까이 다가왔음을 나타내는 역할을 한다. 마태복음 24:5에서 이 대적자는 미혹하는 특성을 지녔다고 묘사된다. 그는 자신이 메시아(*ho christos*)라고 주장함으로써 "많은 사람"의 믿음을 뒤흔들 것이다. 심지어 마태복음 24:11-12은 적그리스도의 특사를 암시할 가능성이 있다. 왜냐하면 그들은 종말의 대적자처럼 "많은 사람을 미혹"(마 24:5)할 것이기 때문이다. 이 텍스트는 "불법"(*tēn anomian*)이 "성한다"고 언급한다는 점에서 우리의 논의에 매우 적합하다. 심지어 마태복음 24:12은 다니엘 12:10("악한 사람은 악을 행하리니 악한 자는 아무것도 깨닫지 못하되")을 염두에 두고 있을 가능성이 있으며 데살로니가후서 2:3("불법의[*anomias*] 사람") 및 데살로니가후서 2:7("불법의[*anomias*] 비밀")과 대단히 비슷하다.

이와 같이 예수도 바울이 언급하는 다니엘서의 동일한 예언을 거론하고 있다(마 24:4-5, 10-13, 23-26을 보라). **데살로니가후서 2:1-7의 주요 강조점이 "미혹되지 말라"(살후 2:3)**인 것과 마찬가지로, 마태복음 24장 본문의 주요 강조점도 예수의 재림과 관련해서 아무도 예수의 제자들을 미혹해서는 안 된다는 것이다(마 24:3-4). 예수는 자신이 다시 오기 전에 참으로 많은 적그리스도가 오리라고 예고한다. 예수는 한 명의 적그리스도가 최종적으로 오는 것이 아니라 많은 적그리스도가 교회 안으로 들어오는 것에 초점을 맞추고 있다. 이 적그리스도들은 종말의 끝에 최종적인 대적자가 오리라는 예언에서 절반의 성취이자 이 대적자의 선구자들이다(마 24:5, 10-15, 24). 이들은 데살로니가후서가 언급하고 있는 동일한

---

28 Hoekema, *The Bible and the Future*, pp. 148-49, 156을 보라.

거짓 예언자들이다(우리가 곧 살펴볼 요일 2:18도 이를 언급하고 있다). 심지어 마태복음 7:21-23에서 예수는 교회의 교사로 여겨졌던 사람들 중에서도 최후 심판에서 거짓 교사로 심판받게 되리라고 말한다. 예수가 그들을 가리켜서 "불법"(anomia)을 행하는 자들이라고 언급하는 것에 주목하라. 데살로니가후서 2:7의 "불법의 비밀"이라는 표현에서도 동일한 단어가 사용되었다.

바울은 데살로니가후서 2:1-7에서 다니엘과 예수가 예언한(예. 마 24:4-5, 23-24) 거짓 교사들이 그 당시에도 신자들과 함께 있다고 주장한다. 따라서 종말의 "큰 환난"이 이미 부분적으로 시작된 것이다! "배교"가 일어나고 "불법의 사람"이 온다는 예언은 이미 성취되기 시작했다. 따라서 우리가 앞에서 논의한 대로 "이미-그러나-아직"의 형식으로 두 단계를 거치는 성취는 비밀에 대한 계시다.

감람산 강화에서 다니엘서에 대한 언급이 배어들어 있다는 점에 비추어볼 때 예수는 종말의 대적자에 대한 다니엘서의 예언을 발전시키는 것처럼 보인다.[29] 예를 들면 마태복음 24:15 및 24:21은 각각 다니엘 9장과 12장에서 잘 알려진 "멸망의 가증한 것"과 "큰 환난"을 인용하기 때문이다.

아마도 적그리스도에 대한 가장 자세한 논의는 요한일서 2:18-23에서 나타날 것이다. 감람산 강화에서 예수는 주로 적그리스도(들)와 다가올 성전의 파괴에 초점을 맞추어 말한 반면에, 요한은 종말에 속이는 자가 나타나기 시작했음을 강조한다. 이 강조점은 지역 교회 내에서의 이단과 관련이 있다.

---

29 이 논의에 대해 다음을 보라. L. Hartman, *Prophecy Interpreted: The Formation of Some Jewish Apocalyptic Texts and of the Eschatological Discourse Mark 13 par*, ConBNT 1 (Lund: Gleerup, 1966), pp. 145-77.

아이들아, 지금은 마지막 때라. 적그리스도가 오리라는 말을 너희가 들은 것과 같이 지금도 많은 적그리스도가 일어났으니 그러므로 우리가 마지막 때인 줄 아노라. 그들이 우리에게서 나갔으나 우리에게 속하지 아니하였나니 만일 우리에게 속하였더라면 우리와 함께 거하였으려니와 그들이 나간 것은 다 우리에게 속하지 아니함을 나타내려 함이니라. 너희는 거룩하신 자에게서 기름 부음을 받고 모든 것을 아느니라. 내가 너희에게 쓰는 것은 너희가 진리를 알지 못하기 때문이 아니라 알기 때문이요, 또 모든 거짓은 진리에서 나지 않기 때문이라. 거짓말하는 자가 누구냐? 예수께서 그리스도이심을 부인하는 자가 아니냐? 아버지와 아들을 부인하는 그가 적그리스도니, 아들을 부인하는 자에게는 또한 아버지가 없으되 아들을 시인하는 자에게는 아버지도 있느니라 (요일 2:18-23).

이 본문은 감람산 강화의 "적그리스도들"에 대한 예수의 예고와 데살로니가후서 2장의 "불법의 사람"에 대한 논의에 의존하고 있는 것 같다. 요한은 자신의 편지의 수신인들이 적그리스도가 오리라는 말을 "들었다"고 말한다(요일 2:18). 이는 이 편지의 수신인들이 공관복음서와 데살로니가후서에 나타나는 적그리스도와 관련된 예상에 대해 구전 형식으로 유포되고 있던 내용을 잘 알고 있었음을 암시해준다.

요한의 말은 우리가 다니엘서와 데살로니가후서 2:7에서 살펴본 것을 상당 부분 반영하고 있다. 첫째, 요한은 적그리스도(들)의 등장이 "마지막 때"가 시작되었음을 가리키고 있다고 주장한다. 여기서 발견되는 "마지막 때"라는 표현과 요한복음에서 나타나는 종말의 "때"(요 4:21, 23; 12:23; 16:25, 32; 17:1)는 다니엘서에서 온 것이다(단 8:17, 19; 11:6, 35, 40; 12:1).[30]

---

30 참조. 예를 들면 단 11:13, 20, 27, 29, 35. 다음도 보라. Stefanos Mihalios, *The Danielic*

당시 교회는 "종말" 또는 "종말의 때"가 시작되었음을 알고 있었기 때문에, 신자들은 다니엘이 오래전에 예언한 바와 같이 정신을 차리고 깨어 있어야 했으며 교회에서 속이는 자들을 경계해야 했다.

둘째, 교회는 "마지막 때"가 시작되었음을 확신할 수 있다. 왜냐하면 종말의 원수가 거짓 교사들을 통해 이미 집단적으로 무대에 나타났기 때문이다. 요한일서 2:18은 "지금도 많은 적그리스도가 일어났으니"라고 말한다. 우리가 앞에서 살펴보았듯이 요한일서 2:18의 요한의 말은 데살로니가후서 2:7에 소개된 "불법의 비밀이 이미 활동"하고 있다는 바울의 말과 비슷하다. 데살로니가후서 2장과 마찬가지로 요한은 종말에 이스라엘의 대적자가 비록 육신의 모습으로는 아니지만 영적이며 집단적으로 지역 교회에 존재한다고 주장한다. 이 점은 특별히 요한일서 4:3에서 더욱 강조된다. 여기서 요한은 거짓 교사들에 대해 "이것이 곧 적그리스도의 **영**이니라. '오리라' 한 말을 너희가 들었거니와 지금 벌써 세상에 있느니라"라고 말한다. 비록 요한이 이를 "비밀"이라고 부르지는 않지만 말이다. 하지만 아마도 요한일서 2:18에 나온 "지금"이라는 용어는 이 개념에 가까운 효력을 지니고 있을 것이다.

마지막으로 이 장에서 이미 여러 번 살펴보았듯이 다니엘서에서 적그리스도는 박해와 미혹이라는 두 가지 특성을 지닌다. 여기서 요한은 미혹을 강조한다. 요한일서 2:22은 다음과 같이 "적그리스도들"이 선포하고 있는 거짓말에 대해 어느 정도 세부적으로 묘사한다. 즉 "거짓말하는 자가 누구냐? 예수께서 그리스도이심을 부인하는 자가 아니냐? 아버지와 아들을 부인하는 그가 적그리스도니"라고 말하고 있다. 주석가들은

Eschatological Hour in the Johannine Literature, LNTS 436 (New York: T & T Clark, 2011) and G. K. Beale, "The Eschatological Hour in John 2:18 in the Lights of Its Daniel Background," *Biblica* 92 (2011): 231-54.

대부분 "적그리스도들" 또는 거짓 교사들이 그리스도가 완전한 인간이 아니었다는 견해를 받아들임으로써 "예수께서 그리스도이심을 부인"했다고 확신한다.

요한일서에 나타난 적그리스도에 대한 "이미-그러나-아직"이라는 묘사는 사실상 데살로니가후서 2:3-7의 묘사와 동일하다.

추기 8.3: 초기 유대교에서의 종말의 대적자

"불법의 사람"은 초기 유대교에서 더욱 광범위하게 예상했던 부분이다. 초기 유대교는 신실한 이스라엘에 대한 대적자(들)를 두고 다양한 상상을 펼쳤다.[31] 이스라엘을 적대하는 종말의 대적자(들)에 우리의 관심을 제한한다고 하더라도 우리는 상당히 많은 분량의 자료를 다루어야 한다. 이 자료 중 일반적으로 다음 두 가지 예, 즉 「바룩 2서」 39장과 「이사야 승천기」(*Martyrdom and Ascension of Isaiah*) 4장이 대표적이다. 이 두 자료 모두 대적자를 묘사함에 있어 다니엘서로부터 상당히 많은 요소를 끌어왔다.[32]

---

31 예를 들면 Lorein, *Antichrist Theme*을 보라.
32 참조. *4 Ezra* 12.22-30; 11.29-35(기원후 1세기). *4 Ezra*와 *2 Baruch*에 나타나는 다니엘서의 영향에 대해서는 다음을 보라. G. K. Beale, *The Use of Daniel in Jewish Apocalyptic Literature and in the Revelation of St. John* (Lanham, MD: University Press of America, 1984), pp. 112-29, 144-53. *Martyrdom and Ascension of Isaiah*에 나타나는 다니엘서의 역할에 대해서는 다음을 보라. Richard Bauckham, *The Climax of Prophecy: Studies on the Book of Revelation* (New York: T & T Clark, 1993, 『예언의 절정 1』, 한들 역간), pp. 425-27. *Martyrdom and Ascension of Isaiah*에서 이 부분은 아마도 어떤 그리스도인의 가필(加筆)로, 초기 유대교 문헌의 핵심 내용을 고쳐 썼거나 내용을 덧붙였을 것이다. 이 점에 대해서는 다음을 참조하라. M. A. Knibb, "Martyrdom and Ascension of Isaiah," in J. H. Charlesworth, *The Old Testament Pseudepigrapha* 2 (Garden City, NY: Doubleday, 1985), pp. 147-49. *Martyrdom and Ascension of Isaiah*의 해당 부분이 초기 유대교의 예상에 기초하고 있을 가능성이 있기 때문에 우리는 이 부분을 여기에 포함한다.

그 후에 넷째 나라가 일어날 것이다. 그 나라의 권세는 이전에 있던 나라들보다 훨씬 더 강포하고 악할 것이다. 그 나라는 들판의 나무들처럼 오랜 기간 통치할 것이다. 그 나라는 때를 정하며 레바논의 백향목보다 자신을 더 높일 것이다. 진리는 그 나라에서 자신의 모습을 감출 것이다. 불의에 오염된 모든 사람이 마치 맹수들이 달아나서 숲속으로 기어들어가는 것처럼 그 나라로 도망할 것이다(2 Bar. 39.5-6).

높은 천사, 세상의 왕, 벨리알이 내려올 것이다. 세상이 존재했을 때부터 벨리알은 세상을 지배해왔다. 불의한 왕이자 자기의 어머니를 죽인 자로서 그는 사람의 모습으로 하늘에서 내려올 것이다. 그가 바로 이 세상의 왕이다. 그는 사랑하는 주님의 열두 사도가 심을 나무를 박해할 것이다. 열두 사도 중 몇 사람이 그의 손에 넘겨질 것이다. 이 천사, 벨리알은 왕의 모습으로 올 것이다. 그와 함께 이 세상의 모든 권세자도 올 것이다.…그는 사랑하는 주님처럼 행동하며 이렇게 말할 것이다. "내가 바로 주다. 나 이전에 다른 이는 전혀 없었다." 그리고 모든 세상 사람이 그를 믿을 것이다. 그들은 그에게 희생제물을 바치고 그를 섬기며 이렇게 말할 것이다. "이 분이 바로 주님이다. 이 분 외에 다른 주님은 결코 없다." 그는 자기를 따르게 하려고, 사랑하는 주님을 영접하려고 함께 연합한 사람들 중 대다수를 바른 길에서 벗어나게 할 것이다. 그가 일으키는 기적의 능력이 모든 도시와 지방마다 나타날 것이다. 그는 모든 도시마다 자기 형상을 세워놓을 것이다. 그는 삼 년 칠 개월 이십칠 일 동안 통치할 것이다(Mart. Ascen. Isa. 4.2-12).[33]

---

[33] *Martyrdom and Ascension of Isaiah*의 저작 연대를 추정하기는 매우 어렵다. 왜냐하면 이 책은 유대교와 기독교의 특성을 모두 포함하고 있기 때문이다. 이 책의 4:2-12은 다니엘서 내러티브에 초점을 맞춘 채 유대교와 기독교의 요소를 모두 통합하고 있는 것 같다.

「바룩 2서」는 다니엘 2:40-43 및 7:23-25에서 언급되는 "넷째 나라"를 생각나게 하면서 이 나라가 다른 모든 나라를 통치하며 이 일과 더불어 "진리가 자신의 모습을 감출 것이다"라고 말한다. 다시 말해서 종말에 이 나라는 의인들을 핍박하고 땅을 온통 미혹할 것이다. 기원전 2세기와 기원후 4세기 사이의 문헌인 「이사야 승천기」의 텍스트는 또다시 벨리알을 언급하며 그가 "사람의 모습으로" 오리라고 주장한다. 그는 열두 사도를 박해하고 "내가 바로 주다. 나 이전에 다른 이는 전혀 없었다"라고 주장하면서 하나님을 모독할 것이다(7절). 이것은 "그 왕은 자기 마음대로 행하며 스스로 높여 모든 신보다 크다 하며 비상한 말로 신들의 신을 대적하며"라고 말하는 다니엘 11:36과 상당히 비슷하다. 박해와 모독에 더하여 이 대적자는 공동체를 미혹해서("그는 자기를 따르게 하려고…대다수를 바른 길에서 벗어나게 할 것이다") 자신이 바로 신이라고 사람들이 믿도록 만들 것이다. 이는 다음과 같이 8절에 분명하게 나타나 있다. "그들은 그에게 희생제물을 바치고 그를 섬기며 이렇게 말할 것이다. '이 분이 바로 주님이다. 이 분 외에 다른 주님은 결코 없다.'"[34]

다른 텍스트들과 함께 이 유대교 텍스트들은 하나님의 백성에 대한 종말의 대적자를 예상하는 다음과 같은 관점을 표현하고 있다. (1) 암시적이거나 명백하게 이 본문들은 "후일에" 또는 "종말에" 압제자가 오리라고 주장한다. 따라서 후일이라고 알려진 시기의 주요한 특성 중 하나는 이스라엘의 대적자가 온다는 점이다. (2) 이 종말의 대적자는 대규모로 박해를 실행할 것이다. 이 대적자의 가르침과 통치에 복종하지 않는 사

---

[34] 종말에 나타날 이스라엘의 대적자에 대한 더욱 자세한 논의에 대해서는 다음을 보라. 4Q169 3-4 III, 1-3, 1QpHab II, 5-8, CD-A I, 11-21, 1QM XIV, 9-15, 1QM XVI, 11-16, XVII, 8-9, *Sib. Or.* 2.165-69; 5:361-70, *2 Bar.* 39.5-6, and *Mart. Ascen. Isa.* 4.2-12. Beale, "Eschatological Hour"도 보라.

람들은 형벌에 처해질 것이다. (3) 박해와 더불어 거짓 가르침이 만연하고 대규모의 배교가 일어날 것이다. 종말의 통치자가 미혹과 거짓의 근원이 될 것이다. 많은 사람이 미혹되고 그들 역시 다른 사람들을 속일 것이다. (4) 아마도 이 대적자의 가르침에서 핵심이 되는 한 가지 거짓말은 바로 자신이 신이라는 그의 주장일 것이다. 대적자의 이런 거짓 주장은 단지 몇몇 본문에만 명백하게 나타나지만 도처에 암시되어 있을 가능성이 있다.

제9장

:

디모데전서의 비밀 사용

데살로니가후서 2:7의 비밀에 대한 바울의 논의는 놀랍게도 종말의 적그리스도가 현존한다고 언급한다. 사도 바울은 "불법의 비밀이 이미 활동"하고 있다고 선언한다. 여기서 적그리스도는 "불법의 비밀"이라고 불린다. 그는 은밀하게 교회를 미혹하며 박해하고 있다. 한편으로 적그리스도는 자기의 특사들, 곧 지역 공동체의 거짓 교사들을 통해 영적으로 존재한다. 다른 한편으로 적그리스도는 그리스도가 재림하기 직전 어느 날 육신의 모습으로 완전하게 등장할 것이다. 거짓 가르침과 박해는 초기 교회에 만연했다. 이 두 요소는 불법의 사람 또는 적그리스도가 현존하는 실재임을 나타낸다.

이제 우리는 적그리스도의 비밀스러운 현존에 대한 논의와 밀접하게 관련된 본문에 관심을 기울이고자 한다. 디모데전서 3장에서 바울은 디모데에게 "경건의 비밀"(딤전 3:16)을 밝힘으로써 거짓 가르침을 막으려고 시도한다. 비록 단지 몇 줄에 지나지 않지만 디모데전서 3:16의 찬송은 복음의 핵심을 요약하고 있다. 만약 디모데와 에베소 교회가 "경건의 비밀"에 요약된 대로 복음의 내용에 신실하게 헌신한다면 그들은 적그리스도의 온갖 미혹을 막아내고 물리칠 수 있을 것이다.

신약성서에서의 **비밀** 사용에 대한 개론서들은 디모데전서에서 언급되는 "믿음의 비밀"과 "경건의 비밀"이라는 표현에 거의 관심을 기울이지 않는다. 예를 들면 귄터 보른캄(Günther Bornkamm)은 **비밀**을 전반적으로 다루는 유익한 개요를 집필했으나 디모데전서 3장에 이 용어가 나타나는 데 대해 단지 몇 문장만을 할애했다.[1] 현재로서는 마커스 복뮬(Markus Bockmuehl)이 이 주제에 대해 가장 긴 분량으로 대략 네 쪽에 걸쳐 논의한다.[2] 이 장에서 우리는 디모데전서 3장에서 계시된 비밀에 대해 불충분했던 탐구를 바로잡으려고 시도할 것이다.

주석가들이 디모데전서 3:16에서 찬송의 내용을 비밀과 연결시키는 것은 옳다. 또한 거의 모든 주석가가 여기서 계시된 비밀은 그리스도의 생애, 죽음 및 부활을 포함한다고 단언하는 데 만족해한다. 하지만 그들은 이 찬송에서 "새로운 계시"가 정확히 무엇인지를 간파하지 못한다. 구약성서는 메시아와 그의 사역에 대해 예상했지만 구약성서 저자들에게 몇몇 측면은 온전히 계시되지 않았다. 이와 같은 관점으로 디모데전서 3:16에 접근하는 것은 우리를 올바른 방향으로 나아가게 하고 이 찬송에 대해 새로운 질문을 제기하게 한다.

---

1 Günther Bornkamm, "μυστήριον, μυέω," in *TDNT* 4:822.
2 Markus Bockmuehl, *Revelation and Mystery in Ancient Judaism and Pauline Christianity*, WUNT 36 (Tübingen: Mohr Siebeck, 1990: repr., Grand Rapids: Eerdmans, 1997), pp. 210-14.

전후 문맥

디모데전서 3:1-16에서 바울은 다음과 같이 쓰고 있다.

> 미쁘다! 이 말이여, 곧 사람이 감독의 직분을 얻으려 함은 선한 일을 사모하는 것이라 함이로다. 그러므로 감독은 책망할 것이 없으며 한 아내의 남편이 되며 절제하며 신중하며 단정하며 나그네를 대접하며 가르치기를 잘하며 술을 즐기지 아니하며 구타하지 아니하며 오직 관용하며 다투지 아니하며 돈을 사랑하지 아니하며 자기 집을 잘 다스려 자녀들로 모든 공손함으로 복종하게 하는 자라야 할지며 (사람이 자기 집을 다스릴 줄 알지 못하면 어찌 하나님의 교회를 돌보리요) 새로 입교한 자도 말지니 교만하여져서 마귀를 정죄하는 그 정죄에 빠질까 함이요 또한 외인에게서도 선한 증거를 얻은 자라야 할지니 비방과 마귀의 올무에 빠질까 염려하라. 이와 같이 집사들도 정중하고 일구이언을 하지 아니하고 술에 인박히지 아니하고 더러운 이를 탐하지 아니하고 깨끗한 양심에 믿음의 비밀을 가진 자라야 할지니 이에 이 사람들을 먼저 시험하여 보고 그 후에 책망할 것이 없으면 집사의 직분을 맡게 할 것이요. 여자들도 이와 같이 정숙하고 모함하지 아니하며 절제하며 모든 일에 충성된 자라야 할지니라. 집사들은 한 아내의 남편이 되어 자녀와 자기 집을 잘 다스리는 자일지니 집사의 직분을 잘한 자들은 아름다운 지위와 그리스도 예수 안에 있는 믿음에 큰 담력을 얻느니라. 내가 속히 네게 가기를 바라나 이것을 네게 쓰는 것은 만일 내가 지체하면 너로 하여금 하나님의 집에서 어떻게 행하여야 할지를 알게 하려 함이니, 이 집은 살아 계신 하나님의 교회요, 진리의 기둥과 터니라. 크도다! 경건의 비밀이여, 그렇지 않다 하는 이 없도다.
> 그는 육신으로 나타난 바 되시고,
> 영으로 의롭다 하심을 받으시고,

천사들에게 보이시고,

만국에서 전파되시고,

세상에서 믿은 바 되시고,

영광 가운데서 올려지셨느니라(딤전 3:1-16).

바울은 그의 "아들" 디모데에게 복음을 위해 헌신하는 일에 굳게 머물러 있으라고 권면한다(딤전 1:2). 디모데는 복음에 일치하는 삶을 살아야 할 뿐만 아니라 에베소에 있는 지역 교회도 그와 같이 행하도록 해야 한다. 바울은 복음을 굳게 지키는 일이 다양한 방법으로 나타난다고 주장한다. 디모데전서는 대체로 교회에서 거짓 가르침과 이단을 제거하는 디모데에게 관심을 기울이고 있다. 예를 들면 디모데전서 1:3b-4에서 바울은 "어떤 사람들을 명하여 다른 교훈을 가르치지 말며 신화와 끝없는 족보에 몰두하지 말게" 하라고 디모데에게 지시한다. 디모데전서 1:12-16에서 바울은 자신을 "믿지 아니할 때에 알지 못하고" 행한 사람의 본보기로 삼는다. 하지만 하나님은 그에게 자비를 베푸셨다. 반면에 후메내오와 알렉산더 두 사람은 건전한 교리를 끝까지 지키는 데 실패한 사람들에 대한 예로 언급된다(딤전 1:19-20). 거짓 가르침은 디모데전서 전체에 걸쳐 자주 나타나는 주제다(딤전 4:1-3, 7; 5:13-15; 6:3-5, 20-21).

바울은 거짓 가르침을 제거하라는 주제로부터 다른 실천적인 사항으로 관심을 돌린다. 또한 바울은 디모데에게 "그러므로 내가 첫째로 권하노니 모든 사람을 위하여 간구와 기도와 도고와 감사를 하되"(딤전 2:1; 참조. 딤전 2:8)라고 말하면서 교회는 기도에 힘쓰는 신자들로 가득해야 함을 일깨워준다. 그다음 단락인 디모데전서 2:9-15은 교회 안에서 여성의 역할에 관심을 기울인다. 바울은 여성의 옷차림이 그의 성품과 마음의 상태를 나타낸다고 주장한다(딤전 2:9-10). 나아가 사도 바울은 여자들이 "가르치는 것과 남자를 주관하는 것"을 허용하지 않는다(딤전 2:12). 그의 권면은 아담과 하와가 타락하기 이전 상태에 기초하고 있다(딤전 2:13-14).

디모데전서 3장에서 바울은 "감독"과 집사들에게 요구되는 사항의 목록을 제시한다. "감독"의 직분은 "장로"의 직분과 동일하다(참조. 딛 1:5-7). 디모데전서 3:1-7은 장로의 직분을 염두에 두고 있는 반면에 디모데전서 3:8-13은 집사의 직분에 초점을 맞추고 있다. 이 두 직분과 관련해서 바울은 일련의 윤리적인 요구 사항을 제시한다. 장로에 대한 요구 사항은 교회 안에서(딤전 3:2, 6), 집에서(딤전 3:2, 4-5), 그리고 교회 밖에서의 행동(딤전 3:7)에 대해 말함으로써 사실상 삶의 모든 분야를 다룬다.

8-13에서 장로에 대해 언급하는 내용 대부분은 집사에게도 적용되는데, 단 한 가지 주목할 만한 세부 사항 곧 "가르치기를 잘하며"(딤전 3:2)는 제외된다. 바울은 집사들이 품위를 갖춰야 한다고 또는 "존경받을 만해야"(딤전 3:8, NIV) 한다고 말한다. 그다음 바울은 품위 있는 생활 방식에 속하지 않은 성품 목록을 "일구이언을 하지 아니하고 술에 인박히지 아니하고 더러운 이를 탐하지 아니하고"(딤전 3:8b)라고 제시한다. 이와 대조적으로 이어지는 구절은 어떻게 집사들이 품위 있는 삶을 추구해야 하는지를 개괄적으로 언급하는데, "깨끗한 양심에 믿음의 비밀을 가진 [echontas to mystērion tēs pisteōs] 자라야 할지니"(딤전 3:9)라고 말한다.

남자들이 품위 있는 삶을 살아야 하는 것과 마찬가지로(딤전 3:8), 여자들도(남자 집사들의 아내 또는 여집사들) 그렇게 해야 한다. 즉 "여자들도 이와 같이 정숙"해야 한다(딤전 3:11). 이어지는 두 구절(딤전 3:12-13)은 또다시 집사들에게 요구되는 목록을 제시한다. 그들은 올바른 성품을 지니고 경건한 생활을 해야 한다. 그다음 바울은 이 편지를 쓰게 된 중요한 목적 중 하나를 언급한다. 즉 "너로 하여금 하나님의 집에서 어떻게 행하여야 할지를 알게 하려 함이니"(딤전 3:15)라고 말한다. 아마도 바울은 이 마지막 구절들에서 단지 장로나 집사들이 아니라 신앙 공동체 전체를 염두에 두었을 것이다. 그럼에도 디모데전서 3:16은 바울이 계시된 비밀이라고 묘사하는 찬송을 포함하고 있다. 즉 "크도다! 경건의 비밀[to tēs eusebeias mystērion]이여, 그렇지 않다 하는 이 없도다. 그는 육신으로 나타난 바 되시고, 영으로 의롭다 하심을 받으시고, 천사들에게 보이시고, 만국에서 전파되시고, 세상에서 믿은 바 되시고, 영광 가운데서 올려지셨느니라."

믿음의 비밀과 경건의 비밀

여기서 두 번 나타나는 "비밀"(mystērion; 딤전 3:9, 16)은 아마도 동일한 내용을 가리킬 것이다. 따라서 이 두 경우를 함께 해석하는 것이 가장 좋다. 디모데전서 3:9에서 "믿음의 비밀"(mystērion tēs pisteōs)의 의미는 쉽사리 명백하게 드러나지 않는다.[3] 이어지는 문맥을 살펴볼 때 바울은 믿음 또는 신앙의 특정 조항과 관련되는 계시를 염두에 두고 있는 것 같다.

그렇다면 계시된 비밀은 어떤 방식으로 믿음과 관련되는가? 다행스럽

---

3   그리스어 소유격 pisteōs("믿음의")의 용법이 정확히 무엇인지 역시 다소 애매모호하다. 가장 가능성 있는 두 가지 용법은 어떤 대상을 묘사하는 소유격과, 어떤 대상을 가리키는 소유격이다. 전자의 용법이 훨씬 더 자주 사용되지만 다소 덜 구체적이다. 이 경우에 이 표현은 "신실한 비밀"로 번역할 수 있을 것이다. 하지만 이 번역은 문맥에 잘 어울리지 않는다. 따라서 이는 아마도 어떤 대상을 가리키는 소유격으로 이해하는 것이 더 좋을 것이다. 만약 바울이 이를 염두에 두고 있다면, 우리는 이 표현을 "믿음에 대한 비밀" 또는 "믿음과 관련된 비밀"이라고 번역할 수 있을 것이다. 그렇다면 여기서 "믿음"은 비밀에 대해 묘사하고 있는가, 아니면 믿음이 비밀이 가리키는 대상인가? 후자의 해석이 이어지는 문맥에도 훨씬 더 잘 어울리며 딤전 3:16에서 비밀이 두 번째로 나타나는 용례와도 일치한다. 그리스어 소유격이 이처럼 특별한 용법으로 사용되는 것은 비밀이 가리키는 대상을 제한한다. 다시 말해서 비밀은 구체적으로 "믿음" 또는 신앙이라는 개념에 적용된다.

게도 바울은 우리에게 몇 가지 단서를 제공해준다. 첫 번째 단서는 바울이 흔히 사용하는 단어인 "굳게 간직하다" 또는 "가지다"라는 의미를 가진 그리스어 동사(*echō*)에서 나온다. 비록 바울 서신에서 자주 발견되기는 하지만 이 동사는 건전한 가르침을 유지한다(또는 건전한 교리가 결핍되어 있다)는 문맥에서 나타난다. 디모데전서 1:19은 우리가 지금 다루고 있는 텍스트와 비슷하다. 곧 "믿음과 착한 양심을 가지라[*echōn*]. 어떤 이들은 이 양심을 버렸고 그 믿음에 관하여는 파선하였느니라."[4] 여기서 바울은 "가지라"를 "믿음"과 연결시킬 뿐만 아니라 "착한" 또는 "깨끗한 양심"에 대해 말하고 있다. 이어지는 문맥에서 바울은 디모데에게 끝까지 견디며 "선한 싸움을 싸우라"고 권면한다. 디모데는 외부적인 압박에 굴복해서는 안 되며 "믿음을 지켜야 한다." 그리고 후메내오와 알렉산더는 "믿음"을 "버린" 사람들에 대한 부정적인 예로 인용된다. 다시 말해서 디모데전서 1:19 및 3:9에서 믿음은 일차적으로 복음에 대한 신자의 반응을 가리키지 않는다. 이는 믿음의 일반적인 용례(예. 롬 1:17)와 다르다. 오히려 해당 절들에서 믿음은 기독교 전통 또는 **가르침**에 대한 요약을 의미한다.[5] 만약 "믿음의 비밀"이 기독교 교리 또는 가르침에 대한 몇몇 측면을 가리킨다는 우리의 추측이 옳다면, 바울은 구체적으로 무엇을 염두에 두고 있는가? 다행스럽게도 두 번째로 나타나는 비밀은 디모데전서 3:16에 나오는 초기 기독교의 찬송과 명백하게 연결되어 있다.

디모데전서 3:16은 드물게 사용되는 그리스어 부사(*homologoumenōs*)로 시작된다. 이 단어는 종종 "모두가 고백하듯이"(NASB) 또는 "의심의 여

---

[4] "너는 그리스도 예수 안에 있는 믿음과 사랑으로써 내게 들은 바 바른 말을 본받아 지키고"라고 언급되는 딤후 1:13도 비슷하다. 건전한 가르침을 지키는 일과 반대되는 것은 거짓된 가르침을 붙드는 것이다(딤후 3:5; 딤전 4:1, 6; 6:10; 딤후 2:18도 보라).

[5] BDAG, p. 820도 보라. NIV는 그리스어 구문 *mystērion tēs pisteōs*("믿음의 비밀")을 "믿음에 대한 심오한 진리"로 번역하고 있는데, 이는 올바른 방향을 제시한다.

지 없이"(NRSV)라고 번역된다.⁶ 이 부사는 긍정적인 요소와 부정적인 요소를 모두 포함하고 있다.⁷ 한편으로 이 단어는 모든 당사자의 의견 일치를 가리킨다. 다른 한편으로 이 부사는 무엇인가 부인할 수 없는 것을 가리키는 부정적인 뉘앙스를 내포하고 있다. 다시 말해서 이 단어는 의문의 여지 없이 사실이거나 확실한 어떤 것을 가리킨다. 그렇다면 여기서 이 그리스어 부사는 무엇을 언급하는가? 가장 가능성 높은 입장은, 이어지는 문맥에서 이 단어가 "크도다! 경건의 비밀이여"(*mega estin to tēs eusebeias mystērion*)를 가리킨다고 보는 것이다. 따라서 바울은 "경건의 비밀"은 부인할 여지가 없이 "크다"고 주장한다. 바울의 주장과 가장 가까운 표현은 다음과 같이 에베소서 5:32에서 나타난다. "이 비밀이 크도다! 나는 그리스도와 교회에 대하여 말하노라." 우리는 에베소서 5:32에 대한 논의에서 이 비밀이 창세기 2:24에 대한 바울의 통찰을 구성한다고 제시했다. 즉 최초의 한 쌍인 아담과 하와는 모형론적인 측면에서 그리스도와 교회에 상응한다는 것이다. 사도 바울에 따르면 창세기 2장에 대한 이 통찰은 "크다!" 여기서도 사도 바울은 "비밀"이 "크다!"라고 묘사하지만 한 걸음 더 나아가서 "모두가 고백하듯이"라는 의미를 지닌 그리스어 부사를 맨 앞에 제시하면서 "크다!"라고 말한다. 우리는 이 그리스어 부사가 지니는 중요한 의미와 계시된 비밀이 "크다"라는 묘사를 간과해서는 안 된다. 바울은 비밀을 이와 같이 묘사하면서 편지의 수신인들이 계시의 절정에 대비하도록 한다.

사도 바울은 두 번째로 나타나는 계시된 비밀을 "경건의 비밀"(*to tēs eusebeias mystērion*)이라고 묘사한다. "경건"이라는 수식어는 매우 독특한

6　4 Macc. 6:31; 7:16; 16:1을 보라.
7　George W. Knight, *The Pastoral Epistles*, NIGTC (Grand Rapids: Eerdmans, 1992), p. 182.

용어다.⁸ 이전에 사용된 소유격이 구문론적인 측면에서 비밀(*mystērion tēs pisteōs*, 딤전 3:9)과 연결되어 있는 것과 마찬가지로, 여기서 "경건의"(*eusebeias*)는 아마도 대상을 가리키는 소유격으로서 "경건과 관련된 비밀"을 의미할 것이다. 우리는 디모데전서 3:9에서 "믿음"은 대체로 일단의 가르침 또는 기독교 교리를 내포한다고 추측했다. 따라서 "믿음의 비밀"은 대체로 일단의 기독교 가르침과 관련된 계시다.⁹ 여기서 "경건"은 목회서신에서 흔히 나타나는 단어로서 "신앙심" 또는 "헌신"(예. 딤전 2:2; 4:7-8; 6:3, 5)이라는 통상적인 의미로 이해되어야 한다. 다시 말해서 비밀은 기독교의 경험과 관련이 있다(참조. NRSV). 이 두 가지는 서로 다른 비밀이 아니라 전적으로 기독교의 경험—예배와 지식—을 포함하는 한 가지 비밀이다.¹⁰ 앞으로 우리가 살펴보겠지만 디모데전서 3:9, 16에서 **비밀**의 내용은 찬송과 관련된다. 하지만 이 찬송은 단순히 신학적인 실행이 아니라 그리스도인의 삶을 변화시켜서 더욱 경건한 존재로 이끌어주는 가르침에 대한 요약이다.

찬송

비밀이 "부인할 수 없을 만큼 크다"라고 묘사하고 나서 바울은 계시된 비

---

8   아마도 *Diogn.* 4:6은 딤전 3:16의 비밀과 가장 가까운 의미로 사용되었을 것이다. "그러나 기독교라는 종교의 비밀에 대해서는[*to de tēs idias autōn theosebeias mystērion*], 사람에게서 이것을 배울 수 있다고 기대하지 말라." 우리는 다음 연구서에서 이 텍스트를 알게 되었다. Andrew Y. Lau, *Manifest in Flesh: Epiphany Christology of the Pastoral Epistles*, WUNT 86 (Tübingen: Mohr Siebeck, 1996), p. 91.
9   G. W. Barker, "Mystery," in *ISBE* 3:454; Raymond Brown, *The Semitic Background of the Term "Mystery" in the New Testament*, BS 21 (Philadelphia: Fortress, 1968), p. 67.
10 참조. Philip H. Towner, *The Goal of Our Instruction: The Structure of Theology and Ethics in the Pastoral Epistles*, JSNTSup 34 (Sheffield: Sheffield Academic, 1989), p. 88.

밀의 정확한 내용을 세부적으로 언급한다.[11] 이 찬송의 의미는 풍부하고 매우 깊다. 사금이 풍부하게 매장된 강바닥에서 금을 채취하려고 긁어내듯이 우리가 각 구절마다 음미하면 할수록 신학적인 진귀한 지식을 더욱 더 많이 발견하게 된다. 비록 디모데전서 3:16에서 인용된 찬송이 신학적으로 의미가 풍부하지만, 이는 몇 가지 서로 다른 측면에서 다양한 문제점을 제시한다. 계시된 비밀의 정확한 내용을 결정하기 위해 우리는 몇 가지 난해한 질문에 답변을 시도해야 한다.

1. 그는 육신으로 나타난 바 되시고(hos ephanerōthē en sarki),
2. 영으로 의롭다 하심을 받으시고(edikaiōthē en pneumati),
3. 천사들에게 보이시고(ōphthē angelois),
4. 만국에서 전파되시고(ekērychthē en ethnesin),
5. 세상에서 믿은 바 되시고(episteuthē en kosmō),
6. 영광 가운데서 올려지셨느니라(anelēmphthē en doxē).

이 찬송은 전적으로 그리스도의 위격에 초점을 맞추어 광범위한 주제를 다루고 있다. 이 연구서의 한정된 특성을 고려할 때 우리는 각각의 구성 요소에서 대단히 세부적인 지식을 끌어낼 수는 없다.[12] 우리는 단지 이 찬송에서 더욱 두드러지는 특징을 탐구할 뿐이다. 우리의 목표는 구약성서와 초기 유대교 배경을 염두에 두면서 그리스도와 그의 사역의 어

---

11   대부분의 번역본(예. NASB, TNIV, ESV, NRSV)이 "경건의 비밀"이라는 구절 다음에 콜론을 덧붙이는데, 이는 옳다. 이 번역본들은 이를 통해 비밀과 찬송의 밀접한 관계뿐만 아니라 비밀의 정확한 내용을 그리고 있다.
12   이 찬송의 기원, 배경, 형식 및 내용에 대한 깊이 있는 분석에 대해서는 Jerome D. Quinn and William C. Wacker, *The First and Second Letters to Timothy: A New Translation and Commentary*, ECC (Grand Rapids: Eerdmans, 2000), pp. 317-48을 보라.

떤 측면이 "새로운"지를 결정하는 것이다.

많은 학자가 이 찬송의 기원에 대해 논쟁하고 있다. 바울이 이 찬송을 쓴 것인가?(우리는 이 입장을 취한다) 아니면 이 찬송은 초기 기독교 공동체에서 유래한 것인가? 이 질문에 대한 답변이 중요하기는 하지만, 어떤 경우이든지 이는 우리의 직접적인 관심사가 아닐 뿐만 아니라 이 찬송의 해석에 어떤 중대한 영향도 미치지 않는다. 여기서의 위치가 밝혀주듯이 이 찬송은 디모데전서 3장의 문맥과 연결되어 있으며 이는 우리의 목적에서 대단히 중요하다. 우리는 먼저 중요한 사본 이형을 살펴보고 나서 이 찬송의 형식을 탐구할 것이다. 그때 우리는 신학적으로 풍부한 이 본문의 의미를 자세하고도 깊게 이해할 수 있는 더욱 나은 위치에 있게 될 것이다.

사본 이형. 이 찬송을 탐구하려고 시도하자마자 우리는 사본상의 문제에 부딪히게 된다. 이 찬송의 첫 번째 단어인 관계대명사 *hos*가 논쟁의 대상이 되고 있다("그는 육신으로 나타난 바 되시고"). 어떤 사본을 선택하는가에 따라 이 구절의 의미가 바뀌기 때문에, 우리는 사본 이형에 대해 간략하게 평가하지 않을 수 없다. 외적인 측면에서 사본들은 다른 두 가능성, 곧 "그것"(*ho*)이나 "하나님"(*theos*)보다 "그"(*hos*)를 훨씬 더 강력하게 지지해준다.[13] 내적인 증거에 근거해서 이 문제점을 평가하는 것은 훨씬 더

---

13   *hos*를 지지하는 사본은 다음과 같다. ℵ A* C* F G 33 365; Did Epiph Cyril Jerome. 초기 사본과 다소 광범위한 사본, 특히 ℵ A*가 지닌 특성은 이 이형이 원문일 가능성을 더욱 높여준다. "그"(*hos*) 대신에 "하나님"(*theos*)이라고 읽는 두 번째 이형이 아마도 가장 호기심을 끌 것이다. 이 두 번째 읽기에 대한 지지가 첫 번째 이형보다 더 광범위하지만, 후대 사본들이 이 다른 읽기를 지지한다(그중 몇몇 사본은 중요한 사본들의 수정본이다). 곧 ℵ^c A^c C^2 D^2 Ψ 1739 1881 𝔐 vg^{ms} 등이다. 마지막으로 가능성이 가장 낮은 것으로서, 소수의 사본이 "그것"(*ho*)이라고 읽는다. 곧 D* it^{ar,b,d,f,g,mon,o} vg 등이다. 외적인 사본의 관점에서 볼 때, 특히 ℵ* A* 등의 초기 사본의 지지를 받고 있다는 점에서 저울은 "그"(*hos*)라는 이형을 지지하는 쪽으로 분명히 기울어져 있다.

복잡하다. 이형을 평가할 때 종종 사용되는 두 가지 중요 원리는 다음과 같다. (1) 어떤 이형이 가장 어려운 읽기인가?(필사자들은 종종 사본상의 난점을 해결하려고 난해한 요소들을 없애버렸다) (2) 어떤 이형이 다른 이형들이 생겨난 것을 가장 잘 설명해줄 수 있는가? "그것"(*ho*)이라는 관계대명사가 생겨난 것은 아마도 필사자가 남성 관계대명사를 중성 관계대명사로 바꿔서 바로 앞에 있는 **비밀**이라는 중성 명사와 성을 일치시키고자 했기 때문일 것이다. 문법적인 측면에서 판단하자면 *ho*라는 중성 관계대명사가 가능하지만 소수의 사본이 이 이형을 지지하므로 개연성이 낮다. 게다가 중성 명사 *mysterion*과 비교할 때 *hos*라는 남성 명사는 이 읽기를 더 선호할 만한 것으로 만든다. 왜냐하면 이 읽기는 성이 중성으로 조화된 *ho*("그것")보다 더 어려운 읽기이기 때문이다.

반면에 "하나님"(*theos*)이라는 이형은 더 실제적인 선택 가능성을 제시해준다. 메츠거(Metzger)는 "그"(OC)라는 대문자 사본과 "하나님"(ΘC)에 대한 속기 사이의 혼동 때문에 이 읽기가 생겨났을 것이라고 주장한다.[14] 이론적으로 가능하기는 하지만 이 이형은 가능성이 별로 없다. 왜냐하면 "그"(*hos*)와 비교해서 권위 있는 사본들이 이를 지지해주지 않기 때문이다. 하지만 다음과 같은 의문점이 여전히 남는다. 왜 "하나님"(*theos*)이라는 이형이 생겨났는가? 맥락상 "하나님"은 곧바로 이어지는 문맥과 의미가 잘 통한다. 곧 "경건의 비밀은 크다. 하나님이 육신으로 나타나셨다." 만약 이 읽기가 원문이라면 비밀의 의미는 명백하다. 곧 구약성서에 기초한 종말의 새로운 계시는 하나님이 인간이 되심에 관심을 두고 있다는 것이다. 하지만 필사자가 단순히 암시적인 것을 명백한 것으로 만들었을

---

[14] Bruce M. Metzger, *A Textual Commentary on the Greek Testament*, 2nd. ed. (New York: United Bible Societies, 1994), p. 574.

가능성이 상당히 높다.¹⁵ "하나님"(*theos*)이라는 읽기는 신학적인 측면에서 더 명백한 표현이며, "그"(*hos*)가 지니고 있는 모호성을 제거해준다. 따라서 "하나님"은 후대 필사자의 해석을 드러내준다. 따라서 메츠거가 다음과 같이 지적하는 것은 옳다. 곧 (대문자 사본 "그"[OC]와 "하나님"[ΘC]에 대한 속기를 혼동해서) 필사자가 우연히 바꾸었든지, 아니면 ("그"가 의미하는 바를 해석해서) 의도적으로 바꾸어 필사했든지, "하나님"(*theos*)이라는 읽기는 "그"(*hos*)를 전제한다.¹⁶ 우리가 앞으로 논의하겠지만 곧바로 이어지는 문맥에서는 비밀이 성육신의 다양한 측면과 관련되어 있음을 제시한다. 그러므로 이제까지 언급한 다양한 관점에 비추어볼 때 "그"(*hos*)를 원래의 읽기로 간주해야 한다.¹⁷

찬송의 형식. 찬송의 형식을 결정하는 일은 단순히 해석 과제에 불과한 것이 아니라 찬송에 대한 우리의 이해와, 특히 계시된 비밀의 내용에 영향을 미친다. 이 형식은 행이 서로 짝을 이루도록 해서 함께 해석되어야 함을 밝혀준다.¹⁸ 몇몇 학자는 대체로 여섯 행 모두 서로 독립적이라고 주장한다. 이 주석가들은 여섯 행이 연대기적인 순서로 구분된다고 이해한다.¹⁹ 비록 이 견해가 몇 가지 측면에서 매력적이지만 이 찬송의 여섯 행은 이 학자들이 인정하는 것보다 더 밀접하게 연결되어 있고, 여섯 행

---

15 앞의 책.
16 같은 책.
17 주석가들(예. Knight, *Pastoral Epistles*, p. 182)과 영역본들(예. NASB, NRSV, HCSB, NJB, TNIV, ESV, NET)은 *hos*("who")라는 읽기를 훨씬 더 선호한다.
18 찬송의 형식에 대해 이어지는 논의는 주로 이 본문에 대한 Robert Gundry의 훌륭한 논문에서 도움을 얻었다. Robert H. Gundry, "The Form, Meaning and Background of the Hymn Quoted in 1 Timothy 3:16," in *Apostolic History and the Gospel: Biblical and Historical Essays Presented to F. F. Bruce*, ed. W. Ward Gasque and Ralph P. Martin (Exeter: Paternoster, 1970), pp. 203-22.
19 예를 들면 C. K. Barrett, *The Pastoral Epistles* (Oxford: Clarendon, 1963), pp. 64-66.

의 순서는 다소 긴장 관계에 있는 것처럼 보인다.[20]

하지만 오늘날 많은 주석가는 이 찬송을 세 부분으로 배열해야 한다고 주장한다.[21]

1. 그는 육신으로 나타난 바 되시고,
2. 영으로 의롭다 하심을 받으시고,
3. 천사들에게 보이시고,
4. 만국에서 전파되시고,
5. 세상에서 믿은 바 되시고,
6. 영광 가운데서 올려지셨느니라.

켈리(Kelly)에 의하면 각 단위 또는 각 쌍은 대조법을 내포하고 있다. 곧 육신/영(1-2행), 천사들/만국(3-4행), 세상/영광(5-6행)이다.[22] 그는 처음의 두 행은 성육신과 부활에 관심을 기울이고, 두 번째 두 행은 그리스도가 천사들에게 나타난 것과 만국에 전파된 것에 초점을 맞추며, 마지막 세 번째 두 행은 그리스도가 세상과 하늘에서 영접을 받는 것을 다룬다고 주장한다. 이와 같은 켈리의 논지는 설득력이 있으며 이 찬송의 형식과 내용을 잘 이해하도록 해준다. 이 찬송이 세 쌍으로 구성되어 있다는 켈리의 관점에 기초해서 몇몇 다른 학자는 각 쌍이 "공간적인" 대조를

---

20 예를 들면 이 학자들은 제4행("만국에서 전파되시고")을 예수의 지상 사역 기간에 이루어진 사도들의 선포라고 이해한다. 분명히 복음서는 하나님 나라에 대한 예수의 메시지가 진정으로 이방인에게도 전달되었음을 암시해준다(예. 막 7:24-30). 하지만 사도행전이나 바울이 밝혀주듯이 제4행은 이 선포가 더 광범위한 규모로 이루어졌음을 암시한다.
21 예를 들면 Lau, *Manifest in Flesh*, p. 91; I. H. Marshall, *The Pastoral Epistles*, ICC (New York: T & T Clark, 1999), p. 500.
22 J. N. D. Kelly, *The Pastoral Epistles* (London: Black, 1963), pp. 71-77.

제시한다는 견해를 제시한다.²³ "공간적인"이라는 용어를 통해 우리는 옛 시대 또는 "땅"과 새 창조 또는 "하늘" 사이의 대조를 뜻하고 있다.

a. 땅에 속한("육신")
b. 하늘에 속한("영")

b. 하늘에 속한("천사들")
a. 땅에 속한("만국")

a. 땅에 속한("세상")
b. 하늘에 속한("영광")

이 양극 사이의 대조는 더욱더 깊은 사색을 필요로 하는데 이제부터 우리는 이에 대해 살펴보고자 한다.

찬송의 내용. 앞에서 우리는 이 찬송의 구조에 대해 분명하게 살펴보았다. 이제 우리는 이 찬송을 해석함에 있어 훨씬 더 견고한 기초 위에 서 있다. 우리는 이 찬송의 여섯 행을 어느 정도 자세히 연구하여 디모데전서 3장에서 계시된 비밀의 의미를 더욱 깊이 파악하고자 한다. 대부분의 주석가가 디모데전서 3:16에서 계시된 비밀은 그리스도의 성육신, 생애 및 사역, 죽음, 부활을 다룬다는 데 동의한다.²⁴ 그렇다면 우리는 계시된 비밀을 더 정확하게 밝힐 수 있는가?

---

23 Martin Dibelius and Hans Conzelmann, *The Pastoral Epistles*, trans. Philip Buttolph and Adela Yarbro, Hermeneia (Philadelphia: Fortress, 1972), pp. 61-63.

24 예를 들면 Lau, *Manifest in Flesh*, p. 91; Dibelius and Conzelmann, *Pastoral Epistles*, p. 61; Brown, *Semitic Background*, p. 68; H. Krämer, "μυστήριον," in *EDNT* 2:448; C. Brown, "Secret," in *NIDNTT* 3:505; Bockmuehl, *Revelation and Mystery*, p. 212.

이 본문에 대한 우리의 간략한 평가는 이 찬송에서 무엇이 "새로운"지를 판단하려고 시도하고 있다는 점에서 오늘날 신학계의 시도와 다르다. 이 찬송은 오랫동안 기다려온 메시아인 그리스도께 전적으로 초점을 맞추고 있으므로, 우리는 대체로 우리의 탐구를 메시아가 온다고 예고하는 텍스트에 국한할 수 있다. 그리고 우리는 이 찬송이 이전에 예상하지 못한 사항이 성취되었음을 제공해주는지 아닌지를 결정할 것이다.

이 찬송에서 "그는 육신으로 나타난 바 되시고"라는 1행은 신학적인 측면에서 의미심장하다. 1행에서 "나타난 바 되시고"라는 동사의 주어는 "그"이지만, 이 동사는 두 단어 앞에 위치한 핵심 명사인 **비밀**(*mystērion*)과 간접적으로 연결되어 있다. 신약성서의 다른 곳에서는 단지 다음의 두 경우에만 비밀이 "나타내다"(*phaneroō*)와 연결된 채 사용된다. 곧 "영세 전부터 감추어졌다가 이제는 나타내신 바 되었으며⋯그 신비의 계시를 따라 된 것이니"(롬 16:25b-26)와 "이 비밀은 만세와 만대로부터 감추어졌던 것인데 이제는 그의 성도들에게 나타났고"(골 1:26; 참조. 고전 4:5)에 나온다. 따라서 바울이 성육신을 묘사하는 데 이 동사를 선택한 것은 아마도 우연이 아닐 것이다. 왜냐하면 성육신 사건은 그 자체로서 종말의 계시이기 때문이다. 다시 말해서 바울은 그 자체가 계시인 한 사건에 대해 계시 또는 비밀을 받았다.

몇몇 학자는 1행이 십자가 사건이나 부활 이후에 그리스도가 나타난 사건을 가리킨다고 주장한다. 하지만 대부분의 주석가들은 1행이 성육신에 대한 찬송이라는 데 동의한다.[25] 비록 원문은 아니지만 "하나

---

25 예를 들면 다음을 보라. Gundry, "Form, Meaning and Background," p. 209; Marshall, *Pastoral Epistles*, p. 524; Gordon D. Fee, *1 and 2 Timothy, Titus*, NIBC (Peabody, MA: Hendricksen, 1988), p. 93; C. K. Barrett, *The Pastoral Epistles*, (Oxford: Clarendon, 1963), p.65; Lau, *Manifest in Flesh*, pp. 92-99도 보라. Lau는 다른 견해들과 교감하지만 이 구절이 정말로 성육신을 가리킨다고 동의한다.

님"(*theos*)이라는 사본 이형은 아마도 이 구절에 대한 최초의 주해일 것이다. "그"(*hos*)를 "하나님"(*theos*)으로 대체함으로써 필사자는 텍스트에 들어 있는 모호함을 없애고 해당 구절을 명백하게 성육신에 대한 언급으로 만들었다. 하지만 심지어 이런 다른 읽기가 없다고 하더라도, 이 구절을 성육신으로 해석하는 입장을 강력하게 지지할 수 있다. "나타내다"(*phaneroō*)라는 동사는 그 의미가 다소 모호하다. 이 동사는 나타난다는 의미에서 "보이게 하다" 또는 "계시하다" 또는 "밝히다"를 의미할 수 있다. 우리가 앞에서 언급했듯이 후자의 의미는 계시—"이 비밀은…이제는…나타났고"(골 1:26)—와 짝을 이룬다. 하지만 디모데전서 3:16의 전후 문맥에서 이 동사는 전자의 의미를 염두에 두고 있을 수도 있다. 곧 그리스도가 공개적으로 보였으며 나타났다는 것이다. 이 찬송의 뛰어난 문체와 시적인 특성을 고려할 때 한 단어가 몇 가지 관련되는 의미를 지니는 것이 불가능하지는 않을 것이다.[26]

신약성서의 다른 곳에서 이 동사는 다음과 같은 의미로 그리스도에게 적용되었다. "우리 생명이신 그리스도께서 나타나실 그때에 너희도 그와 함께 영광 중에 나타나리라"(골 3:4).[27] 1행이 정말로 성육신을 묘사한다는 또 다른 증거는 이 동사를 수식하는 "육신으로"(*en sarki*)를 의미하는 그리스어 전치사구에 있다. 이 전치사구는 **어떻게** 그리스도가 공개적으로 보였는지—"육신으로"—우리에게 말하며 그리스도의 인간성, 특별히 그리스도가 오래전부터 존재했음을 강조한다. 요한복음 1:14("말씀이 육신이 되어 우리 가운데 거하시매 우리가 그의 영광을 보니 아버지의 독생자의 영광이요")은 디모데전서 3장에서 바울이 주장하는 것과 전혀 다르지 않다

26　Lau는 *Manifest in Flesh*, pp. 92-93에서 그리스어 동사 *phaneroō*는 현재의 본문에서 두 가지 의미를 지닌다고 주장한다. 참조. Quinn and Wacker, *1-2 Timothy*, p. 332.
27　요 1:31; 21:1, 14; 골 3:4; 딤후 1:10; 벧전 5:4; 요일 1:2; 2:28; 3:2, 5, 8을 보라.

(참조. 롬 1:3-4). 다시 말해서 바울은 하나님이 그리스도의 인격 안에서 육신을 입은 인간이 되었다고 시적으로 결론짓고 있다.[28] 속사도 시대의 교부들에게서 발견되는 몇몇 증거도 디모데전서 3:16의 1행이 그리스도의 성육신에 대해 말한다는 가능성을 높여준다. 이 교부들은 이 개념을 명확하게 표명하기 위해 거의 동일한 표현을 사용하고 있다.[29] 또한 그리스도가 "육신으로 나타났다"는 진술은 그가 "나타나기" 전에 존재했음을 전제한다. 나아가 이는 그가 신적 존재로 나타났음을 가리킨다.

비밀의 내용

다양한 면을 지니고 있는 다이아몬드처럼 이 찬송의 몇몇 행은 그리스도의 신성과 선재의 다양한 측면을 반영한다.[30] 성육신은 이 찬송 전체를 통해 강조되고 전제된다. 우리가 곧 살펴보겠지만 종종 하나님에 대해 사용되는 용어가 성육신한 그리스도에게 적용된다. 계시된 비밀에 비추어 이 찬송을 이해하는 것은 이 찬송의 중요성에 빛을 비추어줄 것이다. 우리는 지속적으로 다음과 같은 질문을 제기해야 한다. 곧 구약성서에 비추어볼 때 "새로운" 것은 무엇인가? 4행과 5행은 종말의 새로운 계시에 대한 훌륭한 예다. 4행은 "[그는] 만국에서 전파되시고"라고 언급한다.

구약성서는 종종 하나님의 구원 사역이 이방 나라들에게 알려졌다고 언급한다. 실례로서 다음과 같은 몇몇 텍스트는 이 점을 드러내준다.

---

28 딤전 3:16에서 이 구절에 대한 NIV의 번역인 "그는 육신으로 나타나셨다"에 주목하라.
29 Ign. *Eph*. 19.3; *Magn*. 8.2; *2 Clem*. 14.2; *Barn*. 5.6, 9; 6.7, 9, 14; 12.10; 14.5; *Diog*. 11.2를 보라.
30 Lau, *Manifest in Flesh*, pp. 98-99을 보라.

주의 도를 땅 위에,
주의 구원을 모든 나라에게 알리소서(시 67:2).

여호와께서 그의 구원을 알게 하시며
그의 공의를 뭇 나라의 목전에서 명백히 나타내셨도다(시 98:2).

그가 이르시되 "네가 나의 종이 되어 야곱의 지파들을 일으키며
이스라엘 중에 보전된 자를 돌아오게 할 것은 매우 쉬운 일이라.
내가 또 너를 이방의 빛으로 삼아
나의 구원을 베풀어서 땅끝까지 이르게 하리라"(사 49:6; 참조. 사 52:10).

시편 67편과 98편은 야웨의 일 또는 "구원"을 "모든 나라"에 선포하는 것을 비슷하게 묘사한다. 다시 말해서 야웨가 모든 나라에 구원을 베푸셔서 많은 이방인이 회심하게 된다. 또한 야웨는 그의 구원 사역을 모든 민족에게 알리실 것이다. 이사야 49:6과 다른 비슷한 텍스트들도[31] 이와 관련이 있다. 왜냐하면 이 텍스트들에서 야웨는 종을 통해 이스라엘 안에서 의로운 남은 자들을 회복시키고 구원을 이방 나라들에게 베푸시기 때문이다. 하지만 디모데전서 3:16의 찬송에서 무게 중심은 모든 나라에게 선포되는 야웨의 행위에서 모든 나라에 알려지는 **그리스도 자신**으로 옮겨졌다. 그리스도의 신적 신분과 특권을 고려할 때 이와 같은 미묘한 움직임이 이해가 된다. 성육신한 그리스도는 이제 하나님과 동일시된다. 따라서 하나님에게 적용되는 것은 그리스도에게도 적용된다. 그렇지만 구약성서는 **메시아가 모든 나라에 선포되어야 할 바로 그 대상이라고 명**

---

31 예를 들면 사 42:1-9; 50:4-9; 52:13-53:12.

백하게 묘사하지 않는다. 구약성서에서 메시아는 야웨가 하는 일을 선포하는 데 도구 역할을 하지만 결코 선포의 대상이 되지 않는다. 이와 같은 선포는 오직 하나님께만 약속되어 있다.

이런 동일한 해석은 5행, 즉 "[그는] 세상에서 믿은 바 되시고"로 확대된다. 구약성서에서 가장 눈에 띄는 주제 중 하나는 하나님과 그의 약속을 의지하거나 믿으라는 명령이다. 하나님을 신뢰하는 것은 개인 및 공동체 모두에게 요구된다. 하나님은 아브라함에게 그가 강한 나라의 조상이 되며 이 민족은 마침내 하나님의 영광을 모든 나라에 드러낼 것이라고 약속하셨다. 예측하지 못하고 기대치 않은 방식으로 하나님은 그의 약속을 아브라함에게 실행하실 것이다. 하지만 이스라엘은 자신들이 시험받는 상황에서 하나님의 능력과 약속을 신뢰하기를 거부했다. 하나님의 백성으로서 이스라엘은 야웨를 믿어야 했을 뿐만 아니라 이스라엘에 속한 개개인도 야웨를 신뢰해야 했다. 각 이스라엘 사람은 하나님의 공급하심과 구원에 대한 하나님의 약속을 신뢰해야 할 책임이 있었다. 다음 텍스트들은 긍정적이고 부정적인 측면을 모두 대표한다.[32]

아브람이 여호와를 믿으니 여호와께서 이를 그의 의로 여기시고(창 15:6).

그들이 그 기쁨의 땅을 멸시하며 그 말씀을 믿지 아니하고(시 106:24).

나 여호와가 말하노라.
"너희는 나의 증인, 나의 종으로 택함을 입었나니

---

32   예를 들면 신 1:32; 대하 14:11; 시 4:5; 9:10; 31:6; 31:14; 40:4; 115:9-11; 사 26:4; 31:1; 36:7도 보라.

이는 너희가 나를 알고 <u>믿으며</u>

내가 그인 줄 깨닫게 하려 함이라.

나의 전에 지음을 받은 신이 없었느니라.

나의 후에도 없으리라"(사 43:10).

우리는 구약성서의 핵심 주제를 건드렸다. 이 텍스트들은 훨씬 더 큰 본문의 단락에 속해 있다. 디모데전서 3장의 찬송으로 되돌아가면 우리는 곧바로 중대한 차이점을 인식하게 된다. 구약성서는 한결같이 다음 사항을 명백하게 밝힌다. 곧 이스라엘과, 일반적으로 이 문제와 관련되는 모든 사람은 하나님이 그의 약속과 구원을 통해 자신을 계시하신 대로 오직 하나님만을 의지하고 신뢰해야 한다. 하지만 디모데전서 3:16에서는 바로 **그리스도**가 믿음과 신뢰의 진정한 대상이다. 곧 "[그는] 세상에서 믿은 바 되시고"라고 언급된다. 구약성서는 메시아를 이런 식으로 묘사하는 것을 삼가는 것 같다.[33] 4행과 마찬가지로 5행도 "새로운 계시"에 주목한다. 곧 여기서 계시된 비밀의 일부분은 **그리스도는 하나님으로**

---

[33] 3행도 그리스도에게 적용된 구약성서 배경을 지니고 있을 가능성이 있다. Lau는 "보이시고"라는 동사가 구약성서에서 하나님의 현현을 언급하는 텍스트를 상기시킨다고 주장한다(*Manifest in Flesh*, pp. 103-4, 198-201; 참조. Gundry, "Form, Meaning and Background," p. 221). 하나님의 현현을 언급하는 중요한 텍스트들과 관련하여 "보다"라는 동사를 강조하는 학자가 Lau 혼자는 아니다. 예를 들면 Wilhelm Michaelis, "ὁράω," in *TDNT*, 5:331-33. "보다"(*horaō*)라는 동사는 특히 모세 오경에서 두드러지게 나타난다. 모세 오경에서 이 동사가 사용되는 경우는 예외 없이 모두 야웨가 이스라엘과 족장들에게 나타나는 것과 연결되어 있다. 예를 들면 창 12:7a에서 "여호와께서 아브람에게 나타나"라고 언급된다(창 17:1; 18:1; 22:14; 26:2, 24; 35:9; 48:3을 보라). 주목할 만한 또 다른 본문은 출 16:10b의 "여호와의 영광이 구름 속에 나타나더라"이다(레 9:23; 민 14:10; 16:19, 42; 20:6을 보라). 만약 이 견해가 옳다면, 이것은 이 찬송이 그리스도의 위격을 야웨와 나란히 위치하게 하는 몇 가지 사항을 포함하고 있다는 우리의 결론을 더욱더 지지해준다. 구약성서에서 야웨가 이스라엘에게 나타났던 것처럼, 그리스도가 "나타났다"는 묘사는 이 찬송이 기독론적인 중요성을 지니고 있음을 강조해준다.

서 기능하며 이제 개인적인 믿음과 신뢰의 대상이라는 것이다.[34] 그렇다면 이 계시는 구약성서와 유대교에서 단지 부분적으로만 감추어져 있었는가, 아니면 완전히 감추어져 있었는가?

구약성서는 "후일에" 메시아가 오면, 그가 이스라엘의 원수들을 정복함으로써 하나님의 영원한 나라가 오게 할 것이라고 예언한다(예. 창 49장; 민 24장). 하지만 구약성서는 과연 종말의 메시아가 신적이며 선재하는 존재라고 예상하는가? 몇몇 경우에 구약성서는 메시아의 선재와 신성을 어느 정도 암시한다고 추측되는 텍스트를 포함하고 있다. 이 텍스트들은 수수께끼와 같은 특성이 있기로 악명이 높으며, 학자들은 이에 대해 다양한 해석을 제시한다. 제일 먼저 언급하고자 하는 텍스트는 미가 5:2(5:1 MT, LXX)이다.

> 베들레헴 에브라다야,
> 너는 유다 족속 중에 작을지라도
> 이스라엘을 다스릴 자가 네게서 내게로 나올 것이라.
> 그의 근본은 상고에 [*miqqedem*]
> 영원에 [또는 "옛날에"= *ōlām*] 있느니라.

이 텍스트는 종말에 올 메시아의 기원, 곧 지리적 기원(베들레헴) 및 시간과 관련된 기원("상고에, 영원에")에 대해 묘사하는 것처럼 보인다. 그러나 시간과 관련된 표현들은 메시아가 다윗의 혈통과 연속성이 있음을 언급할 가능성이 있다. 왜냐하면 많은 학자가 주장하듯이 이 언급은 이

---

34 요 11:27; 20:31; 행 11:17; 24:24; 롬 3:22; 갈 2:16, 20; 3:22; 빌 1:29; 3:9; 골 1:4; 2:5도 보라.

스라엘이 국가로서 존재하기 시작할 때부터 있었던 종말의 통치자에 대한 예언을 가리킬 수 있기 때문이다(창 49:9-12; 민 24:15-19). 아니면 이 구절들은 다윗 왕 이전의 시기를 가리킬지도 모른다. "상고에"라고 번역된 히브리어 텍스트는 이 두 가지 시나리오를 모두 가리킬 수 있다.[35] 반면에 "영원에"라는 표현은 분명히 이스라엘의 출애굽 사건이나 모세 시대와 같은 고대 시대에 관심을 갖는다.[36] 그리스어 구약성서에서 미가 5:2은 다음과 같은 의미로 번역되어 있다. "그리고 그의 기원은 시초부터 [*ap'archēs*], 심지어 영원의 날로부터[*ex hēmerōn aiōnos*]였다." 그리스어로 번역한 학자들은 히브리어 텍스트에 담긴 "상고에"의 모호함을 "시초부터"라고 분명하게 표현했을 것이다. 그렇다면 이 구절은 이스라엘의 역사가 시작되기 이전 시대를 가리키는가? 아니면 출애굽 사건에서 비롯된 이스라엘 역사의 시작을 가리키는가? 아마도 전자의 해석이 더 선호할 만하다. 왜냐하면 히브리어 및 그리스어 구약성서의 실질적인 표현은 모두 이 메시아적인 인물에 대한 예언이 이른 시기로부터 유래한다고 말하는 것이 아니라, 실존하는 존재로서 그의 실제 "출발"이 이른 시대부터임을 의미하기 때문이다. 만약 이 견해가 지나치게 문자적인 해석이 아니라면, 히브리어 *mîmê 'ôlām*과 그리스어 *ex hēmerōn aiōnos*라는 표현은 창조 이전이라는 의미에서 "영원의 날로부터"라고 번역하는 것이 가장 좋을 것이다.[37] 그럼에도 불구하고 이 텍스트의 의미는 여전히 어느 정도 모호한 상태로 남아 있다.

---

35 옛 시대(이스라엘이 바벨론 포로에서 돌아옴, 다윗 왕 등)를 묘사하는 텍스트에 대해서는 느 12:46; 시 77:5, 11; 143:5 및 사 46:10 등을 보라. 하나님을 선재하는 존재로서 묘사하는 텍스트에 대해서는 합 1:12 및 시 74:12을 보라.
36 예를 들면 사 63:9, 11; 암 9:11; 미 7:14 및 말 3:4을 보라.
37 때때로 히브리어 단어 *'ôlām*은 역사 속에서 오래전에 또는 "영원한" 또는 결코 끝나지 않는 시기 등을 의미할 수 있다.

이사야 9:6도 지속적인 논쟁의 대상이 되는 본문이다. 하지만 이 구절은 우리의 논의에 매우 적합하다.

> 이는 한 아기가 우리에게 났고 한 아들을 우리에게 주신 바 되었는데,
> 그의 어깨에는 정사를 메었고,
> <u>그의 이름은 기묘자라, 모사라, 전능하신 하나님이라,</u>
> <u>영존하시는 아버지라, 평강의 왕이라 할 것임이라.</u>

여기서 묘사되는 인물은 분명히 종말의 메시아다. 그렇지만 여전히 다음과 같은 의문점이 남는다. 곧 이사야는 이 인물을 순전히 왕과 관련된 범주로 묘사하고 있는가, 아니면 그렇지 않은가? 이 의문에 대한 자세한 논의는 이 연구 과제의 범위를 벗어난다. 따라서 우리는 중요한 사항만 간략하게 설명할 것이다. 이사야 9장은 한 개인의 도래를 묘사하고 있는데, 그는 이스라엘의 구원을 이끌고 하나님의 영원한 통치를 확립할 것이다. 이사야 9:6b에서 이 인물에게 붙여진 다음과 같은 일련의 신적 명칭은 우리를 깜짝 놀라게 한다. 곧 그는 "기묘자, 모사, 전능하신 하나님, 영존하시는 아버지, 평강의 왕"이라고 불린다. 비록 몇몇 주석가가 동의하지 않지만 이 텍스트를 가장 자연스럽게 해석하는 방법은 이 메시아적인 인물에게 오직 하나님께만 속하는 신적 특성이 부여되었다고 이해하는 것이다.[38] 이 칭호들이 암시하는 바는 다음과 같이 분명하다. 곧

---

38 70인역은 사 9:6b에 대한 번역에서 메시아적인 인물에게 신적 칭호를 부여하지 않는다. "그의 이름은 위대한 조언의 메신저다. 왜냐하면 그는 왕들에게 평화를 가져오며 자신에게 번영을 가져올 것이기 때문이다"(L. C. L. Brenton, trans., *The Septuagint Version of the Old Testament* [London: S. Bagster and Sons, 1844]). 이와 마찬가지로 히브리어 텍스트를 아람어로 번역한 타르굼도 사 9:6의 메시아적인 특성을 단언하지만 신적 개인에 대한 개념은 거부한다. "**예언자는 다윗의 집에 말했다.** 우리에게 한 아기가 태어났다. 한

종말의 메시아는 신적 인물이라는 것이다. 존 오스월트(John Oswalt)는 이 구절에서 언급되는 칭호들에 대해 다음과 같이 논평한다. "이 칭호들은 이 아기 구원자의 궁극적인 신성을 강조한다. 비록 몇몇 주석가가 이 칭호들을 통상적인 것으로 보이게 하려고 대단한 노력을 기울였지만, 이 칭호들은 그렇지 않다."[39]

결국 선재하는 종말의 메시아에 대한 구약성서의 관점은 아마도 다소 불명료하다고 이해하는 것이 가장 좋다.[40] 이 특별한 측면에 대해 우리는 희미하지만 타당한 예상을 할 수 있다. 종말에 메시아의 특권적 통치와 다르게 그의 선재는 세부적으로 발전되지 않았다. 우리는 단지 이 방향을 가리킬 가능성이 있는 몇 가지 텍스트를 갖고 있을 뿐이다. 아마도 우리는 이 텍스트들을 일종의 궤도에 올려놓을 수 있을 것이다. 이 궤도의 종착점은 신약성서에서 볼 수 있듯이 메시아의 선재와 신성의 교리가 완전히 전개된 지점이다.[41] 따라서 구약성서의 계시는 (무엇보다도 사 9장에서) 신적 메시아에 대해 약간의 예상을 하고 있는 것 같다. 따라서 디모데전서 3:16의 찬송에서 4행과 5행이 언급하는 신적 그리스도에 대한 비밀은 구약성서에서 거의 감추어져 있었다. 비록 메시아의 신성에 대한 희미한 불빛이 구약성서에 전혀 비치지 않은 것은 아니지만 말이다.[42]

아들이 우리에게 주어졌다. 그리고 **그는 자신에게 주어지는 율법을 받고 그것을 지킬 것이다.** 그리고 그의 이름은 그 기묘한 조언자, 그 전능하신 왕, 영원히 존재하는 분 **앞에서** 불릴 것이다. 메시아의 **날에** 평화가 **우리에게 증가할 것이다.**"

39 John Oswalt, *The Book of Isaiah: Chapters 1-39*, NICOT (Grand Rapids: Eerdmans, 1986, 『NICOT 이사야 I』, 부흥과개혁사 역간), p. 246.
40 메시아의 선재에 대한 강조점을 포함할 가능성이 있는 몇몇 다른 텍스트는 시 110편 및 단 7장이다. 이 쟁점에 대한 추가 논의와 선재하는 인물에 대한 유대교의 기대에 대해서는 William Horbury, *Messianism Among Jews and Christians: Twelve Biblical and Historical Studies* (London: T & T Clark, 2003), PP. 58-63을 보라.
41 신약성서와 딤전 3장의 비밀과의 관계에서 예수의 신성의 기원에 대해 더 자세한 논의를 알려면, "그리스도의 신성의 기원"에 대한 추기를 보라.
42 *1 Enoch*는 선재하는 인물로서 "인자"를 다음과 같이 묘사한다. "그[인자]는 세상이 창조

새 창조의 시작으로서 그리스도의 부활

이 찬송은 선포와 신뢰의 대상으로서 신적 특권을 받는 신적 존재로 그리스도를 묘사할 뿐만 아니라 그를 새 시대의 시작으로 묘사한다. 비록 미묘하기는 하지만 이 마지막 특성은 1행과 2행에서 명백하게 나타난다.

1. 그는 육신으로 나타난 바 되시고(*hos ephanerōthē en sarki*)
2. 영으로 의롭다 하심을 받으시고(*edikaiōthē en pneumati*)

바울은 "육신"과 "영"이라는 흔히 언급되는 양극을 제시한다. 하지만 디모데전서 3:16에서 이 양극은 새 창조 또는 새 시대의 부활한 몸에서의 그리스도를 가리킬 것이다. 신약성서에서 이 쌍(육신과 영)에 가장 가깝게 상응하는 내용은 고린도전서 15:35-57에 나타난다. 따라서 디모데전서 3:16에 대한 우리의 논의에서 고린도전서의 이 구절을 해석의 잣대로 사용하면 가장 좋다. 두 본문 모두 계시된 비밀을 언급하는 것은 두 본문이 서로 매우 비슷함을 입증해주는 또 다른 증거다. 고린도전서 15장의 비밀에 대한 논의에서 우리는 고린도전서 15:51-52의 밝혀진 비밀은 신자들이 태어날 때부터 지니고 있던 몸이 영적인 몸으로 변화되는

되기 이전에, 그리고 영원히 (영들의 주님)의 면전에서 감추어져 있었다"(*1 En* 48.6). 이 텍스트와 비슷한 다른 텍스트들(참조. *1 En*. 62.7-9)은 이 인자를 창조 이전부터 존재하는 인물로 묘사한다. 아마도 *1 Enoch*는 (OG를 따라서, 또한 다른 곳에서 하나님에 대해 묘사할 때 사용되는 "구름을 타고 온다"는 것에 암시되어) 단 7:13의 인자를 땅으로 와서 통치하기 전에 처음에 하늘에서 존재했던 신적 존재라고 이해함으로써 이 개념을 발전시켰을 것이다. 비록 선재하는 이 인물이 구약성서나 유대교에서 대체로 발전되지 않았지만, 이 개념에 대한 몇 가지 선례가 있다. 유대교와 초기 기독교가 어떻게 종말에 올 통치자(인자, 하나님의 아들, 메시아, 주)에 대한 선재 개념을 발전시켰는지에 관한 자세한 논의를 알려면 다음을 보라. Simon J. Gathercole, *The Preexistent Son: Recovering the Christologies of Matthew, Mark and Luke* (Grand Rapids: Eerdmans, 2006).

것이라고 추측했다. 고린도전서 15:45에 의하면 그리스도는 성령을 통해 몸을 물리적인 영역에서 영적인 영역으로 변화시키는 존재다. 디모데전서 3장의 찬송에서 바울은 이 주제들을 염두에 두고 있는 것 같다. 하지만 여기서 바울은 오직 그리스도의 옛 시대의 몸이 새 시대의 변화된 몸으로 바뀌는 데에만 초점을 맞추고 있다.

우리가 앞에서 논의했듯이 아마도 1행은 성육신과 관련될 것이다. 그리스도는 눈으로 볼 수 있게 공개적으로 "육신으로 나타났다." 우리는 "육신으로"라는 전치사구가 그리스도가 사람들에게 알려진 방식을 암시해준다고 지적했다. 즉 그는 육신을 입은 인간이 되었다는 것이다. 하지만 핵심 단어인 **육신**은 구속사적인 존재 양식을 가리키는 것 같다.[43] 때때로 **육신**(*sarx*)이라는 용어는 "옛 시대"와 동일시되는 개인들과 관련된다(예. 롬 8:4-5, 12-13; 고후 1:17; 5:16; 10:2-3). 옛 시대는 최초의 사람인 아담의 영향력 아래 있다. 옛 시대와 동일시되는 존재와 대조적으로 "성령 안에" 있는 사람들은 "새 시대"에 참여한다(예. 롬 8:1-16; 갈 5:16-18, 22, 25). 그리스도의 삶, 특별히 그의 죽음과 부활은 새 시대가 시작되게 했다. 그리스도가 "육신으로 나타났다"는 주장을 통해 바울은 옛 시대에서 또는 최초의 사람인 (타락하기 이전의) 아담이 주도하는 시기에서의 그리스도의 존재 양식을 가리키고 있다. 이와는 반대로 사도 바울이 그리스도가 "영으로 의롭다 하심을 받으시고"라고 말할 때에는 그리스도의 새 창조적 존재가 맨 앞에 놓이게 된다. 더욱이 "영으로 의롭다 하심을 받으시고"[44]라는 구절은 십중팔구 그리스도의 부활에 대해 묘사한다. 곧

---

43 Towner, *Goal of Our Instruction*, p. 91도 보라.
44 성령은 그리스도에게 새로운 종말론적인 몸을 만들어줄 뿐만 아니라, 그리스도를 "옳다고" 또는 "의롭다고"(*dikaioō*) 한다(참조. 롬 1:4). 다시 말해서 하나님은 성령을 통한 부활에서 그 아들의 정당성을 입증해주셨다. 즉 그를 옳다고 또는 의롭다고 인정하셨다. 예수의 생애 전체를 통해 세상은 그를 비난했으며 그가 틀렸다고 간주했다. 하지만 하

성령이 그리스도의 몸을 옛 시대에 속한 존재 양식에서 새 시대에 속한 다른 존재 양식으로 변화시켰다는 것이다. 성령은 종종 종말의 생명을 주는 분으로 묘사된다.[45] 보스(Geerhardus Vos)는 로마서 1:3-4에 대한 논의에서 디모데전서 3장의 이 행들을 따라 자신의 주장을 전개한다. 여기서 보스는 "육신"과 "영"이 두 시대를 가리킨다고 주장한다. "['영'의 역사인] 부활은 새로운 질서의 시작이 지니는 특성이며, '육신으로' 태어나는 것은 옛 질서가 지니는 특성이다."[46]

시간적 양극(옛 시대의 몸과 새 시대의 몸)에 더해서 바울은 공간적인 구별(하늘과 땅)에 대해서도 언급한다. 우리는 앞에서 이 찬송의 형식과 관련해서 각각의 쌍은 공간적인 양극을 반영하고 있다고 언급했다.

a. 땅에 속한("육신")
b. 하늘에 속한("영")

b. 하늘에 속한("천사들")
a. 땅에 속한("만국")

a. 땅에 속한("세상")

나님은 성령의 권능을 통해 예수를 부활하게 하시고 예수가 옳으며 그에 대한 세상의 유죄 판결이 잘못되었다고 공개적으로 선포하셨다.

[45] 예를 들면 "예수를 죽은 자 가운데서 살리신 이의 영이 너희 안에 거하시면 그리스도 예수를 죽은 자 가운데서 살리신 이가 너희 안에 거하시는 그의 영으로 말미암아 너희 죽을 몸도 살리시리라"(롬 8:11); "율법 조문은 죽이는 것이요 영은 살리는 것이니라"(고후 3:6); "만일 능히 살게 하는 율법을 주셨더라면 의가 반드시 율법으로 말미암았으리라"(갈 3:21); "이는 우리를 하나님 앞으로 인도하려 하심이라. 육체로는 죽임을 당하시고 영으로는 살리심을 받으셨으니"(벧전 3:18).

[46] Geerhardus Vos, *Redemptive History and Biblical Interpretation: The Shorter Writings of Geerhardus Vos*, ed. Richard B. Gaffin Jr. (Phillipsburg, NJ: P & R, 2001), p. 105.

b. 하늘에 속한("영광")

이 관점의 중요한 의미는 1행과 2행에 철저하게 적용되어야 한다. 그리스도의 지상의 몸은 새 창조의 몸과 다르다. 하나님은 예수라는 인격 안에서 육신이 되셨다. 하지만 그의 몸은 새 하늘과 새 땅에 적합한 몸으로 변화되지 않았다. 이 땅의 존재 양식은 단순히 새 창조의 환경에 적합하지 않다.

고린도전서 15장에서와 마찬가지로 바울은 정확하게 이 주제를 취해서 공간적이고 시간적인 양극으로 구별되는 세 쌍에 대해 설명한다. 디모데전서 3장의 찬송에서 암시적으로 언급된 것은 고린도전서 15장에서 명백하게 제시된다. 고린도전서 15장에서 바울은 "육의" 몸과 "신령한" 몸을 구별한다. "육의[*psychikon*] 몸으로 심고 신령한[*pneumatikon*] 몸으로 다시 살아나나니 육의[*psychikon*] 몸이 있은즉 또 영의[*pneumatikon*] 몸도 있느니라.…그러나 먼저는 신령한 것[*to pneumatikon*]이 아니요 육의 것[*to psychikon*]이요, 그다음에 신령한 것[*to pneumatikon*]이니라"(고전 15:44, 46). 이 두 몸은 두 가지 존재 유형, 곧 땅의 유형과 하늘의 유형을 가리킨다.[47]

당면한 디모데전서 3장의 관심사로 돌아가보자. 고린도전서 15장에 대한 우리의 간략한 논의는 이 찬송의 처음 두 행의 의미를 결정하는 데 도움을 줄 것이다. 구약성서와 초기 유대교 문헌에서는 메시아가(또는 해당 사항과 관련해서 신자들이) 새로운 창조적 존재로 변화를 겪는다는 점

---

[47] "육의"(*psychikos*)라는 형용사는 딤전 3:16의 "육신"(*sarx*)과 거의 동의어다. 왜냐하면 이 두 단어는 존재의 타락한 영역을 가리키기 때문이다. 땅과 하늘의 양극에 대한 광범위한 논의에 대해서는 다음을 보라. Benjamin L. Gladd, *Revealing the Mysterion: The Use of Mystery in Daniel and Second Temple Judaism with Its Bearing on First Corinthians*, BZNW 160 (Berlin: Walter de Gruyter, 2008), pp. 245-60.

이 불분명하다. 고린도전서 15장의 비밀에 대한 우리의 논의에서 결론지었듯이,[48] 유대교는 의로운 이스라엘 사람들이 첫째 아담의 이미지로 새롭게 지음을 받는다고 기대했다. 곧 첫째 아담이 잃어버린 것을 다시 찾는다는 것이다. 바울은 디모데전서 3장에서 "옛 아담"과 "마지막 아담"이라는 표현은 사용하지 않는다. 그러나 바울은 그리스도의 몸과 신자들의 몸이 옛 시대에 살고 있는 사람들의 "이미지"를 넘어서 새 하늘과 새 땅에 적합한 몸과 일치되게 빚어질 것이라고 분명하게 밝힌다.

어떤 사람은 이스라엘의 부활에 대한 구약성서의 예언들이 그와 같은 변화를 암시한다고 추측할 수도 있을 것이다. 하지만 이것은 구약성서에서 명백하게 언급되지 않았다. 따라서 우리는 계시된 비밀의 이 측면이 구약성서에서는 대부분 감추어져 있었고 신약성서에서 비로소 계시되었다고 말할 수 있다. 게다가 이 찬송의 4행과 5행에서 그리스도가 세상의 나라들에 신성을 지닌 존재로 선포된다는 비밀에 대해 우리가 앞에서 설명한 내용을 머릿속에 떠올릴 때, 메시아가 처음에는 **옛 시대에 속한 것으로 확인되는 육신을 지닌 채 하나님과** 동일시되고, **나중에 이 육신은 새 창조의 썩지 않는 몸으로 변화된다**는 것은 구약성서에서 부분적으로 감추어져 있었다.

이 찬송에서 비밀의 일부분—특별히 1행과 2행에서—은 그리스도의 부활한 몸의 본질이다. **부활한 그리스도가 땅의 옛 존재에 속하는 몸을 입지 않고 훨씬 더 영광스러운 새로운 몸을 지니게 된다**는 것은 바울에게 주어진 새로운 종말의 계시다.

---

48 pp. 196-206을 보라.

결론

대부분의 주석가들이 동의하듯이 디모데전서 3:16의 찬송은 **비밀**의 내용을 구성하고 있다. 우리는 성육신이 이 찬송의 전체 내용에서 분명히 핵심을 차지하고 있음을 살펴보았다. 그리스도의 신성은 1행("그는 육신으로 나타난 바 되시고")에서 언급되지만, 우리는 그의 신적 존재가 이 찬송의 핵심에 놓여 있다고 주장한다. 바퀴의 중앙에서 바큇살들이 뻗어나오듯이 이 찬송의 두세 행은 그리스도의 신성과 연결되어 있다. 우리는 이 개념을 4행과 5행에서 입증했다. 4행은 그리스도가 "만국에서 전파되시고"라고 묘사한다. 우리가 관찰한 바에 의하면 구약성서는 하나님의 구원 역사에서 하나님을 선포의 대상으로 묘사하지만(예. 시 67:2; 98:2), 디모데전서 3:16은 그리스도를 선포의 대상으로 제시한다. 이와 같이 무게 중심이 만국에 선포된 야웨 하나님으로부터 **그리스도 자신**에게로 옮겨갔다. 5행에서도 그리스도는 "세상에서 믿은 바 되시고"라고 묘사된다. 구약성서는 이스라엘을 비롯해서 모든 사람이 오직 하나님만을 의지하고 신뢰해야 한다고 분명하게 밝힌다. 왜냐하면 하나님은 그분의 약속과 구원을 통해 자신을 계시해주셨기 때문이다(예. 창 15:6; 출 14:31). 하지만 디모데전서 3:16에서는 바로 그리스도가 믿음과 신뢰의 대상이다. 구약성서는 이와 같은 메시아의 역할을 분명하게 언급하지 않는 반면에 바울과 신약성서의 다른 저자들은 조금도 주저하지 않고 그리스도가 믿음과 신뢰의 대상이라고 쓰고 있다. 비록 구약성서가 어느 정도 예상하는 것처럼 보이지만, 신적이며 선재하는 메시아의 도래라는 이 가르침은 구약성서에서 거의 감추어져 있었다. 이는 마치 후대 해석자들을 위해 문을 조금 열어두고서 그들로 하여금 이 구약성서 텍스트로 다시 돌아와서 구약성서에서 "선재하는 메시아"가 정말로 기대되었음을 발견하게 하려는 듯하다.

비밀의 내용을 더 깊이 살펴보고 나서 우리는 그리스도의 새로운 창조적 존재 상태가 아마도 디모데전서 3:16에서 밝혀진 비밀의 일부분일 것이라고 결론지었다. "육신"과 "영"의 대조와 더불어 하늘과 땅이라는 공간적 양극에 대한 찬송의 강조점은 썩지 않는 새로운 창조로 넘어가는 종말의 변화가 1행과 2행에서 중요한 역할을 한다는 충분한 증거를 제공해준다.

우리는 디모데전서를 기록하는 데 있어 바울의 주요 관심사 중 하나가 거짓 가르침을 물리치려는 것임을 살펴보았다. 따라서 디모데전서 3:16에서 비밀의 역할은 에베소 공동체에서 이단을 물리치려는 것이었다. 왜냐하면 이 찬송은 디모데전서에서 중심 역할을 하기 때문이다. 어떤 이들은 신자들의 마지막 부활은 단지 영적인 형태로 이미 일어났으며 따라서 앞으로 몸의 부활은 없다고 가르치고 있었다. 그러므로 이 이단의 가르침은 신자들이 장차 부활의 몸을 지닌다는 사실을 부인한다. 해당 찬송에서 바울이 새 시대의 일부분으로서 그리스도가 부활의 몸을 지닌 채 부활했음을 강조하는 것은, 그리스도와 더불어 자신의 신분을 확인하는 사람들도 몸의 부활을 경험하게 된다고 암시하는 것처럼 보인다(참조. 딤후 1:10-11; 2:8-12, 19; 4:7-8, 18).[49] 이 강조점은 부활이 단지 영적인 특성만을 지녔다는 거짓 가르침을 무효로 만들 것이다. 디모데와 에베소 교회는 반드시 건전한 가르침을 굳게 지켜야 했다. 이 가르침의 핵심에는 그리스도와 그의 사역에 대한 확고한 관점이 있다. 곧 그리스도는 신성을 지닌 하나님의 아들이며 부활의 몸을 지니고 부활했다는 것이다. 디모데전서에 나오는 이단의 가르침은 아마도 고린도전서 15장에서

---

[49] 딤후 2:17-18에서 언급된 부활에 대한 이단의 가르침은 디모데전서에 나오는 이단의 가르침의 일부분인 것 같다. 이는 두 서신 모두 "후메내오"를 거짓 가르침과 연결하고 있다는 점에서 분명하다(딤전 1:19-20 및 딤후 2:17-18).

언급되는 것과 동일한 종류일 것이다. 바울은 고린도전서에서 사실상 동일한 답변을 제시했다(고전 15:12-23). 또한 바울의 대답은 비밀에 대한 바울의 이해와 연결되어 있었을 것이다(고전 15:45-55).

추기 9.1: 디모데전서 3:16에 나타난 그리스도의 신성과 비밀의 기원

그리스도의 신성의 기원은 신약성서 연구에서 가장 날카롭고 뜨거운 논쟁이 벌어지는 분야 중 하나다. 최근에 이 분야에 대한 연구서와 논문이 많이 나왔고 전혀 줄어들 기미를 보이지 않는다.[50] 이 격렬한 쟁점에 직접적인 영향을 미치는 것은, 신약성서의 일반적 배경과 그 발전에 대해 어떤 전제들을 가지는가 하는 것이다. 이른바 "종교사학파"가 일찍부터 발전시킨 것처럼, 신약성서 저자들은 주로 그리스-로마 세계와 이교도의 신격화 개념에서 도움을 받고 있는가?[51] 최근에 이 견해는 상당히 약화된 반면에 많은 학자는 구약성서와 초기 유대교가 신약성서의 기독론을 형성한 주요 배경이라고 주장한다. 이 범주 안에서 몇몇 견해가 전체 스펙트럼에 모습을 나타낸다. 어떤 학자들은 그리스도의 신성을 신약성서에서 나타나는 후기 현상으로 간주하는 발달적 견해를 선택한다.[52] 반

50　다양한 접근 방법에 대한 전반적인 요약에 대해서는 Larry W. Hurtado, *How on Earth Did Jesus Become a God? Historical Questions About Earliest Devotion to Jesus* (Grand Rapids: Eerdmans, 2005), pp. 13-30을 보라.
51　Wilhelm Bousset, *Kurios Christos: A History of the Belief in Christ from the Beginnings of Christianity to Irenaeus*, trans. J. E. Steely (Nashville: Abingdon, 1970).
52　Maurice Casey, *From Jewish Prophet to Gentile God: The Origins and Development of New Testament Christology* (Cambridge: James Clarke, 1991); James D. G. Dunn, *Unity and Diversity in the New Testament: An Inquiry into the Character of Earliest Christianity*, 3rd ed. (London: SCM Press, 2006), pp. 243-44.

면에 다른 학자들은 그와 같은 관점이 기독교의 가장 이른 시기에 생겨났으며 사실 예수 자신이 그와 같이 선포했다고 주장한다. 게다가 예수의 신성이 개념적인 측면에서 구약성서나 초기 유대교의 어디에 뿌리를 내리고 있는가라는 질문에 대해 의견 일치가 전혀 이루어지지 않고 있다. 천사들의 존재와 구약성서의 몇몇 족장이 하늘로 올라간 이야기가 그 배경을 제공하는가?[53]

보컴(Richard Bauckham)은 예수가 유대교의 유일신론에 놀라울 정도로 적합하다고 주장하면서 이 쟁점에 빛을 비추었다. 몇몇 학자들과 달리 보컴은 구약성서와 초기 유대교가 하나님과 천사들 또는 하늘로 올라간 족장들 사이에 모호한 점을 전혀 허락하지 않는다고 주장한다. 즉 관련 문헌은 반(半)신적 존재들을 위한 여지를 전혀 남겨두지 않는다는 것이다. 보컴은 예수의 신성에 대한 배경은 유대교의 유일신론에 뿌리를 두고 있다고 주장한다. 곧 그리스도는 유일무이한 존재인 야웨 자신과 동일시된다는 것이다. 그는 다음과 같이 주장한다. "유대교의 유일신론과 고기독론이 초기 기독교 운동에서 양립할 수 있었던 핵심적인 방식은 유대교의 유일신론이 모호한 반신적 존재들에게 여지를 남겨두었다는 주장이 아니라, 한 분이신 하나님의 유일무이한 정체성에 대한 유대교의 이해가 예수를 그 정체성 안에 포함시키는 데 여지를 남겨두었다는 인식이다."[54]

---

53 Larry W. Hurtado, *Lord Jesus Christ: Devotion to Jesus in Earliest Christianity* (Grand Rapids: Eerdmans, 2003, 『주 예수 그리스도』, 새물결플러스 역간), pp. 27-53.
54 Richard Bauckham, *Jesus and the God of Israel: God Crucified and Other Studies on the New Testament's Christology and Divine Identity* (Grand Rapids: Eerdmans, 2008), p. 20. 그의 이전 연구서인 *God Crucified: Monotheism & Christology in the New Testament* (Grand Rapids: Eerdmans, 1998)도 참조하라. 이 연구서의 내용 대부분은 나중에 출판된 그의 책에서 다시 다루어졌다.

만약 보컴의 견해가 옳다면 그리스도의 신성의 배경은 천사들이나 훌륭한 족장들을 묘사하는 텍스트가 아니라, 야웨 하나님의 유일무이한 성품과 행위를 설명하는 구절들을 종합적으로 분석하는 데 있다. 야웨의 유일무이성과 그의 구속사적인 행위가 이곳저곳에서 언급된다는 점을 고려할 때, 야웨에 대해 묘사하는 구약성서와 초기 유대교의 텍스트를 샅샅이 찾아내야 할 필요는 없다. 왜냐하면 야웨에 대해 명백하게 또는 암시적으로 언급하는 텍스트들은 해당 문헌 전체에서 대단히 많이 발견되기 때문이다. 또한 보컴은 야웨가 주로 두 가지 측면에서 모든 피조물과 구별된다고 주장한다. 곧 오직 하나님만이 우주를 **창조하시고** 또한 **다스리신다**. 이와 같은 특권은 오직 야웨 하나님에게만 적용된다.

신약성서, 특별히 복음서와 요한계시록은 오직 하나님만이 행하시는 행위와 그만이 소유하시는 특성을 자주 그리스도에게 돌린다.[55] 신약성서가 절대 주권에 기초한 통치와 창조적인 권위를 그리스도에게 부여하는 것은 우연의 일치가 아니다.[56] 대체로 신약성서는 예수의 생애, 사명 및 정체성을 구약성서에서 언급되는 이스라엘의 하나님과 연결한다. 그럼에도 우리는 반드시 다음 사실을 인정해야 한다. 곧 **구약성서와 초기 유대교는 신적이며 선재하는 메시아가 온다는 개념을 발전시키지 않았다.**

---

[55] 복음서에서 이 관점으로 논의를 전개하는 예에 대해서는 Rikki Watts, *Isaiah's New Exodus in Mark*를 참조하라. 바울에 있어서 이 주제와 관련한 연구는 다음을 보라. David B. Capes, *Old Testament Yahweh Texts in Paul's Christology*, WUNT 47 (Tübingen: Mohr Siebeck, 1992). 요한계시록에 대해서는 다음을 보라. G. K. Beale, *The Book of Revelation: A Commentary on the Greek Text*, NIGTC (Grand Rapids: Eerdmans, 1998), pp. 209-14. Bauckham, *Jesus and the God of Israel*, pp. 186-91도 바울 서신에서 그리스도에게 적용된 것으로서 야웨를 언급하는 구약성서 텍스트에 대한 유익한 목록을 제공해준다.

[56] 예를 들면 골 1:15-16은 이 두 가지 특성을 모두 포함하고 있다. 즉 "그[그리스도]는 보이지 아니하는 하나님의 형상이시요 모든 피조물보다 먼저 나신 이시니 만물이 그에게서 창조되되"라고 말한다(참조. 고전 10:26). 신약성서에서 다른 많은 본문도 그리스도의 절대 주권적 통치에 대해 말한다(예. 행 2:36; 3:20; 5:42; 8:5; 고전 15:24-28; 엡 1:20-23; 빌 2:6-11; 골 1:20; 벧전 3:22; 계 5:11-14).

다시 말해서 구약성서나 초기 유대교는 메시아의 존재 및 행위를 야웨의 그것과 명백하게 동일시하지 않았다. 우리에게는 단지 그와 같은 방향을 가리키는 몇몇 텍스트(예. 사 9장)가 남겨져 있을 뿐이다. 따라서 디모데전서 3:16에서 언급되는 개념은 구약성서에서 **대부분** 감추어졌던 비밀에 대한 계시다.

제10장
:
요한계시록의 비밀 사용

바울은 디모데에게 복음을 가르치는 데 계속해서 헌신하라고 권면한다. 복음의 핵심 내용은 디모데전서 3:16의 찬송에서 구체적으로 언급된다. "경건의 비밀"이라고 불리는 찬송은 복음에서 그리스도의 성육신이 중심 역할을 한다고 강조한다. 비록 구약성서가 신적이며 선재하는 메시아의 도래를 함축적으로 내다보기는 했지만, 이 개념은 구약성서에서 대부분 감추어져 있었고 발전되지 않았다.

마찬가지로 그리스도가 새 창조의 몸으로 존재하는 것은 디모데전서 3:16의 찬송에서 비밀의 일부분이다. 바울이 "육신"과 "영"의 대조와 더불어 땅과 하늘의 공간적인 양극을 강조하는 것도 이 찬송의 처음 몇 절에서 종말의 변화가 비밀의 내용의 일부분을 형성하고 있음을 암시한다.

이 책의 4장에서 9장까지 바울 문헌의 비밀 사용에 대해 다루었는데 이제 우리는 요한계시록의 **비밀** 사용에 대해 탐구하고자 한다. 디모데전서 3:16의 찬송은 그리스도의 인격에 초점을 맞추고 있는 반면에 요한계시록에서 **비밀**이라는 용어는 종말의 구체적인 사건들에 적용된다. 어떤 학자들은 요한계시록의 **비밀** 사용은 신약성서의 다른 곳에서 비밀이 나타나는 것과 다르다고 주장한다. 예를 들면 바커(G. W. Barker)는 다음과 같이 선언한다. "요한계시록의 비밀 사용은 대체로 바울에게서 발견되는 것과 차이가 있다. 요한계시록의 비밀은 덜 신중하게, 그 의미는 덜 정확하게 사용된다."[1] 신약성서의 **비밀**을 연구하는 학자들은 대체로 요한계시록에서 그 내용을 정확하게 파악하는 데 가장 큰 어려움을 느낀다. 이런 연구는 비밀이라는 용어를 포괄적인 의미로 모호하게 정의하는 경향이 있다. 비록 많은 주석가가 요한계시록에 나타나는 **비밀**의 배경이 다니엘서라고 올바르게 인식하고 있지만, 그들은 계시된 비밀의 내용을 정확하게 정의하지 못한다. 따라서 우리는 비밀이라는 용어가 나타날 때마다 그것의 전후 문맥을 어느 정도 자세하게 분석하고 관련된 텍스트와 주제를 살펴봐야 한다.[2]

요한계시록은 신약성서의 다른 어느 책보다도 "마지막 날" 동안에, 즉 기원후 1세기부터 그리스도가 다시 올 때까지의 기간에 일어나는 사건들을 마치 그림을 보는 것처럼 묘사해준다. 요한계시록에서 더욱 주목할 만한 특징 중 하나는 요한계시록이 구약성서의 예언을 새롭게 쓴다는 점이다. 고대 예언자들의 어깨 위에 선 채 요한은 구약성서의 기대를 언급하며 그것을 어느 정도 다시 쓰고 있다. 이를 통해 요한은 자신이 구약성서 예언자들과 자기 자신의 예언적 통찰 사이에서 연속성과 불연속성을 어떻게 이해하는지에 대해 우리에게 통찰력을 제공해준다. 그렇다면 요한은 특별히 구약성서의 어떤 사건들에 대해 독자들에게 통찰력을 더 제공해주는가? 교회는 이와 같은 더 깊은 계시 또는 비밀에 어떻게 반응해

---

1   G. W. Barker, "Mystery," in *ISBE* 3:454.
2   이 장의 내용은 주로 다음 주석서에 기초하고 있다. G. K. Beale, *The Book of Revelation: A Commentary on the Greek Text*, NIGTC (Grand Rapids: Eerdmans, 1998).

야 하는가?

요한은 **비밀**(*mystērion*)이라는 용어를 요한계시록에서 네 번, 즉 1:20, 10:7, 17:5, 7에서 사용한다. 요한계시록의 종말론적인 특성과 이 책이 다니엘서에 빚지고 있다는 점을 고려할 때, 여기에 이 전문 용어가 나타나는 것은 전혀 놀랍지 않다.[3]

요한계시록 1:20에 소개된 일곱 별의 비밀

전후 문맥. 요한계시록에서 **비밀**이라는 단어는 1:20에 처음 나타난다.

> 그러므로 네가 본 것과 지금 있는 일과 장차 될 일을 기록하라. 네가 본 것은 내 오른손의 일곱 별의 비밀과 또 일곱 금 촛대라. 일곱 별은 일곱 교회의 사자요, 일곱 촛대는 일곱 교회니라.

요한계시록 1장은 세 부분, 곧 1:1-3, 4-8, 9-20로 명확하게 나뉜다. 첫 번째 부분(계 1:1-3)인 머리말은 요한이 본 환상들이 증언을 위한 목적으로 계시되었으며 이는 결과적으로 큰 복을 가져올 것임을 밝힌다. 여기서 주요 강조점은 이 책을 읽고 또 읽는 것을 들음으로써 얻게 되는 복이다. 요한계시록 1:4-8은 인사말을 구성하는데 여기서 요한은 절대 주권을 지니신 성부와 성자와 성령을 대신해서 교회들에게 문안한다. 예수의 구원 사역은 교회에 새로운 지위와 신분을 가져다주었다. 이 중간

---

[3] 다음을 보라. G. K. Beale, *The Use of Daniel in Jewish Apocalyptic Literature and in the Revelation of St. John* (Lanham, MD: University Press of America, 1984); G. K. Beale, *John's Use of the Old Testament in Revelation*, JSNTSup 166 (Sheffield: Sheffield Academic Press, 1998).

부분의 목표는 하나님이 모든 영광과 존귀를 받으시는 것이다(계 1:8). 왜냐하면 하나님과 그리스도는 절대 주권을 지니신 통치자이기 때문이다. 그리고 요한계시록 1:9-20은 요한이 기록하여 교회들에 보내야 하는 사명을 받는 내용을 요약적으로 알려준다. 이 사명은 그리스도가 환상 속에서 신적 모습으로 나타난 것에 기초하고 있다. 그리스도는 죽음을 이긴 결과로써 우주적인 심판자, 제사장, 교회의 통치자로 임명되었다.

요한계시록 1:12-20에서 언급되는 환상은 구약성서와 유대교 묵시문학에서 묘사되는 환상의 전형적인 유형을 따르고 있다. 맨 처음에 본 환상(계 1:12-16) 다음에 선견자의 반응이 뒤따르고 환상에 대한 해석이 제시된다(계 1:17b-20). 많은 학자가 요한계시록 1:20만을 공식적인 해석으로 간주하지만, 환상에 대한 해석은 실제로 요한계시록 1:17b("두려워하지 말라. 나는 처음이요 마지막이니")에서 시작된다. 요한계시록 1:17b-20은 사실 전체 단락의 의미를 이해하기 위해 대단히 중요하다. 왜냐하면 해당 구절이 공식적인 해석 부분을 구성하고 있기 때문이다.

요한계시록 1:12-20에서 언급되는 환상은 앞서 요한계시록 1:1-9에서 발견되는 고난, 하나님 나라 및 제사장 직분에 대한 주제를 발전시킨다. 요한계시록 1:12-16에서 그리스도는 하늘에 있는 종말의 제사장, 통치자, 심판자로 묘사된다. 해석 부분은 죽음에 대한 그리스도의 승리가 그에게 이 직분들을 가져다주었다는 점과(참조. 계 1:17b-18), 이 부분에서 그의 왕권은 주로 그가 교회를 다스리심과 관련된다는 점을 드러낸다. 환상을 포함하는 더 광범위한 단락인 요한계시록 1:9-20의 전반적인 기능은 부활 및 승천한 그리스도가 요한에게 목격하는 모든 환상을 기록하라고 사명을 부여하는 역할을 한다. 부활 및 승천한 그리스도는 요한계시록 1:10-11에서 요한에게 사명을 주며, 요한이 이 사명을 완수하는 데 용기를 내라고 권면하는 근거로서 그리스도 자신의 신적 자격 요건과 구원 사역을 제시한다(계 1:17). 또한 이 자격 요건은 요한에게 사명을 부여하는 그리스도의 권한을 정당화한다(계 1:12-18). 이 권면(계 1:17, "두려워하지 말라")과 자신의 권위에 기초해 그리스도는 요한계시록 1:19에서 또다시 사명을 지시하는데, 요한에게 환상을 보는 그의 경험을 기록하라고 말한다. 곧 "그러므로 네가 본 것과 지금 있는 일과 장차 될 일을 기록하라." 요한에게 사명이 주어지는 부분의 마지막 절인 요한계시록 1:20에서 그리스도는 종말의 하나님 나라에서 교회라는 존재의 **특성**과 그 **역할**을 강조한다. 또한 이 구절에서 그리스도는 이전 환상에서 본 별과 촛대들이 해석을 필요로 하는 "비밀"임을 계시한다. 그리스도가 제시하는 해석은 교회에 대해 두 가지 뚜렷한 특성을 밝혀준다. 곧 하늘의 천사들은 지상 교회를 대표하며 일곱 촛대는 땅에 있는 교회를 상징하는데, 이는 하늘에도 존재하고 있다.

비밀의 내용. 요한계시록 1:20에서 비밀의 내용은 두 가지 상징과 연결되며,[4] "천사들과 교회들"로 해석되는 별과 촛대들의 감추어진 의미를 언급한다. 여기서 "비밀"은 단순히 촛대(=교회)와 별(=천사)의 상징적인 의미를 밝혀주고 있는가? 그럴 수도 있다. 하지만 우리는 여기에 더 깊은 의미가 들어 있다고 생각한다. 왜 그런가? 우리가 이제까지 이 연구서에서 살펴본 것을 머릿속에 떠올려보면 신약성서 전체에서 "비밀"은 직접적으로 구약성서의 예언들과 연결되어 있다. 또한 **비밀**이라는 용어의 사용은 이 예언들과 관련되며 종종 이 예언들이 어느 정도 기대하지 못한 방법으로 성취되기 시작했음을 나타낸다. 우리가 곧 살펴보겠지만 요한계시록 1:20에서 "비밀"의 사용은 우리가 검토했던 신약성서의 다른 용례들과 일치한다. 따라서 우리가 곧 살펴보겠지만 요한계시록 1:20에서

---

[4] H. Krämer, "μυστήριον," in *EDNT*, 2:449도 보라.

mystērion("비밀")이라는 용어는 구약성서 텍스트(단 2장)에서 취한 것이다. **비밀**을 사용하는 목적은 예언의 성취와 예언에 대한 기대의 반전이라는 아이러니한 특성을 강조하려는 것이다. 요한계시록 1:20에서 계시된 비밀이 나타내는 것은 다음과 같다. 즉 지상 교회(촛대들)와 교회에 상응하는 하늘의 천사들(별들)은 다니엘 2장과 7장에서 기대된 하나님 나라뿐만 아니라 스가랴 4장의 성전 예언이 기대하지 못한 방식으로 성취되기 시작하는 일부분이라는 것이다. 다시 말해서 요한계시록 1:20에서 계시된 비밀에는 다음 두 가지 주제가 함께 결합되어 있다. 곧 종말의 성전으로서의 교회와, 다니엘서에서 예언된 대로 교회가 종말의 하나님 나라에 참여하는 것이다.[5]

하나님의 임재로서의 촛대. 요한계시록 1장에 나타나는 종말론적인 성전의 독특하고 "신비스러운" 형태는 추가로 자세한 설명을 요구한다. 요한계시록 1:12에서 요한이 본 첫 번째 이미지는 촛대의 이미지다. 곧 "몸을 돌이켜 나에게 말한 음성을 알아보려고 돌이킬 때에 일곱 금 촛대를 보았는데"라고 말한다. 우리는 앞에서 "일곱 촛대"는 교회를 상징한다고 지적했다(계 1:20). 일반적으로 촛대에 대한 구약성서 배경은 출애굽기 25장, 37장 및 민수기 8장에 위치한다. 하지만 요한계시록 1장에서 촛대 이미지는 더욱 구체적으로 스가랴 4:2, 10에서 유래한다.[6]

---

5   Grant R. Osborne은 *Revelation*, BECNT (Grand Rapids: Baker, 2002, 『BECNT 요한계시록』, 부흥과개혁사 역간), p. 98에서 다음과 같이 주장한다. 곧 비밀은 대체로 두 가지 상징의 의미가 아니라 환상 전체를 포함하고 있다. 그런데 Barker는 다음과 같이 부정확하게 말한다. "계 1:20에서 비밀은 계시의 특성과 출처를 가리킨다.…이 자료는 신학적인 것이 아니라 권면 및 실천과 관련된 것이다"("Mystery," p. 454; 참조. C. Brown, "Secret," in *NIDNTT*, 3:505). 이와 비슷하게 Raymond Brown은 이렇게 결론짓는다. "비밀은 하나님의 신비스러운 섭리에서 특별한 역할을 하는 어떤 것을 가리킨다." 참조. Raymond Brown, *The Semitic Background of the Term "Mystery" in the New Testament*, BS 21 (Philadelphia: Fortress, 1968), p. 36. 하지만 Brown은 여기서 "어떤 것"이 구체적으로 무엇을 의미하는지를 밝히지 않는다.

전후 문맥을 볼 때 스가랴 4:2-6에서 언급되는 일곱 등잔이 달린 등잔대는 은유적인 의미를 지닌다. 곧 "내[스가랴]가 보니 순금 등잔대가 있는데 그 위에는 기름 그릇이 있고 또 그 기름 그릇 위에 일곱 등잔이 있으며 그 기름 그릇 위에 있는 등잔을 위해서 일곱 관이 있고"(슥 4:2)라고 말한다. 성전 기구의 일부분으로서 등잔대는 성전 전체를 나타내며 나아가 성전은 신실한 이스라엘을 상징한다(참조. 슥 4:6-9). 참이스라엘은 반드시 [이 땅의] 힘이나 능력으로가 아니라 "오직 나[하나님]의 영으로" 살아야 한다(슥 4:6). 등잔대는 하나님이 계신 곳에 서 있었고 그 등잔대의 불빛은 분명히 하나님의 영광스러운 임재를 상징했다(민 8:1-4을 보라).[7]

이와 비슷하게 스가랴 4:2-5에서 언급되는 등잔대의 등잔들은 스가랴 4:6에서 이스라엘(등잔대)에게 권능을 부여하는 하나님의 임재를(또는 성령을) 상징하는 것으로 해석되었다.[8] 하나님이 그와 같이 능력을 부어주셔서 집중적인 반대에도 불구하고(슥 4:6-9) 이스라엘 백성이 성전을 재건하는 일을 완성하게 하실 것이다. 이와 같은 방식으로 참이스라엘인 교회는 세상의 반대에 대항함에 있어 하나님의 보좌 앞에 있는 신적 존재인 성령으로부터[9] 힘을 얻을 것이다. 스가랴서에서 눈에 보이는 성전을 재건할 때 반대에 직면했듯이, 새 성전이 영적으로 세워져가는

---

6 슥 4장에 대한 더 자세한 논의는 G. K. Beale, *The Temple and the Church's Mission*, NSBT 17 (Downers Grove, IL: InterVarsity Press, 2004), pp. 320-28을 보라.

7 출 25:30-31에서 등잔대는 "진설병" 다음에 곧바로 언급된다(참조. 출 40:4; 왕상 7:48-49).

8 *Targ. Ps-Jon. on* 레 24:2-4은 이스라엘 안에 하나님의 영광이 거하는 것을 등잔대에 붙어 있는 일곱 등잔이 계속해서 불빛을 비추는 것과 직접 연결한다. 쿰란 공동체의 의의 교사는 적대자들의 활동에도 불구하고 다음과 같이 단언한다. 그는 "빛을 일곱 배로 비출 것이다.…왜냐하면 당신께서 나에게 영원한 빛이시며 당신께서 내 발을 견고하게 세우셨기 때문이다"(1QH 7.24-25). 이와 마찬가지로 일곱 촛대(교회들)의 촛불(성령)이 계속해서 타오르는 것은 그리스도의 임재(계 1:14의 옛적부터 항상 계신 이)가 교회들과 지속적으로 함께 하며 교회들을 영적으로 보호해준다는 것을 의미할 것이다.

9 슥 4장과 마찬가지로 계 1:4 및 4:5에서 일곱 등불은 성령으로 확인된다(계 1:4을 보라).

일도 반대에 직면한다.[10] 요한계시록 11:4은 하나님이 교회와 함께 하심을 묘사하면서 촛대 개념을 강조한다. 즉 "그들은 이 땅의 주 앞에 서 있는…촛대니"라고 말한다. 더욱이 요한계시록 11:1-2[11]에서 교회는 이미 "하나님의 성전"으로 확인되었다. 따라서 요한계시록 11:4에 묘사된 촛대의 이미지는 이 성전에 대한 더욱 자세한 설명이다. 살아 있는 성전과 촛대의 일부분으로서 두 증인에 대한 반대에도 주목하라(계 11:5-10).

요한계시록 1:20에 나오는 촛대의 배경으로서 스가랴 4장을 염두에 둔 채 촛대로 묘사되는 일곱 교회는 종말에 성전이 시작됨을 구성한다.[12] 궁극적으로 교회는 그리스도와 동일시된다. 그리스도의 부활은 새 성전의 기초를 형성한다(요 2:19-22; 참조. 계 21:22). 일곱 등불은 "촛대" 또는 교회에게 세상의 빛으로서 증언하도록 능력을 제공해준다. 따라서 악한 세력은 하나님의 영광스러운 성전을 무너뜨리지 못할 것이다. 요한계시록 11:1-13은 촛대들이 참성전과 하나님의 백성의 총체로서, 그리스도의 부활과 재림 사이 기간에 증언하는 교회를 상징하고 있음을 확인해준다. 스가랴서에서 하나의 등잔대가 언급되지만 요한계시록에서 일곱 촛대로 바뀌는 것은 요한계시록의 편지들이 종말을 향해 점점 더 나아가는 전체 교회를 의도하고 있을 뿐만 아니라 참이스라엘은 더 이상 한 나라에 국한되지 않고 모든 민족을 포함하고 있음을 강조하고 있다.

그렇다면 교회가 종말의 성전이 되는 것과 관련하여, 요한계시록 1:20에서 계시된 비밀은 무엇인가? **교회라는 새로운 영적 성전은 보잘것없고 연약하며 세상의 반대에 의해 상처 입기 쉬운 것처럼 보인다.** 반면에

---

10 계 1:9에서 처음으로 언급되는 반대에 주목하라. 이는 편지들(예. 계 2:8-11, 13; 3:9-10)과 요한계시록 전체에 걸쳐서 전개된다.
11 Beale, *Revelation*, pp. 556-71을 보라.
12 다른 곳에서 초기 기독교는 교회를 하나님의 성전이라고 확인해준다. 참조. 고전 3:16-17; 6:19; 고후 6:16; 엡 2:21-22; 벧전 2:5; Ign., *Eph*. 9; 15.

구약성서의 부분들은 메시아가 와서 새로운 창조가 빚어질 때 종말의 성전이 물질적인 구조를 지니게 되리라고 예상하는 것 같다(예. 겔 40-48장; 학 2:9을 보라).[13] 그러나 이 계시된 비밀은 완전히 새로운 것이 아니다. 왜냐하면 스가랴 4장도 성전 건축을 가리켜 위대한 가능성을 내다보는 작은 사업이라고 묘사하기 때문이다. 게다가 구약성서의 몇몇 구절도 비물질적인 종말론적 성전을 내다보고 있는 것 같다(예. 렘 3:16-17; 슥 1:16-2:13).[14] 신약성서의 관점에서 볼 때 어떤 구약성서의 예언들은 물질적인 성전을 예고하는 것처럼 보인다. 반면에 다른 구약성서의 예언들은 하나님의 특별한 임재를 나타내는 영적 성전을 기대하는 것 같다. 따라서 성전에 대한 예언들은 서로 명백하게 일치하지 않는 **것 같다**는 결과가 나온다. 신약성서의 관점은 구약성서의 모호한 그림을 명확하게 한다. 다시 말해서 다음 내용은 구약성서에서 부분적으로 감추어져 있었다. 즉 종말의 성전은 물질적으로는 큰 손실을 입지만 영적으로는 결코 무너지지 않을 신실한 신자들의 공동체에서 성취될 것이다.

환난과 하나님 나라. 요한계시록 1:20에서 계시된 비밀은 종말의 성전인 교회에 관심을 기울일 뿐만 아니라 교회가 참여하는 하나님 나라의 특성도 포함하고 있다. 구약성서에서(특히 단 7장에서) "환난"과 "나라"라는 개념은 서로 구별되어 논의되었다. 하지만 놀랍게도 요한계시록 1:9에서 이 두 개념은 다음과 같이 아이러니한 개념으로 통합되었다. "나 요한은 너희 형제요, 예수 **안에 있는** 환난과 나라와 참음에 동참하는 자라." 환난을 참고 견딤으로써 신자들은 보이지 않는 나라에서 자신들의 통치권을 행사한다. 이는 예수에게 일어난 일과 똑같다(계 1:9에 "예수 안

---

[13] Beale, *Temple and the Church's Mission*, pp. 123-67.
[14] 겔 40-48장에서 묘사되는 성전에 대한 예언도 비물질적인 성전을 예언하는 것으로 이해할 수 있을 것이다(Beale, *Temple and Church's Mission*, pp. 335-64을 보라).

에 있는"이라는 표현에 주목하라). 우리는 마태복음과 다른 곳에서 언급되는 계시된 비밀에 대한 우리의 논의에서 이 주제들의 명확한 결합을 살펴보았다. 마태복음에서 예수는 자신의 가르침에 "천국의 비밀"이라는 이름을 붙인다. 그렇게 부르는 이유는, 종말의 하나님 나라가 두 단계로 또는 이미-그러나-아직의 방식으로 성취된다는 것은 구약성서에서 부분적으로 감추어져 있었기 때문이다. 종말의 나라에 대한 예수의 가르침은 그 나라가 성취되기 시작하는 것과 그 나라 안에 있는 사람들이 이방 나라 및 악과 공존한다는 점에서 구약성서와 유대교에서 언급하는 종말의 나라에 대한 개념과 다르다.[15] 고린도전서 2장에서 계시된 비밀은 십자가에 못 박혔지만 높임을 받은 왕적인 메시아다. 예수는 십자가에서 부끄러운 죽음을 당했지만 동시에 그는 최고 통치자다. 곧 예수는 패배의 가장 깊은 곳에서 통치한다. 예수는 저주를 받은 바로 그 순간에도 왕이다. 이것이 가능하다는 개념은 구약성서에서 발전되지 않았다.

그러므로 **비밀**과 관련하여 요한계시록 1:20에서 이 주제를 또다시 발견하는 것은 전혀 놀랍지 않다. 요한계시록 1:6은 종말의 나라에서 신자들이 누릴 시민권을 다음과 같이 기꺼이 단언한다. "그의 아버지 하나님을 위하여 우리를 나라와 제사장으로 삼으신 그에게 영광과 능력이 세세토록 있기를 원하노라." 그리스도의 죽음과 부활(계 1:5)은 두 가지 직분, 즉 그리스도 자신(계 1:13-18)뿐만 아니라 신자들의 직분도 확립했다. 신자들이 그리스도의 부활 및 왕의 신분과 동일시되는 것(계 1:5a)은 그들 역시 부활했으며 지금 그리스도와 함께 통치하고 있음을 의미한다. 그리스도는 "땅의 왕들의 통치자이시며…[그래서] 그는 그들을 나라로 만드셨다"(계 1:5-6, NASB). 신자들은 그리스도의 죽음 및 부활과 더불어 자신

---

15 구약성서와 초기 유대교의 하나님 나라 주제에 대해서는 pp. 111-22을 보라.

들의 신분을 확인함으로써 그리스도의 나라에 참여하는 기쁨을 맛보며 그의 제사장 직분에 동참한다.

계속해서 요한은 **어떻게** 성도들이 이 나라에 참여하는가에 대해 묘사한다. 곧 오래 참으며 환난을 끝까지 견딤으로써 이 나라에 동참한다(계 1:9). 요한과 교회들은 현재 예수의 나라에서 함께 통치한다. 하지만 이는 대부분의 유대인들이 예상하지 못한 나라다. 이 나라에서 통치를 행사하는 일은 오직 신자가 환난을 끝까지 신실하게 참고 견딤으로써 시작되고 지속된다. 이와 같이 환난을 참고 견디는 일은 지금 예수와 함께 통치하는 수단이 된다. 신자들은 그리스도의 나라에서 단지 백성만 되는 것이 아니다. "동참하는 자"(계 1:9)라는 표현은 성도들이 환난을 견디는 일뿐만 아니라 환난의 한가운데서 통치하는 일에도 능동적으로 참여할 것을 강조한다. 이 왕권은 죽음에서 강화되며(예. 계 2:10-11) 예수의 최종 재림에서 완성될 것이다(참조. 계 21:1-22:5). 이와 같이 아이러니한 통치권의 행사와 고난은 그리스도가 보여준 모델에 기초한 것이다. 그는 하늘에서의 통치를 성취하기 위해 높임을 받기에 앞서 고난과 죽음을 견딤으로써 땅에서 자신의 감추어진 왕권을 드러냈다(참조. 계 1:5). 그리스도가 고난을 통해 감추어진 방식으로 통치한 것과 마찬가지로 그리스도인들도 그렇게 행한다.

그 나라에서 통치하는 이들은 동시에 환난을 경험한다. 사실상 그 나라에서의 통치는 부분적으로 환난을 참고 견딤으로써 일어난다. 요한계시록 1:13-16, 20은 "인자"가 그의 나라에 있는 연약하고 고난 받는 교회들(촛대들) 사이에서 절대 주권을 **지금** 행사하고 있음을 보여준다. 또한 이 구절들은 다니엘 7장에서 기대했던 나라가 예상하지 못한 형태로 성취되기 시작했음을 분명하게 드러내준다.

아마도 다니엘서는 구약성서의 다른 어떤 책보다 종말의 나라가 박해와 환난 **다음에** 도래함을 잘 입증해준다. 예를 들면 다니엘 7장은 이 관점을 자세하게 표현하고 있다.[16] 다니엘 7:24-25에 의하면 한 왕이 일어나서 "지극히 높으신 이를 말로 대적하며 또 지극히 높으신 이의 성도를 괴롭게 할" 것이다. 다니엘 7:26은 종말에 있을 대적자의 최후에 대해 "그러나 심판이 시작되면 그는[그 왕은] 권세를 빼앗기고 완전히 멸망할 것이요"라고 말한다. 일단 그가 죽고 나면 의로운 이스라엘 사람들은 다음과 같이 완성된 나라를 기업으로 받을 것이다. 곧 "나라와 권세와 온 천하 나라들의 위세가 지극히 높으신 이의 거룩한 백성에게 붙인 바 되리니, 그의 나라는 영원한 나라이라. 모든 권세 있는 자들이 다 그를 섬기며 복종하리라"(단 7:27). 이와 비슷하게 다니엘 12:1-3도 환난과 심판, 그다음 완전한 축복/나라의 도래라는 동일한 패턴을 따르고 있다.

> 그때에 네 민족을 호위하는 큰 군주 미가엘이 일어날 것이요, 또 환난이 있으리니 이는 개국 이래로 그때까지 없던 환난일 것이며, 그때에 네 백성 중 책에 기록된 모든 자가 구원을 받을 것이라. 땅의 티끌 가운데에서 자는 자 중에서 많은 사람이 깨어나 영생을 받는 자도 있겠고, 수치를 당하여서 영원히 부끄러움을 당할 자도 있을 것이며, 지혜 있는 자는 궁창의 빛과 같이 빛날 것이요, 많은 사람을 옳은 데로 돌아오게 한 자는 별과 같이 영원토록 빛나리라(단 12:1-3).

비록 다니엘서는 환난, 심판, 그리고 하나님의 영원한 나라의 설립이

---

16 비록 의인들에 대한 박해가 명백하게 언급되지는 않지만 단 2:31-45도 이 유형에 적합하다. 단 2장에서 언급되는 환상에서 네 나라가 일어나지만 네 번째 나라는 결국 "돌"에게 멸망한다(단 2:35, 44-45). 네 번째 나라가 멸망할 때 하나님은 "결코 망하지 않을 나라"를 세우실 것이며, "그 나라는 영원히 지속될 것이다."

라는 순서를 기대하지만, 신약성서는 다니엘이 예언한 종말의 환난과 나라가 합해지고 그 나라가 시작될 때 이 일들이 동시에 일어난다고 분명하게 알려준다. 이렇게 사건들이 놀랍게 반전되는 것은 매우 극적이다. 따라서 신약성서 저자들은 현재의 고난에도 불구하고 믿음을 계속 굳게 지키라고 권면하면서 그들의 회중에게 이 가르침을 종종 환기시킨다(예. 행 14:22; 요 16:33; 롬 5:3; 8:35; 12:12; 고후 4:17). 비록 눈에 보이지 않지만 종말의 나라는 이미 시작되었다. 그래서 신자들은 끊임없이 "믿음으로 행해야 한다"는 권면을 머릿속에 떠올려야 했다. 또한 그들은 현재 처한 환경과 고난에도 불구하고 자신들이 진정으로 종말의 나라에 속해 있음을 깨달아야 했다. 따라서 요한계시록 1:20에서 밝혀진 비밀은 종말의 나라의 독특한 형태와 더불어 이와 같이 감추어진 형태의 성전을 가리킨다. 이 나라의 아이러니한 형태(고난을 통해 다스리는)는 구약성서에서 충분히 계시되지 않았지만,[17] 이 나라는 "이미-그러나-아직"의 형태로 이루어지는 종말의 성취로 인해 일어난다. 종말의 초기 단계에는 (고난의 한가운데서 통치하는 것과 같은) 미처 기대하지 못한 일들이 일어난다. 하지만 종말의 완성 단계에 이르면 비로소 그때 환난이 먼저 오고 그다음에 왕으로서 통치한다는 구약성서의 예언이 예언된 순서대로 일어날 것이다.

이 경우에 하나님 나라와 성전은 서로 관련이 없는 두 실재가 아니다. 왜냐하면 성전 자체는 하나님 나라의 아이러니를 반영하고 있기 때문이다. 이 아이러니는 하나님 나라가 이 땅에서 지금 존재하며 환난을 통해 강해짐을 가리킨다. 더욱이 성전과 하나님 나라는 부분적으로 서로 겹친

---

[17] 예를 들면 다윗을 생각해보라. 비록 다윗은 당시 이스라엘 왕이었음에도 불구하고 그의 아들 압살롬을 피해 도망해야 하는 고통을 겪고 있었다. 이 사건은 신약성서에서 그리스도와 그의 백성에게 생길 일에 대한 예시일 것이다. 창 3:15은 종말의 인물에 대해 훨씬 더 적절하게 말한다. 곧 그는 사탄을 패배시키지만 승리의 한가운데서 고통을 겪는다(즉 그는 승리를 거두지만 "상처를 입는다").

다. 이는 다음 사실을 머릿속에 떠올릴 때 명백해진다. 즉 성전에서 가장 은밀한 부분(지성소)은 하나님의 보좌실의 바닥 부분인데, 눈에 보이지 않는 하늘의 영역으로 연장된다고 여겨졌다.

요한계시록 1:20의 "비밀"은 하나님 나라의 아이러니한 형태를 포함하지 않는다는 견해도 가능하다. 왜냐하면 이 형태는 앞서 요한계시록 1:6, 9에서 이미 상당 부분 발견되기 때문이다. 하지만 나라에 대한 개념은 예수가 왕적인 "인자"(계 1:13)로서 나타남과 더불어 계속해서 언급된다. 또한 예수는 절대 주권을 지닌 심판자와 제사장(계 1:14-16), 그리고 절대 주권을 지닌 왕(계 1:18에서 "사망과 음부의 열쇠를 가진"으로 묘사된다. 예수는 그의 나라에서 연약하고 고난 받는 교회들을 다스린다. 그리고 요한계시록 1:20의 "비밀"은 요한계시록 1:13-18에 언급되는 환상에 분명하게 들어 있다.

다니엘 2장의 배경. 우리가 이 연구서에서 반복적으로 언급했듯이 비밀은 자주 다니엘서에 대한 암시와 연결되어 나타난다. 요한계시록 1:20도 예외가 아니다. 왜냐하면 요한계시록 1:19-20은 분명히 다니엘 2장을 암시하기 때문이다. 요한계시록 1장에서 언급되는 환상에 대한 결론은 요한계시록 1:19-20에서 제시된다. 이 결론은 요한계시록에 대한 머리말을 다시 소개하는 역할을 한다. 요한이 기록해야 할 내용에 대한 요한계시록 1:19의 삼중 표현은 요한계시록 1:8b(참조. 계 1:18a)을 추가로 개작한 것이거나 다음과 같이 흔히 사용되는 문구를 나타낼 것이다. 곧 "그러므로 네가 본 것을 기록하라. 곧 지금 있는 일과 나중에 일어날 일을 기록하라." 이 정형화된 문구의 세 번째 부분("나중에 일어날 일")은 요한계시록 1:1의 표현을 반영하고 있으며, 주로 다니엘 2:28-29a에서 사용되는 용어로 작성되었다(참조. 단 2:45-47, LXX, Theodotion; 도표 10.1을 보라).[18]

도표 10.1

다니엘 2:28-29(Theodotion)	요한계시록 1:19
"그러나 하늘에 비밀을 계시하시는 하나님이 계십니다. 그가 느부갓네살 왕에게 마지막 날에 일어날 일[*ha dei genesthai ep' eschatōn tōn hēmerōn*]을 알려주셨습니다. 이것이 침대에 누워 계실 때 당신이 꾼 꿈이며, 당신의 머릿속에 떠오른 환상입니다. 오 왕이시여, 당신이 침대에 누워 계실 때, 당신의 생각은 장차 일어날 일[*ti dei genesthai meta tauta*]을 향하고 있었습니다. 그리고 비밀을 계시해주시는 분이 당신에게 일어날 일[*ha dei genesthai*]을 알려주셨습니다."	"그러므로 너는 네가 본 것과 지금 일어나는 일과 이 일 다음에 일어날 일[*ha mellei genesthai meta tauta*]을 기록하라"(NASB).

요한계시록 1:20의 **비밀**은 요한계시록 1:19에서 다니엘 2:28-29을 암시한 다음에 곧바로 나오는데, 이는 우연일 가능성이 거의 없다. 심지어 다니엘 2:28-29과 직접적인 연관성이 있는 표현이 나타난다. 비밀은 다니엘서에서 종말론적인 의미로 사용되기 때문에, 요한계시록 1:20에서 이 단어가 종말론적인 맥락에서 나타나는 것은 이 구절이 다니엘서와 연관성을 지니고 있음을 확인해준다. 게다가 다니엘 2장의 비밀은 하나님 나라가 세워지는 일에 대한 것이다. 따라서 이는 요한계시록 1:20의 **비밀**이 부분적으로 하나님 나라가 세워지는 시작과 관련된다는 우리의 주장이 옳음을 확인해준다. 아마도 요한계시록 1:20에서 **비밀**이라는 단어가

---

18 비록 19절과 관련하여 대부분의 사본에서 그리스어 동사 *mellei*가 *dei*를 대체하지만, ℵ* *pc*(*dei mellein*), 2050 *pc* latt(*dei*), C(*dei mellei*) 사본에 *dei*가 나타난다. 참조. Josephus, *Ant*. 10.210. LXX에서 단 2:29, 45은 *ep' eschatōn tōn hēmerōn*("마지막 날에")라고 번역된 반면에, Theodotion에서는 *meta tauta*("이 일들 후에")라고 번역되었다. 이는 분명히 *'aḥărē denâ*를 문자적으로 번역한 것이다. Theodotion의 이 번역은 단 2:28의 *ep' eschatōn tōn hēmerōn*을 참고해서 번역한 것처럼 보인다. 따라서 "이 일들 후에"는 종말론적인 의미를 지닌 표현이다. 행 2:17에서도 똑같은 현상이 발견된다. 여기서 베드로는 욜 3:1(LXX)의 *meta tauta*(*'aḥărē-kēn*, "이 일들 후에")를 *en tais eschatais hēmerais*("마지막 날에"; 개역개정—"말세에")라고 바꾸어 말한다. 계 1:19도 똑같은 경우에 해당하는 것 같다.

그 의미를 구체적으로 밝혀주는 다른 표현이 없이 구문론적인 측면에서 다소 명료하지 않게 표현된 것은 이 비밀이 요한계시록 1:19의 결론으로서 더 광범위한 다니엘 2장을 암시하는 부분임을 더욱 쉽게 인식시키기 위해서일 것이다.[19]

요한계시록 1:20과 마태복음 13장. 요한계시록 1장의 **비밀**은 여러 면에서 마태복음 13장에서 이 용어가 사용되는 방식과 매우 비슷해서 우리에게 이 둘의 연관성을 탐구하라고 요청한다. 주석가들은 마태복음 13장과 요한계시록 1장의 이런 연결 관계를 즉시 확립하려고 하지 않지만 이 유사성은 우연이 아닌 것 같다. 다음에 소개되는 평행 사항에 비추어볼 때 마태복음 13장은 요한계시록 1:20의 부분적인 배경 역할에 잘 어울린다.

1. 마태복음 13장과 요한계시록 1-3장에서 계시된 비밀은 먼저 제시되는 비유적 묘사 다음에, 그리고 그 묘사에 대한 공식적 해석 앞에 나타난다. 이는 앞에 나오는 비유의 감추어진 의미가 밝혀진다는 것을 가리킨다(참조. 마 13:11 및 계 1:13-18, 19-20; 계 2-3장).
2. 마태복음 13장과 요한계시록 1장은 모두 **비밀**을 구약성서에 대한 해석과 연결한다(마 13장에서 사 6장, 계 1:12-18에서 사 44-49장의 몇몇 본문을 포함하는 구약성서에 대한 암시).

---

[19] 요한계시록의 그리스어 본문에 나타나는 문법적인 오류들은 독자들을 잠시 멈추게 해서 구약성서에 대한 암시를 더 쉽게 인식시키는 비슷한 기능을 한다. 단 2:28-30에서 명사 복수형 *mystēria*("비밀들")와 단수형 *mystērion*("비밀")은 *ha dei ganesthai*("일어나야 할 일")라는 표현에 뒤이어 나타나는 반면에, 단 2:28a에서는 동일한 표현 앞에 *mystēria*("비밀들")가 사용된다. Brown, *Semitic Background*, p. 36은 용법의 유사성 때문에 계 1:20a과 단 2장 사이에 "연관성"이 있다고 이해한다. H. B. Swete, *The Apocalypse of St. John* (London: Macmillan, 1906), p. cxxxvii은 계 1:20a에서 단 2:29의 "비밀"이 명백하게 언급된다고 이해한다. 하지만 이 두 학자 중 아무도 계 1:19c에서 단 2:28-30, 45이 암시됨을 간파하지 못했다. 오직 Kilpatrick이 편집한 그리스어 신약성서의 난외주만이 계 1:19c과 계 1:20a에서 **모두** 단 2:29이 암시된다고 알려준다.

3. 요한계시록 2-3장에서 각각의 편지(이는 부분적으로 계 1:13-20에서 언급되는 환상의 연장임)의 끝부분에 나오는 "귀 있는 자는…들을지어다"라는 표현 형식은 적어도 부분적으로 마태복음에 나오는 것과 동일한 정형화된 문구에 의존하고 있다.[20] 오직 "볼 수 있는 눈"을 가진 사람들만 비밀을 간파할 수 있다.
4. 마태복음 13:11과 요한계시록 1:19-20에서 **비밀**이라는 용어는 다니엘 2:28-29, 45을 암시한다. 여기서 이 단어는 상징을 통해 전달되는 예언적 환상을 가리키는 데서 나타난다. 또한 이 단어는 종말의 하나님 나라가 세워지는 것과 관련해서 사용된다(마 13:11, 19; 계 1:6, 9).
5. 마태복음과 요한계시록은 구약성서에서 예언된 메시아의 나라가 기대하지 못한 방식으로, 심지어 아이러니한 방식으로 성취되기 시작했다고 주장한다.[21]

요한계시록 1장과 비교해볼 때 마태복음 13:11(과 평행 본문)의 "천국의 비밀"과 관련하여 위에서 제시한 다섯 번째 관점은 특별히 주목할 만하다. 이 구절은 예수가 말한 비유의 감추어진 의미와 기대하지 못한 천국의 형태에 대한 비유의 해석 **둘 다**를 가리킨다. 비유는 특별히 천국의 초기 단계에 대해 기대하지 못한 특성을 강조한다. 곧 종말에 대한 예수의 계시 또는 천국에 대한 그의 가르침은 천국과 그 안에 속한 이들이 이방 나라 및 악과 공존한다는 점에서 구약성서 및 유대교의 천국에 대한 종말 개념과 다르다. 이 가르침은 요한계시록 1:20의 **비밀** 사용과 비슷하다.

---

20 예를 들면 계 2:7("귀 있는 자는…들을지어다")와 마 13:9, 43("귀 있는 자는 들으라")을 참조하라.

21 George Eldon Ladd, *The Presence of the Future: The Eschatology of Biblical Realism* (Grand Rapids: Eerdmans, 1974), pp. 218-42의 분석과 함께 마 13:19-23과 이 연구서의 제3장을 참조하라. 계 1:9과 Beale, *Use of Daniel*, pp. 176-77의 분석도 참조하라.

요한계시록 10:7에 나타난 하나님의 비밀

이 연구서를 통해 우리는 이제까지 **비밀**이라는 용어가 다양한 방법으로 사용되는 것을 살펴보았다. 때때로 이 전문 용어는 하나님 나라, 고난 또는 메시아 대망과 같은 일반적인 주제를 가리킨다. 다른 경우에 계시된 비밀은 구체적인 텍스트와 유기적으로 관련된다(예. 엡 5:30-31). 요한계시록 10장에서 사용된 **비밀**은 후자의 경우와 비슷하다. 왜냐하면 여기서 비밀은 구체적인 본문, 곧 다니엘 11:29-12:13을 염두에 두고 있기 때문이다. 다니엘서의 예언은 하나님의 백성에 대한 박해와 종말론적인 나라의 설립에 관심을 둔다. 요한계시록 10장은 독자들에게 이 예언이 이루어진다고 확인해준다. 하지만 그때와 예언이 성취되는 방식은 모두 계시된 비밀을 구성한다.

전후 문맥. 요한계시록 10:1-7은 다음과 같이 말한다.

내가 또 보니 힘센 다른 천사가 구름을 입고 하늘에서 내려오는데 그 머리 위에 무지개가 있고 그 얼굴은 해 같고 그 발은 불기둥 같으며 그 손에는 펴 놓인 작은 두루마리를 들고 그 오른발은 바다를 밟고 왼발은 땅을 밟고 사자가 부르짖는 것 같이 큰 소리로 외치니 그가 외칠 때에 일곱 우레가 그 소리를 내어 말하더라. 일곱 우레가 말을 할 때에 내가 기록하려고 하다가 곧 들으니 하늘에서 소리가 나서 말하기를 "일곱 우레가 말한 것을 인봉하고 기록하지 말라" 하더라. 내가 본 바 바다와 땅을 밟고 서 있는 천사가 하늘을 향하여 오른손을 들고 세세토록 살아계신 이 곧 하늘과 그 가운데에 있는 물건이며 땅과 그 가운데에 있는 물건이며 바다와 그 가운데에 있는 물건을 창조하신 이를 가리켜 맹세하여 이르되 지체하지 아니하리니, 일곱째 천사가 소리 내는 날 그의 나팔을 불려고 할 때에 하나님이 그의 종 선지자들에게 전하신 복음과 같이 하나님의 그 비밀이 이루어지리라 하더라.

요한계시록 10장은 삽입구에 해당하는 요한계시록 11:1-13에 대한 머리말이다. 이 머리말은 주로 선견자를 그가 이미 수행해온 예언자 직무에 다시 임명하는 것을 강조한다. 예언자의 직무는 다음 두 가지다. 첫째, 극심한 박해에도 불구하고 그리스도인들의 인내하는 증언에 대한 예언이다. 둘째, 신자들의 증언에 적대적으로 반응하는 사람들의 운명에 대한 예언이다. 요한계시록 10장은 주제의 전환에 기초해서 네 부분으로 나눌 수 있다(계 10:1-2, 3-4, 5-7, 8-10).

요한계시록 7장의 삽입구와 마찬가지로 요한계시록 10-11장은 앞 장(계 8-9장)의 사건들에 뒤따라 일어나는 미래의 사건에 대해 이야기하지 않지만 똑같은 기간에 대해 다룬다. 요한계시록 10:6-7에 의하면 일곱 번째 나팔 소리는 역사에 대한 하나님의 계획이 성취되는 데 있어 더 이상 시간이 지체되지 않을 때를 알려준다. 요한계시록 11:15에서 일곱째 천사가 나팔을 불기 시작함으로써 영원한 나라가 세워지고 최후 심판이 이루어진다.

요한계시록 10장은 천사가 하늘에서 내려오는 것으로 시작된다(계 10:1-2). 이 천사는 상징적으로 신적 존재로 묘사되는데(구름을 입고 그의 머리 위에는 무지개가 둘려 있으며 얼굴은 해와 같고 발은 불기둥과 같았다 등), 아마도 신적 그리스도와 동일시되어야 할 것이다.[22] 천사는 손에 "작은 두루마리"를 들고 있는데(계 10:2), 이는 어떤 점에서 요한계시록 5장에서 언급되는 "두루마리"일 가능성이 있다. 요한계시록 10장에 나오는 두루마리의 의미가 5장에서 언급되는 두루마리의 의미와 대체로 동일하리라

---

22 Beale, *Revelation*, pp. 525-26을 보라.

는 추측은 타당하다. 요한계시록 5장의 두루마리가 요한계시록 전체를 가리키지 않는다면, 그것은 요한계시록 1-11장에 나타나는 심판과 구원에 대한 하나님의 계획을 상징한다. 하늘에서 들려오는 소리는 요한에게 "일곱 우레가 말한 것을 인봉"하라고 지시한다(계 10:4). "일곱 우레가 말한 것"의 내용은 결코 밝혀지지 않지만, 이 표현은 아마도 불신자들에게 임할 하나님의 심판과 관련될 가능성이 있다.

요한계시록 10:5-7은 하나님 앞에서 맹세하는 천사를 묘사한다. 이는 다니엘 12:7에서 천사가 했던 맹세를 암시한다. 구체적인 맹세는 하나님을 창조자로 묘사하고 나서(계 10:6a) 곧바로 다음과 같이 이어진다. 곧 "지체하지 아니하리니 일곱째 천사가 소리 내는 날 그의 나팔을 불려고 할 때에 하나님이 그의 종 선지자들에게 전하신 복음과 같이 하나님의 그 비밀이 이루어지리라"(계 10:6b-7). 다니엘 12:6에서 예언자 다니엘은 "이 놀라운 일의 끝이 어느 때까지냐?"라고 질문한다. 이 질문은 환난, 악인들에 대한 심판, 부활 및 영원한 하나님 나라의 설립이라는 미래에 일어날 종말의 사건들을 가리킨다.

다니엘 12:7의 맹세는 "반드시 한 때 두 때 반 때를 지나서 성도의 권세가 다 깨지기까지이니 그렇게 되면 이 모든 일이 다 끝나리라"라고 묘사한다. 다니엘서와 대조적으로 요한계시록 10:6에서 천사의 맹세는 "지체하지 아니하리니"라고 말한다. 어떤 이들이 주장하듯이 이 맹세가 역사의 종말에 시간이 폐지되고 무시간으로 대체될 것이라는 철학적인 의미로 이해되어서는 안 된다. 대신에 이 구절은 주로 다음과 같은 개념을 표현한다. 곧 하나님이 미리 정하신 시간이 있으며, 그때 역사에 대해 하나님이 세우신 계획들이 완전히 이루어질 것이다.[23] 따라서 이 표현은 "더 이상의 지체는 결코 없다"라고 번역할 수도 있다.[24] 여기서 요점은 하나님이 역사를 종결하기로 결정하신 때가 오면 이 일을 함에 있어 지연은 결코 없으리라는 것이다.

비밀의 내용. 최종적인 심판의 지연. 요한계시록 10:6b-7과 6:11 사이에서 서로 평행을 이루는 표현은 요한계시록 10장에서 계시된 비밀이 다음과 같은 하나님의 뜻에 관심을 기울이고 있음을 암시한다. 곧 성도들은 고난을 당하지만 곧바로 그들을 박해하는 자들이 심판받는 것으로 이어진다(도표 10.2를 보라). 요한계시록 6:10에서 성도들은 하나님이 자신들을 박해하는 자들을 심판하시는 것을 "어느 때까지" 기다려야 하는지 질문한다. 요한계시록 6:11에서 하나님은 이렇게 대답하신다. 곧 최후 심판과 성도들의 신원은 "그들의 동무 종들과 형제들도 자기처럼 죽임을 당하여 그 수가 차기까지" 기다려야 이루어질 것이다. 요한계시록 10:6-7은 하나님이 고난을 받도록 정하신 모든 신자가 자신들에게 주어진 운명을 성취하면 최후 심판이 시작될 것임을 확인해준다.[25]

도표 10.2

요한계시록 6:11	요한계시록 10:6b-7
각각 그들[순교자들]에게 흰 두루마기를 주시며 이르시되 "아직 잠시 동안 쉬되 그들의 동무 종들과 형제들도 자기처럼 죽임을 당하여 그 수가 차기까지 하라" 하시더라.	지체하지 아니하리니 일곱째 천사가 소리 내는 날 그의 나팔을 불려고 할 때에 하나님이 그의 종 선지자들에게 전하신 복음과 같이 <u>하나님의 그 비밀이 이루어지리라</u> 하더라.

틀림없이 "어느 때까지"(계 6:10)라고 부르짖는 성도들의 관점에서 판

---

23 J. Barr, *Biblical Words for Time*, SBT 33 (London: SCM Press, 1962), p. 76.
24 합 2:3에서 그리스어 동사 *chronizō*에는 지체의 의미가 있다. 여기서 예언자가 본 환상의 실현은 하나님이 이 환상의 실행을 위해 정하신 때가 올 때 "지체되지 않을 것이다"(참조. 마 25:5; 24:48; 히 10:37).
25 다음 주석서도 똑같은 견해를 제시한다. M. Kiddle with M. K. Ross, *The Revelation of St. John*, MNTC (London: Hodder and Stoughton, 1940), pp. 172-73. 계 6:9-11과의 연관성에 대해서는 다음을 참조하라. J. P. Heil, "The Fifth Seal (Rev. 6, 9-11) as a Key to Revelation," *Biblica* 74 (1993): 233-34.

단할 때 최후 심판이 실행되기 전까지 중간 시기는 이미 긴 시간이지만, 하나님의 관점에서 볼 때 이 시기는 짧다(참조. 벧후 3:4-9 및 시 90:4, 13). 재림 전까지의 기간이 길어지는 것은 이를 계시된 비밀의 한 부분으로 포함시킬 수 있을 것이다. 구약성서의 예언에 의하면 종말론적인 시기에 일어나는 사건들은 분명히 신속하게 최고조에 이르도록 일어나고 뒤이어서 기존 우주가 파괴되며 새 창조가 빚어진다. 아무도 메시아의 도래와 악한 자들에 대한 최후 심판 사이의 중간 시기가 대단히 긴 기간이 되리라고 절대로 추측하지 않았을 것이다. **이와 같은 시간에 대한 새로운 관점은 미처 기대하지 못한 것이다. 따라서 이는 구약성서의 관점에서 볼 때 "비밀"이다.**[26] 우리는 이미 마태복음 13장에서 이와 같은 비밀에 대한 이해를 살펴보았다.[27] 마태복음 13장에서 밭의 가라지 비유의 강조점은 비록 하나님 나라는 시작되었지만 최후 심판은 정확히 알 수 없고 오랜 기간 후로 연기되었다는 것이다.[28] 또한 마태복음 13장에서 겨자씨 비유는

---

26 주석가들은 보통 여기서 비밀이 하나님 나라의 궁극적인 설립을 가리킨다고 이해한다. 예를 들면 Osborne, *Revelation*, p. 401; Galen W. Wiley, "A Study of Mystery in the New Testament," *GTJ* 6 (1985): 357; Günther Bornkamm, "μυστήριον, μυέω," in *TDNT*, 4:824; Brown, *Semitic Background*, p. 38. 이 관점은 대체로 정확하지만 하나님 나라가 시작되고 나서 나중에 완성된다는 점을 구약성서에서 내다보지 못했음을 명확하게 인식하지 못한다(비록 시 110:1은 통치가 시작되고 나서 나중에 완성된다고 암시해주는 것 같지만, 구약성서 관점에서 판단한다면, 시편에서 통치의 시작과 종결 사이의 기간은 짧은 기간을 가리킨다고 추측할 수 있다).

27 이 책의 pp. 71-73에서 1QpHab VII, 1-8에 대한 우리의 논의도 보라. 그곳에서 우리는 다음과 같이 지적했다. 비록 하나님은 "마지막 세대에 일어날 일"에 대해 하박국 예언자에게 말씀하셨지만, 일단 그는 **언제** "시대의 궁극적인 완성"이 이루어지는지를 밝히지 않으셨다. 왜냐하면 "마지막 시대는 길어지고 예언자들이 말한 모든 것을 넘어설 것이기 때문이다. 또한 하나님의 비밀은 경이롭기 때문이다." 이와 마찬가지로 9-14행은 "마지막 시대가 길어진다"는 것을 확인해준다. 이 역시 하나님의 "비밀"의 일부분이다. 여기서 "비밀"의 반복적인 언급은 단 2장에서 이 용어의 반복 사용에 기초한다(1QpHab VII 부분에서 다니엘서에 대한 이 암시 및 다른 암시에 대해서는 Beale, *Use of Daniel*, pp. 35-38을 보라).

28 pp. 97-107을 보라.

예수가 밭의 가라지 비유를 이야기하는 부분과 그에 대해 설명하는 부분 사이에 들어 있다. 이 겨자씨 비유도 하나님 나라가 점차적으로 확장되어 완성되기 전에 미처 예상하지 못한 기간이 지나가야 함을 암시한다.

다니엘서의 예언이 성취되는 시기와 방식. 요한계시록 10:6에서 "지체하지 아니하리니"라는 구절의 의미는 그다음 구절(계 10:7)에서 더욱 정확하게 제시된다. 이 구절은 다니엘서의 맹세가 의미하는 바를 어떻게 이해해야 할지를 더 자세하게 밝혀준다. 다니엘 11:29-12:13의 예언[29]은 종말의 다양한 측면, 곧 하나님의 백성이 겪는 고난과 박해, 하나님이 원수를 멸망시킴, 성도들의 부활과 하나님 나라의 설립 등에 관심을 기울이고 있다. 다니엘 12:7은 원수가 거룩한 백성의 힘을 "깨뜨린" 다음에 이스라엘의 박해자(참조. 단 11:32-45)에 대한 심판이 실행된다고 주장한다. 예언된 사건들은 역사가 완성되기에 앞서 일어나고 결국 역사의 완성으로 끝날 것이다. 다니엘 12:7은 이 예언적 사건들이 "한 때 두 때 반 때" 동안에 일어나고, 그 이후에 하나님이 예언을 통해 알려주신 계획이 "다 끝나리라"고 말한다. 요한계시록 10:7에서 "이루어지리라"(*etelesthē*)라는 단어는 다니엘 12:7(LXX, OG)의 "다 끝나리라"(*syntelesthēsetai*)를 언급한다. 하지만 다니엘은 이 예언을 온전히 "이해할 수 없었다"(참조. 단 12:7-8). 그래서 그는 천사에게 이 예언이 성취되기까지 **얼마나 오래** 걸릴지(단 12:6), 또 이 예언이 **어떻게**("결과"가 무엇인지) 성취될지를(단 12:8) 질문한다. 그러자 천사는 다니엘이 이 일에 대해 이해할 수 없으리라고 말한다. 왜냐하면 이 예언의 온전한 의미는 그것이 마침내 완전히 성취되고 모든 일이 종말 시대에 살고 있는 "지혜 있는" 자들에게 계시될 때까지 은밀하게

---

29 Krämer, "μυστήριον," 2:449는 여기서 **비밀**의 내용에 대한 다니엘서 배경을 올바로 간파한다. 하지만 그는 배경을 좁게 단 12:1-7에 국한한다.

"간수되고 봉함"될 것이기 때문이다(단 12:9; 참조. 단 8:26-27).

다니엘 12장의 맹세와 대조할 때 요한계시록 10장에서 천사의 맹세는 **언제** 그리고 **어떻게** 이 예언이 이루어지는지를 강조한다(이는 계 11장에서 더 자세하게 묘사된다). 요한계시록 10장에 의하면 다니엘 11:29-12:13의 예언(하나님의 백성에 대한 박해와 종말론적 나라의 설립과 관련한)은 성취될 것이다. 또한 역사는 일곱째 천사가 나팔을 불 때 종결될 것이다. 요한계시록 10:6에서 더 이상 지체되지 않는다고 강조하는 것은 다니엘이 예언한, 역사에 대한 하나님의 구원 계획의 완성이 마침내 실현될 것임을 단언한다. 요한계시록 10:7의 "하나님의 그 비밀이 이루어지리라"라는 구절은 요한계시록 10:6의 "지체하지 아니하리니"라는 구절을 더 자세하게 설명해준다.[30]

다니엘서의 예언이 성취되는, 예상하지 못한 시기에 대한 비밀. 요한은 다니엘 12:7의 "한 때 두 때 반 때"를 그리스도가 부활한 시점에서 시작해서 최후 심판이 실행되는 시점까지의 중간기라고 이해한다.[31] 다니엘서에서 유래한 것으로서 시간을 나타내는 이 삼중 표현 형식의 의미는 요한계시록 12:4-6에서 간파할 수 있다. 요한계시록 구절에서 이 기간은 그리스도의 승천 시점부터 시작해서 교회가 고난을 당하는 시간을 가리킨다(참조. 단 12:11-12). 요한계시록 13:5에서 짐승의 신성모독과 성도들을 박해하는 행위를 묘사하는 기간을 가리키는 "마흔두 달"이라는 표현도 분명히 동일한 의미를 나타낸다. 이와 관련한 내용에는 다음에 나오는 몇 가지 언급이 결합되어 나타난다. (1) 용은 "그 여자의 남은 자손과 싸운

---

30   계 10:6에서 *kai*가 단순한 접속사가 아니라 시간의 결과를 나타내는 접속사로서 "그때"를 의미한다는 점에 주목하라.
31   계 11:3; 12:6, 14; 13:5에서 이 표현이 추가로 사용되는 것과 그것에 상응하는 표현이 사용되는 것을 보라. 이 점과 관련하여 다음 주석서의 자세한 설명을 보라. Beale, *Revelation*, pp. 565-68.

다"(계 12:17). (2) 그리고 짐승의 "죽게 되었던 상처"가 언급되는데(계 13:3), 이는 창세기 3:15의 약속을 암시한다. 이 약속은 일차적으로 예수의 죽음과 부활을 통해 성취되었다.[32] 요한계시록 13:14에 의하면 그리스도는 십자가에서 짐승에게 치명타를 가한다. 분명히 짐승에게 "죽게 되었던 상처"[33]를 입힌 도구는 "칼"이었다(요한계시록의 다른 곳에서 **칼**은 원수들에 대한 예수의 심판을 종종 의미한다).[34] 이와 같은 관점에서 예수는 칼을 빼어 요한계시록 13:14의 짐승을 내리쳤다. 요한계시록 2:5, 10-12 — 요한계시록 1:5 및 5:9과 연대해서 — 이 설명하듯이 짐승의 머리 중 하나가 그리스도의 죽음과 부활로 인해 "죽게" 된 것으로 묘사된다. 이는 그리스도의 죽음과 부활이 마귀를 패배시켰다고 단언하는 신약성서의 다른 증거와도 일치한다.[35] 간단히 말해서 여기서 염두에 두고 있는 패배는 악한 역사적 인물(네로 또는 다른 유명한 악당)에 대한 형벌이라기보다 **십자가에서** 이룬 마귀에 대한 승리를 가리킬 가능성이 더 높다. 따라서 요

---

32 Swete, *Apocalypse*, p. 210을 보라. 참조. 롬 16:20, "평강의 하나님께서 속히 사탄을 너희 발 아래에서 상하게 하시리라." 아마도 이 구절은 예수가 전에 마귀를 패배시킨 사건에 기초할 것이다.
33 그리스어는 문자적으로 "죽음의 상처[*plēgēn*]"라고 읽는다. 요한계시록의 다른 곳에서 그리스어 명사 *plēgēn*(보통 "상처"로 번역됨)은 하나님이 내리시는 형벌을 가리킨다(열한 번 사용되었고 8:12에서는 동사 형태로 사용됨).
34 예수가 실행하는 이 심판은 현재(계 1:16; 2:12, 16) 또는 미래에 일어난다(계 19:15, 21). 하지만 이 구절들은 그리스어 동의어 *rhomphaia*("칼")를 사용한다. 반면에 계 13:14에서는 그리스어 명사 *machaira*("칼" 또는 "단검")가 사용된다. 참조. P. S. Minear, *I Saw a New Earth: An Introduction to the Visions of the Apocalypse* (Washington, DC: Corpus, 1968), pp. 252-54. 계 19장에서 예수가 실행하는 미래의 심판은 최후 심판의 일부로서 역사의 맨 마지막에 일어난다. 따라서 계 13:3에서 염두에 두고 있는 것은 예수가 십자가에서 짐승(이 땅에서 용을 대표하는 자)을 심판하는 것을 의미할 가능성이 매우 높다.
35 그리스도의 오심이 사탄의 목적을 무효화하려고 계획되었음을 단언하는 다른 언급에 대해서는 마 12:28-29; 요 12:31; 16:11; 행 10:38; 고후 4:4-6; 엡 6:10-18; 요일 3:8; 4:4; 5:19을 보라. 또한 사 27:1에서 종말에 하나님이 마귀와 그의 계획을 멸하신다는 기대와 비교해보라(사실 사 27:1이 계 13:1에 반영되었을 것이다). 다음도 비교해보라 T. Jud. 25.3; T. Levi 18.12; Ascen. Isa. 7.9-12.

한계시록 10:6-7은 교회의 중간 시대(예수의 부활 및 승천과 재림 사이) 전체의 끝, 곧 역사의 종말을 묘사한다.

따라서 요한계시록 10:7의 비밀은 다니엘서의 예언이 성취되는 시기가 예상과 다르게 길어진 데 대해 관심을 기울인다.

다니엘서의 예언이 성취되는 방식에 대한 비밀. 요한계시록 10:7의 비밀은 다니엘서의 예언이 성취되는 시기가 늦어지고 그것이 두 단계로 이루어지거나 머뭇거린다는 시간 개념을 포함하고 있다(이 예언은 그리스도의 죽음과 부활 사건에서 성취되기 시작했으며 계속 성취되고 있다). 게다가 이 비밀은 이 예언이 성취되는 정확한 **방식**에 관심을 갖는다. 다니엘 12:7b은 악한 나라는 "성도의 권세가 다 깨지기까지" 패배하지 않을 것이라고 예언한다. 하지만 요한계시록 10:7에서 천사는 이 예언이 신비스럽고 미처 알려지지 않은 방식으로 이루어지고 있다고 설명한다. 광범위한 요한계시록 10장 맥락의 설명은 다음과 같다. 즉 하나님이 악한 나라를 멸하신다는 예언은 겉으로 보기에 이 악한 나라가 성도들에게 물리적으로 승리함으로써 아이러니하게 성취되고 있다는 것이다. 십자가 사건을 반영하는 것으로서, 하나님의 백성은 물리적 패배의 한가운데서 영적으로 이미 승리하기 시작한다(계 14:4: 그들은 "어린양이 어디로 인도하든지 따라가는" 자들이다). 그들의 원수들은 겉으로 보기에는 하나님의 백성에게 승리하는 가운데 이미 영적으로 패배하기 시작한다. 불신자들은 눈에 보이지 않는 멸망을 경험하기 시작한다. 왜냐하면 그들의 박해 행위는 자신들의 최후 심판을 위한 기초를 놓기 시작하는 것이기 때문이다(예. 계 11:4-13을 보라). 그와 같은 적대 행위들은 그들이 사탄에게 충성하며 그와 한패라는 그들의 신분을 드러낸다. 사탄은 십자가와 부활 사건을 통해 이미 심판받기 시작했다. 불신자들도 이미 시작된 심판 아래 놓여 있다. "따라서 교회에 대한 박해는 비밀 무기이며, 하나님은 이 무기로 교회를 박해하는 자들에게 승리하려고 계획하신다."[36]

성도들의 승리가 지닌 신비스러운 특성은 다음과 같은 아이러니한 방식으로 이해되어야 한다. 곧 그리스도는 악한 나라에게 겉으로 보기에 패배함으로써 승리를 거두었다. 하지만 요한계시록 10장의 어느 곳에서 그와 같은 그리스도 또는 성도들의 아이러니한 승리를 암시하는가? 이 비교의 타당성은 요한계시록 10장이 요한계시록 5장과 평행을 이루며, 특별히 각 장에서 언급되는 "책"과 관련지어 해석되어야 한다는 관점에 기초한다. 이 두 장은 놀랄 만한 유사점을 지니고 있어서 이 두 두루마리 사이에 긴밀한 연관성이 있을 가능성이 높다.[37]

요한계시록 5장에서 그리스도의 죽음은 이미 승리하기 시작했다. 왜냐하면 그는 "충성된 증인"으로서 타협이라는 영적 패배를 물리쳤고(계 1:5), 하나님의 백성의 죗값을 이미 치러서 그들의 구원을 성취했기 때문이다(참조. 계 5:9-10; 1:5-6). 예수의 죽음 역시 승리를 의미했다. 왜냐하면 예수의 죽음은 부활로 이어지는 첫 걸음이었기 때문이다(계 1:5; 5:5-8). 예수가 죽음이라는 패배 한가운데서 역설적으로 승리한 것은 어린양이 죽임 당함을 통해 승리하는 사자라고 묘사된다(계 5:5-6). 바로 이 아이러니한 "사자-어린양"은 "보좌에 앉으신 이의 오른손에서 두루마리를" 취함으로써 권세를 받는다(계 5:7). 이와 마찬가지로 요한계시록 10장은 그리스도를 믿는 사람들이 그의 발자취를 따르리라고 주장한다. 그들의 패배 역시 승리의 시작이다. 왜냐하면 그들은 충성된 증인으로서 타협이라는 영적 패배를 거부하며 그들의 죽음은 영적 부활이기 때문이다(참조.

---

36 Caird 역시 이와 같이 주장한다. G. B. Caird, *A Commentary on the Revelation of St. John the Divine* (New York: Harper and Row, 1966), p. 128. 또한 Caird는 단 12장과 유사한 연관성을 제안한다.

37 두 책을 비교하는 논의에 대해서는 Beale, *Revelation*, pp. 530-32. Prigent, *L'Apocalypse de Saint Jean*, CNT (Paris: Delachaux et Niestlé, 1981), p. 151도 보라.

계 2:10-11). 요한은 성도들이 천사의 손에서 "작은 두루마리"를 받아먹는다고 언급함으로써 그들의 역설적인 운명을 나타낸다(계 10:9-10).

요한계시록 5장과 10장에서 언급되는 두루마리 사이에 한 가지 차이점이 남아 있다. 하지만 이 차이점은 바로 앞에서 설명한 아이러니와 관련된 해석을 더욱 강화한다. 요한계시록 5장에서 책은 "두루마리"(*biblion*)라고 불린다. 반면에 요한계시록 10:2, 9-10에서 그것은 "작은 두루마리"(*biblaridion*)라고 불린다. 이 작은 차이점과 더불어 두 두루마리 사이의 유사점은 그리스도가 그의 책을 지니고 있는 것과 마찬가지로 그리스도인들도 그들의 "책"을 지니고 있음을 암시한다. 이 역시 그들의 목적을 상징적으로 보여준다. 곧 **그리스도가 행하신 것과 마찬가지로 그들도 십자가의 거대한 우주적 모델을 작은 규모로 본받는 자가 됨으로써 역설적으로 다스려야 한다.** 이것은 왜 그리스도 또는 그를 대표하는 천사가 땅에 자신의 그림자를 드리우고 있는 거대한 우주적 인물로 묘사되는지를 알 수 있게 한다(계 10:5-6). 따라서 작은 두루마리는 요한계시록 5장에서 언급되는 두루마리가 상징하는 동일한 목적에 대한 새로운 판본이다. 왜냐하면 이 목적은 하나님의 백성, 곧 그리스도의 몸이 성취해야 하는 것이기 때문이다.[38]

요한계시록 5장과 평행을 이루는 본문뿐만 아니라 요한계시록 11:1-13의 다음과 같은 맥락도 다니엘 12장의 예언이 이와 같이 "신비스러운" 방식으로 성취된다고 이해되어야 함을 가리킨다. 요한계시록 11장의 전후 문맥에서 증언하는 교회의 박해와 패배는 성도들을 부활로, 그

---

38 Caird도 같은 견해를 나타낸다. Caird, *Revelation*, p. 126. Brütsch도 비슷한 견해를 제시한다. 참조. C. Brütsch, *Die Offenbarung Jesu Christi I-II* (Zürich: Zwingli, 1970), pp. 401, 407-8; Prigent, *L'Apocalypse*, p. 152. 그리스어 명사 *biblaridion*이 단지 "책"뿐만 아니라, "작은 책"도 의미한다는 견해에 대해서는 Beale, *Revelation*, pp. 530-32을 보라.

들의 원수들을 패배 및 심판으로 이끄는 수단이다.[39] **따라서 요한계시록 10:7의 비밀에 대한 계시는 예언의 성취가 특이한 시간 방식으로 시작되었다는 개념을 포함할 뿐만 아니라 다니엘서의 예언이 성취되는 방식이 이전에는 감추어져 있었으며 심지어 미처 기대하지 못한 아이러니한 방식이라는 점에 관심을 기울인다.** 다니엘에게 예언이 **성취되는 시기와 방식**은 "마지막 때까지 간수되고 봉함"되었음을 기억하라. 마침내 예언은 성취되고 모든 것은 마지막 때를 살고 있는 "지혜 있는" 자들에게 계시될 것이다(계 12:9). 다니엘서의 한 단원을 이루는 다니엘 10-12장에서 다니엘 자신은 계시를 어느 정도 부분적으로 이해했다(단 10:1, 11-14을 보라). 게다가 아마도 비밀 및 계시와 관련해서 다양한 측면의 숙고를 요구하는 구약성서의 몇몇 암시가 있었을 것이다. 이 암시로부터 하나님 나라의 아이러니한 특성에 대한 이와 같은 신약성서의 계시가 자라났을 것이다.

이 점과 관련하여 우리가 앞에서 이 암시에 대해 반복적으로 논평한 것을 상기해보라. 다윗 왕은 자기의 아들을 피해 도망했다. 당시에 다윗은 이스라엘 왕이었지만 그 과정에서 고난을 당했다. 이는 아마도 신약성서에서 다윗의 자손 그리스도와 그의 백성에게 무슨 일이 일어날지를 미리 보여줄 것이다. 그들은 바로 고난과 박해의 한가운데서 왕으로서 통치하고 있다. 또한 우리는 앞에서 후일의 정복자를 가리키는 창세기 3:15을 언급했다. 이 정복자는 사탄을 패배시키지만 그 승리의 한가운데서 고난을 당한다(곧 그는 "발꿈치를 상하게" 되지만 승리를 거둔다). 또한 다

---

39 적어도 계 10:7 및 계 6:11의 평행 관계는 계 10장에서 언급되는 비밀의 내용이 다음과 같은 하나님의 명백한 뜻에 관심을 기울이고 있음을 보여준다. 곧 성도들은 고난을 당하며, 이는 그들의 박해자들을 곧바로 최후 심판으로 이끈다는 것이다. 이 점과 관련해서 계 10:7의 "하나님의 그 비밀이 이루어지리라"는 표현은 계 6:11의 "[하나님의 백성이 고난 받고 그들이 끝까지 잘 견디어서 아이러니한 승리로 이끌어] 그 수가 차기까지 하라"와 평행을 이루며, 이 내용으로 해석된다.

니엘 7장에서 "인자"에 대한 예언을 언급할 수 있다. 여기서 인자는 성도들을 집단적으로 대표한다. 그래서 인자와 성도들은 서로 연합되며 동일시된다. 여기서 왕은 백성을 대표한다. 우리의 흥미를 끄는 내용은 다음과 같다. 만약 왕과 백성이 진정으로 동일시된다면 나라를 얻기 전에 성도들이 환난을 겪는다는 예고(단 7:21-22)는 틀림없이 인자에게도 마찬가지로 적용될 것이다. 그래서 왕으로서의 인자의 고난은 다니엘 7장에 암시적으로 예언되었을 것이다.[40] 다니엘서에 대한 이 마지막 언급은 매우 타당하다. 왜냐하면 이 장에서 우리의 논의는 주로 다니엘서, 특히 다니엘 7장과 평행을 이루는 다니엘 2장에 대한 구약성서 배경에 관심을 기울이고 있기 때문이다.

요한계시록 17:5, 7에 나타난 비밀과 큰 바벨론

이제 우리는 요한계시록에서 마지막으로 나타나는 **비밀**에 대해 살펴볼 것이다.

전후 문맥. 요한계시록 17:1-7의 내용은 다음과 같다.

또 일곱 대접을 가진 일곱 천사 중 하나가 와서 내게 말하여 이르되 "이리로 오라. 많은 물 위에 앉은 큰 음녀가 받을 심판을 네게 보이리라. 땅의 임금들도 그와 더불어 음행하였고 땅에 사는 자들도 그 음행의 포도주에 취하였다" 하고 곧 성령으로 나를 데리고 광야로 가니라. 내가 보니 여자가 붉은 빛 짐승을 탔는데 그 짐승의 몸에 하나님을 모독하는 이름들이 가득하고 일곱 머

---

40 이 논의에 대한 상세한 설명은 G. K. Beale, *A New Testament Theology: The Unfolding of the Old Testament in the New* (Grand Rapids: Baker Academic, 2011), pp. 191-99을 보라; pp. 393-401도 보라.

리와 열 뿔이 있으며 그 여자는 자주 빛과 붉은 빛 옷을 입고 금과 보석과 진주로 꾸미고 손에 금잔을 가졌는데 가증한 물건과 그의 음행의 더러운 것들이 가득하더라. 그의 이마에 이름이 기록되었으니 **"비밀이라, 큰 바벨론이라, 땅의 음녀들과 가증한 것들의 어미라"** 하였더라. 또 내가 보매 이 여자가 성도들의 피와 예수의 증인들의 피에 취한지라. 내가 그 여자를 보고 놀랍게 여기고 크게 놀랍게 여기니 천사가 이르되 "왜 놀랍게 여기느냐? 내가 여자와 그가 탄 일곱 머리와 열 뿔 가진 짐승의 비밀을 네게 이르리라."

요한계시록 17:1-19:10은 여섯 번째와 일곱 번째 대접에 관해서 해석해주는 긴 개관으로 바벨론의 심판을 예고한다. 요한계시록 17:1-19:4로 이루어진 단락에는 음녀에 대한 심판이 두드러지게 나타난다. 요한계시록 17장은 짐승에 대해 상당히 많은 지면을 할애했다. 왜냐하면 음녀와 짐승과의 관계를 이해하지 않고서는 음녀의 중요성과 권세를 충분히 이해할 수 없기 때문이다. 더욱이 요한계시록 17장은 바벨론의 최종적인 멸망을 그림을 보여주듯이 묘사한다. 여기서는 짐승과 그의 동맹군의 멸망도 언급된다. 요한계시록 17:3에서 시작된 환상의 연장으로서 요한계시록 18:1-19:4은 오직 바벨론의 멸망에만 초점을 맞추고 있다.

요한계시록 17:1-2은 선견자 요한에게 보여줄 것을 말하는 천사에 대해 다음과 같이 묘사한다. "큰 음녀가 받을 심판을 네게 보이리라. 땅의 임금들도 그와 더불어 음행하였고 땅에 사는 자들도 그 음행의 포도주에 취하였다." 요한계시록 17:3은 그 여자가 붉은 짐승을 탔다고 묘사하며, 그 여자가 이 짐승과 동맹을 맺고 친밀한 관계에 있다고 밝힌다. 요한계시록 17:4은 그 여자가 사치스러운 옷차림을 하고 "가증한 물건과 그의 음행의 더러운 것들이 가득한" 잔을 손에 쥐고 있다고 묘사한다. 임금들과 나라들이 "음행"을 따랐다는 것은 문자적 음행이 아니라 비유적 의미에서 불경건한 세상 질서의 종교 및 우상숭배의 요구를 받아들였음을 가리킨다. 바벨론과 관련해서 세상 나라들이 정욕에 취하고 왕들이 비도덕적 욕망을 품는 것에 대해 경제적으로 해석한 내용은 요한계시록 18:3, 9-19에 분명하게 나타난다. 요한계시록 17:2에서 음행과 포도주에 취함은 요한계시록 18:3, 9-19에서의 경제적 번영이라는 표현과 동일시된다. 나라들이 바벨론에게 충성하는 것은 바벨론이 그 나라들에게 경제적 번영을 제공해줄 수 있는 능력을 지니고 있기 때문이다.

요한계시록 17:5에서 또다시 **비밀**이라는 용어가 발견되는데, 이 용어에 이어서 곧바로 다음과 같이 음녀의 공식적인 칭호가 언급된다. "그의 이마에 이름이 기록되었으니 '**비밀**[mystērion]**이라, 큰 바벨론이라, 땅의 음녀들과 가증한 것들의 어미라**." 요한계시록 17:5의 결론에서 "큰 바벨론"에게 "땅의 음녀들과 가증한 것들의 어미"라는 묘사가 추가로 제시되었다.[41] 요한계시록 17:4과 마찬가지로 17:5에서 "가증한 것들"과 "음녀"(곧 음행을 저지르는 이)라는 두 단어의 결합은 구약성서에서 종종 그렇듯이 아마도 우상숭배를 가리킬 것이다.[42] 그 여자가 우상숭배자들의 "어미"라는 것은 바벨론이 우상숭배 체계에 미치는 막강한 영향력과 영감을 함축한다. 이 우상숭배 체계는 경제 관계에서 필수적인 부분이었다. 오랜 시대에 걸쳐 그 여자는 불경건한 경제-종교적인 제도와 문화의 다양

---

41 여기서 "비밀"이 실제로 칭호에 속하는 부분인지 아니면 "기록되었으니"와 함께 칭호를 소개하는 부분에 속하는지는 별로 중요하지 않다. 어느 쪽이든 이 용어는 계시에 기초한 자세한 해석을 필요로 하는 "큰 바벨론"의 감추어진 의미를 묘사한다.

42 "음행"(porneia)과 "음행하다"(porneuō)라는 용어는 요한계시록의 다른 곳에서 우상숭배를 비유적으로 표현한다(예. 계 2:14, 20-21; 참조. 계 9:21; 계 14:8; 17:2도 보라). 계 17:4에서 그리스어 명사 복수형으로 묘사된 "더러운 것들"(bdelygmatōn)은 의심할 여지없이 우상숭배의 영향과의 연관성을 확인해준다. 왜냐하면 이 단어는 70인역에서 우상이나 우상숭배와 관련된 제물을 가리키는 데 사용되는 흔한 용어 중 하나이기 때문이다(LXX에서 그리스어 명사 bdelygma는 전체적으로 대략 122번 나타나는데, 그중 적어도 47번이 "더러운 것" 또는 "가증한 것"이라는 의미로 사용된다).

한 측면에서 자신의 모습을 드러낸다.

비밀의 내용. 몇몇 주석가는 음녀 바벨론이 여자-어머니(계 12장) 및 어린양의 신부(계 19:7-8; 21:2, 10)와 명백하게 대조된다는 의견을 제시했다.[43] 이에 대한 근거로서 그들은 다음 사항을 지적한다. (1) 요한계시록 17:1과 21:9-10의 환상 도입부의 표현 형식이 서로 놀라울 정도로 문자 그대로 거의 일치한다. 이는 두 인물을 대조하려는 의도에 대한 최초의 암시다. (2) 음녀 바벨론은 초시간적인 특성을 지니고 있다. 왜냐하면 요한계시록 12, 19, 21장에서 언급되는 신실한 여인은 교회 시대 전체에 걸쳐 언급되기 때문이다.[44] (3) 바벨론은 불신 자녀들을 낳는 반면에 신실한 여인은 신실한 후손을 낳는다. (4) 음녀 바벨론은 궁극적으로 사탄의 부추김을 받는 반면에 신실한 여인에게는 그리스도가 동기를 부여한다. 따라서 음녀 바벨론은 경제적 주안점에 더해 종교적 측면도 지니고 있다.

음녀의 특성은 요한계시록 17:5에 나오는 그 여자의 이마에 쓰인 이름에서 세부적으로 드러난다. 요한계시록에서 "이마"에 쓰인 이름들은 사람들의 진정한 성품과 그들이 궁극적으로 누구에게 충성하는지를 드러낸다. 예를 들면 요한계시록 14:1에는 다음과 같이 기록되어 있다. "또 내가 보니, 보라! 어린양이 시온 산에 섰고 그[그리스도]와 함께 십사만 사천이 서 있는데 그들의 이마에는 어린양의 이름과 그 아버지의 이름을 쓴 것이 있더라." 이와 비슷하게 요한계시록 22:4은 이렇게 기록한다. "그의 얼굴을 볼 터이요, 그의 이름도 그들의 이마에 있으리라"(계 7:3을 보라). 요한계시록 14:1과 22:4에서 하나님의 이름이 성도의 이마에 쓰여

---

[43] 대조가 의도되었다는 점은 계 17:1과 계 21:9-10의 환상 도입부의 표현 형식이 놀라울 정도로 일치한다는 사실에서 명백하게 드러난다.
[44] 참조. A. F. Johnson, "Revelation," EBC 12 (Grand Rapids: Zondervan, 1981), p. 556.

있다는 것은 적어도 그 성도가 하나님의 성품과 일치됨을 의미할 것이다. 이는 사탄과 관련해서도 동일하다. "그가 모든 자 곧 작은 자나 큰 자나 부자나 가난한 자나 자유인이나 종들에게 그 오른손에나 이마에 표를 받게 하고"(계 13:16; 계 14:1 및 22:4도 보라), "이 표는 곧 짐승의 이름이나 그[짐승의] 이름의 수라"(계 13:17).

이와 마찬가지로 요한계시록 17:5에서도 음녀의 "이마에 이름이 기록"되어 있다. 이는 음녀가 사람들을 미혹하고 우상을 숭배하는 특성을 지니며 짐승과 동맹 관계에 있음을 드러낸다. 어린양의 신부와 집단적으로 연합되고 어린양의 이름이 이마에 쓰여 있는 사람들(계 22:4)은 음녀와 극단적인 대립 관계에 놓여 있다.

음녀의 이름에서 첫 부분은 "큰 바벨론"(계 14:8도 보라)으로, 이는 다니엘 4:27(영역 및 개역개정 4:30)의 "나 왕[느부갓네살]이 말하여 이르되 '이 큰 바벨론은 내가 능력과 권세로 건설하여 나의 도성으로 삼고 이것으로 내 위엄의 영광을 나타낸 것이 아니냐?'"를 암시한다.[45] 다니엘 4장에서 "큰 바벨론"이라는 이름은 느부갓네살의 자화자찬 가운데 들어 있다. 이 때문에 그는 곧 심판받을 것이다. 이와 마찬가지로 종말의 바벨론도 자신의 교만과 악으로 인해 곧 심판받을 것이다. "큰 바벨론"이라는 칭호 바로 앞에 있는 "비밀"(*mystērion*)이라는 용어는 요한계시록 17:5이 다니엘서를 배경으로 하고 있음을 확인해준다. 왜냐하면 이 용어는 느부갓네살의 교만과 이어지는 심판에 대한 해설의 머리말로서 다니엘 4:9(LXX, Theodotion)에서도 나타나기 때문이다.

게다가 우리가 이미 살펴보았듯이 **비밀**이라는 용어는 다니엘서에서

---

45 Brown, *Semitic Background*, p. 37. Brown은 계 17:5의 비밀이 *1 En.* 43:1-4; 60:10; 69:14과 *3 Bar.* 3을 암시한다고 주장한다. 그는 이 텍스트들에서 비밀이라는 용어가 긍정적인 의미를 지니는 반면에 계 17:5, 7에서는 부정적인 의미를 내포한다고 인정한다. 단 4:27

종말론적인 의미로 나타난다.⁴⁶ 마찬가지로 요한계시록 17:5에서도 이 용어는 분명히 종말과 관련된 의미를 지닌다. 왜냐하면 환상의 주안점은 그리스도가 오기 직전에 바벨론이 멸망하는 것이기 때문이다(참조. 계 17:10-18). 사실 요한계시록 1:20과 10:7에서 계시된 비밀은 둘 다 종말론적인 의미로 이미 사용되었다. 이 두 텍스트는 모두 명백하게 하나님의 말씀에 따라 성취될(또는 성취되고 있는) 것으로서 예언된 비밀을 언급한다(참조. 계 17:17).

요한계시록 17:7에서 계시된 비밀은 여자뿐만 아니라 짐승이 상징하는 감추어진 의미도 가리킨다(계 17:8-18을 보라). 이는 종말론적 사건들의 성취를 언급할 뿐만 아니라, 그와 같은 사건들이 기대하지 않거나 역설적인 방식으로 계시됨을 가리킨다. 요한계시록 1:20에서 비밀은 기대하지 않은 방식을 포함한다. 이 방식을 통해 종말의 이스라엘 나라와 성전 설립에 대한 다니엘의 예언이 이루어질 것이다. 요한계시록 10:7은 악한 나라들의 아이러니한 패배를 묘사해준다. 우리는 두 본문에서 그리스도와 그의 백성이 고난 받음을 통해 실현되는 종말론적인 나라의 아이러니한 유형도 살펴보았다.⁴⁷

또한 요한계시록 17:8-18의 내용은 "비밀"이라는 용어로 묘사되었다. 왜냐하면 **이 본문은 악한 나라가 패배하기 시작하는 기대하지 못한 방식을 밝혀주기 때문이다. 그리스도가 다시 오기에 앞서 이 나라는 자기 자신을 대적하며 스스로 무너지기 시작할 것이다.**⁴⁸ 악한 체제(짐승 및 그의 동

의 암시는 느부갓네살의 나라가 멸망을 바로 앞두고 있음을 해설하는 데서 나타난다.
46 pp. 57-60을 보라.
47 예를 들면 계 1:5-6, 13-14, 20.
48 G. Bornkamm은 "μυστήριον," pp. 823-24에서 이 해석에 가까운 견해를 보이는데 다음과 같이 주장한다. "짐승과 여인은 멸망하도록 건네졌다.…그들은 이미 소멸되어야 하는 형벌을 받았다(계 17:8). 그렇다면 여기서 사탄 및 그와 관련된 권세의 감추어진 의미가

맹)의 정치 진영은 사회-종교-경제 진영을 공격해서 그것을 파괴할 것이다. 구약성서는 일반적으로 하나님 또는 메시아가 종말에 있을 절정의 전투에서 악한 세력 전체를 결정적으로 패배시킨다고 기대했다. 구약성서는 모든 시대의 끝으로 이어지는 정확한 사건들을 세부적으로 내다보지 못했다. 하나님이 역사의 종말에 악한 나라가 분열되고 스스로 자신을 공격하게 해서 그 나라를 멸망시키기 시작하리라고 누가 기대할 수 있었겠는가?

요한계시록 17:16-17은 내부 분쟁으로 멸망하는 이 종말의 사건을 어느 정도 자세하게 묘사한다. "네가 본 바 이 열 뿔과 짐승은 음녀를 미워하여 망하게 하고 벌거벗게 하고 그의 살을 먹고 불로 아주 사르리라. 이는 하나님이 자기 뜻대로 할 마음을 그들에게 주사 한 뜻을 이루게 하시고 그들의 나라를 그 짐승에게 주게 하시되 하나님의 말씀이 응하기까지 하심이라." 열 뿔과 짐승은 먼저 음녀를 망하게 하려고 동맹한다. 그다음 그 동맹 세력은 어린양을 죽이려고 시도할 것이다(계 17:12-14). 여기서 음녀가 비참하게 되는 것은 다음과 같이 에스겔 23:25-29, 47에서 하나님이 신앙을 저버린 예루살렘을 심판하심을 예언하는 내용에 기초하여 요약적으로 묘사된다. "그 남은 자를 불에 사르며⋯또 네 옷을 벗기며⋯그들이 미워하는 마음으로 네게 행하여⋯너를 벌거벗은 몸으로 두어서 네 음행의 벗은 몸 곧 네 음란하며 행음하던 것을 드러낼 것이라.⋯[그들이] 그 집들을 불사르리라." 이와 마찬가지로 에스겔 16:37-41도 신실한 이스라엘에 반하여 다음과 같이 예언한다. 즉 "내가 너의 즐거워하는 정든 자와 사랑하던 모든 자와⋯모으되⋯그들이⋯네 높은 대를 부수며⋯

드러나는 것과 더불어 현재 나타나는 것은 그 권세를 멸망시키는 미래와 관련되어 이해된다.

네 몸을 벌거벗겨 버려두며…불로 네 집들을 사르고…"라고 말한다. 심지어 에스겔 23:31-34은 음녀가 손에 잔을 쥐고 마셔서 취하는 것으로 묘사한다. 이는 요한계시록 17:4과 놀라울 정도로 비슷하다. 비록 에스겔 23장이 심판 장면을 묘사하지만 요한계시록 17장과 에스겔 23장에서 언급되는 여자의 유사점은 주목할 만하다. 에스겔서의 장면에는 다가오는 이스라엘의 심판에 대해 비슷한 구약성서의 묘사들이 덧붙여진다. 이 묘사는 하나님이 "그를 벌거벗겨서…그로 광야같이 되게 하며"라고 예언한다(호 2:3; 참조. 렘 10:25; 41:22 LXX; 미 3:3).[49] 하지만 에스겔서의 이 구절들은 이스라엘이 심판받고 뒤이어 바벨론으로 추방되는 사건을 통해 성취되었다.

이 비유적인 표현은 요한계시록 17장에서 음녀 바벨론이 비참히 버림을 받는다는 내용에 다시 적용된다. 이 표현에는 다음 세 가지 은유가 결합되었을 것이다. 첫째, 음녀의 몸처럼 바벨론의 벌거벗은 몸이 드러난다. 둘째, 음녀 바벨론은 맹수의 희생물과 같이 삼켜진다. 셋째, 음녀 바벨론은 성읍과 같이 불살라질 것이다. 불경건한 세상 체계의 정치 진영은 사회-경제-종교 진영의 심장부를 공격해서 그것을 파괴할 것이다. 이 일이 어떻게 일어나기 시작할까? 정치 세력은 바벨론의 지배를 받는 무리를 시켜 이 거대한 도시에 반항하게 할 것이다. 요한계시록 16:12에서 유프라테스 강의 물이 마른다는 언급은 전 세계에서 종교 및 경제적 측면으로 바벨론을 추종하는 자들(계 17:15에서도 "물"로 묘사됨)이 얼마나 많이 바벨론을 배신할지를 묘사할 것이다. "땅의 왕들"(계 17:16-18)은 바벨론의 수많은 경제-종교적 추종자들 중 많은 사람을 설득해서 더 이상 바벨론에게 충성하지 않게 할 것이다. 바벨론에게 환멸을 느끼는 것은

---

[49] 니느웨에 대해 언급하는 나 3:4-5, 15도 보라.

왕들이 바벨론을 심판하는 것(계 17:16에서 묘사됨)과 최후 심판 자체에 대한 전주곡이다. 이와 마찬가지로 요한계시록 16:12에서 왕들의 침입은 강물이 마른 다음에 일어난다.

요한계시록 17:17에 의하면 짐승과 동맹자들은 바벨론을 전복시킬 것이다. "왜냐하면" 하나님이 그들에게 그렇게 할 마음을 불어넣으시기 때문이다. 곧 하나님은 "자기 뜻대로 할 마음을 그들에게" 주실 것이다. 열왕과 짐승이 동맹을 맺는 더 큰 목적은 바벨론을 몰락시키는 것이다. 하나님이 궁극적으로 역사의 진행 과정을 통해(예. 계 6:1-11; 13:5-10), 또한 종말에(겔 38:4-13; 슥 14:2) 성도들의 박해를 허락하시는 것과 마찬가지로, 하나님은 악한 정치 세력들이 바벨론을 공격해서 멸망시키도록 이끄실 것이다. 하나님은 의인들뿐만 아니라 불의한 자들의 "마음"을 통해서도 그분의 뜻을 실행하신다.

하나님은 그와 같이 행동하도록 유도하셔서 "하나님의 말씀이 이루어지도록" 하신다.[50] 이 구절은 요한계시록 17장의 예언뿐만 아니라 다니엘 7장의 예언도 가리킨다. 마찬가지로 요한계시록 10:7에서 "하나님의 그 비밀이 이루어지리라"라는 선언은 구약성서의 예언, 특별히 다니엘서의 예언이 기대하지 않은 방식으로 성취된다는 것을 언급한다. 여기서 예언의 성취와 관련하여 기대하지 않은 측면은 악한 나라가 내분과 내란으로 자신도 모르는 사이에 멸망하기 시작하며 그 나라의 경제-종교적 기초가 파괴되기 시작한다는 것이다. 역사의 종말에 하나님은 "사탄이 자기를 거슬러 일어나 분쟁하면 설 수 없고 망하느니라"(막 3:26)와 같은 일이 일어나게 하실 것이다.

---

50 Theodotion에서 느부갓네살의 심판에 대한 하나님의 예언이 성취되는 데 대해 그리스어 구문 *ho logos synetelesthē*("말씀이 이루어졌다")가 사용되었다(단 4:33; LXX-*telesthēsetai*). 계 17:17에서도 *telesthēsontai hoi logoi*(말씀이 성취될 것이다)라고 비슷하게

구약성서의 예언은 사건들이 시대의 마지막을 향하고 있다는 사실을 세부적으로 내다보지 못했고 단지 일반적으로 하나님이나 메시아가 종말의 마지막에 절정이 되는 전투에서 모든 악한 세력을 결정적으로 멸망시키리라고 기대했다. 다니엘 2:41-43은 종말의 악한 나라를 "분열된 나라"라고 말한다. 비록 내부에서 서로 죽이는 분쟁의 양상을 포함하지만 이것이 정확하게 무엇을 의미하는지는 분명하게 언급되지 않는다. 다니엘 11:40-43은 악한 나라들이 서로 싸운다고 말한다. 그러나 요한계시록 17장은 나라들이 서로 싸우거나 내전을 벌인다고 묘사하지 않으며 오히려 하나의 통일된 세상 체계를 묘사하고 있다. 즉 여기서는 이 통일된 세상 체계에서 정치-군사 진영이 사회-종교-경제 진영에 대적한 결과로써 이 체계의 멸망을 초래한다고 묘사된다. 구약성서의 관점에서는 하나님이 역사의 종말에 통일된 세상 나라가 스스로 분열하고 내부에서 싸우게 함으로써 그 나라를 멸하기 시작하신다고는 기대되지 않았다. 심지어 그리스도가 나타나서 그 나라를 멸망시키기 전에 그런 일이 일어나리라고는 기대하지 못했다.

에스겔 38:21, 학개 2:22 및 스가랴 14:13에 기초하여 종말론적인 내전은 구약성서에서 악이 소멸되는 부분으로서 명백하게 계시되었으며 따라서 계시된 비밀의 일부로 간주되어서는 안 된다고 주장될 수도 있다(계 17:17을 보라).

주 여호와의 말씀이니라. "내가 내 모든 산 중에서 그를 칠 칼을 부르리니 각

표현된다. *telesthēsontai* 대신 *telesthōsin*(1006 1611 1841 2030 $\mathfrak{M}^k$)이 사용된 것은 중요하지 않다. 왜냐하면 요한계시록의 다른 곳에서처럼 그리스어 가정법이 미래 시제 역할을 할 수 있기 때문이다. 하지만 후대에 필사자들이 미래에 대해 말하는 문맥에서 가정법이 적합하지 않다고 여겼기 때문에 가정법을 미래 시제로 바꾸었을 것이다.

사람이 칼로 그 형제를 칠 것이며"(겔 38:21).

여러 왕국들의 보좌를 엎을 것이요, 여러 나라의 세력을 멸할 것이요, 그 병거들과 그 탄 자를 엎드러뜨리리니 말과 그 탄 자가 각각 그의 동료의 칼에 엎드러지리라(학 2:22).

그날에 여호와께서 그들을 크게 요란하게 하시리니 피차 손으로 붙잡으며 피차 손을 들어 칠 것이며(슥 14:13).

하지만 이 예언들은 단순히 하나님의 원수들이 "그들의 칼[또는 손]을 들어 서로 친다"라고 말한다. 이전의 동맹자들 사이에서 일어나는 전쟁에 기여하는 것은 에스겔 16:37-41과 에스겔 23:22-29, 47의 예언이다. 이 두 본문은 이스라엘의 불법적인 연인들(우상숭배하는 나라들)이 음녀를 쳐서 멸망시킨다고 예언한다. 요한계시록 17:14-16에서 제시되는 동일한 유형을 따르면서「에스라 4서」13.30-38은 악한 나라들 사이에 내전이 일어나며 하나님의 아들이 올 때 그들은 하나가 되어 그를 대적해서 싸울 것이라고 예고한다. 심지어 모든 시대에 걸쳐 일어나는 내전도 종말의 최종적인 내전을 예상한다.

구약성서에서 예언된 내전의 세부 사항은 다소 모호하다. 요한계시록 17장은 이에 대해 좀 더 자세하게 묘사한다. 사실 악한 나라가 스스로 자신의 경제-종교 세력의 기초를 파괴하며 (내부의) 공격으로부터 자신을 방어하려고 분명하게 시도하지 않는다는 것은 구약성서에서 미리 내다보거나 기대하지 못한 것이다.

요한계시록 17:16-17에 의하면 최후 내전은 단계적으로 확대되는 규모로 일어난다. 왜냐하면 바벨론은 온 세상에 있는 전반적인 경제-종교 체계를 나타내기 때문이다.

결론

우리가 비밀에 대한 연구를 시도하여 기여한 점 가운데 하나는 **비밀**이라는 용어의 사용에서 다니엘서와 신약성서 사이에 밀접한 관계가 있음을 밝힌 것이다. 요한이 이 용어를 사용하는 것도 예외가 아니다. 요한계시록은 신약성서의 다른 어떤 책보다도 많은 측면에서 다니엘서 내러티브에 의존하고 있다. 곧 요한계시록에서 **비밀**이라는 전문 용어의 모든 용법은 다니엘서를 암시하는 중에 나타나거나 다니엘서의 구절과 직접 연결된다. 이와 같은 다니엘서와의 연관성을 여기서 또다시 되풀이할 필요는 없다. 요한계시록의 비밀 사용은 우리가 신약성서의 다른 곳에서 나타나는 비밀의 특성에 대해 이전에 탐구한 것과 일치한다고 말하는 것으로 충분하다. 요한계시록은 우리의 분석을 더욱 강화해주며 다음과 같은 가능성에 대해 신빙성을 더 높여준다. 곧 비밀에 대한 성서적 개념은 몇몇 학자가 주장하듯이 그리스-로마 맥락이 아니라 묵시적 특성을 지닌 다니엘서에 뿌리를 내리고 있다. 이는 요한계시록의 묵시적 특성을 고려할 때 분명 놀랍지 않다. 게다가 우리는 이제까지의 연구를 통해 비밀 개념이 다니엘서와 구약성서의 다른 구절들과 밀접하게 연결되어 있음을 살펴보았다. 요한계시록 역시 다음 사항을 분명하게 밝혀준다. 곧 **비밀**은 특별히 다니엘서에서 나온 것이며 다니엘서의 **다른** 주제 및 구절들과 연결된 채 사용된다. 요한계시록의 **비밀** 사용과 관련하여 다니엘서의 예언은 이 예언이 성취되는 시기를 기대하지 못했거나(계 10:7) 그 방식을 기대하지 못했다(계 1:20; 10:7; 17:5, 7). 그럼에도 우리는 비밀의 계시가 완전히 새로운 것이 아니라 구약성서 자체에 뿌리를 두고 있음을, 요한

계시록 17:5, 7에 나오는 내전 개념과 같은 것을 예로 들어 살펴보았다. 이는 이 연구서의 이전 장에서 우리가 내린 결론을 한층 더 확증해준다.

요한은 소아시아에 있는 일곱 교회를 향해 현재의 어려운 상황에도 불구하고 그리스도 안에서 자신들의 신분을 확실하게 깨닫고 복음을 전파하며 끝까지 잘 인내하고 이 세상에서 진행되는 하나님의 구원 역사의 특성을 올바로 파악해야 한다고 촉구한다. 신자들은 마귀와 세상의 속임수와 음모를 잘 간파해야 한다. 요한에 의하면 신자들이 하나님이 하시는 일을 잘 분별하는 중요한 한 가지 방법은 요한계시록의 비밀을 이해하는 것이다. 요한계시록 1:20에서 계시된 비밀은 두 가지 상징과 연결되며 각각 "천사들과 교회들"로 해석되는 별과 촛대의 감추어진 의미를 밝혀준다. **비밀**이라는 용어는 역설적인 예언 성취의 특성과 예언에 대한 기대의 반전을 강조한다. 이 비밀에는 별과 촛대의 상징을 통해 종말에 기대하지 못한 방식의 성취가 포함된다. 신자들은 현재 이 세상에서 박해를 받고 있지만 용기를 내야 한다. 왜냐하면 이 박해는 그들이 하나님 나라에 동참한다는 사실을 나타내기 때문이다. 요한계시록 10:7에서 계시된 비밀은 다니엘 11:29-12:13을 염두에 두고 있다. 다니엘서의 이 예언은 하나님의 백성에 대한 박해와 영원한 나라의 설립에 관심을 기울인다. 요한계시록 10장은 독자들에게 이 예언이 곧 성취된다는 사실을 확인해준다. 하지만 이 예언이 성취되는 시기와 방식은 모두 계시된 비밀을 구성한다. 그리스도를 꼭 붙잡고 있는 이들은 환난의 한가운데서도 낙심하지 말고 끝까지 인내해야 한다. 다니엘 11-12장에 예언되었듯이 악한 자들은 심판을 받고 의인들은 신원되고 회복될 것이다. 마지막 구절인 요한계시록 17:8-18도 "비밀"로 불린다. 왜냐하면 이 구절은 악한 나라가 패배하기 시작하는 것을 기대하지 못한 방식으로 밝혀주기 때문이다. 그리스도가 다시 오기에 앞서 악한 나라는 서로 싸우고 스스로 무너지기 시작할 것이다. 악한 제도의 정치 진영(짐승과 그 동맹자들)은 사회-종교-경제 진영을 공격해서 그것을 파괴할 것이다.

제11장

:

신약성서에서 **비밀**이라는
용어를 사용하지 않고
비밀을 묘사하는 사례들

우리는 앞 장에서 요한계시록이 다른 신약성서 저자들의 발자취를 따르면서 "후일에" 일어나는 사건과 관련하여 **비밀**이라는 용어를 사용하고 있음을 살펴보았다. 요한계시록 1:20에서 계시된 비밀은 두 가지 상징과 연결되며 각각 "천사들과 교회들"로 해석되는 별과 촛대의 감추어진 의미를 밝혀준다. 여기서 비밀이라는 용어는 예언이 성취되는 역설적인 특성과 예언에 대한 기대의 반전을 강조한다. 이 용어는 별과 촛대의 상징을 통해 기대하지 못한 종말의 성취도 포함한다. 요한계시록 10:7에서 계시된 비밀은 다니엘 11:29-12:13을 연상시킨다. 이 다니엘서의 예언은 하나님의 백성에 대한 박해와 종말에 세워질 하나님 나라의 설립에 관심을 기울인다. 요한계시록 10장은 독자들에게 이 예언은 성취되지만 예언이 성취되는 시기와 방식은 모두 비밀에 속하는 것임을 확인해준다. 비밀이라는 용어가 마지막으로 나타나는 요한계시록 17장은 기대하지 못한 방식으로 악한 나라가 무너지기 시작한다고 계시한다. 그리스도가 다시 오기에 앞서 악한 나라는 내부에서 서로 등을 돌리고 스스로 무너지기 시작할 것이다. 악한 체제의 정치 지도자들(짐승과 그의 동맹자들)은 그 나라의 정치-종교 및 사회 기반을 공격해서 그것을 파괴할 것이다.

지금까지 우리는 구약성서, 유대교 및 신약성서에서 **비밀**이라는 용어가 명백하게 나타나는 데 관심을 기울여왔다. 하지만 우리는 이제 계시된 비밀의 범주에 잘 어울리는 다른 신약성서의 개념에 대해 간략하게 논의하고자 한다. "비밀" 또는 종말의 계시에서 반드시 **비밀**(*mystērion*)이라는 특정 단어가 있어야 할 필요는 없다. 예를 들면 우리는 다니엘서의 비밀에 대한 논의에서 **비밀**(*rāz*; *mystērion*)이라는 정확한 용어가 나오지 않지만 어떻게 비밀이라는 개념이 다니엘 5장 및 7-12장에 나타나는지를 보여주려고 시도했다. 우리는 이 분석에서 다니엘서에 계시된 지혜는 이중 구조, 곧 상징적 계시와 해석적 계시라는 특성을 지닌다고 결론지었다. 다니엘서에서 계시는 꿈, 글씨, 이전 예언 및 환상이라는 형태를 취한다. 따라서 이 계시 형태에서 어떤 것을 분리하고자 하면 잘못이다. 왜냐하면 이 각각의 모델이 하나님의 지혜를 저마다의 형태로 표현해주기 때문이다. 비록 꿈, 글씨 및 구약성서와 같은 몇 가지 수단으로 계시가 나타나더라도 계시의 의미는 상세한 해석이 제시되기까지 부분적으로 감추어져 있거나 암호화된다. 이 다양성과 유동성은 신약성서의 특정 구절과 주제에도 적용될 수 있다. 이 장의 목적은 "**비밀**이라는 용어를 사용하지 않고 비밀을 묘사하는 사례"라고 이름 붙일 수 있는 몇 가지 개념에 대해 간략하게 살펴보는 것이다.

신약성서에는 비밀의 범주로 분류할 수 있는 몇 가지 주제가 있다. 하지만 우리는 더욱 주목할 만하고 의미심장한 주제에 우리의 관심을 제한하고자 한다. 앞으로 언급할 몇몇 텍스트와 주제를 해석학적 차원에서 깊이 있게 다루는 일은 이 연구 과제의 범위를 벗어난다. 따라서 여기서 우리는 좀 더 종합적이고 간결한 논평을 제시할 것이다.

부활

구약성서에서 부활은 학자들 간에 자주 논란이 되는 주제다. 어떤 구약성서 텍스트가 부활 개념을 제시하는가에 대해서는 학자마다 다른 견해를 보인다.[1] 보통 욥기 19:26-27, 이사야 25:7-8, 26:19, 에스겔 36:26-35, 37:1-14, 다니엘 12:2-3 등이 제시된다. 최소주의자들은 구약성서에서 오직 한 본문(단 12:2-3)만이 부활에 대해 명백하게 언급한다고 인정한다. 곧 "땅의 티끌 가운데에서 자는 자 중에서 많은 사람이 깨어나 영생을 받는 자도 있겠고, 수치를 당하여서 영원히 부끄러움을 당할 자도 있을 것이며, 지혜 있는 자는 궁창의 빛과 같이 빛날 것이요, 많은 사람을 옳은 데로 돌아오게 한 자는 별과 같이 영원토록 빛나리라"(단 12:2-3). 구약성서는 바로 역사의 종말에 부활이 일어난다고 단언한다. 그때 모든 피조계의 타락 상태는 끝이 나고 새 창조가 시작되며 의인들은 몸이 회복되고 악인들은 최종적으로 형벌을 받을 것이다.

이 당시에 유대교는 극도로 다양했지만 대부분 부활에 대한 구약성서의 관점을 의미심장하게 발전시켰다(예. *1 En.* 22.13; 62.15; *4 Ezra* 2.16; *2 Bar.* 44.12-15). 이 텍스트들은 육체적이며 집단적인 부활 개념을 새 창조의 도래와 연결했다.

신약성서는 부활을 가르침의 핵심에 위치시킨다(예. 마 22:30; 눅 14:14; 롬 6:5; 빌 3:10-11; 계 20:5). 구약성서와 달리 신약성서는 다소 급진적인 관점을 제시한다. 곧 신약성서에서는 성도들의 부활이 다양하게 언급된

---

1   구약성서와 유대교에서 부활을 언급하는 텍스트에 대한 더 자세한 논의를 알려면 G. K. Beale, *A New Testament Biblical Theology: The Unfolding of the Old Testament in the New* (Grand Rapids: Baker Academic, 2011), pp. 228-34을 보라.

다.² 요한복음 5:25은 "죽은 자들이 하나님의 아들의 음성을 들을 때가 오나니 곧 이때라. 듣는 자는 살아나리라"라고 말한다. 부활에 대한 다니엘 12:2의 예언은 기원후 1세기에 성취되기 시작하지만 단지 영적인 측면에서만 일어난다. 사람들은 영적으로 살아나지만 몸은 아직 아니다. 그러나 요한복음 5장에서 몇 절 뒤에 예수는 다니엘서의 예언과 동일하게 몸으로 부활하는 완성된 성취에 대해 말하고 있다. "무덤 속에 있는 자가 다 그의 음성을 들을 때가 오나니 선한 일을 행한 자는 생명의 부활로, 악한 일을 행한 자는 심판의 부활로 나오리라"(요 5:28-29). 이 두 가지 성취는 문자 그대로 이루어진다. "영적"인 부활과 마찬가지로 몸의 부활도 "문자 그대로" 이루어진다. 왜냐하면 다니엘서의 예언은 분명히 **부활한 영과 더불어** 몸의 부활도 포함하기 때문이다! 다니엘서의 예언은 한꺼번에 성취되지 않는다. 왜냐하면 먼저 영적 부활이 일어나고 그다음에 몸의 부활이 뒤따르기 때문이다. 따라서 변하는 것은 예언 성취의 특성이 아니라 그 시기다. 다시 말해서 영적이며 육체적인 부활의 성취는 영적으로 해석되거나 알레고리화되지 않고 구체적으로 언급되었다. 이와 같이 시간적인 측면에서 두 단계로 이루어지는 성취는 개념상 구약성서의 비밀에 대한 계시다. 왜냐하면 비밀이 이처럼 두 단계로 성취되는 것은 다니엘서에서 명확하게 언급되지 않기 때문이다.

부활에 대한 구약성서의 예언이 이중 방식으로 성취되는 또 다른 방법이 있다. 먼저 예수 자신의 부활은 성취의 시작("첫 열매")이었다. 그다음 역사의 종말에 모든 성도가 몸으로 부활하게 되는 것이 최종 성취다(고전 15:22-23). 요한복음 5장과 고린도전서 15장에 비추어볼 때 예언된 부활

---

2   이 부분은 다음 책에서 발췌한 것이다. G. K. Beale, *The Temple and the Church's Mission*, NSBT 17 (Downers Grove, IL.: InterVarsity Press, 2004), pp. 381-82.

은 실제로 다음 세 단계로 성취된다. (1) 그리스도의 몸의 부활, (2) 신자들의 영적 부활, (3) 신자들의 몸의 부활이다.

메시아의 몸이 먼저 살아난다. 그리고 나중에 그의 백성의 몸도 살아나게 된다. 구약성서가 한 사건의 일부로서 모든 하나님의 백성이 함께 부활한다고 예언하고 있음을 기억하면서(예. 단 12:2-3), 바울은 종말의 부활에 대한 예언을 그리스도의 몸의 부활을 통해 그 성취가 시작된 것으로 간주한다. 또한 바울은 그리스도의 몸의 부활은 성도들의 몸의 부활이 뒤따라 일어나는 것을 필연적으로 전제한다고 주장한다(고전 15장).[3] 다시 말해서 최종적인 부활이라는 위대한 사건은 그리스도 안에서 시작되었다. 하지만 이 부활 사건은 다른 사람들의 부활에서는 이루어지지 않았기 때문에 부활에 대한 예언의 온전한 성취는 미래의 어느 시점에 일어나야 한다.

부활에 대한 신약성서의 관점, 곧 단계별로 성취되는 부활 사건의 특성은 타당하게 "비밀"이라고 불릴 수 있다. 부활에 관한 예언이 성취되는 특성은 예언된 그대로 일어난다(즉 부활은 영적으로 또한 육체적으로 일어난다). 하지만 구약성서의 관점에서 볼 때 그 시기는 명백하지 않았다. 우리가 간파한 바에 따르면 구약성서도 유대교도 이와 같은 부활의 특이한 시기에 대해 **명백하게** 예상하지 못했다.[4] 따라서 바울이 고린도전서

---

[3] 바울이 고전 15:1-24에서 특정한 구약성서의 부활에 관한 예언을 염두에 두고 있는지는 분명하게 알 수 없다. 하지만 몇몇 주석가는 "성경대로 사흘 만에 다시 살아나사"(고전 15:4)라는 언급이 호 6:1-3(예를 들면 "셋째 날에 우리를 일으키시리니") 또는 욘 1:17("요나가 밤낮 삼 일을 물고기 뱃속에 있으니라")을 암시한다고 생각한다. 예수는 요나서의 해당 절을 모형론적인 측면에서 자기 자신에게 적용시켰다(마 12:39-41). 이 구절 중 어떤 것도 단계적으로 이루어지는 부활에 대해 전혀 언급하지 않는다.

[4] 여기서 우리는 지면 관계상 부활에 대한 구약성서와 유대교의 다양한 텍스트를 충분히 깊이 있게 다룰 수 없다. 그래서 혹시 이 텍스트에 두세 단계의 부활을 가리키는 암시가 들어 있는지 해석학적인 명확한 판단을 내릴 수 없다. 그럼에도 불구하고 아담과 하와에게 두 단계에 걸쳐 생명을 부여했다고 언급하는 것으로 여겨지는 본문에 대해서는

15:51-52에서 신자들이 마지막 아담의 형상으로 변화되는 것을 "비밀"이라고 부르는 것은 우연이 아닐 것이다.

구약성서의 기독론 이해

아마도 신약성서 저자들이 구약성서를 이해한 가장 주목할 만한 방법 중 하나는 구약성서 전체가 그리스도를 가리키고 있다는 그들의 확신일 것이다.[5] 그들은 구약성서 전체가 예수라는 인물, 그의 삶, 죽음 및 부활을 대망했다고 믿었다. 그리스도에 대한 믿음이 신약성서 저자들이 구약성서를 기독론적으로 해석하도록 이끌었겠지만 그들은 분명히 다음과 같이 주장했을 것이다. 심지어 믿지 않는 유대인들도 제사장-왕, 고난 받는 종-왕, 새 대제사장 등을 기대하면 구약성서를 올바로 이해할 수 있다고 말이다.

예를 들면 누가복음 24:45은 부활한 예수가 "그들[그의 제자들]의 마음을 열어 성경을 깨닫게" 했다고 알려준다. 또한 예수는 바로 앞에서 다음과 같이 말했다. "'미련하고 선지자들이 말한 모든 것을 마음에 더디 믿는 자들이여, 그리스도가 이런 고난을 받고 자기의 영광에 들어가야 할 것이 아니냐?' 하시고 이에 모세와 모든 선지자의 글로 시작하여 모든 성경에 쓴 바 자기에 관한 것을 자세히 설명하시니라"(눅 24:25-27). 따라서 예수는 **심지어 부활 이전 시기였음에도 불구하고** 자신의 제자들이 구약성서가 이 사건을 예견했음을 이해하지 못하는 데 대해 책임을 묻고 있다.

추기 11.1("두 단계 부활에 대한 구약성서의 가능한 기대")을 보라. 신약성서에서 두 단계(영적으로 그다음에 육체적으로)로 일어나는 신자들의 부활에 대한 배경과 관련해서 이 본문들이 그 일부를 형성할 가능성이 있다.

5 이 부분은 다음에서 발췌했다. G. K. Beale, "A Surrejoinder to Peter Enns," *Themelios* 32 (2007): 19-20.

따라서 신약성서 저자들은 다음과 같이 변증한다. "그리스도를 믿어라. 그러면 당신은 성서를 더욱 잘 이해할 것이다." 또한 이 변증은 심지어 비그리스도인들도 메시아가 죽은 다음에 다시 살아난다는 것을 성서에서 깨달을 수 있음을 보여준다.[6] 바로 이것이 누가가 사도행전 17:11에서 다음과 같이 말하는 이유다. 즉 바울과 실라가 복음에 대해 증언했던 베뢰아 사람들은 "간절한 마음으로 말씀을 받고 이것이 그러한가 하여 날마다 성경을 상고"했다. 그리고 누가는 알렉산드리아에서 태어난 아볼로에 대해서도 말한다. 아볼로는 "성경에 능통한 자"였지만, 단지 "요한의 세례만 알 따름"이었다(행 18:24-25). 그래서 브리스길라와 아굴라는 아볼로에게 "하나님의 도를 더 정확하게 풀어" 알려주었다(행 18:26). 예수가 행한 사역의 나머지 부분에 대해 "더 정확하게" 배우고 나서 아볼로는 "성경으로써 예수는 그리스도[메시아]라고 증언하여" 유대인 대적자들의 가르침을 논박했다(행 18:28). 요한의 세례(요한이 예수에게 세례를 베푼 것을 포함하여)와 관련해서 아볼로가 구약성서를 "정확하게" 이해했다는 점에 주목하라. 하지만 예수를 통해 메시아와 관련된 예언이 성취된 것에 대한 온전한 계시를 받고 나서 아볼로는 "더 정확하게" 이해할 수 있게 되었다.

이런 예들은 구약성서를 정확히 이해할 수 있을 뿐만 아니라 예수에 대한 점진적인 계시에 비추어 더 많이 그리고 더 정확하게 이해할 수 있음을 보여준다. 계시된 비밀이 핵심적인 역할을 하는 곳은 후자의 경우다. 사실 특별히 그리스도와 관련해서 완전하고 충분한 의미는 구약성서에서 부분적으로 또한 때때로 대부분 "감추어져" 있었으나 이제 온전히 계시되었다. 여기서 "나의 복음과 예수 그리스도를 전파함은 영세 전

---

[6]   D. A. Carson, "Three More Books on the Bible: a Critical Review," *TJ* 27 (2006): 44.

부터 감추어졌다가 이제는 나타내신 바 되었으며 영원하신 하나님의 명을 따라 선지자들의 글로 말미암아 모든 민족이 믿어 순종하게 하시려고 알게 하신 바 <u>그 신비의 계시를 따라 된 것이니</u>"라는 로마서 16:25-26을 적용할 수 있을 것이다. 비밀과 구약성서와 더불어 바울의 복음과 그리스도 사이의 긴밀한 연관성은, 구약성서가 복음의 핵심인 그리스도에 대해 "새로운" 또는 기대하지 못한 방식을 말하고 있음을 개연성 있게 만든다. 그리스도의 성육신과 하나님의 온전하고 구체적인 계시는 구약성서에 새로운 빛을 비추어주며 이전 계시에 담겨 있는 의미를 더욱 자세하게 밝혀준다. 이전에 감추어졌지만 지금 계시된 비밀이라는 개념은 구약성서를 이해하는 데 있어 중요한 범주다. 비밀에 대해 충분하거나 완전한 의미는 구약성서에서 "감추어져" 있었지만 이제 그리스도의 빛 안에서 "계시"되었다.

예수, 성전, 새 창조

복음서에서 더욱 뚜렷한 주제 중 하나는 예수와 성전의 관계다. 아마도 가장 놀랍고 결정적인 것은 예수가 자신을 단지 성전에 대한 주권이 있는 존재라고 하지 않고 성전과 동일시한 주장일 것이다. "이에 유대인들이 대답하여 예수께 말하기를 '네가 이런 일을 행하니 무슨 표적을 우리에게 보이겠느냐?' 예수께서 대답하여 이르시되 '너희가 이 성전을 헐라, 내가 사흘 동안에 일으키리라.' 유대인들이 이르되 '이 성전은 사십육 년 동안에 지었거늘 네가 삼 일 동안에 일으키겠느냐?' 하더라. <u>그러나 예수는 성전된 자기 육체를 가리켜 말씀하신 것이라</u>"(요 2:18-21).

예수의 부활은 새 창조에서 첫 번째로 가장 위대한 행위였다. 이 점에 대해 바울은 다음과 같이 명백하게 증언한다. "그는 죽었다가 다시 살아났다.…따라서 만약 어떤 사람이 그리스도 안에 있으면 그는 새로운 피조물이다"(고후 5:15, 17, 저자 사역; 참조. 갈 6:15-16; 골 1:18; 계 3:14; 하지만 부활에 대한 이와 같은 개념은 신약성서 도처에서 나타난다). 이것은 예를 들어 "내가 하나님의 [옛] 성전을 헐고 사흘 동안에 지을 수 있다"라는 그리스도의 말을 복음서에서 왜 반복해서 말하는지에 대한 가장 훌륭한 설명이다(마 26:61; 27:40; 막 14:58; 15:29; 요 2:20-21; 참조. 행 6:14). 그리스도를 "성전"이라고 부르는 것은 그를 새로운 피조물이라고 언급하는 또 다른 방법이다. 왜냐하면 성전이 창조의 상징이기 때문이다.[7]

창세기 1장에 의하면 아담의 사명은 에덴-성전에서 섬기는 것이었다. 또한 그 성전을 지시대로 잘 관리하고 그것의 지경을 넓혀가는 것이었다(창 1:28; 2:15). 사실 아담의 사명을 노아, 족장들, 이스라엘 및 종말의 이스라엘에게 다시 적용하는 일은 성전을 세우기 시작하고 확장시키는 일과 불가분의 관계에 있다(창 9:1, 7; 12:2-3; 26:4; 28:3; 47:27; 출 1:7 등). 따라서 그리스도는 새 성전을 세우는 일을 시작한다. 그리스도는 첫째 아담과 이스라엘이 실패한 임무들을 또다시 수행한다. 복음서의 여러 부분에서 그리스도는 옛 성전이 쓸모없게 되며 자신이 옛 성전을 새로운 성전으로 대체하고 있음을 보여준다.

이제 예수는 성전보다 더 위대하다. 왜냐하면 "하나님의 임재는 성전에서보다 예수 안에서 더 명백하게 나타나기 때문이다"(참조. 마 12:6: "내가 너희에게 이르노니 성전보다 더 큰 이가 여기 있느니라"). 성전이 아니라 바로 예수 위에 "쉐키나"의 영광이[8] 과거에 성전에서 하나님의 영광이 머물렀던 것보다 더 위대한 방법으로 머무르고 있다(아마도 예수의 이 말은 학

---

7   이 부분은 다음에서 발췌했다. Beale, *Temple and the Church's Mission*, pp. 176-78.
8   R. A. Cole, *The New Temple* (London: Tyndale Press, 1950), p. 12.

2:9의 예언, 곧 "이 성전의 나중 영광이 이전 영광보다 크리라"를 반영할 것이다). 그러므로 예수는 희생 제사 제도의 역할을 맡기 때문에 성전과 동일시될 뿐만 아니라, 이제 그는 성전 대신에 이 땅에서 하나님의 계시적 임재가 나타나는 유일무이한 장소다. 하나님은 눈에 보이는 물리적 성전에서 나타났던 것보다 더 위대한 방법으로 예수 안에서 그분의 영광스러운 임재를 나타내신다.

신약성서에는 하나님의 영광스러운 임재가 예수 안에 거하고 있다는 명백한 확신이 있다. 이 확신에는 적절하게 "비밀"이라는 이름을 붙일 수 있다. 구약성서에서 어떤 부분은 메시아가 와서 새로운 창조가 이루어질 때 종말의 성전이 물리적인 구조를 지니게 된다고 기대했던 것 같다(예. 학 2:9).[9] 하지만 구약성서 안에서도 몇몇 본문은 하나님의 계시적 임재가 있는 비물리적인 종말론적 성전을 예견하는 것으로 보인다(예. 렘 3:16-17; 슥 1:16-2:13).[10] 따라서 성전에 대한 구약성서의 예언들은 일관되지 않는 것처럼 보였다. 신약성서의 관점은 성전에 대한 예언들이 그리스도와 그의 백성을 통해 비건축적인 방식으로 성취된다고 계시한다는 점에서 구약성서가 그리는 성전의 모습을 더욱 분명하게 보여준다.

또한 구약성서는 성전 건축 사역에 참여하거나 참여해야 하는 특정한 개인들의 명성에 대해 묘사한다(예. 아담, 솔로몬). 하지만 이 성소 중 어디에서도 하나님의 임재가 충만히 나타나지 않았다. 적어도 하나님의 임재가 그리스도 안에서 충만한 정도로 나타나지는 않았다. 하지만 구약성서는 하나님의 백성인 참이스라엘 안에 하나님이 임재하심을 기대한다(예. 렘 3:16). 하지만 하나님이 그리스도 안에 임재하시는 정도만큼은 아니다.

---

9 Beale, *Temple and the Church's Mission*, pp. 123-67.
10 겔 40-48장의 성전에 대한 예언도 비물리적인 성전을 예언한다고 이해될 수 있다 (Beale, *Temple and the Church's Mission*, pp. 335-64을 보라).

사실상 그리스도 안에서 연합한 사람들이 하늘에 계신 하나님의 영광에 참여하도록 허락됨으로써 하나님의 임재는 그리스도 안에서 재구성되었다. 더욱이 그리스도는 신적 존재로서 죄가 없는 완벽한 삶을 살았기 때문에 하나님의 영광은 그분의 아들 안에서 유일무이하고 기대하지 못한 방식으로 거한다. 비록 구약성서에도 종말의 성전을 사실상 비건축적인 것이라고 이해하는 선례들이 있지만 메시아와 같은 한 인물이 그 성전에 대한 최초의 성취를 이룬다고 예언된 명백한 증거는 없는 것 같다. 하지만 구약성서와 초기 유대교 문헌에는 대제사장의 옷이 성전 자체를 상징하며 성전에 대한 소우주라고 언급하는 증거가 있다.[11] 따라서 후대에 개인 메시아가 제사장으로서 성전 자체를 나타낼 수 있다고 이해하기는 쉽다. 왜냐하면 특별히 제사장들은 그리스도에 대한 고전적 모형이었기 때문이다(예. 히 10:20은 성전의 "휘장"이 그리스도의 "육체"를 나타낸다고 언급한다. 나아가 히 9:11-28은 그리스도를 궁극적인 성전의 희생 제사로서, 하늘의 성전에서 자기의 피를 드리는 제사장으로 간주한다). 하지만 구약성서도, 유대교도 하나님이 단지 한 개인 안에서 우주를 재창조하기 시작함으로써 그분의 약속을 성취해나간다고 기대하는 것으로는 보이지 않는다.

여기서 필연적 결과는 당연히 그리스도의 새로운 창조적인 몸이다. 앞에서 암시했듯이 새 창조와 성전 개념들은 서로 얽혀 있다. 구약성서는 야웨가 "새 하늘과 새 땅을 창조하실" 날을 고대한다(사 65:17; 66:22). 하지만 신약성서는 하나님이 적어도 초기 단계에서 이 약속을 성취하셨다고 급진적으로 주장한다(고후 5:15, 17). 그리스도가 부활했을 때 하나님은 그분의 아들 안에서 새로운 창조 행위를 실행하셨다. 그리스도의 몸은 참으로 새 하늘과 새 땅의 "첫 열매"다(계 3:14). 구약성서의 관점에

---

11   Beale, *Temple and the Church's Mission*, pp. 39-48을 보라.

서 볼 때 그리스도 안에서 이루어진 하나님의 새로운 창조 행위는 분명 특이하다. 구약성서뿐만 아니라 유대교 문헌도 단지 한 개인 안에서 우주를 재창조하기 시작함으로써 하나님이 초기에 그분의 약속을 성취해 나간다고 기대하는 것으로는 보이지 않는다. 하지만 앞에서 제시한 성전으로서의 그리스도 개인에 대한 논의가 여기서도 또다시 빛을 비추어줄 것이다. 왜냐하면 구약성서에서 대제사장 개인의 예복은 성전을 대표할 뿐만 아니라, 성전 자체가 창조의 상징인 것과 마찬가지로 대제사장 개인의 예복 역시 창조를 대표하기 때문이다.[12]

따라서 성전으로서의 그리스도 개인도 새로운 창조의 대표자였다. 그가 부활했을 때 새로운 창조가 시작되었다. 그러므로 또다시 한 개인이 성전뿐만 아니라 새로운 창조를 대표한다는 선례가 가능한 것으로 보인다. 이 관점이 얼마나 명백하게 이해되었는가에 대해서는 말하기 어렵다. 하지만 여기서의 강조점은 다음과 같다. 즉 종말론적인 성전과 새로운 창조의 시작으로서, 그리스도 개인에 대한 계시는 완전히 감추어지지 않은 것 같은 이전의 비밀이 분명히 밝혀진 것이다.

시작된 종말론

일반적으로 말해서 구약성서는 역사의 종말이 어떤 질서를 따른다고 기대한다. 구약성서는 "후일에" 및 그와 비슷한 용어를 사용하여 다음과 같은 미래의 때를 가리킨다. (1) 하나님의 백성에게 최종적이고 전무후무하며 비교할 수 없는 환난의 기간이 도래할 것이다. 속이며 박해하는 종말의 적대자가 이 일을 자행할 것이다. 하나님의 백성은 이 환난에 직면해

---

12 앞의 책, pp. 39-48.

서 타협하지 않는 지혜가 필요하다. (2) 그들은 죽음에 넘겨지지만, (3) 부활하며, 그들의 나라가 다시 세워질 것이다. (4) 이 미래의 시기에 하나님은 땅을 다스리실 것이다. (5) (하나님은) 다윗의 자손으로서 오실 왕을 통해 통치하실 것이다. 이 왕은 모든 대적자를 물리치고 새 창조 안에서 평화롭게 (6) 이방 나라들과 (7) 회복된 이스라엘을 다스릴 것이다. (8) 하나님은 회복된 이스라엘과 새 언약을 맺으실 것이다. (9) 하나님은 그들에게 성령을 부어주실 것이다. (10) 그들 가운데 (물리적) 성전이 다시 세워질 것이다.[13]

신약성서는 구약성서 예언서에서 발견되는 "말세" 또는 "마지막 날"이나 다른 표현들을 자주 사용한다(예. 요 6:39-40; 행 2:17; 고전 10:11; 갈 4:4; 벧후 3:3). 신약성서에서 이 표현들의 종말론적인 뉘앙스는 대체로 구약성서의 표현과 동일한데, 중요한 한 가지 차이점은 다음과 같다. 곧 구약성서에 예언된 것으로서 "말세"는 신약성서에 의하면 그리스도의 초림과 더불어 성취되기 시작했다. 그리고 예언의 궁극적인 성취가 뒤따를 것이다. 이와 같이 신약성서에는 구약성서에서 언급된 종말에 대해 두 단계 성취가 나타난다.

그러나 우리는 종말에 대한 이 진술을 한정해야 한다. 사실상 구약성서에서 몇몇 본문은 성취의 다양한 단계를 기대한다. 예를 들면 시편 110:1-4은 메시아의 시대가 시작되고 어느 정도 시간이 지나서 궁극적인 통치가 뒤따른다고 기대하거나 예고한다. 하지만 구약성서의 관점에서 볼 때 두 시점 사이의 중간기는 짧다고 간주된다.

구약성서가 종말에 일어난다고 예견한 모든 일은 기원후 1세기에 이

---

[13] Beale, *New Testament Biblical Theology*, p. 115. 이 주제와 관련하여 구약성서와 유대교의 관점에 대한 자세한 논의를 알려면 pp. 131-63을 보라.

미 시작되었다. 그리고 이 일은 그리스도의 재림까지 지속적으로 일어날 것이다. 다시 말해서 큰 환난, 이방 나라들에 대한 하나님의 통치, 이스라엘이 박해자들에게서 구원받음, 이스라엘의 회복, 이스라엘의 부활, 새 언약, 성령에 대한 약속, 새 창조, 새 성전, 메시아적인 왕, 하나님 나라의 설립 등에 대한 구약성서의 종말론적 기대는 그리스도의 죽음과 부활 및 기독교 교회의 형성을 통해 이미 성취되기 시작했다. 일반적으로 말해서 "이미-그러나-아직"이라는 신약성서의 구조는 구약성서에서는 대체로 기대되지 않았다. 우리는 앞에서 구약성서가 어떻게 "이미-그러나-아직"이라는 종말론을 기대했을 수도 있는지에 대해 언급했다. 하지만 그와 같은 개념은 구약성서에서 대개 발견되지 않는다. 따라서 신약성서에 종말에 대한 이미/그러나 아직이라는 생각과 그와 관련된 개념들이 **충만한** 것은 비밀이라고 이해될 수 있다. 구약성서에서 이 비밀이 명백하게 계시된 것을 발견하기는 쉽지 않다.

복음

아마도 신약성서에 등장하는, 예상치 못한 개념의 가장 훌륭한 예 중 하나는 복음 자체일 것이다. 일단 올바로 이해하기만 한다면 신약성서의 핵심 가르침—그리스도의 삶, 죽음 및 부활—은 충분히 비밀의 범주에 속하는 것으로 분류될 수 있다. 아마도 여기서 **연속성**과 **불연속성** 같은 용어를 사용하는 것이 타당할 것이다. 복음은 이 두 가지 특성을 모두 보여준다. 한편으로 복음의 어떤 요소들은 구약성서의 기대가 성취된 것으로 이해할 수 있다(예. 메시아의 도래에 대한 구두 예언, 메시아가 그의 백성의 죄를 대신해서 죽는다는 것, 사 53장을 보라). 이런 의미에서 복음은 구약성서와 **연속성**을 이룬다. 다른 한편으로 우리가 앞에서 살펴본 대로 복음은 특이하거나 예기치 못한 요소들을 포함하고 있는데, 이 요소들은 구약성서와 **불연속성**의 관계에 있다(예. 두 단계로 이루어지는 부활의 시기).

아마도 다른 어떤 서신보다 로마서가 이 현상을 더욱 명확하게 입증해줄 것이다. 로마서의 서두에서 바울은 구약성서와 연속성을 이룬다고 간주되는 복음의 측면들을 다음과 같이 강조한다(롬 1:1-4).

> 예수 그리스도의 종 바울은 사도로 부르심을 받아 하나님의 복음을 위하여 택정함을 입었으니 이 복음은 하나님이 선지자들을 통하여 그의 아들에 관하여 성경에 미리 약속하신 것이라. 그의 아들에 관하여 말하면 육신으로는 다윗의 혈통에서 나셨고 성결의 영으로는 죽은 자들 가운데서 부활하사 능력으로 하나님의 아들로 선포되셨으니 곧 우리 주 예수 그리스도시니라.

복음은 정말로 구약성서에서 기대되었다(롬 1:2). 복음의 메시지는 메시아 예수에게 집중한다(롬 1:3). 그리스도, 곧 오랫동안 기다려온 메시아는 인류의 죄를 대신해서 죽었으며 부활하여 지금 하늘에서 통치하고 있다(롬 1:4). 복음은 이방인이 하나님의 백성, 곧 참이스라엘 안으로 들어오는 것을 포함한다(롬 1:5). 우리가 이 연구서에서 줄곧 살펴보았듯이 이 요소들 중 상당 부분이 구약성서에 뿌리를 두고 있다. 구약성서가 기대하는 것은 다음과 같다. (1) 메시아가 이스라엘과 이방 나라들을 통치할 것이다. (2) 죽은 사람들이 부활할 것이다. (3) 종말론적인 회복이 일어나며 이방인이 참이스라엘에 포함될 것이다. 이 사건들이 성취되는 방식이 기대했던 것과 다르다는 점을 인정한다고 하더라도, 바울은 분명히 구약성서가 복음의 메시지를 기대했다고 강조한다. 한마디로 말해서 복음은 구약성서의 기대와 연속성을 이루고 있다.

로마서는 본질적으로 복음에 대한 묘사로 시작되고 마무리된다. 여기서는 복음이 일종의 북엔드 역할을 한다(도표 11.1을 보라). 동일한 용어와 개념들이 사용된 점에 비추어볼 때 이 두 본문은 의심할 여지 없이 유기적으로 연결되어 있다. 이 사실은 분명하다. 특별히 주목할 만한 사항으로서 이 두 본문의 차이점은 다음과 같다. 즉 **비밀**이라는 용어 및 이와 관련한 표현은 오직 로마서 16:25-26에만 나타난다. 아마도 바울은 로마서 1:1-5에서도 비밀을 염두에 두고 있었지만 이 용어를 구체적으로 언급할 필요를 느끼지 못했을 것이다. 아마도 그럴 가능성이 높다. 그러나 우리는 다음과 같이 이해하는 것이 더 설득력 있다고 생각한다. 즉 로마서 1:1-5에서 비밀이라는 용어를 생략한 이유는 사도 바울이 해당 부분에서 복음의 **연속성**을 강조하기를 원했기 때문이다. 바울은 그의 복음을 구약성서에 깊이 뿌리내리고 있다.

도표 11.1

로마서 1:1-2, 5	로마서 16:25-26
"예수 그리스도의 종 바울은 사도로 부르심을 받아 하나님의 복음[*euangelion*]을 위하여 택정함을 입었으니 이 복음은 하나님이 선지자들[*prophētōn*]을 통하여 그의 아들에 관하여 성경[*graphais*]에 미리 약속하신 것이라.…그로 말미암아 우리가 은혜와 사도의 직분을 받아 그의 이름을 위하여 모든 이방인[*pasin tois ethnesin*] 중에서 믿어 순종하게 하나니[*eis hypakoēn pisteōs*]"	"나의 복음[*euangelion*]과 예수 그리스도를 전파함은 영세 전부터 감추어졌다가 이제는 나타내신 바 되었으며 영원하신 하나님의 명을 따라 선지자들의 글[*graphōn prophētikōn*]로 말미암아 모든 민족[*panta ta ethnē*]이 믿어 순종하게[*eis hypakoēn pisteōs*] 하시려고 알게 하신 바 그 신비의 계시를 따라 된 것이니"

거의 같은 언어를 사용하는 데도 불구하고 로마서 16:25-26은 동일한 강조점을 공유하지 않는다. 여기서 바울의 강조는 다음과 같이 **불연속성**의 개념에 더 분명하게 초점을 맞추고 있다. 즉 "영세 전부터 감추어졌다가 이제는 나타내신 바 되었으며 영원하신 하나님의 명을 따라 선지자들의 글로 말미암아 모든 민족이 믿어 순종하게 하시려고 알게 하신 바 그

신비의 계시를 따라 된 것이니"(롬 16:25-26)라고 말한다. 왜 바울이 감추어짐이라는 주제를 강조하는지는 전적으로 분명하지 않지만(하지만 우리가 앞에서 이 텍스트에 대해 논의한 것을 보라),[14] 그의 강조점은 충분히 분명하다. 즉 바울의 복음에서 특정 요소 및 측면은 "감추어져" 있었다. 다시 말해서 복음은 그것이 성취되는 방식과 관련하여 예기치 못한 요소들을 포함한다(참조. 엡 6:19; 골 4:3). 이처럼 몇몇 사건이 성취되는 방식은 구약성서의 기대와 다른 것 같다.

따라서 우리는 바울의 복음이 구약성서와 연속성을 이루는 동시에 불연속성의 관계에 있다고 말할 수 있다. 어떻게 이 두 개념이 서로 관련되는지를 명확하게 알아내기는 어렵다. 하지만 로마서는 그 이유를 명확하게 밝히지 않은 채 이 두 가지 진리를 함께 주장한다. 카슨(D. A. Carson)은 비밀에 대한 그의 논문에서 연속성과 불연속성이라는 이 명확한 주제에 대해 다음과 같이 말한다.

> 바울은 이 두 가지 입장 사이에서 아무런 긴장도 느끼지 않는다. 왜냐하면 바울이 이해하는 바에 의하면 거기에는 어떤 긴장도 없기 때문이다. 바로 이것이 복음의 몇몇 주요 요소는 물론이거니와 왜 복음 자체가 다음 두 가지 측면으로 동시에 이해될 수 있는지 하는 이유다. 곧 한편으로 복음의 어떤 부분은 (모형론적으로) 예고되었고 지금 성취되었다. 다른 한편으로 어떤 부분은 감추어져 있었지만 지금 계시되었다. 서로 긴밀하게 연결되고 얽혀 있는 망처럼 복음은 매우 역설적인 것으로 제시된다.[15]

---

14 pp. 142-46을 보라.
15 D. A. Carson, "Mystery and Fulfillment," in *Justification and Variegated Nomism: Volume 2—The Paradoxes of Paul*, ed. D. A. Carson, Peter T. O'Brien and Mark A. Seifrid (Grand Rapids: Baker Academic, 2004), p. 427.

어떤 요소들이 구약성서와 연속성 및 불연속성의 관계에 있는지를 분석하는 일은 대단히 어려운 과제다. 우리는 이 연구 과제를 통해 구약성서와 신약성서 사이에서 연속성 및 불연속성의 관계에 있는 몇몇 요소를 자세히 살펴보았다. 하지만 이에 대해 훨씬 더 많은 내용을 쓸 수 있다. 비밀과 복음에 대한 이 간략한 논의는 결과적으로 신약성서에서 비밀이라는 개념이 중요함을 밝혀준다. 이 점은 복음에 대해서도 동일하게 적용된다. 심지어 메시아의 삶, 죽음 및 부활에 대한 신약성서의 핵심 가르침도 비밀에 대한 성서적 개념의 파악을 전제로 한다. 그 개념을 파악하지 못한다면 우리가 이해하는 내용 가운데 상당 부분이 완전하지 못할 것이다.

결론

이 간략한 장의 목적은 "비밀"이라는 전문 용어가 사용되지는 않지만 신약성서에서 "비밀"로 간주될 수 있는 영역을 탐구하려는 것이었다. 우리가 이 주제에 대해 이 장에서 제시한 것은 빙산의 일각에 지나지 않는다. 또한 이 분야에 대한 연구는 여전히 만족스럽지 않은 상태에 있다. 우리는 부활에 대한 신약성서의 관점이 몇몇 측면에서 구약성서의 관점과 다름을 지적했다. 신약성서는 부활을 한 번에 일어나는 사건으로 묘사하는 대신에 단계적으로 일어나는 사건으로 묘사한다. 곧 먼저 그리스도가 부활하고 그다음에 성도들이 부활한다. 심지어 성도들의 부활도 단계적으로 일어나는 동일한 현상으로 분류된다. 다시 말해서 신자들은 회심의 순간에 영적으로 부활하며 몸의 부활은 나중에 뒤따른다.

구약성서의 기독론 이해와 관련하여 우리는 신약성서 저자들이 독특하게 구약성서 전체를 그리스도에 비추어 해석했다고 주장했다. 진정한 의미에서 구약성서에 대한 더 완전하고 자세한 의미는 "감추어져" 있었으나 이제 계시되었다. 특별히 그리스도와 관련해서 감추어졌던 것이 이제 더욱 명백하게 밝혀졌다.

비밀 개념은 예수와 성전 및 새 창조와의 관계에도 적용된다. 신약성서는 특별하고 계시적이며 영광스러운 하나님의 임재가 개인, 곧 예수 안에 거한다고 분명히 확신한다. 종말의 이스라엘 성전과 관련된 구약성서 텍스트를 고려할 때 이 확신은 특이하다. 그리고 이 점은 새 창조가 오직 한 인물, 곧 예수 그리스도 안에서 시작되었다고 이해하는 신약성서의 관점에도 그대로 들어맞는다. 하지만 이와 관련하여 우리는 구약성서의 관점에서 볼 때 이와 같은 사항들이 신비스럽지만 그럼에도 불구하고 이에 대해 어떤 암시가 있었을 가능성이 있음을 살펴보았다.

비밀은 시작된 종말론이라는 주제에도 적용될 수 있다. 일반적으로 말해서 구약성서는 하나님이 종말에 다양한 방법으로 결정적으로 행동하신다고 예언했다. 이 일은 분명히 역사의 맨 끝에 갑자기 일어날 것이다. 하지만 신약성서는 종말이 두 단계 방식으로 성취된다고 이해한다. 이와 같은 신약성서의 계시는 구약성서에서 기대되지 않았던 것 같다. 따라서 이것은 비밀이다. 비록 이와 관련하여 시편 110:1-4의 예외가 있지만 말이다.

마지막으로 신약성서의 핵심인 그리스도의 삶, 죽음 및 부활도 계시된 비밀로 간주되어야 한다. 한편으로 복음은 구약성서의 기대가 직접 성취된 것이다. 다른 한편으로 복음은 구약성서에서 감추어졌던 특성을 드러낸다. 다시 말해서 복음은 구약성서와 연속성의 관계에 있을 뿐만 아니라 불연속성의 관계에 있기도 하다. 연속성과 불연속성 가운데 오직 하나만을 주장하는 것은 증거를 벗어나는 것으로서 복음의 관점을 왜곡하는 결과를 초래한다.

추기 11.1: 두 단계 부활에 대한 구약성서의 기대 가능성[16]

구약성서에서 부활의 생명에 대한 최초의 암시 가능성은 창세기 1-3장에서 찾을 수 있다. 창세기 2:16-17에서 선포된 하나님의 명령에 불순종하면 죽게 된다는 경고는 창세기 3장에서 아담과 하와가 하나님의 명령을 어겼을 때 실행되기 시작한다. 죽음이 시작되는 방식으로 다가온다. 즉 처음에 이 부부는 하나님에게서 분리되는데, 이는 영적 죽음의 시작을 암시하며 나중에 육체적 죽음이 뒤따른다. 이미 시작된 영적 죽음은 미래 어느 시점에 육체적 죽음으로 절정에 이른다.

창세기 3:15에서 뱀을 결정적으로 패배시키게 될 여자의 후손에 대한 약속은 죽음으로 이끄는 그의 사역의 함축적 반전을 포함할 가능성이 있다. 생명을 향한 반전이 죽음의 시작과 완성의 측면을 반영한다는 사실이 예상되지 않은 것은 아니다. 예를 들면 아담과 하와가 죄를 짓고 나서 하나님은 그들에게 가죽옷을 지어 입혀주셨다(창 3:21). 이는 하나님과의 관계에서 생명의 회복이 시작되었음을 암시한다. 그래서 죽음의 시작으로 빚어진 하나님과의 분리는 눈에 보이지 않는 방식으로(영적 생명으로) 극복되기 시작했다. 옷은 생명의 시작뿐만 아니라 아담과 하와가 어느 순간에 완전한 기업으로 받게 될 생명을 상징한다.[17] 사실상 학자들의 의미 있는 연구는 고대 근동과 구약성서에서 옷이 기업을 나타낼 뿐만 아니라 그 옷이 입혀지는 사람이나 대상, 곧 우상(신들의 형상으로서), 일반 백성 특히 왕이나 제사장들의 신분 및 지위의 변화를 가리킴을 밝혀주었

---

16 이 추기는 다음 책에서 발췌한 것이다. Beale, *New Testament Biblical Theology*, pp. 228-34; 겔 36-37장에 대한 pp. 252-54도 보라.

17 완전한 이해를 위해서는 추가로 다음을 보라. Beale, *New Testament Biblical Theology*, pp. 43-46, 438-42. 시작된 이해와 관련해서 pp. 452-55도 보라. 아담과 그의 후손이 최종적 부활을 경험한다는 이해와 관련하여 다음과 같이 언급하는 *LAE* [Apocalypse]

다. 특별히 왕에게는 대관식에서 그의 왕적 권위에 대한 새로운 신분을 나타내는 표지 또는 상징으로서 왕복이 입혀졌다. 그리고 때때로 왕은 자신이 섬기는 신에 대한 살아 있는 형상이라고 여겨졌기 때문에 그의 예복은 아마도 이 형상에 대한 생생한 반영으로 간주되었을 것이다. 아담은 창세기 1:28의 명령을 수행하는 왕-제사장이어야 했기 때문에, 그가 범죄하고 나서 생명으로의 회복이 시작되자 그의 운명은 왕의 직분에 타당한 의복을 받는 것과 같았을 것이다. 왕의 직무와 관련해서 하나님이 아담에게 "가죽옷"을 지어 입히신 것은 앞으로 그가 입게 될 더 위대한 의복을 상징하는 것이었다. 만약 이 견해가 옳다면, 이는 다음 내용을 암시한다. 즉 "창세기 2장의 맨 마지막 구절에서 아담과 하와가 벌거벗었다고 말하는 이유는 독자들에게 왕복을 입을 대관식에 대한 기대감을 불러일으키기 위한 것이다. 이 대관식은 '하나님의 형상'대로 지음을 받고 이 땅에서 다스리는 자로서 창세기 1장에서 묘사되는 인간의 신분과도 일치한다."[18] 따라서 옷은 시작되고 완성되는 형태를 통해 삶에 대해 개념적으로 말하는 또 하나의 방법이다.

이 옷은 하나님과의 관계에서 삶이 회복되기 시작함을 상징할 뿐만 아니라 하나님의 영광을 반영하는 것과도 관련이 있을 것이다.[19] 이 모든

13.2-3을 보라. "나[하나님]는 네 씨에서 태어난 각 사람과 더불어 부활의 마지막 날에 너[아담]를 일으킬 것이다." *LAE* [Vita] 51.2: "시대의 마지막에…모든 육체는…일으킴을 받을 것이다."

[18] 다음을 보라. William N. Wilder, "Illumination and Investiture: the Royal Significance of the Tree of Wisdom," *WTJ* 68 (2006): 66. 우리는 왕복 수여와 기업을 상징하는 옷의 중요성에 대해 이 논문의 pp. 56-69에 의존하고 있다. 우리는 Wilder의 견해가 고전 15장에서 언급되는 옷의 중요성에 대한 우리의 논의에 잘 어울린다고 생각한다(pp. 132-34, 144-46도 보라. 그리고 이 부분에서 Wilder가 자신의 논의를 위해 부분적으로 의존하고 있는 수많은 이차 자료들도 참조하라).

[19] 앞의 논문, pp. 64-69. 그는 고대 근동과 신약성서에서 옷이 영광과 밀접한 관련이 있음을 보여준다.

것은 틀림없이 하나님과의 살아 있는 관계를 수반하고 미래 어느 시점에 이 관계가 온전히 이루어짐을 포함한다. 따라서 영적 죽음과 육체적 죽음은 어느 순간에 뒤집힐 것이다. 아담이 "그의 아내의 이름을 하와라 불렀으니 그는 모든 산 자의 어머니가 됨이더라"(창 3:20)의 내용은 죽음의 저주가 제거되어가는 과정에 있는 이 개념을 가리킨다.

따라서 부활의 생명이 두 단계로 성취된다는 계시가 구약성서에서 전적으로 기대되지 않았던 것은 아닌 것 같다. 왜냐하면 특별히 창세기 1-3장은 신약성서 전체를 통해 시작된 종말론과 완성된 종말론 모두를 묘사하는 데 반복적으로 사용되었기 때문이다.[20] 이는 아마도 하나님이 "마지막 일을 처음 일과 같이 만드실 것이다"(*Barn.* 6.13)에 기초할 것이다. 또한 이 구절은 이사야 41:22("장차 당할 일을 **우리에게** 진술하라. 또 이전 일이 어떠한 것도 알게 하라. 우리가 마음에 두고 그 결말을 알아보리라. 혹 앞으로 올 일을 듣게 하며")을 해석하여 알기 쉽게 풀어 표현했을 가능성이 있다.[21] 예를 들면 창세기 2-3장의 옷과 관련된 표현이 부활의 시작과 완성이라는 실재에 어떻게 적용되는지는 각각 골로새서 3:9-10[22]과 고린도전서 15:45-54[23]을 보라.

많은 학자가 "골짜기의 마른 뼈"에 살이 붙고 부활하는 에스겔의 환상은 단지 이스라엘 백성이 바벨론 포로에서 돌아옴을 은유적으로 예고하는 것이라고 이해한다. 비록 유대교가 대체로 이 본문이 문자 그대로 죽

---

20   다음을 보라. Beale, *New Testament Biblical Theology*, passim. 창 1-3장에 대한 성구 색인도 보라. Beale은 *New Testament Biblical Theology*, pp. 29-46에서 대체로 아담에 대한 두 단계 축복을 지지한다. 그중 마지막 단계는 종말론적으로 완전히 성취된다.
21   사 42:9 및 43:18-19도 보라(사 42:15과 사 43:16-17은 모두 마지막 일이 옛날의 출애굽과 같이 될 것이라고 말한다는 점에 주목하라).
22   다음 논의를 보라. Beale, *New Testament Biblical Theology*, pp. 452-55.
23   앞의 책, pp. 438-42을 보라.

은 이스라엘 성도들의 육체적 부활을 예고하고 있다고 이해했지만, 이것은 에스겔서 자체에서 주요 초점은 아닌 것 같다. 그렇지만 이 예언이 포로 귀환을 은유적으로 언급한다고 하더라도 부활에 대한 실질적 개념을 포함할 가능성이 있다. 에스겔 37:1-14은 이스라엘이 고국 땅으로 돌아와서 회복될 때(겔 36:26-35) 영적으로 새로워지는 삶에 대해 에스겔 36:26-27에서 언급한 것을 발전시킨다.

또 새 영을 너희 속에 두고 새 마음을 너희에게 주되 너희 육신에서 굳은 마음을 제거하고 부드러운 마음을 줄 것이며 또 내 영을 너희 속에 두어 너희로 내 율례를 행하게 하리니 너희가 내 규례를 지켜 행할지라. 내가 너희 조상들에게 준 땅에서 너희가 거주하면서 내 백성이 되고 나는 너희 하나님이 되리라. 내가 너희를 모든 더러운 데에서 구원하고 곡식이 풍성하게 하여 기근이 너희에게 닥치지 아니하게 할 것이며 또 나무의 열매와 밭의 소산을 풍성하게 하여 너희가 다시는 기근의 욕을 여러 나라에게 당하지 아니하게 하리니, 그때에 너희가 너희 악한 길과 너희 좋지 못한 행위를 기억하고 너희 모든 죄악과 가증한 일로 말미암아 스스로 밉게 보리라. 주 여호와의 말씀이니라 "내가 이렇게 행함은 너희를 위함이 아닌 줄을 너희가 알리라. 이스라엘 족속아, 너희 행위로 말미암아 부끄러워하고 한탄할지어다!"

주 여호와께서 이같이 말씀하셨느니라. "내가 너희를 모든 죄악에서 정결하게 하는 날에 성읍들에 사람이 거주하게 하며 황폐한 것이 건축되게 할 것인즉, 전에는 지나가는 자의 눈에 황폐하게 보이던 그 황폐한 땅이 장차 경작이 될지라. 사람이 이르기를 '이 땅이 황폐하더니 이제는 에덴동산같이 되었고 황량하고 적막하고 무너진 성읍들에 성벽과 주민이 있다' 하리니"(겔 36:26-35).

"땅에서 거주"(겔 36:28)하는 것은 하나님이 이스라엘에게 "새 영과 새 마음"(겔 36:26)을 주시고 "그들 안에 [하나님의] 영"(겔 36:27)을 두신 결과다. 이는 이스라엘이 고국으로 돌아가고 영적으로 거듭남을 가리킨다. 에스겔 37:1-14도 동일한 것에 대해 말하는데, 에스겔 37장에서 소개되는 환상을 마무리하는 마지막 구절이 이를 알려준다. 곧 "내가 또 내 영을 너희 속에 두어 너희가 살아나게 하고 내가 또 너희를 너희 고국 땅에 두리니"(겔 37:14)라고 말한다. 이 인용절의 전반부는 에스겔 36:27a의 표현과 문자 그대로 일치하며 후반부는 에스겔 36:28a("내가 너희 조상들에게 준 땅에서 너희가 거주하면서")를 풀어서 말한 것이다. 이와 같은 에스겔 36장과 37장의 평행은 에스겔 37장에 소개된 이스라엘의 부활에 대한 예언이 사실상 **영의 부활**이라는 관점에서 새 창조를 언급하고 있음을 나타낸다. 그리고 영의 부활은 몸의 부활과 분리할 수 없을 만큼 밀접하게 연결되어 있다. 우리가 앞에서 살펴본 대로 유대교에 속한 사람들 대부분은 에스겔 37장의 예언이 몸의 부활을 가리킨다고 이해했다.[24] 비록 이스라엘 사람들의 영이 부활할 때 그들의 몸도 동시에 부활한다고 추측할 수 있겠지만, 에스겔 37장은 몸의 부활에 대해 말하는 것 같지 않다. 그럼에도 불구하고 다소 모호하기는 하지만 영적 부활에 이어 나중 단계에 육체적 부활이 일어난다는 것을 염두에 두고 있을 가능성이 있다.

창세기 1-3장과 더불어 에스겔 36-37장은 단계적으로 일어나는 부활 개념에 대해 여지를 남기는 또 다른 텍스트라고 할 수 있다. 따라서 두 단계로 성취되는 부활의 생명에 대한 계시가 구약성서에서 전적으로 기

---

[24] N. T. Wright, *The New Testament and the People of God*, COQG 1 (Minneapolis: Fortress, 1992), p. 332도 보라. 이와 비슷하게 Wright는 이스라엘의 부활에 대한 겔 37장의 예언을 이스라엘이 포로에서 돌아옴에 대한 은유적 표현으로 이해한다. 또한 이 예언이 죽은 사람들이 문자 그대로 육체적으로 부활한다는 개념도 포함한다고 이해한다.

대되지 않은 것이 아닐 수도 있다. 만약 그렇다면 이 계시는 아무런 선례도 없는 급진적으로 새로운 계시가 아니라, 단지 희미하게 일찍 조짐을 나타냈을지도 모르는 비밀이 신약성서에서 훨씬 더 분명하게 밝혀진 것이다.

제12장
:
기독교의 비밀과 이방의 밀교

신약성서에서 **비밀**이 명백하게 나타나는 경우를 언급하고 나서 우리는 어떻게 비밀 **개념**이 신약성서 전체에서 발견되는가에 초점을 맞추었다. 또한 우리는 부활에 대한 신약성서의 관점이 구약성서의 관점과 어떻게 다소 차이가 있는지를 살펴보았다. 구약성서는 부활을 한 사건으로 일어난다고 기대하는 반면에 신약성서는 부활을 단계적으로 일어나는 사건으로 묘사한다. 곧 먼저 그리스도가, 그다음에 신자들이 부활하는 것으로 묘사한다. 심지어 신약성서 저자들이 그리스도에 비추어 구약성서를 해석한다는 것도 비밀로 간주될 수 있다. 부활에 대해 구약성서의 온전한 의미는 "감추어져" 있었지만, 이제 특별히 그리스도라는 인물과 관련해서 더욱 분명하게 계시되었다. 신약성서는 하나님의 영광스러운 임재가 한 개인, 곧 예수 안에 거한다고 분명히 확신한다. 이런 관점은 종말의 이스라엘 성전과 관련된 구약성서 텍스트를 고려할 때 특이하다. 예수 그리스도라는 한 인물 안에서 새 창조가 성취되기 시작한다는 관점에 대해서도 이와 동일하게 말할 수 있다. 이 역시 신비스러운 가르침이다.

또한 비밀은 종말론에 대한 신약성서의 관점에도 적용될 수 있다. 구약성서는 하나님이 "후일에" 결정적이며 완전하게 행동하실 것이라고 예언했다. 하지만 신약성서는 종말의 사건들이 단지 첫 단계로 성취되었다고 분명하게 말한다. 이 사건들은 그리스도가 다시 올 때 완전하게 성취될 것이다. 신약성서의 중심에는 복음, 즉 그리스도의 삶과 죽음 및 부활이 놓여 있다. 신약성서는 복음이 구약성서의 예언과 기대가 성취된 것이라고 분명하게 말한다. 하지만 사도 바울은 복음이 새로운 요소들도 포함하고 있다고 주장한다. 바울은 이를 "비밀"이라고 칭한다. 그럼에도 불구하고 구약성서에는 이 비밀에 대한 빛이 어렴풋하게나마 깜빡이고 있는 것 같다.

우리는 이제까지 이 연구서 전체를 통해 비밀에 대한 신약성서의 개념이 구약성서에 그리고 때때로 초기 유대교에 많은 빛을 진다고 주장해왔다. 이는 분명한 사실이다. 하지만 신약성서에서 사용된 **비밀**(*mystērion*)이라는 단어 및 이와 관련된 다른 용어들이 더 광범위한 그리스-로마 세계에서 유래했을 가능성도 열어놓아야 한다. 우리는 이 연구서 서론에서 19세기 후반과 20세기 초에 종교사학파에 속한 많은 학자가 신약성서(특히 바울)는 그리스-로마의 몇몇 종교 관습—세례, 성만찬, 거듭남 등—으로부터 중대한 영향을 받았다고 주장했음을 언급했다.[1] 더욱이 그들은 **비밀**이라는 용어가 당시의 종교 세계에 대한 의존을 반영한다고 주장했다. 비밀이라는 개념에 대한 종교사학파의 접근 방법은 결국 시험대에 올랐지만 자료에 대한 엄밀한 평가를 견뎌내지 못했다. 오늘날 대다수의 신약학자들은 "비밀"이라는 개념과 관련해서 신약성서(와 바울)

---

1 예를 들면 다음 연구서를 보라. Richard Reitzenstein, *Die hellenistischen Mysterienreligionen nach ihren Grundgedanken und Wirkungen*, 3rd. ed. (Berlin: Teubner, 1927); H. A. A. Kennedy, *St. Paul and the Mystery-Religions* (London: Hodder and Stoughton, 1913).

가 대체로 구약성서와 유대교에 의존하고 있다고 확신한다. 비밀 사용에 대한 우리의 연구도 이를 입증한다.

이 장에서 우리는 이 쟁점에 대해 다시 한번 탐구하고자 한다. 하지만 약간 다른 각도에서 살펴볼 것이다. 비밀을 사용하는 신약성서의 용법이 그리스-로마 세계로부터 유래한다는 것이 가능할까?[2] 구약성서와 그렇게 밀접히 연결된 개념이 어떻게 이방 환경에서 유래했을까? 설령 직접적인 의존 관계가 아니라 할지라도 이 용어는 여전히 이방 종교 맥락의 개념과 어울릴 수 있을까? 우리의 목표는 이 관계를 밝히고 몇 가지 초보적인 결론을 제시하는 것이다. 하지만 우리는 이 논의에 신중해야 하며 우리의 결론은 기껏해야 근거가 빈약하다는 점을 반드시 명심해야 한다. 우리가 큰 확신을 갖고 신약성서를 이방 밀교와 연결하기에는 근거가 충분하지 않다. 더욱이 이 연구 과제의 제한된 특성상 우리는 이방 숭배에 대해 깊이 파헤칠 수 없다. 따라서 우리는 이 논의에 대해 간략하게 종합적으로 제시하고자 한다.

우리는 기원후 1세기 동안 로마 제국의 많은 도시에서 성행한 밀교에 논의의 초점을 맞추고자 한다. 우리는 몇 가지 방법론적 문제에 직면하고 있다. 이 문제들은 밀교를 파헤치는 데 큰 어려움을 초래한다. 밀교는 본질적으로 비밀을 고수하고자 하는 특성을 지니고 있기 때문에 우리는 이 종교에 대한 세부적인 내용을 알지 못한다. 밀교의 입문자들은 자신들이 알게 된 사항을 결코 누설하지 않겠다는 맹세를 해야 했다(심지어 이 맹세를 지키기 위해 목숨을 내걸어야 했다). 따라서 우리가 아는 내용 중 상당 부분은 이차적인 설명에 의존하고 있다. 그중 어떤 부분은 기원후

---

2   그리스-로마 세계의 *mystērion* ("비밀") 사용과 관련한 개요에 대해서는 Chrys C. Caragounis, *The Ephesian Mysterion: Meaning and Content*, ConBNT 8 (Lund: Gleerup, 1977), pp. 11-19을 보라.

1세기 이후의 자료에 속한다. 우리는 어떤 지역의 밀교에 대해 일관성 있는 그림을 짜 맞추기 위해 미술품, 비문, 편지와 같은 다양한 수단에 의존해야 한다. 게다가 밀교는 다양한 지역에서 존속했고 오랜 세월에 걸쳐 발전되었으며 서로 여러 가지 요소를 주고받았다. 때때로 밀교는 대단히 혼합주의적인 특성을 지니고 있어서 한 종교의 고유성과 특징을 구별하기 어렵게 만든다. 여기서 밀의적인 의식은 바사, 이집트, 아나톨리아, 시리아, 그리스 등에서 유래한 다신 숭배를 포함한다. 이와 같은 밀교의 모든 복합적인 특성에도 불구하고 우리는 비밀에 대한 성서 개념이 어떻게 이방 환경과 관련될 수 있는지를 묘사하려고 시도할 것이다. 우리는 먼저 과연 밀교가 무엇인지 간략하게 설명하고 그에 대한 몇 가지 실례를 제공하고자 한다. 그다음에 우리는 성서의 비밀과 밀교를 서로 비교 및 대조할 것이다.

밀교에 대한 간략한 머리말

고대 밀교는 대체로 다음 두 범주로 분류되는데, 지역적으로 이루어진 숭배와, 광범위한 지역에서 행해진 숭배로 나뉜다. 기원후 1세기에 대부분의 고대 밀교는 특정 지역에 국한된 지역 종교였다. 반면에 디오니소스와 이시스 숭배와 같은 몇몇 밀교만이 로마 제국 전역에 퍼져 있었다.

밀교는 당연히 이름처럼 일반인들에게 공개되지 않았으며 단지 "입문자들"(*mystai*)만이 종교 의식에 참여할 수 있었다. 이런 밀교의 특성은 시민들이 공개적으로 숭배하는 대중 종교와 명백하게 대조된다. 때때로 밀교 역시 의식 행렬이나 춤과 같은 공개적인 구경거리를 보여주지만 핵심 부분에서는 외부와 차단된 의식을 거행하고 사적 경험을 추구한다. 따라서 학자들은 밀교 의식의 은밀성을 설명하면서 **비밀**(*mystērion*)이라는 단어가 닫다 또는 차단하다를 의미하는 그리스어 동사(*myeō*)에서 유래한다고 제시한다. 몇몇 학자는 **비밀/닫다**(*mystērion/myeō*)를 다음 두 가지 사항으로 이해할 수 있다고 말한다.³ (1) 입문자들은 비밀 의식이 거행되는 동안 드러난 일에 대해 맹세로 침묵을 지켜야 했다. 그들은 문자 그대로 자신들의 입을 "닫은" 상태로 유지해야 했다.⁴ (2) 이 단어의 두 번째 의미는 입문자들의 눈이 "닫혀 있는" 특성을 가리킨다는 점에서 은유적이다. 우리가 앞으로 살펴보겠지만 밀교 의식의 목적은 부분적으로 입문자들의 "눈을 뜨게" 해서 그들이 깊은 진리를 보고 경험하게 하는 것이다.

마빈 마이어(Marvin Meyer)는 밀교를 다음과 같이 정의한다. "밀교는 비밀스러운 종교 그룹으로, 개인의 선택을 통해 하나의 신 또는 심오한 실재에 입문하고자 하는 개인들로 구성되어 있다.…밀교는 폐쇄된 그룹 안에서 드리는 예배 의식의 내면성과 은밀성을 강조한다."⁵ 밀교의 다양성에도 불구하고 모든 밀교 사이에는 한 가지 공통분모가 존재한다. 곧 오직 "입문자들"만이 그 종교의 비밀에 접근하는 것이 허용된다는 점이다.⁶ 일반적으로 엘레우시스(Eleusis) 밀교에서 입문자가 되는 것은 다음

---

3   Marvin W. Meyer, *The Ancient Mysteries: A Sourcebook of Sacred Texts* (Philadelphia: University of Pennsylvania Press, 1999), pp. 4-5.
4   밀교에 참여한 남녀의 무덤에서 발견된 금으로 만든 명판에 *mystai*, *symmystai*, *archimystai*, *neomystai*, *archaios mystēs*와 같은 칭호가 새겨져 있다. Fritz Graf, *Ritual Texts for the Afterlife: Orpheus and Bacchic Gold Tablets* (New York: Routledge, 2007).
5   Meyer, *Ancient Mysteries*, p. 4.
6   Diodous Siculus(*Library of History* 49.5)는 밀교가 비밀을 굳게 지키려고 하는 관행에 대해 다음과 같이 말한다. "이제 입문 의식의 세부 사항은 누설되면 안 되는 사항에 포함되어 보호된다. 이는 오직 입문자들에게만 전달된다." C. H. Oldfather, *Diodorus of Sicily III*, LCL (Cambridge, MA: Harvard University Press, 1939). Philo도 다음과 같이 주장한다. "귀가 정결하게 된 입문자들이여, 이제 내가 너희에게 명령한다. 이것을 너희 영혼의 가장 깊은 곳에 진정으로 신성한 비밀로 받아들여라. 하지만 입문자들에 속하지 않은 사람들에게는 아무에게도 그것을 알려주지 말라. 그것을 신성한 보물로 지켜라"(*Cher.* 1.48; *Leg.* 1.104을 보라; C. D. Young, *The Works of Philo* [Peabody, MA: Hendricksen, 1993]). 널리 알려져 있듯이 Philo은 많은 사항에서 헬레니즘과 유대교를 혼합하려고 시

의 몇 가지 입문 단계를 포함한다. 곧 하등 비밀, 고등 비밀, 그다음 신성한 지식을 계시해주는 단계 또는 에포프테이아(*epopteia*)가 있다. 입문자는 다양한 정결 의식을 통해 각 단계를 마쳐야 할 책임이 있다. 마지막 단계는 에포프테이아, 곧 엘레우시스 밀교의 가장 깊은 비밀을 밝혀주는 과정이다.

엘레우시스 밀교에 의하면 입문자들은 다음 사항, 곧 "상연된 것"(*dromena*), "말해진 것"(*legomena*)과 "보여준 것"(*deiknymena*)에 대한 은밀한 지식에 접근할 수 있다.[7] "말해진 것"은 "신들에 대한 깊은 진리"를 말하거나 노래하는 것으로 이루어진다.[8] 그리고 "보여준 것"은 비밀의 시각적인 특성에 초점을 맞추고 있다. 곧 신성한 대상을 밝히 보여주거나 종교적인 벽화를 바라보는 데 강조점을 둔다. 그리고 "상연된 것"은 아마도 셋 중에서 가장 유명할 것이다. 이것은 입문자들이 신화의 이야기를 연극으로 재현하는 것을 반영한다. 때때로 밀교는 특별한 숭배 신화에 기초한다. 신화 자체는 비밀이 아니라 신들에 대해 널리 알려진 이야기다. 밀교에 대한 보른캄의 묘사는 다음과 같이 "상영된 것"의 중요성을 밝혀준다. 밀교의 "숭배 의식에서 신의 운명은 헌신자들이 있는 원형 무대 앞에서 신성한 행위들을 통해 묘사된다. 이는 그들을 신의 운명에 동참하게 한다."[9]

우리는 밀교의 구체적인 한 가지 측면, 곧 경험에 관심을 기울일 필요가 있다. 이는 자명한 것처럼 보일 수도 있지만 비밀에 대한 성서의 개념

도한다. 이 점은 밀교에 대한 그의 논의에서도 분명하게 드러난다. 여기서도 Philo은 여러 경우에 유대교를 밀교와 비교한다(예. *Leg*. 3.100; 참조. *Spec*. 1.319).

7   Everett Ferguson, *Backgrounds of Early Christianity*, 3rd ed. (Grand Rapids: Eerdmans, 2003), p. 252; Meyer, *Ancient Mysteries*, pp. 10-11.
8   Meyer, *Ancient Mysteries*, p. 10.
9   Günther Bornkamm, "μυστήριον, μυέω," in *TDNT* 4:803.

과 밀교의 관계를 결정하는 데 있어 중대한 함의들을 지닐 수 있다. 비밀 의식과 관련된 모든 것과 더불어 **경험**은 여전히 주요 측면으로 남아 있다. 비록 부정적이지만 시네시오스(Synesius, *Dio* 7)는 바쿠스 밀교에 대해 말한다. 특히 중요한 것은 시네시오스의 인용문에 포함되어 있는 밀교에 대한 아리스토텔레스의 견해다. "신성한 일[명상]은 지식에 속하는 주의력 집중과 같은 것이 아니다.…반면에—작은 것과 위대한 것을 비교하는 것으로서—그것은 아리스토텔레스의 다음과 같은 견해와 같다. 곧 입문자들은 가르침을 배우는 것이 아니라 경험해야 하며 그들이 들어가야 하는 상태를 겪어야 한다. 그동안 그들은 (계시를 받기에) 적합하게 된다."[10] 이 인용문은 시사하는 바가 크다. 왜냐하면 이것이 우리가 밀교의 비밀 의식을 올바른 관점에서 이해하도록 도와주기 때문이다. 밀교의 궁극적인 목적은 입문자들에게 독특한 경험을, 심지어 신적 경험까지도 제공하려는 것이었다.[11]

밀교의 예

앞에서 언급했듯이 밀교는 놀랄 만한 다양성을 드러내기 때문에 이를 정확하게 요약하기는 매우 어렵다. 따라서 단순히 그리스 밀교 가운데서 몇 가지 예를 제시한 다음에 이를 성서의 비밀과 비교하면 가장 좋을 것

---

10 다음 번역에 기초한다. A. Fitzgerald, *The Letters of Synesius of Cyrene* (New York: Oxford University Press, 1926).
11 Meyer는 다음과 같이 올바로 덧붙여 말한다. "고대 입문자들은 종교 의식을 통해 정서적으로 감동받았을 것이다. 또한 그들은 *legomena, deiknymena, dromena*를 통해 신적 심오함에 대한 통찰을 얻었을 것이다. 그들은 전통적인 의미에서 교육을 받거나 교리를 전수받지는 못했다. 입문 의식은 교실에서 이루어지는 교육은 아니었지만 지상의 실재와 세상적인 배움을 초월하는 눈이 열리는 경험이었다"(Meyer, *Ancient Mysteries*, p. 12).

이다. 엘레우시스는 아덴에서 멀리 떨어지지 않고 널리 알려진 작은 도시다. 엘레우시스 밀교는 데메테르("곡식의 어머니")와 코레("처녀")에 대한 풍요 및 다산(多産) 신화와 관련된다. 이 밀교 축제의 배후에 있는 신화는 「호메로스풍의 데메테르 찬가」(Homeric Hymn to Demeter)에서 유래한다. 이 신화에 의하면 지하 세계의 신 하데스는 코레를 겁탈하고 그녀를 낚아채서 지하 세계로 데리고 간다. 그리고 그녀는 하데스의 아내 페르세포네가 된다. 코레의 어머니 데메테르는 딸을 찾으려고 지하 세계로의 여행을 감행한다. 그러나 데메테르의 수색이 결실을 얻지 못하자 데메테르는 엘레우시스로 여행하고 그곳에서 엘레우시스 왕비의 아들을 돌보게 된다. 데메테르는 그 어린 소년을 죽을 수밖에 없는 운명에서 벗어나게 하려고 불 속으로 던진다. 마침내 엘레우시스 왕비는 데메테르가 누구인지를 알아차린다. 그래서 엘레우시스 사람들은 데메테르를 숭배하기 위해 신전을 짓는다. 그에 대한 보답으로 데메테르는 왕족에게 불멸과 커다란 풍요를 얻게 하려고 비밀 의식을 가르쳐준다. 한편 코레는 마침내 지하 세계에서 (지상으로) 돌아가도 좋다는 허락을 받는다. 하지만 코레는 지하 세계에서 석류를 먹었기 때문에 해마다 지하 세계로 돌아가서 그곳에서 넉 달을 보내야 했다. 코레가 엘레우시스에 없게 되자 농작물이 시들어버린다. 따라서 엘레우시스 밀교의 입문자들은 코레가 지하 세계로 내려갔다가 거기서 다시 돌아오는 것을 기념했다. 이는 수확 주기와 연결되어 비밀 의식에서는 코레가 죽었다가 다시 살아나는 것으로 묘사되었다.

「찬가」의 마지막 부분에서 데메테르는 왕족과 비밀 의식의 참가자들에게 다음과 같이 가르친다. "그녀[데메테르]는 왕족의 청지기들에게 갔다.…그녀는 거룩한 대상물의 종교적 기능을 보여주었으며, 비밀 의식 곧 성스러운 의식을 그들 모두에게 설명해주었다. 이 의식을 어기거나 그에 대해 질문하거나 이야기하는 것은 금지된다." 여기서 데메테르는 그와 같이 반드시 비밀로 남아 있어야 하는 은밀한 것을 왕족에게 계시해준다. 몇 행 뒤에 내레이터는 다음과 같이 주장한다. "땅에 매여 있는 사람들 중에 이것들을 본 사람은 복되다. 하지만 거룩한 것들을 성취하지 않고 죽는 사람…[그리고] 심지어 곰팡이 냄새가 나는 어둠 속으로 내려갈 때에도 그런 복에 대한 권리를 지니지 않은 [사람]은…"(480-84행).[12] 극도의 비밀주의적 특성 때문에[13] 우리는 그 의식 가운데 무엇이 포함되어 있었는지, 입문 의식을 거행하는 동안 무슨 말을 했는지 모른다.[14] 비밀 의식을 파악하는 것은 은유적인 의미에서 "보는 것"(seeing)으로 묘사된다는 점이 중요하다. 반면에 입문하지 않은 사람들은 "어둠"에 놓인다고 선고된다. 클린턴(Clinton)은 이 구절에 대해 다음과 같이 논평하면서 보는 것의 역할에 대해 동의한다. "[엘레우시스의] 의식에 참여하는 것은 **보는 것**으로 특징지어진다"(Clinton이 강조).[15] 이는 왜 입문자들이 밤에 거행되는 행진 의식 동안 횃불을 들고 갔는지,[16] 또한 그들이

---

[12] 다음 번역에 기초한다. David G. Rice and John E. Stambaugh, *Sources for the Study of Greek Religion*, SBLSBS 14 (Chico: Scholars, 1979).

[13] Tertullian, *Against the Valentinians* 1을 보라.

[14] Clement of Alexandria는 그 의식의 일부에 대해 다음과 같이 수수께끼와 같은 말로 암시해준다. "다음에 말하는 내용이 엘레우시스 밀교의 표시다. 나는 금식했다. 나는 그 잔을 마셨다. 나는 상자로부터 받았다. 그렇게 하고 나서 나는 그것을 광주리 안에 넣었다. 그리고 광주리에서 꺼내서 가슴속에 품었다"(*Exhortation to the Heathen* 2, in *The Writings of Clement of Alexandria*, trans. William Wilson [Edinburgh: T & T Clark, 1884]).

[15] Kevin Clinton, "The Mysteries of Demeter and Kore," in *A Companion to Greek Religion*, ed. Daniel Ogden (Malden, MA: Blackwell, 2007), p. 344. Plutarch가 엘레우시스 밀교에 대해 다음과 같이 묘사하는 것을 주목하라. "안으로 들어가는 데 성공한 사람, 또한 마치 신전이 열린 것처럼 큰 빛을 본 사람은 침묵과 놀라움이라는 또 다른 태도를 취한다." *Progress in Virtue* 10, in *Plutarch's Moralia*, vol. 1, trans. Frank C. Babbitt, Loeb Classical Library (Cambridge, MA: Harvard University Press, 1927).

[16] Aristophanes, *The Frogs* 312-13, 340-55, 445; Clement, *Exhortation to the Heathen* 2.

왜 입문 의식이 시작될 때 눈을 가렸는지 그 이유를 설명해준다.[17]

우리는 이제 디오니소스(바쿠스) 밀교에 대해 간략하게 설명하고자 한다. 디오니소스는 제우스와 세멜레 사이에서 태어났다. 신 제우스와 달리 세멜레는 언젠가 죽어야 하는 존재였다. 세멜레는 제우스의 아내 헤라에게 속아서 제우스에게 그의 신성을 온전히 보여달라고 요청했다. 세멜레의 요청대로 제우스가 천둥소리와 번갯불에 싸여 나타나자 그녀는 그 자리에서 타 죽고 말았다. 제우스는 세멜레의 몸 안에 있는 아직 태어나지 않은 디오니소스를 돌봐야 했다. 제우스는 디오니소스가 태어날 때까지 그를 자기의 넓적다리에 품고 다녔다. 디오니소스가 성인이 되자 그는 지하 세계로 내려가서 자신의 어머니 세멜레를 구출했다. 디오니소스는 광범위한 지역에 자신의 비밀 의식을 확립했으며 포도주 제조와 성(性)에 대한 지식을 전해주었다.[18]

사람들은 디오니소스가 포도주와 동물의 날고기 안에 존재한다고 믿었다. 사람들은 디오니소스 밀교 의식을 매우 시끌벅적하고 육욕적으로 거행했기 때문에 로마 원로원은 법령 *Senatus Consultum de Bacchanalibus*를 통해 디오니소스 종교 의식의 일부분을 제한했으며 신전들을 없앴다. 리비우스(Livy)는 「로마사」에서 다음과 같이 말한다. "남자들과 여자들이 한데 뒤섞여 의식이 난잡하게 거행되었다. 밤이 되어 캄캄해져서 방종이 난무할 때 온갖 종류의 범죄와 부도덕이 행해졌다"(39.13).[19] 다른 밀교와

---

17 Kevin Clinton, "Stages of Initiation in the Eleusinian and Samothracian Mysteries" in *Greek-Mysteries: The Archeology and Ritual of Ancient Greek Secret Cults*, ed. Michael B. Cosmopoulos (New York: Routledge, 2003), p. 50.

18 Euripides는 *Bacchae* 15-19에서 다음과 같이 말한다. "그곳에서 나[디오니소스]는 살아 있는 사람들에게 발로 춤추는 것을 가르쳐주었다. 또한 내가 땅에서 나에 대해 계시하고자 했던 내 밀교와 의식을 확립했다." *Euripides, vol.* 5, trans. William Arrowsmith (Chicago: University of Chicago Press, 1959).

19 *Livy: Rome and the Mediterranean*, trans. Henry Bettenson (New York: Penguin, 1976).

달리 디오니소스 밀교는 특정 도시나 지역에 국한되지 않고 로마 제국 전체에 퍼져 있었다(Livy, *History of Rome* 39.15). 이 밀교가 로마 제국 전역에 널리 퍼지게 되자 자연스럽게 비밀을 고수하는 특성이 다소 약화되었고 심지어 어린아이들도 바쿠스 밀교에 들어가는 것이 허용되었다. 이 밀교에서는 의식이 덜 비밀스러운 것으로 간주되었을 뿐만 아니라 **비밀**이라는 용어는 공개적으로 행해졌던 춤이나 연극 상연에 더 일반적으로 적용되었다.[20]

앞에서 언급했듯이 경험은 밀교에서, 특히 바쿠스 밀교에서 필수적인 측면을 형성했다. 에우리피데스(Euripides)는 다음과 같이 말하면서 이 현상을 암시해주는 것 같다. "신에 대한 비밀을 알고 있는 사람들은 복이 있다. 신에게 경배하며 자기의 삶을 신성하게 하는 사람은 복이 있다.… 그는 신의 신성한 몸에 속한 사람들과 함께 있다"(*Bacchae* 72-75).[21]

비록 엘레우시스 밀교보다는 더 개방적이지만 디오니소스 밀교 역시 여전히 외부인들에게 어느 정도 비밀을 유지하고 있었다. 이 밀교에 정식으로 입문한 사람들에게만 가장 중심부의 은밀한 의식에 참여할 수 있는 권한이 주어졌다. 이에 대한 한 가지 실례가 에우리피데스의 *Bacchae* 467-75에서 다음과 같이 나타난다.

디오니소스: 그가 나에게 그의 의식(rites)을 주었다.
펜테우스: 당신의 이 비밀은 어떤 형태를 취하는가?

---

20 Ferguson, *Backgrounds of Early Christianity*, p. 263.
21 Susan Guettel Cole은 다음과 같이 주장하면서 이 견해에 동의한다. "바쿠스 밀교에서 첫 번째 경험은 *teletai*와 *orgia*에 자발적으로 참여하는 것으로부터 온다. 여기서 숭배자는 디오니소스와 연합하게 되며 동시에 바쿠스 밀교 그룹과 영적인 사귐을 이룬다"(*thiaseutai psukhan*: Euripides, *Bacchae*, 75). 참조. "Finding Dionysus" in *A Companion to Greek Religion*, ed. Daniel Ogden (Malden, MA: Blackwell, 2007), p. 330.

디오니소스: 입문하지 않은 사람에게 그것을 말하는 것은 금지된다.…우리의 비밀은 믿지 않는 사람을 혐오한다.

성서적 비밀과 밀교

신약성서의 비밀 개념, 특히 바울의 비밀 개념이 이방 밀교에 많은 빚을 지고 있다고 판단하는 이들은 자신들의 견해를 지나치게 확신하여 잘못된 방향으로 나아가고 있다. 성서의 비밀 개념은 밀교와 다를 뿐만 아니라 비밀이라는 용어 및 개념에 대한 이방의 이해와도 여러 면에서 일치하지 않는다. 이어지는 간략한 논의에서 우리는 이 두 가지 관점을 모두 검토해보고 난 후 그 관계에 대한 몇 가지 결론을 제시하고자 한다.

신약성서의 비밀 개념이 이방 밀교의 비밀적인 요소와 상응하는 것 가운데 가장 가까운 것은 비밀을 유지하는 현상, 또는 성서적인 관점에서 표현하면 "감추어짐"이다. 이방 밀교에서 "비밀"(*mystērion*)은 대체로 오직 입문자들만이 알 수 있고 참여할 수 있는 지식과 의식의 거행을 포함한다. 이 "비밀들"(*mystēria*)은 다양한 목적을 위해 신적 존재가 인간에게 계시해준 것이다. 그리고 무엇보다도 이 비밀은 외부 사람들에게 비밀로 남아 있어야 했다. 앞에서 언급했듯이 우리가 비밀에 대해 잘 알지 못하는 것은 참여자들이 비밀을 지키기로 한 서약에서 비롯된다. 입문자들은 자신들이 알고 있는 비밀을 문자 그대로 무덤까지 가지고 갔다.

성서의 비밀 또는 "감추어진" 특성에 대해 살펴볼 때 우리는 이와 다른 현상을 발견한다. 이전 장에서 비밀에 대해 개관하며 감추어짐 또는 "비밀 유지"(secrecy)에 대해 논의할 때 우리는 다음 두 유형을 구분했다. 곧 일시적인 감추어짐과 영속적인 감추어짐이다. 일시적인 감추어짐은 이방 밀교의 비밀 개념과 매우 다르다. 다니엘서에서 비롯된 성서의 비밀은 구속사의 특별한 측면, 특히 "후일"과 관련된 구체적 사건들을 포함한다(예. 하나님 나라의 특성, 인자와 메시아로서의 예수). 성서의 비밀 개념이 지니는 종말론적 차원은 이방 종교에서 비밀을 감추는 것과는 현저하게 대조된다. 이방 종교의 비밀은 신들에 대한 신화와 어떤 신비스러운 실재에 대한 개인적 경험에 초점을 맞춘다. 일시적인 감추어짐이라는 성서의 개념에 의하면 계시는 신앙 공동체에게 감추어지다가 나중에 그 공동체나 후대 신앙 공동체에게 그 의미가 밝혀진다.

반면에 영속적인 감추어짐은 밀교와 다소 비슷하다. 이방 밀교에서 입문자들이 행하는 신성한 의식은 외부 사람들, 곧 입문 절차를 거치지 않은 이들에게 "감추어져" 있거나 비밀리에 지켜야 하는 것을 의미했다. 이런 식으로 비밀을 유지해야 하는 요소가 밀교에 퍼져 있었다. **비밀**(*mystērion*)이라는 용어는 비밀 유지라는 측면을 가리키는 데 사용되었다. 비록 명백하거나 흔하지는 않지만 성서의 비밀도 비슷한 현상들을 포함한다.[22] 다니엘서 내러티브 전체에서 비밀은 느부갓네살에게 대체로 감추어졌다(단 2:4). 그는 자신의 꿈에 대해 완전한 해석을 제시할 수 없었다. 심지어 다니엘이 느부갓네살에게 꿈으로 계시된 의미를 알려주지만, 느부갓네살은 자기 자신에 대한 구속사적 의미를 결코 파악하지 못하는 것처럼 보인다.[23] 느부갓네살이 꾼 꿈에 대해 듣고 나서 바벨론의 지혜자들은 당혹스러워했다. 이를 다니엘 5장에서 벨사살이 벌벌 떨며 자신의 지혜자들을 불러 벽에 쓰인 글씨를 해석하려고 시도한 것과 비교해보라. 쿰란 공동체와 유대교의 다른 분파들도 이와 같이 하나님의 비밀이 불신

---

22 pp. 87-93을 보라.
23 단 4장의 내러티브에서 느부갓네살은 다니엘이 알려준 계시에 주의하지 않았기 때문에 심판을 받았다. 나중에 제정신으로 돌아와서 하나님을 찬양한 뒤에도, 그는 분명히 다니엘의 하나님을 진정으로 믿지 않았다. G. K. Beale, *The Book of Revelation: A Commentary on the Greek Text*, NIGTC (Grand Rapids: Eerdmans, 1998), pp. 751-54을 보라.

자들에게 영속적으로 감추어지는 특성을 입증해준다. 공관복음서와 바울 서신에도 이 특성이 존재하고 있음을 느낄 수 있다. 볼 수 있는 눈이 없는 사람들, 즉 마음이 완악한 불신자들은 비밀을 간파할 수 있는 능력이 없다(예. 마 13:10-15 및 평행 본문; 고전 2:6-9).

밀교와 성서의 비밀은 개념적으로 "영속적인 감추어짐"과 관련하여 겹치는 부분이 있다. 이 두 경우에 "외부인들" 또는 불신자들은 "비밀"을 간파할 수 없다. 하지만 밀교와 성서의 비밀 사이에는 다음과 같은 차이점이 있는 것 같다. 밀교는 비밀을 절대적으로 유지하려고 시도하는 반면에, 신약성서는 **모든** 개개인에게 비밀을 깨달으라고 권면한다. 비록 오직 하나님의 영을 받은 사람들만이 비밀에 담긴 구속사적 의미를 온전히 이해할 수 있지만 말이다.[24]

이런 맥락에서 성서와 이방 종교의 비밀 개념 간에 존재하는 가장 큰 차이 중 하나는 성서의 비밀을 전파하는 것과 관련된다. 어떤 의미에서 밀교가 성행하고 백성 사이에서 더욱 인기를 얻게 되면 그 종교에게 좋은 일이었다. 이는 신들과, 그들과 관련된 신화들을 유명하게 만들어 주었으며 신자들과 숭배자들을 더 많이 끌어들였다. 우리는 이 개념을 파악하기 위해 디오니소스 밀교를 잠시 살펴볼 필요가 있다. 우리는 디오니소스 밀교의 특정 의식들은 공개적으로 거행되었다는 증거를 갖고 있다. 그럼에도 불구하고 모든 밀교는 어느 정도 비공개적인 내밀한 사항을 지니고 있었고, 일반 대중은 그것으로부터 멀리 떨어져 있어야 했다. 이는 왜 밀교에 속하고자 하는 사람들이 반드시 "입문 의식을 거쳐야" 했는지를 잘 설명해준다. 그 과정을 마치려면 적어도 일 년이 걸렸다. 입문

---

24 신약성서는 오직 성령을 지닌 사람들만이 비밀을 이해할 수 있다고 명백하게 말한다(예. 고전 2:6-16). 하지만 이는 성령을 지니지 못한 불신자들에게 성서의 비밀에 대한 복음 전파의 취지를 약화시키지 않는다.

자들은 단계가 더 깊어질수록 밀교의 비밀스러운 절차와 의식에 더 깊이 눈뜰 수 있었다.

그러나 성서의 비밀은 다르다. 바울은 때때로 자신의 독자들에게 비밀을 선포했다고 말한다. 심지어 그는 자신이 계속해서 그렇게 할 수 있도록 기도해주기를 독자들에게 요청한다.[25] 예를 들면 고린도전서 2:1에서 바울은 "형제들아, 내가 너희에게 나아가 하나님의 증거를 전할 때에 말과 지혜의 아름다운 것으로 아니하였나니"라고 말한다(고전 15:51도 보라). 에베소서 6:19에서 바울은 교인들에게 "또 나를 위하여 구할 것은 내게 말씀을 주사 나로 입을 열어 복음의 비밀을 담대히 알리게 하옵소서 할 것이니"(엡 3:10과 골 4:3을 보라)라고 요청한다. 이 특성은 바울의 텍스트에서 결코 사소한 역할을 하지 않는다. 또한 이 점은 밀교와 현저하게 다르다. 이방 밀교들은 자신들이 선택받았다는 사실, 비밀 유지 및 불가사의한 의식들을 자랑했다. 이와 대조적으로 초기 교회는 자신들에게 계시된 하나님의 비밀을 모든 사람에게 말하고자 하는 열망을 품었다. 바커(Barker)는 다음과 같이 주장하면서 이와 같은 평가에 동의한다. "헬레니즘에서 비밀의 내용은 자격이 없는 사람들의 손에 들어가지 않도록 신중히 감추어져야 했다. 그러나 기독교의 비밀에서 계시는 온 세상에 자유롭게 선포되었다. 왜냐하면 이 계시는 공공연하게 전달되더라도 하나님의 은혜가 아니면 알 수 없기 때문이다."[26]

이방 밀교에서 비밀 개념의 또 다른 핵심적 특성은 경험에 대한 강조

---

25 A. E. Harvey는 다음과 같이 말하면서 비슷한 주장을 한다. "따라서 우리는 바울 서신에서 '비밀'과 '계시'가 서로 연결되어 나타나는 것을 발견한다. 이 경우에 우리는 *mystērion*이 그리스의 비밀-은유에 대한 어떤 암시도 지닐 수 없으며, 단지 구약성서의 *raz*와 관련해서만 이해될 수 있다고 말할 수 있다." "The Use of Mystery Language in the Bible," *JTS* 31 (1980): 330.
26 G. W. Barker, "Mystery," in *ISBE* 3:452.

다. 입문자들은 다양한 의식을 통해 다른 입문자 및 신들과의 특별한 결합을 추구했다. 앞에서 언급했듯이 시네시오스(*Dio* 7)가 전해주는 아리스토텔레스의 다음과 같은 평가는 설득력이 있다. "입문자들은 (계시에) 적합하게 되는 동안 배워야 하는 교훈이 있는 것이 아니라 스스로 겪어야 하는 경험과 반드시 따라야 하는 조건이 있다."[27] 이는 왜 밀교에 의식, 춤, 노래, 축제, 어떤 경우에는 성적 행위가 가득한지를 설명해준다. 이 각각의 특성을 연결하는 것은 신적 존재를 이런저런 형태로 경험하고자 하는 입문자들의 욕구다. 그들은 무엇보다도 신적 존재와의 특별한 결합을 추구한다.

반면에 성서의 비밀은 또다시 이 모델과 대조된다. 밀교에서 경험이 중요한 요소이듯이, 성서의 비밀 개념에서 지식이 중요한 요소라고 주장하는 것은 과장이 아니다. 구약성서 및 신약성서의 비밀에서 핵심적인 것은 **계시된 지식**이다. 비록 밀교가 **비밀**이라는 용어를 다양한 방법(의식, 춤, 노래 등)으로 사용하지만 사실 계시된 지식은 그들의 비밀 이해에서도 핵심적인 역할을 한다.[28] 사람들은 신적 존재들이 죽어야 하는 존재인 인간에게 은밀한 전례와 의식들을 계시해주었다고 믿었다. **비밀**이라는 용어 자체는 분명히 이 현상을 포함하고 있다. 하지만 성서의 비밀은 계시된 지식에 더 많은 관심을 기울인다. 이 점은 왜 **계시하다(나타내다)**, **알게 하다**와 같은 단어들이 다니엘서와 신약성서에서 공통으로 비밀과 연결되는지를 잘 설명해준다. 예를 들면 "오직 은밀한 것을 나타내실 이는 하늘에 계신 하나님이시라. 그가 느부갓네살 왕에게 후일에 될 일을 알게 하셨나이다"(단 2:28; 참조. 2:19, 30). "너희 하나님은 참으로 모든 신

---

27 Fitzgerald가 번역한 *Letters of Synesius of Cyrene*.
28 예를 들면 Arthur Darby Nock, "Mysterion," *HSCP* 60 (1951): 201-4을 보라.

들의 신이시요, 모든 왕의 주재시로다. 네가 능히 이 은밀한 것을 나타내었으니 네 하나님은 또 은밀한 것을 나타내시는 이시로다"(단 2:47). "영세 전부터 감추어졌다가 이제는 나타내신 바 되었으며"(롬 16:25b-26a), "계시로 내게 비밀을 알게 하신 것"(엡 3:3; 참조. 엡 3:9-10; 골 1:26) 등의 구절이 있다. 따라서 성서의 비밀 개념에서 경험과 관련된 가장 중요한 역할은 성령을 통해 오는 비밀의 계시를 경험하는 것이다. 신자들의 삶과 행동이 비밀에 대한 지식에 영향을 받기 마련이라는 점에서 분명히 경험은 성서의 비밀 개념에서 중요한 역할을 한다. 이와 같이 이방 밀교와 성서의 비밀 개념 사이에는 지식과 경험에 대한 강조점에서 명백한 차이가 있다.

성서에서 계시의 **기능**은 이방 밀교의 계시 개념과 대조되는 다른 강조점을 지닐 뿐만 아니라 비밀의 **내용**에 있어서도 대조를 이룬다. 성서의 비밀 개념은 그 내용에서 두드러진 차이점을 드러낸다. 우리가 앞에서 간략하게 언급했듯이 성서의 비밀은 종말과 관련된 역사적 사건의 의미에 대한 계시다. 반면에 이방 밀교에서 비밀의 내용은 주로 이방의 종교 의식과 신적 존재의 신화에 대한 지식이나 그에 대한 몇 가지 사실에 관심을 기울인다. 예를 들면 에우리피데스의 「바쿠스」(*The Bacchae*)에서 디오니소스는 자신이 소아시아를 여행한 일에 대해 다음과 같이 이야기한다. "그곳에서 나[디오니소스]는 살아 있는 사람들에게 발로 춤추는 것을 가르쳐주었다. 또한 나는 비밀과 의식들을 확정했다. 그래서 나는 내가 누구인지, 즉 신이라는 사실이 땅에서 밝혀지게 했다"(16-19).[29] 우리가 살펴본 대로 이방 밀교는 극도의 신비주의를 고수하고 있어서 그들의

---

29 다음 번역을 참조함. *The Complete Greek Tragedies*, *Euripides V*, ed. Mark Griffith and Glenn W. Most, trans. William Arrowsmith (Chicago: University of Chicago Press, 2013).

종교 의식 내용을 정확하게 파악하고 이를 판단하기는 여전히 어렵다. 그럼에도 이용할 수 있는 텍스트와 교회 교부들의 증거에 기초해서 판단할 때 우리는 다음과 같이 추측할 수 있다. 즉 밀교의 핵심에는 신화가 있으며 역사적인 뿌리와 종말론적인 내용이 결여되어 있었다. 반면에 성서의 비밀은 역사적인 사실에 뿌리를 내리고 있으며 종말론적인 내용이 깊이 스며들어 있다.

우리가 이 연구서 및 다른 곳에서 논의했듯이 성서의 비밀 개념은 다니엘서에 그 기원을 두고 있다.[30] 다니엘서의 비밀에 대한 논의에서 우리는 비밀이라는 용어를 다음과 같이 정의했다. 곧 비밀은 부분적으로 감추어져 있었지만 이제는 온전히 밝혀진 사건(들)에 대한 종말의 계시다. 우리가 다니엘서 전체에서(예. 단 2, 4, 5장) 이 용어를 종말의 하나님 나라가 도래함과 연결하려고 시도했듯이, 다니엘서에서 언급되는 비밀의 종말론적 경향을 간파하기는 어렵지 않다. 초기 유대교와 신약성서는 때때로 다니엘서에 의존하면서 비밀이 "후일"과 관련된 사항들이 밝혀지는 데 관심을 기울이고 있음을 명백하게 입증해준다. 예를 들면 마태복음은 구약성서에서 예언했듯이 "천국의 비밀"은 종말의 하나님 나라가 유일무이하고 기대하지 않은 방식으로 오는 것이라고 주장한다(마 13장 및 평행본문). 바울의 **비밀** 사용 역시 이 용례들과 일치한다. 바울은 고린도전서 1-2장에서 고난의 한가운데서 이루어지는 메시아의 통치가 비밀에 속한다고 주장한다. 여기서 비밀이라는 단어가 나타나는 것을 일일이 언급하며 설명할 필요는 없다. 하지만 성서에서 언급되는 비밀의 내용이 이방 밀교와 매우 다르다는 점은 명백하게 드러난다. 성서의 비밀은 종말론적이며 구속사적인 내용을 지니고 있는 반면에, 이방 밀교의 비밀은 신화

---

30 pp. 37-64을 보라.

에 기초한 경험과 의식에서 비롯된 것이다.

이방 밀교에 대한 논박?

우리의 간략한 논의에 비추어볼 때 성서의 비밀과 이방 밀교는 공통점이 많지 않다. 이전부터 신약성서가 이방 밀교에 많은 빚을 지고 있다고 주장했던 학자들이 있다. 하지만 이들은 학자들이 흔히 "평행구조 열광증"(parallelomania)이라고 부르는 병에 걸린 것 같다. 다시 말해서 그들은 두 텍스트 사이에서 단순히 본질에서 벗어난 외적이며 일반적인 평행 구절만을 찾아낸다. 하지만 그 구절들은 종종 피상적이어서 상호 의존 관계를 확립하기에 충분하지가 않다.[31] 그럼에도 불구하고 우리는 기원후 1세기에 밀교가 특별히 소아시아와 이탈리아 지역에 널리 퍼져 있었음을 인정해야 한다. 초기 기독교는 십중팔구 이방 밀교와 스쳤을 것이다. 우리는 교회 교부들이 밀교에 관여한 충분한 증거를 갖고 있다. 비록 암시적으로 언급된다고 하더라도 신약성서와 밀교 사이에 어느 정도 모종의 관계가 있었을 가능성은 있다.

이전에 많은 신약학자가 주장했듯이 신약성서의 비밀 개념이 밀교로부터 **비롯된** 것이라고 주장하는 대신에 아마도 이 관계를 검토해볼 수 있는 또 다른 방법이 있을 것이다. 비록 미묘하기는 하지만 신약성서의 비밀 개념이 이방 밀교를 논박하는 기능을 한다는 것이 가능한가? 예를 들면 밀교와 성서의 비밀이 비밀을 파악하거나 "보는 것"을 강조하는 것이 우연의 일치가 아닐 수도 있을까? 그리스 밀교에서는 오직 입문이라는 올바른 단계를 통과한 사람들만이 심오한 "비밀"을 이해할 수 있다고

---

31   S. Sandmel, "Parallelomania," *JBL* 81 (1962): 1–13.

말한다. 심지어 **비밀**(mystērion)이라는 명사와 **닫다**(myeō)라는 동사도 이방 밀교의 다음과 같은 은유적 측면을 암시해준다. 즉 개개인의 눈은 진리에 대해 "감겨" 있거나 "닫혀" 있다. 밀교에 입문해야만 그와 같은 어둠이 제거된다. 예를 들면 우리는 앞에서 「호메로스풍의 데메테르 찬가」에 나오는 적절한 본문, 곧 "땅에 매여 있는 사람들 중에 이것들을 본 사람은 복되다. 하지만 거룩한 것들을 성취하지 않고 죽는 사람…[그리고] 심지어 곰팡이 냄새가 나는 어둠 속으로 내려갈 때에도 그런 복에 대한 권리를 지니지 않은 [사람]은…"(480-84행)을 인용했다.[32] 우리는 이 연구 과제를 통해 초기 유대교와 신약성서에서 나타나는 중요한 유형을 발견했다. 곧 비밀은 때때로 "보는 것"과 "듣는 것"과 연결되어 발견된다는 것이다. 이 주제가 자료에서 두드러지게 나타나기 때문에 우리는 이 연구 과제를 통해 그것을 부각시키려고 시도해왔다. 예를 들면 한 유대교 종파에서 나온 텍스트는 다음과 같이 말한다. "그의 지식의 원천으로부터 그는 빛을 비춰주었다. 그래서 내 눈은 그가 행한 놀라운 일들을 살펴보았다. 또한 내 마음의 빛은 존재의 비밀을 주목해보았다"(1QS XI, 3). 성서와 유대교 문헌과 밀교에서 이 주제가 두드러지게 나타난다는 점은 주의 깊게 분석해볼 가치가 있다. 해당 문헌에서 어떤 사람들은 빛을 보지만 다른 사람들은 어둠 속에 머물러 있다. 신약성서가 비밀에 대해 논의할 때 이와 같은 표현을 사용하는 것은 우연의 일치가 아닐 것이다.

사도 바울은 이방 환경에서 이방인들에게 복음을 전하기 위해 수십 년을 보냈다. 그는 틀림없이 밀교에 대한 지식이 있는 많은 사람을 만났을 것이다. 우리는 바울에게 여러 지역의 종교 관행에 대한 지식이 있었음을 알고 있다(행 17:16-34). 따라서 바울이 주요 밀교에 대해 잘 알고 있었다

---

32   다음 번역에 기초한다. Rice and Stambaugh, *Greek Religion*.

는 추측은 지나친 해석이 아니다. 이방 밀교는 바울이 선교 사역을 했던 같은 시기에 그가 머물렀던 도시들에도 동일하게 존재했다. 또한 밀교는 정도의 차이는 있지만 지역 문화에 상당한 영향을 미치고 있었다.[33]

고린도전서 4:1에서 바울은 자신이 "하나님의 비밀을 맡은 자"라고 주장한다. 이 주장에 담긴 의미가 반드시 이 논의에 들어와야 한다. 바울은 자신이 고린도(와 다른 곳에서)의 이방인에게 비밀을 전파하는 일에 "충성할"(고전 4:2) 필요가 있다고 생각했다. 아마도 거짓된 이방 밀교를 물리치는 일이 바울이 수행해야 할 사도 직분의 일부였을 것이다. 다시 말해서 바울은 다음과 같이 주장할 수도 있었다. "여러분은 이방 밀교들이 주장하는 비밀에 대해 들었습니다. 하지만 나는 하나님의 **참된** 비밀을 전파하고 있습니다." 밀교 숭배자들과 제의 인도자들은 그들이 믿는 신들이 자신들에게 특별한 비밀을 계시해주었다고 믿었다. 그러나 신약성서는 오직 성서의 하나님만이 진정한 비밀을 계시하셨다고 주장한다. 하비(Harvey)는 다음과 같이 주장하면서 앞에서 언급한 것과 같은 사고 방향을 추구하는 것 같다. "비록 *mystērion*['비밀']이 사용되는 모든 경우가 *raz*(다니엘서에서 '비밀'에 해당하는 아람어)라는 용어로 '설명될' 수 있다고 하더라도, 저자가 어느 정도 그리스의 비밀-은유를 반영하려고 의도하지 않은 것은 아니다. 또한 독자들이 이 반영을 어느 정도 받아들이지 않은 것도 아니다."[34] 따라서 우리는 성서의 비밀이 어느 정도는 지역의 종교 문화에 관여했을 가능성이 있음을 고려해야 한다.[35] 우리는 단지 이

---

33 다음을 보라. Michael B. Cosmopoulos, ed., *Greek Mysteries: The Archaeology and Rituals of Ancient Greek Secret Cults* (New York: Routledge, 2003).
34 Harvey, "Mystery Language," p. 331.
35 다음도 보라. C. E. Arnold, *The Colossian Syncretism: The Interface between Christianity and Folk Belief at Colossae*, WUNT 77 (Tübingen: Mohr Siebeck, 1995; repr., Grand Rapids: Baker, 1996), pp. 271-74. Arnold는 바울이 궁극적으로 다니엘서에서 유래한 진정한 비

관점이 더욱 깊이 있는 탐구를 가능케 하는 길을 열어줄 수 있다고 제안할 뿐이다. 이 연구서의 목적이 제한되어 있으므로 여기서는 지면 관계상 이를 계속해서 탐구할 수 없다.

우리가 알고 있는 한, 이와 같은 방식으로 밀교와 성서의 비밀 간의 관계를 명확하게 구별하는 주제는 아직까지 자세하게 다루어지지 않았다. 앞으로 더욱 자세하고 철저한 연구를 통해 이 미묘한 관계를 세밀하게 밝혀낼 수 있을 것이다. 우리는 어떻게 밀교가 바울의 복음을 형성했는지를 제시하는 대신에, 성서의 비밀이 이방 밀교에 어떻게 말을 걸고 있는지를 판단해야 할 필요가 있다.

결론

밀교 및 성서의 비밀과 밀교 사이의 관계에 대한 이 짧은 논의를 통해 우리는 해당 주제와 관련된 논쟁에 몇 가지 새로운 사고를 제시하려고 시도했다. 일단 성서의 "비밀" 개념을 올바로 파악하고 나면 우리는 그것을 이방 밀교의 비밀에 대한 우리의 지식과 비교할 수 있다(하지만 우리는 이방 밀교의 비밀에 대해 많이 알지 못한다). 밀교는 매우 다양하며 비밀을 외부에 절대로 노출하지 않으려는 특성이 있다. 따라서 오직 입문자들에게만 이 비밀에 대한 접근이 허용된다. **비밀**(*mystērion*)이라는 명사와 **닫다**(*myeō*)라는 동사는 문자적이며 은유적으로 이해될 수 있다. 또한 우리는 경험에 대한 강조를 지적했다. 밀교에서 신화에 대한 지식, 종교 관행 및 의식은 분명히 핵심적인 역할을 한다. 하지만 밀교의 궁극적 목표는 신

밀 개념을 사용하면서 지역 밀교에 대항하여 논쟁을 벌이고 있을 가능성이 있다고 추측한다.

적 존재와 더불어 이런저런 경험을 하는 것이었다. 그다음 우리는 널리 알려진 밀교 가운데 두 가지 예, 곧 엘레우시스 밀교와 디오니소스 밀교를 제시했다.

성서의 비밀과 이방 밀교를 서로 비교해보면 개념적인 측면에서 둘 사이에 공통점이 많지 않음이 드러난다. 아마도 둘 사이에 평행을 이루는 가장 긍정적인 요소는 성서와 이방 밀교가 공통적으로 비밀을 강조한다는 점일 것이다. 이방 밀교는 절대적으로 비밀을 지켜야 할 필요성을 강조한다. 신화와 관련된 관행과 의식은 반드시 외부인들에게 은폐되어야만 했다. 성서의 비밀과 관련해서 다소 비슷한 점은 우리가 "일시적인 감추어짐"이라고 부른 것이다. 성령의 사역으로 말미암지 않으면 "외부인" 또는 불신자들은 비밀을 깨달을 수 없다. 그리고 신자들은 성령의 이끄심을 통해 계시된 비밀을 이해한다. 그러나 이방 밀교와 대조적으로 성서의 비밀 개념은 매우 공개적이며 복음 전파의 요소를 지닌다. 사도들은 가능하면 더욱 많은 사람에게 하나님의 비밀을 가르쳐야 한다는 의무감을 느꼈다. 게다가 대다수 이방 밀교는 다양한 수단을 통해 신적 존재를 경험하는 것이 최상이라고 여겼다. 하지만 성서의 비밀은 그리스도의 오심과 성령으로 밝혀진 종말의 사건에 대한 **지식**에 강조점을 둔다. 사도들은 종말론적인 진리를 전달해주었는데, 어떤 진리는 감추어져 있었지만 이제 교회에 계시되었다.

마지막으로 우리는 이방 밀교와 성서의 비밀 사이에 모종의 관계가 있을 가능성이 있다고 주장했다. 하지만 우리는 성서의 비밀이 이방 밀교의 비밀 개념에 결코 **의존하지** 않음을 강조한다. 하지만 성서의 비밀은 이방 종교의 비밀 개념에 말을 걸며 논박하고 있을 가능성이 있다. 아마도 바울은 지역 종교의 그릇된 가르침을 바로잡으려고 **비밀**을 사용했을 것이다. 바울과 관련된 신앙 공동체에 속한 사람들 가운데 일부는 그 종교로부터 회심한 사람들이었다. 우리는 성서의 비밀이 어떻게 이방의 비밀 개념과 마주치는지를 결코 정확하게 알지 못한다. 하지만 다른 각도에서 이 문제점에 접근하기 위한 때가 무르익었다.

제13장
:
결론

구체적인 주제에 대해 성서신학을 저술하는 일은 당연히 종합과 범주화를 포함한다. 신약성서에서의 **비밀** 사용을 개괄적인 방법으로 접근할 때 우리는 곧바로 텍스트 사이에 존재하는 몇 가지 유형 및 공통분모를 간파하기 시작한다. 학자들은 주로 언어학 측면에서 또한 어느 정도 종합적인 차원에서 이런 유형의 작업을 해왔다.[1] **비밀**에 대한 이전 분석들의 핵심적인 문제는 너무 간략하거나 지나치게 제한적이라는 점이다. 이제까지 이 용어에 대해 철저하고도 포괄적인 연구를 시도한 사람은 거의 없다. 이는 부분적으로 연구 과제의 제한된 특성에 기인하지만(때때로 관련 논문이 사전에서 발견된다), 대부분의 저자는 자신의 연구 범위를 한 권

---

1   예를 들면 다음을 보라. D. Deden, "Le 'Mystère' paulinien," *ETL* 13 (1936): 405-42; Raymond Brown, *The Semitic Background of the Term "Mystery" in the New Testament*, BS 21 (Philadelphia: Fortress, 1968); Chrys Caragounis, *The Ephesian Mysterion: Meaning and Content*, ConBNT 8 (Lund: Gleerup, 1977); Markus Bockmuehl, *Revelation and Mystery in Ancient Judaism and Pauline Christianity*, WUNT 36 (Tübingen: Mohr Siebeck, 1990; repr., Grand Rapids: Eerdmans, 1997).

의 책(예. 고린도전서, 에베소서) 또는 한 사람의 저서(예. 바울 서신)에 국한하기를 선택한다. 반면에 마태복음에서 요한계시록에 이르기까지 비밀을 다루는 신약성서의 주제들을 한데 종합하려는 시도는 거의 없다. 그래서 이 책에서 이루어진 우리의 시도는 얼핏 보기에 서로 다른 부분들을 한데 묶어 그 자료에 대해 심사숙고한 견해를 제시하는 것이었다. 어떤 이들은 우리가 제시하는 결론과 종합에 동의하려고 하지 않겠지만 다음의 사실을 부인할 수는 없을 것이다. 즉 신약성서는 **비밀**이라는 용어 및 관련 개념을 사용하는 비슷한 유형들을 두드러지게 포함하고 있다.

먼저 우리는 이와 같은 몇 가지 유형을 간략하게 소개한 다음에 비밀의 중요성을 밝힐 것이다. 왜냐하면 신약성서에서의 비밀은 구약성서에서 사용되는 것보다 더 광범위한 분야와 관련되기 때문이다. 신약성서 저자들이 구약성서를 특이하거나 창조적인 방식으로 사용할 때 이 동일 저자들은 구약성서 본문 안에 들어 있는 의미를 인식하고 있을까? 아니면 그들은 구약성서에서 찾을 수 없는 전혀 새로운 개념을 지어내고 있는 걸까? 구약성서 저자들이 의도한 것과 신약성서 저자들이 동일한 구약성서 텍스트를 사용하는 것 사이에는 완전한 불연속성이 존재하는 걸까? 아니면 신약성서가 구약성서 본문에 놀랄 만한 해석을 제시할 때에도 그 구약성서 본문에 신약성서에서의 발전을 일으킬 수 있는 어떤 뿌리가 존재하는 걸까? 비록 그 뿌리가 작더라도 말이다.

구약성서에서 계시된 비밀과 그리스도

몇몇 예외를 제외하면 계시된 비밀은 이러저런 형태로 구약성서의 언급과 연결되며 그리스도와 밀접한 관련이 있다. 신약성서에 의하면 계시된 비밀은 그리스도 및 그의 사역과 불가분의 관계에 있다. 조금 더 자세히 살펴보면 우리는 그리스도의 사역 가운데서 비밀과 관련된 특별한 측면들이 신약성서 전체에서 종종 반복되어 나타남을 발견한다. 이제 우리는 그리스도가 이 연구서에서 논의해온 몇몇 신약성서 본문과 어떻게 결합되는지, 또한 이것이 구약성서와 어떻게 관련되는지를 설명하고자 한다.

우리는 마태복음이 천국의 특성을 비밀로 묘사한다고 지적했다. 또한 우리는 이것이 종말의 나라가 "이미-그러나-아직"이라는 놀라운 방식으로 도래함을 포함한다고 결론지었다. 예수의 가르침은 천국과 그 나라 안에 있는 사람들이 기대와 다르게 이방 나라 및 악과 공존한다고 주장한다(마 13:11 및 평행 본문)는 점에서 독특하다. 이상하게도 천국은 겉으로 승리와 성공을 보여주지 않는다. 오히려 천국은 신비스러운 방법으로 고난과 죽음이라는 특징을 드러낸다. 천국의 특성은 이런 역설적인 방향을 따라서 기능한다. 예수의 사역도 마찬가지다. 사복음서는 모두 어느 정도 예수를 고난 받는 메시아로 묘사한다. 예수의 사역과 운명은 그의 "신비스러운" 나라의 특성과 밀접한 관련이 있으며 그와 평행을 이룬다. 다시 말해서 예수는 그 나라의 비밀을 구체화한다. 하나님 나라는 승리와 환난에서 본질적으로 서로 결합되며 그리스도의 십자가 사건에서 표현된다. 우리는 이 비밀에 대한 계시가 얼핏 보기에는 예기치 않은 것 같지만 구약성서에 그 뿌리가 있다고 이해했다. 비록 그 뿌리가 연약하고 작을지라도 말이다.

로마서에 의하면 유대인과 이방인의 구원은 두 단계로 성취된다. 이 점은 구약성서에서 명백하게 예고되지 않았다. 첫 번째 단계는 구원받는 대다수 사람이 유대인이 되는 구원의 시작이며, 그다음에 이방인이 구원을 받는다. 첫 번째 단계에서 그리스도는 두드러진 역할을 한다. 곧 그는 유대인의 회복에 있어서 시작이다. 두 번째로 더 긴 단계가 진행되는 동안 구원받는 사람들 대부분은 이방인이다. 이는 유대인 가운데서 남은 자들이 구원받도록 자극하는 역할을 한다. 이것은 비밀이다. 왜냐하면 그와 같이 연대기적으로 명백하게 구분되는 두 단계 구원을 구약성서에서는 발견할 수 없기 때문이다. 우리는 신명기 32:21(롬 10:19에서 인용되며 롬 11:11, 13-14에서 암시되는)이 이스라엘의 구원 과정에서 어떤 역할을 할 가능성이 있는지를 살펴보았다. 바울은 신명기 27-32장이 다음과 같은 과정을 광범위하게 예언한다고 이해했다. 즉 이스라엘이 불순종하고 완악해져서 심판을 받고, 언약에 기초한 하나님의 은혜가 이방인에게 주어지며, 이방인들이 은혜를 받자 이스라엘이 질투하게 되어 마침내 이스라엘의 구원을 이끌게 된다는 것이다. 왜 이것이 "비밀"이었는가? 왜냐하면 "먼저는 이방인이, 그다음은 유대인"이 구원받는다는 개념은 신명기와 구약성서의 다른 곳에서 명백하게 표현되지 않았기 때문이다. 즉 구약성서에서 이스라엘의 구원은 이방인들이 구원받도록 하는 촉매 역할을 한다(예. 사 49:5-6).

어떤 의미에서 고린도전서 1-2장의 **비밀**은 마태복음이 멈춘 곳에서 다시 시작한다. 곧 예수는 십자가에서 실패와 수치를 겪는 동시에 메시아로서의 통치를 행사한다. 고린도전서 1-2장은 주로 십자가에 감추어진 하나님의 지혜와 어떻게 신자들이 그 진리를 깨달을 수 있는가에 초점을 맞추고 있다. 바로 실패와 연약함의 한가운데서 통치한다는 개념은 구약성서에서 사실상 알려지지 않았다. 하지만 우리는 구약성서에 이 개념에 대한 몇몇 암시가 있음을 살펴보았다. 고린도전서 15:51에서 바울은 계시된 비밀에 대해 말한다. 여기서 비밀은 신자들의 부활, 그리스도와 함께 하는 신자들의 신분 확인, 새롭게 창조된 그리스도의 몸과 관련된다. 고린도전서 15:51에서 왜 이것이 비밀로 불리는가? 구약성서는 종말에 살고 있는 사람들이 새로운 피조물이 되고 또한 나중에 부활의 존재가 되는 몸의 부활을 경험하게 될 것이라고 가르치지 않는다(아마도 에녹과 엘리야가 하늘로 들림을 받은 일은 그와 같은 일을 암시했을 것이다). 그리고 죽은 사람들이 최종적으로 부활하는 때에 살고 있을 성도들도 영원한 새로운 피조세계에서 살아가는 데 적합한 영원한 변화를 경험하기 위해 몸을 필요로 할 것이다. 바울은 이 점에 대해서도 더욱 분명하게 밝힌다. 구약성서와 달리 유대교 문헌의 여러 곳에서 부활은 변화로 묘사되는데, 이는 특히 타락 이전의 아담의 상태로 되돌아가는 것으로 그려진다. 하지만 바울은 심지어 유대교 상대자들이 제시하는 견해와도 다른 주장을 한다. 바울은 부활을 타락 이전의 아담의 상태로 돌아가는 것이라고 묘사하지 않고 한층 상승된 아담의 상태로 변화되는 것으로 묘사한다. 더욱 고귀한 다른 축복과 연결된 채 첫 번째 아담이 그와 같이 변화하는 종말론적 축복을 경험했을 것이라는 개념이 창세기 1-3장에서 암시되었을 가능성이 있다. 이제 바울은 이 점을 명백하게 밝힌다. 심지어 **비밀**이 이와 같은 방식으로 나타나겠지만, 종말에 대한 바울의 계시는 그리스도 및 그가 부활한 상태에 기초하고 있다(고전 15:45-50을 보라).

에베소서는 그리스도와 비밀의 관계에 대해 아마도 신약성서의 다른 어떤 책보다도 더 많이 강조할 것이다. 우리는 에베소서 1:9에서 언급되는 비밀의 세 가지 측면에 대해 살펴보았다. 곧 그리스도의 우주적 통치의 범위, 방법 및 결과를 살펴보았다. 구약성서에서 이 세 가지 측면은 명백하게 예고되지 않았다. 비밀의 범위는 그리스도의 우주적 통치다. 그리스도의 통치 방법은 그의 죽음과 관련된다. 곧 그의 죽음은 그의 통치를 얻는 수단이다. 그리고 그리스도의 통치 결과는 그리스도 안에서 영적이든 물질적이든 "만물"이 우주적으로 연합하는 것을 포함한다. 이와 같은 연합이 바로 에베소서 1장에 나오는 비밀의 주요 초점이다. 에베소서 3장에서 언급되는 비밀은 그 방법을 포함한다. 여기서 유대인과 이방인의 두 그룹은 그리스도를 통해 참이스라엘이 된다(엡 3:3, 9). 이방인은 이스라엘의 옛 율법에서 언급되는 민족주의적 표지로 자신의 신분을 확인할 필요 없이 참이스라엘인 그리스도에게 속함으로써 언약 공동체의 일부분이 된다. 그와 같은 개념이 구약성서에서 명백하게 언급된 선례는 없다. 에베소서 5장에서 밝혀진 비밀은 창세기 2:24과 밀접하게 관련된다. 바울은 창세기 2:24을 읽고 이 텍스트가 그리스도와 교회의 연합에 대해 말한다고 이해한다. 우리는 창세기 2:24이 이스라엘의 결혼 개념에서 중추적인 역할을 한다는 사실을 살펴보았다. 또한 우리는 이 텍스트가 하나님과 이스라엘의 관계를 묘사하는 데 사용되는 결혼 은유에서도 두드러진 역할을 하고 있음을 살펴보았다. 에베소서 5장의 비밀은, 결혼으로 이루어진 아담과 하와의 연합이 모형론적으로 메시아와 교회의 연합에 상응한다는 바울의 인식을 나타낸다. 이와 같은 모형론은 창세기 2:24 또는 구약성서의 다른 어느 곳의 관점에서도 틀림없이 명백하게 이해되지 않았다.

우리는 골로새서에서도 에베소서 3장에서 다루어지는 것과 비슷한 주제를 발견했다. 곧 그리스도의 통치와, 그리스도와 유대인 및 이방인 간의 관계다. 다니엘 2장에 대한 암시와 더불어 "메시아"에 대한 언급은 우리를 다음과 같은 결론으로 이끌었다. 곧 골로새서의 비밀은 그리스도 안에서 철저하게 변화된 이스라엘의 신정국가를 가리킨다. 그 나라는 오직 종말의 이스라엘에서 메시아적 왕인 그의 영역에서만 지속된다. 골로새서 1:26-27에서 비밀의 또 다른 측면은 유대인과 이방인 간의 관계와 관련된다. 이방인은 참이스라엘인 그리스도께 자신을 결합시켰기 때문에 당연히 오직 믿음으로 언약 공동체에 참여한다. 이는 앞에서 언급한 에베소서 3장에서 계시된 똑같은 비밀을 수반한다.

골로새서 2:2-3에서 바울은 그리스도 안에 "지혜와 지식의 모든 보화가 감추어져" 있다는 더욱 진전된 주장을 한다. 또다시 바울은 다니엘 2장을 머릿속에 떠올리고 이 구체적인 예를 통해 다니엘 2장에 초점을 맞춘다. 이는 다니엘서에 나타난 예언의 "신비스러운" 성취다. 왜냐하면 예언된 이스라엘의 신정국가가 종말의 이스라엘에서 메시아적 왕 자신과 그가 대표하는 사람들의 영역 안에서 성취되고 지속된다는 것은 구약성서에서도, 특히 다니엘 2장에서도 명백하게 언급되지 않았기 때문이다(비록 단 7장의 평행 본문은 어느 정도 이 현실에 대해 기대하지만 말이다). 더욱이 이 개념은 이스라엘의 왕들이 나라를 대표했던 구약성서에 부분적으로 뿌리를 내리고 있을 것이다(곧 왕들의 행위는 이스라엘의 행위를 대표하는 것으로 이해되었다). 이는 앞으로 올 메시아적 종 자신에게도 적용되는 것 같다(예. 사 49:1-6).

또한 골로새서 2장에서 언급되는 비밀의 일부분은 다음과 같다. 즉 구약성서에서 하나님이 지혜를 계시하시는 전형은 율법이었지만, 이제 새 시대에 하나님이 계시하시는 정점은 종말의 하나님의 지혜인 메시아 자신이다. 이는 구약성서의 관점에서 명백하게 드러나지 않는 개념이다. 하지만 초기 유대교에 희미하지만 진짜 선례가 있을 가능성이 있다. 유대교 문헌에서 지혜는 인격화되었을 뿐만 아니라 심지어 하나님 다음가는 독립적인 존재로까지 때때로 나타나는 **것처럼 보인다**. 적어도 유대교는 지혜와 같은 하나님의 속성을 인격화해서 어떻게 초월적인 하나님이 타락한 세상과 관계를 맺을 수 있는지를 설명하고자 했다. 초기 유대교는 잠언 8:24-31과 같은 텍스트들이 율법을 가리키며 그 율법을 하나님의 지혜로 인격화했다고 해석했을 가능성이 있다. 여기서 지혜는 천지창조가 시작될 때 하나님과 더불어 존재했다. 바울은 구약성서의 지혜를 비슷한 방법으로 해석하는 데 있어 유대교의 영향을 받았지만, 그것을 참지혜로서의 그리스도에게 적용했을 것이다. 아니면 그는 단순히 독립적으로 비슷하게 해석했을 수도 있다.[2] 구약성서의 유대교 전승에서 인

---

2 골 1:15-17에서 바울이 그리스도를 지혜로 이해하는 데 대한 구약성서 및 유대교 배

격화된 것은 그리스도 안에서 인격적으로 성육신했다. 이 점에서 골로새서 2:2-3은 골로새서 1:15-17에서 그리스도를 지혜로 묘사하는 것을 발전시키고 있는 것 같다. 이제 신자들은 하나님의 새로운 언약 공동체의 구성원이 되기 위해 이스라엘의 율법(하나님이 지혜를 계시하는 전형으로서)이 요구하는 민족주의적 표시로써 자신의 신분을 확인해야 할 필요가 없다. 그들은 단지 신적 지혜의 가장 위대한 계시인 그리스도와 더불어 자신의 신분을 확인하면 된다.

바울 서신에서 비밀이라는 용어가 마지막으로 나타나는 곳인 디모데전서 3:16은 계시된 비밀의 내용을 구성한다. 이 찬송의 전반적인 주제에서 그리스도의 성육신과 신성이 핵심을 이룬다. 구약성서와 초기 유대교는 신적 존재이자 선재하는 메시아의 도래에 대한 개념을 세부적으로 발전시키지 않았다. 단순히 그 방향을 우리에게 알려주는 몇몇 구약성서 텍스트가 남아 있을 뿐이다. 하지만 신약성서는 대체로 예수의 생애, 사역 및 정체성을 구약성서에서 언급하는 이스라엘의 하나님의 그것과 동일시한다. 또한 우리는 그리스도가 새로운 창조의 상태로 존재하는 것은 디모데전서 3:16에서 밝혀진 비밀의 일부를 구성한다고 결론지었다. 여기 나오는 찬송에서는 공간적인 측면에서 하늘과 땅이라는 양극이 강조되며, "육신"과 "영"이 대조된다. 이 두 가지 요소는 이 찬송에서 종말의 변화가 중요한 역할을 한다는 사실을 제시하는 충분한 증거가 된다. 구약성서에서는 메시아가 먼저 옛 시대에 속한 몸으로 하나님과 동일시되고 나중에 그 몸이 새 창조의 썩지 않는 몸으로 변화된다는 것이 명백하게 드러나지 않았다.

경의 요약에 대해서는 Douglas J. Moo, *The Letters to the Colossians and Philemon*, PNTC (Grand Rapids: Eerdmans, 2008), pp. 111-13, 118-20을 보라.

요한계시록은 **비밀**이라는 용어를 네 번 사용한다. 첫 번째 비밀(계 1:20)은 그리스도의 손안에 있는 "별들"과 그가 그 사이를 걷고 있는 촛대들에 대한 해석을 나타낸다. 별은 천사를, 촛대는 교회를 가리킨다. 촛대로서 교회는 종말의 성전에서 일부가 되었지만 연약하며 겉으로 보기에 불안정해 보인다. 하지만 구약성서는 건축학적인 측면에서 거대하고 안전한 성전을 예고했다. 요한계시록 1:20의 비밀은 그리스도의 나라에서 일부분인 교회를 포함한다. 교회는 얼핏 보기에 패배를 겪고 있다는 사실에도 불구하고 그 나라 안에 포함된다. 우리는 성전과 하나님 나라의 일부분으로서, 기대하지 못했던 이와 같은 교회의 현실적 모습에 대해 구약성서에 암시된 몇몇 선례가 있다고 주장했다. 이와 비슷하게 요한계시록 10:7의 비밀도 물리적인 측면에서 대적자들에게 패배함을 통해 어떻게 교회가 그의 대적자들을 물리치는가에 초점을 맞추고 있다. 이와 같은 교회의 두 가지 현실은 모두 그리스도 안에, 또한 어떻게 그가 성전이 되고 왕의 신분을 얻었는가에 기초하고 있다. 마지막으로 요한계시록 17:5, 7은 큰 성 바벨론(세상의 사회-경제-종교적 측면)이 자신의 과거 정치적 동맹자들에게 장차 멸망당하게 된다는 것을 설명하는 데 있어 **비밀**을 사용한다. 이는 구약성서의 관점에서 명백하게 드러난 것이 아니다.

이 간략한 개요에 비추어볼 때 신약성서에 나타나는 **비밀**의 대부분은 이런저런 형식으로 그리스도와 관련된다는 사실이 명백하게 드러난다. 비밀과 관련해서 앞에서 언급한 주제들은 신약성서에 포함된 내용에서 주변적이거나 부차적인 사항이 아니라 오히려 신약성서의 근본적인 메시지에서 핵심이 된다. 이 목록은 종말의 하나님 나라, 그리스도의 통치, 십자가 사건, 부활, 유대인과 이방인의 관계, 그리스도의 성육신 등을 포함한다. 이 주제들이 신약성서의 개념에서 중요한 위치를 차지하고 있음은 분명하다. 하지만 이전에 학자들이 상대적으로 간파하지 못한 점은 비밀과 그리스도 및 그의 사역 간의 관계다. 비밀은 이 주제들과 관련되며 그리스도는 그 내용에 있어서 핵심에 위치한다.

그리스도와 이 주제들과의 관계에 덧붙여서 이 주요 개념들은 대체로 다음 두 범주로 나뉜다. 곧 종말에 있을 하나님 나라의 도래 및 유대인과 이방인의 연합이다. 신약성서는 하나님 나라의 예기치 못한 특성, 특히 십자가 사건과 관련된 주제에, 많은 지면을 할애한다. 우리는 공관복음서, 고린도전서, 에베소서, 요한계시록에서 이 주제가 발전되어가는 과정을 살펴보았다. 비밀의 사회학적 차원—곧 유대인과 이방인의 관계—은 에베소서와 골로새서에서 핵심적인 역할을 한다. 아마도 우리는 신약성서 자료(비밀과 관련된)를 다음과 같이 종합할 수 있을 것이다. 이제 그리스도가 왔다. 하나님은 이전에 기대하지 못한 방식으로 언약 공동체를 다스리고 이끄신다. 기대와 다르게, 신자들은 고난과 죽음을 통해 그리스도와 함께 다스린다. 이는 그리스도가 아이러니하게도 고난과 죽음을 통해 통치한 것과 마찬가지다. 한편 그리스도는 유대인과 이방인의 관계를 재구성한다. 두 그룹은 그리스도 안에서 하나가 되고 언약 공동체에 완전하게 참여한다. 이스라엘의 옛 율법이 요구하던 백성을 구별하는 표시를 고수할 필요가 없다. 그리스도가 참이스라엘이기 때문에 두 그룹도 마찬가지로 참이스라엘로 여겨진다. 이와 같은 사항들은 모두 적어도 구약성서의 관점에서는 명백하게 드러나지 않았다.

왜 이 두 가지 주제, 곧 종말의 하나님 나라와 유대인과 이방인 간의 관계가 몇몇 경우(에베소서, 골로새서)에 함께 나타나는가? 아마도 그 이유는 이 두 주제가 신학적인 측면에서 서로 겹치기 때문일 것이다. 하나님의 언약 공동체로서 유대인과 이방인은 하나님 나라에 온전히 참여한다. 이와 같이 이 두 개념은 유기적으로 서로 연결된다. 유대인과 이방인은 그리스도 안에서 서로 연합하며, 그리스도의 역설적인 통치에 참여하여 그 나라를 함께 통치한다.

십자가의 비밀과 십자가를 따르는 생활 방식

우리는 신약성서에서 **비밀**이 나타나는 각각의 경우를 체계적으로 검토했다. 우리의 탐구에서 또 다른 주제가 곧바로 두드러지게 나타나는데, 곧 고난의 한가운데서 이루어지는 통치다. 이 주제는 잘 알려져 있고, 많은 텍스트에서 명백하게 나타나며, 신약성서의 많은 책과 장르에 걸쳐 있다(공관복음서, 바울 서신, 요한계시록 등). 학자들은 신약성서의 개별 책에서 이 주제의 중요성을 간파했지만 단지 소수의 학자만이 이 주제에 대한 종합을 시도했다.[3] 그리고 더 적은 수의 학자가 그것을 비밀 개념과 연결시켰다.

우리는 마태복음에 기초하여 하나님 나라의 역설적 특성을 언급함으로써 어떻게 예수가 "천국의 비밀"이라는 표현을 사용하는지를 살펴보았다. 구약성서와 유대교에 의하면 종말의 하나님 나라에 대한 주요 개념 중 하나는 불의와 외세의 억압이 궁극적으로 제거되고 난 후에 하나님 나라가 **완전하게** 세워지는 것이다. 메시아의 도래는 악한 나라들에게 죽음의 조종(弔鐘)을 울린다. 이방의 왕들과 그들의 나라들은 파멸되거나 "부서질" 것이다(단 2:44). 하지만 예수는 메시아와 종말의 하나님 나라의 도래가 악을 완전히 전멸시키는 것으로 전환되지 않는다고 주장한다. 역설적이게도 다음 두 영역, 곧 하나님 나라에 속한 사람들과 "악한 나라"에 속한 사람들이 공존한다. 종말론적인 하나님 나라는 진정한 의미에서

---

[3] 하지만 다음 연구서를 보라. Michael Gorman, *Cruciformity: Paul's Narrative Spirituality of the Cross* (Grand Rapids: Eerdmans, 2001, 『삶으로 담아내는 십자가』, 새물결플러스 역간).

예수를 통해 이미 시작되었다. 예수는 광야에서 시험을 받는 동안 마귀를 물리쳤다. 이 일은 하나님이 그분의 메시아를 통해 이스라엘의 원수를 멸한다고 구약성서에서 묘사된 약속이 성취되기 시작한 것과 진배없다. 종말의 하나님 나라의 존재는 신비스럽게도 고난, 박해 및 환난을 수반한다. 구약성서는 고난과 하나님 나라가 서로 겹치는 모습을 어느 정도 예상하는 것 같다(예. 다윗 왕의 경험, 단 7장에서 인자와 그의 고난). 하지만 어떻게 이 두 주제가 서로 정확하게 관련되는지는 구약성서에서 분명하게 밝혀지지 않았다.

이 점은 왜 예수가 하나님 나라의 시민들이 박해를 피할 수 없는가를 논하면서 상당히 많은 에너지를 쏟아붓는지를 알려줄 것이다(예. 마 5:10-11; 10:23). 중요한 사항으로서 예수의 사역과 그 결과로 빚어진 그의 죽음은 "천국의 비밀"에 대한 그의 가르침을 구체적으로 드러낸다. 예수 역시 메시아적 왕으로서 박해받고 마침내 죽임을 당했다. 예수는 시대가 겹친다는 사실, 곧 하나님 나라가 도래하는 동시에 박해가 존재한다는 사실을 자신의 지상 사역 동안에, 또한 십자가 위에서 구체적으로 보여주었다. 예수는 연약함을 보여주었던 그의 사역 기간 동안에도, 고난과 죽음의 순간에도 바로 왕이었다. 공관복음서는 메시아의 운명이 하나님 나라의 운명과 어떻게 서로 밀접하게 연결되는지를 보여줌으로써 독자들에게 서로 관계있는 점을 연결하라고 권면한다. 한편 요한은 이 점과 관련해서 훨씬 더 분명하게 언급한다. 요한복음에서 "들림을 받는다"는 주제는 두 가지 의미를 지닌다. 곧 이 표현은 문자적으로 예수가 십자가에 달리는 것을 가리키며, 은유적으로는 예수가 높임을 받음 또는 "들림을 받음"(요 3:14; 8:28; 12:32)을 가리킨다.

우리는 고린도전서에서 비로소 계시된 "비밀"이라고 명백하게 이름이 붙은 십자가와 마주하게 된다. 고린도전서 2장에 의하면 밝혀진 비밀은 십자가에 달렸다가 하늘 보좌로 높임을 받은 왕-메시아다. 예수는 비록 십자가 위에서 수치스러운 죽음을 당하지만 동시에 최고 통치자다. 이 견해에 동의하면서 김세윤은 다음과 같이 주장한다. "십자가는 그리스도인에게 자랑의 근거가 된다. 왜냐하면 그것은 바로 **주님**의 십자가이기 때문이다.…그는 정확하게 십자가 위에서 세상과 세상의 통치자들에게 승리를 거두었다.…십자가는 세상에서 멸망하는 사람들에게는 패배, 수치, 어리석음과 불명예의 표시지만, 부르심을 받은 사람들에게는 승리와 자랑, 지혜와 영광을 나타내는 표시다."[4]

고난의 한가운데서 권능을 행사하며 승리한다는 것—십자가의 비밀—은 바울의 신학과 사도로서의 사역에서 의미심장한 주제다. 진정한 의미에서 바울 자신도 십자가의 비밀을 실행했다. 바울의 사역과 관련하여 인간의 고난을 통해 하나님의 능력이 나타난다는 개념은 사실상 바울 서신의 많은 곳에서 발견된다. 하지만 고린도후서는 다른 서신들보다 이 개념을 더욱 두드러지게 강조한다. 고린도에 거주하던 바울의 대적자들과 달리, 바울은 예수가 십자가 위에서 고난을 당한 것을 받아들이고 본받음으로써 자신의 사도직을 정당화하려고 시도한다. 하나님은 십자가의 고난을 통해 그분의 능력을 나타내셨다. 오직 참된 사도들만이 십자가의 지혜를 따라 처신한다(예. 고후 4:10-11; 12:9).

십자가의 비밀은 예수에게서 바울과 다른 사도들에게로 확장될 뿐만 아니라 모든 신자에게 전달된다(우리 역시 예수의 가르침에서 이것을 발견할 수 있다). 아마도 요한계시록이 이 점에 대해 가장 명백하게 언급할 것이다. 요한은 요한계시록 1:9에서 **어떻게** 성도들이 종말의 하나님 나라

---

[4] Seyoon Kim, *The Origin of Paul's Gospel*, WUNT 4 (Tübingen: Mohr Siebeck, 1981; repr., Grand Rapids: Eerdmans, 1981), pp. 80-81.

에 참여하는지를 다음과 같이 묘사한다. "나 요한은 너희 형제요, 예수의 환난과 나라와 참음에 동참하는 자라." 요한계시록 1:20에서 비밀은 종말의 성전인 교회와 관계될 뿐만 아니라 교회가 참여하는 하나님 나라의 특성에 대한 몇 가지 언급도 포함하는 것 같다. 이와 같이 아이러니한 통치권의 행사는 그리스도의 통치를 본보기로 삼은 것이다. 그리스도는 하늘 보좌로 높임을 받기에 앞서 하늘에서의 통치를 성취하기 위해 고난과 죽음을 참음으로써 이 땅에서 베일에 가려진 그의 왕권을 드러냈다(참조. 계 1:5). 그리스도가 고난을 통해 베일에 가려진 방식으로 통치한 것과 마찬가지로 그리스도인들도 그렇게 통치한다.

신약성서의 구약성서 사용에 대한 해석학적 함의

최근 몇 년 동안 학자들은 신약성서 저자들이 어떻게 구약성서를 사용하는지에 대해 더 많이 알게 되었다. 이 주제에 대한 책이 갑자기 쏟아져 나오는 데도 불구하고 학자들은 핵심적인 해석학적 질문에 대해 의견이 나뉜다. 이 마지막 장의 제한된 특성을 고려할 때 우리는 이 논쟁에 대해 전반적으로 탐구할 수는 없다. 하지만 우리는 이 연구 과제에 비추어서 그 논의에 몇 가지 통찰을 제시할 수 있다.[5] 이 연구서의 매력적인 요소 중 하나는 이 책이 그 논의에 대해 몇 가지 핵심적인 쟁점을 말하고 있다는 것이다. 비록 현재 해석학적 논쟁이 누그러질 기미를 전혀 보이지 않지만 아마도 비밀에 대한 신약성서의 관점을 다루는 우리의 연구가 관련

---

5   이 논쟁의 개관에 대해서는 다음을 참조하라. G. K. Beale, ed. *The Right Doctrine from the Wrong Texts?: Essays on the Use of the Old Testament in the New* (Grand Rapids: Baker, 1994) and G. K. Beale, *Handbook on the New Testament Use of the Old Testament: Exegesis and Interpretation* (Grand Rapids: Baker Academic, 2012).

쟁점을 더 잘 이해하게 하는 데 기여할 수 있을 것이다.

의미의 "감추어짐." 여기서 비밀과 특정한 구약성서 텍스트 사용의 연결이 중요하다. 단지 몇몇 학자만이 이 둘을 서로 연결했다. 우리는 유대교가 이 두 개념을 어떻게 연결했는지를 살펴보았다(예. 1QpHab VII, 1-8 [합 2:2]). 또한 우리는 신약성서가 어떻게 명백하게 그것을 따르는지 검토해보았다(예. 엡 5:31 [창 2:24]). 하지만 구약성서에 대한 이런 인용문과 암시들은 계시된 비밀의 전후 문맥에서 발견될 뿐만 아니라 계시된 비밀의 의미를 밝혀주는 데에도 종종 기여한다.

다니엘서의 **비밀** 사용을 올바로 이해하면 신약성서가 구약성서를 사용하는 법을 이해하는 데 도움이 될 것이다. 다니엘서는 감추어짐이 비밀에서 필수적임을 입증해준다. **비밀**이라는 용어에는 다양한 차원의 감추어짐이 있다. "왕은 다니엘에게 말했다. '참으로 너희의 하나님은 모든 신 가운데 으뜸가는 신이요, 모든 왕의 주요, 감추어진 비밀을 계시하는 유일한 분이다. 왜냐하면 네가 이 비밀을 밝혀줄 수 있기 때문이다'"(단 2:47, 저자 사역). 다니엘서 내러티브 전체를 통해 비밀은 느부갓네살에게 감추어진다(단 2장 및 4장). 그래서 그는 자신의 꿈을 해석할 수 없었다. 바벨론의 지혜자들도 느부갓네살의 꿈에 당혹스러워했다. 다니엘에 대해서도 똑같이 말할 수 있다. 다니엘은 다니엘 2장과 4장에서 영감을 받았다고 묘사됨에도 불구하고, 다니엘 7-12장에서 자기에게 주어진 계시들을 온전히 이해하지 못한다. 이런 예들은 다음과 같은 원리를 입증해준다. 곧 비밀은 어떤 사람에게는 감추어지고 다른 사람에게는 계시된다. 이는 나중에 이 용어가 신약성서에서 사용되는 유형을 제공해준다. 게다가 비밀 개념은 종말에 대한 하나님의 계획에 감추어지는 특성이 있다는 점도 가리킨다. 또다시 다니엘서는 이 특별한 주제에 대해 다음과 같이 말한다. "오직 은밀한 것을 나타내실 이는 하늘에 계신 하나님이시

라. 그가 느부갓네살 왕에게 후일에 될 일을 알게 하셨나이다"(단 2:28). 여기서 느부갓네살에게 부분적으로 감추어진 계시에 대한 해석은 특별히 종말의 사건들과 관련된다.

감추어짐에 대한 올바른 이해를 염두에 두고 우리는 이제 신약성서 저자들이 어떻게 구약성서를 인용하는지를 더 잘 이해할 수 있다. 구약성서 텍스트의 "감추어진" 의미는 십중팔구 종말에 대한 일시적인 감추어짐의 범주에 속할 것이다. 구약성서 텍스트의 온전한 의미는 후대의 어느 시점까지, 곧 그 텍스트에 대한 해석이 신자들에게 계시되고 이해될 때까지 감추어진다. 이 개념을 이해하는 좋은 방법은 그것을 한 장 밖에 없는 상품권과 비교하는 것이다. 예를 들면 카드의 뒷면에 몇 개의 숫자가 있다. 이 숫자들은 완전히 밝혀지지 않고 회색 조각으로 부분적으로 감추어지거나 보호된다. 오직 그 카드의 소유자만이 회색으로 덮여 있는 부분을 문질러 없애는 것이 법적으로 허용된다. 소유자는 그 조각을 문질러서 연속적으로 제시된 숫자를 분명하게 알 수 있다. 감추어진 부분을 문질렀다고 숫자들이 마술처럼 공중에 나타나는 것은 아니다. 대신에 회색 부분을 문질러 없애기만 하면 이제까지 부분적으로 감추어지거나 표면에 나타나지 않았던 코드는 완전히 밝혀진다. 소비자는 부분적으로 감추어졌던 숫자들이 밝혀지면 그 코드에 들어 있는 전체 숫자를 알 수 있다. 하지만 이 숫자들은 상품권의 소유자가 회색으로 덮인 부분을 완전히 문질러 없앨 때에만 완벽하게 보이게 된다.

구약성서 텍스트의 **온전한** 의미는 앞에서 언급한 것과 거의 같은 방식으로 밝혀진다. 온전한 또는 완전한 의미는 사실상 구약성서 텍스트에서 "거기에" 들어 있다. 텍스트의 완전한 의미가 해석자에게 밝혀지기까지 그 의미는 단순히 부분적으로 "감추어져" 있거나 겉으로 나타나지 않는다. 따라서 나중에 그 의미가 밝혀지기를 기다려야 한다. 바로 이것이 정확히 다니엘서에서 언급되는 비밀의 모델이다. 다니엘 2:1 및 4:13-18에서 언급되는 느부갓네살의 꿈을 예로 들어보자. 하나님은 두 가지 꿈을 느부갓네살에게 계시하셨다(첫 번째 계시). 그다음에 하나님은 다니엘에게 그 꿈의 의미를 계시해주셨다(마지막 계시). 하나님이 느부갓네살에게 주신 첫 번째 계시는 "감추어져" 있었다. 그리고 다니엘에게 그 상징적인 꿈을 풀 수 있는 열쇠가 주어졌다. 느부갓네살이 **처음에** 꾼 꿈 안에는 거대한 신상이 이어지는 네 나라와 그 나라들의 최종적 멸망을 상징한다는 의미가 이미 들어 있었다. 비록 뒤섞이고 분명하지 않은 방법이지만 거대한 신상의 의미는 사실 꿈속 "거기에" 있었다. 다니엘이 꿈의 의미를 밝혀주자 느부갓네살은 비로소 꿈에 대해 완전히 이해할 수 있게 되었다. 우리는 이 모델을 수수께끼와 같은 방법으로 벽에 글씨가 쓰인 일을 말하는 다니엘 5장과, 다니엘 7-12장에서 소개되는 환상들에도 적용할 수 있다. 심지어 다니엘도 환상의 의미를 알기 위해 "해석해주는 천사"의 도움이 필요했다.

우리는 이제 다니엘서를 머릿속에 떠올리며 다니엘 4장에서 느부갓네살이 자신의 꿈에 대해 처음에 알게 된 것을 조금 더 깊이 탐구할 수 있다. 이는 구약성서와 신약성서의 계시 사이에 존재하는 연속성과 불연속성의 문제를 이해하기 위한 패러다임 역할을 할 것이다. 다니엘 4:4-5에 의하면 느부갓네살은 또 다른 계시적 꿈을 꾸었다. 그러자 그는 또다시 바벨론의 지혜자들을 불러 모았다. 다니엘 2장과 대조적으로 이번에 느부갓네살은 자신의 꿈의 내용을 지혜자들에게 알려준다. "<u>내가 그 꿈을 그들에게 말하였으나</u> 그들이 그 해석을 내게 알려주지 못하였느니라"(단 4:7). 바벨론의 지혜자들이 꿈을 해석하지 못하자 왕은 꿈의 내용을 다니엘에게 말한다(단 4:8). 느부갓네살이 다니엘에게 알려준 꿈을 살펴볼 때 우리는 해석학적인 측면에서 몇 가지 관련된 요소를 발견하게 된다.

느부갓네살은 다니엘에게 자신이 꾼 꿈의 내용뿐만 아니라 그 해석에 대한 부분적인 이해도 설명한다. 그의 꿈은 모든 짐승에게 먹을 것을 제공하는 거대한 나무에 대한 이야기를 자세하게 알려준다(단 4:10-12). 하지만 다니엘 4:13에서 꿈의 장면이 갑자기 바뀐다(꿈을 해석해주는 천사를 소개하는 도입 문구에 주목하라). 천사와 같은 전달자가 꿈의 내용을 보충하며 부분적인 해석을 제공해준다. 천사는 나무가 베어질 것이라고 알려주며 그 나무를 **사람**으로 해석한다.

> 그는 큰소리로 외치며 이렇게 말했다.
> "그 나무를 베고 그것의 가지를 자르라.
> 그것의 잎사귀를 떨고 그것의 열매를 헤쳐라.
> 짐승들을 그것 아래에서 떠나게 하고
> 그것의 가지에 깃든 새들을 쫓아버려라.
> 그러나 그것의 뿌리와 더불어 그루터기를 땅에 남겨두고,
> 그것을 쇠와 놋줄로 동이고
> 들의 새로운 풀 가운데 두어라.
> 그가 하늘의 이슬에 젖게 하고,
> 그가 땅의 풀 가운데서 들짐승과 어울려 풀을 뜯게 하라.
> 그의 마음이 사람의 마음에서 변하게 하라.
> 그에게 짐승의 마음을 주어라.
> 그리고 그가 일곱 때를 지내게 하라"(단 4:14-16, NASB).

처음에 느부갓네살은 꿈속에서 말을 전해 듣는다. 꿈에서 천사는 나무를 왕으로 해석한다. 비록 이 단락 전체에서 줄곧 똑같은 아람어 3인칭 대명사(남성 단수)가 사용되지만 다니엘 4:15b-16에서 천사는 분명히 나

무를 유명한 사람으로 해석한다.

　느부갓네살 왕은 상징적인 꿈을 꾸었을 뿐만 아니라 **처음에 꿈속에서 천사가 들려주는 말을 통해 그 상징들이 무엇을 의미하는지에 대한 해석을 부분적으로 받는다**. 사실상 그는 꿈이 자신에 대한 것이라고 추측했을 수도 있다. 다니엘 4:5에서 느부갓네살은 다음과 같이 말한다. "한 꿈을 꾸고 <u>그로 말미암아 두려워하였으니</u> 곧 내 침상에서 생각하는 것과 <u>머리 속으로 받은 환상으로 말미암아</u> 번민하였었노라." 꿈에 대해 왕이 번민하는 반응을 보인 것은 전적으로 기괴한 꿈에 영향을 받았다고 이해할 수 있다. 다른 한편으로 왕의 행동은 **꿈이 자신에게 적용될 수도 있다는 그의 직관**에서 비롯되었을 가능성이 있다. 다니엘 4장에 나오는 느부갓네살의 꿈은 다니엘 2장에서 언급되는 그의 꿈 다음에 나온다. 다니엘 2장에서 바벨론 제국의 궁극적인 멸망은 순금으로 만들어진 머리가 파괴되는 상징적인 묘사를 통해 계시된다(단 2:32-35). 이는 나아가 왕이 두 번째 꿈 역시 자신의 죽음에 대한 것이라고 인지했음을 암시해준다. 더욱이 비밀을 해석하는 부분에서(단 2:36-45) 다니엘은 느부갓네살 왕의 통치를 천사가 다니엘 4:11-12에서 하늘까지 닿는 거대한 나무에 대해 묘사하는 것과 거의 똑같은 방법으로 묘사한다.

> 오 왕이여, 왕은 왕들 가운데서도 으뜸가는 왕이십니다. 하늘의 하나님이 나라와 권세와 능력과 영광을 왕에게 주셨습니다. 그리고 사람들과 <u>들짐승과 하늘의 새들</u>이 어느 곳에 살든지 막론하고, 그분은 **그들을** 왕의 손에 넘겨주시고 그들을 모두 다스리게 하셨습니다. 왕은 바로 금으로 만들어진 머리이십니다(단 2:37-38, NASB).

그 나무는 점점 자라서 튼튼하게 되었다.

그 높이는 하늘에까지 닿았다.

그것은 땅끝에서도 볼 수 있었다.

그 잎은 아름다웠고 그 열매는 많았다.

그리고 그 안에는 모든 사람들을 위한 먹을 것이 있었다.

들짐승들이 그 아래에서 그늘을 발견했다.

그리고 하늘의 새들이 그 가지에 깃들었다.

그리고 살아 있는 모든 피조물이 그것에서 먹을 것을 얻었다.

(단 4:11-12, NASB)

다니엘 2장과 4장이 서로 밀접하게 연결된다는 사실은 잘 입증된다. 만약 이 연관성이 타당하다면 느부갓네살 왕은 다니엘이 그에게 환상의 의미를 해석해주기 전에도 하늘까지 닿는 나무에 대한 이 환상이 어떻게든 자신과 관련된다고 십중팔구 믿었을 것이다. 이 견해가 옳든지 그렇지 않든지 간에, 다니엘 4:19-27에서 언급되는 느부갓네살의 꿈에 대한 다니엘의 해석은 왕 자신도 이미 알고 있는, 부분적으로 밝혀진 해석을 더 자세하게 밝혀주거나 완전하게 해석해준다. 왕은 베인 나무의 상징이 어딘가에 있는 통치자나 왕을 나타낸다는 사실을 이미 알고 있었다. 그리고 만약 그가 꿈이 자신의 죽음에 대한 것임을 감지했다면 상징적인 꿈의 해석에 대해서도 더 많이 알았을 것이다. 다시 말해서 다니엘은 왕이 이미 알고 있던 부분적인 해석을 온전하게 해석해준다.

다니엘 4:15의 고대 그리스어 역본(OG)과 비교해보면 이런 사고의 전개가 타당함을 확인할 수 있다(영역본 및 개역개정은 단 4:18; 도표 13.1을 보라). 마소라 텍스트와 테오도티온 역본은 모두 단순히 "해석"(*pišrāʾ*/*to synkrima*)이라고 읽는다. 반면에 고대 그리스어 역본(OG)은 "모든 해석" (*pasan tēn synkrisin*)이라고 읽는다. 느부갓네살 왕이 정말로 자기의 꿈에 대한 부분적인 이해 또는 해석을 지녔다고 암시하면서 고대 그리스어 역본(OG)은 우리의 견해와 일치하는 해석을 제공해준다.

도표 13.1

MT(NASB)	Old Greek	Theodotion
다니엘 4:18 "이것은 나 느부갓네살 왕이 꾼 꿈이다. 이제 너 벨사살아, 꿈에 대한 해석을 내게 말하라. 내 나라의 지혜들 가운데 아무도 그 해석[pišrā]을 내게 알려줄 수 없기 때문이다. 하지만 너는 알려줄 수 있다. 왜냐하면 거룩한 신들의 영이 네 안에 있기 때문이다."	다니엘 4:15(18) 그리고 내가 아침에 내 침대에서 일어났을 때 나는 종들의 통치자이며 꿈을 해석하는 이들의 지도자인 다니엘을 불렀다. 그리고 나는 그 꿈을 다니엘에게 묘사했다. 그러자 그는 그 꿈에 대한 모든 해석[pasan tēn synkrisin]을 내게 제시했다.	다니엘 4:15(18) "이것이 바로 나 느부갓네살 왕이 꾼 꿈이다. 너 벨사살아, 그 의미를 말하라. 왜냐하면 내 나라의 모든 현자가 그 의미[to synkrima]를 내게 설명할 수 없기 때문이다. 하지만 너 다니엘은 할 수 있다. 왜냐하면 거룩한 신의 영이 네 안에 있기 때문이다."

아마도 이는 다니엘 2장에 나오는 느부갓네살의 꿈을 따랐을 것이다. 다니엘 2:30b에 의하면 다니엘은 "오직 그 해석을 왕에게 알려서 왕이 마음으로 생각하던 것을 왕에게 알려주려 하심이니이다"라고 주장한다 ("생각"은 이미 왕의 마음속에 있었다. 이는 상징적인 꿈에 대해 단순히 회상하는 것 이상이었을 것이다. 참조. 단 7:1). 이 구절은 느부갓네살이 다니엘 2장에 나오는 자신의 꿈에 대한 해석을 **어느 정도** 파악했음을 나타낼 것이다.

다니엘 4장과 비슷하게 2장에서도 왕은 꿈을 꾸고 "마음이 번민하여 잠을 이루지 못한지라.…그 꿈을 알고자 하여 마음이 번민하도다"(단 2:1-3)라고 말한다. 비록 느부갓네살이 상징적인 꿈을 바벨론의 지혜자들에게 구체적으로 알려주지는 않았지만, 우리는 그가 다니엘에게 꿈의 일부를 말했을 가능성이 높으며 심지어 꿈의 의미에 대해 자신이 생각하는 바를 부분적으로 다니엘에게 말했을 것이라고 추측한다. 텍스트가 그 점에 대해 침묵하고 있기 때문에 정확하게 어느 경우라고 말하기는 어렵다. 그럼에도 불구하고 만약 다니엘 2장과 4장이 비슷한 내용, 동일한 인물(느부갓네살 왕, 바벨론의 지혜자들, 다니엘), 동일한 계시 구조(두 경우 모두 "비밀"이라고 불림; 단 2:18-19; 4:9)를 포함한다면 다니엘 4장에서 꿈에 대해 알려주는 내용에 적용되는 것은 다니엘 2장에서 꿈에 대해 알려주는 내용에도 적용될 수 있을 것이다.

다니엘 2장과 특별히 다니엘 4장에 대한 이 논의는 중요하다. 왜냐하면 신약성서 저자들은 실제로 이 두 장에 있는 "비밀"을 종종 암시하기 때문이다(예. 참조. 마 13:11; 고전 2:6-16; 엡 3:3-5; 골 1:26-27; 살후 2:7; 계 1:20; 10:7, 17:5,7). 따라서 다니엘 2장과 무엇보다도 다니엘 4장에서 **비밀**이 사용되는 맥락은 신약성서 저자들이 이 용어를 이해하는 방식에 기여했을 것이다. 이 논의의 해석학적인 요지는 구약성서 저자들이 자신들이 사용한 용어들을 어떻게 인식했는가에 대한 것이다. 만약 다니엘이 온전한 해석을 제공해주기 전에 느부갓네살 왕이 자신의 꿈에 대한 해석의 일부를 알고 있었다면, **구약성서 저자들이 느부갓네살의 경우처럼 나중에 주어질 완전하고 최종적인 해석을 어느 정도 이해하고 있었다**고 결론짓는 것은 지나친 주장이 아니다. 그렇다면 신약성서 저자들은 다니엘서의 비밀 개념과 일치하게, 구약성서 저자들이 단지 부분적으로만 알고 있었던 비밀에 대해 더욱 완전한 의미를 제공했을 것이다. 사실 이 점은 우리가 신약성서 전체에서 **비밀**이 사용된 경우들을 자세히 분석해서 발견한 것이다. 다니엘 2장과 4장에 대해 우리가 알아낸 것에 비추어볼 때, 우리는 이 발견이 우연의 일치가 아니라고 믿는다. 만약 신약성서 저자들이 다니엘 2장과 4장의 비밀을 그 맥락에 근거해서 이해했다면, 그들이 구약성서에서는 단지 부분적으로만 계시된 것에 대해 더 온전한 해석을 제공하고 있다고 믿은 것은 놀랍지 않다.

이런 점에서 에베소서 3:3-6이 신약성서에서 계시된 비밀을 가장 분명하고도 공식적으로 사용한 구절임을 상기하는 것은 적절하다. 여기서 계시된 비밀은 구약성서에서 이미 부분적으로 알려진 내용을 더욱 온전하게 밝힌 것이다. 즉 비밀은 "이제 그의 거룩한 사도들과 선지자들에게 성령으로 나타내신 것**같이**[hōs], 다른 세대에서는 사람의 아들들에게 알리지 아니하셨으니"(엡 3:5)라고 알려준다. 에베소서 3:3("곧 계시로 내게 비밀을 알게 하신 것은")은 다니엘 2:28("오직 은밀한 것을 나타내실 이는 하늘에 계신 하나님이시라. 그가 느부갓네살 왕에게 후일에 될 일을 알게 하셨나이다." 두 본문의 그리스어에 대한 비교에 대해서는 p. 260을 보라)에 대한 명백한 암시다. 여기서 "부분적인 것으로부터 더 완전한" 계시에 대한 바울의 견해는 바울이 다니엘 2장과 4장의 비밀에 대해 더 완전한 맥락을 알고 있었음을 반영할 것이다. 다니엘서에는 똑같이 "부분적인 것으로부터 더 완전한" 계시가 왕의 꿈과 그 해석 사이에 표현되어 있다.

다니엘서로부터 이와 같은 해석학적 모델이 비롯되었다는 것은 충분히 명백하다. 하지만 이 모델이 성서의 다른 곳에서도 사용되었는지, 그렇지 않은지에 대해 말하기는 어렵다. 우리의 탐구에 근거하면 신약성서 저자들이 비밀과 연결하여 구약성서 텍스트를 인용할 때 이 모델을 사용한 것 같다. 하지만 우리가 신약성서에서(비밀이라는 단어가 나타나지 않는) 인용된 다른 구약성서 텍스트들도 이와 비슷한 방식으로 이해해야 하는지에 대한 질문은 여전히 남는다.

이 모델의 유익은 비록 작은 범위라고 하더라도 구약성서 구절의 전후 문맥과 어느 정도 연속성을 유지하면서 어렵고 "창조적인" 방법으로 구약성서 인용문을 사용하는 것을 허용한다는 점이다. 구약성서 인용문의 원래 맥락과 신약성서 사이의 연속성은 유지된다. 왜냐하면 신약성서 저자들은 더 온전한 인용문의 의미가 구약성서에 "감추어져" 있거나 암호화되어 있다고 인식하기 때문이다. 이 새로운 의미가 사실상 구약성서의 "거기에" 진짜로 들어 있기 때문에 원래 맥락은 결코 완전하게 분리되지 않는다. 분명히 구약성서 인용문 가운데 어떤 구절의 의미는 다른 구절보다 "더 새롭거나" 더 창조적이다. 그러나 만약 비밀에 대한 성서의 모델이 지지를 받는다면 원래 맥락은 어느 정도 유지된다. 예를 들면 카슨은 어떻게 그리스도가 유월절 어린양으로서 더 광범위한 정경의 맥락에서 모형론적으로 이해되는지를 다음과 같이 논평한다.

> 때때로 모형(type)과 원형(antitype) 사이에, 곧 유월절 어린양과 유월절 어린양인 메시아 사이에는 개념적으로 상당한 차이가 있다.…바울은 유월절 어린양에 대한 규정들이 처음 기록되었을 때 구약성서 저자들과 독자들 모두가 그 규정들이 궁극적인 "어린양" 곧 메시아를 가리킨다고 이해했다고 확실하게 주장하지 않는다. 따라서 그와 같은 개념들은 단순한 관점에서 여전히 감추어져 있었다고 말하는 게 공평할 것이다. 왜냐하면 (일단 모형론의 진행 경로를 인식하면) 진짜로 [그 개념들은] 텍스트의 "거기에" 있었지만 아직 계시되지 않았기 때문이다. 이 점은 아마도 왜 "비밀"이 반드시 계시되어야 하는지, 또 비밀이 왜 예언자의 글을 통해 계시될 수 있는지에 대한 이유일 것이다.[6]

최근 몇 년 동안 신약성서 저자들이 어떻게 구약성서를 사용하는지에 대한 논의가 전개되었다. 이 논의에서 어떤 이들은 흔히 **비밀** 또는 페셰르(*pesher*)라는 용어를 사용했다.[7] 비밀이 새로운 계시를 구성하기 때문에 신약성서 저자들은 구약성서 텍스트에 대한 새로운 계시를 받았다. 이

---

6 D. A. Carson, "Mystery and Fulfillment: Toward a More Comprehensive Paradigm of Paul's Understanding of the Old and the New," in *Justification and Variegated Nomism: Vol. 2—The Paradoxes of Paul*, ed. D. A. Carson, Peter T. O'Brien and Mark A. Seifrid (Grand Rapids: Baker Academic, 2004), p. 427.
7 예를 들면 Richard Longenecker, *Biblical Exegesis in the Apostolic Period*, 2nd ed. (Grand Rapids: Eerdmans, 1999), pp. 113-16; Peter Enns, *Inspiration and Incarnation: Evangelicals*

입장과 관련해서 본질적으로 그릇된 것은 전혀 없다. 하지만 이 입장에 대한 몇몇 옹호자는 신약성서 저자들이 구약성서를 완전히 "새롭고" 혁신적인 방식으로 인용한다고 주장한다. 곧 신약성서 저자들이 구약성서의 맥락을 벗어나서 때로는 해당 본문을 원래 맥락과 정반대되는 방식으로 해석한다는 것이다. 나아가 그들은 신약성서에서 **비밀**이 사용되는 예들에 근거해서 자신들의 입장을 뒷받침하고자 한다. 이 입장의 취약점은 이 견해가 성서의 비밀 개념을 적절하게 평가하지 못하고 있다는 사실이다. 다니엘서에 의하면 비밀은 **언제나** 두 부분, 곧 감추어진 계시와 해석된 계시로 이루어진다. 그런데 이 학자들은 비밀의 앞부분은 버리고 뒷부분만을 취한다. 문제는 계시된 비밀이 **반드시** 두 부분을 모두 포함한다는 사실이다. 곧 이전에 감추어진 계시는 비록 다소 억눌려 있지만 기대하는 요소를 여전히 갖고 있었다. 이 요소들은 계시를 해석하는 형식에서 상당히 또한 때때로 놀랍게 확대되고 조명된다. 우리는 **비밀**이 나타나는 모든 경우에서 계시된 비밀이 구약성서에 들어 있는 의미의 가닥들과 어느 정도 유기적으로 연결되어 있음을 반복해서 살펴보았다. 비록 그 가닥들이 가늘지만 말이다. 어떤 경우에 구약성서와 신약성서 사이의 유기적 연관성은 다른 경우보다 더 강하다. 하지만 각 경우마다 계시된 비밀은 구약성서와 어느 정도 연속성을 유지한다. "부분적인 것으로부터 더 완전한 계시로"라는 개념은 빛의 밝기가 서로 다른 어떤 방과 비교할 수 있다. 만약 어떤 방에 다양한 가구가 잘 비치되어 있지만 그 방에 불빛이 매우 희미하게 비친다면 사람들은 어떤 물건들이 그 안에 있는지를 거의 분별할 수 없다. 왜냐하면 사람들이 물건들을 명확하게 볼 수 없기 때문이다. 그 방에 불빛이 완전히 비칠 때 조명은 방에 없었던 어떤 것을

---

and the Problem of the Old Testament (Grand Rapids: Baker Academic, 2005), pp. 128-32.

드러내는 게 아니라, 그 방에 있는 각각 고유한 형태를 지닌 물건들이 더 분명하게 보이게 되는 것이다.[8]

구약성서 저자가 의도한 의미. 바로 앞에서 말한 부분과 이제까지 이 연구서 전체에서 우리가 제시한 논의는 구약성서 저자들이 그들 **자신의** 말을 어떻게 이해하는가를 파악하는 데 있어 도움이 된다. 다니엘서에 의하면 느부갓네살과 다니엘(두 사람 모두가 "비밀"을 받음)은 자신들이 단지 계시의 처음 형태를 받았음을 알았다. 예를 들면 다니엘 2장과 4장에서 느부갓네살은 상징적인 의미를 지닌 두 가지 꿈을 꾸었다. 그는 두 꿈이 모두 상징적인 의미를 지니고 있음을 알았다(단 2:1-3; 4:5-6). 두 꿈이 모두 상징적인 의미를 지니고 있었기 때문에 느부갓네살은 바벨론의 지혜자들을 불렀고, 그들이 꿈을 해석하지 못하자 다니엘을 불렀다. 여기서 강조점은 느부갓네살 왕이 그의 꿈이 상징에 대한 추가적인 계시를 필요로 한다는 사실을 알았다는 것이다. 다니엘서 후반부에서 다니엘이 받은 환상들에 대해서도 이와 동일한 주장을 할 수 있다. 만약 우리가 이 모델을 구약성서 저자들에게 적용한다면, 우리는 그들이 자신들의 글을 어떻게 이해했는지를 어느 정도 밝힐 수 있다. 만약 구약성서 저자들이 자신들의 글을 느부갓네살과 다니엘이 처음에 본 환상들을 이해한 방법으로 이해했다면, **구약성서 저자들은 더욱 완전한 계시가 주어질 때를 기대했을 것이다.** 다시 말해서 아마도 구약성서 저자들은 그들이 말한 것의 의미가 더욱 상세하고 완전한 형태의 계시로 인해 결국에는 퇴색될 것이라는 점을 알았을 것이다. 따라서 구약성서 안에 다음과 같은 사실을 입증해주는 증거가 있음을 명심하라. 즉 구약성서 저자들은 구약성서 텍스트

---

8   이 예화는 다음 책에서 참고하여 바꿔 표현했다. B. B. Warfield, *Biblical Doctrines* (New York: Oxford University Press, 1929), 141.

에 대한 계시가 나중에 또는 더욱 온전하게 이루어진다는 사실을 인식하고 있었다.

예를 들면 다니엘은 예레미야서를 읽고 "칠십 년"(렘 25:11-12; 29:10)에 대해 깨닫는다. 하지만 예레미야가 "여호와께서 말씀으로"(단 9:2) 알려주셔서 칠십 년과 관련된 예언을 받았다는 사실을 주목할 필요가 있다. 이와 같이 다니엘은 하나님이 예레미야에게 계시하신 것을 읽고 있다. 다니엘은 하나님께서 예레미야에게 계시해주신 것을 "알아차릴"(이 용어는 단 2장 및 8-9장을 함께 연결해줌) 뿐만 아니라, 하나님은 한 천사를 통해 "예레미야가 받은 계시"에 대한 해석을 다니엘에게 환상으로 전해 주신다(단 9:22-23). 가브리엘 천사는 다니엘에게 이렇게 말한다. "다니엘아, 내가 이제 네게 지혜와 총명을 주려고 왔느니라.…**네게** 알리러 왔느니라. 너는 크게 은총을 입은 자라. 그런즉 너는 이 일을 생각하고 그 환상을 깨달을지니라"(단 9:22-23; 참조. 단 2:1). 그리고 칠십 년에 대한 해석은 다니엘 9:24-27에서 제시된다. 따라서 다니엘은 이스라엘의 포로 생활과 관련해서 예레미야에게 주신 하나님의 계시는 천사가 자신에게 이스라엘의 바벨론 포로 생활에 대해 더욱 완전한 계시를 전해주기까지 불완전하거나 끝나지 않았다고 여긴다.

신약성서 저자들은 몇몇 구약성서 저자들이 이 범주에 속한다고 간파한 것 같다. 특히 신약성서 저자들이 계시된 비밀과 관련해서 구약성서 텍스트를 인용할 때 그렇다. 예를 들면 바울은 에베소서 5:31-32에서 그리스도와 교회의 연합이 창세기 2:24의 원래 맥락 안에, 사실상 "거기에" 있다고 이해한다. 만약 바울이 그리스도가 창세기 2:24의 "거기에" 실제로 있었다고 믿는다면, 구약성서의 원저자가 자신의 범위 안 어딘가에 그리스도를 염두에 두었을 가능성이 있는 것 같다. 몇몇 구약성서 저자들은 자신들이 기록한 텍스트의 의미가 나중에 어떻게 해석될지를, 또는 해석될 가능성이 있는지를 어느 정도 짐작한 것처럼 보인다. 이런 짐작은 구약성서 저자의 인지적 주변시(cognitive peripheral vision) 안에 무엇이 있었는지를 탐구하려고 시도할 때 간파할 수 있을 것이다. 우리는 이 연구서의 맨 뒷부분에 이 주제에 대한 부록을 마련했다. 이 부록을 통해 우리는 다음 사항에 대해 더 상세하게 설명하고자 한다. 곧 우리는 저자들이 제시하는 명백한 의미와 그들의 "인지적 주변시"가 무엇을 뜻하는지, 또한 어떻게 그것이 저자들의 주변적인 또는 암시적인 의미(들)에 단서를 제공할 수 있는지를 다루고자 한다.[9]

어떤 이들은 이 해석 모델이 다니엘서에서 발견되기는 하지만 그럼에도 신약성서 저자들이 구약성서를 인용하는 방식에는 적용되지 않는다고 주장할지 모른다. 다시 말해서 다니엘서에 적용되는 것이 반드시 신약성서 저자들에게도 적용되는 것은 아니라고 말이다. 이 반론에 대해 우리는 다음 두 가지 답변을 제시하고자 한다. (1) 신약성서에서 발견되는 **비밀**이라는 용어는 이런저런 방식으로 다니엘서와 연결된다. 이 연구서는 학자들이 지난 몇십 년 동안 주장해온 것을 입증했다. 곧 비밀에 대한 신약성서의 개념은 다니엘서와 서로 뗄 수 없게 연결되어 있다는 것이다. 따라서 신약성서 저자들이 **비밀**이라는 용어를 구약성서 텍스트와 연결해서 사용할 때, 그들은 정도의 차이는 있지만 더 광범위한 다니엘서 내러티브를 염두에 두고 그 용어를 사용한다. (2) 우리는 이 연구 과정 전체를 통해, 계시된 비밀의 전후 문맥 내에서 다니엘서에 대한 암시를 반복적으로 살펴보았다. 이 관찰에 몇 가지 예외가 있지만(예. 딤전 3장; 롬 16장), 비밀이라는 용어를 사용하는 많은 경우는 다니엘서에 대한

---

[9] pp. 537-76에 수록된 부록을 보라. 이 부록보다 더 자세한 내용에 대해서는 다음을 보라. G. K. Beale, "The Cognitive Peripheral Vision of Biblical Authors," *WTJ* 76, no. 2 (2014).

암시에 매우 가깝게 나타난다. 여기서 강조하고자 하는 바는 **비밀**을 사용하는 신약성서 저자들은 다니엘서와 어느 정도 친숙하다는 점을 보여준다는 사실이다.

다니엘서의 해석 모델을 사용하는 것은 신약성서가 어떻게 구약성서를 사용하는가에 대한 우리의 이해에 큰 도움을 줄 수 있다. 만약 신약성서 저자들이 다니엘서의 모델을 따르고 있다면, 우리는 신약성서 저자들이 구약성서의 의미를 이해하는 방식으로 많은 것을 얻을 수 있는 입장에 있다. 신약성서가 구약성서를 사용하는 법을 이해하는 데 대한 이 모델은 신약성서 저자들이 사용하는 많은 모델 중 하나일 뿐이다. 곧 이 모델은 신약성서 저자들이 사용하는 해석학적 도구 상자에 들어 있는 하나의 도구다. 사실이 어떤 경우든지 간에 이 영역에 대한 더 많은 연구가 필요하다. 다니엘서에서 비롯된 이 모델은 신약성서가 구약성서를 사용하는 법을 파악하는 데 있어 새로운 렌즈를 우리에게 제공해줄 수 있다.

실천적 함의

일단 올바로 파악하기만 한다면 우리의 연구가 지니는 실천적 함의는 중대하다. 결코 은밀한 가르침이 아닌 하나님의 비밀에 대한 계시는 믿음과 경건을 낳는다. 예를 들면 **비밀**을 사용하는 몇몇 경우는 그리스도의 삶을 나타내는 것을 필연적으로 수반하는 십자가의 생활 방식을 따르는 삶을 포함한다. 신약성서는 십자가를 통해 드러나는 하나님의 지혜가 지니는 내용과 특성을 묘사하는 데 상당한 지면을 할애한다. 신자들은 반드시 하나님의 지혜를 배워서 그것을 얻어야 한다. 일단 우리가 그렇게 하면 우리의 삶은 당연히 그와 같은 지식을 따르게 될 것이다. 다르게 말하자면 교회는 세상을 평가하는 완전히 다른 방식을 지닌다. 성서의 세계관은 우리의 명성과 명예를 얻는 것 대신에 십자가의 비밀을 성서의 중심에 놓는다. 가장 초기의 그리스도인들이 파악한 바로 그 지혜를 구체화하는 것으로서 이 지식은 우리의 행동을 본질적으로 변화시켜야 한다.

십자가의 비밀이 제시하는 결론은 신자들이 반드시 십자가의 비밀에 비추어 살아야 한다는 것이다. 우리는 세상의 가치가 하나님의 가치와 완전히 다르다는 사실을 반드시 깨달아야 한다. 세상의 가치에 의하면 외모와 수사학적 재능 등이 높은 평가를 받는다. 반면에 하나님은 십자가의 고난과 연약함과 "어리석음"을 기뻐하신다. 그리스도인들은 완전히 다른 세계관을 가져야 한다. 그리고 그 중심에는 십자가에 못 박힌 메시아가 있다. 이는 하나님이 우리에게 무엇을 기대하시며, 또 어떻게 그분이 우리를 통해 일하시는가를 이해하는 새로운 방식이다. 예수의 삶과 사역이 그랬던 것처럼 하나님의 영광은 우리의 고난을 통해 나타난다. 그리스도의 승리와 하나님의 영광은 우리의 연약함과 패배를 통해 전달된다.

우리는 그리스도가 보여준 십자가의 모범을 따라 살라는 명령을 받았다. 이는 우리가 반드시 우리의 삶에서 육체적이고 영적인 고난을 모두 받아들여야 함을 의미한다. 이런 고난은 우리가 그리스도의 것이고 그가 우리 안에서 진정으로 역사하고 있다는 사실을 입증해준다. 이 고난은 일자리를 잃거나 가족에게 버림을 받는 일을 의미할 수도 있다.

요한계시록은 십자가의 생활 방식을 받아들일 것을 강조한다. 세상을 "이기는" 신자들은 불가피하게 세상의 핍박을 받는다. 물리적인 측면에서 세상은 진정한 신자들을 "이긴다." 하지만 영적인 측면에서 신자들은 자신들에게 주어진 환난을 인내함으로써 세상을 "이긴다." 이런 신자들의 행위는 그리스도가 자신의 죽음을 통해 사탄과 세상을 정복하고 이긴 모범을 따르는 것이다. 이것이 바로 요한계시록 14:4에서 그리스도인들을 가리켜 "어린양이 어디로 인도하든지 따라가는 자"라고 말하는 이유다.

비밀에 대한 또 다른 실천적 적용은 바로 교회 시대 동안 적그리스도가 예기치 않은 방식으로 존재한다는 것이다. 널리 알려진 믿음과 달리 적그리스도는 단지 미래에 나타나는 현상이 아니다. 오히려 그는 종종 등장하는 인물로서, 그의 대리자들의 속임과 박해를 통해 자신의 존재를 드러낸다. 따라서 교회인 우리는 반드시 깨어 있음으로써 적그리스도의 속임수와 반역 행위를 간파해야 한다. 그의 속임수는 다양한 거짓말을 통해 드러난다. 특별히 적그리스도는 그리스도에 대해 그릇된 주장들을 제시한다. 신약성서 저자들, 특히 바울과 베드로 및 유다는 교회가 건전한 가르침을 유지하고 사도들의 전통을 지켜야 할 필요를 강조한다. 이제 "후일" 곧 종말이 시작되었다. 따라서 우리는 오늘날 교사와 설교자들이 전파하는 사상을 끊임없이 평가함으로써 "영들이 하나님께 속하였나 분별"해야 한다(요일 4:1). 교회가 적그리스도의 거짓 가르침을 올바로 분별하고 책망하기 위해 신자들은 반드시 성서를 탐구하고 끊임없이 묵상해야 한다.

그리스도와 우리의 삶에 대해 하나님이 계시하신 비밀을 굳게 믿도록 그분께서 우리를 이끌어주시기를 바란다.

부록

:

성서 저자들의 인지적 주변시

(Cognitive Peripheral Vision)

이 부록이 다루려고 시도하는 문제는 구약성서를 인용하는 신약성서 본문과 관련된다. 이 인용문들은 표면적으로는 이 구절들이 유래한 구약성서 본문과 매우 다른 의미를 지니고 있는 것처럼 보인다.[1] 이 점은 이 연구서의 관심사와도 관계가 있다. 왜냐하면 많은 학자가 신약성서에서 계시된 비밀은 완전히 새로운 것이어서 구약성서 저자가 특별히 관심을 둔 의도로부터 비롯되지 않았다고 여기기 때문이다. 우리는 이 부록에서 제11장, 곧 "신약성서에서 **비밀**이라는 용어를 사용하지 않고 비밀을 묘사하는 사례들"과 마찬가지로 **비밀**이라는 용어가 발견되지 않는 구절에 이 연구의 초점을 맞출 것이다. 여기서 제시되는 해석학적 이론은 이 연구서 전체에서 우리가 연구해온 **비밀** 사용 문제에 매우 적절하다. 한 가지 고전적인 예는 요한복음 19:36이다. 이 구절은 예수가 십자가 처형을 당

---

[1] 이 부록은 다음 논문에서 발췌하여 요약한 것이다. G. K. Beale, "The Cognitive Peripheral Vision of Biblical Authors," *WTJ* 76, no. 2 (2014).

할 때 그의 뼈가 하나도 부러지지 않은 것이 출애굽기 12:46이 성취된 것이라고 말한다. 출애굽기 12:46에서는 이스라엘 백성에게 유월절 어린양의 "뼈도 꺾지 말지며"라고 명령한다. 여기서 제기되는 문제는 이 구절이 이스라엘 백성에게 내려진 명령에 대한 역사적 묘사이지, 메시아에 대한 예언은 아니라는 것이다. 또 다른 예는 마태복음 2:15에서 인용되는 호세아 11:1이다. 호세아 11:1은 "내 아들을 애굽에서 불러냈거늘"이라고 말한다. 마태는 이 구절을 인용하며 그것이 예수 안에서 성취되었다고 이해한다. 이 인용절의 문제는 다음과 같다. 곧 해당 절에서 호세아의 말은 성취되어야 할 예언이 아니라, 단지 과거에 있었던 이스라엘의 출애굽에 대한 역사적 회고일 뿐이라는 것이다. 더욱이 호세아의 말은 한 민족으로서의 이스라엘을 가리키지, 마태가 생각하는 것처럼 한 개인인 메시아를 가리키지 않는다. 많은 사람이 호세아가 말한 원래의 의미를 마태가 왜곡했다고 주장할 것이다. 우리는 더 많은 예를 여기에 추가할 수 있지만 지금 이 정도면 충분하다.

우리는 이런 문제가 있는 본문들을 어떻게 다루는가? 이 난해한 구절들에 대해 다양한 답변이 제시되었다. 어떤 이들은 신약성서 저자들이 틀렸다고 말한다. 다른 이들은 그들의 해석적 접근 방법은 틀렸지만, 그럼에도 그들이 기록한 것은 영감을 받은 것이라고 주장한다. 또 다른 이들은 신약성서 저자들은 오늘날의 기준으로 판단할 수 없는 특이한 해석자들이라고 주장한다. 그밖에 또 다른 이들은 그들의 해석이 타당하지만 그들의 접근 방법은 너무 독특해서 우리가 감히 그들의 방법을 되풀이하려 해서는 안 된다고 단언한다. 또 어떤 이들은 우리가 그들의 방법을 신중하게 모방할 수 있다고 주장한다.

여기서 우리는 다음과 같이 주장하고 싶다. 즉 구약성서 저자들은 그들이 말하는 주제에 대해 그 의미를 명백하게 표현한 것보다 더 많이 알았다고 말이다. 만약 우리의 견해가 옳다면 여기에는 명백한 의도가 있었을 뿐만 아니라 그 의도와 관련하여 더 광범위하게 암시된 이해가 있었다.[2] 신약성서 저자들은 구약성서 저자들이 제시하는 명백하거나 직접적인 의미 대신에 더 광범위하게 암시된 의도를 때때로 발전시킨다. 독자들은 우리가 이제까지 연구해온 비밀을 언급하는 많은 본문뿐만 아니라 앞에서 소개한 요한복음 19장과 마태복음 2장과 같은 본문을 처음 읽을 때 신약성서 저자들의 이런 해석을 이상하게 여길 것이다. 하지만 구약성서 및 신약성서 저자들의 **더 광범위하게 암시된 이해**를 탐구하면, 우리는 이 해석을 더욱 잘 이해할 수 있다. 여기서 한 가지 분명히 해야 할 사항이 있다. 이 부록은 우선적으로 인간 성서 저자들의 이해가 무엇인지를 살펴본다. 하지만 우리는 다음의 사실을 인식하고 있다. 즉 이 인간 저자들은 자신들이 하나님의 영감을 받아 기록하고 있음을 알고 있었고, 하나님은 분명히 그들의 의도를 더 철저하게 이해하셨다는 것이다.

명백하면서도 암시된 의미에 대한 오늘날의 예

남편이 아내에게 사랑한다고 말할 때 이 말을 다음과 같은 방식으로 꺼낼 수 있다. "나는 당신에게 무조건 헌신할 거야. 나는 나보다 먼저 당신을 생각해. 나는 당신이 나 자신보다 더 중요한 사람이라고 생각해. 나

---

2 학자들(예. "관련성 이론"[relevance theory]이라고 알려진 해석학적 견해를 지지하는)은 이것을 명백하게 표현된 말(explicatures)과 함축(implicatures)이라고 언급한다. 다음을 보라. Gene L. Green, "Relevance Theory and Biblical Interpretation," in *The Linguist as Pedagogue: Trends in the Teaching and Linguistic Analysis of the Greek New Testament*, ed. S. E. Porter and M. B. O'Donnell, NTM 11 (Sheffield: Sheffield Phoenix Press, 2009), p. 234. 학자들은 그와 같이 말하는 것을 "언어학적으로 충분히 결정되지 않은 것"이라고 주장하기도 한다.

는 나 자신을 사랑하듯이 당신을 사랑해. 나는 나 자신을 돌보듯이 당신을 돌보고 싶어. 나는 당신을 위해서라면 나 자신을 기꺼이 희생할 수 있어. 그리스도가 교회를 위해 자신을 희생하신 것처럼 나도 당신을 위해 나 자신을 바치고 싶어." 그리고 이 일반적이며 원론적인 말은 다음과 같이 다양하게 적용될 수 있다(예. "내가 집안일을 해서 당신이 혼자서 집안일을 모두 떠맡지 않도록 할게." 또는 더 구체적으로 말해서 "오늘은 내가 직접 요리해서 저녁상을 차릴게"). 여기서 강조하고자 하는 요점은 다음과 같다. 곧 앞에서 말한 발언 중 어느 것에든 의미를 덧붙여 말하고 적용할 수 있으며, 그것 역시 여전히 남편이 처음에 말한 발언이 지니는 의미의 진정한 부분이 된다는 것이다.

아니면 교사에게 질문하는 학생들을 상상해보자. 학생들은 교사가 처음에 성서 구절을 해석해준 것을 더 명료하게 설명해달라고 교사에게 요청한다. 교사는 원래 해석에 대해 더 상세하게 설명하지만 처음 해석에서 명백하게 진술하지 않았던 몇 문장을 추가해서 해석해줄 수 있다. 예를 들면 교사(또는 바울)가 모든 신자는 "그리스도 안에" 있다고 말할 때, 그것은 무엇을 의미하는가? 이 표현은 바울 서신 도처에서 사용된다. 바울은 다른 맥락에서 "그리스도와의 연합"의 다른 측면들에 초점을 맞춘다. 곧 칭의, 성화, 거듭남, 양자 됨, 새 창조, 화목, 하나님의 형상 등의 측면이다. 예를 들어 바울이 그리스도와의 연합과 관련하여 양자 됨에 초점을 맞추고 있다면, 이는 그가 부차적인 측면에서 성화의 개념을 염두에 두지 않는다는 것을 의미할까?

앞에서 언급한 예에서 원래 진술은 어떤 학자들이 "심층 기술된" 진술이라고 부르는 것이다. 이는 한 겹 한 겹 벗겨질 수 있다.[3] 이 "심층 기술"

---

3   예를 들면 다음 연구서를 보라. Kevin Vanhoozer, *Is there a Meaning in This Text? The*

(thick description)이라는 개념은 신약성서에서 구약성서를 사용하는 복잡한 문제를 설명하는 데 어느 정도 도움이 된다. 그러나 이 "심층 기술"이라는 개념을 밝히기 위해서는 더 많은 설명이 반드시 필요하다.

인지적 주변시의 개념

게다가 인지적 주변시(cognitive peripheral vision)라는 개념은 사람의 주장에는 명백한 의미뿐만 아니라 암시된 의미도 있다는 실재를 설명해준다. 모든 인간에게는 시력이 있다. 이 시력은 직접시(direct vision)와 주변시(peripheral vision)를 포함한다. 주변시는 보통 시야의 일직선 밖에 있는 대상과 움직임을 볼 수 있는 능력이라고 정의된다. 주변시에 대한 전형적인 묘사는 다음과 같다.

> 주변시는 시야의 중심 밖에 존재하는 부분을 보는 것이다. 주변시라는 개념에 포함된 시각의 영역에는 중심이 아닌 광범위한 지점들이 있다. "먼 주변"(far peripheral) 시각은 시야의 끝에 존재한다. "중간 주변"(mid-peripheral) 시각은 시야의 중간에 존재하고, "가까운 주변"(near-peripheral)…시각은 시야의 중심에 인접하여 존재한다. 예를 들면 저글링을 하는 사람들이 흔히 주변시를 사용한다. 그들은 자신들의 눈으로 개별 물체가 움직이는 방향을 직접 따라가지 않는다. 대신에 그들은 공중의 정해진 점에 초점을 맞춘다. 그래서 물체를 성공적으로 붙잡는 데 꼭 필요한 대부분의 정보는 가까운 주변 영

Bible, the Reader, and the Morality of Literary Knowledge (Grand Rapids: Zondervan, 1998, 『이 텍스트에 의미가 있는가?』, IVP 역간), 264-65, 284-85, 313-14. 다음도 보라. John Frame, *The Doctrine of the Knowledge of God* (Phillipsburg, NJ: P & R, 1987), pp. 215-41. Vanhoozer의 "심층 기술"이라는 개념과 서로 겹치는 것으로서 언어의 "모호성"에 대한 Frame의 관점을 참고하라.

역에서 인식된다.[4]

모든 사람은 자신의 육안이 직접 초점을 맞추고 있는 것보다 더 많은 것을 보고 인지한다. 그리고 이 인지는 지속적인 초기 설정(default setting)이다. 마찬가지로 우리의 생각의 눈에도 비슷한 현상이 있다. 어떤 것에 대해 진술할 때 우리는 직접적인 의미에 초점을 맞춘다. 그 의미는 확고하지만 확장될 수 있다. 의미의 확장은 통제를 받는다. 우리 육안의 직접 시안에는 우리 주변시에 있는 물체와 관련된 대상들이 있다. 왜냐하면 그것들은 모두 전체 시계(視界)의 부분이기 때문이다. 우리가 직접 초점을 맞추는 의미의 대상인 동시에 우리의 더 넓은 인지적 주변시 안에 있는 대상들도 마찬가지다. 왜냐하면 그것들은 모두 인지와 관련된 전체 시계의 부분이기 때문이다(어떤 학자들은 이를 "인지 환경"이라고 부른다). 따라서 직접적인 의미가 더 광범위한 의미 영역으로 자세히 설명되는 것은 당연하다. 왜냐하면 그 의미들이 하나의 통일된 의미 영역의 일부이기 때문이다. 이처럼 서로 관련된 의미의 더 광범위한 영역이 우리의 지식의 초기 설정이다.

우리는 구약성서 및 신약성서 저자들이 명백한 의미로 직접 진술할 때 이와 비슷한 어떤 일이 그들에게 진행된다고 믿는다. 분명하게 표현된 의미가 타당하게 확장되어 서로 관련되는 의미 영역이 생기는 일은 언제나 있기 마련이다. 고대의 저자들을 포함하는 연설자 및 작가들은 그들이 말하는 행위에서 직접 말하는 내용보다 더 많은 것을 알고 있다. 따라서 인지적 주변시는 그 자체로서 지식 이론이다. 우리의 눈에 있는 주변시가 이에 대한 구체적인 예다. 우리는 이 개념에 대한 성서의 예를

---

[4] "Peripheral Vision," on Wikipedia, http://en.wikipedia.org/wiki/Peripheral_vision을 보라.

나중에 제시할 것이다. 우리는 인간의 지식과 관련하여 몇 가지 비슷한 이론을 먼저 논의하려고 한다. 이 이론들은 인지적 주변시에 대한 우리의 제안에 더욱 견고한 철학적 기반을 제공해줄 것이다.

그러나 현시점에서 우리는 우리 육체의 주변시와 인지적 주변시를 기본적으로 비교할 수 있다. 당신은 당신 눈앞에 곧바로 펼쳐진 길에 초점을 맞춘 채 운전을 해본 경험이 있는가? 하지만 당신은 여전히 당신의 주변시 안에 있는 대상물을 어느 정도 알고 있다. 당신은 갑자기 당신의 주변시 안에 있는 차 한 대를 발견한다. 그 차는 차선을 벗어나 당신의 차 오른편에 막 부딪히려고 하는 것 같다. 당신은 순간적으로 반응하여 당신의 차가 진행하는 방향을 왼쪽으로 틀 것이다. 그러면 당신의 직접적인 초점과 당신 차의 주행 방향은 곧바로 바뀌고 당신은 일시적으로 당신의 차선에서 벗어나게 된다. 하지만 조수석에 타고 있던 누군가(예를 들면 당신의 배우자)는 당신이 본 것을 보지 못했다. 그는 당신이 무엇인가 완전히 잘못하고 있다고 생각하고 소리를 지를 것이다. "도대체 뭐 하는 짓이에요?" 하지만 일단 동승자가 당신의 주변시 안에서 당신이 본 것을 알아차린다면, 그 또는 그녀는 왜 당신이 똑바로 차선을 따라가지 않고 갑자기 왼쪽으로 방향을 틀었는지를 이해할 것이다. 마찬가지로 신약성서 저자는 명백하게 한 가지 의미를 지니는 것처럼 보이는 구약성서 구절을 인용한다. 하지만 그는 그 구절에서 발견되지 않는 것처럼 보이는 의미를 거기에 부여한다. 이 과정에서 일어난 일은 다음과 같다. 저자의 인지적 주변시에서, 저자는 해당되는 구약성서 본문에서 서너 장 뒤에 나오는 어떤 구절을 보았다. 그 구절은 그가 인용하는 구절의 의미와 서로 관련이 있다. 그는 나중에 나오는 구절의 의미를 인용 본문으로 가져온다. 우리가 앞에서 말한 자동차 은유와 비슷하게 성서 저자는 구약성서 본문을 인용하지만 그 본문의 명백한 의미로부터 벗어나 다른 해석 방향으로 나아간다. 왜냐하면 그의 인지적 주변시 안에 나중에 나오는 구절이 보이기 때문이다. 해석하는 조수석 자리에 앉아 있는 후대의 독자에게 신약성서 저자는 잘못된 해석 방향으로 나아가서 그가 인용하는 구절에 그릇된 의미를 부여한 것처럼 보인다. 하지만 여기서 저자가 그의 인지적 주변시 안에서 몇 장 뒤에 나오는 구절을 보았고 그 구절의 의미를 여기로 가져왔음을 해석자인 동승자가 이해하게 된다면, 그 동승자는 왜 신약성서 저자가 다른 해석 방향으로 나아갔는지를 이해하게 될 것이다. 따라서 처음에는 의미가 다른 것처럼 보이지만 이 해석은 초점을 맞추고 있는 구절의 의미를 왜곡하지 않는다.

허쉬(E. D. Hirsch)의 "의도된 유형" 개념

이 점과 관련해서 허쉬의 "의도된 유형"(Willed Type)이라는 개념은 의도적인 언어 의미에 대한 추가 설명으로서 도움을 줄 것이다. 허쉬에 의하면 의도된 유형은 다음 두 가지 특성을 지닌다. (1) 이는 경계선을 지닌 광범위한 인식과 관련된 실재(광범위한 개념)로서 경계선 안에 들어 있는 구체적인 관련 개념들을 포함한다. 반면에 다른 개념들은 동일한 "유형"에 속하는 개념이 아니기 때문에 제외될 것이다. (2) 인식과 관련된 광범위한 실재로서 이 유형은 단 한 가지 개념적 표현보다 더 많은 것으로 묘사될 수 있다. 하지만 묘사되는 다른 표현들은 그 경계선 안에 들어 있어야 하며 동일한 개념적 "유형"의 일부분이어야 한다.[5]

위에서 언급한 것은 추상적인 설명이다. 예화를 들어 이 설명에 살을 붙여보자. 어느 여름날 내가 가르치던 학생 중 하나가 나를 방문했다고

---

5 E. D. Hirsch, *Validity in Interpretation* (New Haven: Yale University Press, 1987), pp. 49-50.

하자. 나는 그에게 레모네이드 한 잔을 건네주었고 마침 그때 바흐의 브란덴부르크 협주곡이 흐르고 있었다. 그 학생이 나(그레고리 비일)를 방문하는 동안 나는 그에게 이렇게 말했다. "나는 여름에 시원한 레모네이드를 마시며 바흐의 브란덴부르크 협주곡을 듣는 것보다 더 좋은 것이 없다네." 그러자 학생이 답했다. "교수님은 따뜻한 여름날 골프를 치는 것보다 레모네이드를 마시며 바흐 음악을 듣는 것을 더 좋아하시는군요?" 학생은 내 말의 의미를 오해했고 그것을 지나치게 문자적으로 받아들였다. 내 의도는 단지 바흐의 브란덴부르크 협주곡만큼 나를 즐겁게 하는 **음악 작품**은 없다는 사실을 말하고자 한 것이었다. 나는 내가 여름날에 즐길 수 있는 다른 모든 가능성에 대해 말하고 있지 않았다. 그러나 만약 그 학생이 내 말을 듣고 나서 "교수님은 헨델, 알비노니, 파헬벨, 하이든과 비발디의 곡뿐만 아니라 바흐의 다른 곡들을 듣는 것도 좋아하시나요?"라고 질문했다면, 나는 분명히 그 학생에게 그렇다고 대답했을 것이다. 사실 바로크 시대의 다른 작곡가들과 베토벤 같은 고전 음악가들도 포함될 수 있다. 따라서 바흐의 브란덴부르크 협주곡을 즐긴다는 내 말은 실제로 바흐의 모든 작품뿐만 아니라 모든 바로크 음악을 포함하고 대표하는 것이었다. 만약 그 학생이 바흐에 대한 내 말이 하드 록, 랩 음악, 또는 엘비스 프레슬리의 "넌 사냥개에 불과해"(You Ain't Nothing but a Hound Dog)라는 노래와 같은 소프트 록도 포함하는지를 내게 물었다면, 대답은 "아니다"였을 것이다. 바흐의 브란덴부르크 협주곡과 관련해서 내가 원래 의도한 의미에 들어 있는 중요한 원리는, 바로크 음악에 속하지 않은 다른 많은 음악 작품과 더불어 엘리스 프레슬리의 "넌 사냥개에 불과해"와 같은 노래는 내가 의도한 의미에 들어 있지 않았다고 틀림없이 판단했을 것이다. 이것이 바로 그 경우다. 왜냐하면 주변적이거나 암묵적인 내 시각은 내가 즐기는 **특정 유형에 속한 것**을 포함하고 바로크 유형의 경계 안에 속하지 않은 다른 음악 작품은 제외했기 때문이다. 분명히 좁게 초점을 맞춘, 직접적이거나 명백한 내 의도는 나를 즐겁게 하는 모든 종류의 음악 작품을 포함하지 않은 반면에 바흐의 브란덴부르크 협주곡만을 포함했다. 내 생각의 눈앞에는 오직 바흐가 작곡한 이 특정 음악만이 놓여 있었다. 그러나 만약 그 학생이 바로크 장르 안에서 더 많은 곡을 제안했다면, 나는 그것이 인식과 관련된 암시적이거나 주변적인 내 시각 안에 들어 있으며 어느 정도 내 말의 원래 의미에 부차적으로 포함되어야 한다고 동의했을 것이다. 이 경우에 비록 전체에 속한 각각의 작품이 특별히 관심을 두는 내 생각의 눈앞에 분명하게 놓여 있지 않았다 할지라도, 구체적이며 명백한 내 말은 더 큰 전체의 일부분이 되는 것이다. 내 "의도된 유형" 안에서 그와 같이 암시된 의미는 명백한 언어 의미에 대한 해석적 "함의"라고 부를 수 있다.[6]

여기서 다음과 같은 질문이 제기될 수 있다. 바흐의 브란덴부르크 협주곡이라고 분명하게 언급한 것에서 내 학생이 어떻게 **암시된** 대표적 의미를 알아낼 수 있는가? 이 질문에 대한 대답은, 내 제자들은 내 삶에 대해 어느 정도 알아야 한다는 것이다. 학생들은 내 집에 오면 바로크 음악에 속한 많은 시디를 그렇게 힘들이지 않고 찾을 것이다. 그들은 내 집에서 그런 음악이 울려 퍼진다는 사실을 잘 알 것이다. 그들은 거실에 있는 커피 탁자 위에 놓인 책이 바로크 음악에 대한 것임을 쉽게 알아차릴 것이다. 나 또는 내 아내와 많은 대화를 나누면서 그들은 아마도 내가 그런 음악을 좋아한다고 표현하는 말을 들을 것이다. 그런 말은 아마도 강의 시간에 예화로도 등장할 것이다. 기타 등등. 다시 말해서 내 삶의 맥락에 대한 탐구는 내가 브란덴부르크 협주곡이라고 명백하게 말한 것에 암

---

6 앞의 책, pp. 61-67.

시된 의미를 인식하는 데 도움을 줄 것이다. 따라서 이와 같이 암시된 의미를 발견하는 일은 어림짐작이 아니다. 마찬가지로 성서 저자들의 생애, 그들의 역사적 상황, 그들이 쓴 글의 상세한 맥락에 대한 탐구는 성서 저자들이 암시하는 의미를 해석자들이 더 잘 파악하도록 도움을 준다.

이 점에서 이렇게 암시되거나 부차적인 의미들은 마치 빙산과 같다. 더 큰 부분은 수면 아래에 있다. 하지만 수면 아래 있는 거대한 부분은 수면 위에 있는 부분과 반드시 유기적으로 연결된다. 이 은유는 저자가 의도한, 암시되거나 주변적인 의미가 반드시 명백하게 제시된 의미와 유기적으로 연결된다는 개념을 전달해준다. 비록 빙산 구조에서 눈에 보이는 부분(명백하게 표현된 의미)이 눈에 보이지 않는 거대한 부분(암시된 의미)보다 작지만, 그것은 빙산 전체의 일부가 무엇인지 또 빙산 전체의 일부가 아닌 것(예. 물 위에 떠다니는 다른 커다란 유빙 조각, 잔해 또는 바다 생활 등)이 무엇인지를 결정해준다. "전체에 속한 어느 부분이라도 물 위에 보이는 빙산과 연결되지 않는다면, 그것은 결코 빙산의 일부가 될 수 없다."[7] 비록 이와 같이 사물과 관련된 은유가 때로 그릇된 방향으로 이끄는 경우가 있지만, 이 은유는 타당한 것 같다. 왜냐하면 언어 의미의 정체성은 어느 정도 물리적인 연관성과 비교할 수 있는 일관성에 의존하기 때문이다. 만약 텍스트에 암시된 의미를 가리키는 특징이 있다면, "그 특징은 전체의 의미를 정의하는, 의식적으로 의도된 유형과 일관성이 있어야만 텍스트가 지니는 언어 의미의 일부분이 된다."[8] 그렇다면 제안된 의미 중 일관성이 없는 다른 의미들은 의도된 언어 의미의 일부분이 아니다. 그러므로 허쉬의 주장에 의하면 "기타 등등"에 속하는 모든 개별 구

---

[7] 같은 책, p. 54.
[8] 같은 책.

성 요소를 전혀 알지 못한 채로 "기타 등등"을 의도하는 것이 가능하다. 어떤 의미가 기타 등등에 들어가는 구성 요소의 후보인지를 받아들이는 것은 전적으로 내가 의도한 전반적이며 명확한 의미 유형에 달려 있다.[9]

명백한 의미와 연결된 이런 잠재의식의 "함의"는 저자가 의도한 전체 유형 내에 들어 있다.[10] 모든 암시된 의미가 지니는 한 가지 부정적인 특성은 저자가 그 의미에 직접적으로 초점을 맞추지 않는다는 것이다. 따라서 이 특성은 확신을 주지 못한다. 왜냐하면 특정 저자가 무엇을 알지 못했는지에 대해 아무런 제한도 없기 때문이다. 그러나 여전히 광범위할 뿐만 아니라 정형화된 것이 없다 하더라도 의도된 유형에 대한 허쉬의 개념은 이와 같이 저자가 표현한 온전한 언어 의미에 포함될 가능성이 있는 암시된 의미를 결정하는 데 있어 가이드라인을 제공해주는 접근 방법이다.[11]

이런 점에 비추어볼 때 신약성서 저자는 구약성서 구절을 인용하면서 그 구절에서 명백하게 발견되지 않는 의미를 거기에 부여할 수 있다. 하지만 그 의미는 동일한 구약성서 책에서 또 다른 장의 더 광범위한 맥락이나 구약성서의 다른 곳에서 온 것이다. 그리고 그 의미는 인용된 구절

---

[9] 같은 책, p. 49. 명확한 의미에 대한 Hirsch의 견해는 Husserl의 인식론적 전제에 기초하고 있다. Husserl은 인간의 정신은 경험한 것에 대한 개념을 인식할 수 있으며, 정신적 행위의 "경계를 정할" 수 있다고 주장한다. 그래서 동일한 개념이 일정 기간 동안 남아 있다고 한다. 다음을 보라. Hirsch, *Aims of Interpretation* (Chicago: University of Chicago Press, 1978), pp. 4-5. 명백하게 유신론에 기초한 해석학적 관점이 이 전제에 덧붙여질 수 있다. 곧 전지전능한 하나님의 절대 주권적인 변함없는 초월성이 "모든 텍스트에 대해 절대적이고 초월적이며 명확한 의미"를 제시하는 영속적인 기초다. D. McCartney and C. Clayton, *Let the Reader Understand* (Wheaton, IL.: Victor Books, 1994), p. 284. 모든 것을 아시는 하나님은 모든 텍스트의 명확한 의미를 완벽하게 아신다. 하나님은 "변하지 않으시며 시간에 매이지 않으신다. 그래서 하나님이 텍스트의 의미를 이해하실 때 그 의미는 변하지 않는다"(p. 284).

[10] 참조. Jeannine Brown, *Scripture as Communication: Introducing Biblical Hermeneutics* (Grand Rapids: Baker Academic, 2007), p. 39. Brown이 Hirsch의 관점을 요약한 것도 참고하라.

[11] Hirsch, *Validity in Interpretation*, pp. 51-52.

과 일종의 개념적인 연관성(즉 개념과 관련된 동일한 "유형")이 있다. 다시 말해서 신약성서 저자는 구약성서 구절을 인용해 구약성서의 해당 책에서 뒤에 나오는 장, 즉 인용된 구절이 발전되는 장의 주변 관점에서 그 구절을 해석할 수 있다.

암묵적이거나 부차적인 지식에 대한 마이클 폴라니의 개념

의도된 유형에 대한 허쉬의 견해 및 인지적 주변시에 대한 우리의 개념은 마이클 폴라니(Michael Polanyi)가 제시하는 비슷한 철학적 견해로 보완될 수 있다. 비록 폴라니의 견해가 앞에서 언급한 두 관점과 동일하지는 않지만 상당 부분 중복된다.[12]

몇몇 학자는 신약성서 저자들이 구약성서 본문을 인용할 때 그 구절이 지니는 명백한 역사적 의미와 일치하게 인용할 경우에만 그들이 구약성서의 맥락을 존중하고 있다고 간주한다.[13] 이는 만약 그렇지 않은 경우

---

12 내가 전개하는 접근 방법과 관련하여 전에 내 박사 과정 학생이자 조교였던 Mitch Kim이 내게 Polanyi의 견해가 지니는 중요성을 일깨워주었다. 나로 하여금 Polanyi를 참고하게 한 일 외에도 Polanyi에 대해 다루는 이 부분은 이 주제에 대한 Mitch Kim의 다음 논문에 상당 부분 빚지고 있다. "Respect for Context and Authorial Intention: Setting the Epistemological Bar," in *Paul and Scripture*, ed. Christopher D. Stanley, SBL Early Christianity and Its Literature 9 (Atlanta: Society of Biblical Literature, 2012), pp. 115-29. 하지만 나는 Polanyi의 견해를 약간 더 보충하려고 시도했다. 그 과정에서 특별히 다음 저자의 도움을 받았다. Esther L. Meek, *Longing to Know: The Philosophy of Knowledge for Ordinary People* (Grand Rapids: Brazos, 2003) and *Loving to Know: Covenant Epistemology* (Eugene, OR: Cascade, 2011). 이 연구서에서 Meek는 Polanyi의 인식론적인 접근 방법을 발전시킨다. 나아가 *WTJ*의 이 연구를 확대한 결론 부분에서 나는 Polanyi의 견해를 사용하면서 신약성서에서 구약성서를 적용하는 것에 대한 Kim의 논문을 반박하는 Steve Moyise의 입장에 대답하려고 시도했다. 다음 논문을 보라. Steve Moyise, "Latency and Respect for Context: A Response to Mitchell Kim," in Stanley, *Paul and Scripture*, pp. 131-39.

13 예를 들면 다음을 보라. Steve Moyise, "Does Paul Respect the Context of His Quotations?" in Stanley, *Paul and Scripture*, pp. 97-99, 112.

라면 그들이 구약성서의 맥락을 존중하지 않는다는 말이다.

나는 인지적 주변시와 허쉬의 의도된 유형에 대해 이미 소개한 개념들이, 맥락 존중에 대한 이 판단 기준이 지나치게 편협함을 보여준다고 생각한다. 몇몇 학자에 의해 제기된, 과도하게 제한된 이 견해를 계속 평가하기 전에 마이클 폴라니가 제시하는 몇 가지 예리한 통찰을 숙고해보면 우리에게 유익할 것이다. 폴라니는 저자의 의도를 더 자세하게 정의하는 데 도움이 되는 몇 가지 관점을 제공해주었다. 그는 지식은 부차적이거나 암묵적인 차원을 포함한다고 말한다. 따라서 그는 지식이 "우리는 자신이 말할 수 있는 것보다 더 많이 알고 있다"는 사실을 수반한다고 한다.[14] 폴라니는 이를 인간 지식의 모든 영역에 적용한다. 이런 그의 통찰을 저자의 의도와 의미에 적용하기에 앞서 폴라니의 견해에 대해 간략한 설명과 예증이 필요하다.

폴라니의 견해에 의하면 앎(knowing)에는 두 측면이 있다. 곧 암묵적(부차적)인 측면과 명백한(초점을 맞춘) 측면이다. 사람은 앎이라는 행위에서 어떤 것을 암묵적으로 인식하게 된다. 이 암묵적인 인식은 우리의 인식이 초점을 맞추고 있는 또 다른 어떤 것을 수행하는 데 필요하다.

전문 피아니스트는 음악 작품을 연주할 때 피아노를 연주하기 위한 기초에 초점을 두거나 손의 움직임에 초점을 맞추지 않는다. 연주자가 그것에 초점을 맞추면 마비되어 연주하려는 곡을 제대로 연주할 수 없을 것이다. 피아노 연주와 관련된 여러 가지 기초와 손의 움직임은 연주자의 인식에서 부차적인 것이다(암묵적이거나 부차적인 지식). 분명 연

---

[14] Polanyi, *The Tacit Dimension* (Garden City, NY: Doubleday, 1966), p. 10. 이 책과 동일한 논조를 전개하는 그의 다른 두 저서를 보라. 이 저서들에서 그는 동일한 관점에 대해 선별적으로 논의한다. *Personal Knowledge* (Chicago: University of Chicago Press, 1958); Michael Polanyi and Harry Prosch, *Meaning* (Chicago: University of Chicago Press, 1975).

주자의 관심은 음악 작품을 잘 해석해서 연주하는 방향을 향하게 되어 있다.

경주용 자동차의 엔진 구조를 배우려는 사람을 생각해보자. 그는 자동차 엔진 구조를 전혀 알지 못한다. 그는 차에서 떼어내어 가장 작은 부속으로 분해된 모터를 살핀다. 이 풋내기는 부속을 보고 있지만 어떻게 그 부속을 조립해야 하는지도, 그것들이 어떻게 서로 협력해서 작동하는지도 전혀 모른다. 그런데 오랜 세월 동안 그는 모터에 대해 많은 책을 읽는다. 그는 견습공으로서 손을 사용해가며 각 부속에 대해 배운다. 그는 어떻게 각 부속품이 서로 연결되는지 또한 그것들이 어떻게 서로 조화를 이루며 작동하는지를 분명하게 알게 된다. 이 견습생은 경주용 자동차 정비사에게도 배운다. 이 정비사는 잘 훈련된 경주용 자동차 운전자이기도 하다(견습생은 여러 경주에서 그의 선생이 경주용 자동차를 어떻게 모는지 주의 깊게 지켜본다). 견습생이 경주용 자동차의 엔진에 대해 능숙하게 이해하게 되자, 그에게 모터의 전반적인 형태가 드러난다. 심지어 그는 각각의 특정한 부속에 대해서도 더욱 분명하게 알게 된다. 폴라니는 서로 연결되지 않은 부분들을 **암묵적**이거나 **부차적인** 인식이라고 부르고, 모터가 서로 어떻게 결합되는지에 대한 전반적인 유형을 **초점**이라고 부른다. 왜냐하면 바로 그것이 정비사가 성취하고자 노력하는 목표이기 때문이다. 전자는 후자와 서로 밀접하게 연결되지만 전자가 주요한 초점은 아니다. 폴라니의 추종자들은 부차적인 초점을 우리가 주장하는 "주변시와 같은" 것이라고 말한다. 왜냐하면 "당연히 당신은 주변시에 초점을 맞출 수 없기 때문이다! 하지만 당신은 항상 그것에 의존한다."[15]

15　Meek, *Longing to Know*, p. 84.

이윽고 이 정비사는 그동안 자기가 지켜봤던 그의 선생처럼 경주용 자동차 운전자가 되기로 결심한다. 정비사는 경주용 자동차 운전을 위해 새로운 기술을 배워야 한다. 경주용 자동차 운전 기술은 단지 자동차 모터와 그것의 작동에 대한 정비사의 지식만으로는 표현될 수 없다. 이는 경주용 자동차 운전의 다양한 측면에 직접 주의를 기울여야 하는 일이다. 즉 기어 바꾸기, 커브 돌기, 속도, 브레이크 사용법, 총 경주 길이, 주행할 때 다른 차들과의 관계 등과 같은 사항에 주의를 기울여야 한다. 모터의 각 부분이 결합되어 작동하는 방식에 대한 지식은 이제 **암묵적**이거나 **부차적인 인식**이 된다. 그는 다음 사항에 주의를 온전히 집중해야 한다. 곧 어떻게 경주용 자동차 운전과 관련된 모든 요소가 잘 결합되어 성공적인 경주를 할 수 있는지가 그의 **명확한 초점**이다. 전자는 후자와 밀접하게 연결되지만 전자가 주요한 초점은 아니다. 또다시 이 부차적인 초점은 우리가 주장하는 주변시와 같은 것이다.

이와 같이 폴라니 역시 초점을 맞춘 인식(명백한/말단 인식[distal awareness])과 부차적인 인식(암묵적 또는 근접 인식[proximate awareness])을 서로 구분한다.[16] 암묵적인 것은 말하거나 명백하게 표현되지는 않지만 암시되거나 추론될 수 있다(*OED*를 보라).[17] 폴라니가 암묵적인 인식을 "무의식적인" 것이라고 간주하지 않는다는 사실에 주목해야 한다. 그러나 사람마다 암묵적인 의미를 인식하는 정도는 다양하다.

따라서 구약성서 저자의 의미에 대한 명백한 이해와 부차적인 이해는 둘 다 신약성서 저자가 구약성서 구절을 언급할 때 그가 구약성서의 맥

---

16 Polanyi, *Personal Knowledge*, pp. 55-59, 61-62, 92-93.
17 Polanyi는 "부차적"이거나 "암묵적인" 지식에 대한 동의어로서 드물게 "잠재하는"(latent) 지식이라는 용어를 사용한다(예. 앞의 책, pp. 103, 317). 다시 말해서 "감추어진, 숨겨진" 또는 "존재하지만 명백하지 않은, 드러나거나 발전되지 않은" 지식을 가리킨다(*OED*).

락과 관련된 의미를 존중하고 있다고 우리가 부르는 것을 포함한다. 인용된 특정 본문에서 끌어온 명백한 의미뿐만 아니라 더 광범위한 맥락의 의미도 구약성서의 직접적인 맥락이나 근접 맥락에서 끌어온 개념을 포함할 수 있다. 여기에는 초점을 맞춘 본문의 의미와 관련하여 해당 구약성서 책의 다른 장에서 가져오거나, 심지어 구약성서의 다른 책에서 끌어온 개념까지도 포함된다(이에 대해서는 뒤에 나오는 "구약성서를 사용하는 신약성서 저자들의 부차적이며 전제적인 관점"을 보라).

암묵적 지식, 의도된 유형 또는 인지적 주변시에 대한 신약 속 구약의 예

이제까지 우리는 내 견해인 "인지적 주변시", 허쉬의 "의도된 유형"에 대한 이론, "암묵적 지식"에 대한 폴라니의 개념을 살펴보았다. 그리고 우리는 그에 대한 예를 제시했다.[18] 나는 이 세 관점이 서로 상당 부분 겹친다고 생각한다. 곧 이 세 관점에는 **우리는 말하려고 의도하는 것보다 더 많은 것을 알고 있다**는 개념이 공통적으로 들어 있다. 이는 성서 저자들에게도 적용된다. 성서 저자들은 명백한 개념에 초점을 맞추고 있지만, 여기에는 더 광범위한 맥락 또는 저자의 주변시에서 나온 관련 개념이 포함된다. 그리고 주변시 안에 있는 이 개념들은 명백한 초점이라는 개념을 보충해준다. 이제 우리는 이 개념을 실제로 구약성서를 사용하는 신약성서 구절에 적용하고자 한다.

마태복음 2:15에서 호세아 11:1의 사용.[19] 마태복음 2:15은 요셉이 예수

---

[18] Hirsch와 Polanyi의 견해와 관련하여 더 깊이 있는 요약과 논의에 대해서는 Beale, "Cognitive Peripheral Vision"을 보라.
[19] 이 부분의 내용을 확대한 것에 대해서는 G. K. Beale, "The Use of Hosea 11:1 in Matthew

와 그의 어머니를 데리고 이집트로 내려간 일에 대해 "주께서 선지자를 통하여 말씀하신 바 **애굽으로부터 내 아들을 불렀다** 함을 이루려 하심이라"라고 말한다. 호세아가 이스라엘의 출애굽에 대해 말한 역사적 진술과 관련해서 마태는 어떻게 예수가 이집트로 갔다가 돌아옴으로써 예언이 성취되었다고 말할 수 있는가? 이는 겉으로 보기에 마치 마태가 단지 역사적인 사실을 언급하는 구약성서 본문에 예언을 끼워 넣어 잘못 읽는 것처럼 여겨진다. 그러나 더 자세히 들여다보면 다음과 같은 사실이 드러난다. 곧 호세아 자신이 호세아 11장과 그 책의 다른 곳에서 이스라엘의 첫 번째 출애굽을 메시아가 이끄는 종말의 출애굽 사건에 대한 모형론적 전조로서 이미 간주했다는 것이다.

이 점과 관련하여 첫 번째 출애굽 사건에 대한 언급은 호세아 11:1 외에 호세아서의 다른 곳에서도 나타난다. 비록 호세아 1:10-11(아래 참조)과 11:11이 미래에 이집트에서 돌아옴을 분명하게 단언하는 본문이지만, 이는 이스라엘이 미래에 이집트로 돌아간다고 반복하여 예언한 곳에서 암시되었을 것이다(이사야서에도 이 사건을 분명하게 언급하는 몇몇 텍스트가 있다. 부록 도표 1을 보라). 따라서 우리는 다음과 같이 이해할 수 있다. 곧 호세아는 자신의 주변시를 그 장의 끝까지, 또 호세아서의 다른 부분까지 확장함으로써 첫 번째 출애굽 사건을 종말의 두 번째 출애굽 사건의 전조가 되는 유형으로 이해했다. 따라서 마태는 단지 호세아의 더 광범위한 주변시의 모형론적 해석을 따르고 있는 것이다. 여기서 마태는 종말의 두 번째 출애굽 사건이 예수 안에서 성취되기 시작했다고 간주한다.

2:15: One More Time," *JETS* 55 (2012); 697-715.

부록 도표 1

첫 번째 출애굽	미래에 이집트로 돌아감 (미래에 이집트에서 돌아옴을 암시함)
호세아 2:15b 그가 거기서 응대하기를 어렸을 때와 애굽 땅에서 올라오던 날과 같이 하리라(이 구절은 첫 번째 출애굽을 미래의 출애굽과 비교함). 호세아 12:13 여호와께서는 한 선지자로 이스라엘을 애굽에서 인도하여 내셨고 이스라엘이 한 선지자로 보호받았거늘. 참조. 호세아 12:9 네가 애굽 땅에 있을 때부터 나는 네 하나님 여호와니라. 참조. 호세아 13:4 그러나 애굽 땅에 있을 때부터 나는 네 하나님 여호와라. 나 밖에 네가 다른 신을 알지 말 것이라. 나 외에는 구원자가 없느니라.	호세아 7:11 에브라임은 어리석은 비둘기같이 지혜가 없어서 애굽을 향하여 부르짖으며 앗수르로 가는도다. 호세아 7:16b 그들의 지도자들은 그 혀의 거친 말로 말미암아 칼에 엎드러지리니 이것이 애굽 땅에서 조롱거리가 되리라. 호세아 8:13b 이제 그들의 죄악을 기억하여 그 죄를 벌하리니 그들은 애굽으로 다시 가리라. 호세아 9:3 그들은 여호와의 땅에 거주하지 못하며 에브라임은 애굽으로 다시 가고 앗수르에서 더러운 것을 먹을 것이니라. 호세아 9:6 보라, 그들이 멸망을 피하여 갈지라도 애굽은 그들을 모으고 놉은 그들을 장사하리니 그들의 은 귀한 것이나 찔레가 덮을 것이요, 그들의 장막 안에는 가시덩굴이 퍼지리라. 호세아 1:11도 보라. [이스라엘이] 그 땅[이집트]에서부터 올라오리니 호세아 11:5a 그[이스라엘]는 틀림없이 이집트 땅으로 되돌아갈 것이다(NASB). 위의 호세아 2:15b에서 미래의 출애굽에 대한 암시에 주목하라.

그러나 어떻게 마태는 예수가 호세아 11:1을 성취한다고 말할 수 있는가? 호세아 11:1은 집단적인 민족 이스라엘에 대해 말하고 있을 뿐 한 개인에 대해 말하는 것이 아니지 않는가? 여기서 호세아 1:11은 메시아가 미래의 출애굽 사건을 이끌 것이라고 이해한다는 점에 주목하라. 개인인 예수가 호세아 11:1에서 집단적으로 이스라엘의 "많은 사람"과 동

일시될 수 있다는 것은 마태가 그리스도와 이스라엘 사이에 집단적인 연대라는 전제를 상정하고 있음을 보여준다. 곧 그리스도는 자신 안에 참 이스라엘을 모두 포함한다. 구약성서에서 왕은 이스라엘을 대표했다. 그 결과 왕에 대해 말할 수 있었던 것은 이스라엘 나라에도 동일하게 적용되었고 그 반대의 경우도 마찬가지였다. 호세아 1:11은 종말에 왕이 이스라엘을 다시 이집트에서 이끌어낸다는 것을 보여준다. 마태는 예수를 그 왕으로 간주했고 따라서 그가 이스라엘이라고 타당하게 말할 수 있었다. 나아가 이런 집단적인 동일시는 마태가 나중에 예수의 이름을 "살아계신 하나님의 아들"(마 16:16)이라고 기록한 데서 명백하게 드러난다. 이는 호세아 1:10을 암시하는 표현으로, 여기서 이스라엘은 "살아계신 하나님의 아들들"이라고 불린다. 마태의 주변시를 호세아 11장에서 호세아 1:9-10로, 그리고 마태복음 16장에서 마태복음 2:15로 확대함으로써 우리는 마태가 예수를 이스라엘이라고 이해한 것을 정당하다고 간주한다. 우리는 왜 마태가 이와 같은 집단적인 해석 방법을 사용할 수 있었는지를 나중에 더 살펴볼 것이다.

로마서 9:25-26에서 호세아 1:10, 2:23의 사용. 부록 도표 2는 호세아서와 로마서의 해당 본문을 비교하여 보여준다. 어떤 학자들은 바울이 단지 호세아서 본문을 구원에 대한 실례로 사용하고 있으며, 이는 해석학적 문제를 전혀 제기하지 않는다고 말할 것이다. 곧 이스라엘에 대해 예언된 구원은 이제 이방인의 구원에 대한 실례로서 받아들여진다는 것이다. 하지만 대부분의 학자는 바울이 호세아서의 예언이 성취되기 시작했음을 가리키고 있다고 더욱 정확하게 이해한다.[20] 이는 이스라엘의 구원에 대한 예언이 유대인의 남은 자 가운데서 뿐만 아니라 이방인 가운데서도 성취됨을 의미한다. 이에 대해 몇몇 학자는 바울이 호세아서의 원래 의미와 맥락을 존중하지 않았다고 주장한다.

부록 도표 2

호세아 2:23, 1:10(NASB)	로마서 9:25-26(저자 사역)
호세아 2:23 그리고 나는 나를 위해 그 땅에 그녀(이스라엘)를 심을 것이다. 그리고 나는 긍휼히 여김을 받지 못했던 자에게 자비를 베풀 것이다. 또한 나는 내 백성이 아니었던 자에게 "너는 내 백성이다"라고 말할 것이다. 그리고 그는 "당신은 내 하나님이십니다"라고 말할 것이다.	로마서 9:25 참으로 그가 호세아서에서 말한 것 같이, 내 백성이 아니었던 자들을 내가 내 백성이라고 부를 것이다. 그리고 나는 사랑받지 못하던 여자를 "사랑받는" 여자라고 부를 것이다.
호세아 1:10 그곳에서/ 그들에게 말했다./ "너희는 네 백성이 아니다."/ 그들에게 말할 것이다./ "너희는 살아계신 하나님의 아들이다."	로마서 9:26 "너희는 내 백성이 아니다"라고 그들에게 말한 바로 그곳에서 그들은 살아계신 하나님의 아들들이라고 불릴 것이다.

그러나 어떤 학자들은 그들이 "내 백성"이 되기 전에는 "내 백성이 아니다"라는 이스라엘의 지위가 사실은 이방인의 지위라고 주장한다. 믿지 않는 이방인들 역시 "내 백성이 아니다." 이렇게 이해하면 호세아는 이스라엘이 믿음을 회복하기 전까지는 믿지 않는 이방인의 지위에 있게 되리라고 예언하고 있는 것이다. 따라서 이 예언이 믿지 않는 유대인과 똑같은 지위에 있었던 이방인에게 적용된다고 이해하는 것은 자연스러운 확대다.[21]

호세아 11:8-9은 이와 같이 믿지 않는 이스라엘과 믿지 않는 이방인 간의 동일시를 두드러지게 강조한다.

---

20   이것은 롬 9:24-26이 곧바로 이어지는 롬 9:27-29에서 인용된 구약성서의 예언들과 연결되는 점과도 일치한다. 롬 9:27-29은 이스라엘의 남은 자 가운데서 시작되는 예언의 성취로서 분명히 간주된다.
21   예를 들면 다음을 보라. Mark Seifrid, "Romans," in *Commentary on the New Testament Use of the Old Testament*, ed. G. K. Beale and D. A. Carson (Grand Rapids: Baker Academic, 2007), p. 648.

에브라임이여, 내가 어찌 너를 놓겠느냐?

이스라엘이여, 내가 어찌 너를 버리겠느냐?

내가 어찌 너를 아드마같이 놓겠느냐?

어찌 너를 스보임같이 두겠느냐?

내 마음이 내 속에서 돌이키어

나의 긍휼이 온전히 불붙듯 하도다.

내가 나의 맹렬한 진노를 나타내지 아니하며

내가 다시는 에브라임을 멸하지 아니하리니

이는 내가 하나님이요 사람이 아님이라. 네 가운데 있는 거룩한 이니,

진노함으로 네게 임하지 아니하리라.

호세아 11:8에서 하나님은 어떻게 그가 아드마와 스보임"같이" 이스라엘을 심판할 수 있겠는가라고 질문하신다. 그리고 호세아 11:9에서 하나님은 그들을 그런 방식으로 심판하시지 않겠다고 말씀하신다. 그렇다면 그 이유는 무엇인가? 이에 대한 설명은 부분적으로 하나님이 "다시는 에브라임을 멸하지 아니하리니"라고 말씀하시는 부분에 있다. 분명히 에브라임은 이전에 한 지파로서 멸망한 것이 아니었다. 어떤 면에서 에브라임은 소돔과 고모라와 함께 멸망한 도시인 아드마와 스보임과 집단적으로 동일시되었다. 따라서 일종의 신비로운 방식으로 에브라임은 이 두 이방 도시와 함께 이미 멸망했다고 간주되었다. 그래서 하나님은 호세아 11:9에서 "내가 다시는 에브라임을 멸하지 아니하리니"라고 말씀하신다. 여기에는 에브라임의 멸망을 이 두 이방 도시의 멸망과 단순 비교하는 것 이상의 의미가 있다.[22] 이는 실상 이 두 이방 도시와 에브라임의 집단

---

22 예언자들이 종종 소돔의 죄나 멸망을 이스라엘의 죄와 비교하는 데 주목하라(사 1:9-

적인 동일시를 나타낸다.²³ 이것은 모든 사람이 불순종과 저주에 있어서 집단적으로 아담과 동일시되었다고 바울이 말한 것과 거의 같다.²⁴

호세아 11:8-9이 암시하는 내용 중 하나는 에브라임이 단지 이 이방 도시들과 같다는 것이 아니라 실제로 어떤 면에서 집단적으로 그 도시들의 한 부분을 차지한다는 것이다! 아마도 "에브라임이 여러 민족 가운데에 혼합되니"라고 말하는 호세아 7:8도 동일한 내용을 암시할 것이다. 이는 다음과 같은 개념을 한층 더 강화한다. 곧 이스라엘이 "내 백성이 아니다"라고 언급할 때, 그들은 단지 이방인들과 "같은" 것이 아니라, **사실상 믿지 않는 이방인들의 실제 지위에 있었다**는 것이다.

이 모든 것은 유대인뿐만 아니라 이방인도 호세아의 예언을 성취할 수 있다고 단언하는 바울에게 어떤 영향을 미치는가? 이는 호세아의 예언이 인종적으로 유대인이든 이방인이든 상관없이 실제로 문자 그대로 믿지 않는 이방인의 위치에서 구원받는 사람들에 대한 것임을 보여준다. 호세아는 이스라엘이 그와 같은 위치에서 빠져나오는 데 직접 초점을 맞추었다. 하지만 우리가 앞에서 말했듯이 호세아 자신이 그의 예언을 이

10; 3:9; 렘 23:14; 애 4:6; 겔 16:46, 48, 55-56; 암 4:11). 하지만 이는 단순 비교이지, 일종의 집단적인 동일시는 아닌 것 같다.

23 소돔과 관련된 이 두 도시와 에브라임의 집단적인 동일시에 대해서는 다음을 보라. Derek D. Bass, "Hosea's Use of Scripture: An Analysis of His Hermeneutics" (PhD diss. Southern Baptist Theological Seminary, 2008), pp. 222-26.

24 이것은 단 2:31-45에서 바벨론, 메데-바사 및 그리스의 이전 나라들이 네 번째 및 마지막 나라의 멸망과 집단적으로 동일시되는 것과 거의 같다(단 7:1-12에서도 암시됨). 이와 마찬가지로 또 다른 예로서 마 21:43-45에서 이스라엘은 단지 이방인들과 비슷한 것이 아니라 실제로 이방인들과 집단적으로 동일시된다. 여기서 마 21:44("이 돌 위에 떨어지는 자는 깨지겠고 이 돌이 사람 위에 떨어지면 그를 가루로 만들어 흩으리라")은 단 2:34-35을 암시한다. 이것은 놀랍다. 왜냐하면 단 2장에서는 부서지는 신상이 사악한 이방 나라들을 나타내기 때문이다. 하지만 여기서 예수는 다니엘서 구절을 유대인들에게 적용한다. 그리고 유대인들은 "예수의 비유를 듣고 자기들을 가리켜 말씀하심인 줄" 깨닫는다(마 21:45). 따라서 이 구절에서 예수는 분명히 유대 지도자들이 이방인들과 집단적으로 동일시된다고 간주한다.

방인에게도 똑같이 적용될 수 있다고 "암묵적으로 이해했다"(예. 호 11:8-9에 비추어볼 때)고 간주하는 것도 가능하다. 왜냐하면 이방인 역시도 믿지 않는 이방인의 위치에서 구원받는 것이기 때문이다. 바울은 호세아의 직접적 의미와 암묵적 의미를 모두 발전시켰을 것이다. 다르게 표현하자면 바울은 호세아의 의도된 유형 또는 더 광범위한 인지적 주변시에 포함되었던 것을 모두 발전시켰을 것이다.

바울의 이론적 근거 역시 부분적으로는 다음과 같은 그의 잠재적 이해와 전제에 기초할 것이다. 곧 그리스도는 참이스라엘이며, 유대인이든 헬라인이든 상관없이 그리스도와 더불어 자신의 신분을 확인하는 사람은 누구나 그리스도와 한 몸을 이루며 참이스라엘로 이해된다는 것이다. 이 이론적 근거는, 위에서 언급한 믿지 않는 유대인이 이방인과 집단적으로 동일시된다는 바울의 이해와 더불어, 그로 하여금 비교적 쉽게 이방인도 이스라엘의 구원에 대한 호세아의 예언을 성취하고 있다고 이해하도록 만들었을 것이다.[25] 우리는 참이스라엘인 그리스도에 대한 이 잠재적 전제에 대해 앞으로 더 논의하려고 한다.

요한복음 19:36에서 출애굽기 12:46의 사용. 요한복음 19:36은 이전 장들에서 논의한 **비밀**에 대한 예들을 포함하고 있는데 아마도 해석하기가 가장 어려울 것이다. 왜냐하면 요한이 출애굽 당시의 유월절 어린양에 대한 역사적 내러티브를 예수의 죽음에 대한 예언으로 받아들이고 있기

---

[25] 롬 9:26에서 "살아계신 하나님의 아들들"이라는 구절(호 1:10에서 인용)과 그리스도가 "하나님의 아들"(롬 1:4)이라는 진술 및 로마서에서 그리스도를 반복적으로 짧게 "아들"(롬 1:3, 9; 8:3, 29, 32)이라고 언급하는 것은 바울이 이 잠재적 개념을 염두에 두고 있음을 보여준다. 그리고 롬 8장에서 세 번이나 "아들"이라고 언급하는 것도 롬 9:25-26의 맥락에서 멀지 않다. 하나님의 아들인 예수와 더불어 집단적으로 신분을 확인하는 것 역시 롬 8:15, 23에서 믿는 유대인과 이방인을 모두 가리키면서 "양자"로 받아들여진다고 언급하는 곳에서, 또한 옛 시대의 이스라엘 사람들을 언급하면서 그들이 "양자됨"(롬 9:4)의 신분에 있었다고 말하는 곳에서 강화된다.

때문이다. 요한은 로마 군인들이 십자가 처형에서 예수의 뼈를 부러뜨리지 않았다고 이야기하고 난 뒤 요한복음 19:36에서 "이 일이 일어난 것은 **'그 뼈가 하나도 꺾이지 아니하리라'** 한 성경을 응하게 하려 함이라"라고 말한다.

구체적으로 말하자면 호세아 11:1이 예언의 의미를 지니고 있다는 점에서 요한복음 19:36의 구약성서 인용은 예언의 의미를 지닌다. 이 구절은 한 사건에 대해 말하고 있는데 이는 요한이 예수의 죽음에 대해 이야기하는 것을 암시적으로 가리킨다. "그 뼈가 하나도 꺾이지 아니하리라"라는 말은 십중팔구 출애굽기 12:46(또는 민 9:12, 이 구절은 출애굽기의 언급을 반복한다)에서 유래했을 것이다.[26] 분명히 출애굽기와 민수기 본문에서 모세의 말은 유월절 어린양을 잡는 역사적 사건과 양을 도살하는 방법에 대한 규정을 언급한다. 이스라엘의 후세대는 이 규정을 지켜야 했다. 출애굽기와 민수기에 나오는 이 언급은 단순히 역사적 기술이지 예언은 아니다. 그렇다면 요한복음 19:36은 십자가 처형에서 예수의 뼈가 꺾이지 않은 것을 어떻게 출애굽기와 민수기 본문에 기록된 예언이 성취된 것이라고 말할 수 있는가? 대다수는 아니라 할지라도 많은 학자가 모세는 이 본문에서 전혀 예언을 의도하지 않았다고 주장할 것이다. 그 결과 어떤 이들은 단순히 요한이 이 구약성서 본문을 잘못 해석했거나, 전적으로 새로운 개념을 그 본문에 집어넣어 이해했다고 말할 것이다.[27] 또

---

[26] 시 34:20에서 유래했을 가능성도 있다. 이 구절은 출애굽기/민수기의 언급을 의인에 대한 하나님의 보호하심에 적용한다. 이 점에 대해서는 다음을 보라. G. K. Beale, *Handbook on the New Testament's Use of the Old Testament* (Grand Rapids: Baker Academic, 2012), pp. 59-60.

[27] 이 점과 관련해서 어떤 이들은 요한이 틀렸다고 단호하게 말할 것이다. 반면에 다른 이들은 결함이 있는 요한의 해석 방법을 따라서는 안 되지만 그럼에도 불구하고 그가 기록한 것은 영감 받은 것이라고 주장할 것이다. 또 다른 이들은 요한의 해석 접근 방법이 잘못되었다고 이해할 수 있지만 오늘날 학자들이 현대의 해석 기준으로 고대 저자들을

다른 이들은 예수가 승천하고 성령 강림 사건이 일어난 다음에 요한에게 이 통찰력이 주어졌다고 주장할 것이다. 따라서 예언의 의미는 모세의 생각 속에는 전혀 들어 있지 않았지만 더 광범위한 하나님의 의도에 있었으며 그것이 나중에 요한에게 계시되었다는 것이다. 그러나 이것은 마태복음 2:15에서 호세아 11:1이 사용된 것과 다르다. 왜냐하면 우리는 호세아 자신이 더 광범위한 호세아서의 맥락에서 이스라엘의 출애굽 사건을 미래의 출애굽 사건에 대한 모형으로 간주했다고 이해했기 때문이다. 하지만 우리는 출애굽기의 다른 어느 곳에서도 유월절 어린양에 대한 이와 같은 언급을 전혀 찾을 수 없다.

허쉬와 폴라니의 개념과 더불어 인지적 주변시가 이 경우에 도움이 될 수 있을까? 서로 의미가 겹치는 이 개념들은 왜 요한이 단순히 역사적으로 언급된 사건을 미래를 가리키는 것으로 이해하는지에 대해 빛을 비춰줄 것이다. 모세가 유월절 어린양에 대해 역사적 묘사를 하는 데 초점을 맞춘 것은 사실이다. 이는 이어지는 모든 이스라엘 세대가 지켜야 할 규범이었다. 모세의 생각 속의 눈은 바로 이 의미에 직접 초점을 맞추고 있었다. 그렇지만 우리는 마땅히 다음과 같은 질문을 제기할 수 있지 않을까? 어떻게 모세는 출애굽기 12:46에 기록된 그의 말을 자신이 기록한 오경의 다른 부분에서 이야기할 수 있었을까? 어떤 이들은 이런 질문을 제기하는 것이 순전히 사변일 뿐이라고 주장할 것이다! 하지만 우리가 실제로 질문하고자 하는 것은 다음과 같다. 모세가 유월절 어린양에 대해 기록할 때, 출애굽 사건과 의미심장하게 관련된 그의 나머지 글들이 그의 인지적 주변시 안에 또는 그의 부차적인 이해에 포함되어 있었을까, 아닐까? 우리는 무엇이 더 광범위한 모세의 이해에 포함되었는지

평가하는 데 있어 신중해야 한다고 말할 것이다.

에 대해 무분별한 질문을 제기할 수 없다(예를 들면 그가 아침 식사로 무엇을 먹었는지 또는 그가 부부 싸움을 했는지 등). 그러나 유월절 어린양 및 출애굽 사건과 이 어린양의 관계에 대해 모세가 직접 초점을 맞춘 것과 관련되는 질문은 할 수 있다. 우리는 단지 모세가 출애굽기 12장과 오경의 다른 곳에서 기록한 자료만을 갖고 있다. 따라서 우리는 구원 역사에 대한 저자의 모든 백과사전적 지식을 찾아내기 위해 그의 생각 속으로 들어가려고 시도하지 않는다. 이 구원 역사는 그가 쓴 글의 다른 곳에 기록된 것이 **아니라** 나중에 다른 구약성서 저자들을 통해 들어온 것이다.

예를 들면 우리는 혹시 모세가 이 사건을 그가 기록한 다른 책에서 이야기하는 비슷한 구속사적 사건과 연결시켰는지에 대해 질문할 수 있다. 출애굽 사건은 모세 당시까지 하나님의 백성의 역사에서 가장 위대한 사건이었지만, 모세는 앞서 창세기 3:15에서 더 위대한 구속사적 사건에 대해 기록했다. 여기에는 여자의 후손이 장차 사탄을 상징하는 뱀에게 치명적인 타격을 가한다고 기록되어 있다.[28] 하지만 창세기 3:15은 여자의 후손이 뱀에게 "발꿈치를 상하게" 된다고 말한다. 따라서 여기에는 종말의 정복자가 비록 싸움의 한가운데서 고난을 겪지만 종말론적인 원수와의 싸움에서 승리한다는 개념이 들어 있다.[29] 만약 우리가 모세에게 다음과 같이 질문한다면 그는 어떻게 대답할까? "죽임을 당한 유월절 어린양은, 비록 고난을 당하지만 장차 사탄에게 결정적 승리를 거두는 정복

---

[28] 우리는 전통적으로 해석되는 의미에 근거하여 이 구절이 사탄을 결정적으로 패배시킬 메시아를 가리킨다고 이해한다. 우리는 몇몇 학자가 생각하는 것처럼 이 구절이 뱀을 밟음으로써 그것을 심판하는 인간들에게만 국한된다고 생각하지 않는다. 이 해석은 논리가 매우 "빈약해서", 창세기 3장의 내러티브가 묘사하는 내용이 아닐 가능성이 크다. 더 자세한 내용에 대해서는 G. K. Beale, *A New Testament Biblical Theology* (Grand Rapids: Baker Academic, 2011), pp. 29-58을 보라.

[29] 창 1-3장이 종말론적인 의미를 내포하고 있다는 관점에 대해서는 Beale, *A New Testament Biblical Theolgy*, pp. 29-63을 보라.

자가 성취하는 더 위대한 역사적 구원과 관련이 있는가(창 3:15)?" 우리는 모세가 출애굽 사건과 창세기 3:15 사이에 유비적 연관성이 있다고 대답하리라고 생각한다.

그러므로 우리는 창세기 3:15에서 언급되는, 비슷하지만 더 위대한 사건이 모세의 부차적인 이해 또는 "의도된 유형" 또는 우리가 인지적 주변시라고 부르는 개념에 내포되어 있었다고 주장한다. 만약 그렇다면 요한도 동일하게 이해했을 것이다. 바로 여기에 기초해서 요한은 출애굽 당시에 죽임을 당한 어린양을 유비적 측면에서 십자가에서 죽임을 당한 어린양을 가리키는 것으로 간주했을 것이다. 십자가는 출애굽보다 더 위대한 구속사적 사건이었다. 따라서 메시아적 어린양이 출애굽의 어린양과 함축적으로 관련되는 일을 "성취한다고" 이해될 수 있었다.

하지만 이것이 전부가 아니다. 창세기 49:1, 9-12에서 모세는 "후일에" 유다가 결정적인 싸움에서 승리할 뿐만 아니라 온 이스라엘과 모든 "백성"을 다스린다고 기록한다. 이와 비슷하게 민수기 24:14-19은 "후일에" 야곱의 후손에게서 지도자가 나와서 이방의 원수 전체를 대표한다고 여겨지는 나라들을 멸망시킨다고 말한다. 이에 대한 묘사의 일부로서 이 지도자는 "모압의 이마를 쳐서 부서뜨린다"(민 24:17, NASB)라고 말한다. 아마도 이 표현은 뱀의 "머리를 상하게 할 것이요"를 반영하고 있을 것이다.[30]

창세기와 민수기의 이 두 본문은 개념적인 측면에서 창세기 3:15을 발전시키고 있을 가능성이 있다. 민수기 본문은 아마도 창세기 3:15에

---

30 다음도 보라. James Hamilton, "The Skull Crushing Seed of the Woman: Inner-biblical Interpretation of Genesis 3:15," *SBJT* 10 (2006): 34, 49-50. Hamilton은 이와 같이 연결하면서 후대에 기록된 다른 구약성서의 암시(유대교의 암시)에 대해 창 3:15까지 추적한다. 또한 그는 해당 암시 가운데 상당수가 오실 메시아가 악을 패배시키는 것과 관련된다고 이해한다(pp. 30-54을 보라). 하지만 몇몇 학자는 그가 해당 암시를 창 3:15과 연결하는 데 의문을 제기할 것이다.

대해 성서 안에서 제시된 주석일 것이다.[31] 이 구절들은 창세기 3:15과 관련된 발전이기 때문에 모세가 유월절 어린양에 대해 기록할 때 그의 잠재적 이해 속에 들어 있었을 가능성이 크다. 만약 요한이 모세의 부차적인 지식에 대해 어느 정도 간파하고 있었다면, 창세기 49장과 민수기 24장의 종말론적인 특성은 요한이 출애굽의 어린양을 메시아적 어린양을 예언하는 것으로 훨씬 더 쉽게 이해하도록 만들었을 것이다.

히브리서 11:25-26은 모세가 정말로 그와 같은 암묵적 지식 또는 인지적 주변시를 지니고 있었음을 드러내는 데 있어 "빙산의 일각"에 지나지 않는다. 모세는 "도리어 하나님의 백성과 함께 고난 받기를 잠시 죄악의 낙을 누리는 것보다 더 좋아하고 <u>그리스도를 위하여 받는 수모를</u> 애굽의 모든 보화보다 더 큰 재물로" 여기는 것을 선택했다. 그 이유는 다음과 같다. "이는 상 주심을 바라봄이라." 이어서 히브리서 저자는 두 구절 뒤에 모세에 대해 "믿음으로 유월절과 피 뿌리는 예식을 정하였으니 이는 장자를 멸하는 자로 그들을 건드리지 않게 하려 한 것이며 믿음으로 그들은 홍해를 육지같이 건넜으나"(히 11:28-29a)라고 말한다. 이 말은 주목할 만하다. 왜냐하면 모세가 "그리스도"를 위해 수모를 받는다는 언급(이는 히 11:26에서 모세가 종말론적인 "상"을 받는 것과 연결된다)은 유월절 어린양의 도살 및 출애굽을 통한 이스라엘 백성의 구원과 밀접하게 연결되기 때문이다(히 11:28-29). 이는 우리가 앞에서 말하려고 시도했던 바로 그 연관성으로, 모세와 요한의 생각 속에 잠재하고 있었던 것 같다. 어떤 이들은 히브리서 11:26이 이치에 맞지 않게 그리스도를 구약성서에 끼워 맞춰 이해하는 좋은 예라고 주장할 것이다. 그러나 우리가 이제까

---

31 창세기와 민수기의 이 본문들과 창 1-3장에 대한 이 본문들의 종말론적이며 메시아적인 발전에 대해서는 Beale, *A New Testament Biblical Theology*, pp. 92-101을 보라.

지 모세의 부차적인 지식에 대해 말한 내용에 비추어볼 때, 히브리서 본문은 우리의 분석이 순수한 사변이 아니라 올바른 해석 방향을 따르고 있음을 입증해주는 한 가지 사례일 가능성이 충분히 있다.

한편 이 지점에 이르기까지 우리는 더 광범위한 하나님의 이해(인간 예언자와 비교해서)에 호소하지 않았다. 하지만 이는 적용할 만하다. 우리는 분명히 우리가 성서에서 순수하게 인간의 의도에만 관심을 기울이고 있다고 단언하고 싶지 않다. 왜냐하면 성서 저자들은 하나님의 영감을 받아 기록했으며, 아마도 자신들이 그렇게 영감을 받아 기록하고 있다는 사실을 의식했을 것이기 때문이다. 인간 저자가 의식하는 의도를 초월하는 하나님의 이해가 있을 때, 이 하나님의 이해는 인간 저자의 이해 또는 "의도된 유형"과 여전히 유기적으로 관련된다. 예언자가 의식적으로 알았던 것보다 하나님이 더욱 완전하게 아신다는 사실은 인간 저자의 "의도된 유형"에서 타당한 해석적 함의일 것이다. 만약 나중에 질문을 받았다면 예언자는 다음과 같이 대답했을 것이다. "그렇다. 나는 그것이 내가 원래 말하고자 의도했던 것보다 얼마나 더 광범위하고 깊은 의미인지를 알고 있다." 우리는 모든 경우에 하나님은 성서 저자가 자신이 기록한 것에 대해 알았던 것보다 더욱 완전하고 포괄적으로 이해하셨다고 반드시 말해야 한다.

여기서는 지면 관계상 이것이 어떻게 이른바 신약성서 저자들이 발전시킨 새로운 의미 또는 창조적 의미와 관련되는지를 논의할 수는 없다. 특별히 **비밀**이라는 용어가 사용되는 곳에서 구약성서 본문에 대한 신약성서의 이해가 어떻게 적용되었는지를 자세히 논의할 수 없다. 하지만 우리는 이 연구서의 이전 장들에서 이 주제에 대해 어느 정도 자세하게 설명하려고 노력했다. 이 연구서 본론의 요점은 비록 그와 같은 의미들이 감추어진 비밀이 계시된 것이기는 하지만, 그 의미들은 궁극적으로 인간 구약성서 저자가 의도한 유형 또는 그의 잠재적인 지식에 여전히 적합한 것이다라고만 말해도 충분하다. 여기에는 분명 긴장 관계가 존재한다. 하지만 아마도 에베소서 3:4-5은 신약성서에서 **비밀**이라는 용어가 사용된 다른 본문들에 대해 어느 정도 열쇠 역할을 해줄 것이다. 이 구절은 "내가 그리스도의 비밀을 깨달은 것을 너희가 알 수 있으리라. 이제 그의 거룩한 사도들과 선지자들에게 성령으로 나타내신 것같이 다른 세대에서는 사람의 아들들에게 알리지 아니하셨으니"(엡 3:4-5)라고 말한다. 이 본문은 비밀이 이전 시대에는 새 언약 시대에 알려진 것만큼 온전히 알려지지 않고 단지 부분적으로(엡 3:5에서 "나타내신 것같이"라는 표현에 주목하라) 알려졌다고 단언한다.[32] 우리의 주장은 다음과 같다. 곧 이런 구약성서의 비밀이 신약성서에서 온전히 발전된 것은 인간 저자의 의도된 유형, 또는 잠재적이며 암묵적인 이해와 모순되지 않고 잘 들어맞는다는 것이다. 구약성서 저자가 비밀이 발전된 것을 보면 놀랄까? 그렇다. 놀랄 것이다. 하지만 더 깊이 숙고한다면 그는 어떻게 이 모든 것이 자신의 잠재적 이해에 대한 점진적 계시로서 잘 들어맞는지를 이해할 것이다. 이는 미묘한 긴장 관계다. 우리는 이전 장들에서 이 긴장 관계를 밝혀내려고 시도했다.[33]

요한복음 19장에서 출애굽기 12장이 사용된 주제로 되돌아가보자. 우

---

[32] 엡 3:4-5에 대해서는 pp. 246-55을 보라. 여기서 우리의 견해는 대체로 Carson의 탁월한 논문에 나오는 자세한 설명과 일치한다. D. A. Carson, "Mystery and Fulfillment: Toward a More Comprehensive Paradigm of Paul's Understanding of the Old and the New," in *Justification and Variegated Nomism*, ed. D. A. Carson, P. T. O'Brien and M. A. Seifrid (Grand Rapids: Baker Academic, 2004), 2:393-436. 이 논문은 구약성서와 신약성서 사이의 연속성과 불연속성을 모두 강조하는 반면에 신약성서에서 계시된 비밀은 구약성서에 뿌리를 내리고 있지만 "새로운" 계시라고 주장한다.

[33] Beale은 *A New Testament Biblical Theology*에서 이 긴장 관계에 대해 자세히 설명하려고 노력했다. 예를 들면 성전에 대한 논의(19장), 종말의 참이스라엘로서의 교회(20-21장), 이스라엘의 땅에 대한 약속들(22장)과 구약성서와 신약성서에서 율법의 역할(26장)을 보라.

리가 다음과 같이 단언해야 할 필요는 없다. 즉 모세(또는 그의 독자들)는 유월절 어린양에 대한 율법이 기록되었을 때 이 율법이 죽임을 당하는 메시아적 어린양을 미리 보여주고 있음을 분명히 이해했다고 말이다. 우리는 요한복음 19장에서 출애굽기 12장이 사용된 데 대한 우리의 설명이 단지 하나의 가능한 설명일 뿐이라고 여긴다. 또한 우리의 설명이 많은 사람에게 설득력이 없을 수도 있다. 그럼에도 불구하고 우리는 신약성서에서 호세아 11:1과 호세아 1-2장이 사용된 예들은 더 개연성 있고 설득력 있는 사례 연구라고 믿는다. 그러나 요한복음 19장에서 출애굽기 12장이 사용된 것에 대한 우리의 이 설명은 신약성서가 구약성서를 사용하는 어려운 사례를 이해하는 데 있어 여전히 선택 가능한 견해 중 하나로 간주되어야 한다. 이 세 가지 예에 대한 결론이 제시하는 것은 다음과 같다. 즉 복음주의 학계의 내부와 외부 모두에서 의견의 일치를 보이는 것과 달리, 구약성서 저자들은 자신들이 기록한 본문의 의미가 나중에 어떻게 이해될지에 대해 어느 정도 어렴풋이 알아차렸을 가능성이 있다. 이런 이해가 우리에게는 놀라운 해석으로 여겨지겠지만 말이다.[34]

우리는 요한복음 19장의 모형론은 **단지** 신약성서에서만 계시된 것이 **아니라** 유월절 어린양과 모세 자신이 이미 기록한, 더 위대한 다른 구원사적 사건들과의 관계에 암묵적으로 뿌리를 두고 있었다는 개념을 밝히려고 노력했다. 하지만 유월절 어린양에서 희미하게 보였던 것이 그리스도 안에서 나타났을 때 이전의 잠재적인 모형론은 더 분명하게 계시되었다. 예를 들면 적어도 예루살렘에서 유대인들이 선동하고 로마 사람들이 집행한 십자가 처형 사건은 분명히 모세가 직접적이며 부차적으로 이해

---

[34] 또 다른 사례 연구에 대해서는 Beale, "Cognitive Peripheral Vision"에서 계 3:7에서의 사 22:22의 사용에 대한 연구를 보라.

한 내용에 들어 있지 않았을 것이다. 하지만 십자가 사건은 모세의 의도된 유형의 광범위한 윤곽에 여전히 잘 들어맞는다. 또한 그것의 성취가 어떻게 일어났는지가 자세히 드러났다.[35]

구약성서를 사용하는 신약성서 저자들의 부차적이며 전제적인 관점

신약성서 저자들은 구약성서 본문을 인용할 때 자신들의 해석을 밑받침해주는 전제들을 명백하게 언급하지 않을 수도 있다. 그럼에도 불구하고 이 전제들은 저자들의 부차적이거나 암묵적인 이해 안에 존재하며 어떻게 그들이 자신의 해석을 이끌어냈는지를 이해하는 데 있어 매우 중요한 역할을 한다. 사실상 그들의 해석을 밑받침해주는 이 전제들을 이해하지 않으면, 그 해석은 설득력이 없고 잘못된 생각처럼 여겨질 것이다. 예를 들면 신약성서 저자들은 때때로 아마도 자주 구약성서 본문을 전제라는 렌즈를 통해 해석한다. 그들은 이 전제 렌즈를 명백하게 의식할 수

---

35 N. T. Wright는 다음과 같이 말한다. 바울은 "역사적인 이해를 제시한다고 주장한다. 그 이해에 의하면 예시(prefigurements)는 이제 절정에 이른 [이스라엘] 이야기의 일부분이다." 우리는 이 절정이 이전의 예시를 새로운 방식으로 구체적으로 드러냈음을 덧붙이려 한다. 하지만 그것은 예시와 일관성이 있다. 다음을 보라. *The Climax of the Covenant: Christ and the Law in Pauline Theology* (Minneapolis: Fortress, 1992), p. 265(p. 264도 보라). 그러나 Wright는 새로운 전진적 계시의 개념을 지나치게 경시하는 것처럼 보이는데, 그는 다음과 같이 주장한다. 즉 바울은 "비의적 비밀을 수단으로 삼지 않고 공개적인 영역에서" 나타난 예시에서 비롯된 논점에 "호소한다"는 것이다. 그의 주장에 의하면 동시대의 다른 유대인들은 예시를 공유할 수 없다(p. 265). 한편으로 이 주장은 사실이다. 왜냐하면 예시는 구약성서의 본문들(!)에서 실제로 볼 수 있기 때문이다. 하지만 이 주장은 바울이 종종 말하는 계시된 비밀에 대한 견해에 충분한 여지를 남기지 않는 것 같다(이 관점은 Carson의 비판을 따르고 있다. Carson, "Mystery and Fulfillment," pp. 430-31). 하지만 나는 Wright가 그의 많은 저서 중 어느 부분에서 자신의 진술을 타당하게 입증했는지에 대해 의구심을 갖고 있다. 예를 들면 Wright, *New Testament and the People of God*, COQG 1 (Minneapolis: Fortress, 1992), pp. 62-63을 보라.

도 있고 그렇지 않을 수도 있다(그렇지 않은 경우에 전제 렌즈는 저자들에게 암묵적일 수 있다). 이 전제들은 모두 구약성서 자체에 뿌리를 내리고 있다.[36] 먼저 구약성서와 신약성서 사이에는 (1) **집단적인 연대** 또는 **대표**라는 전제가 있다. 이 전제로부터 (2) 그리스도는 집단적으로 구약성서의 **참이스라엘**과 신약성서의 참이스라엘, 곧 교회를 대표하는 것으로 간주된다. (3) 하나님의 절대 주권에 기초한 지혜로운 계획에 의해 **역사는 통일된다**. 따라서 이전 사건들은 나중에 일어나는 사건들과 상응하며 나중 사건들을 가리키도록 계획되었다(참조. 마 11:13-30). (4) **종말론적 성취**의 시기는 그리스도 안에서 시작되었다. 마지막으로 (5) 성서 역사에서 후시대의 사건들은 이전 시대의 사건들을 해석하는 데 있어 더 광범위한 맥락 역할을 한다. 왜냐하면 그 사건들에 대한 기록은 모두 다양한 인간 저자에게 영감을 부여하신 동일하며 궁극적인 저자인 하나님에게서 비롯되었기 때문이다. 이 전제에서 나오는 한 가지 추론은 다음과 같다. 곧 구약성서가 가리키는 목표로서 또한 구원 역사에서 종말의 중심으로서 그리스도는 **구약성서와 그 안의 약속들에 대한 이전 사건들을 해석하는 데 있어 열쇠 역할을 한다**. 이 전제들은 왜 신약성서가 구약성서 본문을 해석해서, 겉으로 보기에 구약성서가 염두에 두고 있던 것과 명백히 다른 실재에 적용하는지를 이해하도록 우리를 도와준다. 예를 들면 세 번째 전제는 왜 구약성서의 역사적 사건들을 예언을 알려주는 사건

---

36 이 전제들에 대한 설명은 다음 논문 및 연구서에서 찾을 수 있다. Beale, "Did Jesus and His Followers Preach the Right Doctrine from the Wrong Texts? An Examination of the Presuppositions of the Apostles' Exegetical Method," *Themelios* 14 (1989): 89-96; Beale, *Handbook*, pp. 52-53, 95-102. 이 전제 중 몇 가지에 대해 논쟁이 빚어지고 있다. 하지만 우리는 여기서 지면 관계상 그것을 자세히 다룰 수 없다. 우리는 위에서 언급한 전제들에 다음 두 가지를 추가하고자 한다. (1) 구약성서는 영감 받은 하나님의 말씀이다. (2) 반드시 성령이 사람의 눈을 열어주어야만 구약성서에서 구원의 진리를 이해할 수 있다(Beale, *Handbook*, pp. 95-96을 보라).

으로서 모형론적으로 이해할 수 있는지를 설명해준다. 우리는 앞에서 호세아 11:1을 예로 들어 이 점을 입증하려고 시도했다(이는 계 3:7에서 사 22:22의 사용뿐만 아니라 요 19:36에서 출 12:46의 사용에도 적용된다).

게다가 모형론이 연관되든지 그렇지 않든지 간에, 대체로 구약성서 본문이 다소 다르게 적용되었다고 해서 이 구절이 잘못 해석되었다고 결론내릴 필요는 없다. 예를 들면 마태는 구약성서가 이스라엘에 의도한 것을 예수에게 적용한다(예. 마 2:14-15에서 호 11:1의 인용).[37] 또는 메시아에 대한 예언들은 교회에 적용된다. 왜냐하면 교회는 집단적으로 메시아 예수, 곧 참이스라엘과 동일시되기 때문이다(예. 행 13:47에서 사 49:6의 인용). 따라서 이스라엘을 대표하는 예수가 성취하는 것은 교회 역시도 이스라엘로서 그 성취에 참여하는 것으로 이해된다. 또는 우리가 앞에서 논의했듯이 바울은 원래 이스라엘을 위해 계획되었던 것을 대부분 이방인으로 구성된 교회에 적용한다(예. 롬 9:24-26). 왜냐하면 교회는 자신을 그리스도와 동일시함으로써 참이스라엘이 되기 때문이다. 이와 같이 겉으로 보기에 다른 것처럼 여겨지는 적용과 관련해서 우리가 이의를 제기해야 하는 것은 구약성서에 대한 신약성서 저자들의 해석이 아니라, 그들이 구약성서를 해석한 전제의 틀이 타당한가다. 위의 경우에서 세 번째 모형론적 전제뿐만 아니라 처음 두 전제도 그리스도가 집단적으로 참이스라엘을 대표하며 믿음으로 그리스도와 더불어 자신의 신분을 확인하는 모든 사람은 참이스라엘의 일부로 간주된다는 사실을 염두에 두고 있다. 더욱이 만약 호세아서에서 이스라엘이 믿지 않는 이방인들과 집단

---

[37] Beale, "Use of Hosea 11:1," pp. 708-10을 보라. 즉 집단적 정체성으로 인해 이스라엘에 긍정적으로 적용되는 것은 참이스라엘 사람인 예수에게도 적용된다. 이 주제와 관련해서 R. T. France의 훌륭한 논의를 참조하라. "The Formula-Quotations of Matthew 2 and the Problem of Communication," *NTS* 27 (1981): 233-251. 여기서 France는 마 2:4-22에서 사용된 구약성서에 대해 논의한다.

적으로 동일시되었다면(첫 번째 전제), 바울은 인종적 유대인들과 함께 이방인들이 믿음을 갖게 되는 일을 마땅히 호세아서 예언의 성취라고 이해할 수 있었을 것이다. 바울은 이를 로마서 9:24-26에서 호소했다.

만약 이 전제들의 타당성이 인정된다면 위에서 언급한 용례의 범주에서 구약성서를 해석하는 데 있어 이 전제들을 사용하는 것도 반드시 타당하다고 간주되어야 한다. 이 전제들을 실행했을 경우에 비록 새로운 적용이 전문적인 의미에서 서로 다르다고 하더라도, 이 적용은 구약성서 맥락의 의미에서 이끌어낼 수 있는 의미의 개념적 경계선(의도된 유형 또는 부차적인 의미) 내에 있다. 따라서 여기서 나온 결과들은 때때로 구약성서 본문에 원래 존재하던 원리를 확대하여 언급하거나 적용한 것이다.

어떤 이들은 신약성서에서 구약성서가 사용된 구절을 해석하기 어려울 때마다 이 문제를 해결하기 위해 적극적인 해석자가 새로운 "전제"를 만들어낼 수 있고, 그 결과 이런 입장은 허위라고 입증될 수 없게 되어버린다고 생각한다. 하지만 이 전제들은 초기 기독교 공동체가 무로부터 창조한 것이 아니다. 이 전제들 자체가 구약성서에 또한 이스라엘의 구원 역사에 대한 구약성서 이야기에 뿌리를 내리고 있다.[38] 우리는 구약성서를 해석하는 데 있어 이 전제들이 후대의 구약성서 예언자들과 초기 그리스도인들의 부차적인 사고방식이나 주변시 또는 암묵적 초기 설정의 일부라고 말할 수 있다.[39] 이 전제들은 초기 교회가 닥치는 대로 선

---

[38] 이 전제들이 구약성서에 뿌리를 두고 있다는 점에 대해서는 Beale, *Handbook*, pp. 96-102을 보라. 따라서 이는 몇몇 포스트모던 학자의 다음과 같은 주장을 무색하게 만든다. 그들은 신약성서 저자들의 전제가 구약성서에 대한 해석을 왜곡했다고 여긴다. 왜냐하면 이 학자들은 곧 오실 그리스도에 비추어서 초기 기독교 공동체가 이와 같은 전제들을 새롭게 만들어냈다고 이해하기 때문이다. 따라서 이 학자들은 신약성서가 이와 같은 맞지 않는 전제들을 구약성서 안에 억지로 끼워 맞추었다고 생각한다. 그 결과 구약성서의 원래 의미를 왜곡했다는 것이다.

택한 것이 아니다. 또한 현대 해석자들은 신약성서에서 사용된 구약성서 구절을 설명하려고 자신들의 새로운 전제를 만들어낼 수도 없다. 구약성서 전체가 이스라엘 역사에 대한 직접적인 예언과 간접적이며 예언적인 희미한 묘사를 통해 새 언약에 기초한 종말론적 시대를 가리킨다고 파악된 것은 바로 앞에서 언급한 다섯 가지 전제의 틀 내에서였다. 따라서 이 전제들이 지닌 광범위한 구속사적 관점은 구약성서를 해석하는 주요한 틀이었다. 예수와 그의 추종자들은 이 틀 안에서 생각했다. 또한 이 틀은 언제나 구약성서의 의미를 깨닫도록 이끄는 안내자 역할을 했다. 따라서 이 다섯 가지 관점, 특히 마지막 네 관점의 모체는 주변을 보여주는 렌즈가 된다. 이 렌즈를 통해 신약성서 저자들은 구약성서 본문을 살펴보았다(곧 해석했다).

이 점에서 신약성서 저자들은 (자동차 정비사처럼) 이 전제들의 "역학"(mechanics)을 예수에게서 배웠다(곧 그것이 무엇인지, 어떻게 그것이 작동하는지, 또한 어떻게 그것이 서로 연결되어 있는지 등). 신약성서 저자들은 예수가 지상 사역을 하는 동안 예수가 그 사역을 "경주하는" 것을 주의 깊게 살펴보면서 이 역학을 이해하려고 애썼다. 그다음에 그들은 다양한 교회에서 그들의 사역을 통해 경주하게 되었고(정비사가 경주용 자동차의 운전자로 변한 것과 같이), 그들의 명백한 초점은 목회적인 관심사에 맞춰지게 되었다. 그러자 이 다섯 가지 전제의 역학은 암시적이고 부차적인 것이 되었다. 다시 말해서 그 역학은 여전히 그들의 사역에서 작동하고 있었지만, 그들의 관심사에서 항상 맨 앞과 중심에 있는 것은 아니었다.

---

39   후대 구약성서 저자들의 경우에 전제 (2), (4), (5)에서 "그리스도"라는 표현은 "메시아" 또는 종말론적인 왕으로 바뀌어야 할 것이다.

결론

우리는 부록으로 제시된 이 논문에서 구약성서 저자들 또는 신약성서 저자들이 명백한 의미를 제시하며 직접 진술할 때 명백한 의미와 관련된 부차적인 의미 영역이 항상 존재한다고 주장했다. 여기서 의미 영역은 명백한 의미를 타당하게 확대한 것을 말한다. 고대 저자들을 포함하여 모든 화자 및 저자는 그들이 직접 말하는 것보다 더 많은 것을 알고 있다. 신약성서 저자들은 구약성서의 언급을 그것의 명백한 의미와 정확하게 일치시키지 않고 그들의 인지적 주변시에서 의미를 끌어와서 해석할 수 있다. 잠재적이며 주변적인 의미가 무엇인지 명확히 나타내려는 시도가 사변처럼 여겨질 수도 있다. 하지만 우리는 적어도 광범위한 의미가 있었다는 사실과 신약성서 저자가 구약성서 구절을 해석하는 데 있어 다양한 정도로 그 의미를 알고 있었을 가능성을 보여주려고 시도할 수 있다. 우리는 주변적인 의미를 찾아내는 일이 통제불가능한 단순한 사변의 문제가 아님을 밝히려고 노력했다. 몇몇 난해한 경우에 우리는 그것을 "통제된 사변"(controlled speculation)이라고 부른다. 직접적 의미와 암묵적 의미 사이에는 우리가 "유기적" 연관성이라고 부를 수 있는 것이 존재한다. 허쉬와 폴라니는 어떻게 이 두 가지 차원의 의미가 서로 관련되는지를 설명해주었다. 예를 들면 그들은 한 가지 진술에 대해 더 광범위하게 의도된 유형과 그것의 의미가 어떻게 어느 정도 결정될 수 있는지를 설명해주었다. 인지적 주변시에 대한 개념 역시 비슷한 것을 표현해준다.

여기서는 지면 관계상 아쉽게도 이 부록에서 묘사된 해석학적인 접근 방식에 대한 반대 의견들을 다룰 수 없다. 하지만 이 의견들은 다른 곳에서 찾을 수 있다.[40]

이 부록은 신약성서 저자들의 구약성서 사용과 관련해서 그레샴 메이

천(Gresham Machen)이 1936년에 말한 내용을 확대하려는 시도다.

사실 성서 저자들은 기록하면서 자신들이 무엇을 하고 있는지 알았다. 나는 그들이 자신들이 기록하고 있는 모든 것을 항상 알았다고는 믿지 않는다. 예를 들어 나는 예언서와 시편에는 신비스러운 예언의 말씀이 있다고 믿는다. 이 예언의 말씀은 영감 받은 저자들이 기록할 때 알았던 것보다 훨씬 더 풍성하고 영광스럽게 성취되었다. 하지만 심지어 이런 신비스러운 말씀의 경우에도 나는 그 거룩한 저자들이 단지 기계(automata)였다고 생각하지 않는다. 그들은 자신들이 기록한 것에 대해 완전한 의미를 알지 못했다. 하지만 그들은 그 의미의 일부를 알았으며, 완전한 의미는 부분적인 의미와 서로 모순되는 것이 아니라 부분적인 의미가 영광스럽게 밝혀지는 것이었다.[41]

메이천은 구약성서 저자들의 인지적 주변시의 가장 광범위한 부분에서 "맨 끝"에 놓여 있는 의미에 대해 언급하고 있다. 우리의 눈으로 볼 때 맨 가장자리가 희미하게 보이듯이, 의미와 관련된 이 맨 끝 부분에도 희미함이 있다.[42] 따라서 이 희미함으로 인해 사람들은 이 저자들이 이 모

---

40 아마도 이 견해에 대한 가장 그럴듯한 반대 의견은 다음 두 가지일 것이다. 첫째, 이는 단지 해석이 얼마나 복잡한 것인지를 설명해준다. 또한 그것은 주석가들 사이에서 다양한 해석이 있음을 설명해준다(예. 이 점과 관련해서 가장 최근의 것으로서 다음을 보라. Steve Moyise, "Latency and Respect for Context," pp. 136-38). 둘째, 더욱 중요한 점인데, 이는 구약성서 저자들이 지닌 암묵적 의미의 내용이 무엇인지, 또한 사실상 명백한 의미가 언급되었을 때 그 의미와 더불어서 신약성서 저자가 어떤 암묵적인 의미를 찾아냈는지를 결정하는 데 있어 구체적인 판단 기준을 제시하지 못한다. 다시 말해서 부차적인 이론 접근 방법은 부차적인 의미의 모든 다양한 가능성 중 어느 의미를 염두에 두고 있었는지를 결정하는 데 있어서 지침을 제공해줄 수 없다(pp. 137-38). 이 반대 의견들에 대한 답변에 대해서는 Beale, "Cognitive Peripheral Vision"을 보라.
41 J. Gresham Machen, *The Christian Faith in the Modern World* (Grand Rapids: Eerdmans, 1947). p. 55.
42 Brown, *Scripture as Communication*, pp. 101, 103, 105, 108, 111, 113.

든 의미를 결코 잘 알지 못했을 것이라고 말할지 모른다. 하지만 저자들에게 영감을 불어넣으신 하나님은 그 모든 의미를 명백하게 알고 계셨다. 이 의미가 신약성서에서 명백하게 밝혀질 때, "희미한 시각"은 분명해진다. 그리고 이 의미는 진정으로 구약성서 저자의 원래 의미로부터 유기적으로 "밝혀진" 그 무엇이다.

참고문헌

Aletti, Jean-Noël. *Saint Paul Épître aux Colossiens*. Études bibliques 42. Paris: Gabalda, 1993.

Allo, E.-B. *Première Épître aux Corinthiens*. 2nd ed. Paris: Gabalda, 1956.

Anderson, Chip. "Romans 1.1–5 and the Occasion of the Letter: The Solution to the Two-Congregation Problem in Rome." *TJ* 14 (1993): 25–40.

Arnold, C. E. *The Colossian Syncretism: The Interface between Christianity and Folk Belief at Colossae*. WUNT 77. Tübingen: Mohr Siebeck, 1995.

Arrowsmith, William. *Euripides*, vol. 5. The Complete Greek Tragedies. Chicago: University of Chicago Press, 1959.

Aune, David. *Prophecy in Early Christianity and the Ancient Mediterranean World*. Grand Rapids: Eerdmans, 1983.

Baker, David L. "Typology and the Christian Use of the Old Testament." *SJT* 29 (1976): 137–57.

Baldwin, Joyce G. *Daniel*. TOTC. Downers Grove, IL: InterVarsity Press, 1978.

Barker, G. W. "Mystery." In *International Standard Bible Encyclopedia*, rev. ed., edited by Geoffrey W. Bromiley, 3:451–55. Grand Rapids: Eerdmans, 1986.

Barr, James. *Biblical Words for Time*. SBT 33. London: SCM Press, 1962.

―――. *The Semantics of Biblical Language*. New York: Oxford University Press, 1961.

Barrett, C. K. *The Pastoral Epistles*. Oxford: Clarendon, 1963.

Bass, Derek D. "Hosea's Use of Scripture: An Analysis of His Hermeneutics." PhD diss., Southern Baptist Theological Seminary, 2008.

Bauckham, Richard. *Climax of Prophecy: Studies on the Book of Revelation*. Edinburgh: T & T Clark, 1993. 『예언의 절정 1』(한들 역간).

_____. *God Crucified: Monotheism & Christology in the New Testament*. Grand Rapids: Eerdmans, 1998.

_____. *Jesus and the God of Israel: God Crucified and Other Studies on the New Testament's Christology of Divine Identity*. Grand Rapids: Eerdmans, 2008.

Beale, G. K. *1-2 Thessalonians*. IVPNTC. Downers Grove, IL: InterVarsity Press, 2003.

_____. *The Book of Revelation: A Commentary on the Greek Text*. NIGTC. Grand Rapids: Eerdmans, 1999. 『NIGTC 요한계시록』(새물결플러스 역간).

_____. "The Cognitive Peripheral Vision of Biblical Authors." *WTJ* 2014.

_____. "Colossians." In *Commentary on the New Testament Use of the Old Testament*, edited by G. K. Beale and D. A. Carson, pp. 841-70. Grand Rapids: Baker Academic, 2007.

_____. "Did Jesus and His Followers Preach the Right Doctrine From the Wrong Texts? An Examination of the Presuppositions of the Apostles' Exegetical Method." *Themelios* 14 (1989): 89-96.

_____. "Eschatological Conception of New Testament Theology." In *Eschatology in Bible & Theology*, edited by Kent E. Brower and Mark W. Elliott, pp. 11-52. Downers Grove, IL: InterVarsity Press, 1997.

_____. "The Eschatological Hour in 1 John 2:18 in the Light of Its Daniel Background." *Biblica* 92 (2011): 231-54.

_____. *A Handbook on the New Testament Use of the Old Testament: Exegesis and Interpretation*. Grand Rapids: Baker Academic, 2012. 『신약의 구약사용 핸드북』(부흥과개혁사 역간).

_____. *John's Use of the Old Testament in Revelation*. JSNTSup. Sheffield: Sheffield

Academic Press, 1998.

_____. *A New Testament Biblical Theology: The Unfolding of the Old Testament in the New*. Grand Rapids: Baker Academic, 2011. 『신약성경신학』(부흥과개혁사 역간).

_____. "Revelation." In *Commentary on the New Testament Use of the Old Testament*, edited G. K. Beale and D. A. Carson, pp. 1081-1161. Grand Rapids: Baker Academic, 2007. 『일반서신·요한계시록』(CLC 역간).

_____. "A Surrejoinder to Peter Enns on the Use of the Old Testament in the New." *Themelios* 32 (2007): 16-36.

_____. *The Temple and the Church's Mission*. NSBT 17. Downers Grove, IL: InterVarsity Press, 2004. 『성전 신학』(새물결플러스 역간).

_____. *The Use of Daniel in Jewish Apocalyptic Literature and in the Revelation of St. John*. Lanham, MD: University Press of America, 1984.

_____. "The Use of Hosea 11:1 in Matthew 2:15: One More Time." *JETS* 55 (2012): 697-715.

_____. *We Become What We Worship: A Biblical Theology of Idolatry*. Downers Grove, IL: IVP Academic, 2008. 『예배자인가, 우상숭배자인가?』(새물결플러스 역간).

Beasley-Murray, G. R. *Jesus and the Kingdom of God*. Grand Rapids: Eerdmans, 1986. 『예수와 하나님 나라』(CH북스 역간).

Beetham, Christopher A. *Echoes of Scripture in the Letter of Paul to the Colossians*. Boston: Brill, 2008.

Bell, R. H. *Provoked to Jealousy: The Origin and Purpose of the Jealousy Motif in Romans 9-11*. WUNT 63. Tübingen: Mohr Siebeck, 1994.

Bettenson, Henry. *Livy: Rome and the Mediterranean*. New York: Penguin, 1976.

Betz, O. "Der Katechon." *New Testament Studies* 9 (1963): 282-84.

Beyerle, Stefan. "Daniel and Its Social Setting." In *The Book of Daniel: Composition and Reception*, edited by John J. Collins and Peter W. Flint, pp. 205-28.

VTSup 83. Boston: Brill, 1993.

Bird, Michael F. *Are You the One Who Is to Come? The Historical Jesus and the Messianic Question*. Grand Rapids: Baker Academic, 2009.

———. *Jesus and the Origins of the Gentile Mission*. LNTS 331. London: T & T Clark, 2006.

Blomberg, Craig L. "Matthew." In *Commentary on the New Testament Use of the Old Testament*, edited by G. K. Beale and D. A. Carson, pp. 1–109. Grand Rapids: Baker Academic, 2007.

Bockmuehl, Markus. *Revelation and Mystery in Ancient Judaism and Pauline Christianity*. WUNT 36. Tübingen: Mohr Siebeck, 1990. Reprint, Grand Rapids: Eerdmans, 1997.

Borgen, Peder. "Proselytes, Conquest, and Mission." In *Recruitment, Conquest, and Conflict: Strategies in Judaism, Early Christianity, and the Greco-Roman World*, edited by Peder Borgen, Vernon K. Robbins and David B. Gowler, pp. 57–77. Atlanta: Scholars Press, 1998.

Bornkamm, Günther. "μυστήριον, μυέω," In *Theological Dictionary of the New Testament*. 10th ed., edited by Gerhard Kittel and Gerhard Friedrich, 4:802–27. Grand Rapids: Eerdmans, 1977.

Bousset, William. *Kyrios Christos: Geschichte des Christusglaubens von den Anfängen des Christentums bis Irenaeus*. Göttingen: Vandenhoeck & Ruprecht, 1913. Translated into English by John E. Steely, *Kyrios Christos: A History of the Belief in Christ from the Beginnings of Christianity to Irenaeus*. Nashville: Abingdon, 1970.

Brown, Colin. "Secret." In *New International Dictionary of New Testament Theology*, edited by Colin Brown, 3:501–11. Grand Rapids: Zondervan, 1986.

Brown, Jeannine. *Scripture as Communication: Introducing Biblical Hermeneutics*. Grand Rapids: Baker Academic, 2007.

Brown, Raymond. *The Semitic Background of the Term "Mystery" in the New*

Testament. BS 21. Philadelphia: Fortress, 1968.

Brownlee, W. H. "Biblical Interpretation Among the Sectaries of the Dead Sea Scrolls." *BA* 14 (1951): 54–76.

―――. *The Midrash Pesher of Habakkuk*. SBLMS 24. Missoula, MT: Scholars Press, 1979.

Bruce, F. F. *1 & 2 Thessalonians*. WBC 45. Waco, TX: Word, 1982.

―――. *1 and 2 Corinthians*. NCBC. London: Marshall, Morgan & Scott; 1971. Reprint, Grand Rapids: Eerdmans, 1986.

―――. *A Mind for What Matters: Collected Essays of F. F. Bruce*. Grand Rapids: Eerdmans, 1990.

―――. *Biblical Exegesis in the Qumran Texts*. Grand Rapids: Eerdmans, 1959.

―――. *The Epistles to the Colossians, to Philemon, and to the Ephesians*. NICNT. Grand Rapids: Eerdmans, 1984.

Brütsch, C. *Die Offenbarung Jesu Christi I-II*. Zürcher Bibelkommentare. Zürich: Zwingli, 1970.

Buchanan, G. W. "Eschatology and the 'End of Days.'" *JNES* 20 (1961): 188–93.

Caird, G. B. *A Commentary on the Revelation of St. John the Divine*. New York: Harper and Row, 1966.

―――. *The Language and Imagery of the Bible*. Philadelphia: Westminster, 1980.

―――. *New Testament Theology*. Edited by L. D. Hurst. Oxford: Clarendon, 1995.

Calvin, John. *Acts 14–28, Romans 1–16*. Vol. 16 of Calvin's Commentaries. Grand Rapids: Baker, 1984.

Cambier, J. "Le grand mystère concernant le Christ et son Église: Éphésiens 5,22–33." *Biblica* 47 (1966): 43–90.

Capes, David B. *Old Testament Yahweh Texts in Paul's Christology*. WUNT 47. Tübingen: Mohr Siebeck, 1992.

Caragounis, Chrys. *The Ephesian Mysterion: Meaning and Content*. CNNTS 8. Lund: Gleerup, 1977.

Carson D. A., and Douglas J. Moo. *An Introduction to the New Testament*. 2nd ed. Grand Rapids: Zondervan, 2005.

Carson, D. A. *Exegetical Fallacies*. 2nd ed. Grand Rapids: Baker, 1996.

_____. *Matthew*. EBC 8. Grand Rapids: Zondervan, 1984.

_____. "Mystery and Fulfillment." In *Justification and Variegated Nomism*, vol. 2: *The Paradoxes of Paul*, edited by D. A. Carson, Peter T. O'Brien and Mark A. Seifrid, pp. 393-427. Grand Rapids: Baker Academic, 2004.

_____. "Three More Books on the Bible: a Critical Review." *TJ* 27 (2006): 1-62.

Casey, Maurice. *From Jewish Prophet to Gentile God: The Origins and Development of New Testament Christology*. Cambridge: James Clarke, 1991.

Chapman, David W. *Ancient Jewish and Christian Perceptions of Crucifixion*. WUNT 244. Tübingen: Mohr Siebeck, 2008.

Chazon, Esther G. "Human and Angelic Prayer in Light of the Scrolls." In *Liturgical Perspectives: Prayer and Poetry in Light of the Dead Sea Scrolls*, edited by Esther G. Chazon, pp. 35-47. STDJ 48. Boston: Brill, 2003.

Childs, Brevard S. *Isaiah*. OTL. Louisville, KY: Westminster John Knox, 2001.

Clinton, Kevin. "The Mysteries of Demeter and Kore." In *A Companion to Greek Religion*, edited by Daniel Ogden, pp. 342-56. Malden, MA: Blackwell, 2007.

_____. "Stages of Initiation in the Eleusinian and Samothracian Mysteries." In *Greek Mysteries: The Archaeology and Ritual of Ancient Greek Secret Cults*, edited by Michael B. Cosmopoulos, pp. 50-78. New York: Routledge, 2003.

Cohen, Shaye J. D. "Crossing Boundary and Becoming a Jew." *HTR* 82 (1989): 13-33.

Cole, R. A. *The New Temple*. London: Tyndale Press, 1950.

Cole, Susan Guettel. "Finding Dionysus." In *A Companion to Greek Religion*, edited by Daniel Ogden, pp. 327-41. Malden, MA: Blackwell, 2007.

Collins, John J. *Daniel: A Commentary on the Book of Daniel.* Hermeneia. Minneapolis: Fortress, 1993.

———. *The Apocalyptic Imagination: An Introduction to Jewish Apocalyptic Literature.* 2nd ed. BRS. Grand Rapids: Eerdmans, 1998.

———. *The Scepter and the Star: The Messiahs of the Dead Sea Scrolls and Other Ancient Literature.* ABRL 10. New York: Doubleday, 1995.

Coppens, Joseph. "'Mystery' in the Theology of Saint Paul and Its Parallels at Qumran." In *Paul and Qumran: Studies in New Testament Exegesis*, edited by Jerome Murphy-O'Connor, pp. 132–58. Chicago: Priority, 1968.

Cosmopoulos, Michael B., ed. *Greek Mysteries: The Archaeology and Rituals of Ancient Greek Secret Cults.* New York: Routledge, 2003.

Cranfield, C. E. B. *A Critical and Exegetical Commentary on the Epistle to the Romans*, vol. 2. ICC. New York: T & T Clark, 1979.

Dahl, Nils Alstrup. *Jesus in the Memory of the Early Church.* Minneapolis: Augsburg, 1976.

Davidson, Richard M. *Flame of Yahweh: Sexuality in the Old Testament.* Peabody, MA: Hendrickson, 2007.

Dawes, Gregory W. *The Body in Question: Metaphor and Meaning in the Interpretation of Ephesians 5:21–33.* Boston: Brill, 1998.

Deden, D. "Le 'Mystère' paulinien." *Ephemerides theologicae lovanienses* 13 (1936): 405–42.

Dibelius, Martin, and H. Greeven. *An die Kolosser, Epheser, an Philemon.* 3rd ed. Handbuch zum Neuen Testament 12. Tübingen: Mohr Siebeck, 1953.

Dibelius, Martin, and Hans Conzelmann, *The Pastoral Epistles.* Translated by Philip Buttolph and Adela Yarbro. Hermeneia. Philadelphia: Fortress, 1972.

Dickson, John P. *Mission-Commitment in Ancient Judaism and in the Pauline Communities: The Shape, Extent, and Background of Early Christian Mission.* WUNT 159. Tübingen: Mohr Siebeck, 2003.

Diodorus of Sicily. Translated by C. H. Oldfather. 8 vols. LCL. Cambridge, MA: Harvard University Press, 1939.

Donaldson, Terence L. "Proselytes or 'Righteous Gentiles'? The Status of Gentiles in Eschatological Pilgrimage Patterns of Thought." *JSP* 7 (1990): 3–27.

Dunn, James D. G. *Jesus and the Spirit: A Study of the Religious and Charismatic Experience of Jesus and the First Christians as Reflected in the New Testament.* Philadelphia: Westminster, 1975. Reprint, Grand Rapids: Eerdmans, 1997.

_____. *Unity and Diversity in the New Testament: An Inquiry into the Character of Earliest Christianity.* 3rd. ed. London: SCM Press, 2006.

Elgvin, Torleif. "Wisdom and Apocalypticism in the Early Second Century BCE: The Evidence of 4QInstruction." In *The Dead Sea Scrolls Fifty Years After Their Discovery*, edited by Lawrence H. Schiffman, Emanuel Tov and James C. VanderKam, pp. 226–47. Jerusalem: Israel Exploration Society, 2000.

Enns, Peter. *Inspiration and Incarnation: Evangelicals and the Problem of the Old Testament.* Grand Rapids: Baker Academic, 2005.

Evans, Craig A. "Daniel in the New Testament: Visions of God's Kingdom." In *The Book of Daniel: Composition and Reception*, edited by John J. Collins and Peter W. Flint, 2:490–527. Boston: Brill, 2001.

Fairbain, P. *The Typology of Scripture.* New York: T & T Clark, 1876.

Fee, Gordon D. *1 and 2 Timothy, Titus.* NIBC. Peabody, MA: Hendrickson, 1988.

_____. *The First and Second Letters to the Thessalonians.* NICNT. Grand Rapids: Eerdmans, 2009.

_____. *First Epistle to the Corinthians.* NICNT. Grand Rapids: Eerdmans, 1987.

Feldman, Louis H. *Josephus's Interpretation of the Bible.* Los Angeles: University of California Press, 1998.

Ferguson, Everett. *Backgrounds of Early Christianity.* 3rd ed. Grand Rapids: Eerdmans, 2003.

Fishbane, Michael. *Biblical Interpretation in Ancient Israel*. Oxford: Clarendon, 1985.

Fitzgerald, A. *The Letters of Synesius of Cyrene*. New York: Oxford University Press, 1926.

Frame, John. *The Doctrine of the Knowledge of God*. Phillipsburg, NJ: P & R, 1987.

France, R. T. "The Formula-Quotations of Matthew 2 and the Problem of Communication." *NTS* 27 (1981): 233–251.

_____. *The Gospel of Matthew*. NICNT. Grand Rapids: Eerdmans, 2007.

_____. *Jesus and the Old Testament: His Application of Old Testament Passages to Himself and His Mission*. Grand Rapids: Baker, 1982.

Furfey, Paul Hanley. "The Mystery of Iniquity." *CBQ* 8 (1946): 179–91.

Gager, John G. *The Origins of Anti-Semitism: Attitudes Toward Judaism in Pagan and Christian Antiquity*. New York: Oxford University Press, 1985.

Garland, David E. *1 Corinthians*. BECNT. Grand Rapids: Baker, 2003.

_____. *Colossians, Philemon*. NIVAC. Grand Rapids: Zondervan, 1998.

Garlington, D. B. "Obedience of Faith in the Letter to the Romans. Part I: The Meaning of ὑποκοὴν πίστεως," *WTJ* 52 (1990): 201–24.

Gladd, Benjamin L. "The Last Adam as the 'Life-Giving Spirit' Revisited: A Possible Old Testament Background of One of Paul's Most Perplexing Phrases." *WTJ* 71 (2009): 297–309.

_____. *Revealing the Mysterion: The Use of Mystery in Daniel and Second Temple Judaism with Its Bearing on First Corinthians*. BZNW 160. Berlin: Walter de Gruyter, 2008.

Goff, Matthew. *The Worldly and Heavenly Wisdom of 4QInstruction*. STDJ 50. Boston: Brill, 2003.

Gooding, David W. "The Literary Structure of the Book of Daniel and Its Implications." *TynBul* 32 (1981): 43–79.

Goppelt, Leonhard. *Typos: The Typological Interpretation of the Old Testament in the New*. Translated by Donald H. Madvig. Grand Rapids: Eerdmans, 1982.

Gorman, Michael. *Cruciformity: Paul's Narrative Spirituality of the Cross*. Grand Rapids: Eerdmans, 2001.『삶으로 담아내는 십자가』(새물결플러스 역간).

Graf, Fritz. *Ritual Texts for the Afterlife: Orpheus and the Bacchic Gold Tablets*. New York: Routledge, 2007.

Green, Gene L. "Relevance Theory and Biblical Interpretation." In *The Linguist as Pedagogue: Trends in the Teaching and Linguistic Analysis of the Greek New Testament*, edited by S. E. Porter and M. B. O'Donnell, pp. 217-40. NTM 11. Sheffield: Sheffield Phoenix Press, 2009.

Gundry, Robert H. "The Form, Meaning and Background of the Hymn Quoted in 1 Timothy 3:16." In *Apostolic History and the Gospel: Biblical and Historical Essays Presented to F. F. Bruce*, edited by W. Ward Gasque and Ralph P. Martin, pp. 203-22. Exeter: Paternoster, 1970.

Hamilton, James. "The Skull Crushing Seed of the Woman: Inner-Biblical Interpretation of Genesis 3:15." *SBJT* 10 (2006): 30-54.

Hamilton, Victor. *The Book of Genesis: Chapters 1-17*. NICOT. Grand Rapids: Eerdmans, 1990.

Harris, Murray J. *Colossians and Philemon*. EGGNT. Nashville: B & H Academic, 2010.

Hartman, L. *Prophecy Interpreted: The Formation of Some Jewish Apocalyptic Texts and of the Eschatological Discourse Mark 13 par*. ConBNT 1. Lund: Gleerup, 1966.

Harvey, A. E. "The Use of Mystery Language in the Bible." *JTS* 31 (1980): 320-36.

Hays, Richard B. *The Conversion of the Imagination*. Grand Rapids: Eerdmans, 2005.

_____. *Echoes of Scripture in the Letters of Paul*. New Haven, CT: Yale University Press, 1989.『바울서신에 나타난 구약의 반향』(여수룬 역간).

_____. *First Corinthians*. Interpretation. Louisville, KY: Westminster John Knox, 1997.

Heil, J. P. "The Fifth Seal (Rev 6, 9-11) as a Key to Revelation." *Biblica* 74 (1993):

220-43.

Hendriksen, William. *New Testament Commentary: Exposition of Ephesians*. Grand Rapids: Baker, 1967.

Hengel, M. *Crucifixion: In the Ancient World and the Folly of the Message of the Cross*. Philadelphia: Fortress, 1977.

_____. *Judaism and Hellenism: Studies in their Encounter in Palestine during the Early Hellenistic Period*. 2 vols. Philadelphia: Fortress, 1974.

Hirsch, E. D. *Aims of Interpretation*. Chicago: University of Chicago Press, 1978.

_____. *Validity in Interpretation*. New Haven, CT: Yale University Press, 1967.

Hoehner, Harold W. *Ephesians: An Exegetical Commentary*. Grand Rapids: Baker, 2002.

Hoekema, Anthony A. *The Bible and the Future*. Grand Rapids: Eerdmans, 1979. 『개혁주의 종말론』(부흥과개혁사 역간).

Hoffmeier, J. K. "Moses." In *International Standard Bible Encyclopedia*. Revised edition, ed. Geoffrey Bromiley, 3:415-25. Grand Rapids: Eerdmans, 1995.

Horbury, William. *Messianism Among Jews and Christians: Biblical and Historical Studies*. London: T & T Clark, 2003.

House, H. W. "Tongues and the Mystery Religions at Corinth." *Bibliotheca sacra* 140 (1983): 134-50.

Hübner, Hans. *Biblische Theologie des Neuen Testaments*. 2 vols. Göttingen: Vandenhoeck & Ruprecht, 1993.

_____. *Vetus Testamentum in Novo*. 2 vols. Göttingen: Vandenhoeck & Ruprecht, 1997.

Hugenberger, Gordon P. "Introductory Notes on Typology." In *The Right Doctrine from the Wrong Texts?* edited by G. K. Beale, pp. 331-41. Grand Rapids: Baker, 1994.

_____. *Marriage as a Covenant: Biblical Law and Ethics as Developed from Malachi*. VTSup 52. Boston: Brill, 1994. Reprint, Grand Rapids: Baker,

1998.

Hurtado, Larry W. *How on Earth Did Jesus Become a God? Historical Questions About Earliest Devotion to Jesus*. Grand Rapids: Eerdmans, 2005.

_____. *Lord Jesus Christ: Devotion to Jesus in Earliest Christianity*. Grand Rapids: Eerdmans, 2003. 『주 예수 그리스도』(새물결플러스 역간).

Instone-Brewer, David. *Divorce and Remarriage in the Bible: The Social and Literary Context*. Grand Rapids: Eerdmans, 2002.

Jeremias, Joachim. "Flesh and Blood Cannot Inherit the Kingdom of God (1 Cor 15:50)." *NT Studies* 2 (1955-56): 151-59.

_____. *Jesus' Promise to the Nations*. SBT 24. London: SCM Press, 1958.

Jewett, Robert. *Romans: A Commentary*. Hermeneia. Minneapolis: Fortress, 2007.

Johnson, A. F. "Revelation." EBC 12. Grand Rapids: Zondervan, 1981.

Johnson, A. R. *The One and the Many in the Israelite Conception of God*. 2nd ed. Cardiff: University of Wales Press, 1961.

Keener, Craig S. *The Gospel of Matthew: A Socio-Rhetorical Commentary*. Grand Rapids: Eerdmans, 2009.

Kelber, Werner. *The Kingdom in Mark: A New Place and a New Time*. Philadelphia: Fortress, 1974.

Kelly, J. N. D. *The Pastoral Epistles*. London: Black, 1963.

Kennedy, H. A. A. *St. Paul and the Mystery-Religions*. London: Hodder & Stoughton, 1913.

Khobnya, Svetlana. "'The Root' in Paul's Olive Tree Metaphor (Romans 11:16-24)." *TynBul* 64 (2013): 257-73.

Kiddle, M. with M. K. Ross. *The Revelation of St. John*. MNTC. London: Hodder and Stoughton, 1940.

Kim, Mitchell. "Respect for Context and Authorial Intention: Setting the Epistemological Bar." In *Paul and Scripture: Extending the Conversation*, edited by Christopher D. Stanley, pp. 115-29. SBLECL 9. Atlanta:

Society of Biblical Literature, 2012.

Kim, Seyoon. *The Origin of Paul's Gospel*. WUNT 4. Tübingen: Mohr Siebeck, 1981. Reprint, Grand Rapids: Eerdmans, 1981. 『바울 복음의 기원』(두란노서원 역간).

Kitchen, Martin. "The *anakephalaiōsis* of All Things in Christ." PhD diss., University of Manchester, 1988.

Knibb, M. A. "Martyrdom and Ascension of Isaiah: A New Translation and Introduction." In *The Old Testament Pseudepigrapha*, edited by J. H. Charlesworth, 2:143–76. Garden City, NY: Doubleday, 1985.

Knight, George A. F. *Hosea: Introduction and Commentary*. London: SCM Press, 1960.

Knight, George W. *The Pastoral Epistles*. NIGTC. Grand Rapids: Eerdmans, 1992.

Köstenberger, A. J. "The Mystery of Christ and the Church: Head and Body, 'One Flesh.'" *TJ* 12 (1991): 79–94.

Krämer, H. "μυστήριον," in *Exegetical Dictionary of the New Testament*, ed. Horst Balz and Gerhard Schneider, 2:446–49. Grand Rapids: Eerdmans, 1993.

Ladd, George Eldon. *A Theology of the New Testament*. Rev. ed. Grand Rapids: Eerdmans, 1993. 『신약신학』(대한기독교서회 역간).

―――. *The Presence of the Future: The Eschatology of Biblical Realism*. Grand Rapids: Eerdmans, 1974.

Lau, Andrew Y. *Manifest in Flesh: The Epiphany Christology of the Pastoral Epistles*. WUNT 86. Tübingen: Mohr Siebeck, 1996.

Liddell, H. G., R. Scott, and H. S. Jones, *A Greek-English Lexicon*. 9th ed. Oxford: Clarendon, 1996.

Lietaert Peerbolte, L. J. *The Antecedents of Antichrist: A Traditio-Historical Study of the Earliest Christian Views on Eschatological Opponents*. JSJSup 49. Boston: Brill, 1996.

Lightfoot, J. B. *St. Paul's Epistles to the Colossians and Philemon*. 4th ed. Peabody,

MA: Hendrickson, 1995.

Lincicum, David. *Paul and the Early Jewish Encounter with Deuteronomy*. WUNT 284. Tübingen: Mohr Siebeck, 2010.

Lincoln, Andrew T. *Ephesians*. WBC 42. Waco: Word, 1990.

_____. *Paradise Now and Not Yet: Studies in the Role of the Heavenly Dimension in Paul's Thought with Special Reference to His Eschatology*. Grand Rapids: Baker, 1991.

Litfin, Duane. *St. Paul's Theology of Proclamation: 1 Corinthians 1-4 and Greco-Roman Rhetoric*. SNTSMS 79. New York: Cambridge University Press, 1994.

Lohse, Eduard. *Colossians and Philemon*. Hermeneia. Minneapolis: Fortress, 1971.

Longenecker, Richard N. *Biblical Exegesis in the Apostolic Period*. 2nd ed. Grand Rapids: Eerdmans, 1999.

Longman, Tremper. *Daniel*. NIVAC. Grand Rapids: Zondervan, 1999.

Lorein, G. W. *The Antichrist Theme in the Intertestamental Period*. JSPSup 44. New York: T & T Clark, 2003.

Luedemann, Gerd. *Paul, Apostle to the Gentiles: Studies in Chronology*. Translated by F. Stanley Jones. Philadelphia: Fortress, 1984.

Machen, J. Gresham. *The Christian Faith in the Modern World*. Grand Rapids: Eerdmans, 1947.

Marcus, Joel. "Mark 4:10-12 and Marcan Epistemology." *JBL* 103 (1984): 557-74.

Marshall, I. Howard. *1 and 2 Thessalonians*. NCBC. Grand Rapids: Eerdmans, 1983.

_____. *The Pastoral Epistles*. ICC. New York: T & T Clark, 1999.

Mazzaferri, Frederick David. *The Genre of the Book of Revelation from a Source-Critical Perspective*. BZNW 54. Berlin: Walter de Gruyter, 1989.

McCartney, D., and C. Clayton, *Let the Reader Understand: A Guide to Interpreting and Applying the Bible*. Wheaton, IL: Victor Books, 1994.

McKnight, Scot. *A Light Among the Gentiles: Jewish Missionary Activity in the*

Second Temple Period. Minneapolis: Fortress, 1991.

McNamara, Martin. *Targum Neofiti 1: Genesis: Translated, with Apparatus and Notes*. Collegeville, MN: Liturgical, 1992.

Meek, Esther L. *Longing to Know: The Philosophy of Knowledge for Ordinary People*. Grand Rapids: Brazos, 2003.

―――. *Loving to Know: Covenant Epistemology*. Eugene, OR: Cascade, 2011.

Merkle, Benjamin L. "Romans 11 and the Future of Ethnic Israel." *JETS* 43 (2000): 709-21.

Metzger, Bruce. *A Textual Commentary on the Greek New Testament*. 2nd ed. Stuttgart: Deutsche Bibelgesellschaft, 1998.

Meyer, Marvin W. *The Ancient Mysteries: A Sourcebook of Sacred Texts*. Philadelphia: University of Pennsylvania Press, 1999.

Michaelis, Wilhelm. "ὁράω." In *Theological Dictionary of the New Testament*, 10th ed., edited by Gerhard Kittel and Gerhard Friedrich, 5:315-67. Grand Rapids: Eerdmans, 1977.

Mihalios, Stefanos. *The Danielic Eschatological Hour in the Johannine Literature*. LNTS 436. New York: T & T Clark, 2011.

Miller, P. D. *Deuteronomy*. Interpretation. Louisville, KY: Westminster John Knox, 1990.

Minear, P. S. *I Saw a New Earth: An Introduction to the Visions of the Apocalypse*. Washington, DC: Corpus, 1968.

Moo, Douglas J. *Epistle to the Romans*. NICNT. Grand Rapids: Eerdmans, 1996. 『NICNT 로마서』(솔로몬 역간).

―――. *The Letters to the Colossians and Philemon*. PNTC. Grand Rapids: Eerdmans, 2008. 『골로새서·빌레몬서』(부흥과개혁사 역간).

―――. "Nature in the New Creation: New Testament Eschatology and the Environment." *JETS* 49 (2006): 449-88.

Moritz, T. *A Profound Mystery: The Use of the Old Testament in Ephesians*. NovTSup

85. Boston: Brill, 1996.

Moyise, Steve. "Does Paul Respect the Context of His Quotations?" In *Paul and Scripture*, edited by Christopher D. Stanley, pp. 97-114. SBLECL 9. Atlanta: Society of Biblical Literature, 2012.

_____. "Latency and Respect for Context: A Response to Mitchell Kim." In *Paul and Scripture*, edited by Christopher D. Stanley, pp. 131-39. SBLECL 9. Atlanta: Society of Biblical Literature, 2012.

Murray, John. *The Epistle to the Romans: Chapters 9-16*. NICNT. Grand Rapids: Eerdmans, 1965. 『로마서 주석』(아바서원 역간).

Nickelsburg, George W. E. *1 Enoch*. 2 vols. Hermeneia. Minneapolis: Fortress, 2001.

Nitzan, Bilhah. *Qumran Prayer and Religious Poetry*. Boston: Brill, 1994.

Nock, Arthur Darby. "Mysterion." *HSCP* 60 (1951): 201-4.

O'Brien, Peter T. *Colossians-Philemon*. WBC 44. Waco, TX: Word, 1982. 『골로새서·빌레몬서』(솔로몬 역간).

_____. *Letter to the Ephesians*. PNTC. Grand Rapids: Eerdmans, 1999.

_____. "Mystery." In *Dictionary of Paul and His Letters*, edited by Gerald F. Hawthorne, Ralph P. Martin and Daniel G. Reid, pp. 621-23. Downers Grove, IL: InterVarsity Press, 1993.

Ortlund, Raymond C., Jr. *Whoredom: God's Unfaithful Wife in Biblical Theology*. NSBT. Downers Grove, IL: IVP, 2001.

Orton, David E. *The Understanding Scribe: Matthew and the Apocalyptic Ideal*. JSNTSup 25. Sheffield: Sheffield Academic Press, 1989.

Osborne, Grant R. *Revelation*. BECNT. Grand Rapids: Baker Academic, 2002. 『BECNT 요한계시록』(부흥과개혁사 역간).

Oswalt, John. *The Book of Isaiah: Chapters 1-39*. NICOT. Grand Rapids: Eerdmans, 1986. 『NICOT 이사야 I』(부흥과개혁사 역간).

_____. *The Book of Isaiah: Chapters 40-66*. NICOT. Grand Rapids: Eerdmans, 1998. 『NICOT 이사야 II』(부흥과개혁사 역간).

Patte, Daniel. *Early Jewish Hermeneutic in Palestine*. SBLDS 22. Missoula, MT: Scholars Press, 1975.

Penna, Romano. *Il «Mysterion» Paolino*. SRB 10. Brescia: Paideia, 1978.

Pennington, Jonathan T. *Heaven and Earth in the Gospel of Matthew*. NovTSup 126. Boston: Brill, 2007. Reprint, Grand Rapids: Baker, 2009.

Picket, Joseph P., ed. *The American Heritage Dictionary of the English Language*. 4th ed. Boston: Houghton Mifflin Harcourt, 2000.

Piper, Otto A. "The Mystery of the Kingdom of God." *Interpretation* 1 (1947): 183–200.

Plutarch. *Moralia*. Translated by Frank C. Babbitt. 16 vols. LCL. Cambridge, MA: Harvard University Press, 1927.

Polanyi, Michael. *Personal Knowledge*. Chicago: University of Chicago Press, 1958.

―――. *The Tacit Dimension*. Garden City, NY: Doubleday, 1966.

Polanyi, Michael, and Harry Prosch. *Meaning*. Chicago: University of Chicago Press, 1975.

Porter, Joshua R. "The Legal Aspects of the Concept of 'Corporate Personality' in the Old Testament." *VT* 15 (1965): 361–80.

Porter, Stanley E. "Two Myths: Corporate Personality and Language/Mentality Determinism." *SJT* 43 (1990): 289–307.

Prigent, P. *L'Apocalypse de Saint Jean*. CNT 14. Paris: Delachaux et Niestlé, 1981.

Prinsloo, G. T. M. "Two Poems in a Sea of Prose: The Content and Context of Daniel 2.20–23 and 6.27–28." *JSOT* 59 (1993): 93–108.

Quinn, Jerome D., and William C. Wacker, *The First and Second Letters to Timothy: A New Translation and Commentary*. ECC. Grand Rapids: Eerdmans, 2000.

Rabinowitz, I. "Pesher/Pittaron: Its Biblical Meaning and Its Significance in the Qumran Literature." *RevQ* 8 (1973): 226–30.

Reitzenstein, Richard. *Die hellenistischen Mysterienreligionen nach ihren Grund–*

gedanken und Wirkungen. 3rd ed. Berlin: Teubner, 1927. Translated into English by John E. Steely, *Hellenistic Mystery-Religions: Their Basic Ideas and Significance*. PTMS 18. Pittsburgh: Pickwick, 1978.

Rice, David G., and John E. Stambaugh, *Sources for the Study of Greek Religion*. SBLSBS 14. Chico, CA: Scholars, 1979.

Ridderbos, Herman. *Paul: An Outline of His Theology*. Translated by John Richard de Witt. Grand Rapids: Eerdmans, 1975. 『바울 신학』(솔로몬 역간).

Riddlebarger, Kim. *The Man of Sin: Uncovering the Truth About the Antichrist*. Grand Rapids: Baker Academic, 2006.

Robertson, O. Palmer. "Is There a Distinctive Future for Ethnic Israel in Romans 11?" In *Perspectives on Evangelical Theology*, edited by S. N. Gundry and K. S. Kantzer, pp. 209-27. Grand Rapids: Baker, 1979.

Robinson, H. W. *Corporate Personality in Ancient Israel*. Philadelphia: Fortress, 1980.

Rogerson, John W. "The Hebrew Conception of Corporate Personality: A Re-Examination." *JTS* 21 (1970): 1-16.

Sampley, J. P. *And the Two Shall Become One Flesh: A Study of Traditions in Ephesians 5:21-33*. New York: Cambridge University Press, 1971.

Sandmel, S. "Parallelomania." *JBL* 81 (1962): 1-13.

Saucy, R. L. *The Case for Progressive Dispensationalism*. Grand Rapids: Zondervan, 1993.

_____. "The Church as the Mystery of God." In *Dispensationalism, Israel and the Church*, edited by Craig Blaising and Darrell L. Bock, pp. 127-55. Grand Rapids: Zondervan, 1992.

Schultz, Richard L. *The Search for Quotation: Verbal Parallels in the Prophets*. JSOTSup 180. Sheffield: Sheffield Academic Press, 1999.

Schweitzer, Albert. *The Mystery of the Kingdom of God: The Secret of Jesus' Messiahship and Passion*. Translated by Walter Lowrie. New York: Macmillan, 1950.

_____. *The Quest of the Historical Jesus: A Critical Study of Its Progress from*

Reimarus to Wrede. 3rd ed. Translated by W. Montgomery. London: Black, 1956.

Seifrid, Mark. "Romans." In *Commentary on the New Testament Use of the Old Testament*, edited by G. K. Beale and D. A. Carson, pp. 607–94. Grand Rapids: Baker Academic, 2007.

Silva, Moisés. *Biblical Words and Their Meaning: An Introduction to Lexical Semantics*. Grand Rapids: Zondervan, 1983. 『성경어휘와 그 의미』(성광문화사 역간).

Snodgrass, Klyne R. *Stories with Intent: A Comprehensive Guide to the Parables of Jesus*. Grand Rapids: Eerdmans, 2008.

Sohn, Seock-Tae. *The Divine Election of Israel*. Grand Rapids: Eerdmans, 1991.

Sommer, B. D. "Exegesis, Allusion and Intertextuality in the Hebrew Bible: A Response to Lyle Eslinger." *VT* 46 (1996): 479–89.

Spilsbury, Paul. "Flavius Josephus on the Rise and Fall of the Roman Empire." *Journal of Theological Studies* 54 (2003): 1–24.

Swete, H. B. *The Apocalypse of St. John*. London: Macmillan, 1906.

Syrén, Roger. *The Blessings in the Targums: A Study on the Targumic Interpretations of Genesis 49 and Deuteronomy 33*. Acta Academiae Aboensis 64/1. Abo: Abo Akademi, 1986.

Tarwater, John K. "The Covenantal Nature of Marriage in the Order of Creation in Genesis 1 and 2." PhD diss., Southeastern Baptist Theological Seminary, 2002.

Thielman, Frank. "Ephesians." In *Commentary on the New Testament Use of the Old Testament*, edited by G. K. Beale and D. A. Carson, pp. 813–33. Grand Rapids: Baker Academic, 2007.

Thiselton, Anthony C. *The First Epistle to the Corinthians: A Commentary on the Greek Text*. NIGTC. Grand Rapids: Eerdmans, 2000.

Thomas, Samuel I. *The "Mysteries" of Qumran Mystery, Secrecy, and Esotericism in the*

Dead Sea Scrolls. SBLEJL 25: Atlanta: Society of Biblical Literature, 2009.

Thompson, J. A. T. *Deuteronomy*. TOTC. Downers Grove, IL: InterVarsity Press, 1974.

Towner, Philip H. *The Goal of Our Instruction: The Structure of Theology and Ethics in the Pastoral Epistles*. JSNTSup 34. Sheffield: Sheffield Academic Press, 1989.

Turner, David L. *Matthew*. BECNT. Grand Rapids: Baker Academic, 2008.

Van Der Ploeg, J. P. M. "Eschatology in the Old Testament." In *Oudtestamentische Studiën*, edited by A. S. Van Der Woude, pp. 89-99. Boston: Brill, 1972.

Vanhoozer, Kevin. *Is There a Meaning in This Text? The Bible, the Reader, and the Morality of Literary Knowledge*. Grand Rapids: Zondervan, 1998. 『이 텍스트에 의미가 있는가?』(IVP 역간).

Vos, Geerhardus. *Redemptive History and Biblical Interpretation: The Shorter Writings of Geerhardus Vos*. Edited by Richard B. Gaffin Jr. Phillipsburg, NJ: P & R, 2001.

Wagner, J. Ross. *Heralds of the Good News: Isaiah and Paul in Concert in the Letter to the Romans*. JSNTSup 101. Boston: Brill, 2002.

Wanamaker, C. A. *Epistles to the Thessalonians*. NIGTC. Grand Rapids: Eerdmans, 1990.

Ware, James P. *The Mission of the Church in Paul's Letter to the Philippians in the Context of Ancient Judaism*. NovTSup 120. Boston: Brill, 2005.

Watts, Rikki. *Isaiah's New Exodus in Mark*. WUNT 88. Tübingen: Mohr Siebeck, 1997. Reprint, Grand Rapids: Baker, 2000.

Weima, Jeffrey A. D. "12 Thessalonians." In *Commentary on the New Testament Use of the Old Testament*, edited by G. K. Beale and D. A. Carson, pp. 871-89. Grand Rapids: Baker Academic, 2007.

Weinfeld, Moshe. "Berit—Covenant vs. Obligation." *Biblica* 56 (1975): 120-28.

_____. *Deuteronomy and the Deuteronomic School*. Oxford: Clarendon, 1972.

Wenham, David. "The Kingdom of God and Daniel." *ExpTim* 98 (1987): 132-34.

Wilder, William N. "Illumination and Investiture: the Royal Significance of the Tree of Wisdom in Genesis 3." *WTJ* 68 (2006): 51-69.

Wiley, Galen W. "A Study of 'Mystery' in the New Testament." *GTJ* 6 (1985): 349-60.

Williams, H. H. Drake. *The Wisdom of the Wise: The Presence and Function of Scripture Within 1 Cor 1:18-3:23*. AGJU 49. Boston: Brill, 2001.

Willis, John T. "The Expression *be'acharith hayyamin* in the Old Testament." *RestQ* 22 (1979): 54-71.

Winter, Bruce. *Philo and Paul Among the Sophists*. SNTSMS 96. New York: Cambridge University Press, 1997.

Wright, N. T. *The Climax of the Covenant: Christ and the Law in Pauline Theology*. Minneapolis: Fortress, 1992.

_____. *The Epistles of Paul to the Colossians and to Philemon: An Introduction and Commentary*. TNTC. Grand Rapids: Eerdmans, 1986. 『골로새서 빌레몬서』(CLC 역간).

_____. *Jesus and the Victory of God*. COQG 2. Minneapolis: Fortress, 1996. 『예수와 하나님의 승리』(CH북스 역간).

_____. *The New Testament and the People of God*. COQG 1. Minneapolis: Fortress, 1992.

Young, C. D. *The Works of Philo*. Peabody, MA: Hendrickson, 1993.

하나님의 비밀
비밀과 계시 개념에 대한 상호텍스트 연구

Copyright ⓒ 새물결플러스 2018

1쇄 발행	2018년 5월 31일
2쇄 발행	2020년 4월 7일
지은이	그레고리 K. 비일, 벤저민 L. 글래드
옮긴이	신지철
펴낸이	김요한
펴낸곳	새물결플러스
편 집	왕희광 정인철 노재현 한바울 정혜인 이형일 서종원 나유영 노동래 최호연
디자인	윤민주 황진주 박인미 이지윤
마케팅	박성민 이원혁
총 무	김명화 이성순
영 상	최정호 조용석 곽상원
아카데미	차상희
홈페이지	www.holywaveplus.com
이메일	hwpbooks@hwpbooks.com
출판등록	2008년 8월 21일 제2008-24호
주 소	(우) 04118 서울시 마포구 마포대로19길 33
전 화	02) 2652-3161
팩 스	02) 2652-3191
ISBN	979-11-6129-063-8 93230

책값은 뒤표지에 있습니다.

이 도서의 국립중앙도서관 출판예정도서목록(CIP)은 서지정보유통지원시스템 홈페이지(seoji.nl.go.kr)와 국가자료공동목록시스템(nl.go.kr/kolisnet)에서 이용하실 수 있습니다. CIP2018014586